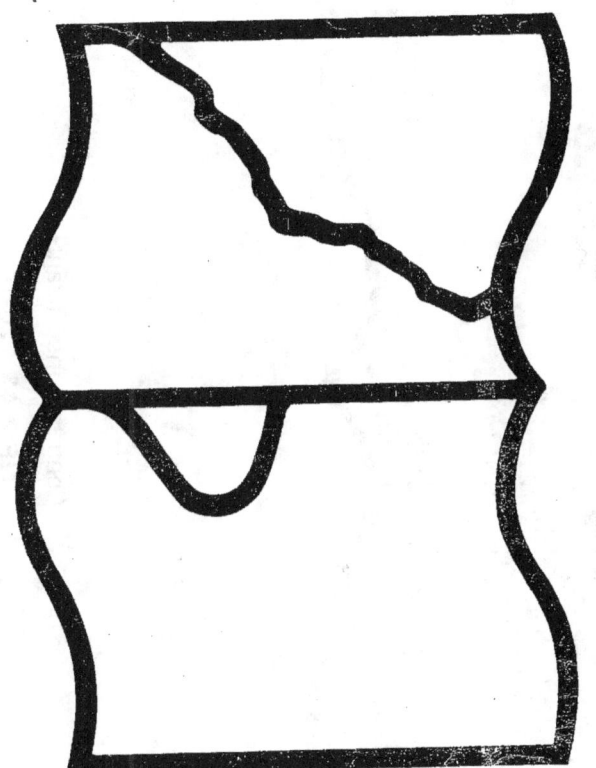

Texte détérioré — reliure défectueuse

NF Z 43-120-11

Contraste insuffisant
NF Z 43-120-14

FAUTEUILS

DE

L'ACADÉMIE FRANÇAISE

PAR

Pr. VEDRENNE

★ ★ ★ ★

ÉTUDES
BIOGRAPHIQUES ET LITTÉRAIRES
SUR LES FAUTEUILS DE
D'OLIVET, VAUGELAS, VOLTAIRE
SICARD, CUVIER, LA MONNOYE, BOILEAU, BOSSUET
CONDORCET, DESTUTT DE TRACY

Edition illustrée de DIX PORTRAITS hors texte

PARIS
BLOUD & BARRAL, LIBRAIRES-ÉDITEURS
4, RUE MADAME, ET 59, RUE DE RENNES

FAUTEUILS

DE

L'ACADÉMIE FRANÇAISE

FAUTEUILS

DE

L'ACADÉMIE FRANÇAISE

PAR

Pr. VEDRENNE

★ ★ ★ ★

ÉTUDES
BIOGRAPHIQUES ET LITTÉRAIRES
SUR LES FAUTEUILS DE
D'OLIVET, VAUGELAS, VOLTAIRE
SICARD, CUVIER, LA MONNOYE, BOILEAU, BOSSUET
CONDORCET, DESTUTT DE TRACY

Edition illustrée de DIX PORTRAITS hors texte

PARIS
BLOUD & BARRAL, LIBRAIRES-ÉDITEURS
4, RUE MADAME, ET 59, RUE DE RENNES

FAUTEUILS DE L'ACADÉMIE

XXXIe FAUTEUIL (DIT DE D'OLIVET)

BOISSAT

Né en 1603, académicien en 1634, mort en 1662.

Pierre Boissat doit sa principale célébrité à une volée de coups de bâton qui lui fut administrée au sortir d'un bal. Ni ses écrits qu'on dit bons cependant, ni sa noblesse et ses dignités ne l'eussent fait connaître à ses contemporains et à la postérité comme cet accident fâcheux, et, chose vraiment merveilleuse, il dut à cette bastonnade l'idée de faire un mariage qui le rendit fort heureux et la pensée de se convertir à la piété qui fut sans doute pour lui le gage de la félicité éternelle. Voici le fait :

Pierre de Boissat, né à Vienne en Dauphiné en 1603, était un des pères de l'Académie française. Il avait du bien, de l'esprit, de la figure, de l'ambition ; avec cela ne fait-on pas toujours son chemin ? Boissat, outre l'honneur de faire partie, tout jeune encore, de la plus savante assemblée du monde, était encore gentilhomme ordinaire de la chambre chez Gaston d'Orléans, frère de Louis XIII, il était même le favori de ce prince ; enfin, pour comble de bonheur, il avait aussi la faveur du tout-puissant et redoutable Cardinal. Or, une année qu'il revenait d'un brillant voyage en Italie, jaloux de montrer toute sa gloire à ses concitoyens, il voulut passer quelques jours dans sa ville natale, où il assista à des fêtes splendides. Le lieutenant général du roi était de la famille des Lesdiguières et s'appelait, du vivant de son père, le comte de Sault. Ce jeune gouverneur menait sa vie dans les plaisirs, tenait grande chère, grande livrée, et surtout avait tous les jours grande compagnie. Sa femme, elle aussi, aimait les plaisirs et elle faisait par sa bonne grâce et sa beauté le premier ornement de ses fêtes ; par malheur elle était aussi fort médisante, et, à cause de cela, très redoutée. C'était en riant qu'elle déchirait chaque jour, qu'elle *découpait* comme on disait dans tout le pays, la réputation du prochain et surtout des jeunes femmes ses rivales en beauté, aussi l'appelait-on dans les salons de Vienne la *Découpeuse*.

Blessé peut-être dans quelqu'une de ses affections, Boissat résolut de donner à la médisante une sévère leçon. Il vint déguisé en femme à un bal paré de l'hôtel Lesdiguières, et armé d'une paire de ciseaux et d'une feuille de papier blanc, il alla droit à la jeune comtesse et découpa devant elle son papier en mille petits morceaux. C'était dire en parabole ce que tout le monde pensait tout bas. Tout le monde aussi comprit très bien et surtout la princesse qui fut très piquée. Le gracieux domino disparaisssait dans la foule, tournoyant avec le flot des danseurs ; mais il revenait l'instant d'après se tenir en silence devant elle, toujours tenant ses cruels ciseaux, toujours découpant le papier blanc, image de l'innocence indignement calomniée. La princesse outrée de colère sortit du bal et donna ses ordres ; quand le brillant Boissat sortit à son tour, les gentilshommes et les valets de la dame l'attendaient au passage et lui administrèrent la fameuse bastonnade. Comme on pense bien l'histoire fut sue, le domino fut déviné et les rieurs qui ne sont jamais du côté du vaincu se tournèrent contre lui, non par sympathie pour la comtesse qu'on était bien aise de voir humiliée, mais par crainte et par révérence pour le rang qu'elle occupait.

Boissat comprit d'abord qu'il était perdu, et se résolut, tout de suite, à ne plus revenir à Paris, à ne plus paraître à la cour. Cependant, comme il était très homme de cœur, il osa demander au comte de Sault la réparation par les armes ; c'était trop pour un hobereau de vouloir se mesurer contre un si grand prince. Toute la noblesse du pays s'entremit pour empêcher le duel, mais en même temps, prenant hautement parti pour le gentilhomme offensé, elle demanda au jeune gouverneur une éclatante réparation. Il en coûtait à la fierté d'un Lesdiguières de s'humilier devant un tout petit gentilhomme de village et surtout devant un homme de lettres, mais il ne lui fut pas possible de s'en dispenser. La noblesse du Dauphiné n'avait qu'un moyen de réduire son orgueil, elle ne pouvait ni porter l'affaire au roi, ni la déférer aux tribunaux, c'eût été propager la confusion de Boissat, elle ne pouvait que s'abstenir de paraître chez le gouverneur, et elle le fit, et c'en fut assez. Lesdiguières consentit à la prendre pour juge et à se mettre à sa merci. Boissat lui remit aussi le soin de son honneur. Enfin l'Académie intervenant comme offensée dans un de ses membres, s'en rapporta, elle aussi, de toute l'affaire, au jugement des gentilshommes de la contrée. Les assemblées furent nombreuses, le gouverneur voulait faire le moins possible de réparation, mais les gentilshommes, ne se relâchant en rien, il fut obligé d'en venir à ce qu'ils voulaient, et ce qu'ils exigèrent fut terrible pour son amour-propre.

Les deux parties durent comparaître dans l'assemblée de la noblesse où se trouvèrent « six vingt gentilshommes ». A la vérité prenant le premier la parole, Pierre de Boissat « déclara n'avoir jamais eu le dessein d'offenser Mme la comtesse du Sault, et qu'il l'a toujours hautement estimée pour sa naissance, pour sa vertu, et pour toutes les qualités recommandables qui sont en elle, et que, s'il avait le moindre soupçon de se pouvoir faire ce reproche de l'avoir offensée au point qu'elle l'a cru, il ne lui en demanderait pas seulement pardon, mais encore il se croirait indigne de l'obtenir et ne se le pardonnerait pas à soi-même. » Ces paroles ayant été dites au mari, un parent de M. de Boissat alla les porter aussi à l'épouse, à la découpeuse qui put se les entendre dire devant « tels témoins qu'il lui avait plu d'appeler pour cet effet ».

C'est bien, jusque-là, mais le procès-verbal de l'assemblée continue :

« En suite de quoi M. le comte de Sault, chevalier des ordres du roi, premier gentilhomme de sa chambre et lieutenant-général pour

Sa Majesté en Dauphiné s'avançant vers M. de Boissat en compagnie de ses gardes et de ses domestiques, lui a dit : « Monsieur, vous savez le sujet qui m'a fait avouer l'offense qui vous a été faite, ce qui me fait espérer que vous m'accorderez plus facilement le pardon que je vous en demande ; reconnaissant de m'être porté à cet excès avec trop de chaleur, y ayant même employé de mes gardes, et que, si vous eussiez eu une épée, vous vous en seriez servi autant que vous eussiez eu de vie : dont j'ai un déplaisir extrême et voudrais qu'il m'eût coûté de mon sang que la chose ne fût pas arrivée. Je vous prie de le croire et que je vous tiens pour gentilhomme de mérite et de courage, qui l'avez témoigné en toute sorte d'occasion, et qui en eussiez tiré raison par les voies qui vous eussent le plus satisfait sans les soins qu'ont pris Messieurs de la noblesse d'en détourner les moyens. J'ajouterai à cette prière une seconde faveur que je désire de vous et que je tiendrai encore, s'il se peut, à plus grande obligation, qui est, Monsieur, de me vouloir octroyer le pardon que je vous demande pour M. de Vaucluse, bien que je sache avec quelle soumission il vous ira rendre témoignage chez vous du déplaisir qui nous demeure que vous ayez été si outrageusement offensé. Et pour vous faire encore mieux connaître combien il me touche, j'amène ceux par qui vous avez reçu cette injure pour les soumettre à ce que Messieurs de la noblesse en ordonneront, et que vous pourriez désirer pour votre satisfaction. Je m'assure que vous jugez bien par ce que je vous ai dit et par ce que je fais, que vous avez sujet de mettre en oubli tout ce qui vous a fâché. Vous m'obligerez extrêmement d'en être satisfait et d'être mon ami comme je vous en prie de tout mon cœur. »

Le président de l'assemblée dit ensuite : « Monsieur de Boissat, vous avez reconnu par le discours que vous a fait M. le comte de Sault avec quelle douleur il ressent l'offense qui vous a été faite, et avec quelle passion il désire que vous en demeuriez satisfait. Cette compagnie croit que vous ne sauriez plus refuser ce qu'il désire de vous et vous prie avec lui d'en perdre le souvenir et de recevoir les offres qu'il vous fait de son affection. » Sur quoi, Pierre de Boissat a dit à M. de Sault : « Monsieur, je donne au repentir que vous me faites paraître, et à la prière qui m'en est faite par ces messieurs ce que vous désirez de moi. » En même temps, M. de Sault l'a prié de l'embrasser, ce qui ayant été fait, en se retirant de l'assemblée, il a laissé ses domestiques, lesquels, sur l'ordre du président, se sont mis à genoux devant M. de Boissat : « Monsieur, a dit le président, ces domestiques seront condamnés à telle durée de prison que vous exigerez. » Puis un bâton fut remis à Pierre Boissat avec invitation de les frapper autant qu'il voudrait, ce qu'il a refusé de faire, ainsi que pour la prison dont il lui a plu de les dispenser. Enfin, M. de Vaucluse, commandant des gardes, dut se rendre lui aussi en compagnie de quatre gentilshommes chez M. de Boissat pour lui faire les plus humbles excuses. A quoi Boissat répondit : « Monsieur, j'ai promis à M. le comte du Sault et à Messieurs de la noblesse de ne plus me ressouvenir de ce qui s'est passé. » Sur cela, les gentilshommes présents les firent embrasser.

A son tour, l'Académie se fit faire un rapport de tout ce qui s'était passé ; puis, après avoir longtemps délibéré sur les excuses faites à Pierre Boissat, elle décida qu'il devait s'en contenter. Mais ce rapport, cette délibération, cette décision augmentèrent encore le retentissement de l'affaire qui fut connue de toute la France, et même publiée dans toute l'Europe. L'Académie inséra dans ses archives les rapports, les délibérations et le procès-verbal des réparations obtenues afin que le souvenir en fût éternel.

Ainsi, Boissat, qui n'était connu jusqu'alors que de peu de monde, et pour des ouvrages peu fameux, devint tout à coup un personnage considérable. Jamais gentilhomme offensé n'avait mieux soutenu ses droits ni obtenu d'un personnage aussi supérieur de plus solennelles réparations. Quant à lui, loin de se prévaloir de ces glorieuses excuses, il resta confus de son équipée et de sa déconvenue, au point de n'oser guère revenir à Paris et reparaître à la cour. Il prit donc, à la suite de cette fâcheuse aventure, quoique très bien terminée, deux résolutions qui changèrent toute la disposition de sa vie. La première fut de se marier, ce qu'il fit fort heureusement en épousant Clémence de Gessans, nièce d'un grand maître de Malte, et femme d'un rare mérite ; la seconde de se donner entièrement au soin de son âme qu'il avait jusqu'alors beaucoup négligé. Mais sur ce dernier point, il ne sut pas garder l'exacte mesure, car il poussa l'esprit de pénitence jusqu'à des signes extérieurs que les bienséances du monde ont peine à souffrir, négligeant ses cheveux, laissant croître sa barbe, portant des habits indignes de son rang et enfin faisant le catéchisme aux enfants jusque sur les places publiques et dans les rues.

« On raconte à ce propos, dit Pelisson, que la reine de Suède, passant à Vienne en 1654, les principaux de la ville prièrent M. de Boissat de marcher à leur tête pour lui faire compliment, et que, s'étant présenté devant elle avec un air de malpropreté, il lui fit un sermon pathétique sur les jugements de Dieu et sur le mépris du monde. Christine, rentrée depuis peu dans le sein de l'Eglise, mais toujours femme et princesse, souffrit impatiemment qu'au lieu de lui donner des louanges, l'orateur se jetât sur une matière si lugubre. Quand il se fut retiré : « Ce n'est point à, dit-elle, ce Boissat que je connais, c'est un prêcheur qui emprunte son nom. »

Boissat a composé plusieurs poèmes en vers latins, des livres d'histoire, des discours moraux et politiques. Dans un de ces discours que nous n'avons plus, et qui était sur l'*Amour des corps* pour être opposé à celui de Desmarets sur l'*Amour des âmes*, « il établissait, dit Pelisson, par raisons physiques prises des sympathies, que l'amour des corps n'est pas moins divin que celui des esprits. » Il avait fait aussi un éloge des soldats français contre les Génois qui les attaquaient dans plusieurs libertés.

Boissat mourut en 1662, à l'âge de cinquante-neuf ans.

FURETIÈRE

Né en 1620, académicien en 1662, mort en 1688.

Voici un autre académicien qui a son aventure et une aventure plus fâcheuse encore que celle de Boissat. Furetière fut destitué de son titre d'académicien. Il est le seul qui l'ait été par une disposition spontanée de l'Académie, car, pour l'abbé de Saint-Pierre (1),

(1) Voir au VIII° fauteuil, t. I.

de puissantes interventions pesèrent sur le jugement, et, quant aux destitutions qui ont eu lieu depuis la Révolution, elles ont été faites par catégories, pour des motifs politiques et par les gouvernements. Mais Furetière a été expulsé individuellement pour des raisons à lui personnelles, et qui n'avaient rien de commun avec la politique. C'est donc un événement aussi étonnant qu'il est singulier, et qui n'intéresse pas moins l'histoire de l'Académie que celle de Furetière en particulier.

Voici les faits :

Antoine Furetière était né à Paris en 1620. Après avoir fait d'excellentes études classiques, il suivit les cours de droit et se fit recevoir avocat au parlement, et exerça la charge de procureur fiscal pour la riche abbaye de Saint-Germain-des-Prés. Puis il se dégoûta tout à la fois du monde et du palais, entra dans les ordres et eut le bonheur d'obtenir deux bons bénéfices. Alors il s'occupa de littérature et commença à donner au public plusieurs ouvrages.

Furetière était à la fois taquin et malicieux. Il aimait à chercher querelle, il se plaisait à lancer des épigrammes, et, comme il avait beaucoup d'esprit, il y réussissait parfaitement ; mais cet esprit et ces succès furent pour lui la source des plus sensibles désagréments. L'Académie l'avait admis dans son sein dès l'an 1662 et cela avait été de sa part un acte de justice où paraissait aussi beaucoup de magnanimité et de bonté, car Furetière qui attaquait tout le monde ne l'avait pas ménagée dans son ensemble et avait poursuivi de ses satires la plupart de ses membres en particulier. On l'aimait cependant pour son esprit qui égayait les réunions, mais on le redoutait pour sa malice. La Fontaine, Boileau, Racine lui-même n'étaient pas à l'abri de ses traits. Il composa des épigrammes contre tous les états, toutes les classes de la société. Sur la bourgeoisie ce fut tout un livre, le *Roman bourgeois* qu'il eut la bizarrerie de dédier au bourreau, mais la classe ouvrière et les gens de plume ne furent pas plus épargnés. C'est au point qu'il avait à la fin fort peu d'amis et que tout le monde le fuyait.

Cependant l'Académie travaillait à son dictionnaire par ordre du Roi, et elle avait obtenu un privilège pour avoir seule le droit d'en publier un sur tous les mots de la langue. Or, elle apprit bientôt que

Furetière en préparait un, à lui seul, et qui devait porter son nom; on sut même par quelle supercherie il avait obtenu un privilège pour le publier. Loin cependant de procéder d'abord contre lui, l'assemblée usa au contraire d'une très grande patience; prié plusieurs fois de s'expliquer à cet égard devant elle, il avait toujours refusé de se rendre à son appel, ce qui avait excité un mécontentement général. Combien ce fut pis encore quand on sut que Furetière, s'appropriant les travaux de l'Académie par un misérable plagiat, s'apprêtait à publier sous son propre nom, le dictionnaire fait en commun. Nouvelle invitation à comparaître; nouveaux refus. Le premier président de Mesme tenta des démarches personnelles auprès du plagiaire obstiné pour le ramener. Racine, La Fontaine, Despréaux voulurent aussi intervenir. Tout fut inutile. Furetière sembla même vouloir braver ses collègues en publiant l'*avant-propos* de son livre tout entier dirigé contre l'Académie.

« Il n'y eut donc plus, dit l'abbé d'Olivet, d'autre parti à prendre que de procéder contre lui dans les formes. C'était à l'Académie à s'en faire justice elle-même puisque ses statuts l'autorisent et même l'obligent à destituer un académicien « *qui aura fait quelque action indigne d'un homme d'honneur* », et quelle action plus indigne d'un homme d'honneur que d'avoir usurpé le travail de sa compagnie et cherché à la flétrir par des libelles répandus dans le public? Aussi ne balança-t-on pas. Furetière après avoir été de l'Académie pendant vingt-trois ans en fut exclu le 22 octobre 1665. Ce ne fut pas sans que le roi Louis XIV s'informât en sa qualité de protecteur de l'Académie si tous les ménagements possibles avaient été gardés et si les torts de Furetière étaient parfaitement établis. Mais il paraît que les choses étaient bien en règle et l'exclusion fut définitive. Cependant l'Académie voulant marquer sa douleur d'avoir été obligée d'en venir à cet éclat ne donna pas de successeur à Furetière. Sa place restée vacante et qu'on laissa vide à toutes les séances rappelait la faute de l'exclu et la violence que ses collègues s'étaient faite en prenant le parti de le bannir.

Loin de corriger Furetière, cette juste punition l'exaspéra. « Sa colère lui dicta, dit d'Olivet, des volumes de médisances et de railleries contre ses anciens confrères, mais railleries grossières, médisances brutales qui ne donnent pas une trop bonne idée de son esprit et qui en donna une bien plus mauvaise de son cœur. C'est ainsi qu'il passa misérablement les trois dernières années de sa vie à faire des libelles diffamatoires. Le torrent de ses invectives ne put être arrêté ni par la censure publique des magistrats, ni par la modération de ses confrères qui ne lui opposèrent qu'un généreux silence dont l'Académie leur donna l'exemple. On dit cependant qu'avant sa mort il fit faire par quelques amis, des rétractations et des excuses, mais *Moréri* qui l'avance n'en donne absolument aucune preuve. Cette mort arriva le 14 mai 1688, quand Furetière était dans sa soixante-huitième année. Il n'eut le temps de voir ni la fin du procès intenté pour l'abolition de son privilège, ni l'impression de son dictionnaire qui ne se fit qu'en 1690. Ses libelles intéressèrent pendant quelque temps le public à cause de leur actualité et des personnes qu'ils mettaient en jeu. Mais cet intérêt n'eut pas de durée, les personnes, comme les événements et les discussions, n'ayant pas tardé ainsi qu'il arrive toujours à faire place à d'autres. Aujourd'hui personne ne songe à les lire dans les grandes bibliothèques publiques où l'on pourrait les trouver, et celui qui s'y hasarde ne comprend rien aux pointes fines, aux allusions malicieuses dont ils sont remplis, et ne peut, par conséquent, y goûter aucun plaisir. Que lui importent, d'ailleurs, ces traits décochés avant tant de passion et tant d'esprit sur des morts entièrement inconnus? De tous les genres de célébrités, celle de la malice est la plus éphémère de toutes, et c'est une juste disposition de la Providence qui nous a créés pour la charité.

Furetière a fait des *Fables* assez peu appréciées, mais la parodie de *Chapelain décoiffé* est presque entièrement de lui, et il eut, paraît-il, quelque part dans la *Comédie des plaideurs*.

LA CHAPELLE

Né en 1655, académicien en 1688, mort en 1723.

Comment faire une étude sur La Chapelle sans rappeler l'épigramme de Boileau ?

> J'approuve que chez vous, messieurs, on examine
> Qui, du pompeux Corneille ou du tendre Racine
> Excita dans Paris plus d'applaudissements.
> Mais je voudrais qu'on cherchât tout d'un temps,
> — La question n'est pas moins belle, —
> Qui du fade Boyer ou du sec La Chapelle
> Excita plus de sifflements.

Boileau se trompe en cette occasion ; il prend ce qui aurait dû être, à son avis, pour ce qui était en effet. Que La Chapelle ait mérité d'être sifflé, on le peut penser, quoique ses comédies ne soient pas toujours sans mérite ; mais il est faux qu'il l'ait été en effet beaucoup, comme Boileau le fait entendre. La vérité est au contraire qu'il a joui d'une véritable vogue. Lui-même dans une de ses préfaces il en témoigne sa satisfaction dans des termes simples et naturels qu'on n'emploie jamais, si intéressé qu'on y soit, pour affirmer ce qu'on sait faux, et ce que tout le monde sait faux. Ses biographes s'accordent, il est vrai, à donner de cette vogue une explication qui n'est guère à son avantage ; connaissant la passion du public pour le comédien Baron, il composait ses drames en vue de donner à cet artiste des rôles, des situations conformes à son goût et à son talent. C'est donc l'acteur qu'on applaudissait bien plus que l'auteur. Mais il n'en est pas moins certain qu'au lieu d'être sifflées, les pièces de La Chapelle étaient généralement applaudies.

Jean de La Chapelle vint au monde à Bourges, en 1655. Il entra d'abord dans l'administration des finances, qu'il abandonna bientôt pour se consacrer aux muses, et principalement à celle de la tragédie ; Corneille était mort ; Racine avait quitté la scène ; c'était donc un moment heureux pour essayer de s'y faire un nom. Le lecteur a vu par quel moyen La Chapelle y réussit. *Zaïde, Cléopâtre, Téléphonte, Ajax* eurent le plus grand succès. Peut-être le genre sublime de Racine avait-il à la fin un peu lassé le public. Ne sait-on pas qu'il se fatigue des plus belles choses ? et que le changement est la loi indispensable des modes et des goûts ? La Chapelle fit quelques comédies, entr'autres *les Carrosses d'Orléans* qui furent encore plus admirées que ses tragédies. Enfin il composa des poèmes et des romans, les *Amours de Tibulle* et les *Amours de Catulle* qui rappelaient de beaux souvenirs et provoquaient des comparaisons très dangereuses, *Marie d'Anjou* où l'histoire et le roman étaient mêlés, les *Lettres d'un Suisse* où La Chapelle rendait compte au public des négociations dont le roi l'avait chargé auprès des autorités helvétiques pour les décider à garder la neutralité pendant la guerre de la succession. Ces ouvrages eurent moins de succès que les tragédies. Le public, bientôt revenu de ses engouements, ne tarda pas à comprendre que La Chapelle, quoiqu'il écrivît parfois d'une manière agréable, n'était ni un Racine ni un Pascal. Ses pièces furent moins demandées, et, moins heureux encore, ses romans furent dès le premier jour fort critiqués. Badinant sur la ressemblance du nom de *La Chapelle* avec celui de *Chapelle*, auteur d'un *Voyage à Montpellier* fort estimé, l'abbé Chaulieu disait dans une épigramme :

> Lecteur, sans vouloir t'expliquer
> Dans cette édition nouvelle
> Ce qui pourrait t'alambiquer
> Entre *Chapelle* et *La Chapelle*,
> Lis leurs vers et dans le moment
> Tu verras que celui qui si maussadement
> Fit parler Catulle et Lesbie
> N'est plus cet aimable génie
> Qui fit ce voyage charmant,
> Mais... quelqu'un de l'Académie.

Chaulieu, comme on pense bien, n'en était pas. — La Chapelle mourut à Paris, le 29 mai 1723, presqu'oublié déjà dans le monde des lettres, mais regretté de beaucoup d'amis à cause de sa douceur, de sa modestie et de son affabilité envers tous. Il avait remplacé Furetière à l'Académie. On admira l'habileté avec laquelle il parla de lui dans son discours de réception, louant beaucoup son talent et ne faisant qu'une allusion voilée à son expulsion et aux torts si graves qui l'avaient occasionnée.

L'ABBÉ D'OLIVET

Né en 1682, académicien en 1723, mort en 1768.

L'abbé d'Olivet est le second historien de l'Académie, notre second devancier, s'il nous est permis de le dire, dans la difficile et noble tâche de composer l'histoire du premier corps savant de l'Europe. A ce titre nous lui devons un hommage particulier de reconnaissance, car son travail nous a été, ainsi qu'aux autres historiens de l'Académie, de la plus grande utilité. Sans lui combien de détails précieux seraient demeurés dans l'oubli! Combien d'hommes justement célèbres dans leur temps nous seraient complètement inconnus! Les princes, les grands généraux ne manquent jamais d'historiens ; les écrivains au contraire en ont très peu. Il ne reste d'eux, la plupart du temps que leurs ouvrages qui souvent ne sont connus que des savants, et parmi ceux même que le public a le plus justement admirés, combien peu survivent à leurs auteurs et surtout à leur siècle ! L'histoire de l'Académie par d'Olivet ne va malheureusement pas au de là du règne de Louis XIV. On assure qu'il l'avait menée plus loin mais que l'ennui d'avoir à parler d'écrivains vivants qu'il estimait peu le détermina à jeter au feu ses derniers cahiers. Ce fut un grand malheur pour les lettres, car ce qui nous est demeuré de ce travail fait vivement regretter le reste. Sans avoir le charme naïf et piquant de Pélisson, d'Olivet écrit cependant d'une manière originale et intéressante. Il a, comme son devancier, l'amour des détails biographiques, trop dédaignés parfois des grands historiens et qui font tant aimer les mémoires. Comme les récits de Pélisson, sa narration respire la sincérité ; et il a encore plus que lui cette patience dans les recherches qui garantit l'exactitude. Son style est sobre et simple, comme celui des anciens dont il était l'admirateur passionné. Impossible de pousser plus loin l'horreur de l'emphase et des faux brillants. C'est au point, dit M. Weis, qu'il en tombe quelquefois dans le genre familier, mais cette familiarité, s'il faut appeler ainsi sa manière naturelle et intime d'écrire les biographies, n'a jamais rien de vulgaire ou de trivial. C'est la familiarité d'un causeur du meilleur ton qui s'entretient sans étude avec des amis. Elle rend facile la lecture de son ouvrage, et lui fait éviter la monotonie, si à craindre dans une suite de portraits, souvent assez semblables les uns aux autres.

Joseph Toulhier d'Olivet naquit en 1682, à Salins, en Franche-Comté, d'une famille de magistrats. Son père, magistrat lui-même, confia son éducation aux jésuites dont Joseph d'Olivet devint le collègue après avoir été leur élève, et qui reconnurent parfaitement ses heureuses dispositions. Ses premiers travaux furent des compositions en vers français, mais il s'en détourna bientôt pour s'attacher à l'étude de l'éloquence et spécialement de Cicéron, le prince des orateurs romains, dont il traduisit les plus belles œuvres et pour lequel il avait un véritable culte. Ses supérieurs lui ayant donné la tâche d'écrire l'histoire de la compagnie de Jésus, il alla à Rome pour recevoir du célèbre P. Jouvency tous les renseignements, toutes les notes nécessaires à ce travail, mais il s'y attacha peu, et désespérant d'y réussir, il résolut pour ne pas être obligé de l'entreprendre d'abandonner la compagnie elle-même. En vain on lui confia pour le retenir la place d'instituteur du prince des Asturies, il préféra au séjour d'une cour brillante sa liberté et une vie obscure toute employée à l'étude. Il avait vu Paris pendant son cours de théologie, il s'y était lié avec Mabillon, Huet, J.-B. Rousseau, et surtout Boileau dont le commerce avait augmenté son goût pour la simplicité harmonieuse et savante des grands historiens. Il avait eu Voltaire pour élève et il avait deviné son génie : c'étaient autant d'attraits qui le détournaient de sa première vocation.

L'abbé d'Olivet vint donc à Paris ; son premier travail fut une traduction des *Catilinaires* de Cicéron et des *Philippiques* de Démosthènes. Il fit sensation dans le monde des savants. La traduction était le génie propre de d'Olivet : « J'ai été traducteur, écrivait-il dans sa préface, comme on est poète, parce qu'il faut céder à un ascendant secret qui ne nous permette pas de fuir le danger, même en nous le faisant voir. » Le danger c'était à ses yeux de ne pas savoir rendre à la fois le sens et la beauté de l'auteur, car « la traduction est un genre d'écrire dont la difficulté ne saurait être mesurée que par ceux qui sont capables de la vaincre ; et il faut, entre le traducteur et l'auteur, une certaine proportion de mérite. »

La réputation de l'abbé d'Olivet s'établit si bien sur ses premiers travaux que l'Académie le mit au nombre de ses membres sans qu'il en eût fait la demande, et pendant qu'il était fort loin de Paris occupé à rendre les derniers devoirs à son père ; c'était s'écarter de la coutume et même de la règle, mais un académicien, le savant abbé Fraguier (1), se porta caution pour l'absent, assurant qu'il accepterait cet honneur avec reconnaissance, et la compagnie fit l'élection à la presque unanimité des voix. « Vous le voyez, Monsieur, écrivait d'Olivet au président Bouhier, le proverbe qui dit que les biens viennent en dormant n'est pas menteur. Depuis plus d'un mois, je n'avais pas eu de nouvelles de Paris et la dernière fois que j'y avais écrit, j'avais chargé M. l'abbé Fraguier de témoigner en mon nom que je ne souhaitais point qu'on fît mention de moi cette fois-ci. »

La renommée du nouvel académicien comme traducteur des grands maîtres ne s'étendit pas seulement en France, car il reçut du gouvernement anglais des offres magnifiques pour s'appliquer à une traduction de toutes les œuvres de Cicéron. C'était lui proposer le travail le mieux adapté à ses goûts et à ses talents, mais il ne voulut pas le faire pour des étrangers : informé bientôt de la démarche du ministre anglais, le cardinal de Fleury retint pour l'éducation de son auguste élève la traduction demandée. D'Olivet la fit en effet, et elle parut dans une édition sous tous les rapports admirable. Le soin des typographes ayant égalé celui du traducteur, ce fut un véritable chef-d'œuvre d'exactitude, d'harmonie, de correc-

(1) Voir au IIIe fauteuil, t. I.

tion. Dans la préface, également savante et bien écrite, qui sert de frontispice à cet ouvrage, d'Olivet indique les sources où il a puisé et apprécie avec impartialité les travaux de ses devanciers.

L'abbé d'Olivet était aussi un grammairien distingué. Il composa sur la syntaxe et les lois d'harmonie de notre langue un ouvrage intitulé *Prosodie française* dont Voltaire avait dit « qu'il subsistera aussi longtemps que la langue française », ce qui paraîtra sans doute un éloge un peu exagéré surtout depuis que la *Prosodie* est complètement tombée en oubli. Mais l'ouvrage n'en était pas moins excellent et sa vogue aurait duré davantage si nombre d'autres livres n'en étaient pas la reproduction sous des noms différents et avec quelques changements de disposition. Dans le même ordre d'idées d'Olivet fit paraître des *Remarques de grammaire* sur Racine, où il tirait à la fois de notre grand poète tragique le précepte et l'exemple du beau langage, faisant voir que « malgré la gêne du mètre et l'entraînement de la poésie, il y a en lui moins à reprendre que dans nos ouvrages de prose les plus estimés ».

L'amour de l'abbé d'Olivet pour les anciens, qui fut peut-être un peu excessif, le rendit parfois injuste pour les modernes et leurs partisans. Il méconnut le talent de La Bruyère dont le style s'éloignait trop des règles classiques pour être entièrement de son goût. Dans son discours de réception à l'Académie qui fut sur les causes de la décadence du goût chez les anciens, le public avait cru voir des allusions mortifiantes pour plusieurs écrivains du jour qui s'armèrent contre lui et lui lancèrent plus d'une épigramme. Quoiqu'il fut, au jugement de tous ceux qui le connaissaient, modeste et doux, il avait cependant sur ces sujets des convictions très arrêtées, et qui s'exprimaient d'une manière assez tranchante pour donner prise à ces railleries où on le traitait de pédagogue et de censeur. Bien plus, au lieu de maintenir le débat sur ce terrain où l'abbé aurait eu tant d'avantages, comme il arrive toujours en ces occasions, ses adversaires le transportèrent sur les sujets les plus différents. L'on trouva que dans sa préface pour la traduction de *la Nature des dieux* il avait parlé comme un philosophe déiste, d'autres disaient comme un athée, bien plus que comme un prêtre chrétien. Le reproche devint encore plus vif quand il édita le traité de la *Faiblesse de l'esprit humain* par le célèbre Huet évêque d'Avranche. Il fallut que d'Olivet fît sa propre apologie et produisît les cahiers écrits de la main même d'Huet pour que l'opinion revînt tout à fait à lui. En attendant les épigrammes allaient leur train, et d'Olivet, fatigué de ces misérables chicanes excitées par la jalousie, sentit le besoin de faire de longs voyages pour reposer et rafraîchir son esprit. En Angleterre le célèbre Pope, partisan comme lui assez exclusif des anciens, lui fit les plus beaux accueils. Jean-Baptiste Rousseau l'attendait à Bruxelles au moment où il descendait de voiture, pour le recevoir comme un frère, et marqua à tous l'estime qu'il faisait de lui.

Ces querelles d'ailleurs, ces inimitiés ne sont que des exceptions, des épisodes rares et isolés dans la vie de l'abbé d'Olivet dont le caractère doux et pacifique gagnait l'affection de tous. Nous l'avons vu, son amour excessif et exclusif des anciens en fut la cause jointe à une franchise qui allait parfois assez près de la brusquerie. Hormis de rares occasions cet excellent prêtre vivait dans la solitude d'un travail modeste et assidu, et, ce qui ne s'exclut pas, dans la société de tous les hommes instruits de son temps. Huet, Fraguier, le cardinal de Fleury, Oudin, Rouhier, J.-B. Rousseau, Rollin, Batteux furent ses intimes amis comme Boileau et Voltaire lui-même, malgré la différence des âges. Aussi est-ce absolument contre la vérité que Piron osa terminer une épigramme contre d'Olivet par ces deux vers :

> Du reste il n'aima personne
> Et personne ne l'aima.

Il aima surtout l'Académie. Assidu à ses séances, et fidèle à tous ses règlements, il prit toujours à ses travaux une part active et vaillante. Son caractère facile et doux dans sa jeunesse avait pris, à la fin de sa vie, quelque chose de rude et de brusque qui pouvait éloigner au premier abord, mais son cœur était simple et bon, et ses amis ne s'y trompaient pas. Son désintéressement était sans pareil. Quoique intimement lié avec le ministre Fleury, il ne demanda jamais rien et n'obtint qu'un bénéfice de peu de valeur avec une modique pension de quinze cents francs. Ce qui ne l'empêcha pas de faire toujours bénir son nom par les pauvres de son voisinage. Parvenu à une extrême vieillesse il renonça aux travaux qui avaient fait le charme de sa vie et quitta la lecture de Cicéron pour celle de l'Evangile, le culte des muses pour la pratique exclusive des exercices de piété. Sa tête était saine et forte comme aux plus beaux jours de sa vie quand, le 8 octobre 1768, il fut frappé de l'attaque d'apoplexie qui le conduisit à la mort. Il était âgé de quatre-vingt-six ans.

CONDILLAC

Né en 1715, académicien en 1768, mort en 1780.

L'abbé de Condillac a été le contemporain, et même, ce qui est étonnant de la part d'un ecclésiastique, l'ami de tous les chefs de l'école encyclopédiste. Jean-Jacques Rousseau surtout ainsi que Diderot et Duclos vivaient avec lui dans les termes d'une véritable intimité. Il est résulté de ce commerce avec les ennemis de la religion d'abord un peu d'incertitude dans sa foi, et beaucoup d'équivoque sur sa mémoire. Il parlait comme ces étranges amis sur bien des sujets, et, alors même que ses principes étaient différents des leurs, son langage se ressentait toujours un peu de ses entretiens avec eux. Aucun esprit n'est assez fort pour ne pas prendre quelque chose de ceux qu'il fréquente, et nul ne peut ôter au public le droit qu'il s'est toujours donné, et que la sagesse éternelle consacre elle-même, à savoir de juger un homme d'après ses amis. Condillac a donc passé pour irréligieux et impie comme ceux qu'il fréquentait. Il ne l'était cependant pas, et, quoiqu'on pût relever dans ses nombreux ouvrages bien des idées inexactes et des expressions défectueuses, il se dégage de l'ensemble, une impression certaine de foi sur l'existence de la divinité, sur la spiritualité et l'immortalité de l'âme, sur la providence qui conduit toutes choses en ce monde, et doit rendre dans l'autre une exacte justice à tous les hommes, ce qui suffisait peut-être dans des ouvrages exclusivement philosophiques. Aussi le Saint-Siège si attentif à condamner les livres qui renferment des erreurs contre la religion n'a-t-il jamais formulé d'anathème contre aucun des siens ; c'est à peine s'il interdit la lecture de son *Grand Cours d'instruction* où se trouvent beaucoup d'idées peu sûres et d'expressions équivoques. Encore cette mise à l'*index* d'un ouvrage publié en 1755 n'a-t-elle eu lieu que quatre-vingts ans plus tard, en 1836, et moins peut-être pour les défauts du livre en lui-même, que pour l'abus qu'on en faisait.

Etienne Bonnot de Mably de Condillac naquit à Grenoble en 1715. Il était frère du célèbre abbé Mably, historien et philosophe distingué. On sait assez peu de chose de sa vie toute passée dans le travail et la solitude. Son éducation fut forte et brillante, ses mœurs graves et dignes. Il alla peu dans le monde, ne s'y fit pas de réputation, n'y laissa pas de souvenir. Un irrésistible penchant le poussa dès sa jeunesse vers les études métaphysiques et tous les ouvrages qu'il a publiés se rattachent à cet ordre de connaissances. Aussi son talent n'était-il pas du genre de ceux que la multitude apprécie, mais il a toujours joui de la gloire d'être, au jugement des hommes capables, un des premiers philosophes de son temps. Louis XV le tira de sa retraite pour lui confier l'éducation de son petit-fils l'infant Fernando duc de Parme, ce qui fut pour lui l'occasion de composer un très important ouvrage sur la méthode pour bien enseigner ; mais, cette éducation une fois finie, il revint à sa retraite, et reprit ses études solitaires qu'il ne quitta plus. En 1768 il fut reçu à l'Académie française. On a remarqué que la séance de sa réception fut la seule où il ait jamais assisté. Le commerce des hommes les plus capables ne valait pas autant à ses yeux que les livres et la solitude. C'est au milieu d'eux qu'il mourut en 1780, à peine âgé de soixante-cinq ans, et au plus beau moment de sa renommée et de son génie.

Ce n'est pas ici le lieu de rendre compte de tous les ouvrages de Condillac. Si rapide que pussent être l'analyse et l'appréciation qu'on en ferait, elles demanderaient une étendue que notre travail ne comporte pas, parce que tous ces ouvrages, sans aucune exception, sont très importants et très substantiels ; les principaux sont : l'*Origine des Connaissances humaines*, le *Traité des Sensations*, et le *Cours d'études*.

Dans le premier de ces ouvrages, Condillac nous fait voir quels sont les matériaux de nos connaissances, par quelles facultés ils sont mis en œuvre et quels instruments l'esprit emploie pour ce travail. C'est avec le principe de la liaison des idées qu'il explique la plupart des phénomènes de l'esprit humain. Les idées ne se lient entre elles que par le moyen des signes, et c'est surtout dans la formation des signes et dans l'explication de leur pouvoir que Condillac déploie la supériorité de ses vues ; c'est lui qui nous apprend que c'est à l'usage des signes que l'homme doit le développement de sa pensée, et que c'est à l'institution des signes que commence l'exercice de la pensée, en un mot que nous ne savons réfléchir que parce que nous savons parler. Quand cet ouvrage parut, les ennemis de la gloire naissante de l'auteur s'écrièrent que toutes ces théories n'étaient pas nouvelles et que Locke en particulier les avait déjà professées, mais tous ceux qui connaissent le philosophe anglais savent très bien que cette assertion ne peut pas se soutenir, car, outre qu'il n'avait point connu le principe de la nécessité des signes pour la pensée, il n'avait rien pressenti de ce qui remplit la seconde partie du livre de Condillac, sur le langage d'action et l'origine des arts. Cette partie dans l'*Origine des Connaissances* est peut-être moins savante que la première, mais elle est, en revanche, d'un intérêt plus pratique et plus amusant.

Le *Traité des Sensations* a pour objet de mettre dans tout leur jour le progrès et le développement de nos facultés, depuis la première impression sensible jusqu'aux conceptions les plus élevées. L'auteur suppose une statue inanimée à laquelle on donnerait tous nos sens l'un après l'autre et il examine les notions diverses qu'elle acquerrait ainsi successivement. Mais, d'après lui, nous ne connaissons que nos sensations et non pas en réalité les propriétés essentielles des corps ; d'où il résulte que la volonté divine pourrait être l'unique cause réelle de nos sensations ; ce qui rapprocherait ce système de l'ontologisme de Malebranche. Plusieurs bons esprits craignirent aussi que la théorie de Condillac ne conduisît logiquement à des conclusions matérialistes ; mais, outre que la déduction paraît forcée en elle-même, il est certain qu'elle n'entrait pas dans l'esprit de Condillac qui n'entendit jamais rien enseigner qui fût contraire à la foi.

Le *Traité des Etudes* renferme un vaste programme d'enseignement. On y trouve l'*art d'écrire*, l'*art de raisonner*, l'*art de penser*, une *grammaire universelle* et une *histoire générale des hommes et des empires*. Ce plan immense, et qui semble au-dessus des forces d'un homme, Condillac l'a exécuté dans toutes ses parties avec une grande richesse de conception et des vues pleines d'élévation et d'utilité. Toutefois on a pu craindre que ce livre ne favorisât, même contre l'intention de l'auteur, les tendances irréligieuses de l'époque. C'est pour cela que le duc de Parme, Ferdinand-Louis, pour lequel il avait été composé, le proscrivit plus tard dans ses Etats, et c'est sans doute aussi la même raison qui porta le tribunal de l'*Index* à le mettre au nombre des ouvrages dont la lecture est défendue.

COMTE DE TRESSAN

Né en 1705, académicien en 1781, mort en 1783.

Louis-Elisabeth de la Vergne, comte de Tressan, était né au Mans le 4 novembre 1705 dans le palais de son oncle qui était évêque de cette ville et devint un peu plus tard archevêque de Rouen. Sa famille étant au mieux la cour, il eut l'honneur d'être admis à partager les leçons données au roi Louis XV, ce qui lui valut l'affection tout à fait particulière de ce prince ; Louis de Tressan était d'une figure charmante, d'un esprit et d'un caractère très agréables. Le jeune roi ne pouvait se passer de lui, au point que ses maîtres pour le punir après une faute n'avaient qu'à éloigner son favori. Au reste, c'était le mérite et le bonheur de Tressan de se faire aimer partout et de tous.

Devenu jeune homme, il eût voulu s'appliquer uniquement à l'étude; déjà il avait fait de grands progrès et s'était attiré l'affection des plus beaux esprits de la capitale. Montesquieu, Massillon,

Voltaire, Fontenelle, le président Hénault avaient vu ses premiers essais littéraires et lui avaient donné avec les conseils de l'expérience, les encouragements de l'amitié; il allait de bonne heure se faire une belle réputation de science et d'esprit; mais une convenance impérieuse de sa naissance et de son rang l'obligea de renoncer à cette carrière pour embrasser celle des armes. Tressan n'en fut pas longtemps contrarié. Jeune, actif, intelligent, ambitieux, il porta sous les drapeaux l'ardeur qu'il voulait mettre à l'étude, c'était toujours pour lui courir à la gloire. Il fit la guerre de 1733, entreprise pour soutenir l'élection de Stanislas au trône de Pologne, et fut blessé au siège de Philipsbourg. A la conclusion de la paix il fut nommé colonel. En 1741, nous le retrouvons en Flandre où il combattit jusqu'en 1744. Il obtint alors le grade de maréchal de camp et se signala aux sièges de Menin, d'Ypres et de Furnes. L'année suivante, il fit avec le roi celui de Tournon. Il était son aide de camp à la bataille de Fontenoy où il fut gravement blessé. « Vous m'avez bien servi, lui dit Louis XV, que puis-je faire pour vous en récompenser? — Sire, répondit Tressan, je supplie Votre Majesté de me laisser combattre avec mon grade jusqu'à la fin de ma vie. » Pour exaucer ce noble vœu, Louis XV lui avait donné un commandement supérieur dans l'expédition qu'il avait résolue en faveur de Georges Stuart, mais cette expédition ne put avoir lieu, et Tressan mis à la tête d'un corps d'armée qui avait ordre de camper sur les bords de la Manche fut obligé de rester longtemps au repos.

Ces loisirs forcés ramenèrent Tressan à son goût pour l'étude. Il composa un *Traité de l'électricité*, savant pour l'époque, qui le fit admettre à l'Académie des sciences et à la Société Royale de Londres. A Toul, où il fut envoyé en 1750 comme gouverneur de la Lorraine française, et à Lunéville où le roi Stanislas réduit au titre de grand-duc de Lorraine et de Bar, voulut qu'il habitât auprès de lui avec la qualité de grand maréchal, Tressan continua ses études scientifiques, en les appliquant à la l'art de la guerre, à l'agriculture et à l'administration.

Le bon roi Stanislas l'aimait comme son enfant et le traitait avec la plus affectueuse familiarité. Sans en avoir le titre officiel, Tressan était son premier ministre. C'est lui qui fonda l'Académie de

Nancy. On le vit parcourir en tous sens le petit état de son auguste ami, étudiant tous les besoins et conseillant ensuite à Stanislas les mesures les plus utiles. En même temps, il trouvait le moyen d'entretenir avec plusieurs personnes de la cour de Versailles et de Paris une correspondance au moyen de laquelle il se tenait au courant de tout et conservait la faveur du roi. Il envoyait aux savants d'utiles mémoires, aux dames de la cour des rondeaux et des sonnets, qui faisaient admirer son esprit, sa galanterie et les grâces de son style.

Par malheur, il envoyait aussi des épigrammes, où sous des formes aimables et avec le ton le plus gracieux, il accablait de ridicules les hommes du jour mieux traités que lui par la fortune et ceux surtout qu'il soupçonnait de nuire à son avancement. Fit-il aussi des couplets contre les grandes dames de la cour, et même contre la Favorite? On lui en attribua plusieurs et il s'en défendit assez mal, ce qui lui attira, comme on peut le penser, la disgrâce de Louis XV, et de puissantes inimitiés. Cet esprit caustique et malin du comte de Tressan contrastait sensiblement avec la douceur de ses manières et de son langage. « C'est une guêpe noyée dans du miel », disait en parlant de lui la marquise de Boufflers. La comparaison était sévère, mais ce n'était qu'une revanche dont le malicieux chansonnier n'avait pas le droit de se plaindre.

A la nouvelle de cette disgrâce, le roi Frédéric de Prusse se hâta d'offrir à Tressan son amitié avec un commandement dans son armée. C'était mal connaître le courtisan de cette époque, homme bien souvent léger et malicieux, mais Français toujours fidèle. « Sire, répondit Tressan, je suis français, je me dois à mon roi et à ma patrie; vous ne me feriez plus l'honneur de vos bontés si je les abandonnais. » L'amitié du bon roi Stanislas fut à Tressan une plus douce consolation. Il en jouit, sans qu'aucun nuage vînt la troubler, jusqu'à la mort de ce prince qui arriva en 1766. Il revint alors en France, s'établit d'abord en Champagne, puis à Paris où il reprit ses anciennes relations avec les hommes de lettres et les savants, et se remit à composer des ouvrages qu'il leur soumettait.

Dans un voyage à Rome qu'il avait fait avant d'embrasser l'état militaire, Tressan avait découvert dans la bibliothèque du Vatican une grande collection de romans d'amour et de chevalerie écrits en langue provençale, et assez négligés par les habitués de ce palais. Ce fut une mine d'or pour lui, mais qu'il ne put d'abord exploiter, la mort de sa mère et celle de son oncle, l'archevêque de Rouen, l'ayant rappelé en France, où ses idées sur le choix d'un état de vie changèrent de direction ; mais il y revint à la fin de sa vie. Retiré après ses disgrâces dans l'aimable demeure de Franconville, près Montmorency, fatigué par de fréquents accès de goutte et sentant d'ailleurs le poids des années qui venait sur lui, il se consolait de ses misères en composant des extraits et résumés de ces ouvrages pour la collection entreprise par le marquis de Paulmy sous le titre de *Bibliothèque des romans*. C'était rendre un très grand service aux amis de ces lectures romanesques, car les livres anciens étaient d'une longueur à désespérer les plus obstinés. Tous les soupirs du cœur étaient traduits, toutes les conversations en quelque sorte sténographiées, sans qu'on y fît grâce de rien. Pas la moindre élision, pas le plus petit sous-entendu ; aussi l'*Amadis des Gaules* avait-il vingt-deux tomes in-octavo et la plupart des romans de son âge n'en avaient pas beaucoup moins. Tressan les réduisait au huitième, au dixième quelquefois, pour les mettre en rapport avec l'habitude du lecteur moderne et français, et encore paraîtraient-ils longs de nos jours ; mais ce qui le fit surtout admirer c'était le tact et le soin avec lequel ces réductions étaient faites. En homme de bon goût et qui connaît son siècle, Tressan ne retranchait que les inutilités, les diffusions, si bien que l'intérêt, loin d'être amoindri, n'en devenait que plus rapide et plus touchant ; il parvenait même à laisser à chaque auteur sa physionomie propre, son caractère et son accent naturel, ce qui s'explique par son système de réduction qui consistait moins à résumer qu'à retrancher. Aussi ce qui restait après l'opération était-il du style même de l'auteur et gardait-il le parfum natif de l'époque et du pays. En une douzaine de volumes il a ainsi publié sous le nom d'*Extraits* la réduction de douze ou quinze romans qui formaient à eux seuls une bibliothèque de cent ou cent cinquante gros tomes. Il faut citer les principaux : *Roland furieux, Tristan de Léonois, Arthas de Bretagne, Flore et Blanche fleur, Gérard de Nevers, la Fleur des batailles, Don Ursino, Zélie* et enfin le

Roman de la Rose dont la réduction parut en général trop abrégée.

Tressan a publié en outre des discours académiques, un éloge de Fontenelle et un grand nombre de petites pièces de vers destinés à accompagner des dons galants, des épigrammes, des sonnets, des chansons et autres poésies de société fort admirées dans le temps, mais dont l'intérêt aujourd'hui ne se comprend même plus. Dans ces bagatelles comme dans ses discours plus sérieux, Tressan respecta toujours la religion. Lorsque La Mettrie fit paraître son *Homme machine*, un ami de Tressan lui en envoya un exemplaire avec une lettre en vers où il en faisait vivement l'éloge. « Je me crus obligé, dit Tressan, de le réfuter et de professer publiquement les principes dont je ne me suis jamais écarté et auxquels la vraie philosophie ramènera toujours. »

Tressan désirait depuis longtemps occuper un des quarante fauteuils, et l'Académie s'était plusieurs fois montrée favorable à son désir. Dès l'année 1747 on avait voulu le nommer à la place du président Bouhier. La crainte qu'un extrême éloignement — il était alors à Lunéville — ne l'empêchât de venir aux séances, fit ajourner ce dessein, peut-être aussi la crainte de déplaire à Louis XV dont il avait si imprudemment chansonné les amours. En 1781, ces raisons diverses n'existant plus, son élection se fit à une très grande majorité. Elle le combla de joie, mais il ne jouit pas longtemps d'un honneur si ambitionné, car il mourut en 1783. Quoiqu'il eût toujours suivi et professé les bons principes, il voulut à sa dernière heure faire une nouvelle déclaration de sa foi, et rétracter formellement tout ce qu'il aurait pu dire d'incertain ou d'équivoque sur le sujet de la religion. Il visait alors son discours de réception à l'Académie dans lequel on avait remarqué, sinon des erreurs, du moins des expressions mal assurées et trop complaisantes, ainsi que des éloges exagérés des philosophes auxquels il devait son élection.

BAILLY

Né en 1736, académicien en 1784, mort en 1793.

Parmi les personnages que la Révolution a rendus célèbres, Bailly peut être considéré comme le type de ceux qui l'ont d'abord aimée puis combattue, et qui ayant été ses admirateurs sont devenus ses victimes. On n'en trouverait peut-être aucun dont l'ivresse au début ait été plus grande, dont le repentir ensuite ait été plus vif et à la fin le châtiment plus terrible. Mais ce qui le distingue plus que tout le reste, entre tant de complices convertis et devenus victimes, c'est la vérité de ses regrets et la grandeur de son courage. A tous ces titres la vie de Bailly se recommande aux réflexions de l'observateur et du moraliste bien plus qu'aux études du littérateur et du savant.

Jean Sylvain Bailly naquit à Paris le 15 septembre 1736. Son père était garde des tableaux du roi et le destinait à la peinture, mais Sylvain préféra la poésie et composa d'abord quelques drames en vers que ses amis ne lui conseillèrent pas de publier. Ayant alors rencontré dans les compagnies savantes qu'il fréquentait, le célèbre abbé Lacaille, grand physicien et astronome éminent qui le prit en affection, il s'attacha fortement à lui et à cette science des astres dont il était alors le maître le plus distingué. Il fit, sur le disque de la lune et sur la comète de 1759 ainsi que sur les satellites de Jupiter, des observations qui furent très remarquées. Bientôt après il publia son *Histoire de l'astronomie ancienne et moderne* qui est le plus considérable de ses ouvrages et celui qui détermina son admission dans nos trois académies nationales. En vain les écrivains religieux y signalèrent-ils des erreurs nombreuses et l'appelèrent-ils, comme le P. de Feller, un *mauvais roman de physique*, charmés par la beauté de l'exposition et l'éclat d'un style brillant quoique trop recherché et fort prétentieux, le public et les savants en firent l'éloge et portèrent son auteur aux nues. Peut-être aussi les erreurs mêmes furent-elles la cause de son succès auprès d'une génération toujours prête à applaudir les ouvrages qui mettaient la science en opposition avec la foi. « Bailly, dit M. Biot, s'est trop livré à son imagination, quand il a voulu remonter si haut dans l'histoire de l'astronomie et en s'efforçant d'en rechercher les traces dans une antiquité fabuleuse. » Mais c'était alors la manie de tous les savants ; il fallait que l'origine du monde remontât à une antiquité sans comparaison supérieure à toutes les idées historiques, pour que le récit de Moïse sur la création fût convaincu de fausseté avec toute sa chronologie.

Cette *Histoire de l'Astronomie* avait deux parties qui parurent séparément et à quelque temps d'intervalle. C'étaient l'*Astronomie ancienne* et *la moderne*. Dans la seconde, Bailly s'était montré fort impartial sur les questions agitées entre les différentes écoles, et admirateur sincère autant qu'éclairé des grandes découvertes. Peut-être les astronomes et les géomètres désireraient-ils que les découvertes créatrices y fussent plus nettement exposées et que les faits scientifiques y fussent moins enveloppés de réflexions étrangères ; mais si ce sont là des défauts, ils blessent trop peu de personnes pour nuire beaucoup au succès d'un livre.

Bailly jouissait de la renommée que ses ouvrages d'astronomie lui avaient value, quand il lui vint une nouvelle occasion de se faire connaître. C'était en 1784 ; les prodiges annoncés par Mesmer commençaient à occuper toute la France et l'enthousiasme qu'ils excitaient vint à ce point que le gouvernement dut s'en occuper. Une commission choisie parmi les savants et les médecins les plus distingués de la capitale fut chargée par le Roi d'examiner la doctrine du magnétisme animal sous le double rapport de sa réalité et de son influence sur la morale publique. Bailly fut l'un des commissaires et tout naturellement chargé, à cause de sa réputation d'écrivain, de rédiger le résultat des discussions. Le rapport qu'il fit sur cet objet fut communiqué au public, qui le lut avec une grande avidité. C'était une étude pleine de raison, de justice et de vérité. Les faits y étaient sérieusement contrôlés et analysés et la conclusion était qu'aucun d'eux n'était réfractaire à une explication purement scientifique. Ce rapport calma tout de suite l'exaltation publique et fixa sans retour l'opinion des vrais physiciens. Quant à la question, beaucoup plus importante, de l'influence des pratiques du magnétisme sur la morale publique, les commissaires l'examinèrent aussi, mais ils crurent devoir en faire l'objet d'un mémoire séparé qui serait remis au Roi, sans passer sous les yeux du public. Ce rapport a été retrouvé et imprimé longtemps après; comme le premier, il fait honneur à la finesse d'observation et à la sagesse des commissaires aussi bien qu'à la plume de Bailly. Il explique les véritables causes des phénomènes en question, à savoir du magnétisme, de ses succès, de son influence, qui sont l'attouchement, l'imitation et le pouvoir de l'imagination sur les sens. Un autre rapport, que Bailly fut appelé à faire peu de temps après sur un sujet humanitaire, mit le comble à sa considération, à sa renommée et à l'affection publique envers lui. Il s'agissait de la construction des hôpitaux. On admira dans les plans proposés par Bailly, la bonté du cœur qui devine tous les besoins, et la sagesse qui pourvoit à tout, même avec des ressources médiocres.

Rien ne manquait au bonheur de Bailly. Il avait l'estime des savants, l'affection du peuple et les plus douces joies de la famille. Aucune question importante de science ne se traitait sans lui. Comme Fontenelle, et, comme lui seul, il était de nos trois Académies nationales, et plusieurs autres Sociétés savantes de France et de l'étranger se faisaient honneur de le compter parmi leurs membres. La Révolution qui survint alors mit le comble à sa célébrité et fut bientôt pour lui la cause des plus grands maux.

Il fut d'abord nommé par le tiers-état de Paris député aux États généraux et maire de Paris. Ce fut la cause de tous ses malheurs. Il aima cette révolution qui le plaçait parmi les représentants du pays et ouvrait devant lui les horizons de la vie publique. Nommé bientôt président des députés de son ordre, non seulement il épousa les intérêts du tiers-état, mais aussi ses prétentions, ses ambitions; la supériorité des autres ordres devenue plus sensible pour lui dans l'assemblée par l'inégalité de la tenue, des sièges et des rangs, le révolta. Il présida à la séance du Jeu de Paume, tenue malgré les ordres du Roi, et jura avec ses collègues de donner une Constitution à la France. Il applaudit aux paroles arrogantes que répondit Mirabeau à l'envoyé du Roi qui enjoignait à la réunion de se dissoudre. Il osa enfin répondre lui-même au message de Louis XVI : « La nation assemblée n'a pas d'ordres à recevoir ! » Aussi, le lendemain, fut-il maintenu au fauteuil de la présidence par les trois ordres réunis. Quelle élévation pour le modeste savant, pour le fils du garde des tableaux ! Mais aussi quel chemin il avait fait en si peu de jours dans la révolte ! Qu'il y avait loin de celui qui naguère était tout entier plongé dans les études astronomiques au chef de parti qui répondait à l'envoyé de son Roi : « Nous refusons d'obéir. » Le repentir et l'expiation ne se firent pas attendre.

Il eût fallu pour soutenir sa fortune, dans un tel moment, pouvoir applaudir à tout ce qu'allait faire un peuple en délire. Les intrigants n'hésitèrent pas et ils survécurent ainsi à la crise, ou ne succombèrent que plus tard. Bailly n'était pas un intrigant, c'était un honnête homme séduit par les théories du jour, mais de bonne foi, et plein d'horreur pour tous les crimes. Aussi son illusion ne dura-t-elle qu'un jour, ainsi que sa fortune. Les assassinats qui ensanglantèrent la prise de la Bastille déterminèrent sa conversion ; il comprit tout de suite où l'on allait, et n'ayant pu sauver les victimes, il recula épouvanté. « On le trouva froid, dit M. Tastée on lui reprocha de ne pas pousser les cris meurtriers dont Paris retentissait chaque jour. » Bientôt il ne suffit plus à sa conscience de ne pas approuver les sanglants excès, il se crut obligé de les réprimer. S'étant rendu au Champ-de-Mars en 1791, pour disperser des attroupements séditieux qui demandaient la déchéance du Roi après son retour de Varennes, et n'ayant pu y réussir par des sommations réitérées, il ordonna des décharges de mousqueterie qui tuèrent et blessèrent quelques factieux. La foule se dispersa, mais, de ce jour, la mort de Bailly fut résolue et inévitable.

Bailly, qui le comprit, crut pouvoir conjurer sa destinée en donnant sa démission de toutes ses places et en se retirant loin de Paris. Ce fut d'abord dans les environs de Nantes qu'il alla chercher un refuge, et pendant quelques mois il y vécut assez ignoré ; puis les troubles augmentant toujours, il lui sembla plus sûr de changer souvent d'asile, et, comme il regrettait beaucoup d'être si loin de tous ses amis, il écrivit à l'un d'entre eux, M. de Laplace, qui habitait à Melun, pour lui exposer sa situation et lui demander s'il ne pourrait pas vivre en sûreté dans quelque maison de son voisinage. Laplace lui offrit aussitôt la sienne ; mais les événements du 31 mai 1793 étant arrivés dans l'intervalle, et un détachement de l'armée révolutionnaire, qui couvrit la France, s'étant établi à Melun et ayant mis l'échafaud en permanence, il se hâta de rétracter son offre et conseilla vivement à son ami de ne pas venir chez lui ; mais, soit difficulté de trouver un autre gîte, soit par cette fatalité du malheur qui nous pousse quelquefois à courir au-devant de lui, Bailly s'obstina à vouloir se rendre à Melun. Il entrait dans cette ville, quand un soldat de l'armée révolutionnaire le reconnut et le dénonça. Traîné aussitôt à l'Hôtel-de-Ville par une foule furieuse, il trouva dans le maire M. Tarbé des Sablons, un homme disposé à tout faire pour le sauver, mais ce fut en vain. Le malheureux Bailly fut conduit à Paris, jugé par le tribunal révolutionnaire qui le condamna à mort, et exécuté dès le lendemain 13 novembre. On lui reprocha surtout sa conduite au Champ-de-Mars et la déposition qu'il avait faite dans le procès de la Reine, en faveur de cette auguste princesse.

Les circonstances de cette exécution furent atroces ; derrière la charrette qui portait le condamné au lieu du supplice, on attacha le drapeau rouge qu'il avait fait arborer au Champ-de-Mars. Une foule déguenillée le suivait pendant toute la route en poussant des cris affreux. Bientôt, cependant, on arriva au lieu ordinaire des exécutions. Le malheureux Bailly se croyait à la fin de ses douleurs ; mais la foule qui l'avait suivi exigea qu'il reçût la mort au milieu du Champ-de-Mars, où il avait proclamé la loi martiale. Il fallut, pour contenter ce caprice cruel, démonter l'échafaud et le transporter pour le remonter ensuite, ce qui prit beaucoup de temps. En attendant, une pluie froide tombait sur la tête et sur les membres du condamné. Arrivé au Champ-de-Mars, Bailly se vit en butte à de nouvelles injures ; on brûla le drapeau rouge et on l'agita tout enflammé sur sa figure. Alors l'infortuné s'évanouit. « Tu trembles, Bailly, lui dit un de ces forcenés, quand il eut repris ses sens. — Oui, répondit Bailly, mais c'est de froid. » Quand l'échafaud fut dressé, le peuple en fureur demanda qu'on le déplaçât encore, pour que l'enceinte *sacrée* du Champ-de-Mars ne fût pas souillée par le sang d'un si grand criminel. Nouveau transport, nouveau retard, nouvelles souffrances. Ce fut sur un tas d'immondices que le bois fatal fut élevé, et il fut enfin donné au patient d'y pouvoir mourir. Son courage pendant cette affreuse agonie ne s'était pas démenti un seul instant. Il regardait en silence cette populace altérée de son sang, mais sans vouloir seulement la supplier de hâter la fin de son supplice.

Ainsi mourut Bailly, l'homme, avec Lafayette, qui avait été le plus populaire au début de la Révolution; triste exemple de la fragilité de cette faveur publique qu'il avait tant désirée, dont, sans doute, il avait été si fier. Sa science ne le sauva pas plus du supplice que n'avait fait celle de Chénier, de Lavoisier, et de tant d'autres qui périrent vers le même temps. Qu'importait le génie aux monstres qui gouvernaient alors la France? Tous les genres de mérites et d'avantages, loin d'apitoyer les foules furieuses, ne font qu'exciter leur cruauté, qui s'acharne de préférence sur les victimes les plus distinguées. Comme tant d'autres, Bailly a péri pour avoir cru qu'on pouvait modérer l'esprit de révolution et l'arrêter à certaines limites, et pour s'être indigné contre lui en les lui voyant franchir. Ce fut l'illusion de beaucoup d'autres, qui la payèrent aussi de la vie; mais dans aucun elle ne fut plus sincère, ni par conséquent plus respectable; pas un aussi n'en revint plus complètement et plus vite. Personne plus que lui n'aurait voulu réparer son erreur et rétablir l'autorité légitime, il y travailla même avec zèle, il y dévoua sa vie; vains efforts, l'œuvre était au dessus des forces d'un homme et l'heure de Dieu n'était pas venue. La Révolution a immolé des victimes plus augustes; elle en a frappé même de plus pures, puisque les débuts de Bailly n'avaient pas été sans reproche; mais aucune ne méritait une plus grande pitié et ne nous a laissé une leçon plus instructive et plus manifeste. Le supplice de Bailly nous rappelle, en effet, que le pouvoir arraché à l'autorité légitime finit toujours, après une série de révolutions, par arriver à la plus vile populace. Ce sont les degrés de l'abîme, un peuple les franchit plus ou moins vite; mais, quand il s'est mis sur cette pente, il est rare qu'il ne descende pas jusqu'au fond. L'autre leçon que rappelle cet échafaud est que les grandes fautes des gens de bien sont presque toujours punies en ce monde. Une paternelle Providence les frappe pour achever de les rendre parfaits. Les méchants, au contraire, prospèrent souvent. Dieu récompense par ces succès passagers le peu de bien qu'ils ont fait, puis il les abandonne à leur sort.

L'ABBÉ SIÉYÈS

Né en 1748, académicien en 1803, mort en 1836.

Il y a trois hommes dans l'abbé Siéyès : le prêtre, le publiciste et l'homme d'Etat. Heureusement pour le biographe, ces trois caractères, ces trois types, confondus dans une même personnalité, ne se sont produits que l'un après l'autre. Quand Siéyès se fit publiciste, il n'était plus prêtre, et il n'était plus publiciste quand il se fit homme d'Etat. Aussi, pour le considérer sous ces trois aspects si essentiels et si différents, n'aurons-nous qu'à suivre sa vie en gardant l'ordre chronologique; les trois hommes qui sont en lui passeront ainsi l'un après l'autre devant nous.

Dans une brochure publiée en 1791, sous le titre de *Renonciation à la dignité cléricale*, l'abbé Siéyès, vicaire général de Chartres et député du clergé aux Etats-généraux, disait : « Mes vœux appelaient le triomphe de la raison sur la superstition et le fanatisme. Ce jour est arrivé, je m'en réjouis comme d'un des plus grands bienfaits de la République. Quoique j'aie déposé depuis un grand nombre d'années tout caractère ecclésiastique, et que, à cet égard, ma profession de foi soit ancienne et bien connue, qu'il me soit permis de profiter de la nouvelle occasion qui se présente pour déclarer encore et cent fois s'il le faut, que je ne reconnais d'autre culte que celui de la liberté et de l'égalité, d'autre religion que l'amour de l'égalité et de la patrie.... Au moment où ma raison se dégagea, saine des tristes préjugés dont on l'avait torturée, l'énergie de l'insurrection entra dans mon cœur. Depuis ce temps, si j'ai été retenu par les chaînes sacerdotales, c'est par la même force qui comprimait les hommes libres dans les chaînes royales. »

Voilà, certes, une apostasie bien complète ; celui qui l'a faite, ne veut plus être prêtre, il prétend même n'être pas chrétien, et ne plus croire enfin à l'existence de Dieu qu'il rejette fièrement dans la superstition et le fanatisme. En même temps qu'elle est si complète, cette apostasie est impudente, car elle était inutile, personne n'eût osé la demander à l'abbé Siéyès. Les *électeurs* parisiens l'avaient nommé leur évêque après l'apostasie si scandaleuse de Gobel. Ce fut la réponse qu'il leur fit. Elle a quelque chose de cynique ; on a quelquefois douté qu'elle fût sincère. C'est la profession ecclésiastique plutôt qui ne l'était pas ; s'il y a eu hypocrisie et mensonge, c'est là qu'il faut les chercher, dans le jeune homme, dans le prêtre qui exerçait les saintes fonctions quand elles lui procuraient trente mille livres de rente, et pouvaient le conduire à tout, et qui les abjure avec éclat dès que les bénéfices sont abolis et que la fortune vient d'ailleurs. C'est depuis un grand nombre d'années, dit-il, qu'il a renoncé à tout caractère ecclésiastique. « Pas si grand le nombre des années, puisque Siéyès était encore vicaire général en 1790. Il est sorti des rangs le jour de la bataille et de la défaite, c'est-à-dire quand il n'y avait plus d'avantage à y rester. Au reste, en abjurant le caractère ecclésiastique, Siéyès n'entendait pas perdre tous ses revenus. Son projet de loi sur les pensions ecclésiastiques stipulait expressément le maintien de toutes celles qui ne dépassaient pas six mille francs. Or, six mille francs était juste le chiffre de celle que les décrets de l'Assemblée lui avaient laissée.
— Il insinue en terminant sa déclaration que le joug de la prêtrise lui avait été imposé malgré lui. On le disait parfois, et c'était presque toujours bien à tort, des cadets de familles princières, mais comment l'expliquer, comment le faire croire, de l'ecclésiastique opulent dont le père exerçait à Fréjus l'humble emploi de directeur de la poste aux lettres, et qui ne dut son instruction, et, par conséquent, tout l'éclat de sa vie qu'à la bienveillance du clergé ! L'abbé Siéyès le savait bien, on ne donne pas sa démission du sacerdoce ; l'auguste caractère du prêtre lui est resté, malgré tout, le titre d'abbé a toujours été mis devant son nom, mais il était devenu un

stigmate puisqu'il rappelait son apostasie. La vérité est qu'il fut prêtre par ambition mais sans foi, et qu'il abjura cette hypocrisie intéressée aussitôt qu'il y trouva son profit.

Emmanuel Siéyès était trop bien doué pour ne pas réussir dans l'état ecclésiastique où, plus que dans tout autre, les talents alors tenaient lieu de tout. Il vint à Paris, obtint la place de sacristain de la chapelle de Mme Sophie, fille de Louis XV, devint ensuite le protégé et l'intime ami de M. de Lubersac, évêque de Tréguier, puis de Chartres, qui lui fit obtenir plusieurs bénéfices, et, enfin, le nomma son vicaire général. En cette qualité il assista à l'Assemblée générale du clergé de 1781 et fut membre des assemblées provinciales toutes les fois qu'elles se formèrent. Sa capacité pour les affaires lui avait attiré touse la confiance de son évêque et du clergé du pays. Sa religion et sa tenue étaient alors estimées de tous.

Mais la révolution se fit bientôt pressentir. Tout l'ancien monde à qui le jeune Siéyès demandait richesse et grandeur allait s'écrouler ; il le comprit avec une rare perspicacité, et il fut des premiers à s'orienter du côté par où la fortune allait venir.

C'est là que le publiciste commence à paraître, sans toutefois que le prêtre soit tout à fait abjuré, car les destins sont encore douteux et Siéyès ne veut pas rompre entièrement avec le passé sans être sûr de l'avenir.

Au moment où les états généraux allaient s'assembler il lança tout à coup la fameuse brochure dont voici le titre :

« Qu'est-ce que le Tiers-État ? — Tout.

» Qu'a-t-il été jusqu'à présent ? — Rien.

» Que demande-t-il ? — A devenir quelque chose. »

Ce titre était plus qu'un titre, plus même qu'une épigraphe, qu'un argument, qu'un résumé. C'était tout l'ouvrage. L'effet qui fut immense tint à la hardiesse de l'annonce. L'affichage fut l'événement. C'était la guerre à l'ancien régime déclarée, faite, et justifiée ; c'était la victoire assurée d'avance. Si le Tiers-État était tout, le reste n'était rien et devait être réduit à rien : pourquoi demander que le Tiers devînt seulement *quelque chose* ? Ce n'était évidemment qu'un euphémisme, une précaution oratoire. On demandait moins pour avoir plus. Mais on était tout, et l'on voulait tout, l'on faisait entendre à la fois au Tiers-État transformé en démocratie ses intérêts, ses droits, et les moyens de les faire prévaloir. Encore une fois c'était l'exciter à faire la révolution. Si la révolution avait lieu, quel avenir ne réservait-elle pas à celui qui l'avait ainsi annoncée à l'avance et justifiée ?

Elle arriva en effet pour le malheur de la France et la fortune de Siéyès. Il fut nommé député du Tiers-Etat, et se fit une grande réputation de capacité par différents projets de loi qu'il proposa, principalement sur la constitution de l'Église et qui étaient toujours conformes aux idées du jour ; cependant sur quelques sujets particuliers, il se crut obligé de s'opposer au courant ; comme en particulier sur les dîmes dont il reconnaît publiquement la légitimité et qu'il conseillait de faire racheter par l'Etat au lieu de les abolir sans compensation. Ce fut alors qu'il lança à ses adversaires du moment cette apostrophe devenue célèbre : « Ils veulent être libres et ils ne savent pas être justes ! » Sa popularité en fut amoindrie ; il le comprenait très bien lui-même, et, dans les derniers temps de la Constituante, il montait rarement à la tribune. En vain Mirabeau s'écria-t-il : « Le silence de l'abbé Siéyès est une calamité pour la France. » Siéyès qui voyait la difficulté de parler persévérait à se taire. Après la dissolution de la Constituante il passa deux ans dans la retraite, évitant à dessein de se faire nommer à l'Assemblée législative qui lui succéda.

Mais comment retenir les ambitieux loin du pouvoir et des affaires ? Siéyès se proposa aux électeurs de la Sarthe pour être député à la Convention et il eut le malheur d'être élu. Il arriva donc à Paris, résolu de manœuvrer encore entre les partis, de s'en faire, s'il était possible, l'arbitre, et d'arriver ainsi à donner à la France une constitution de sa façon, ce qui fut toujours son rêve et surtout de s'emparer du pouvoir. Mais son illusion dura peu. Il n'y avait plus de partis dans cette assemblée parce qu'il n'y avait pas de liberté, les jacobins y régnaient par la terreur et dévoraient ceux qui ne voulaient pas être leurs complices. Siéyès recourut comme autrefois à la ressource du silence, mais il ne suffisait pas de se taire pour se sauver, il fallait applaudir à tous les crimes, il fallait surtout voter. Le jugement de Louis XVI vint bientôt forcer le prêtre apostat à se déclarer. Ce fut l'épreuve décisive pour les quelques hommes modérés qui se trouvaient fourvoyés duns cette assemblée d'assassins. Siéyès ne put l'éluder, et il ne la surmonta pas. Le silence s'établit quand on fit l'appel de son nom. La montagne l'attendait là, les tribunes le regardaient avec menace, il eut peur et on l'entendit prononcer d'une voix qu'il s'efforçait de rendre ferme les deux mots fatals : *La mort*. Un immense applaudissement les acaccueillit ; ce fut comme ces cris de joie dont l'abîme retentit, au dire du Dante, à chacune de ses victoires. C'était fini, ce prêtre, ce doctrinaire, ce prétendu modéré, venait de plonger dans le sang, il n'en pourrait plus désormais sortir. On pouvait lui retourner sa grande parole : Ils ont voulu être juges et ils ne savent pas être justes.

En 1795 il fut membre du comité de salut public. Plus tard il prit part aux décrets de proscriptions qui suivirent le 18 Fructidor. En 1798, le Directoire l'envoya comme ambassadeur au roi de Prusse qui eût dû protester contre un tel choix ; mais la peur avait gagné les chancelleries ; le prêtre régicide fut accueilli avec distinction. En mai 1799, Siéyès consentit à faire lui-même partie du Directoire, mais c'était pour le trahir ; il s'entendit sous main avec Bonaparte pour préparer le 18 Brumaire. Nommé l'un des trois consuls, son ambition était enfin satisfaite ; il se flattait d'être au moins l'égal de Bonaparte et de gouverner la France avec lui, il comptait même sur l'influence que devaient lui donner son âge, ses lumières, sa réputation. C'était enfin pour ce prêtre prévaricateur l'apogée de la puissance et de la gloire. Il ne tarda pas à voir que c'en était aussi le terme ; le génie de Bonaparte effaçait tout. Siéyès qui rêvait d'être son mentor dut se résigner à n'être que son sujet et il se fit même son courtisan. Pour le consoler, Bonaparte le fit comte et sénateur et lui donna des dotations opulentes, moyennant quoi il dut se taire jusqu'à la défaite de Napoléon. Alors, comme tant d'autres jacobins assouplis il retrouva la parole pour prononcer sa déchéance et appeler Louis XVIII au trône.

La Restauration eut la sagesse de ne pas appeler dans ses conseils cet apostat régicide ; il eût pu du moins garder ses richesses et vivre en paix dans sa patrie, si l'épreuve du 20 Mars l'eût trouvé fidèle à ses dernières résolutions, mais il crut les Bourbons à jamais perdus et se hâta dès lors de se déclarer contre eux, et d'accepter la pairie que Bonaparte lui offrait. Il dut en conséquence s'expatrier au second retour du roi. C'est en Hollande qu'il se retira et il y vivait assez ignoré quand la révolution de 1830 lui rouvrit les portes de la France. Il avait alors quatre-vingt-deux ans. Il jouit encore pendant six ans du séjour dans la patrie et mourut le 20 juin 1836 sans avoir voulu rétracter aucune de ses erreurs. Son retour du reste avait été peu remarqué. Louis-Philippe ne l'éleva pas à la pairie. Il avait fait partie, sous l'Empire, de l'Institut littéraire où il avait occupé la place de l'infortuné Bailly, mais Louis XVIII ne le fit pas entrer à l'Académie lors de sa réorganisation en 1816, et, après 1830, il ne fut même pas question de l'y appeler. L'esprit de parti essaya de faire un peu de scandale à l'occasion de ses funérailles, en demandant qu'elles fussent célébrées à l'église, mais Mgr de Quélen, archevêque de Paris, s'y opposa et le bon sens public se tourna contre ceux qui criaient à l'intolérance. Les intolérants n'était-ce pas ceux-là même qui voulaient imposer un acte religieux à ce mort, qui, vivant, ne voulait en faire aucun ?

Quoique l'abbé Siéyès fût un homme d'infiniment d'esprit et d'une rare capacité, son mérite était fort au-dessous de sa renommée, et il n'est rien resté de lui, pas même sa fameuse brochure du *Tiers*, dont tout le monde connaît le titre, mais que personne n'a lue. Que peuvent le mérite et la capacité quand ils ne sont pas au service d'un principe ni seulement d'une idée bien définis. Il faut avant tout savoir ce qu'on veut. L'abbé Siéyès ne le sut jamais. C'est un ambitieux qui ne voulut que parvenir. Il fut prêtre, et se déclara impie ; il vanta la liberté, et flatta tous les tyrans ; il proclama la République, servit l'Empire, accepta la royauté des Bourbons et exalta celle de Louis-Philippe. Après avoir reproché à la Constituante de n'être pas juste, il vota la mort du roi. Un de ses panégyristes le loue d'avoir proclamé l'égalité de tous les hommes au moins dans la naissance ; c'est oublier qu'il accepta pour lui-même la noblesse héréditaire. De tels hommes n'ont de l'esprit que pour eux-mêmes, ils ne sont bons qu'à faire leur propre fortune. On applaudit quelquefois à leur éloquence, mais que reste-t-il de leurs œuvres ? Le citoyen le plus obscur qui se dévoue à sa famille et à son pays, mérite cent fois plus qu'eux la reconnaissance publique.

LE DUC DE RICHELIEU

Né en 1766, académicien en 1816, mort en 1822.

Comme le célèbre cardinal de Richelieu, son grand-oncle et son homonyme, Armand-Emmanuel Duplessis de Richelieu fut premier ministre du Roi. Mais là s'arrête la ressemblance entre ces deux hommes. Le premier, en effet, était un homme d'Eglise fort et dur comme un homme d'épée, le second était un homme du monde et un général, modeste et doux comme un homme d'Eglise. Le premier était ministre tout-puissant d'un roi absolu, le second fut un ministre très affaibli par la souveraineté du parlement et sous un roi qui régnait, selon la parole de Thiers, et ne gouvernait pas. Le premier est mort à l'apogée de sa puissance après avoir abattu tous ses ennemis et soumis la France entière à l'autorité absolue du roi ; le second, renversé du ministère par l'effort des partis contraires, a fini ses jours dans la retraite, sans regretter le pouvoir qu'il n'avait jamais ambitionné, mais d'autant plus sensible aux injustices des hommes, qu'il n'avait jamais travaillé que pour le bonheur public. Au reste, quoique court et orageux, son ministère n'avait pas été stérile. Entre autres actes mémorables, c'est sous ce ministère que fut reconstituée l'Académie française où le roi Louis XVIII voulut qu'il eût une place. « Cette place, dit M. Tastet, le petit-neveu du cardinal fondateur de l'Académie l'avait par droit de naissance, mais il eût pu se faire des titres de ses discours souvent éloquents, mais toujours pleins de raison et convenablement écrits. » C'est encore sous le ministère de Richelieu que fut obtenu le départ de l'armée d'occupation que les souverains alliés avaient laissée en France après nos revers de 1815, pour s'assurer qu'il n'y aurait pas de seconde révolution. Cette humiliante condition de la paix, Louis XVIII s'était vu forcé de l'accepter, et le duc de Richelieu avait dû apposer son nom au bas du traité qui la stipulait. Mais le ministre, aussi bien que le roi, avait signé plus mort que vif, comme il dit lui-même, et il n'avait pas cessé de négocier auprès des cabinets européens l'anticipation du départ de leurs armées. Il eut lui-même en personne le bonheur de l'obtenir. Sa joie à ce moment fut une véritable ivresse, elle n'eut d'égale que celle du vieux roi Louis XVIII. « J'ai assez vécu », s'écria l'heureux monarque en recevant la dépêche si désirée. Toute la cour vit couler ses larmes de joie. Le duc de Richelieu revint peu de jours après du congrès d'Aix-la-Chapelle où il avait négocié la délivrance de nos frontières. Ce retour fut un triomphe. Tous les partis firent trêve pour applaudir au succès de l'heureux négociateur. L'annonce d'une grande victoire n'eût pas excité plus de transports.

Armand-Emmanuel Duplessis, duc de Richelieu, naquit à Paris en 1667. Il était petit-fils du maréchal de Richelieu qui décida de la victoire de Fontenoy, en chargeant tout à coup les ennemis à la tête de la maison militaire du roi. Il fut d'abord officier dans l'armée russe où il avait pris du service avec la permission du gouvernement français, puis, la Révolution étant survenue, il courut à l'armée de Condé, dont il suivit le drapeau jusqu'à son licenciement, après quoi il revint en Russie, gagna la faveur du tzar Alexandre Ier et fut nommé gouverneur d'Odessa, où il fit admirer des talents administratifs de premier ordre.

A peine remonté sur son trône, Louis XVIII rappela le duc de Richelieu, le nomma pair de France et lui offrit un portefeuille dans le ministère Talleyrand. Richelieu refusa pour ne pas s'y trouver en la compagnie de Fouché. Mais quand les élections de 1815 eurent donné à la France une Chambre royaliste, le duc de Richelieu accepta la charge de composer un cabinet dont il eut la présidence avec le département des affaires étrangères. C'est alors que la paix avec l'Europe fut signée, paix terrible qui nous imposait de grands sacrifices, mais inévitables, car nous ne pouvions plus ni faire la guerre, ni supporter les charges de l'état de guerre, en face d'un million d'étrangers fixés et armés sur notre sol.

Dans ce premier ministère Richelieu, le duc Decazes tenait le portefeuille de la police et possédait en même temps toute la confiance de Louis XVIII. Jamais ministre ne fut plus maître de la faveur de son roi. M. Decazes se servit de la sienne pour faire successivement sortir du conseil tous les ministres qui appartenaient à la droite et les remplacer par des hommes pris dans les centres et surtout au centre-gauche. Avec une incomparable habileté, il rassurait aujourd'hui ceux qu'il devait congédier demain, et les faisait même servir à l'exclusion de leurs collègues. Le duc de Richelieu partit le dernier, parce qu'il était le plus populaire en France et le plus cher à l'Europe qu'on ménageait pour en obtenir l'évacuation si désirée. Mais à peine ce grand fait fut-il accompli, que le président du conseil dut se retirer comme les autres. La reconnaissance du souverain, l'estime de tous les partis le suivirent dans la retraite où il rentra avec bonheur.

Cette retraite ne fut pas de longue durée. Le duc Decazes ne put rester au ministère après l'assassinat du duc de Berry et, les élections qui suivirent ayant été favorables au parti royaliste, le duc de Richelieu fut chargé de composer un cabinet où la droite monarchique devait avoir plusieurs sièges ; mais bientôt ce mouvement s'accentua de plus en plus, la droite se trouva en grande majorité dans le Parlement, et le duc de Richelieu, trop royaliste pour M. Decazes en 1818, se trouva l'être trop peu en 1821 pour M. de Villèle et ses amis. C'était du moins le défaut de ses précédents et le vice de sa position, car il avait, quoique attaché aux sentiments et aux idées de la droite, constamment administré dans le sens et pour les intérêts de la gauche, c'est-à-dire de la révolution. Il le comprit lui-même et se retira, mais non sans une profonde douleur. Au fond, le succès de la droite était dans ses idées et mettait fin à la contrainte qu'il s'était longtemps imposée. Ministre avec M. de Villèle, il allait enfin administrer selon ses idées. Il trouva ingrat de la part des royalistes ce qui n'était que logique et nécessaire et mourut peu après sa seconde retraite, sans plus regretter la vie qu'il n'avait regretté le pouvoir, mais affecté jusqu'à la fin de ce qu'il appelait l'ingratitude de ses amis.

Les funérailles de l'ancien ministre furent un triomphe. La France entière donna des pleurs à cette mort, qui fut d'ailleurs ressentie dans toute l'Europe par ceux qui s'occupaient des affaires internationales et surtout par les amis de notre nation. Le duc de Wellington fit d'un seul mot l'éloge funèbre de l'illustre mort : « Sa parole, dit-il, valait un traité. » Plusieurs discours furent prononcés à sa louange entre lesquels on remarqua surtout celui du cardinal de Bausset à la Chambre des pairs, et celui de M. Dacier à l'Académie française, où il fut appelé à le remplacer. Répondant au discours de ce dernier, M. Villemain s'exprima ainsi : « Des études variées, une attention vive et pénétrante exercée par de longs voyages, par le spectacle des révolutions et par les épreuves du malheur, avaient étendu son esprit. Son âme naturellement haute et modérée était étrangère aux passions communes et n'admettait que la justice et le devoir. Un dévouement inaltérable à la monarchie, une ferme confiance dans ses propres intentions et cette heureuse sécurité d'une vertu toujours la même lui inspiraient des pensées calmes et conciliatrices. Il ne se précipitait pas vers le bien. Il savait le préparer et l'attendre. » Heureux, ajouterons-nous, si à tous ces dons admirables il avait joint cette sage défiance du mal si pénible aux âmes élevées comme la sienne, mais sans laquelle il est impossible de conduire les hommes et de les servir.

M. DACIER

Né en 1742, académicien en 1822, mort en 1833.

Au XXIXe fauteuil, entre Harlay de Chauvallon et le cardinal Dubois nous avons déjà trouvé un littérateur distingué du nom de Dacier. C'était le mari de la femme célèbre qui s'est illustrée par la traduction des œuvres d'Homère, et lui-même a dû sa renommée à celles qu'il a faites de plusieurs auteurs de l'antiquité. Le lecteur ne la confondra certainement pas avec son homonyme dont nous allons faire la notice.

Bon-Joseph Dacier, secrétaire perpétuel de l'Académie des

sciences et membre de l'Académie française, naquit le 1ᵉʳ avril 1742 à Valogne, en Normandie. Destiné par ses parents à l'état ecclésiastique, après avoir fait ses humanités au collège de sa ville natale, il vint à Paris où il entra comme boursier à celui d'Harcourt, fit son cours de théologie et prit la soutane qu'il quitta bientôt après, pour suivre ses goûts qui l'appelaient exclusivement à la culture des lettres. Le savant Foncemagne, précepteur du duc de Chartres, le prit en très grande amitié et l'associa aux travaux qu'il faisait en compagnie de Sainte-Palaye, sur l'*Histoire de France*. Dacier fut logé au Palais-Royal, et prit sa part des leçons que son protecteur donnait au prince. Il se ressentit toute la vie de ce séjour dans le palais des princes. Son ton, ses manières, avaient une simplicité élégante, une courtoisie, une distinction exquise qui le firent toujours rechercher dans le meilleur monde.

En 1772, Dacier publia sa traduction des *Histoires diverses* d'Élien, rhéteur, philosophe et naturaliste du IIIᵉ siècle, et, un peu après, celle de la *Cyropédie* de Xénophon. Ces deux ouvrages lui valurent l'admission à l'Académie des inscriptions et belles-lettres, dont il devint secrétaire perpétuel en 1782, après la démission de Dupuy. Il avait beaucoup désiré ce titre, mais ce n'était pas par une vaine ambition. Il se flattait, en cette place, de pouvoir enfin tenter des améliorations qu'il avait toujours rêvées. Il se mit à l'œuvre, en effet, et son premier succès fut d'obtenir l'institution des *Associés libres*, qui permettait de rattacher à l'Académie les membres des corporations religieuses qui, sans cela, n'auraient pu prendre part à ses travaux. Il fit ensuite doubler la valeur du jeton de présence et augmenter le nombre des académiciens pensionnaires. On lui doit aussi l'établissement du comité des manuscrits qui a rendu de nombreux services au public savant, en répandant des ouvrages qui seraient restés enfermés dans les archives. C'est alors que le comte de Provence, depuis Louis XVIII, grand protecteur des savants, le fit nommer historien des ordres réunis de Saint-Lazare et de Saint-Michel, dont il était grand maître.

Les idées de liberté et de démocratie qui remuaient l'Europe en 1789 le séduisirent d'abord comme presque tous ceux de son âge; il fut même élu membre du corps municipal de Paris en 1790, mais il ne tarda pas à être désabusé par les troubles et les désordres dont il vit la France agitée. Il comprit très bien que la liberté allait s'abîmer dans l'anarchie, et il regretta dès lors d'avoir accepté des fonctions qui, en le mettant en vue, allaient le forcer d'être complice ou victime des forfaits qu'il prevoyait. En vain Louis XVI, instruit de ses sentiments, voulut-il le nommer ministre des finances. Dacier refusa en prétextant son ignorance administrative, et bientôt après, sous le régime de la Terreur, il s'échappa de Paris, changea souvent de résidence, et enfin ne rentra dans la capitale qu'après la chute de Robespierre, en 1795, au moment même où la Convention établissait l'Institut dont il fut d'abord nommé membre.

Accueilli plus tard avec faveur par le premier Consul, il reprit le cours de ses travaux. Bonaparte le nomma conservateur de la Bibliothèque nationale en 1800, membre du tribunat en 1802, et de la Légion d'honneur en 1804. Louis XVIII ajouta encore à ses titres celui de conseiller du *Journal des Savants* en 1816, et en 1819 de chevalier de Saint-Michel. Enfin, puisque nous en sommes aux honneurs accordés à Dacier par la munificence du Roi, Louis XVIII lui donna la rosette d'officier de la Légion d'honneur, et Charles X, à l'occasion de son sacre, l'anoblit et lui conféra le titre de baron, et, pour comble d'honneur, à la mort du duc de Richelieu, arrivée en 1822, l'Académie française l'élut à sa place. Dacier recevait toutes ces faveurs de la fortune avec de fortes gratifications sans rien changer à la simplicité de ses habitudes. Le travail et la société des savants remplissaient toute sa vie. Ses mœurs restèrent simples, son caractère doux et bienveillant, ses formes polies et modestes comme au temps de sa plus grande obscurité.

Nous ne parlerons pas en détail des différents travaux que Dacier a publiés. Ils sont en général peu considérables par l'étendue, mais pleins d'intérêt et d'un fort bon style ; ce sont des études sur les questions savantes ou littéraires soulevées à son époque, des traductions d'ouvrages presque inconnus, des biographies, des éloges de personnages contemporains, membres comme lui de l'Académie des inscriptions, et qu'il avait été appelé à célébrer après leur mort. Il avait eu le dessein de donner une nouvelle édition des grandes *Chroniques de Froissard*, et même ramassé pour cela beaucoup de matériaux et de notes dont une grande partie fut perdue pendant la Révolution. Revenant à ce travail dans un âge plus avancé, il ne lui fut cependant pas donné de le conduire à sa fin, et il se vit obligé de remettre à M. Buchon tout ce qu'il avait pu faire dans ce dessein. Ce jeune littérateur donna, de 1824 à 1828, une *Edition de Froissard*, qui ne répondit pas entièrement à l'attente des savants, mais à laquelle on trouva beaucoup de mérite et dont l'honneur revient en grande partie à M. Dacier. « Avec l'élégance et la politesse des gens de cour, Dacier, dit un biographe, avait aussi un peu de leur légèreté, de leur dissipation d'esprit. Peut-être sans cela eût-il laissé des œuvres plus achevées et plus importantes. Ses forces éparpillées sur un trop grand nombre d'objets, se sont nécessairement amoindries au détriment de sa vraie gloire. »

Il vécut jusqu'à l'âge de quatre-vingt-onze ans, aimé, estimé de tous les savants et des gens du monde avec lesquels il eut des rapports. Sa fin fut aussi douce que sa vie avait été pacifique ; elle fut aussi très chrétienne. Comme il témoignait à un ami quelque inquiétude sur le salut de son âme : — Rassurez-vous, lui dit cet ami, si Dieu vous laisse parler dix minutes, vous ne serez pas condamné. »

TISSOT

Né en 1768, académicien en 1833, mort en 1854.

M. Tissot est un des caractères les plus compliqués, les plus divers de son temps. Il présente aux biographes désireux de saisir le trait principal de cette rare physionomie la plus grande difficulté. Après avoir été l'ami, le collaborateur de tous les écrivains révolutionnaires et irréligieux, et avoir lui-même rempli des fonctions publiques sous le régime de 93, il devint suspect à ceux qui gouvernaient alors la France au point de risquer sa tête, et il eut plus tard l'honneur d'être l'ami de Delille, le poëte royaliste et religieux, qui le désigna lui-même pour son successeur. En lui, les opinions et les sentiments, les doctrines et les actions, et, pour tout dire, la tête et le cœur étaient presque toujours en opposition. Voilà, sans doute, le nœud de la difficulté, le mot de l'énigme. Avec cela, on comprend tout, et l'on ne s'étonne plus de rien. Au reste ce phénomène, ce contraste n'est pas rare dans les hommes de la Révolution. Nous l'avons trouvé, nous le trouverons encore chez plusieurs.

Pierre-François Tissot naquit à Versailles en 1768. Etant encore au collège il faisait des vers admirés de ses professeurs, mais il fut obligé, pour obéir à ses parents qui voulaient lui voir prendre une carrière, de travailler dans le cabinet d'un procureur, ce qui ne l'empêcha pas d'étudier avec transport Virgile et Racine et de continuer à faire des vers. Il étudia aussi les philosophes à la mode. Jean-Jacques Rousseau fut son inspirateur, surtout dans le livre du *Contrat social*, dont il faisait, selon sa propre expression, son bréviaire. Un tel esprit était voué d'avance à tous les entraînements, à tous les sophismes de 1789. Il fut admis à la Société des amis de la Constitution, en 1791. En 1792 il était secrétaire de la première section de Versailles ; on le nomma même député à l'Assemblée législative où son élection fut invalidée parce qu'il n'avait pas l'âge voulu ; ce qui le préserva heureusement de faire partie de la Convention. Il blâma les massacres de Septembre, et s'efforça, dans plusieurs occasions, de sauver des victimes dévouées ; tout en demeurant fonctionnaire de ce gouvernement dont il réprouvait les crimes. Arrêté un moment comme suspect de modération, il recouvra sa liberté au bout d'un mois. En 1798 il fut nommé député de la Seine, mais il était lassé de la politique, et son élection ayant encore été annulée par le parti des Jacobins à qui le 18 Fructidor avait rendu toute sa puissance, il se voua exclusivement à la poésie, et publia la traduction en vers des *Eglogues* de Virgile qui est son chef-d'œuvre. Bonaparte le prit alors sous sa protection, et Delille, pénétré d'admiration pour son talent, le choisit pour son suppléant au Collège de France, et même le désigna pour son successeur à l'Académie.

Pendant onze années consécutives, Tissot donna sa leçon publique. L'élite de la jeunesse des écoles y accourait. Lamartine, Casimir Delavigne et plusieurs autres illustrations de l'avenir se sont fait gloire de les avoir suivies. La variété et la profondeur des connaissances littéraires jointes au charme d'une diction très ornée, et d'un débit plein de grâce n'étaient pas, il faut bien le dire, l'unique raison de cette vogue si constante. L'orateur en flattant les opinions toujours un peu démocratiques et irréligieuses de son jeune auditoire, ne faisait qu'exprimer ses propres sentiments que tout le monde connaissait ; pour être plus sincère, plus naturel que bien d'autres, il n'en était aussi que plus vif et plus attachant. Il y avait, même sous l'Empire, un parfum d'opposition dans tous ses discours. Cette émanation discrète d'un sentiment dont ses élèves étaient pleins les attirait et les retenait aux pieds de sa chaire. Il avait bien soin de ne pas protester contre le principe ou contre les actes d'un gouvernement qui ne l'eût pas souffert et dont l'origine démocratique n'était pas d'ailleurs contraire à ses idées, mais l'ancien monde, l'ancien régime, l'ancien clergé, l'ancienne aristocratie fournissaient un thème continuel à des appréciations, à des allusions, toujours goûtées, toujours senties. Ce fut bien autre chose après la Restauration. La longanimité du pouvoir encourageait toutes les audaces, et Tissot pas plus que Béranger, le général Foy et tant d'autres n'était ni assez grand, ni assez fort pour voir et pour proclamer les bienfaits de cette royauté qu'il haïssait parce qu'elle était chrétienne. Il célébrait la liberté comme si le despotisme eût pesé sur la France, et, après avoir prudemment supprimé ces protestations libérales sous l'Empire quand elles auraient été légitimes et nécessaires, il les faisait avec éclat quand elles n'avaient plus de raison. On eût dit à l'entendre et à voir les applaudissements de son auditoire, que la nation venait de perdre la liberté et qu'elle étouffait sous la tyrannie. Sa chaire était une tribune, son cours avait l'aspect d'un club. A la fin, le gouvernement s'en inquiéta, et il supprima le cours de ce démocrate impénitent. M. Tissot ne fut d'ailleurs en butte à aucune persécution, il put écrire et publier tout ce qu'il voulut. Il arriva seulement que le gouvernement royal ne voulut plus payer un enseignement qui lui était absolument hostile, qui sapait toutes ses bases. C'en fut assez, les élèves se considérèrent comme des victimes, et le professeur parut un martyr aux yeux de cette jeunesse passionnée.

Les loisirs forcés que la suspension de son cours donnait à M. Tissot ne furent pas perdus pour les lettres. Il publia, ou prépara, pendant leur durée la plupart de ses ouvrages, dont les principaux sont les *Etudes sur Virgile,* l'*Histoire de la Révolution,* l'*Introduction aux fastes civils de la France,* et son *Parallèle du Christianisme;* il fit paraître aussi un recueil intitulé *Leçons et modèles de littérature,* où il reproduisait en grande partie ses discours au Collège de France. On retrouve dans tous ces ouvrages de Tissot les qualités brillantes de son style, l'ordre, la clarté, de vives couleurs, avec un art très heureux d'intéresser en émaillant les sujets anciens et arides d'allusions à des actualités saisissantes, et en semant dans les sujets contemporains les citations les mieux amenées, les plus gracieuses réminiscences de l'antiquité. Mais, la partialité politique ne perd pas une occasion de s'y montrer, et il paraît partout un peu de cette enflure, de cette recherche des effets que n'évitent jamais dans leurs écrits, les auteurs qui ont longtemps porté la parole devant des auditoires qu'ils s'efforçaient de passionner. Le *Parallèle du Christianisme,* écrit comme on pense bien, dans un esprit hostile à la religion, contient, dit le facile M. Tastet, « d'excellentes choses... Mais on y trouve trop de cette métaphysique transcendante, qui risque souvent d'être subtile, et, par suite, trop de sécheresse, soit dans le fond, soit dans la forme. » C'est le plus faible de ses ouvrages, c'est aussi le plus passionné et le plus injuste. Tissot publia aussi la traduction d'un poème hollandais intitulé : les *Baisers de Jean second,* et d'autres *Poésies érotiques,* dans lesquelles on trouve un peu de la mollesse élégante de son intime ami Parny, avec la licence d'idées et d'expressions que le titre fait pressentir. Enfin, il faut bien l'avouer, le sévère républicain, le démocrate passionné avait, comme tous les autres, brûlé son grain d'encens devant la toute-puissance de Bonaparte. On a de lui des *Chants* pour le mariage de Napoléon, et sur la naissance du roi de Rome, où la tyrannie n'est pas aussi abhorrée que dans les leçons du Collège en 1820, mais dont la valeur littéraire est très petite.

La révolution de 1830 rétablit le cours de M. Tissot.

En 1833, il fut nommé membre de l'Académie française à la place de M. Dacier. Son assiduité aux séances de l'Académie, dit M. de Salvandy, était intrépide. Il s'y rendait encore quelques semaines avant sa mort, et il prenait à ses travaux une part active et zélée. Il aimait aussi beaucoup son cours du Collège de France, et, l'année qui précéda celle de sa fin, il le donnait encore avec ardeur devant un auditoire sans doute amoindri, mais toujours considérable et attentif. C'était touchant de voir ce professeur de quatre-vingt-quatre ans, dont la voix était encore nette et sonore et qui, tenant la même chaire depuis soixante ans, instruisait les petits-fils de ses premiers élèves.

Il mourut en 1854. Ses funérailles furent célébrées à l'église, parce qu'il n'avait pas refusé les secours de la religion. Mais, en lisant le discours prononcé sur sa tombe et au nom de l'Académie par M. de Salvandy, on voit bien que son retour à la religion n'avait eu lieu qu'à la dernière heure et n'avait pas fait une bien grande impression. Ce discours fut grave et sérieux comme tout ce que l'orateur a publié, solennel comme il convenait dans cette occasion, et peut-être un peu pompeux. M. de Salvandy, qui reprochait avec raison à l'illustre mort de n'être pas exempt d'emphase, ne s'en préservait pas toujours assez lui-même. Mais, à part ce léger défaut, ce fut un éloge plein de pensées solides et justes et où la vérité historique se fait déjà entendre malgré la bienveillance imposée par les convenances du jour. M. Tissot était d'ailleurs le vingtième académicien mort dans l'année, cette circonstance faisait planer sur ses obsèques une impression de douleur plus grande encore, qui disposait tous les esprits au plus sérieux recueillement. C'était en 1854. M. de Salvandy osa déplorer la chute des deux trônes renversés par les doctrines trop longtemps chères à M. Tissot, la disparition de la tribune elle-même, après celle des gouvernements qu'elle avait tant combattus. Ayant dit ensuite que M. Tissot tiendrait une grande place dans notre histoire littéraire, il ne craignit pas d'ajouter : « Cette place eût été encore plus grande avec tout ce qu'il avait de vive imagination, d'instruction classique et de talent d'écrire, si des règles plus fermes et plus hautes avaient gouverné sa vie. » Puis il ajouta :

« Cette vie qui nous est donnée est une mission. La vieillesse qui la couronne quelquefois est un sacerdoce dont notre confrère nous devançant de quelques jours, est allé rendre compte. L'adieu suprême pour lequel nous sommes rassemblés dans ce champ funèbre est venu nous saisir à cette époque solennelle et recueillie que la religion demande aux hommes chaque année de consacrer à la méditation et à la prière. Elle a seule cet empire, elle seule dans l'univers se propose cette tâche de suspendre tout à coup les bruits du monde pour nous faire réfléchir sur nous-mêmes et sur notre destinée. Génie tutélaire, quoi que nous fassions, et bon ange de l'humanité que nos torts ne découragent pas, qui ne se lasse jamais, elle ouvre des horizons, elle révèle des lois, elle donne des consolations qui luttent en nous contre toutes les faiblesses et contre toutes les tristesses publiques et privées.

« Il y a quelques jours un grand orateur chrétien s'écriait avec une émotion et une autorité qui ne sont qu'à lui : « Détachez-vous de votre cœur, brisez-le s'il le faut, pour en arracher les regrets, les passions, les intérêts d'un jour et le jeter résolûment aux pieds de Dieu ! » Ainsi, il y a une éloquence toujours vivante, et, grâce au ciel — immortelle, il y a de grandes et immortelles réalités au-dessus de toutes les afflictions et de tous les découragements de nos âmes. On apprend au pied de la tribune sacrée, on apprendrait au besoin en face de la mort, parmi ces tombeaux, au bord de cette fosse ouverte, combien la vie est peu de chose. La plus longue passe enfin, et qu'en reste-t-il ? Elle ne pèse que par les œuvres utiles qu'elle a laissées, par l'estime des hommes quand nous avons su y atteindre au prix d'un constant effort, enfin, et, par dessus tout, par des pensées, des consolations et des espérances prises plus haut que ce monde. »

On conçoit l'effet de ces solennelles paroles, dans le lieu et le jour où elles furent prononcées, et devant le cercueil de l'ancien Jacobin, de celui qui avait composé les *Poésies érotiques* et les *Baisers de Jean second*.

DUPANLOUP

Né en 1802, académicien en 1854, mort en 1878.

Déjà, dans ce siècle, qui pourtant n'est pas encore à sa fin, il y a eu trois générations assez distinctes de célébrités littéraires. Cela paraît surtout très sensiblement pour les célébrités ecclésiastiques, qu'on peut ranger en trois âges successifs et très différents. Il y a eu l'époque de la Restauration, où l'on voyait à la tête du clergé les prêtres revenus de l'exil, ou de jeunes prêtres à peu près imbus de leurs idées, et façonnés à leur image. Alors brillaient les Beausset, les Boulogne, les La Fare, les Eymeri, les La Luzerne, les Duvoisin, qu'on ne connaît presque plus, et les Frayssinous, les Quélen, les Mac Karty, qui, quoique plus jeunes, furent leurs contemporains d'illustration. Comme ils descendaient des chaires, vers 1830, l'on vit venir la grande époque de Lamennais, la plus riche, la plus glorieuse pour le clergé, et peut-être aussi pour la France littéraire, depuis le siècle de Louis XIV. Lacordaire, Combalot, l'abbé Cœur, l'abbé de Genoude, le P. de Ravignan, Dom Guéranger, l'abbé Gerbet, prêchaient ou écrivaient sur la religion, de manière à rappeler les plus beaux jours. Presque tous ils étaient morts, lorsque commença, avec l'Empire, le troisième quart de ce siècle ; ceux qui survivaient, ou ne parlaient plus, ou étaient visiblement arrivés à leur déclin. Une autre phalange de prêtres distingués les remplaçait. C'étaient le P. Félix, le P. Hyacinthe, l'abbé Bautain, le cardinal Pie, le cardinal Gousset, l'abbé Gerbet, MM. Salinis, Gratry, Bertheaud, le P. Caussette, l'abbé Darras. Eh bien ! à la tête de ces derniers, presque tous les esprits impartiaux le reconnaissent, il faut mettre Mgr Dupanloup.

Sans doute, cette haute supériorité, Mgr Dupanloup ne l'avait pas également sous tous les rapports pour tous les objets auxquels un grand évêque peut s'appliquer. Tel autre pouvait être un plus brillant prédicateur, un plus savant théologien, un moraliste plus profond. Il y a eu parmi les contemporains, des philosophes, des ascétiques, des historiens que ce prélat n'égalait pas ; peut-être même trouverait-on des écrivains plus corrects et plus harmonieux. Mgr Dupanloup, il faut le dire, n'avait aucune de ces brillantes spécialités, mais pour l'ensemble des services rendus à l'Eglise et à la France, pour la place occupée dans l'admiration publique, pour l'universalité de la renommée, nous ne craignons pas de le dire, Mgr Dupanloup s'est élevé à un rang qui n'est qu'à lui seul. A sa mort, il n'y a eu qu'un cri pour proclamer la grandeur de la perte faite par l'Eglise. Hélas ! et souvent depuis, il a fallu dire comme après la mort de tous les hommes de premier ordre : Où est Mgr Dupanloup ? Ah ! si Mgr Dupanloup était là !

Pour étudier assez complètement, quoique en peu de pages, la vie et le caractère de Mgr Dupanloup, on ne pourrait moins faire que de les envisager sous trois aspects ; il y a, en effet, en lui, le professeur, le prédicateur et le polémiste. Il serait juste aussi de considérer l'administrateur ecclésiastique, c'est-à-dire le pasteur, l'évêque. Mais ce côté de son portrait serait plus étranger à l'objet de notre travail, et il est aussi moins éclatant. Le polémiste, en effet, le prédicateur, l'homme politique surtout, devaient nuire beaucoup à l'évêque. Lui-même, il l'avait compris, quand, à la fin de ses jours, il demandait un coadjuteur, non pour se reposer, — de tels caractères ne se reposent jamais, — mais afin de pouvoir courir au Sénat, où se traitaient tant de questions importantes pour la religion et la liberté.

Comme professeur, comme prédicateur et comme polémiste, M. Dupanloup est tout à la fois écrivain et orateur, car ses polémiques ont toujours été imprimées après avoir, la plupart du temps, été formulées dans des discours ; et, si ses leçons à la Sorbonne n'ont pas été publiées, il a du moins fait paraître plusieurs ouvrages relatifs à la direction de l'enseignement ; quant à ses discours proprement religieux, prônes, sermons, conférences, ils étaient sans doute improvisés selon la méthode qu'il conseillait lui-même de suivre ; mais la sténographie en a reproduit plusieurs qui permettent de juger des autres. Enfin, ces trois hommes que nous trouvons dans l'évêque d'Orléans, et dont le rôle et l'action sont parfaitement distincts, ne nous apparaissent cependant pas dans un vrai partage de sa vie, car c'est souvent dans le même temps, bien des fois dans la même action, qu'on peut les trouver réunis. L'évêque parlait à l'église et son discours ressemblait parfois à une leçon donnée dans un cours plutôt qu'à une simple homélie. La polémique s'y mêlait aux exhortations, ou même prenait leur place ; d'autres fois il parlait à la tribune du Sénat ou dans les congrès catholiques, comme un vrai pasteur des âmes ; c'est presque toujours, à vrai dire, que ces trois hommes paraissaient unis en lui sans y être jamais ni mêlés ni confondus. Sa force en était triplée. Ce que le polémiste ou le professeur n'obtenait pas, le prédicateur l'enlevait ; d'autres fois, ce que vous aviez refusé au prêtre, à l'homme de Dieu, vous l'accordiez à l'éloquence humaine, j'allais presque dire profane, du publiciste et du philosophe chrétien.

Félix-Antoine-Philippe Dupanloup est né à Saint-Félix-en-Savoie, dans l'ancien département du Mont-Blanc, au diocèse de Chambéry, qui forme aujourd'hui avec ceux de Saint-Jean-de-Maurienne et de Moutiers, le département français auquel est resté le nom de l'ancienne province.

On a beaucoup parlé du mystère de sa naissance, qui sans doute importe assez peu à l'histoire ; mais ce qui est sûr, c'est la tendresse et les soins de l'illustre prélat pour sa mère. Je copie dans sa biographie, par un de ses élèves :

« M. l'abbé Dupanloup demeure au séminaire de Saint-Nicolas-du-Chardonnet, avec sa mère, pour laquelle il a disposé dans l'établissement une élégante retraite, où sa vieillesse est comblée de soins et religieusement honorée. »

Je copie encore le même auteur :

« M. Dupanloup avait un oncle curé, brave homme et bien avisé, certes, qui, dès l'heure où l'enfant eut montré son intelligence et ses bons penchants, c'est-à-dire de fort bonne heure, conseilla de l'envoyer à Paris pour faire ses études ; M. Dupanloup vint donc à Paris. Il entra d'abord comme élève de sixième — l'oncle curé ne l'avait pas mené bien loin — dans la petite communauté de la rue du Regard, maison fondée par le saint abbé Tesseydre, et gouvernée alors par M. l'abbé Poiloup. Félix Dupanloup fut ensuite admis comme élève de quatrième au petit séminaire de Saint-Nicolas-du-Chardonnet, dont il devait plus tard être le supérieur. »

Qui ne s'intéresserait à cet enfant envoyé « en sixième », c'est-à-dire à l'âge d'environ dix ans, si loin de sa mère ! Mais les mères de ce pays se résignent mieux que les nôtres.

> L'enfant que le ciel nous envoie
> Vous le gardez, gens de Paris.
> Nous, pauvres mères de Savoie,
> Nous le chassons loin du pays,
> En lui disant : Adieu !
> A la grâce de Dieu !
> Adieu ! adieu ! à la grâce de Dieu !

Au sortir de Saint-Nicolas, M. Dupanloup, dont la vocation se déclarait, entra au séminaire de Saint-Sulpice et, en 1824, il reçut tous les ordres sacrés des mains de Mgr de Quélen, archevêque de Paris, puis, d'abord après, il fut demandé pour vicaire de l'Assomption par cet abbé Feutrier qui devint plus tard évêque de Beauvais, et, pour son malheur, ministre des cultes, car ce fut lui qui signa les ordonnances de 1828 contre les jésuites, et qui mourut de chagrin à la suite du blâme universel que cet acte malheureux lui fit encourir. M. Feutrier avait vu les succès obtenus par l'abbé Dupanloup dans son église, quand il y venait, encore séminariste, faire le catéchisme des pensions auquel toute la paroisse accourait. Il le retint, une fois prêtre, pour lui faire continuer ce précieux travail. De l'Assomption, l'abbé Dupanloup alla au même titre à Saint-Roch, où ses succès furent plus éclatants encore dans ses prônes qu'ils n'avaient été à l'Assomption dans les catéchismes. A Saint-Roch, tous les bonheurs venaient au-devant du jeune et éloquent conférencier. Il devint bientôt premier vicaire, puis le jeune duc de Bordeaux le demanda pour son confesseur. Il fut ensuite nommé aumônier de la Dauphine, et chargé d'enseigner la religion aux enfants du duc d'Orléans. Bientôt après, M. de Quélen le nomma vicaire général honoraire de son diocèse. C'était beau, l'on en conviendra, pour un prêtre de vingt-huit ans, et M. Dupanloup dut faire à cette époque de sa vie de bien doux rêves. La révolution de 1830, qui brisa tant de carrières, ne fit que les ajourner.

En 1831, M. Dupanloup fonda l'Académie de Saint-Hyacinthe pour exciter l'émulation religieuse et littéraire des jeunes gens. En 1834, il fut chargé d'ouvrir les conférences de Notre-Dame; son premier discours fit sensation. Le texte en était tiré de l'Evangile du jour : *Et transfiguratus est ante eos*. On admira la beauté de son plan qui représentait Jésus-Christ comme la source de toute lumière. « L'auditoire, dit un critique contemporain, était si charmé qu'il ne put contenir tout à fait les murmures d'une respectueuse mais vive admiration. » Ce discours cependant, si l'on en juge par quelques passages que les journaux nous ont conservés, n'était pas à la perfection du genre. On y sentait un peu de cette recherche, de cet apprêt dont les débutants ne réussissent presque jamais à se préserver entièrement ; mais il y avait beaucoup d'éclat, de verve, d'entraînement, avec de l'ampleur dans les conceptions et une impression de nouveauté dans le style qui prévenait favorablement tous les esprits.

Dupanloup ne resta pas longtemps à cette œuvre des conférences qui n'était pas proprement la sienne ; c'est par les travaux obscurs de l'enseignement que Dieu voulait le préparer à la mission qu'il lui réservait. A chacun sa vocation et sa gloire. Pendant que le vicaire de Saint-Roch s'essayait aux conférences de Notre-Dame, un jeune prêtre prêchait, lui aussi, des conférences, et dans une simple chapelle de collège, mais qui bientôt ne put plus contenir la foule des jeunes gens accourus de tout Paris pour l'entendre. Ce prêtre, c'était le conférencier du lendemain. La chaire de Notre-Dame l'attendait, il devait en être la gloire et personne ne devait l'y égaler. Au même temps encore, un saint évêque s'acheminait lentement vers la capitale de la Bohême : c'était un aimable et doux vieillard que toute la jeunesse de Paris avait longtemps écouté avec bonheur dans la chaire de Saint-Sulpice. A l'appel du vieux roi Charles X, il quittait la France pour aller, à soixante-cinq ans, se faire le précepteur du jeune Henri qui semblait alors prédestiné à la sauver. Celui-ci, c'était le conférencier de la veille. Enfin, à la même époque, enfermé dans un noviciat de Jésuites, un jeune magistrat dégoûté du monde se préparait, sans le savoir, par de fortes études théologiques et par l'austérité de la vie religieuse, à l'honneur d'intéresser dans cette chaire entre deux stations de son incomparable rival, si ce mot peut être employé pour désigner deux amis et deux saints. Frayssinous à Prague, Lacordaire à Stanislas, Ravignan caché au fond du noviciat, et Dupanloup dans cette chaire qui semblait être la sienne et qu'il ne devait plus aborder, c'est un tableau, l'on en conviendra, et qui fait penser à l'incertitude de nos prévisions et aux impénétrables desseins de Dieu.

Après avoir prêché le Carême à Saint-Roch en 1835 et en 1836, M. Dupanloup, qui refusait les plus belles cures de Paris, accepta, en 1837, cette place de supérieur du séminaire de Saint-Nicolas qu'on n'avait pu lui faire accepter deux ans plus tôt. Saint-Nicolas, c'était le meilleur souvenir de sa laborieuse jeunesse, ce devait être aussi le plus doux temps de sa vie. Presque enfant encore, il y avait été aimé de ses condisciples et de ses maîtres ; devenu homme, nommé supérieur, il y fut adoré des élèves et surtout des maîtres, ses collègues et ses amis. Il y passa huit ans qui furent des années de bénédictions pour l'établissement et pour lui ; les études s'élevèrent, la discipline s'affermit, l'union, la paix, l'affection la plus intime ne cessèrent jamais de régner. Un des élèves de cet heureux temps a fait un charmant petit livre intitulé *Souvenirs de Saint-Nicolas*. On y voit vivre M. Dupanloup au milieu de son petit Empire ; c'est un règne doux, mais vigilant et laborieux, une providence de père et de mère, dont l'action anime tout et fait tout marcher vers la vraie science et la piété. Impossible de ne pas le voir, la place de M. Dupanloup est là, et, si ce n'est pas le dernier mot du dessein de Dieu sur lui, c'est du moins une étape importante et nécessaire de son chemin. Il s'y prépara surtout à traiter dans ses beaux ouvrages pédagogiques, dans ses discours à l'Assemblée nationale et au Sénat, toutes les questions contemporaines relatives à l'enseignement, tant celles qui intéressaient l'enseignement en lui-même, comme le choix des auteurs, les programmes, la bifurcation, les internats, les externats, que celles qui touchent aux droits de l'Etat, des familles, de l'Eglise, telles que la liberté, le monopole, les obédiences, la collation des grades, les universités libres. Si l'Europe entière a trouvé le savant prélat compétent sur toutes ces matières, au point que son opinion jouissait d'une autorité sans pareille, n'est-il pas juste de penser que sa retraite à Saint-Nicolas, ses fonctions d'administrateur, de directeur, de professeur, d'examinateur dans ce bel établissement lui ont fait acquérir des connaissances pratiques, une expérience spéciale dont ses aptitudes, si magnifiques qu'elles fussent, n'auraient absolument pu se passer.

Pour achever cette haute éducation pédagogique, la Providence, qui pourvoit aux moindres détails dans la formation de ceux qu'elle destine à de grandes choses, voulut que M. Dupanloup fût chargé d'un cours public. En 1841, il fut nommé professeur d'éloquence sacrée à la Faculté de théologie ; c'était la seule fonction de l'enseignement qu'il n'eût pas encore remplie, le seul genre de leçons qu'il n'eût pas données. A son seul nom, l'amphithéâtre de la Sorbonne se remplit d'une foule innombrable dont le programme du nouveau professeur justifia pleinement l'attente ; mais M. Dupanloup était trop ardent ou plutôt trop absolument sincère pour réussir longtemps à charmer ces foules si diverses dans leurs sentiments et, en général, si peu chrétiennes. Aucun prêtre contemporain, aucun chrétien énergique n'a obtenu ce succès. Ou les auditoires ont été petits et choisis comme ceux de MM. Glaire, Guillon, Maret, Receveur, Salinis, et, alors, tout s'est passé dans l'intimité, sans opposition, sans tumulte ; ou bien la foule est venue sur une grande renommée, et, alors, la parole a dû tantôt fléchir devant l'intolérance de l'auditoire, tantôt s'arrêter devant des tumultes. Une conférence sur Voltaire fut l'occasion de celui qui mit fin au cours de M. Dupanloup. Le prêtre parla de Voltaire comme il en a toujours parlé, comme en parlent tous les catholiques. Entre le sujet et l'orateur l'opposition était naturelle et invincible. C'était une guerre à mort qui se déclarait, car M. Dupanloup n'a pas pris de repos qu'il n'eût fini de renverser cette vieille idole ; mais, en 1840, ce travail de démolition n'était pas encore assez avancé et l'auditoire de la Sorbonne, uniquement composé de jeunes gens, était encore trop prévenu et trop passionné pour que la voix du prêtre pût être entendue. Des désordres éclatèrent, le cours fut fermé, et l'abbé Dupanloup, peut-être un peu blâmé par son archevêque, alla visiter Rome et l'Italie.

Il était simple chanoine de la métropole quand la révolution de 1848 vint donner l'influence sur les affaires ecclésiastiques, avec une part de la puissance publique à ses plus intimes amis. M. de Falloux se hâta de nommer l'abbé Dupanloup évêque d'Orléans. Bien lui en prit, car le ministre ne garda pas longtemps son portefeuille, et, peu d'années plus tard, la note de catholique libéral, dont M. Dupanloup ne s'affligeait pas, et les ménagements qu'il gardait sur la question de l'infaillibilité pontificale eussent peut-être rendu sa nomination difficile. Elle fut alors accueillie partout avec faveur, car déjà ses écrits sur la liberté d'enseignement avaient donné une haute idée de son talent et de sa modération, et lui avaient fait une grande renommée.

M. Dupanloup déploya sur son siège épiscopal une extrême activité, prêchant dans les villes et dans les campagnes, surveillant l'enseignement de tous les établissements religieux et se mêlant toujours par ses écrits aux questions relatives à l'éducation de la jeunesse. Sur la fameuse question de la part à faire aux Pères de l'Eglise et aux auteurs profanes dans l'étude des langues anciennes, il se montra très opposé à M. l'abbé Gaume et à ceux qui, comme lui, voulaient retrancher des programmes les classiques de l'antiquité. Beaucoup d'évêques se joignirent à lui ; l'*Univers* fut sévèrement admonesté par le Concile de Paris, mais il porta la cause à Rome, où il comptait beaucoup d'amis, et il obtint un jugement beaucoup moins sévère. Cette première polémique avec l'*Univers* et l'abbé Gaume, fit ranger Mgr. Dupanloup parmi les catholiques libéraux ou gallicans et lui attira des disgrâces qui se prolongèrent jusqu'à l'avènement de Léon XIII. Depuis ce moment Mgr Dupanloup prit part à toutes les polémiques religieuses ou politiques du temps, traitant toujours les questions avec une hauteur de vues et de style à laquelle ses adversaires eux-mêmes étaient obligés de rendre justice. Ses mandements et ses brochures sur la situation du Saint-Siège après notre expédition d'Italie eurent un retentissement sans pareil. Dans sa *Lettre à un catholique* et dans sa *Lettre à M. de la Guéronnière*, où il attaquait directement la fameuse brochure *le Pape et le Congrès*, qu'on attribuait à l'empereur, il porta à sa plus haute perfection l'art de la discussion et surtout le talent de l'ironie. Pascal lui-même et ses *Provinciales* étaient dépassés, ainsi que le spirituel abbé Guénée avec ses *Lettres de quelques Juifs*. Il faut en relire quelques lignes pour juger du reste.

« Vous accusez, Monsieur, la cour de Rome d'une obstination invincible. Permettez ; si le cardinal Antonelli vous semble un entêté, M. de Cavour ne l'est pas moins. Il y a deux entêtés en Italie et non pas un. Rome refuse vos conseils, Turin ne les refuse pas moins. Vous lui avez conseillé de ne pas prendre les Romagnes, il les a prises ; la Toscane, il l'a coupée ; les Marches et l'Ombrie, il les a envahies ; le royaume de Naples, il le possède.

« Pour nous, j'en conviens, nous n'avons pas été entêtés, nous avons protesté, puis cédé, puis protesté puis cédé encore.

« Aussi, à mesure que le pouvoir pontifical diminue le rôle de la France a diminué. On protégeait tout le droit, puis une moindre partie ; puis enfin seulement la personne du Pape, et, de degré en degré, notre garantie n'est plus qu'une garde, notre armée n'est plus qu'une escorte.

« A chacun de ces degrés le Pape a résisté, oui ; mais l'Empereur a cédé. Chaque coup porté sur les droits de l'un portait sur les promesses de l'autre. Savez-vous ce qui le rend plus saillant, cet entêtement de Rome que vous vous plaisez à faire ressortir, Monsieur ? C'est le contraste avec la condescendance de la France. L'une, le pouvoir faible, ne cède pas ; l'autre, le pouvoir fort, cède toujours. A qui le demandez-vous ? Au Piémont qui ne cède jamais, à l'Angleterre qui ne cède jamais. »

Il ne restait à Napoléon III qu'un mot à dire, c'est celui qu'il dit à l'oreille et bien bas au ministre italien appelé à Biarritz : « Faites vite ! »

M. Dupanloup jouissait à peu près en paix de sa gloire d'écrivain et de polémiste, quand deux grands événements vinrent le rappeler à ces combats qui semblaient être la destinée de toute sa vie ; le *Syllabus* et le *Concile*.

On a beaucoup dit que Mgr Dupanloup avait adhéré à la pensée intime du *Syllabus* comme si elle avait été de tout point conforme à ses sentiments personnels sur la liberté et l'autorité ; mais c'est certainement mal comprendre les mobiles du vénérable prélat dans cette importante circonstance. Justement alarmé des malentendus volontaires chez les uns, involontaires chez les autres, qui allaient faire passer les enseignements de l'Eglise pour absolument contraires à tous les principes des sociétés modernes, l'évêque d'Orléans prit le *Syllabus* au pied de la lettre, à la rigueur du mot à mot, et il fit voir, d'abord qu'on l'avait fort mal compris et traduit, et, ensuite, qu'il ne renfermait rien dont les hommes raisonnables de tous les partis ne pussent facilement convenir. Il n'examina pas les desseins intimes, il ne rechercha pas les tendances, mais prenant le document pour ce qu'il était, c'est-à-dire pour un jugement, pour un arrêt de la puissance ecclésiastique dont tous les termes doivent être entendus au sens précis, il fit voir qu'il n'atteignait que les sujets insoumis de l'Eglise et les impies. Tout le monde admira ces traductions si claires, ces explications si nettes qui mettaient en relief l'ignorance ou la mauvaise foi des adversaires, ces séries de contre-sens, et de contre-bon sens comme il les appelait, qu'avaient commis tant d'interprètes de talent mais injustes et passionnés. On vit alors le vrai sens du *Syllabus* et la doctrine de l'Eglise, qu'on avait dénaturée à dessein. Le triomphe de Mgr Dupanloup fut complet ; plus de vingt éditions de sa brochure s'écoulèrent en peu de mois, tous ses adversaires furent réfutés et battus les uns par les autres. Ceux-ci en effet disaient en montrant le *Syllabus* : « Bon ! voilà l'évêque d'Orléans bien atteint dans son libéralisme ! » Or le Pape, dans deux brefs pleins de louanges adressés à l'évêque d'Orléans, déclara que ce prélat « expliquait parfaitement la doctrine du *Syllabus* et qu'on devait l'entendre comme lui ». Ceux-là, au contraire, accusaient l'Eglise d'intolérance en s'écriant : « Impossible de s'entendre avec elle ! » et Dupanloup les convainquit de la mal comprendre et leur fit voir que, bien exposée, sa doctrine est aussi raisonnable que certaine et invincible.

Son attitude au Concile fut moins heureuse, elle parut aussi moins habile, et même à plusieurs moins sincère.

Il y avait sur la question de l'infaillibilité pontificale deux partis à prendre, deux courants à suivre, également nets et tranchés l'un et l'autre et qui, tous les deux, avaient leurs autorités, leurs raisons, et, humainement, leurs chances de triomphe, c'était l'affirmation et la négation. Mgr Dupanloup, au lieu d'embrasser l'une ou l'autre de ces voies, en imagina une troisième, qui consiste à ne pas contester l'infaillibilité du pontife ou même à la reconnaître plus ou moins formellement, mais à combattre l'idée de la définir, comme nuisible au bien de l'Eglise et à la paix du monde. C'est à cette ligne de conduite, persuadée par Mgr Dupanloup à plus de cent vingt évêques, qu'on donna nom *d'opportunité* et *d'opportunisme* dont la langue politique a fait depuis un plus grand usage.

Impossible de prendre une situation plus défavorable, et, disons le mot, plus fausse.

Sans doute on pouvait soutenir en principe l'inconvénient, l'inopportunité de proclamer une vérité reconnue, mais combien n'était-il pas difficile de faire admettre à l'immense majorité des esprits une distinction si subtile, une conduite si compliquée ! De toute part on répondait en posant la question sur son terrain le plus facile et le plus net : l'infaillibilité est ou elle n'est pas ; si elle est, pourquoi ne pas la reconnaître, si elle n'est pas, pourquoi ne pas la nier franchement ? Or, l'on en conviendra, ce dilemme, s'il n'était pas absolument rigoureux, était du moins très plausible et très séduisant. Pourquoi Dieu aurait-il apporté une vérité au monde, si ce n'est pour qu'on la connût ? Pourquoi aurait-il institué une autorité infaillible si ce n'est pour qu'on s'y soumît ? Il faut le dire d'ailleurs pour être vrai, tous les arguments des opportunistes dépassaient leur but apparent et semblaient vouloir prouver ou du moins insinuer la doctrine gallicane. M. Dupanloup et ses amis parurent gallicans eux-mêmes, des gallicans qui se recouvraient de ce nom d'inopportunistes comme d'un masque pour éviter une définition qui ne pouvait avoir grand inconvénient puisqu'elle allait être certainement inspirée par l'esprit de Dieu et acceptée par tous les vrais catholiques. Cette situation, à l'extérieur peu loyale, était donc aussi peu habile, car elle ne pouvait rien empêcher. Elle fournissait même à l'infaillibilité une prévention favorable, puisque ceux même qui ne l'admettaient pas n'osaient la combattre ouvertement.

M. Dupanloup se soumit comme tous les vrais fidèles, mais il se soumit des derniers et plusieurs mois seulement après la définition. Cette lenteur fut une petite ombre à sa renommée, car il sembla que les chefs de la protestation devaient être les premiers à s'incliner devant l'autorité de la chose jugée. Il eut soin du reste en se soumettant de déclarer de nouveau que son sentiment avait toujours été favorable à la doctrine définie, et de s'efforcer d'en donner la preuve ; mais, il faut l'avouer, les textes de ses anciens mandements qu'il rappelait prouvaient plutôt sa soumission à la primauté du pape dont personne dans l'Eglise n'a jamais douté que sa croyance à l'infaillibilité. Tout cela ne parut assez simple ni aux ultramontains de la veille parmi lesquels il essayait en vain de se placer, et qui se rappelaient trop bien son ancienne attitude, ni aux gallicans détrompés et désormais soumis, qu'il reniait avec hauteur après avoir été leur porte-drapeau. On se redit ce qu'on avait toujours dit : « S'il y croyait si fort, pourquoi donc s'être donné tant de mal pour empêcher qu'on le définît ? »

D'autres événements ne tardèrent pas à survenir qui remirent dans son grand jour cette noble figure d'apôtre. La conduite de Mgr Dupanloup lors de l'envahissement par les Prussiens de sa ville épiscopale rappela celle de saint Léon, de saint Augustin et du grand évêque de Cambrai. A l'Assemblée constituante où il fut envoyé par vingt-huit mille suffrages, il défendit avec éloquence, fermeté et modération tous les intérêts religieux. La liberté de l'enseignement supérieur fut son œuvre et sa gloire comme l'avait été en 1851 celle de l'enseignement primaire et de l'enseignement secondaire. C'est encore à lui qu'on dut, au moins pour une grande part la loi sur les aumôniers de l'armée et l'admission des curés dans les bureaux de bienfaisance.

Le terrain directement politique fut moins propice à l'évêque d'Orléans. La lettre qu'il écrivit à M. le comte de Chambord pour l'engager à faire quelques concessions faisait sans doute honneur à ses intentions patriotiques, mais elle lui attira une réponse qui, pour être, au jugement de plusieurs, un peu haute, n'en parut pas moins à tous pleine de vérité et de dignité. De l'Assemblée nationale M. Dupanloup passa au Sénat en qualité d'*inamovible*. Lui-même dans une lettre rendue publique et avec une légère inexactitude biblique trop amèrement relevée par les journaux, il exprima sa répugnance à « rentrer, comme Daniel, dans la fournaise ». Son élection d'ailleurs avait été fort laborieuse, il n'obtint qu'une faible majorité ; mais l'heure était trop solennelle pour que l'illustre prélat pût hésiter. Il combattit donc encore les bons combats qui avaient occupé sa vie entière. Toutefois, on n'en peut disconvenir, si son ardeur fut la même, sa force diminuait sensiblement sous l'action du temps qui use tout et de la cruelle maladie qui devait bientôt nous le ravir. La victoire aussi lui fut quelquefois moins fidèle, notamment lorsqu'il voulut obtenir, lui libéral, une loi de proscription contre les œuvres de Voltaire et n'y put faire consentir la majorité entraînée dans un autre sens par M. Dufaure. On crut que cette proscription, loin de nuire à la propagande, ne ferait que la servir. Mgr Dupanloup fut très sensible à cet échec. Chaque homme a son jour, il le sentit, le sien commençait à décliner. L'heure de la retraite allait venir.

M. Dupanloup était membre de l'Académie française depuis 1854. Il prit d'abord dans cette illustre compagnie une influence considérable comme il parut en 1863 quand il fit échouer les candidatures de MM. Littré, Taine et Maury à cause de leurs opinions ouvertement irréligieuses. Plus tard, lorsque M. Littré fut élu, malgré ses efforts, M. Dupanloup crut devoir donner avec éclat sa démission d'académicien pour ne plus faire partie d'une société « qui admettait des athées dans son sein ». Mais M. Guizot et plusieurs autres illustres amis du prélat le firent bientôt revenir sur cette détermination dont le principe eût dû l'obliger logiquement à sortir aussi de l'Assemblée nationale, du Sénat, du Conseil d'instruction publique, et, pour ainsi dire, de partout. Au reste, non moins bienveillant pour les personnes qu'inflexible sur le principe, le vénérable évêque fit parvenir à M. Littré les expressions les plus courtoises de regret pour cette détermination, et d'estime pour son caractère et son talent. L'on assure même, quant à M. Taine, que ses derniers ouvrages avaient si bien changé tous les sentiments du prélat à son égard qu'il se proposait d'appuyer sa nouvellle candidature, quand la mort vint le frapper.

Les amis de Mgr Dupanloup, et, l'on peut le dire, tous les esprits élevés sans distinction de parti désiraient depuis longtemps pour lui la plus haute dignité dont l'Eglise et l'Etat puissent, en s'accordant, investir un prêtre français, la dignité de cardinal. Ce n'est pas que la pourpre romaine pût agrandir aux yeux du monde un homme aussi éminent. Gerson, Bossuet, Fénelon, Bourdaloue qui ne l'avaient jamais portée n'en étaient pas moins arrivés au plus haut degré de la gloire ; mais on pensait que la cause de la liberté religieuse pouvait gagner quelque chose à cette élévation de son plus illustre champion. Or, il arriva, sous l'Empire, que les deux pouvoirs dont cette nomination dépendait y étaient également opposés. Napoléon voulait punir l'évêque courageux et indépendant, le défenseur du pouvoir du pape, et, à Rome, l'antagoniste de l'*Univers* s'était fait des adversaires puissants et nombreux. L'Empire une fois tombé, les deux pouvoirs ne purent s'accorder pour cette promotion. Quand le gouvernement la voulait, la cour romaine ne la voulait point, et quand la cour romaine, après la mort de Pie IX, en vint même à la demander, on ne put décider M. Dufaure à y consentir, il préféra absolument Mgr Desprez archevêque de Toulouse. Le nouveau pape, affligé de ne pouvoir suivre le mouvement de son cœur, rendit aussi publique qu'il le put l'expression de sa haute estime pour l'évêque d'Orléans. Quant au prélat, absolument étranger à toutes ces démarches, il se priva même pour ne pas paraître y prendre part, d'aller saluer le nouveau pontife qu'il connaissait depuis longtemps et dont il avait l'honneur d'être l'ami. Ce sacrifice lui fut très amer, car Léon XIII l'appelait, et lui-même, il s'était fait une fête de le voir sur son trône, mais l'ombre même d'une intrigue ambitieuse lui faisait horreur. Il disait avec Bossuet : « Ma vraie tâche est de servir l'Église, c'est aussi ma gloire et je n'en désire pas d'autre. »

Une dernière victoire, peut-être la plus éclatante de toutes celles qu'il a remportées, signala les derniers jours du saint prélat, et cette victoire, il faut le rappeler à la louange de ce noble cœur, acheva de rendre le gouvernement hostile à son élévation au cardinalat. On avait préparé la fête du centenaire de Voltaire, comme une grande manifestation de la « libre pensée » contre la religion de Jésus-Christ. Mgr Dupanloup résolut de la faire avorter en rendant odieuse et ridicule la vieille idole qui en devait être l'objet. Pour arriver plus sûrement à son but, le vieux lutteur résolut de remplacer les appréciations et les controverses par de simples citations prises dans les ouvrages de Voltaire. On ne pouvait imaginer un plan de bataille plus habile. C'était forcer les illusions les plus tenaces, les partis pris les plus obstinés. Les écrits publics, les mémoires intimes, les correspondances privées, les notes, le journal du fameux impie furent soigneusement fouillés et fournirent leur part de textes précieux. Grâce à ces citations l'Europe entière put voir à découvert dans celui auquel on préparait un triomphe, le mauvais français, le faux ami, le flatteur des princes, le fourbe, l'avare, le menteur, le vieux débauché. Une innombrable quantité de petites brochures remplies de ces citations furent répandues dans toute la France; les journaux chrétiens les reproduisirent; on peut l'assurer, tout le monde les a connues. C'étaient autant de coups meurtriers portés à la fausse gloire du patriarche de l'impiété. Ce fut fini. La lumière en tombant sur cette ignoble figure en fit voir toute l'horreur. Aucune illusion n'y put résister, les adorateurs les plus fanatiques furent convertis ou déconcertés. Le centenaire tomba accablé par le ridicule et sous la huée universelle. Cette tentative d'apothéose n'aboutit qu'à dépouiller le héros du dernier rayon de sa gloire.

Ce fut la fin de Mgr Dupanloup. La fête du philosophe devait avoir lieu le 30 mai 1878, l'évêque mourut quatre mois après en Dauphiné, au château de Lacombe, chez d'intimes amis qu'il avait coutume de visiter tous les ans. Sa mort fut à la fois subite et prévue, subite, parce que la crise qui l'enleva ne dura que quelques instants et qu'il était debout un quart d'heure avant la fin, prévue parce qu'elle fut la suite d'une longue maladie dont tout le monde voyait le progrès et pouvait pressentir le terme. Il ne s'écoula que quelques minutes entre le coup et la mort, mais elles suffirent à ce chrétien courageux et préparé pour renouveler son sacrifice et donner les plus touchantes marques de sa foi.

Il ne restait plus que ce mot à dire sur la vie et la mort de Mgr Dupanloup, mais c'est le plus précieux et le meilleur : M. Dupanloup était un saint. Il faut l'avouer, le monde était peu habitué à le considérer sous cet aspect. Ses plus zélés partisans, les défenseurs de ses idées et de sa gloire le connaissaient assez peu sous ce rapport. On admirait l'écrivain, le savant, le polémiste, l'orateur, l'homme d'État ; on vénérait le digne évêque, mais tout cela n'était pas précisément le saint. Nous le voyions sur le champ de bataille, au milieu des ardeurs, des vivacités de la lutte ; dans la presse, dans la chaire, à la tribune, debout sur tous les remparts de la vérité, et sans relâche faisant feu sur ses ennemis, mais nous avions moins songé à le considérer prosterné au pied du crucifix de son oratoire, solitaire et anéanti dans les humbles et pieuses oraisons. Nous ne l'avions pas imaginé parcourant le chapelet d'une main, le bâton du voyageur de l'autre, les montagnes de l'Isère autour du château de Lacombe et enseignant aux petits villageois qu'il rencontrait la prière et le catéchisme. Nous ne savions pas non plus sa fuite des grandeurs, sa peur de la dignité épiscopale et la violence véritable à laquelle on avait dû recourir pour la lui faire accepter. Tout au plus aurions-nous supposé de sa part ces refus modestes imposés par les convenances ou les habitudes et sur lesquels personne n'est trompé parce qu'ils aboutissent toujours à une docile résignation. Il a fallu que sa mort ouvrît la bouche aux témoins de toute sa vie, aux ministres, aux amis, aux prélats éminents qui l'avaient forcé à devenir évêque, aux confesseurs, aux aumôniers, compagnons assidus de toutes ses démarches, aux témoins de sa dernière heure, aux pauvres, aux malheureux secourus par son incomparable charité. Tout le monde a vu alors ce que presque tous ignoraient, qu'au sein des grandeurs, au milieu des luttes, le pieux élève de Saint-Sulpice vivait toujours dans l'illustre évêque avec ses dévotions fidèles, ses humbles et précieuses pratiques de piété qui ne sont petites que pour ceux qui ne les connaissent et ne les observent pas.

C'est la gloire de l'Eglise romaine que tous ses grands défenseurs aient été des saints, aussi bien les plus modernes que les Pères des anciens jours. Le monde admirait leur génie sans deviner leur piété, et l'histoire en les révélant a causé plus d'une surprise ; mais Dieu l'a voulu, parce que cette fervente dévotion des génies chrétiens, en devenant manifeste pour tous, assure l'autorité de leurs travaux. Combien penseraient sans cela que ce zèle des grands écrivains catholiques était inspiré par l'intérêt d'une position acquise ou l'entêtement d'une prévention héréditaire ! Gerson, Bellarmin, Fénelon, Bossuet, Bourdaloue, Frayssinous, Ravignan, Lacordaire,

Bautain, Nicolas, étaient tous des saints, des hommes d'humilité, de mortification et de prière. Cette tendre piété est le remède aux illusions de la gloire, sans elle tout succès devient un péril : quand elle fait défaut, — l'abbé de Lamennais et le P. Hyacinthe l'ont bien montré après Luther et les hérésiarques de tous les temps, — l'orgueil obscurcit les plus beaux esprits et les fait tomber dans de lamentables erreurs.

Comme il avait puisé sa grande foi, sa douce et tendre piété dans la sainte maison de Saint-Sulpice où ces vertus sont comme un héritage de famille, de même Mgr Dupanloup avait pris aux meilleures sources son talent de parler et d'écrire. Sans doute, un homme qui n'a pas fréquenté les auteurs anciens peut néanmoins avoir un bon style et une véritable éloquence ; la force du génie, la chaleur de l'inspiration suffisent à faire un écrivain, un orateur de mérite. Quelques grands maîtres se sont bien formés seuls à reproduire les plus beaux effets de la nature ; mais ce ne sont là que des exceptions, et pour l'ensemble des hommes, même supérieurs, il n'est pas douteux qu'ils se développent plus heureusement par la fréquentation des grands modèles. Mgr Dupanloup les connaissait aussi bien qu'aucun homme de son temps. Il entendait, il parlait le grec et le latin comme le français. Ses élèves de Saint-Nicolas étaient pour ces langues de première force. Devenu évêque, Félix Dupanloup fit pousser plus loin encore l'instruction classique des séminaristes de son diocèse. « *Euripide* et *Sophocle*, dit M. de Falloux, furent représentés dans la grande salle de l'évêché avec un succès qui retentit au loin. De toute part, même à l'Académie française, on sollicita des invitations. *Electre*, *Œdipe*, *Philoctète*, les *Perses* furent joués plusieurs fois devant un public toujours plus charmé. MM. Saint-Marc Girardin, Cousin, Patin, Villemain étaient assis au premier rang des spectateurs, et la plume si compétente de M. Charles Lenormant ne dédaigna pas de rendre compte dans la *Revue littéraire* d'une de ces brillantes solennités. »

Aux auteurs grecs et latins, M. Dupanloup avait ajouté dans les études de sa vaillante jeunesse, les beaux modèles de notre grand siècle français. Il les connaissait tous comme un professeur de rhétorique, mais il affectionnait surtout, il fréquentait sans cesse Bossuet et Fénelon. C'étaient ses inspirateurs et ses maîtres préférés. Comment, à leur contact habituel, à leurs leçons quotidiennes, un sujet de cette valeur n'aurait pas acquis un beau style? Cet amour seul, ce goût de leurs œuvres, est une preuve qu'on est capable de les imiter.

C'est avoir profité que de savoir s'y plaire.

Aussi Mgr Dupanloup écrivait-il lui-même d'une manière admirable. Sa phrase était simple et forte comme celle des modèles. La propriété des termes toujours élégants quoique précis, la vivacité des constructions toujours faciles et harmonieuses; l'énergie des relations et des tours donnaient à son style un puissant entraînement. Tantôt il était bref et coupé comme les élans de l'esprit et les cris du cœur. C'était alors le style du publiciste, du pamphlétaire, quelque chose de Paul-Louis Courier, de Fonfrède et de Cormenin. Plus souvent souple et modulé, il rappelait, en se déroulant sans effort, la douceur harmonieuse de Massillon et de Fénelon.

On l'a beaucoup dit et il est impossible d'en disconvenir. Quelque chose manquait souvent à l'exacte correction, et, presque toujours, on eût pu souhaiter une plus grande part à cette impression du sentiment qui s'appelle onction et qui va si bien au langage ecclésiastique. Mais à qui donc ne manque-t-il rien? Mgr Dupanloup ne s'est jamais donné le loisir de faire un livre comme un écrivain qui choisit tranquillement un sujet et passe une partie de sa vie à le traiter. Il n'a jamais écrit que sur la brèche répondant au jour le jour à des adversaires souvent imprévus, repoussant à la hâte des attaques inopinées et pressantes, et forcé de songer davantage à ce qui pouvait réduire l'ennemi au silence qu'aux moyens de charmer ses lecteurs. A peine avait-il le temps de relire le manuscrit et de corriger les épreuves. Cette circonstance explique assez comment la syntaxe et l'harmonie ont pu souffrir quelques atteintes, qui d'ailleurs ne nuisirent jamais à l'effet. Le soldat surpris par l'ennemi, peut bien en courant aux armes oublier quelque détail de son équipement; tout ne brille pas à la bataillle comme à la revue.

Quant à la sensibilité, à l'onction, il serait aisé de citer bien des pages du prélat qui en sont pleines, mais que ce ne soit pas la note

D'AUDIFFRET-PASQUIER

dominante de ses écrits, on le reconnaîtra sans peine et il serait injuste de s'en étonner. La polémique peut-elle avoir le doux accent de l'homélie? Le clairon résonne-t-il de la même manière que la harpe? Mais son harmonie si différente n'en est pas pour cela moins belle. C'est l'ardeur, la conviction, la véhémence qui éclatent dans les œuvres du saint évêque. Il a tout le feu d'une conviction vive et entraînante, toute l'âme, toute la vigueur, d'une forte et généreuse passion, c'est-à-dire enfin toutes les qualités propres à son genre, à sa mission. Impossible de demander plus sans vouloir trouver cette universalité, cette plénitude complète et parfaite qu'aucun homme n'aura jamais.

LE DUC D'AUDIFFRET-PASQUIER

Né en 1823, académicien en 1878.

Le duc d'Audiffret-Pasquier est un homme politique fort remarquable, et qui, dans quelques occasions, a montré un grand talent pour la parole, mais il n'a publié aucun ouvrage. Il n'a même brillé à la tribune que rarement, et pendant un espace de temps assez court. Aussi l'Académie française en lui donnant un de ses fauteuils a-t-elle dérogé à ses habitudes contemporaines qui sont de n'appeler à elle que des écrivains; mais, en même temps, elle a fait retour à ses usages d'autrefois, car, on s'en souvient, sous Louis XIV et surtout sous Louis XV, des grands seigneurs absolument étrangers à la vie littéraire et qui n'étaient pas comme M. d'Audiffret-Pasquier, des orateurs éminents, ambitionnaient et obtenaient le titre d'académicien. M. d'Audiffret n'aurait qu'à réunir en un volume ses quatre ou cinq meilleurs discours pour mériter autant du moins que plusieurs de ses collègues le titre d'écrivain. L'Académie a donc bien fait de l'appeler dans son sein, aussi son choix fut-il généralement très applaudi.

Le comte Gaston d'Audiffret est né à Paris en 1823. Il fut

adopté par son grand-oncle le chancelier baron Pasquier, auquel Louis-Philippe donna, en 1844, le titre de Duc, dont le comte d'Audiffret a hérité aussi bien que du nom de son père adoptif. Il entra d'abord au Conseil d'Etat où il a siégé jusqu'en 1848. Alors il donna sa démission. Il vécut à l'écart pendant toute la durée de l'Empire non qu'il n'eût essayé plusieurs fois de se faire nommer député, mais sa candidature combattue par le gouvernement échoua toujours. Plus heureux en 1871, il fut élu député par soixante mille électeurs du département de l'Orne. Aussitôt il se fit remarquer par son aptitude pour les affaires et surtout par les qualités de sa parole toujours claire, vive et élevée. Partisan sincère de la liberté autant que de l'ordre et de la tranquillité publique, il vota toujours avec le centre droit et devint bientôt le chef de ce groupe, le président de sa réunion et une des personnalités les plus influentes de l'Assemblée. On l'entendit dans un admirable discours, flétrir les commissions mixtes comme « une œuvre hideuse et la violation la plus outrageante de ce que les peuples ont de plus respectable et de plus sacré ». Mais c'est sutout dans la commission des marchés qu'il joua un rôle important. Il s'agissait des achats d'armes et de munitions faits avant le 4 Septembre et au sujet desquels il révélait l'imprévoyance du gouvernement impérial. M. Rouher sentit qu'il était mis en cause et voulut justifier son administration. Mais M. d'Audiffret, reprenant la parole après lui, l'accabla par des preuves irrécusables et par les chiffres les mieux établis. Son discours fut considéré comme un événement politique et lui fit du premier coup la renommée d'un de nos premiers orateurs. Dans une autre question du même genre, il attaqua vivement Gambetta et obtint un vote contre lui. Longtemps ami de M. Thiers, on le vit ensuite se tourner contre lui, quand celui-ci s'obstinait à gouverner dans le sens de la gauche, mais, à son tour, la fusion des partis royalistes n'ayant pu s'effectuer, il se prononça pour la République *définitive,* après avoir hautement exprimé sa répugnance pour le drapeau blanc. Il était vice-président de l'Assemblée, depuis le 2 septembre 1874 ; le 15 mars 1875, il en fut nommé président. Après la dissolution de cette assemblée, il fut des premiers nommé sénateur inamovible, puis, à leur tour, ses collègues du Sénat le choisirent pour président. La tentative du 16 Mai n'eut pas son approbation ; il se sépara en cette occasion de la plupart de ses amis, et même fut sur le point de se battre en duel avec M. Batbie ; il appuya le ministère Dufaure, et sur les questions du moment fit vers la gauche à peu près la même évolution qu'il avait tant reprochée à M. Thiers. La majorité républicaine formée au Sénat par le premier renouvellement triennal ne lui tint pas compte de ces concessions, et sa candidature pour la présidence ne réunit que quatre-vingt-une voix contre deux cent cinquante-trois données à M. Martel, candidat de la gauche républicaine.

Avec des nuances légères, M. d'Audiffret-Pasquier fut presque toujours suivi dans ses mouvements politiques par MM. Decazes et de Broglie; c'est ce qu'on appelait le *parti des ducs*. Sa haute position de fortune, ses grandes relations de famille, sa capacité, son air de grand seigneur lui donnaient une influence considérable. Il avait, outre les deux autres ducs ses collègues, une nombreuse clientèle de sénateurs et de députés qui venaient prendre le mot d'ordre auprès de lui et lui formaient, on peut le dire, comme une espèce de cour. Maintenant même, malgré les nombreux mécomptes de son parti, il est encore un de nos hommes politiques les plus en vue. Son élection à l'Académie ne s'est faite cependant qu'à sa seconde candidature, le 8 janvier 1878. La séance solennelle eut lieu le 26 décembre de la même année. L'assistance était splendide, les discours furent aussi très admirés.

M. d'Audiffret est de ceux qui, lors les tentatives de restauration monarchique, ont le plus redouté le triomphe du drapeau blanc et les principes qu'il représente. Puisse-t-il et puissions-nous avec lui ne pas voir le triomphe des hommes et des idées du drapeau rouge !

XXXIIe FAUTEUIL (DIT DE VAUGELAS)

VAUGELAS

Né en 1585, académicien en 1634, mort en 1649.

Le lecteur a déjà fait connaissance avec Vaugelas dans l'histoire préliminaire de l'Académie, principalement en ce qui concerne le travail du dictionnaire auquel il eut une grande part. Il faut présenter ici les faits seulement qui lui sont personnels et qui n'ont pas dû trouver leur place dans une étude générale. Mais à quoi bon parcourir plusieurs dictionnaires de biographie pour trouver ce qui regarde Vaugelas ? Pélisson qui fut son ami en a dit tout ce qu'on en sait, et avec un charme qu'aucun autre n'a égalé. Nous le citons presque en entier et sans dissimuler ce larcin dont tout le monde nous saura gré, mais en rectifiant quelques détails sur lesquels l'historien a été trompé et que d'autres contemporains ont mieux saisis.

Claude Favre, sieur de Vaugelas et baron de Péroge, naquit, non à Chambéry comme le dit Pélisson, mais en Bresse, à Meximieux, non loin de Trévoux. Son père, le président Favre, s'était rendu célèbre par de bons ouvrages sur le droit, mais il avait beaucoup d'enfants, et ne put laisser à chacun d'eux qu'une fortune médiocre.

Claude eut la terre de Péroge, qui était une baronnie, peu considérable. Il eut aussi une pension assez mal payée de deux mille livres qu'Henri IV avait accordée au président et à ses descendants pour les services qu'il avait rendus à l'état de sa fille, Christine de France, duchesse de Savoie.

Claude Favre vint très jeune à la cour et y passa tout le reste de sa vie. Il fut gentilhomme ordinaire et puis chambellan de M. le duc d'Orléans, qu'il suivit dans ses retraites hors du royaume. Il fut aussi sur la fin de ses jours précepteur des enfants du prince de Carignan, frère du duc de Savoie. Malgré ces emplois considérables, il resta toujours pauvre, et son bien n'a pas suffi à payer ses créanciers. Il mourut âgé d'environ soixante-cinq ans d'un abcès dans l'estomac qui s'était formé durant le cours de plusieurs années et qui lui donnait de temps en temps une douleur de côté qu'on attribuait à la rate. Enfin, en l'an 1650, ayant été extraordinairement travaillé pendant cinq ou six semaines de cette même douleur, il se sentit soulagé, et, croyant être bien guéri, il voulut même aller prendre l'air dans le jardin de l'hôtel de Soissons où il avait un appartement. Mais le lendemain matin son mal le reprit avec plus de violence; de deux valets qu'il avait, il envoya celui qui était demeuré près de lui appeler du secours. Mais avant le retour de celui-ci, l'autre étant survenu le trouva qui rendait l'abcès par la bouche, et lui ayant demandé tout étonné ce que c'était : « Vous voyez, mon ami, répondit-il froidement, le peu que c'est qu'un homme. » Ce fut sa dernière parole, il mourut peu d'instants après.

« C'était, dit Pélisson, un homme agréable, bien fait de corps et d'esprit, de belle taille. Il avait les yeux et les cheveux noirs, le visage bien rempli et bien coloré. Il était fort dévot, civil et respectueux jusqu'à l'excès, particulièrement envers les dames pour lesquelles il avait une extrême vénération. Il était fort assidu à l'hôtel de Rambouillet. Ses plus particuliers amis étaient M. Faret, M. Voiture, et, sur la fin de sa vie, M. Chapelain et M. Conrard; mais surtout il avait lié une amitié très étroite avec M. le baron de Foras qui vit encore et qui était aussi bien que lui chez M. le duc d'Orléans. Ils s'appelaient frères et s'étaient mis ensemble dans la dévotion en laquelle aussi bien qu'en leur amitié ils persévérèrent jusqu'à la mort.

» Le principal talent de Vaugelas était pour écrire en prose. Il composa cependant des vers italiens assez admirés, et même quelques pièces de vers français, mais improvisées dans l'occasion et pour quelque motif de courtoisie ; il avait d'ailleurs l'esprit présent et faisait souvent des réponses fort agréables, comme il lui arriva quand il alla remercier le cardinal de Richelieu qui lui confiait le travail du dictionnaire et qui venait de rétablir sa pension un moment supprimée à cause de son intimité avec Gaston d'Orléans. Venant de quelques pas au-devant de lui, avec l'air souriant et majestueux qui lui était ordinaire, le cardinal lui dit : « Au moins, monsieur, vous n'oublierez pas dans le dictionnaire le mot de *pension*. — Non, monseigneur, répondit Vaugelas, ni celui de *reconnaissance*. »

Il n'a laissé que deux ouvrages considérables qui sont des *Remarques sur la langue française* trouvées très fines dans le temps et fort judicieuses, et la *Traduction de Quinte-Curce*. Le premier de ses deux ouvrages fut imprimé du vivant de l'auteur du moins en partie ; car une moitié fut saisie par ses créanciers après sa mort, comme ses cahiers sur le dictionnaire, et perdue ensuite ; le second n'a été publié que longtemps après. Vaugelas y travailla une grande partie de sa vie, le retouchant et le polissant toujours. Une fois même à la vue des traductions de M. d'Ablancourt qu'il trouva très supérieures, il le refondit entièrement. Il en a paru plusieurs éditions toutes fort estimées du public savant. Balzac dont les opinions étaient des oracles disait souvent : « L'*Alexandre* de Quinte-Curce est invincible, celui de Vaugelas est inimitable. » Voiture raillait plaisamment Vaugelas sur le soin et le temps, qu'il consacrait à ce travail : « Avant que vous ayez fini les dernières parties, lui disait-il, la langue aura changé et il vous faudra refaire les premières », à quoi le bon Vaugelas répondait en se comparant à ce barbier dont il est parlé dans *Martial* qui mettait si longtemps à raser une joue qu'en attendant la barbe repoussait à l'autre.

Eutrapelus, tonsor dum circuit ora Luperci,
Expungit que venas, altera barba subit.

Et il ajoutait en souriant : *Altera lingua subit.*

SCUDÉRY

Né en 1601, académicien en 1650, mort en 1667.

Comment commencer une notice de Scudéry sans rappeler d'abord les vers de Boileau?

> Bienheureux Scudéry dont la fertile plume
> Peut tous les mois sans peine enfanter un volume,
> Tes écrits, il est vrai, sans art et languissants,
> Semblent être formés en dépit du bon sens ;
> Mais ils trouvent pourtant, quoi qu'on en puisse dire,
> Un marchand pour les vendre et des sots pour les lire.
> Et quand la rime enfin se trouve au bout des vers,
> Qu'importe que le reste y soit mis de travers ?

Tout Scudéry est là, sa nullité, ses succès, sa fécondité, son contentement de lui-même. C'est un portrait fini et peint d'après nature. Il ne laisse guère à quiconque se charge de faire une étude sur ce poète d'autre soin que celui de rappeler les faits de sa vie et les titres de ses ouvrages avec quelques citations plus propres qu'aucun discours à en donner une juste idée. Scudéry est le type de la vantardise, c'est le Gascon achevé ; il se loue lui-même avec un excès qui ne soupçonne même pas d'incrédulité et une candeur qui ne laisserait pas que d'amuser le lecteur si c'était moins continuel. Écoutons-le du moins un instant.

« Dans la musique des sciences, dit-il, je ne chante que par nature ; je suis né d'un père qui, suivant l'exemple des siens, a passé tout son âge dans les charges militaires, et qui m'avait destiné dès le point de ma naissance à une pareille forme de vivre ; je n'étais que soldat et je me suis fait poète. Si je rime ce n'est qu'alors que je ne sais que faire et je n'ai pour but en ce travail que le seul plaisir de me contenter, car, bien loin d'être mercenaire, l'imprimeur et les comédiens témoignent que je ne leur ai point vendu ce qu'ils me pouvaient payer... J'ai passé plus d'années parmi les armes que d'heures dans mon cabinet et usé beaucoup plus de mèches en arquebuses qu'en chandelles, de sorte que je sais mieux ranger les soldats que les paroles et mieux quarrer les bataillons que les périodes. »

En vérité, l'on ne peut être ni plus naïf ni plus fat.

« Je veux, écrivait-il au duc de Montmorency, apprendre à écrire de la main gauche, afin que la droite soit plus digne de vous servir... Je suis sorti d'une maison où l'on n'a jamais vu de plumes qu'au chapeau. »

Il ne parle pas avec moins de suffisance de ses travaux lyriques. « Toutes ses pièces avaient des succès extraordinaires », le public les applaudissait toutes avec transport, à l'exception de sa *Didon* et de son *Amant libéral*, où les acclamations, il l'avoue, furent un peu plus froides. « Toutefois, ajoute-t-il, l'impression fut ce que j'avais espéré du théâtre. » Nous voici arrivés, dit-il ailleurs, à ce *Prince déguisé*, qui fut si longtemps la passion et les délices de toute la cour. Jamais ouvrage de cette sorte n'eut plus de bruit, et jamais chose violente n'eut plus de durée. Tous les hommes suivaient cette pièce partout où elle se représentait. Toutes les dames en savaient les stances par cœur, et il se trouve encore aujourd'hui mille honnêtes gens qui soutiennent que je n'ai jamais rien fait de plus beau, etc., etc. » Ainsi tout est bien, tout est parfait, et Scudéry est très justement appelé « bien heureux », puisqu'il est toujours si satisfait de lui-même et de son public.

Il a fait seize pièces de théâtre, dit le bon Pélisson, qui les nomme l'une après l'autre, avec quantité de pièces mêlées qui peuvent bien aller jusqu'à dix ou douze mille vers. Il a fait encore son poème de *Rome vaincue*, célèbre par l'enflure de son premier vers :

> Je chante le vainqueur des vainqueurs de la terre

et dont la suite n'est qu'un amas de platitudes qui ne sont rachetées par aucun détail remarquable. On lui doit encore, pour continuer l'énumération de Pélisson, les *Observations sur le Cid*, qui parurent dictées par une violente jalousie et qui motivèrent le jugement de l'Académie ; quelques discours en prose, dont un *sur la tragédie*, un autre sur *l'apologie du théâtre*, et enfin quelques romans du genre de ceux de sa sœur, mais moins finement pensés et moins bien écrits. La vogue dont ils ont joui, ainsi que celle de ses tragédies, ne peut s'expliquer que par le mauvais goût qui régnait encore sans partage, surtout au théâtre ; l'apparition du *Cid* y mit fin. Quand on eut entendu ce chef-d'œuvre, toutes les autres pièces tombèrent par enchantement comme les ténèbres devant le soleil. Mais on juge bien que l'amour-propre et la jalousie s'armèrent contre le *Cid*. Ce fut une ligue de tous les auteurs ; Richelieu lui-même, qui composait à ses heures, et qui surtout inspirait des plans à plusieurs auteurs, se mit de la partie. Et ce fut autant pour lui plaire que pour satisfaire à sa passion, que Scudéry écrivit contre le *Cid* et son auteur. Richelieu voulut que l'Académie se prononçât entre le chef-d'œuvre et ces nouvelles critiques. C'était embarrasser cruellement cette compagnie qui vivait à peine depuis quelques années et dépendait absolument de son redoutable protecteur. Elle jugea cependant en faveur du génie, et le cardinal ne s'irrita pas trop vivement d'une sentence si peu conforme à ses désirs, mais dont il comprit toute la portée.

Georges de Scudéry était né en 1601, au Val-de-Grâce, dont son père était gouverneur. Il fut d'abord soldat, puis à la fois soldat et poète, puis exclusivement poète ou plutôt homme de lettres, puisque beaucoup de ses œuvres ne sont pas des poésies. Il mourut à Paris en 1667, âgé de 66 ans. Il était de l'Académie depuis 1650. Son talent ou plutôt sa facilité pour écrire était à peu près sa seule ressource, car, bien qu'il affecte d'avoir voulu se donner aux muses uniquement pour se distraire, Balzac ne nous laisse pas ignorer qu'il l'a vu manger du pain sous son manteau dans les jardins de Versailles, parce qu'il n'avait pas où dîner. Malgré ses vanteries et ses gasconnades, c'était un homme honnête et bon, et dont la société n'était pas sans charmes. Il a fallu que sa vanité fût blessée à fond par la gloire de Corneille pour qu'il en vînt à écrire contre lui ses ridicules *Observa-*

tions. Sa fidélité à ses amis était justement vantée. Dans son poème de *Rome vaincue*, dont il faisait hommage à la reine Christine, sa protectrice et son amie, cette princesse demandait la suppression de quelques éloges à l'adresse d'un gentilhomme de sa cour quelle venait de disgracier; elle offrait de payer magnifiquement cette facile complaisance. Scudéry, que nous avons vu déjeuner sous son manteau, s'y refusa absolument, parce que ce gentilhomme était son ami. Voilà certes qui vaut mieux que ses tragédies. Pourquoi faut-il que nous l'entendions dire ensuite : Il n'y a point de famille ayant une plus longue suite d'aïeux que la nôtre, ni de généalogie plus illustre ni moins douteuse, etc. Ayant fait exécuter son portrait, il y mit cette épitaphe :

> Et poète et guerrier
> Il aura du laurier.

Un plaisant y substitua :

> Et poète et Gascon
> Il aura du bâton

DANGEAU

Né en 1638, académicien en 1668, mort en 1720.

Personne à l'heure présente ne porte ce nom de Dangeau, et c'est grand dommage, car il n'y en avait guère de plus ancien et de plus glorieux ; c'était, dit Boileau, un sang fécond en demi-dieux. On voit des Dangeau du temps de Philippe-Auguste, et déjà ils portent le titre de chevaliers. Plus tard, comme beaucoup d'autres familles de la plus haute noblesse, celle-ci embrassa le protestantisme, mais elle en revint aussi des premières, et se montra depuis très fidèle. Bossuet ne dédaigna pas de travailler à la conversion de l'abbé Dangeau, frère de celui dont nous écrivons ici la notice, et académicien lui-même, que nous avons trouvé au Ve fauteuil. La magnifique *Exposition* de la Foi catholique qui avait déterminé l'abjuration de Turenne, servit à déterminer la sienne, qui fut couronnée par la vocation ecclésiastique. Toute la famille Dangeau suivit bientôt cet exemple ; notre académicien, quoique plus jeune, l'avait prévenue.

Philippe de Courcillon, marquis de Dangeau, qui remplaça Scudéry à l'Académie française, était né en 1638, cinq ans avant son frère l'abbé. « Il avait, dit Fontenelle, une figure fort aimable et beaucoup d'esprit naturel, qui allait même jusqu'à faire très bien les vers. En 1657 ou 1658, il servit en Flandre, comme capitaine de cavalerie, sous les ordres de M. de Turenne. Après la paix des Pyrénées, un grand nombre d'officiers français qui ne pouvaient supporter l'oisiveté, allèrent chercher la guerre dans le Portugal, que l'Espagne voulait remettre sous sa domination. Comme ils jugeaient que, malgré la paix, les vœux de la France étaient pour le Portugal, ils préférèrent le service de cette couronne. Mais M. Dangeau, avec la même ardeur militaire, eut des vues tout opposées et se donna à l'Espagne. » Ainsi, dit M. Biot, la manière dont on faisait la guerre permettait à des compatriotes et à des amis de combattre dans des armées opposées. Le roi d'Espagne voulut s'attacher Dangeau par des offres brillantes, mais ce fut en vain, après la fin de la guerre, le jeune guerrier revint mettre son épée aux pieds de son premier souverain.

La reine Marie-Thérèse, un peu exilée au milieu des pompes de cette cour, et la reine-mère Anne d'Autriche, toutes les deux nées en Espagne et moins habituées au français qu'à l'espagnol, furent charmées de voir Dangeau qui revenait de leur pays, et qui en avait appris à fond la langue et les mœurs ; elles l'admirent à leurs jeux, ce qui fut pour lui l'occasion de faire une grande fortune pécuniaire, sans parler des autres avantages résultant pour lui de la protection et de l'intimité de ces princesses. Mais laissons encore parler Fontenelle :

« Il avait souverainement l'esprit du jeu avec une tête naturellement algébrique et pleine de l'art des combinaisons. Aussi eut-il beaucoup d'avantage au jeu des reines. Il parlait avec toute la liberté d'esprit possible et divertissait les reines de leur perte.

Comme elle allait à des sommes assez fortes, elle déplut à l'économie de Colbert, qui en parla au Roi même avec quelques soupçons. Le Roi trouva moyen d'être un jour témoin de ce jeu, et, placé derrière le marquis de Dangeau sans être aperçu, il se convainquit par lui-même de son exacte fidélité, et il fallut le laisser gagner tant qu'il voudrait. Ensuite le Roi l'ôta du jeu des reines, mais ce fut pour le mettre au sien. L'algèbre et la fortune n'abandonnèrent pas Dangeau dans cette nouvelle partie. Un jour qu'il s'allait mettre au jeu, il demanda à Sa Majesté un appartement dans Saint-Germain, où était la cour. La grâce n'était pas facile à obtenir parce qu'il y avait peu de logements en ce lieu-là. Le Roi lui répondit qu'il la lui accorderait pourvu qu'il la lui demandât en cent vers qu'il ferait pendant le jeu, mais cent vers bien comptés, pas un de plus ni de moins. Après le jeu où il avait paru aussi peu occupé qu'à l'ordinaire, il dit les cent vers au Roi. Il les avait faits, exactement comptés et placés dans sa mémoire, et ces trois efforts n'avaient pas été troublés par les cours rapide du jeu. »

Bientôt Louis XIV le nomma colonel du régiment qui portait son nom ; et à la tête duquel Dangeau fit admirer sa bravoure pendant la campagne de 1665 et jusqu'en 1670. Il fut alors nommé aide de camp du Roi lui-même, et fit ainsi plusieurs campagnes sous ses ordres immédiats. Envoyé en mission extraordinaire vers les électeurs du Rhin, il conduisit à bonne fin plusieurs affaires difficiles. Ce fut aussi lui qui négocia le mariage du duc d'York, depuis Jacques II, avec la princesse de Modène. En récompense de ces travaux, Louis XIV le combla de toutes les faveurs dont il pouvait disposer. Premier menin du Dauphin, gouverneur de la Touraine, chevalier d'honneur des deux Dauphines, chevalier des ordres du Roi, il fut enfin nommé grand maître des ordres réunis de Saint-Lazare de Jérusalem et du Mont-Carmel, auxquels il donna, par ses soins assidus, les plus beaux accroissements.

En 1668, le marquis de Dangeau remplaça Scudéry à l'Académie française. C'est le grand seigneur qu'on nomma, l'ami, le protecteur des gens de lettres, car, il faut avouer qu'il n'avait encore paru de Dangeau que quelques poésies de circonstance fort répandues à la cour, mais qui n'avaient pas été imprimées. Certes, le fait n'était pas sans précédent et Dangeau méritait cet honneur autant que personne, étant un fort bel esprit, très instruit dans toutes les choses relatives à la littérature et qui même laissa les Mémoires dont nous allons bientôt parler. Boileau, dont il était le protecteur et l'ami, lui avait dédié sa Satire V[e] sur la noblesse.

Tout le monde en a les premiers vers présents à l'esprit :

> La noblesse, Dangeau, n'est point une chimère,
> Quand, sous l'étroite loi d'une vertu sévère,
> Un homme issu d'un sang fécond en demi-dieux,
> Suit comme toi la trace où marchaient ses aïeux.

Aussi quand Philippe Dangeau fut proposé pour remplacer Scudéri à l'Académie française, Boileau se montra très favorable à cette candidature à laquelle il manqua fort peu de voix pour qu'elle eût l'unanimité. En 1704, Dangeau fut aussi nommé membre honoraire de l'Académie des sciences. Dans son discours de réception, « il exprima, dit d'Alembert, sa confusion de faire partie d'un corps si savant, lui qui ne savait pas bien les éléments des mathématiques, avec une modestie de fort bon goût et très flatteuse pour l'Académie. »

Il a laissé un *Journal ou Mémoire de la Cour* commençant en 1684 et finissant en 1720. Ces Mémoires sont conservés à la Bibliothèque royale où ils remplissent une centaine de cartons. Ils sont écrits avec une aimable simplicité qui respire la bonne foi, et persuade la confiance; ils sont aussi d'un style un peu négligé et avec une profusion de détails qui n'ennuient jamais, il est vrai, mais qui exigeraient pour être vérifiés de longues et minutieuses recherches. Voltaire ne les aimait pas ces *Mémoires* dans lesquels il a cependant beaucoup puisé. « Ce n'était point M. Dangeau, dit-il, qui faisait ces malheureux *Mémoires*, c'était un vieux valet de chambre, imbécile, qui se mêlait de faire à tort et à travers des gazettes manuscrites de toutes les sottises qu'il entendait à la cour. » Mais on sait la partialité de Voltaire contre Louis XIV à qui Dangeau se montra toujours favorable, et il ne faut pas chercher ailleurs les causes de sa boutade contre le vieux domestique. Il est étonnant, « ce vieux valet imbécile », auteur de quatorze volumes de chroniques sur tous les événements du jour, et dont le travail a intéressé tant de savants et Voltaire lui-même qui en a mis des extraits dans son *Siècle de Louis XIV*. Au reste, Mme de Genlis n'a pas cru mal employer vingt ans de sa vie, en réduisant ces quatorze in-folio à quatre volumes ordinaires, intitulés : *Abrégé des Mémoires du marquis de Dangeau*, ce qui prouve bien qu'ils ne sont pas sans quelque valeur.

« Ces mémoires n'eussent-ils, dit un biographe, d'autre mérite que de redresser les fausses opinions accréditées par Saint-Simon et répétées avec affectation par les gens que trop de gloire importune et à qui surtout celle de Louis XIV est odieuse, la pensée de Mme de Genlis serait encore très utile, mais ils renferment beaucoup de traits du plus grand intérêt. En nous faisant voir Louis XIV dans tous les moments de sa vie privée et dans ceux où les rois se défient le moins des regards de leurs courtisans, en nous le montrant pour ainsi dire en déshabillé, ils nous font connaître l'homme encore plus que le monarque. On le voit agir, on l'entend parler, on est admis dans sa familiarité, presque à sa confidence, ou du moins on peut juger par ses discours et ses actions journalières des dispositions habituelles de ce cœur vraiment royal ; et l'on reste convaincu que, non seulement Louis XIV fut un très grand roi, mais qu'il était aussi le meilleur des hommes, le modèle des fils, des frères, des pères et des maîtres, et comme son aïeul d'ineffaçable mémoire le père de son peuple. » Ces *Mémoires* sont comme la contre-partie, la réfutation anticipée de ceux du duc de Saint-Simon, si intéressants d'ailleurs, si bien écrits, mais si défavorables à Louis XIV. Saint-Simon et Dangeau ne s'aimaient point à cause sans doute de cette opposition du caractère et des jugements. Les mémoires de Saint-Simon sont partiaux et injustes pour le courtisan préféré. On le sent dans plusieurs passages, et l'on en devine le motif ; peut-être n'en faut-il pas chercher d'autres au mépris de Voltaire pour Dangeau que son parti pris d'altérer au gré de ses opinions préconçues la vérité historique. Dangeau est un témoin incommode parce qu'il est bien informé et de bonne foi. De là, sans doute, la supposition gratuite et si peu vraisemblable du « vieux valet de chambre imbécile. »

LE MARÉCHAL DE RICHELIEU

Né en 1696, académicien en 1720, mort en 1788.

A peine échappée à la Terreur, la société de Paris, décimée, dispersée, ruinée, cherchait cependant les occasions de se retrouver, de se réunir. On recomposait comme on pouvait ces salons d'autrefois, ces soirées où brillaient tant d'esprit, d'élégance et de politesse. Ceux à qui la tempête n'avait pas tout emporté se remettaient à donner quelques soupers, mais les invitations étaient encore peu nombreuses, on ne s'y rendait qu'avec précaution, car les souvenirs de la veille étaient terribles et les présages du lendemain bien divers ; souvent d'ailleurs les convives ne se connaissaient presque pas les uns les autres. Une femme que distinguaient entre toutes, son esprit, ses talents, ses grâces, Mme de Bawr se trouvait assise en 1798 à un dîner en face d'une autre femme jeune et charmante comme elle, qui commença de l'air le plus naturel un petit récit par ces mots : « Louis XIV disait un jour à mon mari... — Oh ! mon Dieu, dit tout bas Mme de Bawr en se penchant vers sa voisine, cette charmante dame a donc perdu la raison ? — Pas le moins du monde, répondit la voisine. Cette dame est Mlle de Lavaux, troisième femme du maréchal de Richelieu, qui l'épousa, en 1784, quand il avait quatre-vingt-deux ans, elle en ayant plus de cinquante de moins. Il avait vécu vingt ans sous le règne de Louis XIV et passé trois ans à sa cour. » Il avait ensuite traversé le long règne de Louis XV, et vu pendant quatorze ans celui de son successeur. Sa veuve en parvenant à la même vieillesse, fût arrivée jusqu'au milieu du règne de Louis-Philippe. C'eût été encore plus fort que la vieille marquise de Créquy qui se vantait d'avoir eu la main baisée par Louis XIV et par Napoléon.

Tel était Louis-François-Armand Duplessis, duc de Richelieu, maréchal de France, né en 1696, un des hommes les plus aimables, mais aussi les moins estimables de son temps. Vicieux, débauché, corrupteur obstiné du roi Louis XV, scandaleux de profession, hautain, méprisant, vindicatif, mais doué des grâces les plus charmantes, du caractère le plus enjoué, de l'esprit le plus amusant, de la figure la plus agréable qui se puisse concevoir. Il n'y a qu'un défaut, qu'un vice qu'il n'ait pas eu, la lâcheté. Car, si l'on a dit qu'il n'attaqua jamais la religion et ne souffrit pas qu'on s'en moquât devant lui, cela n'est vrai que pour ses écrits ou pour ce qu'il a pu dire en public et dans les réunions nombreuses où l'on ne parle qu'avec précaution, mais dans le particulier, il ne cachait pas son incrédulité et se moquait ouvertement de la foi des autres. C'était un cynique effronté conseillant le vice, se plaisant à entraîner l'innocence, tenant encore plus au scandale qu'au plaisir et se vantant, à l'occasion, même du mal qu'il n'avait pas fait, mais habile, adroit, séduisant, et surtout heureux. On ne croirait pas jusqu'à quel point il parvenait à se faire admirer. Jamais il ne se vit un tel engouement. Les personnes du meilleur monde couraient à sa suite et se pardonnaient leurs rivalités pour le servir, pour le sauver dans ses captivités, dans ses disgrâces, stationnaient sous les terrasses de sa prison aux heures de ses promenades, et enfin lui envoyaient sous les yeux d'une foule moqueuse, les marques de l'intérêt le plus attentif. Des princesses du sang s'y laissèrent prendre comme de simples duchesses. Non moins aimable aux hommes dans les affaires et dans les intrigues, il gagnait bientôt le cœur de ceux qui condamnaient le plus sa conduite. Louis XIV si sévère à la fin de sa vie y fut trompé comme les autres, et lui prédit le plus brillant avenir. Mme de Maintenon écrivait à son père : « Je suis ravie, mon cher duc, d'avoir à vous dire que le duc de Fronsac (1), réussit très bien à Marly. Jamais jeune homme n'est entré plus agréablement dans le monde. Il plaît au roi et à toute la cour. Il fait bien tout ce qu'il fait, il danse très bien, il joue honnêtement, il est à cheval à merveille. Il est poli, il n'est pas timide, il n'est pas hardi, mais il est respectueux ; il raille, il est de très bonne conversation. Enfin rien ne lui manque. » Quatre-vingts ans plus tard Louis XVI qui détourna longtemps les yeux de ce vieux impur finit cependant par s'habituer à le voir, et il le traitait avec affection. C'était un attrait mysté-

---

(1) Le fils aîné des ducs de Richelieu s'appelait duc de Fronsac, jusqu'à ce que par la mort de son père, il devint duc de Richelieu lui-même.

rieux, mais universel et irrésistible, un charme qu'on éprouvait malgré le mépris, et sans aucune confiance ; tout le monde parlait pour lui, travaillait pour lui, même ceux qu'il avait trahis, même celles qu'il avait trompées. Cette séduction était si générale et si surprenante qu'on en vint à croire qu'il avait fait pacte avec le diable, ce qui le fit renvoyer de Vienne où il était notre ambassadeur. Il s'adonnait aux sciences occultes et ses ennemis en prirent occasion d'assurer que, pendant la durée de cette ambassade il avait, en compagnie de deux grands seigneurs allemands, fait, dans une forêt profonde, un sacrifice humain à Satan et à la Lune. Une puissance invisible semblait, il est vrai, le protéger. Il ne reçut jamais de blessure grave, quoiqu'il se jetât dans la mêlée à corps perdu, il n'en reçut jamais surtout qui pût le défigurer et l'enlaidir ; tous ses duels étaient heureux, soit parce qu'ils n'avaient pas de suite fâcheuse, soit parce que son adversaire succombait.

Il était plein de faste et de présomption, portant la hauteur jusqu'à l'insolence, et la vanterie jusqu'aux plus ridicules gasconnades ; mais, comme il réussissait aux choses les plus étonnantes, on croyait de lui les plus impossibles, et on lui pardonnait les plus déplacées. Quand il fit son entrée à Vienne comme ambassadeur, il avait soixante-quinze voitures et plus de deux cents chevaux dont les fers étaient en argent, et si peu cloués qu'ils tombèrent de leurs pieds et que le peuple put les ramasser et les garder ; on juge s'il y manquait. Ce fut plus fort encore à Bordeaux, quand il y vint pour la première fois en qualité de gouverneur de la Guienne ; le souverain lui-même n'aurait pas déployé un appareil plus fastueux. Il s'était composé une garde du corps comme celle du roi, et il ne sortait jamais sans elle. Ce goût pour le faste avait en lui plusieurs causes. La principale était le désir de plaire, d'éblouir en apparaissant dans la gloire comme un être supérieur. Cette pensée le suivait partout et l'inspirait dans tout. C'était la passion de l'orgueil. Il voulait être adoré. Il faisait liste de ses amis ; il montrait leurs lettres, leurs présents comme des trophées.

Mais l'envie de plaire n'était pas la seule raison du luxe fastueux de notre héros, il voulait aussi par là établir sa domination, faire tout fléchir et trembler à son aspect. Aussi sa grandeur était-elle pleine d'arrogance. Insolent et même violent partout où il n'était pas caressant et flatteur, il intimidait ceux qui auraient pu être tentés de lui résister et réussissait presque toujours à les faire céder ou du moins à les faire taire. Quelquefois pourtant, il rencontrait des résistances qui l'exaspéraient et que son audace avait provoquées. C'est ainsi que le parlement de Bordeaux qu'il avait cru intimider par sa hauteur et sa hardiesse, dans une affaire qu'il eut fallu plutôt étouffer, se piqua d'intégrité et d'indépendance en le condamnant avec une rigueur qui peut-être dépassa la stricte justice. Au reste, il se prévalait de tout et ne ménageait personne quand il était en position de ne pas craindre. « Eh ! bien, Richelieu, lui dit un jour Louis XV au sortir d'un beau sermon sur les vices des vieillards, le prédicateur a jeté des pierres dans votre jardin. — Oui, sire, répondit-il, et si fort qu'il en est tombé plus d'une dans le parc de Versailles. » Le mot était mérité, mais quelle impudence dans ce corrupteur d'oser le dire à son roi !

Sa force était de ne pas craindre la mort. C'était un vrai type du gentilhomme de ce temps, unissant des choses opposées et inconciliables : la mollesse la plus efféminée et la plus héroïque bravoure. Cette bravoure fondée sur le mépris de la vie est la plus irréfléchie, la plus impétueuse de toutes; mais ce mépris de la vie, dans ceux qui se la font si douce et qui n'espèrent rien après la mort, n'est-il pas lui-même une contradiction et un mystère ? Richelieu exposait la sienne, comme le gentilhomme de ce temps, aussi bien pour un rien que pour le salut de l'Etat, sans une minute d'hésitation et de réflexion. Avec le comte de Lixen qui s'était permis un propos amer en réponse à de sanglantes moqueries, Richelieu veut se battre sur l'heure, sans attendre même la fin du bal. Il tue son homme, et reparaît l'instant d'après, à peine inquiet pour la faveur du roi que cet accident peut lui faire perdre. C'est cette témérité sans pareille avec la chance de se tirer heureusement de partout qui le faisait craindre de tous et qui même donna l'idée qu'il était sorcier.

Il était dur pour les malheureux, ne voulant pas être distrait de ses plaisirs par leurs plaintes. Il abusa plusieurs fois de sa puissance pour frapper des innocents qui lui déplaisaient. Il aimait à contrarier ceux qui dépendaient de lui. Doué jusqu'à la fin d'une santé excellente, il raillait son fils déjà vieux que la goutte tourmentait, affectant de sauter devant lui comme un enfant et de se tenir sur un seul pied. A quatre-vingt-quatre ans il fit pour le vexer un troisième mariage, et comme celui-ci en dissimulait mal sa peine : « Soyez tranquille, lui dit-il, si j'ai un fils, j'en ferai un cardinal et vous savez que cela n'a pas fait de mal à notre famille. »

Mais la plus grande faute de Richelieu, et cette faute est un crime, c'est d'avoir été le corrupteur du roi Louis XV, et de l'avoir replongé dans le vice toutes les fois qu'il avait paru sur le point de se convertir. A Metz, en sa qualité de premier gentilhomme de la chambre, il éloigna les prêtres que le prince mourant réclamait avec instance et il fit revenir avec Mme de Pompadour les courtisans les plus corrompus. Ce fut la même chose à Versailles quand dix ans plus tard le roi se crut blessé à mort par Damiens. Enfin, après la mort de Mme de Pompadour qui fut suivie de la fin prématurée du Dauphin, de la Dauphine et de la reine Marie, Louis XV voulait revenir à une vie plus conforme à ses devoirs et à ses inclinations naturelles ; mais, dit Durozoir, le maréchal de Richelieu, par une persévérante obsession, rendit inutiles ces bonnes résolutions que voulait seconder le zèle religieux de la famille royale. Enfin en 1774 quand le roi fut frappé de la petite vérole, Richelieu était encore à Versailles tenant la porte de la chambre, et essayant d'éloigner les princesses et les confesseurs. Mais on vit bientôt que la mort était inévitable, et, en bon courtisan, Richelieu n'essaya pas de pousser plus loin un scandale qui devait le poser si mal auprès du religieux successeur de Louis XV. Il se retira avec ses amis. Le règne du vice finissait, celui de la vertu allait commencer.

Le duc de Richelieu n'avait pas quinze ans quand il fut conduit à la cour de Louis XIV où nous avons vu ses premiers succès. Voulant fixer dans le bien son cœur déjà dissipé, son père lui fit épouser Mlle de Noailles. Vaine précaution : Il fallut bientôt enfermer ce libertin à la Bastille où l'on espérait qu'il ferait d'utiles réflexions ; il en sortit au bout de quatorze mois tel qu'il y était entré. C'est alors qu'il partit pour l'armée et fit sous les ordres de Villars la belle campagne de 1712. Un duel qu'il eut en 1716 le fit remettre à la Bastille où il passa encore six mois. Il y revint en 1719, mais cette fois sous l'inculpation d'avoir trempé dans la conjuration de Cellamare. Il en fut tiré, après cinq mois, à la prière des filles du régent qui s'intéressaient vivement à lui. C'est alors que les dames de la cour lui donnèrent de si grandes marques de leurs sentiments, c'est alors aussi qu'il fut nommé à l'Académie quoiqu'il n'eût jamais écrit. Ce choix se fit à l'unanimité. Trois académiciens, Destouches, Fontenelle et Campistron lui composèrent chacun un discours, pour la cérémonie de sa réception; il les reçut tous les trois et lui-même il en composa un qui fut trouvé spirituel et gracieux, mais où les fautes d'orthographe ne manquaient pas.

En 1722 Richelieu fut nommé gouverneur de Cognac. Trois ans après, il faisait son entrée à Vienne comme ambassadeur; de retour à Paris en 1729, il fut élu membre de l'Académie des inscriptions, puis il servit en Allemagne sous le maréchal de Berwik et reçut le grade de brigadier du roi. C'est alors, en 1734, que veuf de Mlle de Noailles, il épousa Mlle de Guise, duchesse de Lorraine et proche parente de l'Empereur, princesse charmante et qui prit un peu d'empire sur le cœur de son époux, mais pour quelques mois seulement. En 1738, il fut nommé lieutenant du roi en Languedoc. Sa femme mourut en 1740. En 1744 il partit comme aide de camp du Roi et se trouva à Metz quand ce prince y parut sur le point de mourir. L'année suivante, il eut une grande part à la victoire de Fontenoy, et, encore un an plus tard, il fut envoyé à Dresde comme ambassadeur avec la mission de demander pour le Dauphin la main de la princesse Marie-Josèphe de Saxe. Il remplaça à Gênes le maréchal de Boufflers injustement disgracié, et à la tête des Génois, battit plusieurs fois les Anglais. Le bâton de maréchal lui fut accordé en récompense de ces services et quelque temps plus tard le gouvernement de la Guienne et de la Gascogne. Quoique sexagénaire, il fit l'expédition de l'île de Minorque, prit Mahon d'assaut, et fut mis à la tête de l'armée française qui se battait contre les Anglais dans le Hanovre. La victoire l'y suivit encore, mais il s'y déshonora par de scandaleuses débauches et des infractions aux lois militaires qui le firent rappeler et disgracier. Ce fut la fin de sa carrière militaire ; le reste de sa vie ne fut qu'une longue suite d'intrigues. Il parvint à surmonter le dégoût qu'il inspirait à Louis XVI et à se faire supporter à sa cour où il mourut en 1788. Il avait contracté depuis peu son troisième mariage après avoir été veuf pendant cinquante ans. La mort de Voltaire arrivée dix ans auparavant l'avait vivement affecté, mais sans le faire rentrer en lui-même : chose étonnante ! elle lui fit encore plus redouter la sienne. Cet homme qui l'avait tant affrontée quand la vie devait lui sembler pleine de charmes la craignit comme un enfant dans la vieillesse la plus avancée. « Mon ami, criait-il en mourant à son médecin, mon ami, écarte la mort ! écarte-la, fais-moi vivre ! » Etait-ce l'ennui de quitter ce monde ou la peur d'arriver dans l'autre ? le biographe n'a pu le dire ; il ne dit pas non plus ce que fit le duc de Richelieu pour le salut de son âme. Il est à craindre que celui qui voulait « chasser à coups de pieds » le grand aumônier de France de la chambre de Louis XV mourant, n'ait pas fait une mort bien sainte. Il y eut cependant des actes chrétiens puisque ses funérailles furent faites par le clergé et son corps enseveli dans l'église de la Sorbonne à côté du grand cardinal de Richelieu.

LE DUC D'HARCOURT

Né en 1726, académicien en 1788, mort en 1802.

Issu d'une branche de la maison de Lorraine, François-Henri, comte de Lislebonne et duc d'Harcourt ou de Harcourt, ne pouvait être destiné qu'aux armes ; il embrassa, en effet, cette carrière, fit d'une manière très brillante la campagne de 1741, où il gagna le grade de capitaine de dragons, et, restant toujours sous le drapeau, parvint, en 1758, à celui de maréchal de camp. Enfin, en 1764, Louis XV le nomma lieutenant du roi en Normandie. Le duc eut l'honneur de recevoir Louis XVI dans son délicieux séjour de Harcourt, près Caen, lorsque ce bon prince revenait de visiter le port de Cherbourg, en 1786. En voyant de plus près le duc de Harcourt, Louis XVI admira davantage la grandeur de son caractère et la droiture de son cœur; il apprécia la solidité et la variété de son instruction; aussi, prêt à quitter le château où il avait passé deux jours, fit-il confidence à son hôte de la pensée qui lui était venue de le nommer gouverneur de son fils aîné, Louis-Joseph, Dauphin de France, qui naquit en 1781 et mourut en 1789. Harcourt ne remplit que pendant deux ans les devoirs de cette charge, mais c'en fut assez pour faire admirer son esprit et son caractère, autant que, sous les drapeaux, il avait fait admirer sa valeur. C'est pendant la durée de son séjour à Versailles qu'il fut reçu membre de l'Académie. Cet honneur n'était pas seulement accordé à la fonction, qui, d'après l'usage, y donnait une espèce de droit, c'était aussi à l'homme qu'il s'adressait. Quoique Harcourt n'eût jamais publié aucun ouvrage, toute la cour savait qu'il écrivait très agréablement en prose et en vers, et plusieurs petites poésies de sa façon avaient été parfaitement appréciées.

La mort de son élève qui survint après de longues et cruelles souffrances, le blessa au cœur, non moins que les malheurs de la famille royale et de la France. D'Aix-la-Chapelle, où il était allé prendre les eaux, il passa en Angleterre, où il reçut de la part des princes la mission de veiller près de la cour de Londres à leurs intérêts, ce qu'il fit avec le dévouement le plus courageux; aussi l'état de sa santé s'aggravant toujours, il profita du calme qui suivit la chute du Directoire pour s'établir à Stains, près Saint-Denis, où il mourut plein de calme et de piété en 1802.

LUCIEN BONAPARTE

Né en 1775, académicien en 1803, mort en 1840.

Après avoir été, dans son enfance, le partisan exalté du célèbre Paoli, le héros de l'indépendance de la Corse, qui le considérait comme son fils et l'appelait son *petit philosophe*, Lucien Bonaparte, frère puîné de l'empereur Napoléon, changea de drapeau comme tous les siens et se déclara hautement pour la domination française; aussi, lors des succès de Paoli, fut-il exilé de l'île avec ses frères. Il se réfugia en Provence où toute sa famille fut secourue par les bienfaits de la Convention, en qualité de *patriote réfugié*, et, quand il eut vingt ans, attaché à l'administration des subsistances de notre armée. En 1798, il fut nommé, par les électeurs de son pays, député au conseil des Cinq-Cents, où il parla toujours et vota pour la liberté; en même temps, et par une conséquence naturelle, il se montra fort animé contre quiconque songerait à s'emparer de la dictature. Ce fut lui qui proposa le renouvellement des serments de fidélité à la Constitution républicaine et de mort à tous les tyrans. Habile manœuvre qui le rendit fort populaire et servit à cacher les préparatifs du coup d'État de Brumaire, dont il fut l'agent le plus actif. Napoléon proclamé premier consul nomma son frère Lucien ministre de l'intérieur et membre du Tribunat; mais bientôt la fortune de son frère, à laquelle Lucien avait si efficacement concouru, l'offusqua; il entra dans un esprit d'opposition et de critique qui lui valut la disgrâce du premier Consul. Cette disgrâce, toutefois, qui ne fut jamais complète, puisque Lucien alla à la cour de Madrid en qualité d'ambassadeur, ne fut pas non plus de longue durée. Lucien revint à Paris, reprit sa place au Tribunat, fut déclaré sénateur de droit et reçut une riche dotation correctionnelle dans la principauté de Clèves. Il eût probablement été élevé à la dignité royale, comme tous ses frères, et rien ne prouve qu'il eût opposé au vœu de l'empereur une résistance obstinée, si Napoléon n'avait mis à sa faveur une condition qui la rendait inacceptable. Veuf de Mlle Boyer, qu'il avait épousée en 1795, Lucien s'était ensuite marié à la veuve d'un simple agent de change, M*** Jauberthon. Ce fut ce mariage qui empêcha tout. L'orgueil de l'empereur en exigeait la répudiation, à laquelle Lucien, plein d'amour pour son épouse, ne voulut jamais consentir. Les deux frères se virent à Mantoue en 1807 et convinrent de tout le reste; mais ce point, sur lequel ils ne purent s'accorder, suffit à empêcher leur entière réconciliation. L'empereur poursuivit le cours de ses conquêtes, Lucien revint aux douceurs de la vie privée dans la petite principauté de Canino, dont le pape, qui l'aimait beaucoup, lui avait fait don. Craignant néanmoins jusqu'en cet asile le ressentiment de son frère à qui les derniers événements avaient soumis toute l'Italie, il cinglait avec sa famille vers les Etats-Unis, quand un navire anglais le captura et l'amena en Angleterre, où il fut retenu jusqu'aux événements de 1814. Alors, il revint à Rome et reprit sa petite principauté de Canino.

Cependant Napoléon s'échappa de l'île d'Elbe et Lucien qui le fuyait naguère courut cette fois au-devant de lui. Il fut nommé pair, assista à quelques séances de l'Institut, donna à son frère des conseils qui ne furent pas écoutés, et, enfin, après les derniers désastres de l'Empereur, revint encore à Rome où l'excellent pape Pie VII l'accueillit avec la même bonté. Il alternait entre le séjour dans la ville éternelle où quatre pontifes successivement lui témoignèrent les mêmes égards, et sa douce retraite de Canino, magnifiquement embellie par ses soins. C'est à Canino qu'il mourut en 1840, à l'âge de soixante-cinq ans. Les derniers moments de cet homme, qui avait été mêlé avec éclat aux plus grands événements du siècle, furent pleins d'édification. La religion à laquelle il n'avait jamais été hostile, mais qu'il observait fidèlement depuis quelques années, l'aida à supporter les douleurs d'une longue et cruelle maladie La princesse de Canino pour qui il avait sacrifié une couronne ne fut pas ingrate envers lui ; comme la religion et les beaux-arts elle fut l'embellissement de sa vie, et la consolation de ses derniers jours.

Lucien Bonaparte a toujours passé pour être l'homme le plus remarquable de sa famille après celui à qui elle doit toute son illustration. Il est vrai que Louis, Joseph et Jérôme n'avaient que des talents et des caractères assez médiocres, tandis que Lucien a déployé dans plusieurs occasions et principalement dans la révolution du 18 brumaire, beaucoup d'éloquence et d'énergie. Mais, sous bien des rapports aussi, sa vie entière n'est qu'une suite de contradictions inexplicables et qui semblent toutes inspirées par un fond de chagrin contre la haute destinée de son frère.

Après avoir été, sa famille et lui, pour l'indépendance de la Corse et pour Paoli, il se montra ensuite, grand partisan de la domination française et du gouvernement de la Convention. Mais passons, il était alors si jeune qu'à peine peut-on lui supposer des opinions bien arrêtées. Plus tard, ce grand partisan de la République et de la Constitution jacobine, ce président de la Chambre des Cinq-Cents qui fait renouveler et renouvelle lui-même tous les serments républicains, prépare néanmoins le coup d'État qui doit renverser la République, la constitution, les Cinq-Cents et la liberté. Ce n'est pas tout; à peine a-t-il mis son frère au pouvoir, qu'il se déclare contre sa politique et exhale ses critiques et ses regrets. Mais ne savait-il pas ce que c'est que la dictature? Ne voyait-il pas ce que tout le monde voyait, que c'était ouvrir à son frère le chemin du trône? Cet ennemi des rois s'adoucit pourtant et il eût accepté un trône sans la condition de répudier son épouse bien-aimée. Enfin, ne pouvant faire le sacrifice demandé, il s'enfonce de plus en plus dans sa retraite et dans sa disgrâce. On dirait qu'il maudit la puissance du maître du monde, et pourtant, lorsque, quittant l'île d'Elbe dont il était le roi si paisible et si heureux, Bonaparte revient tout à coup sur le continent, Lucien, qui l'avait fui dans ses revers court à sa rencontre et se remet avec lui dans le tourbillon. Est-ce fini des contradictions de cet homme extraordinaire? Non, point encore. Il a volé au secours de Napoléon regagnant son trône, mais bientôt, changeant d'avis tout à coup, avant la bataille, avant même le départ pour l'armée, il lui conseille d'abdiquer et de se rendre en personne à la cour de Vienne pour solliciter les ministres et l'Empereur François en faveur de Napoléon II.

Ainsi moins simple dans sa conduite et moins logique que ses frères pour lesquels la fortune de Napoléon est un heureux moyen de faire la leur, mais qui se mettent franchement à la suite de celui à qui ils doivent tout, Lucien profite, lui aussi, de la grandeur de son frère, accepte un douaire considérable, la sénatorerie, la Légion d'honneur, un trône même, s'il peut le partager avec sa femme ; et cependant il boude cette grandeur, source de la sienne ; il la critique, il la combat au risque même de l'amoindrir. Ne dirait-on pas qu'il eût voulu la partager, et que, même en devant tout à son frère, il souffre de l'avoir pour supérieur ? Cette infériorité forcée d'une part, et cette ambition de l'autre expliquent les hésitations, les contradictions de sa vie. Il eût fallu être logique, tout refuser, rester démocrate et commis de magasin, ou se soumettre franchement à la puissance fraternelle. Lucien ne fit ni l'un ni l'autre. Il crut pouvoir rester indépendant tout en recevant la part de grandeur et d'opulence qui convenait à ses goûts ; il crut enfin qu'il suffirait de ne pas vouloir être roi pour avoir droit de ne pas se considérer comme un sujet.

Lucien Bonaparte cultiva beaucoup les arts. Il aimait la belle musique et faisait à Canino des collections vraiment princières de marbres et de tableaux; les musiciens, les dessinateurs, les artistes dans tous les genres étaient, selon l'occasion, ses obligés, ses protégés ou ses amis. Mais c'est surtout à la poésie qu'il donna ses soins ; elle fut le culte et le bonheur de toute sa vie ; dans sa retraite de Canino comme dans sa captivité en Angleterre, et dans toutes ses disgrâces, il s'y consacra avec persévérance, et il y trouva son bonheur. Il faut bien le dire cependant, même comme homme de lettres. Lucien Bonaparte n'a montré aucun talent supérieur. Son roman de *Stellina* ne fit pas fortune, et ses deux grands poèmes : *Charlemagne ou l'Eglise délivrée* qu'il dédia au pape, la *Cyrnéide ou la Corse sauvée* sont encore plus inconnus. Les *Mémoires du prince de Canino* qui parurent dans les premières années de la Restauration, et qu'on attribuait à M. de Beauchamp, ne sont point, paraît-il, de lui ; mais ils ne sont pas non plus de Lucien Bonaparte qui n'en avoua jamais la paternité. Il préparait, dit-on, de vrais *Mémoires*, mais auxquels la mort ne lui laissa pas le temps de mettre la dernière main.

Quand, par son ordonnance du 3 février 1803, Bonaparte rétablit l'Institut fondé en 1795, il le divisa en quatre classes, au lieu de trois, qu'il avait eues jusqu'alors. Lucien Bonaparte fut mis sur la liste de la seconde qui était la classe de littérature, et qui remplaçait l'ancienne Académie. Il fut très sensible à cet honneur, et, de ses exils, il envoyait à l'Institut différents travaux qui témoignaient de son zèle pour la compagnie. Même en février 1815, sous le règne de Louis XVIII, il faisait encore de pareils envois. Pendant les Cent Jours, il vint en personne à quelques séances de l'Institut, mais peu de membres étaient présents, car l'intérêt du moment n'était pas là. — Comme on le pense bien, quand Louis XVIII, en 1816, recomposa l'ancienne Académie, Lucien Bonaparte ne fut pas mis au nombre de ses membres.

M. AUGER

Né en 1772, académicien en 1816, mort en 1829.

Louis-Simon Auger naquit à Paris en 1772 de parents peu fortunés, qui, cependant, lui firent faire d'assez bonnes études ; le besoin de gagner sa vie l'empêcha de les pousser aussi loin qu'il aurait souhaité. Placé de bonne heure dans les bureaux de l'administration des subsistances, il devint plus tard employé au ministère de l'intérieur, C'est dans quelques loisirs que lui laissaient ses ingrates occupations qu'il poursuivit son instruction trop incomplète et même donna au public ses premiers ouvrages, essais peu considérables sans doute et imparfaits, mais qui déjà marquaient un esprit original et qui furent bien accueillis. C'étaient de petits vaudevilles, et des *Mélanges littéraires ou philosophiques*. Ce dernier genre paraissait surtout devoir être la vocation de M. Auger. L'Académie couronna un *Eloge de Boileau* qu'il donna fort jeune encore, et un peu plus tard accorda l'accessit à un *Eloge de Corneille*. Il faisait sur les ouvrages nouveaux des appréciations de bon goût et composait plusieurs articles pour la *Biographie univer-*

selle, entr'autres celui de *Voltaire* qui fit sensation. Il travaillait aussi pour plusieurs journaux, et il eut l'honneur alors très recherché d'être admis comme collaborateur au *Journal de l'Empire* qui devint plus tard le *Journal des Débats*. Ses articles signés T pour cette feuille, et ceux qu'il signait d'un O pour la *Décade philosophique*, étaient toujours bien reçus du public. Sa critique est quelquefois âpre, sa diction un peu sèche. Il n'a ni le riche fond de littérature qui distinguait les articles de Dussault ni la profonde érudition de ceux d'Hoffman, ni enfin cette facile ironie, cette malice élégante, ce ton d'homme du monde qui caractérise les articles de l'abbé de Feletz; aussi les siens n'eurent-ils qu'une vogue beaucoup moindre, mais comme le style en était pur, le goût exact et les principes fort sévères, il ne manqua pas surtout parmi les classiques de partisans et même d'admirateurs.

Un des principaux incidents de la vie polémique d'Auger est sa querelle avec Mme de Genlis. Quoique fort avancée en âge, cette femme célèbre écrivait encore sous l'Empire, et son esprit aussi bien que son style avait conservé tout son éclat. Ayant préparé un ouvrage intitulé *De l'influence des femmes dans la littérature* et qui consistait en un grand nombre de notices de femmes auteurs, elle l'offrit aux rédacteurs de la grande *Biographie* de Michaud qui les aurait probablement acceptés, si, pour condition de sa collaboration elle n'eût pas exigé l'expulsion de plusieurs écrivains déjà associés à l'entreprise. Auger fut-il de ceux dont elle voulait le sacrifice ? On peut le penser ; car, lorsque Mme de Genlis, voyant sa condition refusée, publia son ouvrage en dehors de l'*Encyclopédie*, il l'attaqua en plusieurs articles très vifs, auxquels elle répondit par d'autres qui ne l'étaient guère moins. Le public s'intéressa à cette querelle qui dura pendant plusieurs mois, et comme toujours chacun des deux champions avait ses amis disposés à lui décerner la palme. On trouva en général Auger un peu dur envers une femme et trop pointilleux.

Cependant il avait toujours gardé sa place dans les bureaux du ministère, ce ne fut qu'en 1812 qu'il crut pouvoir s'en passer et se livrer exclusivement à ses travaux de publiciste. Au moment de la Restauration, il se déclara vivement pour elle, et fonda de concert avec MM. Feuillant et Etienne, une feuille royaliste qui s'appela le *Journal général de France*. Pendant les Cent-Jours, il se montra si agressif que l'Empereur le fit arrêter, mais il ne passa que trois jours en prison, et continua, mis en liberté, de porter ses coups sur ce redoutable adversaire, trop accablé de soins et environné de trop de dangers pour pouvoir s'occuper des journalistes. Il devint ministériel pendant que le duc Decazes était au pouvoir, ce qui fit tomber le *Journal général* aussi bien que le *Mercure* pour lequel il fit ensuite des articles. Un peu de ridicule s'attacha à lui quand on le vit se tourner ainsi du côté du pouvoir, et obtenir ses faveurs. On l'appelait l'*homme universel* parce qu'il écrivait sur tous les genres de sujets. M. Etienne surtout l'accabla de ses ironies. Il n'en fut pas moins nommé censeur royal, puis membre et bientôt secrétaire de l'Académie. Mais ces avantages officiels étaient pour lui comme les victoires de Pyrrhus, ils le livraient de plus en plus à la moquerie. Ses *Notes sur Molière* qui cependant sont estimées, jugées d'abord avec une grande partialité lui attirèrent les plus injustes railleries, et plus, à l'Académie, il acquérait d'influence sur les décisions et les choix, plus le parti libéral, comme on l'appelait alors, se moquait de lui. Ce fut au comble lorsque l'Académie elle-même s'engageant dans l'opposition au ministère Villèle, il protesta avec zèle contre ses entraînements. Il devint aussitôt comme une cible sur laquelle tous les écrivains du parti lancèrent leurs traits. On n'a qu'à lire l'article *Auger* dans la *Biographie des Quarante* pour comprendre à quel point se portaient ces agressions et ces moqueries. Furent-elles cause de la mort d'Auger? Il est malaisé de le savoir, tant il semblait en faire peu de cas. Mais il en souffrait peut-être d'autant plus qu'il le montrait moins.

Le 2 janvier 1829, il passa la soirée chez lui avec sa famille et M. de Barante qu'il avait eu à dîner. Il sortit à onze heures et ne parut plus. On trouva seulement sur son bureau le billet suivant qu'il adressait à sa femme : « Ma chère amie, je ne puis plus supporter la vie. Je t'adore, mais il faut que je meure. Pardonne-moi, ne maudis pas ma mémoire, adieu. » Pendant près d'un mois on le chercha vainement. Enfin après trois semaines, son corps fut retrouvé dans la Seine près de Meulan à dix lieues de la capitale.

Il était horriblement défiguré, mais une tabatière ornée du portrait de M. l'archevêque de Paris que ce prélat lui avait donnée le jour de sa réception à l'Académie servit à le faire reconnaître. Cet événement étonna tout Paris ; toutefois plusieurs amis de M. Auger se rappelèrent qu'il avait souvent manifesté des sentiments assez favorables au suicide. On se souvint surtout qu'après un mariage manqué, il avait déjà voulu, en 1817, mettre fin à ses jours et que c'en eût été fait sans l'intervention d'un ami. Ses obsèques attirèrent une grande foule, car malgré quelques défauts de caractère il avait beaucoup d'amis, à cause de la droiture et de la bonté de son cœur. M. Etienne qui lui succéda à l'Académie fit preuve d'une grande flexibilité de talent en prononçant le 24 décembre 1829, l'éloge de celui qu'il avait tant de fois et si amèrement critiqué.

ETIENNE

Né en 1778, académicien en 1829, mort en 1845.

M. Etienne avait été nommé en 1811 membre de la seconde classe de l'Institut qui, sous l'Empire, remplaçait et représentait l'Académie française. Quand ce corps illustre fut recomposé sous Louis XVIII, en 1816, Etienne y aurait infailliblement été maintenu malgré ses attaches avec le gouvernement impérial, mais il força lui-même le monarque à l'en exclure par une démarche qui dut paraître absolument hostile quoiqu'elle fût inspirée par des sentiments que beaucoup trouvèrent louables. Voici le fait : Il s'agissait de sa belle comédie de l'*Intrigante* dont le public souligna par des applaudissements affectés plusieurs passages où l'auteur n'avait peut-être pas mis d'intentions, mais qui semblaient une satire de la maison de l'Empereur et de sa cour. Inquiet de ces manifestations, qui s'accentuaient de plus en plus, Napoléon, sans disgracier le poète auquel le public prêtait peut-être des motifs qu'il n'avait pas eus, fit cependant supprimer la pièce ; cet interdit dura autant que son règne, c'est-à-dire quelques mois, car ces faits se passaient en 1813. A peine remonté sur son trône Louis XVIII fit lever la défense, mais Etienne ne crut pas devoir profiter de cette autorisation. « Quand ces mots *défendu sous tel ou tel régime*, écrivit-il, cesseront d'avoir de l'influence, quand les ouvrages seront jugés indépendamment de toute circonstance politique, peut-être me déciderai-je à remettre l'*Intrigante* sous les yeux du public. » Il ajoutait même : « La défense d'une pièce n'est jamais un malheur pour un poète, tandis que l'ingratitude est un malheur pour tout le monde. » Il était impossible de mieux parler, car personne n'ignorait à quel point M. Etienne avait été, sous Bonaparte, l'obligé du gouvernement, mais était-il sûr, lui qui parlait des influences politiques, de ne pas faire en cette occasion une démarche inspirée par le sentiment politique ? « Pourquoi ne pas le dire, dit M. Tastet, toujours si défavorable aux Bourbons, c'était une façon de protester contre la Restauration. » Tout le monde le prit ainsi, du moins, et le roi ne pouvait guère le prendre autrement. Il s'affligea qu'un poète si soumis sous le despotisme impérial, et si prompt à en accepter les faveurs, affectât de refuser la liberté qu'il lui offrait. Il y vit ce qu'il était impossible de ne pas y voir, un acte d'opposition systématique, une protestation hautaine et injuste, et il n'inscrivit pas M. Etienne sur le tableau des académiciens. Devait-il offrir des faveurs à celui qui refusait de sa main jusqu'au droit commun ? Devait-il s'exposer encore à des refus qui eussent été plus humiliants encore pour lui que le premier ? Ramené par l'expérience à des sentiments plus équitables, M. Etienne rendit plus tard justice au gouvernement des Bourbons. On l'entendit même blâmer à la tribune de la Chambre « les mauvais citoyens qui ne pouvaient voir sans douleur l'affermissement du trône », mais, en 1814, il était encore sous l'empire de passions révolutionnaires.

Charles-Guillaume Etienne naquit à Chamouilly, en Champagne, le 6 janvier 1778. Quoiqu'il eût fait d'excellentes études, il fut obligé pour vivre à Paris où il alla dès l'âge de dix-huit ans, de se faire d'abord simple teneur de livres chez un marchand de bois de la Rapée, mais en même temps qu'il faisait ses comptes il s'exerçait déjà à composer des comédies pour divers petits théâtres. Pour l'ordinaire il faisait ces travaux en collaboration avec d'autres jeunes gens, spirituels et pauvres comme lui, mais pleins comme lui de l'amour des muses et du désir de se faire un nom. La première pièce qui fixa sur lui l'attention publique fut sa charmante comédie de *Brueys et Palaprat*, où les caractères sont si bien saisis et les effets de théâtre si habilement ménagés qu'elle fit d'abord pressentir aux plus habiles tout le talent du jeune écrivain. Elle charma surtout le fameux Maret, duc de Bassano, qui s'attacha l'auteur en qualité de secrétaire. Maret était alors ministre et secrétaire d'État, une sorte de commis général, de faiseur universel de l'Empereur, et par conséquent l'homme de France le plus surchargé de besogne. Avec son admirable facilité pour la rédaction, la souplesse de son caractère et de son esprit, la beauté de sa taille, de sa figure et de ses manières, Étienne se rendit bientôt indispensable à son protecteur. En 1810 il fut nommé censeur près du *Journal de l'Empire* à la place de M. Fiévée, puis il devint censeur de tous les journaux, ce qui s'accorde assez mal avec les opinions ultra-libérales qu'il montra plus tard, mais au milieu de ses travaux de censeur et de secrétaire, il trouvait toujours des heures pour écrire des articles sur la politique et surtout pour composer des comédies.

Après *Brueys et Palaprat*, la première pièce d'Étienne qui fit sensation fut les *Deux Gendres* où il se montra vraiment admirable dans l'intelligence et la peinture de deux caractères qui se rencontrent souvent mais qu'on trouvait particulièrement alors. « De l'un des deux gendres, dit M. de Sainte-Beuve, il a fait un vaniteux, actif et brillant, un ambitieux politique qui vise au ministère ; de l'autre un fade et faux philantrophe dont on peut dire :

Il s'est fait bienfaisant pour être quelque chose.

grand auteur de brochures, grand orateur de comités et franc égoïste sous ces beaux semblants de bienfaisance :

Il a poussé si loin l'ardeur philosophique,
Qu'il nourrit tous les gens de soupe économique.

Et encore (car ce contraste entre la conduite et les écrits est continuel et d'un effet sûr) :

> Vous y plaignez le sort des nègres de l'Afrique,
> Et vous ne pouvez pas garder un domestique.

Ces caractères qui étaient bien dans la coupe du jour et qui sont soutenus jusqu'au bout ; le ressort de la crainte de l'opinion opposé à celui de l'avarice pure, d'heureuses descriptions jetées en passant sur des dîners de grand ton :

> Ceux qui dînent chez moi ne sont pas mes amis.

montraient un esprit qui connaît admirablement le monde et son monde.

Une peinture légère des faillites à la mode qui ne ruinent que les créanciers, et après lesquelles le banquier, s'élançant dans un brillant équipage, dit nonchalamment :

> Je vais m'ensevelir au château de ma femme.

l'intervention bien ménagée de deux femmes, l'une fille du vieillard, l'autre sa petite-fille, l'habile arrangement et le balancement des scènes, d'excellents vers comiques, semés sur un fond de dialogue clair, facile et toujours coulant : voilà des mérites qui justifient pleinement le succès et qui mettent hors de doute le talent propre de l'auteur. » La scène du solliciteur et du ministre à l'acte troisième est vraiment digne de Molière. Ces deux orgueilleux qui veulent se tromper l'un l'autre, sont deux hommes que tout le monde connaît, deux types d'une vérité saisissante : le public ne se lassait pas de les applaudir. On faisait courir à demi-voix des noms propres, on désignait du regard des personnages présents au spectacle, et sur lesquels, l'allusion étant une fois convenue, chaque mot tombait comme une flèche de feu.

Le succès des *Deux Gendres* fut tout à coup menacé et même interrompu par une manœuvre de la jalousie. On découvrit dans quelque vieille bibliothèque une comédie intitulée *Conaxa*, dont on prétendit qu'ils n'étaient que la reproduction. Il était vrai qu'Etienne avait lu cette pièce et que l'idée essentielle de la sienne avait quelque rapport avec elle, comme *Conaxa* elle-même avait pris quelques-uns de ses traits dans un ancien fabliau. Etienne pouvait dédaigner cette accusation. En prenant l'idée d'une ancienne pièce entièrement oubliée, il n'avait certainement qu'usé de son droit et fait ce que Molière, La Fontaine et Racine lui-même avaient fait souvent avant lui. Au reste, il a été fait tant d'œuvres d'esprit dans tous les genres et principalement pour le théâtre, qu'il est extrêmement difficile de rien composer d'entièrement neuf. Même sans le savoir, quiconque fera une comédie, est à peu près sûr de se rencontrer au moins pour sa donnée principale avec quelque écrivain plus ancien que lui. Qu'importe d'ailleurs au public que ce qui l'amusait quelque rapport avec un ancien travail? Etienne, s'il voulait confondre ses ennemis sans leur répondre, n'aurait eu d'ailleurs qu'à imprimer avant ses *Deux Gendres* et en guise de préface la *Conaxa* qu'on exhumait pour lui reprocher de l'avoir copiée. La seule comparaison l'aurait sauvé et vengé. Les caractères, en effet, étaient entièrement neufs, et quant à la composition, il ne s'y trouvait pas un mot de l'ancienne pièce de *Conaxa*. C'eût été sa meilleure apologie. Tout était frais, vif, charmant; tout était à lui dans les *Deux Gendres*, on l'aurait vu d'un coup d'œil. Il n'en vint malheureusement à ce genre de défense qu'après s'être affligé beaucoup et avoir laissé trop voir son chagrin; mais aussi quand il y vint, quand la *Conaxa* du vieux jésuite fut connue du public, il n'y eut qu'une voix pour reconnaître l'originalité de l'œuvre d'Etienne et l'inanité de l'accusation faite par Lebrun, Tossa et quelques autres envieux.

Il restait d'ailleurs à Etienne un autre moyen de prouver qu'il n'avait pas besoin de se faire plagiaire pour acquérir de la gloire. C'était de présenter au public une autre pièce du même mérite que celle qu'on l'accusait d'avoir copiée. Il n'y manqua pas. Les *Deux Gendres* passionnaient encore les spectateurs, et, de Paris, commençaient à se répandre en province, quand tout à coup parut l'*Intrigante,* dont la disgrâce prouve surtout le mérite, mais que le public reçut partout avec la plus grande faveur. Il était plus que temps pour l'adversaire de se reconnaître vaincu et de se rendre. Mais quand la passion se rend-elle? On fouilla encore dans les vieilles bibliothèques et dans les bouquineries, puis, n'y trouvant pas d'abord ce qu'on voulait, il fallut passer les frontières et le chercher à l'étranger. C'est en Allemagne, cette fois, qu'on le découvrit. Il s'agissait d'un antique vaudeville intitulé : *Pas plus de six plats* que l'*Intrigante* aurait reproduit. Cette fois, le public ne voulait pas prêter l'oreille à ces critiques inspirées par une jalousie acharnée. Il applaudit à ce qui le charmait sans prendre garde à d'ennuyeuses criailleries. Mais qui sait si la prévention de l'Empereur ne fut pas excitée par ces indignes rivaux?

Depuis deux ans, Etienne faisait partie de l'Institut. Il y avait remplacé, en 1811, le chansonnier Laujan. Une main charmante, pour lui annoncer son élection, copia les mots suivants extraits des Actes des apôtres et relatifs à l'élection de son saint patron, comme diacre de Jérusalem : « *Et eligerunt Stephanum virum plenum Spiritu.* » On ne pouvait faire une plus agréable application du texte sacré. Le discours du nouvel académicien fut très remarqué. « Il y soutenait, a dit Sainte-Beuve, cette thèse piquante, que, quand tout serait détruit des deux derniers siècles, il suffirait que les comédies seules survécussent pour qu'on pût deviner par elles toutes les révolutions politiques et morales de ces deux siècles. Il faisait une assez spirituelle démonstration de son paradoxe sur les principales comédies depuis le *Misanthrope* jusqu'à *Figaro*. Il y avait là une apparence d'idée neuve, un aperçu poussé à l'effet. M. de Fontanes, qui répondait à M. Etienne, ramena d'un mot les choses à leurs justes bornes. Il loua d'ailleurs le récipiendaire dans des termes dignes et d'une parfaite convenance. « Les applaudissements du public, disait-il, ont déterminé nos suffrages plus que la bienveillance des illustres amis dont votre jeunesse a droit de s'honorer. » Etienne n'avait alors que trente-trois ans.

La seconde fois qu'il fut reçu à l'Académie française, M. Etienne y remplaçait l'infortuné Auger. Cette élection après une destitution, ce retour après une absence, un exil de dix-huit années, avait pour beaucoup d'esprits impartiaux le caractère d'une juste réparation. S'il eût été moins modeste, M. Etienne aurait pu parler comme un vainqueur, mais les années qui venaient de passer, et tant d'événements accomplis sous ses yeux l'avaient mûri. Il ne pensait plus à cinquante-deux ans comme à trente-cinq ; déjà à la Chambre où l'opposition l'avait envoyé, il avait fait entendre des paroles de modération et de justice. Son discours à l'Académie n'eut aucun caractère provocateur. Il y fit l'éloge de son prédécesseur avec un accent sincère qui dépassait absolument les nécessités de sa position et les convenances du jour. On eût dit qu'il faisait, lui aussi, une réparation à son prédécesseur qu'il avait si souvent et si cruellement persiflé. Non content de louer le talent de M. Auger, il exprima à propos de sa mort si terrible, des considérations élevées et touchantes sur la faiblesse de notre raison et la fragilité de notre vie : ce n'était pas encore le sentiment religieux, mais une impression de recueillement et de tritesse méditative qui s'en rapprochait beaucoup. Tout le monde fut saisi quand il s'écria en terminant : « O triste infirmité de notre nature! O fragilité des raisons les plus fermes, comme des plus puissants génies! Cet abîme que Pascal voyait sans cesse à ses pieds, M. Auger y tomba! »

Après avoir tant écrit sous la Restauration contre les ministres, et charmé par ses articles de journaux tous les ennemis de la royauté, Etienne dont les sentiments politiques s'étaient sensiblement modérés fut entièrement étranger aux dernières luttes que le gouvernement des Bourbons eut à soutenir et dans lesquelles il succomba ; mais, quand la révolution de Juillet fut accomplie, il se rallia sincèrement à la quasi-légitimité, non parce qu'elle était issue d'une insurrection, mais au contraire parce qu'elle était, après l'insurrection qu'il déplorait, le dernier rempart contre l'anarchie. Député de la Meuse en 1822, il avait pris place dans les rangs de la gauche la plus avancée ; puis il cessa de faire partie de la Chambre et n'y revint qu'en 1827 avec des sentiments fort adoucis. Il y était encore après la Révolution, mais l'axe de sa vie politique était complètement déplacé. Il votait presque toujours avec ceux qui s'intitulaient conservateurs. Ce fut au point que Louis-Philippe l'éleva en 1840 à la dignité de pair de France. Malheureusement pour lui, il ne pouvait y élever tous les anciens écrivains de l'opposition devenus ministériels, aussi de nombreuses critiques s'élevèrent-elles et contre le nouveau pair et contre le gouvernement qui l'avait nommé. Juste retour des choses du monde : on rappelait, on opposait à Etienne ses anciens articles du *Constitutionnel* et de la *Minerve*, ses fameuses *Lettres de Paris* si agressives contre un gouvernement qui n'était ni plus despotique, ni plus injuste que celui qu'il servait aujourd'hui avec tant de zèle. Que répondré ? Il eût allu dire : « J'ai été fou comme vous, devenez sages comme moi. » C'est la parole de tous les convertis, mais qu'elle est peu écoutée ! M. Etienne mourut à Paris le 12 mars 1845. Ses meilleures comédies après l'*Intrigante* et les *Deux gendres* sont la *Jeune femme* que Sainte-Beuve trouve invraisemblable, quoiqu'elle soit amusante au théâtre, et qui ne supporte guère la lecture, et une *Heure du mariage* que ses couplets gâtent un peu, et dont la donnée principale, un peu trop excentrique, est heureusement relevée par des détails très comiques et des reparties pleines du sel le plus gaulois. On doit en outre à M. Etienne plusieurs opéras-comiques restés au répertoire, entr'autres *Joconde*, *Janot et Collin*, *Cendrillon*, etc. En somme, M. Etienne est un de nos meilleurs auteurs comiques du second ordre. Il n'y en a qu'un seul au premier.

ALFRED DE VIGNY

Né en 1797, académicien en 1845, mort en 1864.

Chacun entend un peu le romantisme à sa manière, et il est curieux à ce propos de connaître celle d'Alfred de Vigny, un de ses partisans les plus déclarés et les plus ardents.

En tête de sa tragédie d'*Othello* et pour tenir lieu de préface, il a mis une lettre à lord X... (qui probablement est un personnage fictif), lettre fort longue, d'un style agréable et original ; cette lettre renferme un exposé assez complet des idées de l'auteur sur le romantisme, principalement dans la poésie dramatique. C'est un véritable traité sur la matière. On aimerait à le suivre dans cette amusante exposition et à discuter avec lui les points les plus saillants de sa théorie, mais cette étude aurait l'inconvénient d'être nécessairement trop longue et de prendre ici toute la place réservée à la biographie du poète. Qu'il nous suffise d'examiner les principales données ; elles montreront combien la pensée du système est difficile à saisir et peut-être pour l'auteur lui-même qui semble quelquefois se payer de mots qu'il n'entend pas parfaitement.

Il débute cependant par des définitions en apparence bien catégoriques :

« La tragédie moderne, dit-il, doit produire : *dans sa conception* un tableau large de la vie au lieu du tableau resserré d'une catastrophe, d'une intrigue ; *dans sa composition*, des caractères, non des rôles, des scènes paisibles sans drame, mêlées à des scènes tragiques et comiques ; *dans son exécution* un style familier, comique, tragique et, parfois, épique. »

Voilà, certes, un programme bien tranché. Mais qui peut se vanter de le bien saisir ? Et s'il est en réalité ce qu'il paraît être, combien ne prête-t-il pas à la discussion !

La tragédie produira donc dans sa conception un tableau non d'une catastrophe mais d'une *vie*, de la vie du héros de la catastrophe sans doute ; avec les scènes paisibles c'est-à-dire communes qui la composent, aussi bien qu'avec les plus passionnées. Mais alors ce sera toute une vie en action ; toute l'histoire en mouvement. Quelle longueur n'aura-t-on pas à subir ! La scène aura le tranquille intérêt d'un récit bien fait, ou tout au plus d'un roman fortement conçu. Mais l'émotion, le frémissement, d'une action rapide dans laquelle est concentré tout l'intérêt d'un événement extraordinaire ou terrible, que deviendra-t-il ! Refroidi dans les transitions inévitables, distrait par les *scènes paisibles*, le spectateur connaîtra ce besoin de halte qu'on éprouve en lisant les plus attachantes histoires, mais moins heureux que le lecteur il ne pourra pas comme lui marquer la page et renvoyer la suite au lendemain.

« Dans sa *composition*, la tragédie devra produire non des *rôles* mais des *caractères*. » Ici la pensée de l'auteur est si difficile à saisir qu'on se demande s'il la saisit très bien lui-même, et s'il n'est pas un peu trompé par une ingénieuse opposition de mots. Qu'est-ce qu'un rôle ? C'est, dans le sens le mieux entendu, la part faite à chaque acteur dans une représentation scénique ; l'idée de rôle exclut en général celle de la réalité d'une position. Un vrai roi ne joue pas, ne remplit pas le rôle de roi, mais un comédien couronné pour l'amusement de la foule, le remplit, le joue, et l'on dit, quand il s'y est fait applaudir, qu'il a bien joué son rôle; et, quand on tient le même discours sur un souverain véritable, on veut parler par analogie et dire qu'il n'avait que les dehors de la royauté, qu'il n'y croyait pas lui-même, et, au fond, ne se prenait pas au sérieux. C'est ainsi qu'Auguste, prêt à mourir, dit à ses amis : « Applaudissez, la pièce est jouée. » Cependant, si l'on s'applique à la pensée de Vigny on voit bien qu'il n'a pas donné ce sens au mot de rôle, on le voit surtout en étudiant tout son *système*. Ce qu'il entend par les rôles, c'est la part que prend chaque personnage à l'événement de la tragédie ; or les rôles étant ainsi compris il n'en veut pas cependant dans la tragédie et il veut à la place des *caractères*. Mais le caractère ne se trouvera-t-il pas dans le rôle? Cette action d'un personnage dans une occasion qui met en mouvement toutes ses passions, et en exercice toutes ses qualités comme tous ses défauts, ne le fera-t-elle pas connaître comme caractère ? N'est-ce pas justement le mérite des grands poètes dramatiques d'avoir mis à découvert tous les secrets du cœur de leurs personnages ? Qu'a donc voulu dire Vigny en se plaignant qu'on n'eût montré que des rôles et point de caractères ? Phèdre, Andromaque, Mathan, Thésée, Auguste, Cinna, Alceste, Hippolyte, ne sont-ils pas de vrais caractères ? Faudra-il, pour avoir un caractère, faire sur le théâtre toute la biographie d'un homme ? produire, comme dit Vigny, les scènes *paisibles* de sa vie, c'est-à-dire les moments sans passion, sans action, sans drame ? Mais c'est détruire tout l'intérêt du théâtre et lui substituer à peine celui d'un roman, c'est revenir aux *soties* du moyen-âge avec leurs fastidieuses longueurs.

Enfin dans son *exécution* la tragédie moderne, d'après A. de Vigny, doit présenter ou même « produire », pour adopter l'expression même du poète, « un style familier, comique, tragique et parfois épique. » De tous ces qualificatifs, c'est le premier qu'il faut recueillir comme traduisant à lui seul la pensée mère du romantisme. Les autres en effet pourraient être également employés par les disciples des deux écoles. Le style de la tragédie doit être en effet tragique comme le sujet, et l'on conçoit qu'il puisse être même épique et lyrique dans les passages les plus solennels. Mais doit-il être aussi parfois « *comique* » et doit-il être jamais « familier » ?

Le mélange du comique dans une tragédie aura visiblement pour conséquence de délasser le spectateur ému, saisi, par la marche pressante de l'événement, c'est sans doute ce qui a frappé Vigny et les romantiques. Oui, l'auditeur sera distrait et en quelque sorte rendu à lui-même par quelques propos joyeux, introduits dans la sévérité du drame comme un peu de brise et d'ombrage frais dans les sables brûlants du désert. Mais ces distractions ne lui seront-elles pas importunes? N'aimerait-il pas mieux poursuivre l'action dramatique et arriver au dénouement? *Othello* en fournit un exemple dans les plaisanteries d'Yago. Le parterre sourit un moment, mais les spectateurs attendent la fin du lazzi et la reprise de l'action. Cette impatience de l'auditoire n'est-elle pas le triomphe du poète et des acteurs? Les danses, les ballets sont aussi pour le distraire, il est vrai, mais dans les entr'actes seulement et ils sont donnés par des sujets étrangers au drame, et encore paraissent-ils eux-mêmes importuns, quand ils suspendent une action tragique habilement engagée.

A. de Vigny insiste encore davantage sur la nécessité du style *familier* et par *familier* il entend évidemment *naturel*, ce qui est cependant bien autre chose. Il triomphe d'avoir osé, dans son *Othello*, parler, après Shakespeare, de *mouchoir*. Il raille spirituellement Ducis qui dans le même sujet a imaginé une autre détail pour n'avoir pas à dire ce mot. Pour lui-même et pour son parti littéraire ce mouchoir de Desdémona est devenu un étendard glorieux sous les plis duquel il charge fièrement ses ennemis. Il se moque aussi de l'*hyménée* et de quelques autres termes, à son avis trop solennels. Il tourne surtout en dérision ce vers, à la vérité ridicule, où le même poète pour ne pas appeler les *espions* par leur nom, parle de

> Ces mortels dont l'Etat gage la vigilance.

Abandonnons puisqu'il le faut ces « mortels » à l'ironie de notre poète. Convenons que l'*hyménée*, qui se conçoit mieux cependant, devrait souvent céder le pas au *mariage*. Quant au *mouchoir*, A. de Vigny n'a sans doute pas lu la dissertation pourtant savante et assez curieuse qui lui attribue une origine toute moderne. Au reste, si indispensable qu'il soit et si ancien qu'on le suppose, ne peut-on pas faire une tragédie sans avoir à parler de lui ? Trouve-t-on dans les anciens tragiques beaucoup mention de *gants*, de *lunettes*, de *chemises*, et de tant d'autres objets non moins usités ?

Sans doute le style de la tragédie doit être « naturel » et vrai, comme tous les genres de style ; mais il n'est pas aussi démontré qu'il doive être « familier », ni que la familiarité dans ce genre soit la vérité. La grandeur des événements élève naturellement le langage ; les gens du peuple même s'essaient à parler solennellement pour annoncer les nouvelles importantes ou terribles. Ils sont naturels en cessant d'être familiers ; ce qui ne serait ni naturel ni vrai, serait justement qu'ils gardassent le ton et l'accent de tous les jours quand ils racontent des événements extraordinaires ou funèbres Ce n'est pas tout, les héros des tragédies sont presque toujours de grands personnages, des princes, des rois, des prophètes, et il faut qu'il en soit ainsi, car le peuple, dit Chateaubriand, ne s'intéresse qu'aux malheurs des grands. Il ne supporterait pas la tragédie dans un atelier, dans un cabaret, avec des marchands et des ouvriers pour héros. Or, il suppose, et sans doute avec raison que les grands ne se parlent pas entre eux, tout à fait comme les autres hommes, et quand même cette supposition serait une erreur, il n'en faudrait pas moins la supporter puisque en la violant on froisserait le goût général. Les romantiques ont donc beau faire, le style de la tragédie ne sera jamais complètement « familier » ni simple et commun; ils auront beau dire, à Charlemagne, à Louis-le-Grand, à Saint-Louis, on donnera toujours même dans leur intimité et pour ce qui regarde les choses ordinaires un ton supérieur, un accent royal. Le romantisme c'est la démocratie littéraire. Or en réalité le peuple n'a jamais régné. Ceux qui arrivent au pouvoir par son suffrage et qui l'exercent en son nom, ne tardent pas à prendre les façons des princes dont ils occupent les palais; ils s'y appliquent du moins tant qu'ils peuvent et ils ont raison, puisque le peuple, quoique toujours passionné pour l'égalité, aime cependant la grandeur et la majesté dans ceux qui le gouvernent. Il lui faut des idoles, qu'il puisse adorer, sauf à les briser plus tard dans son caprice. L'auteur de *Cinq-Mars* ne le sait-il pas?

Mais il est une question qui devait, ce semble, être posée la première, une réforme, une suppression, qu'il eût fallu logiquement entreprendre avant toute autre. A quoi bon le vers? Puisque A. de Vigny et ses congénères veulent porter sur la scène le langage le plus naturel, et n'y admettent rien de ce qui n'est pas absolument conforme aux habitudes de la vie, pourquoi donc conserver le rythme de la poésie? Qui parle en vers dans la vie? Quoi de plus contraire à l'expression naturelle de nos pensées que la cadence et la rime? Pourquoi donc s'y assujettir? Est-ce pour faire admirer la difficulté vaincue? Mieux vaudrait alors mettre le drame en sonnets ou en acrostiches. Tient-on à l'effet harmonieux des vers? Mais on l'achète aux dépens de la réalité, de la *naturalité* du langage, et, alors, que deviennent les principes?

Au reste, en gardant le vers pour la tragédie, qu'en ont fait A. de Vigny et son école? Heureusement pour eux et pour nous ils n'ont pas souvent écrit d'après leurs principes, mais s'ils les appliquaient à la rigueur que serait le vers français? L'enjambement fait leurs délices comme propre à rompre le balancement monotone et régulier de l'alexandrin. Ils « dédaignent » l'hémistiche avec la petite pose du milieu. Ils « voudraient même oser admettre l'hiatus ». Enfin ils supporteraient pour le besoin une syllabe de trop dans le vers. Que restera-t-il donc enfin dans ce vers ainsi mutilé pour le distinguer de la prose? La rime sans doute. On pourrait pourtant se demander que signifierait la rime mise au bout d'une ligne dont les syllabes ne sont plus comptées, d'où l'on bannit la césure médiante, où l'hiatus serait admis et dont le sens irait se terminer, grâce à l'enjambement, au milieu de la ligne suivante. Ah! dit A. de Vigny, « nous ne sommes point assez heureux pour mêler dans la même scène la prose aux vers blancs et aux vers rimés! » Mais pourquoi donc n'avons-nous pas ce bonheur? Pourquoi, législateurs accommodants, ne nous en faites-vous pas une loi? Pourquoi, du moins, n'en donnez-vous pas l'exemple? Réduit à ces vers « blancs sans cadence, sans mesure et pleins d'hiatus », on tomberait bientôt dans la prose, avec « sa négligence la plus familière », et ce serait, il faut l'avouer, plus commode, plus logique, et surtout plus naturel. On ne l'a pas osé cependant. Le vers est resté en honneur pour la tragédie, et, si la langue ne doit pas périr non plus que la nation, avec elle il reprendra toute sa gloire. La cadence et la mesure reviendront, l'hiatus n'entrera point dans la poésie, l'enjambement disparaîtra, la rime nous sera gardée, et il ne restera de l'effort des romantiques pour renverser notre prosodie qu'un souvenir et sans doute aussi un regret.

Alfred de Vigny est né à Loche en 1799. Son père, ancien officier de cavalerie, criblé de glorieuses blessures lui inspira de bonne heure l'amour de la gloire militaire. Dès le collège où toutes les palmes étaient pour lui, Alfred rêvait et parlait de batailles ; mais convaincu que le savoir conduit à tout, même dans la carrière des armes, il étudiait avec transport, au point de se rendre malade pour tenir parmi ses condisciples la place d'honneur qui ne lui échappa jamais. L'étude et surtout celle de la littérature était un besoin pour lui, c'était sa vraie vocation qui se révélait. Celle des armes n'était qu'un jeu de son imagination, une illusion de son cœur, elle lui venait des sentiments de son père et des événements du jour dont le retentissement glorieux pénétrait jusque dans les classes, et entraînait alors tous les cœurs. Comment, en effet, la jeunesse n'aurait-elle pas tressailli à ces récits de victoire, à ces bulletins triomphants que les journaux publiaient chaque matin et qu'on lisait dans tous les collèges. Alfred de Vigny, en les entendant, brûlait d'aller, lui aussi, combattre et conquérir de la gloire. Mais sa passion pour l'étude n'en était pas diminuée. Il était dès lors aisé de prévoir que le savant l'emporterait en lui sur le soldat, qu'il combattrait glorieusement un jour et étudierait toute sa vie.

« A la fin de l'Empire, dit M. de Vigny, je fus un lycéen distrait. La guerre était debout dans le lycée, le tambour étouffait à mes oreilles la voix des maîtres, et la voix mystérieuse des livres ne nous parlait qu'un langage froid et pédantesque. Les logarithmes et les tropes n'étaient à nos yeux que des degrés pour monter à l'étoile de la Légion d'honneur, la plus belle étoile des cieux pour des enfants. »

« Si de Vigny persévère dans son amour pour les armes, disait le proviseur du lycée, il deviendra maréchal de France. » Alfred de Vigny en effet ne doutait pas de son avenir et de ses futurs exploits, mais en même temps son goût pour l'étude augmentait toujours, et bientôt il se sentit entraîné à composer quelques poésies qui tombèrent sous les yeux de ses maîtres et leur révélèrent son heureuse disposition. Les *Confessions* de saint Augustin avaient inspiré ces premiers essais, imparfaits sans doute, mais déjà touchants et beaux. Sa mère, la plus aimable, mais aussi la plus ambitieuse des mères les lut avec ravissement. « Est-il vrai, mon enfant, que tu seras poète un jour, dit-elle à son fils en le pressant contre son cœur ? » — « Moi, répondit Alfred, oh ! non, ma mère, je veux être dragon rouge. » Ainsi le problème de son avenir se compliquait de plus en plus. Deux destinées, deux gloires appelaient cet aimable enfant, il semblait répondre également à l'une et à l'autre et les plus habiles avaient peine à pressentir celle qui devait le fixer. Mais une chose dès lors frappait tous les esprits, c'était le grand succès qui l'attendait, quelque carrière qu'il dût embrasser.

Au reste, l'enthousiasme qu'inspirèrent à ses maîtres et surtout à sa mère les premiers chants de sa muse n'étonnera pas si l'on se rappelle à quelle époque il les composa. C'était en 1811, au moment de notre histoire où la poésie fait le plus défaut, quand il fallait se taire ou chanter la gloire de l'Empereur et la félicité publique sous son règne, quand tout ce qui savait composer une strophe se croyait obligé de célébrer la naissance du Roi de Rome. Il n'y avait pas trace de sentiment dans ces pièces de commande, toute inspiration avait disparu avec la sécurité et la liberté. On faisait les vers avec de l'esprit comme au temps de l'ancienne cour, mais avec cette différence que l'emphase remplaçait la légèreté et que la flatterie succédait aux badinages. Au lieu de sonnets à Philis on composait des odes à Napoléon. D'émotion sincère, d'attendrissement, d'amour véritable, de rêverie, de vraie poésie, enfin, il n'en était pas question, on n'en avait même pas l'idée. Elle était morte de faim, la vraie poésie, avec l'infortuné Gilbert ; et ceux qui devaient la ressusciter plus glorieuse qu'elle n'eût jamais été n'étaient pas encore venus au monde. Seuls Delille et Ducis avaient assez de talent et de cœur pour se tenir à l'écart de ces foules asservies et ambitieuses ; seuls ils laissaient entendre à travers leurs élégantes et spirituelles compositions, quelques accents émus, quelques soupirs du cœur. Aussi les donnait-on pour modèles au jeune Vigny, quand il montrait ses premiers essais de poésie, mais son génie lui faisait dès lors comprendre qu'il avait mieux à faire que de les imiter. « Non, répondait-il, je n'écrirai pas ainsi. » Il était de la famille des vrais poètes, de Chateaubriand dont la gloire commençait à se révéler, de Lamartine, de Victor Hugo qui devaient bientôt conquérir la leur. Il brûlait comme eux d'inaugurer un chant nouveau.

Alfred de Vigny fut « *lancier rouge* » comme il le souhaitait ; un parent, bien en cour, lui obtint cette faveur, alors très ambitionnée par les jeunes gens de bonnes familles. Il était au comble de ses vœux et ne rêvait que galons d'or, épaulettes, croix de Saint-Louis. Tout à coup Napoléon s'échappa de l'île d'Elbe et le roi Louis XVIII fut obligé de s'enfuir à Gand ; les compagnies rouges firent partie de son escorte et gagnèrent la frontière avec lui. Cette retraite fut presque une campagne où le soldat souffrit beaucoup du manque de repos, à cause des troupes impériales qui suivaient de près et poussaient l'armée du Roi pour lui couper la retraite.

On n'avait même pas bien souvent le temps de manger. C'était pitié de voir notre lancier de seize ans, allant au galop de son grand cheval, et tombant de lassitude et de faim. On eût dit une jeune fille déguisée en soldat. Les femmes en avaient pitié. « Oh ! qu'il est gentil ce petit-là ! s'écriait une dame d'Abbeville. » Puis elle rentre précipitamment et revient bientôt après avec une longue tartine de beurre. « Mon petit ami, lui dit-elle, ne mangeriez-vous pas cela ? — Oh ! si bien, madame, répond le lancier en ouvrant de grands yeux. » Il s'endormit si fort dans une halte que le départ de son corps ne put l'éveiller. Il fut fait prisonnier par des soldats de l'empereur qui le surprirent dans son sommeil, et le laissèrent aller bientôt après. « Allez joindre votre maman, mon beau soldat », lui criait-on en le quittant. Il alla rejoindre sa compagnie.

Alfred de Vigny resta sous les drapeaux jusqu'en 1829, mais sans pouvoir jamais combattre, ce qui lui fit quitter l'état militaire auquel il ne s'était destiné que par amour de la gloire. C'était un poète dans le camp, mais un poète qui trouvait difficilement les doux loisirs et la liberté nécessaires à la poésie. Cependant presque toutes ses œuvres furent préparées ou du moins conçues sous le drapeau, et, quand, à la fin du règne de Charles X, il rentra dans la vie civile, plusieurs étaient achevées et n'attendaient que le grand jour. Elles ont toutes paru de 1823 à 1835 hormis celles qu'on a justement appelées *posthumes* parce qu'elles n'ont été publiées qu'après sa mort et qui sont généralement estimées inférieures aux autres.

Les œuvres d'Alfred de Vigny sont de petits poèmes, un volume de pièces dramatiques et quelques ouvrages en prose, parmi lesquels il faut mettre en première ligne le roman historique de *Cinq-Mars* et un volume intitulé *Servitude et grandeur militaires*.

A toutes les époques de sa vie, notre poète a composé de petits poèmes et des pièces de vers fugitives et détachées. Ces œuvres variées forment un volume intitulé : *Poésies complètes*. On y trouve une première collection publiée en 1822, où sont *Héléna*, la *Somnambule*, la *Fille de Jephté*, la *Femme adultère*; d'autres poésies imprimées séparément de 1824 à 1826, dont les plus belles sont : le *Déluge*, *Moïse*, *Doloride*, *Eloa*, le *Trappiste*, la *Neige* et le *Cor*: des *Fragments de poésies philosophiques*, imprimés en 1834, dans la *Revue des Deux-Mondes*, parmi lesquels on compte le *Sauvage*, la *Mort du loup* et la *Flûte* ; enfin, ses œuvres posthumes, intitulées : *Destinées, poésies philosophiques*. Ces différentes poésies sont venues, les unes avant les œuvres plus considérables de leur auteur, les autres entre l'apparition de ces œuvres, drames ou romans, d'autres à la fin de la carrière de Vigny, quand, déjà, il ne publiait plus de livres ; les dernières, comme on sait, n'ont paru qu'après sa mort. Le collège, les garnisons, la maison du poète à Paris et son château non loin de la Loire leur ont servi de berceau. Paraissant souvent détachées comme les livraisons d'un plus grand ouvrage, ou même en articles fugitifs dans les feuilles publiques, elles entretenaient la célébrité de l'auteur et ne permettaient pas au public de l'oublier.

Toutes ces poésies se distinguent par la facilité harmonieuse des vers, la douceur et la fraîcheur des idées. Un sentiment pur et généreux les inspire. Elles portent l'empreinte d'une âme élevée, d'un cœur sensible, indépendant et généreux. Les images les plus délicates, les descriptions les plus suaves s'y mêlent à des rêveries pleines de charme et de profondeur. Vigny s'inspirait beaucoup de la Bible, cette mine inépuisable du sentiment, des idées et surtout des images, ce foyer d'enthousiasme et d'amour. « Je la savais par cœur, dit-il. Ce livre et moi étions tellement inséparables, que dans les plus longues marches il me suivait partout. » C'est à cette lecture persévérante que nous devons la *Fille de Jephté*, *Moïse*, le *Déluge* et le petit poème d'*Eloa*. Mais les autres poésies de Vigny, pour en être moins directement sorties, n'en ont pas moins très souvent la couleur et le parfum.

Eloa est un petit chef-d'œuvre plein de délicatesse et de fraîcheur. C'est l'histoire d'une chute dans le ciel. L'héroïne du poète est prise d'une indicible pitié pour un ange banni de la gloire. Elle va le chercher au loin pour le consoler. Elle le trouve enfin et s'intéresse avec une ravissante bonté au récit de ses souffrances. Mais, hélas ! en même temps elle est charmée ; elle se perd en voulant le sauver, et n'apprend qu'après s'être perdue, le nom de son protégé ; c'était Satan lui-même qui, en la perdant pour toujours, ne s'était procuré d'autre bonheur que celui de faire le mal. Eloa au contraire se consolerait de sa déchéance irréparable si elle avait pu lui faire un peu de bien. Impossible de mieux connaître la femme, de mieux dépeindre son caractère généreux et dévoué, de pénétrer plus intimement le mystère de ses souffrances et de ses erreurs. Rien de plus suave et de plus touchant ; on dirait un gémissement tombé du Ciel. Mais, à force d'être vrai, ce poème devient dangereux, il sera prudent de le soustraire aux regards de l'innocence qui trouverait trop beau le dévouement d'Eloa s'immolant à la pitié, sacrifiant tout pour consoler une âme chérie, poussée enfin par sa bonté même jusque sous l'empire de Satan.

Ce qui brille dans la poésie de M. de Vigny, c'est surtout l'observation et l'analyse. Il contemple et il dépeint, mais c'est en lui-même qu'il observe. Ses vers sont le reflet de son âme. Comme Massillon, il n'a étudié le monde que dans son cœur. Aussi, quelque douce et tendre que soit cette poésie, on y sent au moins ce travail d'observation, cette application à étudier, à saisir le jeu des passions et les mouvements du cœur. C'est une nuance dans l'école romantique, dont la note essentielle était moins la méditation que la rêverie. Lamartine n'observe rien, il sent, et sa poésie exprime, reflète cette pensée spontanée et quelquefois presque inconsciente. Elle est, dès lors, plus vague, plus diverse, moins appliquée, moins suivie, mais cela même, en lui donnant avec l'état habituel de l'âme au repos une plus grande ressemblance, la rend plus sympathique et plus pénétrante. L'homme rêve ainsi quand il est seul et inappliqué au déclin du jour, au milieu des champs embaumés, des bois silencieux. Il prie, il pleure, il espère ; son âme monte et descend tour à tour de la terre au ciel. Cet état si naturel est cependant inexprimable et quelquefois ravissant. Lamartine le célèbre en le révélant, mais sans essayer de s'en rendre compte. Pourquoi vouloir étudier ces douces visions, ces rêveries enchantées ? Ce serait les dissiper et les perdre. On s'éveillerait au moindre effort de travail et d'application. C'est comme le rêve du petit enfant qui voit tant de belles choses ; si vous l'éveillez, soudain la vision s'évanouit. Ecoutons Victor Hugo :

> Enfant, dors encore,
> Dors, ô mes amours !
> Ta jeune âme ignore
> Où s'en vont tes jours.
> Comme l'algue morte
> Tu vas, que t'importe,
> Le courant t'emporte,
> Et tu dors toujours.

Le premier drame de Vigny fut *Othello*. Ainsi qu'il le dit dans cette longue lettre à *un lord*, mise comme une préface en tête de son théâtre, tout le système est là. C'est sans doute pour faire mieux excuser les audaces de ce système si nouveau, qu'il a composé d'abord cette tragédie qui n'est qu'une traduction presque littérale d'un des chefs-d'œuvre de Shakespeare, abritant ainsi ses innovations sous l'autorité d'un grand génie. Peut-être aussi a-t-il choisi ce sujet déjà traité par notre dernier auteur classique, pour mieux mettre en vue la différence des principes et des effets. C'est une comparaison qu'il propose, un parallèle, un contraste qu'il établit et qui, dans sa pensée, ne peut tourner qu'à l'avantage du romantisme.

Au reste, dans ce discours préliminaire adressé au lord anonyme et peut-être purement fictif, Vigny, qui, alors, avait à peine trente ans, ne dissimule rien ni de ses idées, ni de son espérance de les faire triompher. Il va même jusqu'à railler ouvertement l'*Othello* de Ducis et tout le système de la tragédie française comme on l'avait jusqu'alors comprise. Il ne discute pas avec les classiques, comme on le ferait avec des adversaires qu'on croirait sérieux ; il les traite comme des absurdes et les accable de ses dérisions. La division en cinq actes, les trois unités, la composition classique du vers avec la césure et l'hémistiche, l'exclusion des tournures et des expressions familières, tout cela lui paraît, non pas imparfait et défectueux, non pas même faux ou mauvais, mais tout simplement ridicule ; et entonnant sur ces idées une hymne de victoire : « C'en est fait, s'écrie-t-il, la *routine* est à jamais vaincue. Le public y voit maintenant, il l'a prouvé à la première représentation de mon *Othello*. » Désormais, les partisans des classiques, « pauvres êtres débiles et souffreteux », qu'il a cherché à guérir, sont « dans un état de santé déjà bien meilleur ». Il nous donnera, dit-il, « de temps en temps de leurs nouvelles ». Impossible, on le voit, d'être plus satisfait du présent, ni plus assuré de l'avenir. Aucune autorité ne déconcerte notre jeune réformateur de la scène, aucune gloire ne l'intimide, aucun succès ne l'arrête, pas plus ceux de Ducis, applaudis par la France entière, que ceux de Casimir Delavigne qui, juste dans le même temps, faisait courir les foules partout empressées aux représentations des *Enfants d'Edouard*. Dans sa *Dernière nuit de travail*, qui sert de préface à *Chatterton*, Vigny fait encore mieux sentir la haute idée qu'il avait conçue de son propre génie et de sa mission. Il prend, il montre trois types, trois caractères d'hommes supérieurs par l'intelligence et la destinée : l'*homme de lettres*, le *grand écrivain* et le *poète*. Or, le dernier, qui, seul, à son avis, est doué d'un véritable et profond génie, impossible de ne pas le voir, c'est lui-même. L'intention est certaine si la ressemblance ne l'est pas. Vigny a posé devant un miroir, et il a voulu photographier son image.

Quoi qu'il en dise cependant, son *Othello* n'eut que des succès assez contestés. Le public français s'accommodait mal des scènes paisibles, c'est-à-dire froides et languissantes que les Anglais avaient admirées dans leur grand tragique national. Peut-être aussi la traduction, quelque littérale qu'elle fût, ne put-elle pas faire passer dans notre langue tout le sens et tout le sel que ces dialogues avaient en anglais. Le caractère de Yago, hypocrite et pervers, sans aucun mélange de bien, parut invraisemblable et contraire aux effets de l'art, aussi bien que la résolution si injuste, si prompte, si aveugle du More. Quant au dénouement, il ne fut même pas supporté. Desdemona, étouffée dans son lit indigna et révolta tout le monde. Ce ne fut qu'un cri au parterre et dans les loges, quand le More lui faisait un bâillon de ses oreillers : A bas l'étouffeur! pas d'oreiller! pas de traversin! Ducis, si moqué par M. de Vigny, n'avait pas osé montrer cette horreur. Il avait remplacé l'oreiller par le poignard, et néanmoins l'assistance avait été émue à un point qu'on ne croirait pas, si le poète ne l'avait raconté lui-même : « Jamais, dit-il, impression ne fut plus terrible ; toute l'assemblée se leva et ne poussa qu'un cri ; plusieurs femmes s'évanouirent... Mais, aux applaudissements que l'on continuait à donner à l'ouvrage, se mêlaient des improbations, des murmures, et même enfin une espèce de soulèvement ; j'ai cru un moment que la toile allait se baisser... D'où pouvait naître une impression si extraordinaire, une agitation si tumultueuse? Me tromperai-je en disant qu'elle venait de l'extrême intérêt que j'avais inspiré pour Hédelmone, de ce que mon spectateur avait désiré trop passionnément qu'elle pût désabuser Othello de son erreur, de ce que je l'avais tenu trop longtemps dans les angoisses de la terreur et de l'espérance, de ce que son désir trompé au moment du coup de poignard s'était tourné en une sorte de désespoir et avait révolté sa douleur même contre l'auteur de l'ouvrage. » Ainsi l'on souffrait du dénouement sanglant de Ducis, mais on se moquait de celui de Vigny et de Shakespeare où les mains du More s'acharnent sur la gorge de la douce victime pour la bâillonner et l'étrangler. On criait : A bas le traversin ! mais M. de Vigny supprime ces détails dans sa lettre à l'Anglais, pour ne voir et ne raconter que l'enthousiasme du public.

Le *Marchand de Venise*, la *Maréchale d'Ancre*, *Quitte pour la peur*, et enfin *Chatterton* sont les seules œuvres dramatiques données par Vigny après son *Othello*. La première est encore une imitation de Shakespeare ; elle est pleine de ces conversations « paisibles » dont notre poète est si partisan, parce qu'elles font voir, comme il dit, tout le caractère de son héros, mais qui ralentissent absolument l'intérêt. Les longueurs, les incidents, les répétitions y abondent, les grands effets eux-mêmes, étant prévus longtemps à l'avance, laissent le spectateur indifférent. Il écoute une histoire ou plus justement un conte, il n'assiste pas à un drame. *Quitte pour la peur* est une scène plus française et d'un intérêt plus vif. L'auteur s'est déterminé à la mettre en prose, ainsi que sa *Maréchale d'Ancre*, et il a bien fait, car le vers comme il l'entend avec tous les romantiques, n'a presque plus d'harmonie, il n'est qu'une cause de longueur et d'embarras, tandis que le style de Vigny dans la prose est plein de bon goût, d'élégance et de vérité ; mais combien la pensée morale de cette petite comédie est difficile à deviner ! ou plutôt, il faut le dire, une pensée foncièrement peu honnête s'en dégage du commencement à la fin ; le vice y paraît absolument excusable, la société seule a tous les torts, et même en la blâmant, l'auteur en dépeint le ton et les mœurs de manière à la faire trouver plus agréable que mauvaise.

Chatterton se tue parce que la société méconnaît son talent et ses mérites. C'est un autre *Werther*, mais plus sévère pour lui-même, et par conséquent plus sympathique et plus touchant ; c'est un *Werther* aussi plus emphatique et plus solennel que celui de Gœthe. Sa muse méconnue, quoique sublime, sa misère qu'il ne lui est plus possible de cacher, l'obligent à se donner la mort. Cette apologie du suicide excita de violents murmures, tandis que la pièce, d'ailleurs attachante, malgré les digressions dont l'auteur ne se dispensait jamais, faisait son chemin et excitait de vifs applaudissements. Plusieurs personnages considérables en dénoncèrent les tendances, en signalèrent le danger. On en parla même à la Chambre, mais le public n'y prit pas garde. La pièce était demandée sur tous les théâtres et toujours fort applaudie. Mme Dorval, qui était alors l'actrice à la mode, s'était passionnée pour son rôle de Kitty, si attachant et si doux. Elle fit la fortune de la pièce qui, d'ailleurs, avait été composée sur l'idée même et le plan qu'elle avait fournis. « Elle eut, dit Mirecourt, des cris à électriser la salle entière, de ces cris qui vous font passer le frisson jusque sous les ongles et vous remuent jusqu'aux derniers fibres du cœur ! »

Longtemps avant de publier ses œuvres dramatiques, Alfred de Vigny avait composé celui de tous ses livres qui devait lui faire le plus d'honneur et garder le plus longtemps la faveur publique, son beau roman de *Cinq-Mars*. C'était en 1823, au moment de la guerre d'Espagne. Vigny, qui n'avait pas encore quitté le drapeau, espérait franchir les Pyrénées à la suite du duc d'Angoulême, et cet espoir semblait fondé, car son régiment avait été désigné pour faire partie de l'expédition, mais bientôt d'autres dispositions furent prises et ce régiment dut rester en deçà des Pyrénées afin d'assurer les communications de l'armée, et au besoin sa retraite ; désolé de ce contre-temps, et ennuyé de l'oisiveté forcée qu'il lui imposait, Vigny prit la plume et commença ce travail, auquel il consacra deux années entières. C'est une étude complète du règne de Louis XIII, et de la domination de Richelieu ; mais une étude mise en scène, une histoire mise en action, en mouvement. Les personnages sont devant les yeux des lecteurs, chacun avec son caractère propre, sa physionomie, son langage. Les costumes, même les formes de la vie, les tons de la société sont religieusement gardés, l'on tient un livre, et l'on voit un panorama, où les lieux, les faits, les mœurs se déroulent, par enchantement. L'illusion est complète et produit un véritable charme, il n'y a plus de lecteur ; on est spectateur ; on se croit en face de l'événement, bien mieux que dans la *Maréchale d'Ancre* et dans *Othello*. La prose de Vignes dans cet ouvrage est charmante d'éclat, de naturel, de facilité. On se demande en la lisant, et au souvenir des vers du même écrivain souvent durs, froids, contournés, toujours laborieux, du moins dans ses traductions de Shakespeare, comment il a pu tenir à cette forme de langage. Mais il avait conçu, tout jeune encore, le dessein de réformer le Parnasse et la scène ; ne fallait-il pas travailler dans l'intérêt de l'idée ? Il a voulu fournir des exemples après avoir donné les règles ; mais si les vers ainsi conçus étaient applaudis par l'école romantique, c'est-à-dire par l'esprit de parti, *Cinq-Mars*, *Grandeur et servitude* et *Stello* sont écrits pour tous et ont eu le rare bonheur de plaire à tous. Ce sont eux qui porteront à la postérité la renommée de leur auteur.

Singulier esprit que l'auteur de *Cinq-Mars !* Il était par choix le soldat de la légitimité et le fond de son cœur paraît toujours favorable aux hommes et aux idées contraires. Il a écrit contre Bonaparte ses *Grandeurs et servitudes*, et au fond il adorait l'Empereur. Un jour que Vigny était encore un tout jeune adolescent, le grand homme avait mis la main sur sa tête en disant : « A qui est ce petit blondin ? » Le poète ne revint jamais tout à fait du tressaillement, du saisissement, qu'il en avait ressenti. Ce n'est pas là la seule contradiction qu'on ait pu lui reprocher. Cet ardent légitimiste écrit et pensé presque toujours en révolutionnaire. Tout son *Cinq-Mars* semble dirigé contre l'ancien régime. La royauté, l'Eglise, le clergé, les parlements, l'ancienne Cour y sont présentés sous des aspects odieux ou méprisables.

Le cardinal de Richelieu surtout y est absolument défiguré. Sans doute ce grand ministre est la personnification du pouvoir absolu, mais comment Vigny qui fut l'admirateur de Napoléon n'a-t-il pas su apprécier cet autre vainqueur des révolutions, ce grand ennemi des prétentions féodales, ce puissant fondateur de la force, de l'unité, de la souveraineté nationale ? Comment n'a t-il pas compris cette haute physionomie d'homme d'Etat ? Les pensées, les formes, les œuvres de Richelieu lui sont également odieuses. Cette prévention qui va jusqu'à l'injustice dépare son livre. Le Richelieu qu'il dépeint n'est pas du tout celui de l'histoire sérieuse et savante. C'est un fantôme, un épouvantail composé comme à plaisir par tous les ennemis de l'autorité légitime, de la religion chrétienne et de l'Eglise. Les impies, les huguenots, les révolutionnaires, les libertins y ont accumulé leurs rancunes. Comment Vigny ne l'a-t-il pas vu ? Comment s'est-il fait l'écho de leurs passions, de leurs erreurs au lieu de prendre ses inspirations sur Richelieu dans Pascal, dans Bossuet, dans Pélisson qui le connaissaient si bien ? Mais Vigny en voulait à l'ancien régime et il écrit, comme il dit lui-même, « pour désillusionner ceux qui en gardaient le regret ». C'est surtout la haute situation de l'Eglise qui l'indigne, il ne peut supporter ce prêtre qui dispose de la puissance des rois, et il oublie dans l'aveuglement de sa haine des qualités et des services que les protestants ont proclamés. Au reste, tant qu'il ait dit contre le grand ministre, il n'a pu en dire assez pour contenter ses adversaires : « Nous trouvons, dit Mirecourt, qu'il a trop ménagé ce grand criminel... On ne peut jeter trop de honte sur ce prêtre sanguinaire. » C'est-à-dire qu'on ne contente jamais les préventions et les passions. Mieux vaut rester dans la simple vérité.

Cinq-Mars est encore déparé par d'inutiles digressions qui suspendent l'action et arrêtent l'intérêt. Ce sont comme les *scènes tranquilles* qu'il veut mettre dans les drames pour qu'ils soient, dit-il, la représentation de toute une vie, mais dont le lecteur souffre d'autant plus qu'il était plus captivé et plus charmé. Le chapitre de la *lecture* en est un exemple sensible. L'intérêt du drame était porté à son plus haut point, on peut le dire le lecteur ne respirait pas après cette partie de chasse à Chambord où Cinq-Mars a définitivement compris qu'il faut agir sans le roi et pris son parti de mettre les étrangers, les ennemis de la France, dans la partie. Le chapitre fini l'on tourne la page avec anxiété pour voir a suite, point de suite ; c'est le salon de Marion Delorme transformé au gré du poète en hôtel de Rambouillet ; l'on y trouve les femmes savantes et les précieuses ridicules, l'on y lit de jolis sonnets, et des fragments de *Clélie*, l'on y parle le jargon de Scudéry. Les fades compliments, les jeux de mots ennuyeux, les pointes d'esprit y abondent. Ninon de l'Enclos s'y rencontre avec Marion Delorme ; mais ce n'est pas assez pour l'auteur d'avoir mis en scène tous les ridicules de l'époque ; oubliant que son lecteur attend la suite du récit qui fait l'objet de son livre, il ne résiste pas à la tentation de mettre en présence le siècle qui commence avec le siècle qui finit : Molière, Corneille, Descartes, Milton lui-même sont tour à tour introduits, parlent à l'envi de philosophie, de littérature et d'histoire. J'attendais Brydaine et Bourdaloue, et si

Ninon n'était pas là avec ses adorateurs nul doute qu'ils ne fussent aussi venus déclamer leur discours, donner et prendre des leçons d'éloquence. En attendant que deviennent Cinq-Mars et ses complices ? Le lecteur le demande en vain. Cette savante digression s'éternise à son grand ennui, de tels épisodes se comprennent dans les épopées où le charme tient surtout à la beauté du langage. Dans un roman, c'est l'intérêt du récit qui passe avant tout. Tout ce qui l'arrête est malencontreux. Vigny ne l'ignore pas, lui qui excelle à intéresser. Mais son roman n'est pas un simple roman, il a une portée, ou plutôt une visée philosophique et politique. A côté de l'histoire du jeune Cinq-Mars, il y a le procès fait à un grand ministre, à un siècle, à tout un monde d'institutions et d'idées. La simplicité et l'intérêt des récits ne pouvaient manquer d'y perdre beaucoup.

L'élection de Vigny à l'Académie française fut faite à une belle majorité, toutefois les classiques lui étaient contraires, c'est-à-dire en général les membres les plus anciens et les plus considérables de la savante assemblée. Est-il vrai que Royer Collard l'ait reçu dans la visite d'usage en lui disant : « Monsieur, je suis désolé... Je ne connais aucun de vos ouvrages ? » A quoi Vigny aurait répondu : « Eh ! bien, Monsieur, je vous les enverrai si vous voulez bien me le permettre. »

Est-il vrai qu'à une seconde visite, Royer-Collard ait dit au jeune candidat : « J'ai reçu vos livres, monsieur, mais je ne les ai pas lus ; à mon âge, monsieur, on ne lit pas, on relit. »

Et dans une troisième visite :

« Monsieur, votre démarche est inutile, je ne lis rien de ce qui s'imprime depuis trente ans. »

Tout cela est fort exagéré sans doute, aussi bien que la réponse de Vigny faisant allusion à ce que ses œuvres se traduisaient dans toutes les langues : « S'il ne vous convient pas, monsieur, de lire mes livres en français, vous pouvez vous les procurer en russe. » Ces cancans coururent tout Paris et se répandirent dans les provinces, où la renommée des chefs de l'école romantique était soumise aux controverses les plus passionnées.

Ce qui est sûr, du moins, c'est le scandale que fit M. Molé à l'Académie le jour de la réception solennelle du nouvel élu. Chargé de répondre à son discours, il prit la parole avec un accent de colère dont tout le monde fut d'abord frappé. L'auditoire comprenant aux premiers mots qu'il y avait un coup monté, ne dissimulait pas son émotion et ses craintes. Tout le monde sentait que l'orateur allait éclater. On ne se trompait pas, mais personne n'aurait pu croire à l'excès où il se porta.

« Vous êtes, lui dit-il, avec un véritable emportement, vous êtes un homme de bien que j'ai toujours voulu prendre pour un homme d'état, parce que la fortune, maîtresse des destinées, vous a fait naître riche, illustre et beau. Vous n'avez jamais rien écrit que quelques pages, à vingt ans, pour flatter le despotisme dont la faveur donnait des emplois et de l'or. Mais, académiquement, vous êtes trop fier de votre néant pour que je puisse vous répondre par des critiques. Où les prendrais-je ? le néant n'a pas de rival et la critique ne mord pas sur rien ! Je suis réduit au silence ! Ce n'est pas tout d'avoir la physionomie d'un homme agréable, il faut encore avoir l'âme d'un héros, ou la parole d'un orateur. Sans cela il faut être poli, si l'on ne tient pas à être juste. »

On ne croirait pas à cette violence de parole et à ces incohérences de pensées de la part de M. Molé, dont la modération et la sagesse étaient si connues. Mais où ne conduit pas l'esprit de parti excité par de violentes controverses ? Cette sortie fut entendue par un auditoire nombreux et racontée dans plusieurs journaux. Un biographe de M. de Vigny, M. France, donna au public les paroles mêmes qu'on vient de lire, et qui, dans l'ensemble au moins, ont dû être fidèlement rapportées. M. de Vigny indigné refusa d'aller aux Tuileries en compagnie de M. Molé, comme l'usage l'exigeait, un autre collègue l'y accompagna ; il ne remit pas, comme c'était la coutume, son discours au Roi. La révolution de 1830 l'avait doublement blessé comme légitimiste et comme libéral. Il se tenait à l'écart ; cependant en 1833, il accepta la croix d'honneur et prêta le serment. En 1856, il reçut la rosette d'officier.

M. de Vigny mourut le 18 septembre 1863. Il était d'un caractère très doux, quoique fier et indépendant. Sa vie était simple, ses goûts modestes et cependant élevés, son commerce facile, ses amitiés fidèles et courageuses. Il soutenait de ses encouragements et de ses dons généreux plusieurs écrivains peu fortunés. Il aimait et respectait surtout la religion. C'est lui qui fit couronner par l'Académie les œuvres du P. Gratry et celles du P. Hue. La prévention qu'il avait contre Richelieu s'étendait tout au plus à l'ancien clergé de cour et aux prélats ministres ou favoris du souverain. Elle ne l'empêcha jamais d'honorer les prêtres simplement appliqués aux fonctions de leur saint état. Dans ses *Grandeurs et servitudes*, il a hautement compris et très bien exprimé le beau caractère du pape Pie VII, si humble et si fier, si doux et si fort.

CAMILLE DOUCET

Né en 1812, académicien en 1865.

Voici venir une des figures les plus sympathiques de l'Académie contemporaine. « C'est, dit Charles Dayrolles, dans sa *Galerie des Quarante*, c'est une nature aimable, facile, bienveillante, inoffensive. » Au reste M. Doucet porte dans sa physionomie l'expression de ces belles qualités. L'homme d'esprit et l'homme de cœur s'y montrent à l'envi. Son sourire, son regard, ses accueils attestent la franchise, l'obligeance, la sincérité. Ses ouvrages le montrent aussi comme il est et sont un autre reflet, un second miroir de sa belle âme. Il en a peu produit, il est vrai, car toutes ses pièces réunies par ses propres soins en 1875 ne purent former en tout que deux assez petits volumes. Précieux avantage qui laisse assez de place à l'admiration et en soustrait beaucoup à la critique. Il est probable que M. Doucet n'augmentera guère ce modeste bagage de productions, car il est né en 1812 et par conséquent arrivé à cet âge où les plus intrépides ne tourmentent plus beaucoup leur muse. M. Camille Doucet chante à son heure, par où il ressemble à beaucoup de maîtres. Il aime le repos, les recueillements, les lectures des grands modèles si favorables à l'inspiration. Comme nombre

CAMILLE DOUCET

d'autres, il a commencé par être avocat, puis il a travaillé chez un notaire ; et c'est là, au milieu des papiers timbrés, qu'il a senti naître sa vocation poétique et dramatique. Avec bonheur il quitta l'étude du notaire et s'appliqua au seul travail qui dût désormais occuper sa vie. On dirait qu'il gardait de sa cléricature un souvenir très peu enchanté.

> Que rendu parmi nous à la vie ordinaire,

dit-il dans les *Ennemis de la maison*,

> Il soit tout bonnement heureux comme un notaire.

Il débuta par un vaudeville intitulé *Léonce*, puis il aborda la comédie en vers et donna de 1840 à 1860 une dizaine de pièces très applaudies entre lesquelles il faut citer le *Baron Lafleur*, le *Dernier Banquet* et *la Chasse au fripon ;* il fit aussi des poésies détachées où l'on put admirer une rare finesse d'esprit jointe à une aimable sensibilité.

M. Doucet est membre de l'Académie depuis le 7 avril 1865. Il en a été nommé secrétaire perpétuel le 30 mars 1876, à la place de M. Patin. Depuis lors il n'a plus rien publié. Les fonctions de sa place à l'Académie paraissent l'occuper exclusivement.

M. Doucet est commandeur de la Légion d'honneur depuis 1867.

XXXIIIe FAUTEUIL (DIT DE VOLTAIRE)

VOITURE

Né en 1598, académicien en 1634, mort en 1649.

Dire que Voiture fut un des plus beaux esprits de son temps, un des hommes les plus à la mode, l'idole et l'arbitre de l'hôtel de Rambouillet où tous les hôtes de la fameuse Julie d'Angenne, depuis duchesse de Montausier, s'empressaient autour de lui, c'est n'apprendre rien à personne. Ses lettres étaient les délices de la cour, les plus éminents personnages se faisaient honneur d'en recevoir, sans excepter le prince de Condé lui-même qui fut un de ses plus chauds admirateurs. Qui ne sait aussi l'histoire de son fameux sonnet à Uranie auquel on opposa un sonnet de Benserade intitulé le *Sonnet de Job*, et que tout le monde lettré prit parti pour l'un ou pour l'autre, au point de se diviser en *Uraniens* et en *Jobiens*, au point surtout que le grand Condé et le grand Corneille ne dédaignèrent point de s'engager dans la lutte, ainsi qu'on a pu le voir à la notice de Benserade. Heureux temps où ces frivolités inoffensives passionnaient tous les esprits! Qui n'a répété plusieurs des bons mots de cet aimable littérateur? C'étaient pour l'ordinaire des traits soigneusement préparés, mais placés si à propos qu'ils paraissaient improvisés. C'est lui, qui entendant Bossuet à peine âgé de quinze ans donner un petit sermon dans les salons des dames de Rambouillet et à une heure fort avancée de la nuit, dit ce mot si répété alors et si admiré : « Jamais je n'ai entendu prêcher ni si tôt ni si tard. » Il eût fallu sans doute ajouter *ni si bien* ; mais le trait était surtout dans l'antithèse, Voiture l'aurait gâté en y ajoutant ce qui eût été cependant le plus juste et le plus vrai.

Cette habileté à donner tout à coup des mots spirituels lui fut particulièrement utile à cause des railleries continuelles auxquelles l'exposait à la cour l'humilité de sa naissance et dont il se défendit souvent avec beaucoup de prestesse et de bonheur. Il était fils d'un simple négociant en vins. Cette circonstance qui n'avait en elle-même rien d'humiliant lui fut reprochée bien des fois avec une impertinence qu'on n'imaginerait pas de nos jours. Pas bon celui-là, lui disait-on, quand un de ses traits avait déplu, tirez d'un autre ; ou bien : C'est trop vieux, donnez du nouveau. Malgré tout son esprit, Voiture était toujours un peu déconcerté par ces saillies ridicules parce qu'il ne semblait pas alors que rien pût remplacer à la cour la naissance qu'il n'avait point.

Son père était d'Amiens, il naquit lui-même dans cette ville. Un grand seigneur qui avait été son condisciple au collège de Boncour devint ensuite son protecteur, l'introduisit à cet hôtel de Rambouillet, qui était le rendez-vous des beaux esprits. Il y brilla d'abord par ses aimables saillies, puis il composa un grand nombre de petites pièces de vers qui lui firent bientôt une très grande réputation. Il avait aussi un caractère très aimable et des manières polies et galantes qui intéressèrent à sa fortune beaucoup de grandes dames de la cour. Chargé par le prince d'une mission auprès du gouvernement espagnol, il gagna d'abord les bonnes grâces du ministre duc d'Olivarès, qui entretint ensuite avec lui une correspondance assidue sur tous les sujets dont le monde élégant et savant s'occupait alors. De retour en France, Voiture fut pourvu de plusieurs charges à la cour et de plusieurs riches pensions. Il mena une grande vie, s'abandonna à ses passions et surtout à celle du jeu où il risqua plusieurs fois toute sa fortune et mourut enfin le 27 mai 1648 à l'âge de cinquante ans d'une fièvre maligne qui lui prit, dit Pélisson, pour s'être purgé hors de propos. Voiture avait tracé plusieurs fois lui-même son portrait. Nous ne pouvons le faire connaître d'une manière plus intéressante pour nos lecteurs qu'en citant ce qu'il dit de lui-même dans son roman de *Cyrus*, et en faisant suivre cette esquisse d'une de ses lettres, qui paraîtra propre à donner une juste idée de son genre d'esprit et de son style.

« L'ami » de *Parthénie* était un homme d'assez basse naissance nommé *Callicrate*, qui, par son esprit, en était venu au point qu'il allait de pair avec tout ce qu'il y avait de plus grand à Paphos et parmi les hommes et parmi les dames. Il écrivait en prose et en vers fort agréablement, et d'une manière si galante et si peu commune qu'on pouvait presque dire qu'il l'avait inventée; du moins sais-je bien que je n'ai jamais rien vu qui ait pu l'imiter; je crois même pouvoir dire que personne ne l'imitera jamais qu'imparfaitement; car enfin d'une bagatelle il en faisait une agréable lettre; et si les Phrygiens disent vrai lorsqu'ils assurent que tout ce que Midas touchait devenait or, il est encore plus vrai de dire que tout ce qui passait par l'esprit de *Callicrate* se changeait en beaux diamants, étant certain que du sujet le plus stérile, le plus bas et le moins galant il en tirait quelque chose de brillant et d'agréable. Sa conversation était aussi très divertissante à de certains jours et à certaines heures, mais elle était fort inégale, et il y en avait d'autres où il n'ennuyait guère moins que la plupart du monde l'ennuyait lui-même. En effet, il avait une délicatesse dans l'esprit qui pouvait quelquefois plutôt se nommer caprice que délicatesse, tant elle était excessive.

» Sa personne n'était pas extrêmement bien faite, cependant il faisait profession ouverte de galanterie, mais d'une galanterie universelle, puisqu'il est vrai que l'on peut dire qu'il a aimé des personnes de toute sorte de condition...... Comme il était impérieux, il aimait à avoir toujours quelqu'un qu'il pût mépriser impunément, et comme il n'eût assurément pu trouver cela parmi les personnes de qualité et des personnes raisonnables, il en souffrait quelques autres seulement pour avoir le plaisir de pouvoir les tourmenter et d'être plutôt leur tyran..... ; de sorte qu'on peut assurer que jamais nul autre que lui n'a eu des sentiments dans le cœur si opposés qu'étaient tous les siens. Au reste, tout le monde a toujours bien su qu'il adorait plus dans son cœur Vénus Anadyomène que Vénus Uranie ; car enfin il ne pouvait comprendre qu'il y eût de passion détachée des sens. »

Lettre de Voiture à Mlle de Rambouillet (Julie d'Angennes, depuis duchesse de Montausier).

« Mademoiselle,

» Je voudrais que vous m'eussiez pu voir aujourd'hui dans un miroir en l'état où j'étais ; vous m'eussiez vu dans les plus effroyables montagnes du monde, au milieu de douze ou quinze hommes les plus effroyables qu'on puisse voir, dont le plus innocent en a tué quinze ou vingt autres, qui sont tous noirs comme des diables et qui ont des cheveux qui leur viennent jusqu'à la moitié du corps, chacun deux ou trois balafres sur le visage, une grande arquebuse sur l'épaule, deux pistolets et deux poignards à la ceinture. Ce sont des bandits qui vivent dans les montagnes des confins du Piémont et de Gênes. Vous eussiez eu peur sans doute, Mademoiselle, de me voir entre ces messieurs-là, et vous eussiez cru qu'ils m'allaient couper la gorge. De peur d'en être volé, je m'en étais fait accompagner ; j'avais écrit dès le soir à leur capitaine de me venir accompagner et de se trouver en mon chemin, ce qu'il a fait, et j'en ai été quitte pour trois pistoles. Mais surtout, je voudrais que vous eussiez vu la mine de mon valet et de mon neveu qui croyaient que je les avais menés à la boucherie. Au sortir de leurs mains, je suis passé par des lieux où il y avait garnison espagnole, et là, sans doute, j'ai couru plus de dangers. On m'a interrogé ; j'ai dit que j'étais Savoyard, et, pour passer pour cela, j'ai parlé le plus qu'il m'a été possible comme M. de Vaugelas. Sur mon mauvais accent, ils m'ont laissé passer. Regardez si je ferai jamais de beaux discours qui me valent tant, et s'il n'eût pas été bien mal à propos que, sous ombre que je suis de l'Académie, je me fusse allé piquer de parler bon français. Au sortir de là, je suis arrivé à Savonne, où j'ai trouvé la mer un peu plus émue qu'il ne fallait pour le petit vaisseau que j'avais pris, et, néanmoins, je suis, Dieu merci, arrivé ici à bon port.

Voyez, s'il vous plaît, Mademoiselle, combien de périls j'ai courus en un jour. Enfin, je suis échappé des bandits, des Espagnols et de la mer. »

Voici l'homme que ses contemporains ont tant admiré, voici un échantillon de ses lettres que tout le monde voulait lire. Balzac seul passa dans ce temps pour lui être supérieur, encore les avis étaient-ils assez partagés.

« Voiture et Balzac, dit l'abbé d'Olivet, étaient à peu près du même âge. Ils avaient l'un et l'autre beaucoup d'esprit; ils cultivaient l'un et l'autre la prose et la poésie. Ils apportaient l'un et l'autre un soin extrême à la composition de leurs œuvres ; ils possédaient l'un et l'autre tout ce qu'il y avait de beau en français, en italien, en espagnol, en latin. Balzac fit divers ouvrages en latin, et Voiture montra par quelques essais que, pour se distinguer aussi dans cette langue, il n'avait qu'à vouloir s'en donner la peine. Voilà en quoi ces deux illustres écrivains se ressemblaient.

» A cela près, rien de plus opposé que leurs caractères : l'un se portait toujours au sublime, l'autre toujours au délicat; l'un avait une imagination élevée qui jetait de la noblesse dans les moindres choses, l'autre une imagination enjouée qui faisait prendre à toutes ses pensées un air de galanterie. L'un, même lorsqu'il voulait plaisanter, était toujours grave ; l'autre, dans les occasions même sérieuses, trouvait à rire. L'un voulait être admiré, l'autre voulait se rendre aimable. »

L'Académie porta le deuil de Voiture, honneur qu'elle n'a depuis accordé à aucun de ses membres.

MÉZERAY

Né en 1610, académicien en 1649, mort en 1683.

L'historien Mézeray, qui naquit près d'Argentan en 1610, se crut d'abord destiné à devenir un grand poète. L'extrême facilité avec laquelle il avait fait, encore enfant, des vers agréables lui avait inspiré cette ambition, et c'est pour la poursuivre qu'il vint à Paris chez son compatriote Vauquelin des Yveteaux, précepteur de Louis XIII qui lui témoigna d'abord beaucoup d'affection, et lui conseilla de se défier de cette facilité et de se consacrer plutôt à la politique et à l'histoire, deux connaissances plus propres à le pousser dans le monde qu'un médiocre talent pour la poésie. Mézeray suivit ce conseil, et voulut même entrer dans l'armée pour se familiariser avec les termes et les habitudes militaires que l'historien doit connaître. Il revint ensuite à Paris, s'enferma dans le collège Sainte-Barbe et là, enseveli durant six ou sept années dans un tas de manuscrits, il prépara et arrangea les matériaux du grand travail qu'il méditait. Mais, comme il avait l'esprit très méthodique, avant de se mettre à composer il jugea qu'il fallait s'être fait un style et que rien ne pouvait lui servir davantage pour cela que de faire des traductions, à cause des difficultés qu'il faut surmonter pour rendre avec élégance et fidélité le sens des auteurs. Il traduisit donc différents ouvrages et avec tant de persévérance que bientôt sa santé en fut grandement altérée ; c'est alors que Richelieu, toujours attentif à rechercher les hommes de mérite entendit parler de lui, et connaissant sa pauvreté, lui envoya cinq cents écus d'or. Puis l'Eminence voulut le voir et le prit en sa protection au point de le recommander en mourant au chancelier Séguier, chez lequel notre historien demeura jusqu'à la mort du grand magistrat arrivée en 1672.

La facilité que Mézeray avait eue pour faire les vers, il l'acquit bientôt pour écrire en prose, où elle n'a pas le même danger, surtout quand elle est secondée, comme chez lui, par de fortes études et l'habitude de la réflexion. Il publia, à peine âgé de trente-deux ans, le premier volume *in-folio* de sa grande *Histoire de France*. C'était en 1642. Le deuxième parut trois ans plus tard, le troisième suivit de près. Encore composa-t-il dans l'intervalle son *Histoire de Turquie* pendant une période de quarante ans (1610-1650). L'*Histoire de France* assura d'abord la renommée de Mézeray qui jusqu'alors était connu seulement dans un petit cercle d'amis et de protecteurs. Les gens du monde s'attachèrent à cet ouvrage à cause du sujet lui-même qui n'avait guère été traité avant lui. Les savants le louèrent aussi pour ses nombreuses recherches et l'esprit d'indépendance dans lequel il est conçu. Mais tout le monde ne lit pas les *in-folio*. Mézeray le comprit très bien et jugea aussi que la tâche qu'il s'était donnée d'écrire notre histoire nationale ne serait pas remplie tant qu'il n'en aurait pas donné une édition plus à la portée du plus grand nombre des lecteurs. C'est pour cela qu'il écrivit, dans un âge déjà avancé, son *abrégé chronologique* où la longueur des récits était réduite de plus de moitié.

Cet *abrégé* qui ne contenait pas moins de trois volumes *in-quarto* est généralement préféré, quoique, avec les qualités qu'on remarquait dans l'*Histoire* il présente aussi les mêmes défauts, dont le principal est de manquer souvent d'exactitude. Au reste Mézeray avouait lui-même ces erreurs avec beaucoup de simplicité. Au P. Petau, le plus érudit des critiques de ce temps qui lui disait avoir compté dans ses histoires un millier d'erreurs, il répondit sans s'étonner : « Vous êtes indulgent, j'en ai trouvé plus de deux mille. » C'était même un système de sa part de n'être pas scrupuleux sur l'exactitude. Il consignait tous les faits qu'il jugeait intéressants sans s'inquiéter beaucoup de savoir s'ils étaient bien vrais. « Il y a, disait-il, si peu de lecteurs capables de relever ces erreurs que la gloire qui me reviendrait pour les avoir évitées ne vaudrait pas la peine que j'y aurais prise. » Il empruntait aux anciennes chroniques, ou même aux traditions orales des discours entiers qu'il mettait dans la bouche de ses héros. Au reste ces inexactitudes nuisaient assez peu à la vérité de l'ensemble à cause de l'esprit d'impartialité dont l'auteur était toujours animé. Il amplifiait sans dénaturer les faits, sans fausser les caractères, hormis toutefois le penchant démocratique et un peu révolutionnaire qui perçait partout. Quant au style de Mézeray il brille par le mouvement, le coloris, l'énergie qui va souvent jusqu'à l'âpreté, par les saillies piquantes, les tours incisifs, les expressions originales et pittoresques dont il est souvent relevé, mais on ne peut méconnaître qu'il ne soit souvent aussi dur et peu correct même pour son temps. La disposition des faits est cependant claire et savante. D'un mot il dépeint un personnage et il ajoute à ses récits des réflexions inattendues qui décèlent un grand esprit d'observation ainsi qu'une connaissance solide de la religion et des lois. C'est ce qui fait dire à l'abbé d'Olivet que, dans son *Histoire de France*, Mézeray a surpassé tous nos historiens nationaux et que dans l'abrégé il s'est surpassé lui-même.

Cet ouvrage si applaudi et qui, sous plusieurs rapports, méritait si bien de l'être valut cependant à son auteur la disgrâce de Colbert et la perte des pensions dont Richelieu et Mazarin l'avaient pourvu. « La cause en est, dit l'abbé d'Olivet, dans un certain air républicain qui l'avait porté à mettre dans son *Histoire de France* l'origine de tous les impôts avec des réflexions peu nécessaires, et qui, n'étant propre qu'à nourrir le chagrin du peuple, ne convenaient pas à un historiographe que la cour gratifiait annuellement de quatre mille francs. » Colbert avant de lui retirer ses pensions lui adressa d'abord de sévères remontrances mais qui demeurèrent presque sans effet, car en faisant quelques changements dans les éditions suivantes, Mézeray donna clairement à entendre qu'ils lui étaient imposés, par où, loin d'apaiser la cour, il l'irrita encore davantage et de plus mécontenta le public que son accent un peu frondeur avait charmé.

A la suite de ces disgrâces, Mézeray avait d'abord résolu de ne plus écrire, mais comment résister à un penchant si impérieux, à une habitude de toute la vie ! Il eut du moins la sagesse de choisir un sujet qui le mît à l'abri des écueils où il avait d'abord fait naufrage. Ses *Origines des Français* qu'il publia en 1682 à l'âge de soixante-dix ans mirent le comble à sa renommée et obtinrent le suffrage de tous les hommes capables de juger.

Il resterait à parler du caractère personnel, de la vie privée de Mézeray. Les chroniques du temps en racontent mille traits désavantageux. Il était, disent-elles, railleur, sceptique, libertin, désobligeant, incivil, malpropre même et grossier dans sa tenue. Mais au lieu de rappeler ces détails peut-être fort exagérés, ou même supposés à plaisir par la malignité de ses ennemis, le lecteur nous saura gré d'emprunter à l'abbé d'Olivet une page pleine de sagesse et de bon goût.

« Etait-ce donc la peine, dit-il en parlant de *la Vie de Mézeray* par un écrivain nommé Larroque, de faire un livre pour nous apprendre qu'un historien dont la mémoire doit être chère aux Français était

« un homme bizarre jusqu'à l'extravagance la plus outrée, ami de la débauche, même sur ses vieux jours et sans religion si ce n'est la veille de sa mort ? »

« Tous les témoins cités par l'auteur de cette *Vie* sont morts excepté un seul. Qu'ai-je donc fait ? J'ai écrit à ce seul témoin vivant pour savoir si les contes qu'on dit tenir de lui sont bien vrais. Par la réponse que j'en ai reçue et qui est fort détaillée j'ai vu jusqu'à quel point l'auteur s'est joué de la vérité. Jamais faiseur de romans n'entendit si bien que lui l'art d'altérer le fond et de feindre les circonstances. Pour moi, engagé par la nature de l'histoire que j'écris à jeter les yeux sur ces misérables livres, je ne saurais dire combien j'y ai trouvé de choses inventées à plaisir et de la fausseté desquelles j'ai la preuve en main.

« Quand même ces anecdotes seraient vraies, de quelle utilité peut-il être d'en faire mention ? Vous me parlez d'un homme de lettres, parlez-moi donc de ses talents, parlez-moi de ses ouvrages, mais laissez-moi ignorer ses faiblesses, et à plus forte raison ses vices. Il n'y en a que trop d'autres exemples sans les placer dans des hommes pour qui d'ailleurs vous me demandez mon estime.

» Je conviens que dans une histoire générale on doit suivre la maxime de Cicéron : « Ne rien oser dire qui soit faux, oser dire tout ce qui est vrai. » Il est à propos d'y peindre les vices des princes et de leurs ministres, parce que, ordinairement, ce sont des choses de notoriété publique, et qu'il est important d'être informé de ce qui a nui ou servi au gouvernement. Mais dans l'histoire, dans la vie d'un simple particulier, je soutiens que cette maxime doit être bien restreinte par celle-ci : « *Cui bono* ? » Tout ce qui ne peut tourner ni à la louange du mort ni à l'instruction des vivants, à quoi est-il bon ? »

Mézeray qui succéda à Voiture comme membre de l'Académie, succéda à Conrard en 1775 en qualité de secrétaire perpétuel de la savante compagnie. Il mourut en 1683.

BARBIER D'AUCOUR

Né en 1641, académicien en 1683, mort en 1694.

Quoique les ouvrages de cet académicien soient aujourd'hui presque entièrement inconnus, sa vie mérite d'être rappelée avec quelque détail à cause des traits singuliers et instructifs qu'elle renferme.

Il était né à Langres dans une famille peu fortunée ; désireux cependant de se faire une renommée, il se rendit à Dijon et obtint l'amitié d'un riche magistrat qui l'accueillit dans sa maison et le fit étudier avec ses enfants ; il fut ensuite surveillant dans un collège et put sans faire beaucoup de dépense suivre les cours de l'école de droit.

Les jésuites faisaient chaque année dans leur chapelle une exposition de tableaux énigmatiques dont leurs élèves et les étrangers étaient invités à deviner la signification. Le jeune Barbier voulut y aller comme tout le monde, et, comme il n'aimait pas les jésuites et avait d'ailleurs l'esprit enclin à la moquerie, il fit à haute voix des critiques peu convenables et facilement entendues au milieu d'un petit nombre de visiteurs qui gardaient le silence ou ne se parlaient que très bas. Aussitôt un jésuite qui surveillait lui dit vivement : Taceas in loco sacro. — Si *sacrus* est iste locus, répondit soudain Barbier, quid exponitis ?... Il ne put achever sa phrase ; son barbarisme avait été entendu, un éclat de rire universel l'accueillit. Les élèves, les maîtres, les assistants, tous amis de la maison se moquaient à qui mieux mieux. Le surnom d'avocat *Sacrus* resta toute la vie au malencontreux visiteur, pour lui rappeler qu'une mauvaise tenue ne manque guère d'attirer des désagréments.

Mais les moqueurs avaient eu leur part de tort. Ils reçurent aussi leur part de leçon. Le barbarisme de Barbier, ils auraient dû le comprendre, n'accusait pas son ignorance, ce n'était qu'un *lapsus*, une distraction qu'il eût fallu laisser passer sans paraître l'avoir entenduc. La relever ainsi c'était faire au moins une maladresse. Par leurs éclats de rire dans le lieu saint, ils commettaient d'ailleurs eux-mêmes la faute qu'ils avaient blâmée. Ils en furent bientôt punis. Barbier qui n'avait contre eux qu'une prévention encore peu articulée devint leur ennemi acharné. Et, comme il avait des connaissances étendues et une plume bien taillée, il se mit à écrire contre eux plusieurs satires qui firent du bruit et leur occasionnèrent de l'ennui. Son *Onguent pour la brûlure*, sa *Lettre d'un avocat* accueillis par l'esprit de parti firent plus de bruit qu'ils ne méritaient sans doute. Mais le P. Bouhours ayant publié ses *Entretiens d'Ariste et d'Eugène* dont tout le monde était charmé, Barbier en fit sous le titre de *Sentiment de Cléanthe* une critique dont les amis même des jésuites ne purent dissimuler la portée. « Il faut convenir, dit l'abbé d'Olivet toujours si favorable aux jésuites, que l'ouvrage de M. d'Aucour est admirable en son genre, qu'on y trouve de la délicatesse, de la vivacité, de l'engouement, un savoir bien ménagé et un goût sûr qui saisit jusqu'à l'ombre du ridicule dans un amas d'excellentes choses comme le creuset sépare un grain de cuivre dans une once d'or ».

En veine de critiquer, Barbier d'Aucour ne s'attaqua pas aux seuls jésuites. Racine quoique favorable aux sentiments de Port-Royal ne l'était point assez au gré de notre fougueux jeanséniste. Il l'attaqua dans plusieurs pamphlets que le public remarqua peu et auxquels le grand poète ne répondit rien ; mais Boileau indigné de ces agressions contre un homme qui faisait l'ornement de son siècle, ne se crut pas obligé à garder la même réserve. Barbier étant resté court au Palais après les premiers mots d'un plaidoyer commencé d'une manière emphatique, c'est là que notre Horace le saisit pour s'en moquer. S'adressant au premier président Lamoignon, il lui dit à la fin de son *Lutrin* :

> Quand la première fois un athlète nouveau
> Vient combattre en champ clos aux luttes du barreau,
> Souvent sans y penser ton auguste présence
> Troublant par trop d'éclat sa timide éloquence,
> Le nouveau Cicéron, tremblant, décoloré,

> Cherche en vain son discours sur sa langue égaré.
> En vain pour gagner temps dans ses transes affreuses
> Traîne d'un dernier mot les syllabes honteuses,
> Il hésite, il bégaie ; et le triste orateur
> Demeure enfin muet aux yeux du spectateur.

Cet accident avait désolé Barbier d'Aucour, la satire de Boileau l'acheva. Il ne plaida plus. Ce ne fut désormais que par des mémoires écrits qu'il s'adressa aux cours souveraines dans l'intérêt de ses clients, mais il le fit plusieurs fois avec succès, et même dans quelques occasions au grand applaudissement du public, comme en particulier pour un domestique condamné à mort comme assassin et dont il fit reconnaître l'innocence.

Les critiques se font d'ordinaire plus d'ennemis qu'ils n'amassent de richesse. Barbier cependant avait eu un regard de la fortune, lorsque Colbert le choisit pour précepteur de ses enfants, mais ce ne fut pour lui qu'un éclair. Le ministre mourut et le précepteur perdit en même temps que sa place, les économies qu'il avait engagées dans les entreprises du ministre et que sa mort fit complètement abandonner.

Si la vie de Barbier présente plusieurs utiles enseignements, lui-même prêt à mourir il prononça des paroles qui méritent d'être rapportées à cause de la sage leçon qu'elles contiennent. L'Académie ayant envoyé plusieurs de ses membres pour le consoler, l'un d'entr'eux l'abbé de Choisy lui dit obligeamment : « Vous laissez, Monsieur, un nom qui ne mourra point. — Je n'ose m'en flatter, répondit d'Aucour. Quand mes ouvrages auraient d'eux-mêmes une sorte de prix, j'ai péché par le choix de mes sujets ; car si le livre qu'on a critiqué vient à tomber dans le mépris, la critique y tombe en même temps parce qu'elle passe pour inutile, et si, malgré la critique, le livre se soutient, alors la critique est pareillement oubliée parce qu'elle passe pour injuste. »

Barbier d'Aucour mourut le 13 septembre 1694.

CLERMONT-TONNERRE

Né en 1629, académicien en 1694, mort en 1701.

A la place d'un pauvre hère qui n'avait guère à la fin de sa vie de quoi subsister l'Académie nomma un très grand seigneur. Ces contrastes ne sont pas rares dans la succession de ses membres, le même fauteuil a ouvert tour à tour ses bras aux génies, aux caractères, aux positions les plus opposées. C'est comme un jeu de la Providence pour entretenir et renouveler sans cesse l'intérêt qui s'attache à l'histoire de ces dynasties de littérateurs.

François de Clermont-Tonnerre, évêque et comte de Noyon, conseiller d'Etat, pair de France, commandeur des ordres du roi, vint au monde en 1629. Il se fit de bonne heure recevoir docteur en théologie, ce qui est, en un sens, le plus grand honneur de sa vie, ou du moins celui qui prouve le plus en faveur de son mérite personnel. Il fut ordonné prêtre, prêcha un avent à la Cour et fut nommé à trente-deux ans évêque de Noyon. Il mourut en cette place à l'âge de quatre-vingt-deux ans, le 15 février 1701. Ses titres seuls et sa naissance lui valurent l'honneur d'être nommé membre de l'Académie, car il n'a composé aucun autre ouvrage que le recueil de ses ordonnances épiscopales. Ses sermons même, qui auraient pu lui former un titre au choix de la Compagnie, n'ont pas été imprimés. Il avait à la vérité fourni des notes pour l'histoire des saints de sa famille, mais l'ouvrage fut rédigé par *Cousin*, et ne porta jamais que son nom.

Ce prélat que recommandaient d'ailleurs de véritables vertus est surtout célèbre, il faut l'avouer, par son incomparable vanité ; c'est-à-dire qu'il s'était rendu parfaitement ridicule. Sa naissance, il est vrai, les gloires et les grandeurs de son illustre famille étaient le sujet principal de ses vanteries, mais il est rare qu'on s'en tienne à célébrer ces avantages héréditaires ; à force de porter haut le mérite de ses aïeux on en vient bientôt à s'en trouver aussi à soi-même. Clermont-Tonnerre était fier de ses dignités aussi bien que de sa naissance, et il se croyait personnellement de la valeur et de l'esprit. C'était là surtout que le ridicule l'attendait. Il devint la fable de la Cour, de la ville et de toute la nation. Ses vanteries couraient la France, et, comme la boule de neige, grossissaient sans doute en roulant. « Il suffit à la nation française, dit d'Alembert, qu'un homme connu ait eu le malheur de prêter en quelque chose le flanc au ridicule pour qu'on lui fasse présent de toutes les sottises dont cent autres ont pu se rendre coupables dans le même genre. » Voilà qui est fort juste, on en conviendra, mais qui ressemble fort à l'intention d'excuser; d'Alembert va plus loin encore, parlant toujours de l'évêque de Noyon il dit : « La malignité n'a pas toujours été adroite à son égard. Plusieurs des mots qu'on lui a prêtés avaient un sens ironique et réfléchi dont ceux qui en étaient l'objet ne se doutaient guère. Ils croyaient en redisant ces mots se moquer de notre prélat, et c'était lui-même qui s'était moqué d'eux. » Encore mieux, on en conviendra, mais tous ces palliatifs ne peuvent cacher le mal, ils le décèlent au contraire. M. de Clermont-Tonnerre a dû faire un bien grand nombre de mots malheureux pour qu'il faille à ce point les excuser ou les expliquer. Nous ne rapporterons pas ici ceux dont les chroniques du temps sont remplies. Il en est d'ailleurs un grand nombre de parfaitement insignifiants. Quelques-uns ne vont qu'à l'impertinence comme lorsque ce prélat répondit à Louis XIV étonné que les Clermont n'eussent guère occupé les grandes charges de la Cour : « Sire, mes aïeux s'estimaient trop grands seigneurs pour être les serviteurs des vôtres. » Mais on en a cité où la fatuité s'élèverait à l'extravagance, comme cet éloge de lui-même qu'il aurait fait mettre dans un mémoire destiné à servir à l'histoire de sa vie : « L'Etat l'honore comme conseiller, l'Ordre comme commandeur, l'Académie comme son oracle et le monde comme un prodige. » Peut-on croire à cet excès ?

Quoi qu'il en soit de l'authenticité de ces propos incroyables, il n'était bruit que des prétentions de leur auteur. Louis XIV lui-même, si judicieux observateur des convenances et si attentif à ne blesser jamais personne, ne pouvait s'empêcher de s'en moquer. « Demain, disait-il, à l'évêque, c'est le jour de votre réception à l'Académie, je m'attends à être tout seul. » L'abbé de Caumartin qui fut chargé de répondre au discours de réception le fit avec infiniment d'esprit et de délicatesse, mais sous air de compliment en raillant le nouvel élu du commencement à la fin de sa harangue. Louis XIV trouva que la mesure était dépassée et il tint l'abbé de Caumartin dans une disgrâce qui dura autant que sa vie, résistant même aux supplications du prélat ainsi moqué.

Terminons par un trait qui fait honneur à notre académicien. Louis XIV passant par Noyon désira que Mme de Montespan prît son logis à l'évêché, Clermont-Tonnerre crut devoir s'y opposer et elle fut obligée d'accepter ailleurs l'hospitalité. Peu de jours après le roi se plaignant avec bonté du peu de galanterie de l'évêque : « Sire, répondit Clermont-Tonnerre, vous ne me l'auriez jamais pardonné. » On ne pouvait rien faire de plus digne et rien dire de plus heureux. Le refus était d'un évêque, la réplique d'un homme d'esprit. C'était en appeler du roi au roi lui-même, le blâmer et le louer en même temps, le prendre pour juge dans une question qui l'intéressait si vivement, l'obliger à se condamner en approuvant le refus qui l'avait blessé. Le monarque n'y manqua point. Il sut gré à l'évêque d'une action qui les honorait tous les deux, mais lui plus encore que le prélat, car, s'il est rare de trouver des sujets qui s'opposent au désir d'un roi tout-puissant, il est plus rare et plus beau encore de trouver un roi dont la justice et la bonté soient assez honorées pour que, en contrariant ses passions, on ne redoute rien de sa colère.

MALÉZIEU

Né en 1650, académicien en 1701, mort en 1727.

Nicolas de Malézieu fut nommé membre de l'Académie à la place de l'évêque de Noyon. Il était né à Paris en 1650 dans une famille distinguée qui prit le plus grand soin de son instruction ; cette instruction dépassa de beaucoup tout ce qu'on eût pu espérer. Comment Malézieu, fort jeune encore, eut l'occasion d'être présenté à

Bossuet, les mémoires du temps ne le disent pas. Toujours est-il que ce grand prélat le vit alors qu'il était encore tout enfant, qu'il admira ses incomparables dispositions ainsi que l'éclat et la précocité de son esprit et qu'il le fit connaître au duc de Montausier, gouverneur du grand Dauphin, dont Bossuet était précepteur. Tous les deux étant chargés de chercher des jeunes gens de talent, et propres à être mis auprès du duc du Maine proposèrent François de Malézieu qui fut accepté et gagna bientôt la faveur du Roi. Le duc du Maine ayant épousé la petite-fille du grand Condé, cette princesse avide de savoir et capable de tout apprendre trouva dans sa maison le maître qu'il lui fallait. Les conversations devinrent d'abord instructives. On voyait Malézieu un *Sophocle*, un *Euripide* à la main traduire sur-le-champ une de leurs tragédies. L'admiration, l'enthousiasme dont il était saisi lui inspiraient des expressions qui répondaient à l'harmonieuse énergie des vers grecs et faisaient le ravissement de l'aimable princesse et de sa cour.

Malézieu ne dédaigna pas de rendre à sa protectrice des services moins importants et qui semblaient moins convenir à son caractère. Amoureuse des plaisirs autant que de l'étude, elle donnait à sa cour de Sceaux des fêtes fréquentes dont Malézieu se faisait volontiers l'organisateur, mais non toutefois sans quelque regret, car il eût préféré ne s'occuper que de science et de poésie. Il composait des chansons, improvisait des chœurs, donnait même en peu de jours de petits vaudevilles dont la princesse et ses amis prenaient les rôles. Tout cela sans doute n'était pas à la perfection, mais c'était si vif, si gai, si plein d'esprit que les courtisans et les princes en raffolaient.

L'amitié de Bossuet valut encore à Malézieu la place de professeur de mathématiques auprès du duc de Bourgogne, pour lequel il composa des *Eléments de géométrie* qui furent réunis en corps d'ouvrage et publiés après sa mort. On voit par plusieurs passages de ce livre combien la philosophie de l'auteur était sage et son attachement à la religion réfléchi et conséquent. « Notre raison, y disait-il, est réduite à d'étranges extrémités. La raison nous démontre la divisibilité de la matière à l'infini et nous trouvons en même temps qu'elle est composée d'indivisibles. Humilions-nous encore une fois, reconnaissons qu'il n'appartient pas à une créature quelque excellente qu'elle puisse être de vouloir concilier les vérités dont le Créateur a voulu lui cacher la compatibilité. Ces dispositions nous rendront plus soumis aux mystères et nous accoutumeront à respecter les vérités qui sont par leur nature impénétrables à notre esprit, que nous avons trouvé assez borné pour ne pas pouvoir concilier les vérités mathématiques. »

Malézieu mourut en 1727. Pour récompenser ses services le duc Du Maine l'avait nommé chef de ses conseils et chancelier de Dombes ; la reconnaissance du Roi et des princes avait encore ajouté aux ressources que cette charge lui constituait. Il finit donc ses jours dans l'abondance, et les consacra jusqu'aux derniers à la culture des lettres, idoles et honneur de sa vie. On a de lui la petite comédie intitulée *Polichinelle demandant une place à l'Académie*, un volume de chansons, sonnets et autres pièces de vers auquel il donna le titre de *Divertissement de Sceaux* et quelques autres poésies frivoles qui sont restées en manuscrit.

BOUHIER

Né en 1673, académicien en 1727, mort en 1746.

Jean Bouhier naquit à Dijon en 1673. Destiné par sa famille à la magistrature, il s'appliqua de bonne heure à l'étude du droit romain et des lois françaises ; mais, en même temps, il cultiva la littérature et la poésie avec une ardeur qui ne se démentit jamais et ne nuisit en rien à ses devoirs professionnels. « Jurisprudence, philologie, critique, histoire ancienne et moderne, histoire littéraire, traduction, éloquence et poésie, il remua tout, dit d'Alembert, il embrassa tout, et dans tout il fit des preuves distinguées et dignes de lui. » L'abbé d'Olivet, qui fut toujours son ami, n'eut pas de repos qu'il n'eut décidé ses collègues à l'admettre dans leurs rangs. Les titres ne manquaient pas au président Bouhier, car il avait publié, tantôt seul, tantôt avec l'abbé d'Olivet, plusieurs traductions fort estimées, entre autres celle de Petronne, des *Tusculanes*, et de plusieurs parties de Virgile, ainsi que de belles dissertations sur les auteurs de l'antiquité. Mais l'Académie hésitait toujours à le nommer, parce que les fonctions de président à mortier au Parlement de Dijon devaient le tenir presque toujours éloigné de ses séances. Elle se décida pourtant à la fin, sur les instances de l'abbé d'Olivet et sur la promesse que fit Bouhier de venir habiter la capitale, promesse néanmoins qu'il lui fut impossible de tenir. « L'Académie ne s'en plaignit point, dit d'Alembert, elle se contenta de voir sa liste décorée d'un nom si cher aux lettres, bien assurée, d'ailleurs, que, pour un membre de cette réputation et de ce mérite, les dispenses et les exceptions ne tireraient pas à conséquence. »

Bouhier mourut en 1746, à l'âge de soixante-treize ans. Depuis longtemps, la goutte dont il souffrait presque toujours l'avait obligé de rester dans sa chambre, mais elle n'avait pu diminuer son goût pour pour les lettres ; il s'y appliquait encore davantage et y trouvait le meilleur adoucissement à ses souffrances, après ceux que lui procuraient sa forte piété et la société de nombreux amis attirés auprès de lui par la douceur de son caractère et la bonté de son cœur.

VOLTAIRE

Né en 1694, académicien en 1746, mort en 1778.

En commençant cette notice de Voltaire, il nous paraît convenable de bien déclarer nos sentiments à son égard. Le lecteur sans doute les devinerait sans peine, et nous serons plus à l'aise après les lui avoir ouvertement exprimés. Cette figure, ce caractère, cet homme enfin, nous inspire une antipathie profonde, une répugnance, voisines de l'horreur et du dégoût. Quel catholique, quel homme sincèrement religieux n'éprouverait pas ces sentiments envers l'ennemi acharné de toute croyance? Certes, l'impartialité n'est pas l'indifférence, elle serait plutôt le contraire quand il s'agit de la vérité. Il n'est pas digne d'écrire l'histoire, celui qui ne sent pas au fond de son cœur un ardent amour de la vertu. « Après cela, dit Bossuet, à la tête de ses *Variations,* aller faire le neutre et l'indifférent à cause que j'écris une histoire, et dissimuler ce que je suis quand tout le monde sait que j'en fais gloire, ce serait faire au lecteur une illusion trop grossière. » L'impartialité dans l'histoire, c'est la vérité. Il y manque essentiellement celui qui n'ose la dire qu'à demi. Hésiter entre elle et l'erreur, vouloir tenir la balance égale, c'est la vraie partialité, et mettre le ton de la modération et l'accent de la justice, au service de cette fausseté pour tromper plus sûrement, c'est une honteuse hypocrisie. Montrons donc Voltaire comme il est, au risque d'étonner, de blesser peut-être quelques-uns de ses partisans qui viendraient à jeter les yeux sur ce livre, admirateurs attardés de celui qui fut l'idole de son siècle, mais dont l'estime publique s'éloigne de plus en plus à mesure qu'il est mieux connu et que la vérité philosophique opprimée par son prestige, reprend ses droits sur les cœurs. Quant aux hommes religieux, ils en pensent comme nous, et ils verront avec bonheur exprimer sans détour leur sentiment.

Voltaire fut certainement un des hommes les mieux doués entre tous ceux qui ont écrit dans notre langue. Son talent a quelque chose de prodigieux dans sa diversité, sa souplesse et son étendue. Aucun homme, sans exception, ne s'est exercé à plus de genres en littérature, on peut même dire qu'il a travaillé à tous. Dans presque tous il a obtenu des succès extraordinaires, mais sans atteindre jamais le premier, comme le fait observer Diderot; dans un seul, il est resté absolument médiocre, et c'est dans l'ode, c'est-à-dire dans celui où l'inspiration était le plus indispensable. Le vrai caractère de ce singulier et merveilleux talent, c'est l'esprit dans le sens le plus commun du mot, l'esprit qui saisit les rapports, crée les moyens, découvre les ressources, l'esprit qui tourne les choses et présente les idées sous les aspects les plus divers, les plus nouveaux, les plus attachants; l'esprit qui fournit des pensées pour tous les sujets, et qui rapproche et met en quelque sorte sous la main, au moment propice, les matériaux, les arguments et les preuves avec lesquelles l'exposition est facile et brillante, la démonstration toujours spécieuse, même quand elle manque de solidité et de justesse, la réplique toujours prompte et saisissante. C'est lui qui rappelle les analogies, présente les comparaisons, indique les figures et les mouvements propres à soutenir le discours ; c'est lui surtout qui fournit les expressions les plus vives et les plus vraies, procure les images les plus sensibles et les tours les plus ingénieux, et, par le prestige d'un style enchanteur, charme, retient, captive, entraîne même quelquefois les lecteurs ou les auditeurs. Or, personne n'eut plus d'esprit que Voltaire, personne, en France du moins, ni dans ses contemporains, ni avant lui, ni jusqu'à présent après lui. C'est avec cet esprit incomparable, joint à une prodigieuse instruction, et à l'amour du travail poussé au degré le plus étonnant, que Voltaire a pris sa place à la tête de tous les écrivains de son temps, et qu'il a été, pendant sa vie et longtemps même après sa mort, le roi des intelligences, royauté incontestée et sans rivaux. Non seulement il a surpassé tous les écrivains contemporains, au point qu'aucun n'ait seulement été mis en parallèle avec lui, mais il a imposé, fait accepter comme justes et vrais ses sentiments, ses idées et jusqu'à ses préjugés et ses erreurs. Il a fait un siècle à sa forme. Il a distribué à son gré la fortune, la renommée, la gloire. Ce n'est pas pourtant que les idées qu'il combattait n'aient eu leurs défenseurs, leurs champions. Ce n'est pas qu'on n'ait écrit en faveur de la religion de magnifiques et victorieuses apologies, mais en les accablant de son incomparable renommée Voltaire les a condamnés à une obscurité relative qui en paralysait l'essor, en empêchait les effets. S'il n'a pu empêcher d'écrire ces savants ouvrages, il a du moins empêché qu'on les lût. Nés dans le sanctuaire ils n'en sont presque pas sortis. Ils trouvaient sur le seuil cette raillerie universelle dont le vieil impie avait donné le signal, et cette raillerie les a tués. Au lieu de lire ou a ri, on s'est moqué. Voltaire avait choisi le champ clos et les armes de la polémique, et sur cette vaste arène il se promenait en vainqueur, en souverain, comme le géant Philistin, et personne n'osait ou ne pouvait se mesurer avec lui.

Toutefois, si l'esprit peut servir à tout, il ne peut guère suffire à rien, et c'est pour cela que Voltaire qui s'est illustré en tant de genres ne fut le premier dans aucun. Il faisait de l'art, du sentiment, de la poésie, de l'éloquence avec son esprit. C'est avec de l'esprit même qu'il a voulu sentir et faire sentir, pleurer et faire pleurer, et il y a réussi, mais non pas au point d'occuper nulle part le premier rang, c'est-à-dire de s'élever jusqu'au sublime. Il fallait pour cette victoire souveraine ce que l'esprit ne pourra jamais, ni donner, ni remplacer, ni même bien contrefaire : l'inspiration, ce transport qui met une âme hors d'elle et au-dessus des autres âmes, l'inspiration sans laquelle il n'y a pas de vrais chefs-d'œuvre, et qui seule fait les grandes créations. Une raison souveraine, une passion réelle et puissante, voilà les seules sources de l'inspiration, et les ailes du génie. Pascal et Bossuet, Racine et Molière, pour ne parler que des nôtres, étaient inspirés comme Sophocle, Homère et Virgile. Ils créaient parce qu'ils sentaient, parce qu'ils aimaient. La nature, la raison, la vérité tressaillaient dans leurs accents. Ils étaient pénétrés, ils étaient bons, ils étaient sincères, et c'est pour cela qu'ils étaient grands. Toutes les tragédies de Voltaire ne valent pas les chœurs d'Athalie qu'aucun chrétien n'a pu lire sans pleurer. Les épopées si patriotiques de Virgile et d'Homère passeront à travers tous les siècles et seront traduites dans toutes les langues; celles de Milton, du Tasse et du Dante sont recherchées après quatre siècles comme au premier jour. C'est l'Europe entière qui les aime et qui les lit; la *Henriade* est fort peu connue des Français même instruits, et la *Pucelle* ne l'est presque plus même des effrontés libertins. Ce sont des œuvres d'esprit, composées à loisir, sans émotion, sans passion, ou avec ces passions négatives, ce désir de détruire et de renverser qui ne peut rien produire de grand et de beau, tandis que les chefs-d'œuvre des maîtres étaient des œuvres de foi et d'amour inspirées et soutenues par ce transport qu'aucun travail de l'esprit ne peut simuler.

Mais si les œuvres de ces maîtres sont très supérieures à celles qu'a produites l'esprit de Voltaire, il est remarquable aussi qu'elles sont beaucoup moins nombreuses et, pour chacun d'eux, beaucoup moins diverses. Homère n'a pas fait de chansonnettes ni Sophocle de vaudevilles ; Bossuet ne s'est point essayé à la comédie ; Le Tasse à la polémique. La raison de ces différences est toujours la même. Voltaire a pu faire de tout avec son incomparable esprit, il a fait de tout parce qu'il n'était inspiré pour rien. Il était maître de lui-même et il tournait ses talents à ce qu'il voulait. Ces génies, au contraire, étaient dominés, subjugués par une grande pensée, par une passion puissante. Un insurmontable attrait les poussait dans le sens de cette passion. L'amour de la patrie ausonienne anime tout dans Virgile, comme la religion dans Bossuet. Ils n'ont eu qu'un genre ou, pour bien dire, qu'une aptitude comme ils n'avaient qu'un amour et qu'un génie. Toutes les œuvres de Bossuet ne font qu'un livre comme celles d'Homère, de Virgile et de St Jérôme. Et combien serait puissant par la pensée et par la parole celui qui le posséderait à fond ! Ce serait l'homme d'un seul livre dont parlait l'ancien : *Timeo virum unius libri !* Voltaire, au contraire, a fait bien des livres, et dans bien des genres : les uns chantent, les autres rient, quelques-uns voudraient faire pleurer. Il y en a d'ouvertement impies, d'autres respectent la religion, quelques-uns même la célèbrent. Aucune unité ne les rassemble, aucune pensée générale ne plane sur eux, si ce n'est peut-être la haine du nom chrétien, mais cette haine a ses heures de dissimulation et d'hypocrisie, elle se déclare et se dément tour à tour, elle se rétracte et se désavoue, combattue peut-être dans le cœur de l'écrivain par des souvenirs mal effacés, par des sentiments mal détruits, mais forcée du moins de se déguiser ou même de se contrefaire selon les jours et les hommes, pour ne pas compromettre cette popularité universelle dont Voltaire est si amoureux. D'ailleurs, au-dessus même de sa passion antichrétienne, il faut voir dans Voltaire l'orgueil, l'insatiable besoin d'être applaudi. C'est là ce qui explique tout dans cet homme prodigieux. Il veut bien détruire le royaume de Jésus-Christ, mais il ne veut encore plus établir le sien, peut-être même n'est-il impie que par orgueil, pour se faire en devenant par la ruine du nom chrétien le chef d'une immense révolution intellectuelle et morale, une gloire presque égale à celle du divin Messie. De là, sans doute, ces alternatives soudaines et ces rapides variations. Il voudrait la considération des sages avec l'estime des grands, il voudrait l'applaudissement des foules et même l'admiration de la populace la plus corrompue. Aussi se montrera t-il tour à tour pieux ou impie, solennel ou grivois, décent ou obscène, et même souvent ordurier. Il fera tout et il sera tout pour se faire applaudir et admirer. On le verra dans les antichambres des princes, dans les boudoirs des favorites et dans les loges des francs-maçons, toujours avide de ce qui peut attirer sur lui les regards et concourir à sa renommée. Il n'est de boue si infecte où il ne descende pour arriver à ce but, d'établir sa royauté intellectuelle, et, quand enfin il l'a conquise, de la faire briller à tous les yeux et sentir à tous les cœurs. Alors son irréligion se découvre mieux, alors il abandonne un peu ses ménagements hypocrites, moyens désormais moins utiles quand le but paraît atteint.

Quelle que fût l'origine et la cause de sa haine contre la religion, elle devint extrêmement ardente. A force de combattre et d'insulter, peut-être au début par politique, par ambition, cette institution sublime, il en vint à ressentir pour elle une véritable aversion. Phénomène plus étonnant encore, il conçut contre le fondateur de la religion catholique, la seule d'ailleurs qu'il ait jamais attaquée, une aversion personnelle, actuelle et vivante, comme si le divin Maître eût vécu en face de lui, et qu'il en eût reçu les plus sanglantes injures. Il s'était fait, en réalité, son antagoniste, son implacable ennemi. Ce n'était plus une doctrine, une institution qu'il combattit, qu'il voulut ruiner, c'était un homme, ou plutôt un être mystérieux mais vivant et présent contre lequel il s'acharnait avec l'ambition de le mettre à mort. Il le voyait devant lui comme un colosse menaçant et il lui envoyait en frémissant tous les traits de sa haine et de sa colère. Ce phénomène s'est trouvé souvent dans les persécuteurs du nom chrétien, et quelquefois aussi dans les hérésiarques les plus acharnés. Il rappelle Néron, Julien l'Apostat et Arius. Il donne l'idée de ces incarnations dans un homme des puissances de l'abîme, qui sont exprimées dans la langue de l'Eglise sous le nom de possession du démon, et par là s'expliquerait mieux que de toute autre manière cette manie d'insultes ardentes et grossières sans cesse lancées non plus seulement à la religion, à l'Eglise, comme à des êtres de raison, à des adversaires impersonnels, mais à Jésus-Christ lui-même, à sa face, à sa personne présente et vivante. Etrange contradiction ! Jésus-Christ n'est rien pour Voltaire. Ce fut un homme à l'entendre, un simple homme, un imposteur ; il est mort comme tous les hommes, il n'est plus, il n'est rien, et cependant à toute heure le philosophe le prend à partie, l'appelle dans la lice, le nomme, l'interpelle, le combat, l'outrage. On voit Jésus-Christ dans quelques œuvres et surtout dans quelques lettres de Voltaire à ses plus intimes amis comme une terrible apparition. Cette ravissante personnalité de l'Homme-Dieu se dresse en face de son imprudent adversaire, comme un géant devant un pygmée. Le Dieu sourit à l'impuissance du mauvais génie, à la sûreté de sa propre victoire. Il dédaigne de répondre, lui immortel et glorieux, à cet adversaire qui va périr, et qui, furieux de l'inutilité de ses coups, les répète, les multiplie avec une vivacité qui tient du délire et du désespoir.

Voyons-le d'abord s'évertuer contre la religion chrétienne.

« Chaque trait de sa conversation, dit Lacretelle, indiquait un désir impérieux de braver et d'insulter les croyances religieuses. » — « Il est tout absorbé, disait Grimm, par son beau zèle contre la religion. Il a tort en cela et nous ne devons point l'imiter. » — « Ah ! frère, écrivait Voltaire lui-même, si vous vouliez écraser l'erreur ! Frère, vous êtes bien tiède. » Et à d'Alembert, en 1757 : « Faites un corps, ameutez-vous et vous serez les maîtres. Votre *Encyclopédie* contient des articles de métaphysique et de théologie qui me font bien de la peine... Je prie du moins l'honnête homme qui fera l'article *Matière* de bien prouver que ce je ne sais quoi qu'on appelle matière peut tout aussi bien penser que le je ne sais quoi qu'on appelle esprit. » Puis parlant de Jésus-Christ lui-même : « Il ne faudrait, écrit-il le 6 décembre de la même année, que cinq ou six philosophes pour renverser le colosse... Si vous étiez tous unis, vous donneriez des lois. Tous nos amis devraient composer une meute. » Et en 1760 : « Ah ! pauvres frères, les premiers fidèles se conduisaient mieux que nous. Patience, Dieu nous aidera si nous sommes patients et gais. »

Après 1760, sa colère contre la religion et ses partisans devint plus violente. Après avoir souvent nié jusqu'à l'existence de Dieu, et, à plus forte raison, l'autorité des Ecritures, il les invoque contre les prêtres qui sont, d'après lui, les vrais ennemis de Dieu. « Et je sais, dit-il, que la divine Ecriture, la pratique des Saints Pères et de tous les théologiens nous enseignent qu'il est permis et même ordonné de les calomnier, mais il faut que ce soit avec adresse. ». Il le sait, vous l'entendez, et il citerait les textes au besoin. « Quoi ! dit-il, la race humaine abrutie sera devenue le jouet d'une troupe d'hypocrites qui ne laissent aux hommes que le triste choix d'être leurs victimes ou leurs complices, et il faudra garder un lâche silence !... Déjà votre empire est ébranlé (l'empire des prêtres), n'espérez plus de paix. Une voix s'est élevée contre vous ; elle a retenti d'un bout de l'Europe à l'autre, et l'Europe ne voit plus en vous que les plus ridicules et les plus méchants des hommes. Votre chute approche, et le genre humain que vous avez si longtemps infecté de fables, va bientôt respirer. »

Enfin, après 1763, et surtout jusqu'en 1770, comme le remarque l'abbé de Feller, il s'en prend plus directement à Notre-Seigneur Jésus-Christ lui-même. Il faut ici demander pardon au lecteur avant d'oser transcrire le mot affreux par lequel il osait le désigner habituellement. C'était l'*infâme*. Abominable blasphème que les partisans même de l'impie n'ont ni répété ni adopté, qui ne peut être expliqué, même dans le sens du fanatisme antichrétien, par aucune espèce de raison. Et pourquoi donc est-il infâme, celui que nous adorons comme notre Dieu et que ses adversaires les plus acharnés proclament au moins comme le premier et le meilleur des hommes? Quelle infamie a-t-il faite, prêchée, commandée ? Mais peut-on demander seulement des prétextes à cette haine forcenée ? « Que les philosophes fassent une confrérie comme les francs-maçons, qu'ils s'assemblent, qu'ils se soutiennent, qu'ils soient fidèles à la confrérie, et alors je me fais brûler pour eux... Mais chacun ne songe qu'à soi et oublie le premier des devoirs qui est d'écraser l'*infâme*. Confondez l'*infâme* le plus que vous pourrez. » Il écrivait encore à un de ses amis : « J'ai toujours peur que vous ne soyez pas assez zélés. Vous enfouissez vos talents ; vous vous contentez de mépriser un monstre qu'il faut abhorrer et détruire. Que vous coûterait-il de l'écraser en quatre pages ? Faites-moi quelque jour ce plaisir ; consolez ma vieillesse. » On le voit, Voltaire fait ici ouvertement l'office de l'esprit impur. Il blasphème et fait blasphémer. Mais il faut continuer ces tristes citations, quelque dégoût qu'on en ait.

« J'avoue, écrivait Voltaire à Thiriot, qu'on ne peut pas attaquer l'*infâme* tous les huit jours avec des écrits raisonnés, mais on peut aller *per domos* semer le bon grain. » A Damilaville : « Courez tous sur l'*infâme* habilement. Ce qui m'intéresse avant tout, c'est la propagation de la vérité, le progrès de la philosophie et l'avilissement de l'*infâme*. » Encore à Damilaville : « Engagez tous nos frères à poursuivre l'*infâme* de vive voix ou par écrit. » Au comte d'Argental : « Faites tant que vous pourrez les plus sages efforts contre l'*infâme*. » A Helvétius : « Dieu vous demandera compte de vos talents ; plus que personne, vous pouvez écraser l'erreur. »

On le voit, c'est une véritable rage contre le Sauveur des hommes et telle qu'on n'en a guère vu de semblable.

Voltaire se croyait sûr de la victoire contre Jésus-Christ. « Soyez sûr, écrivait-il, qu'il se fera une grande révolution dans les esprits, et qu'il suffira de deux ou trois ans pour faire une époque éternelle. » Quelquefois, il osait se comparer à lui. « Divinisé par ses adeptes et même par son siècle, dit M. Philarète Chasles, il voulait détrôner Dieu pour se mettre à sa place. » — « Mon entrée dans Paris, disait-il en 1778, a été plus triomphante que celle de Jésus-Christ à Jérusalem. » D'autres fois, il fixait, comme s'il eût pu connaître l'avenir, le terme exact du règne de la religion : « Dans vingt ans, disait-il, Dieu aura beau jeu ! » Les vingt ans sont expirés depuis longtemps, et plus d'un siècle encore après eux, et Jésus-Christ règne toujours sur le monde, tandis que son imprudent antagoniste a comparu à son tribunal et peut-être éprouvé déjà les effets de sa justice.

Qu'on nous pardonne de raconter ici une anecdote singulière, mais dont nous pouvons assurer la vérité.

Tout Bordeaux s'intéressa, en 1822, à l'aventure d'une femme du peuple qui passait pour possédée du démon. Elle était en proie aux crises les plus singulières, s'élevait en l'air, retombait avec fracas sans se blesser, répondait, quoique entièrement ignorante, aux questions qui lui étaient adressées en latin et dans des langues étrangères, et parlait, pendant ses accès, d'une voix étonnante qui ne ressemblait aucunement à sa voix accoutumée, comme si un autre esprit s'exprimait par sa bouche. L'autorité ecclésiastique examina mûrement ces faits ; la pauvre femme fut plusieurs fois soumise à la cérémonie de l'exorcisme. Alors les phénomènes cessaient, la voix redevenait naturelle. Rendue à ses habitudes et à ses travaux ordinaires, la malheureuse semblait oublier ce qui s'était passé en elle ; mais les accidents conjurés ne tardaient pas à se reproduire, et, pendant un temps, ils parurent s'aggraver de jour en jour. Un exorcisme public eut lieu dans la métropole et produisit les mêmes effets, au grand étonnement d'une foule innombrable accourue pour être témoin du fait. Le résultat fut le même : le démon parut céder aux conjurations du pontife, mais les accidents attribués à sa présence reparurent bientôt après.

Or, il y avait alors à Bordeaux et dans la paroisse de la pauvre femme, un saint prêtre, M. l'abbé Dasvin de Boismorin, que toute la ville chérissait et révérait. En récompense des services que sa famille avait rendus à l'Eglise en cachant et en sauvant des prêtres pendant la Révolution, ce vieux prêtre avait le privilège si rare dans les villes d'une chapelle domestique où le Très Saint Sacrement était toujours conservé. Les jeunes gens la connaissaient, cette chapelle ; c'est là que, les veilles de fête, ils venaient en grand nombre se confesser au bon abbé Dasvin, en vue de la communion du lendemain. Après avoir déclaré la vérité du fait de la possession, l'archevêque de Bordeaux, M. d'Aviau du Bois de Sanzay, délégua M. Dasvin pour continuer les exorcismes. Plusieurs fois par jour, à l'heure où les crises étaient plus probablement attendues, la pauvre femme était conduite par sa famille dans la chapelle du saint prêtre, et y recevait les bénédictions de l'Eglise. Son état, néanmoins, dura longtemps, mais en s'améliorant de jour en jour, et, enfin, après deux ans de souffrances, les accès disparurent absolument, et pour toujours.

J'ai beaucoup fréquenté la petite chapelle, j'ai particulièrement connu le saint prêtre qui, bien des fois, a reçu ma confession. Il était alors parvenu à la plus extrême vieillesse, mais ses souvenirs n'avaient rien perdu de leur vivacité et de leur fraîcheur. Il racontait dans tous ses détails l'étonnante histoire, et je l'écoutais avec la curiosité d'un jeune homme de seize ans. Or, voici un trait plusieurs fois répété par M. Dasvin, et qui m'a beaucoup frappé : Sa bibliothèque formant comme un vestibule à la chapelle, la possédée s'y tenait souvent en attendant l'arrivée du prêtre et le moment de l'exorcisme. Un jour qu'elle était dans la violence de l'accès, M. Dasvin, déjà revêtu de l'étole et du surplis, disait au démon : Tu vois ces livres; les aimes-tu? — Non, je ne les aime pas, je voudrais les brûler tous. — Regarde bien ; n'y en a-t-il aucun qui te plaise? — La pauvre femme, qui ne savait pas lire, regarde pourtant, et tout à coup, d'une voix terrible : — Il y en a un que je connais. Celui qui l'a fait est de mes amis. — Oh! dit le prêtre, nomme-le, montre-le, je ne le garderai pas longtemps. — La possédée ne répondit rien. — Le prêtre insiste : Va le toucher du moins, je le veux. — Blottie dans l'angle de la pièce, la pauvre femme ne bougeait pas. — Le prêtre a recours aux adjurations liturgiques, au nom de Marie surtout, à laquelle l'esprit ne résistait pas, et alors la femme transportée, comme d'un bond, aux rayons de la bibliothèque, touche du doigt un petit in-douze intitulé : *Chefs-d'œuvre dramatiques de Voltaire*. — Ah! dit le prêtre en frémissant, c'est ton homme, celui-là? — La voix infernale répondit avec un grand éclat de rire : Oui, c'est mon homme, et il a du bois pour son hiver!...

Il fallait faire connaître l'impiété de Voltaire, parce qu'elle est en lui quelque chose de principal qui dirige toutes ses pensées et respire constamment dans sa diction. C'est l'explication nécessaire des défauts qu'on a signalés dans son style, et de l'infériorité où il est resté dans tous les genres par rapport aux plus beaux génies. L'absence de foi, le mépris de toute croyance en est la cause manifeste et logique. Ce cœur n'a cru à rien et par conséquent n'a rien aimé. « Il était mort, dit M. Chasles, au sentiment de l'idéal, des merveilles de l'infini. En retour, Voltaire a ri de tout, il a tout outragé, parodié, flétri. Quel attendrissement, quelle pensée, quel souffle d'inspiration aurait pu s'échapper de là! Avec l'esprit de Voltaire, cet esprit incomparable et prodigieux, on peut faire de beaux vers et de bonne prose sur tous les sujets et dans tous les genres. Mais ses œuvres sentiront seulement l'esprit qui les a produites; on les admirera comme travail ; ce seront, si l'on veut, des merveilles, des tours de force, ce ne seront jamais des chefs-d'œuvre, de vraies œuvres de génie. »

Ce grand ennemi de Dieu ne fut jamais l'ami du peuple. Il le méprisait au contraire, et le haïssait profondément. Il faut le répéter à la jeunesse qu'on égare et aux ignorants qu'on voudrait tromper, non, Voltaire ne fut jamais ni un démocrate, c'est-à-dire un partisan de la puissance populaire, ni un philanthrope occupé à procurer au peuple l'instruction et le bonheur. Ce fut un flatteur des grands et des princes, voulant lui-même prendre les tons, et, s'il l'avait pu, les droits d'un grand seigneur. Ce fut aussi un adulateur de la bourgeoisie, dont il pressentait la destinée politique, et dont il aspirait à être l'idole, des gens de plume et d'affaires qu'il estimait ses inférieurs, mais qu'il croyait en général favorables à ses desseins irréligieux, dans lesquels d'ailleurs, il cherchait des lecteurs, des acheteurs, des défenseurs de ses ouvrages, et, par conséquent, des instruments à la fois de sa fortune pécuniaire et de sa gloire ; mais, pour le petit peuple, il n'en fit jamais aucun cas ; son dédain même envers lui n'était pas exempt d'un accent de dureté et presque de cruauté. Il ne faut pas dire ces choses-là sans les prouver, et l'on ne peut les prouver qu'en citant Voltaire lui-même ; mais aussi à ces preuves-là, que peut-on répondre ?

A Diderot, 25 septembre 1762 : « Il faut détruire la religion chez les honnêtes gens et la laisser à la canaille grande ou petite. »

A d'Alembert, 9 janvier 1765 : « Je pardonne tout, pourvu que l'*infâme* superstition soit décriée comme il faut chez les honnêtes gens et qu'elle soit abandonnée aux laquais et aux servantes comme de raison. »

Au même, 2 septembre 1768 : « On n'a jamais prétendu éclairer les cordonniers et les servantes ; c'est l'affaire des apôtres. »

A Frédéric, roi de Prusse, 5 janvier 1767 : « Votre Majesté rendra un service éternel au genre humain en détruisant cette infâme superstition ; je ne dis pas chez la canaille qui n'est pas digne d'être éclairée et à laquelle tous les jougs sont propres ; je dis chez les gens qui pensent, chez ceux qui veulent penser. »

A La Chalotais, 28 février 1763 : « Je vous remercie de proscrire l'étude chez le laboureur. Moi qui cultive la terre, je vous présente une requête pour avoir des manœuvres et non des clercs. »

A Damilaville, 19 mars 1766 : « Il est à propos que le peuple soit guidé et non pas qu'il soit instruit. Il n'est pas digne de l'être. » Et, le 1ᵉʳ avril : « Je crois que nous ne nous entendons pas sur l'article du peuple que vous croyez digne d'être instruit ; j'entends par peuple la populace qui n'a que ses bras pour vivre. Je doute que cet ordre de citoyens ait jamais le temps et la capacité de s'instruire. Il me paraît essentiel qu'il y ait des gueux ignorants. Si vous faisiez valoir comme moi une terre, si vous aviez des charrues, vous seriez bien de mon avis. Ce n'est pas le manœuvre qu'il faut instruire, c'est le bourgeois, c'est l'habitant des villes. ».

A Tabareau, 3 février 1769 : « A l'égard du peuple, il sera toujours sot et barbare. Ce sont des bœufs auxquels il faut un joug, un aiguillon et du foin. »

Dans son *Essai sur les mœurs*, il va même jusqu'à approuver la traite des nègres. « Ce négoce, dit-il, démontre notre supériorité. Celui qui se donne un maître était fait pour en avoir. »

Ces citations sont nombreuses, mais le lecteur ne trouvera pas qu'elles le soient trop, car elles font très bien connaître Voltaire, son génie s'y révèle tout entier. Il y faut ajouter le souvenir de ce fait que le grand homme, né Arouet, s'est donné par orgueil aristocratique le ridicule de se faire appeler M. de Voltaire et même de signer plus tard quelques actes du nom de comte de Tournay.

Mais ce que Voltaire a le moins aimé et qui pourtant est cher à tout cœur généreux, c'est sa patrie. Là encore il faut citer, car de simples affirmations ne seraient pas crues.

Il écrivit à Frédéric pour le féliciter de la victoire de Rosbach remportée sur les Français. Ces lettres nous ne les avons pas. Mais la réponse du vainqueur qu'on a trouvée dans les papiers de Voltaire en fait assez connaître le sens et l'esprit. « J'ai reçu, lui dit-il, vos deux lettres en même temps. Je vous remercie de la part que vous prenez aux heureux hasards qui m'ont secondé à la fin d'une campagne où tout semblait perdu. » Quel français ! C'est le même qui écrivait au roi prussien : « Sire, toutes les fois que j'écris à Votre Majesté sur des affaires un peu sérieuses, je tremble comme

nos régiments français tremblaient devant vous. » Et encore :
« Vous souvenez-vous, Sire, d'une petite pièce charmante que vous daignâtes m'envoyer, il y a plus de quinze ans, et dans laquelle vous peigniez si bien les Français :

> Ce peuple sot et volage,
> Aussi vaillant au pillage
> Que lâche dans les combats.

Et encore au même souverain qui s'était annoncé à Paris : « O Paris ! ô Paris ! sois digne si tu le peux du *vainqueur* que tu recevras dans ton enceinte irrégulière et crottée ! »

Il appelait les Français des Welches. « Le fond des Welches, écrivait-il le 2 septembre 1767 à son ami, le comte d'Argental, le fond des Welches sera toujours sot et grossier. Allez, mes Welches, vous êtes l'*ordure* du genre humain. » A la place du mot souligné Voltaire en met un qui ne pouvait trouver place ici.

Cet indigne Français se vantait de mépriser sa patrie, ses concitoyens.

« Je me suis fait votre sujet, écrivit-il à Frédéric II. Nous avons, nous autres catholiques, une espèce de sacrement que nous appelons la Confirmation. Nous y choisissons un saint pour être notre patron dans le ciel, notre espèce de Dieu tutélaire. Je voudrais bien savoir pourquoi il me serait permis de me choisir un petit Dieu plutôt qu'un roi. Vous êtes fait pour être mon roi, bien plus assurément que saint François d'Assise ou saint Dominique pour être mes saints ; c'est donc à *mon roi* que j'écris. »

Et ce roi était alors même l'ennemi de la France et son vainqueur ! Voltaire signait en s'intitulant *votre idolâtre*. Il acceptait d'ailleurs, avec les insignes de chambellan de ce roi ennemi et les cordons de ses ordres, vingt mille francs de pension sur sa cassette. C'est ainsi, soudoyé par l'étranger, par l'ennemi de la France, qu'il traitait ses concitoyens de Welches, de sots et de lâches.

Si le lecteur se demande, en face de ces citations qu'il serait facile de rendre bien plus nombreuses, comment un tel homme a pu devenir si populaire, il sera facile de lui répondre :

Le peuple ne connaît pas Voltaire, il n'a jamais lu ses volumineux ouvrages qui du reste, pour la plupart, ne sont pas à sa portée et ne s'adressent pas à lui. C'est la bourgeoisie qui le connaît, la bourgeoisie irréligieuse et révolutionnaire ; c'est elle qui lisait ses livres aujourd'hui délaissés de tous ; c'est elle qui l'a présenté au peuple comme un de ses amis les plus dévoués. Or, tout le monde le sait, et maintenant plus que jamais, rien n'est moins patriotique et moins religieux, rien n'est même moins charitable, moins dévoué à l'intérêt des malheureux que cet esprit révolutionnaire. Voltaire, d'ailleurs n'avouait ses sentiments antipatriotiques et son mépris des classes pauvres qu'avec beaucoup de ménagements et d'habileté. Ce n'est pas dans ses ouvrages destinés au public, c'est presque toujours dans sa correspondance intime que nous avons trouvé les textes accusateurs. Bien plus, non content de dissimuler ses sentiments, il les niait au besoin, et il en affectait de tout opposés. « Le mensonge n'est un vice, écrivait-il à Thiriot, que quand il fait du mal ; c'est une très grande vertu quand il fait du bien. Soyez donc plus vertueux que jamais. Il faut mentir comme un diable, non pas timidement, non pas pour un temps, mais hardiment et toujours. Mentez, mes amis, mentez ; je vous le rendrai dans l'occasion. » Il mentit en effet lui-même en toute occasion avec une fermeté sans pareille. Dans un moment de crise où son impiété allait lui attirer des désagréments, il eut recours, au dire de M. Auger, à un expédient qui n'était pas nouveau pour lui. Il communia dans l'église de Ferney, voulant, disait-il, remplir ses devoirs de chrétien, d'officier du roi et de seigneur de la paroisse. L'année suivante, apprenant que l'évêque d'Annecy avait fait défendre à tout prêtre de son diocèse de le confesser, il se mit au lit, fit le malade et le moribond, se fit donner l'absolution et le viatique par un capucin, en le menaçant, en cas de refus, de le déférer au Parlement, et, pour que le fait, qu'il voulait pouvoir exploiter au besoin, ne pût être révoqué en doute, il en fit dresser procès-verbal par le notaire du lieu.

Ces actes de religion furent regardés par les philosophes de Paris comme des actes de lâcheté et les hommes pieux les virent avec horreur comme autant de farces sacrilèges. Quant à ses ouvrages irréligieux, ils paraissaient toujours sous des noms empruntés, et, quand ils lui étaient attribués, il ne manquait jamais de les désavouer même avec serment. C'était fournir aux ministres qu'il savait lui être presque tous très favorables, des moyens de ne pas empêcher la publication de ces œuvres et d'épargner leur auteur ; en même temps qu'à plus d'un trait absolument significatif on faisait comprendre au vrai public et surtout aux adeptes à qui devait revenir leur admiration. Cette hypocrisie de Voltaire fut plus sensible encore au moment de la publication de *Mahomet*, que les censeurs royaux et les évêques voulaient empêcher. Voltaire dédia sa tragédie au pape lui-même, l'appelant, dans une fort belle épître dédicatoire, « le chef de la véritable religion » et reconnaissant *son infaillibilité* dans les décisions littéraires comme dans les choses les plus saintes.

Au reste, Voltaire n'a pas fait illusion à ses plus zélés partisans. Ils l'exaltaient devant le public dans l'intérêt de la cause, mais ils le méprisaient au fond du cœur et ne s'en cachaient pas dans l'intimité. « Vous me parlez de ce Voltaire, écrivait Jean-Jacques Rousseau ; pourquoi le nom de ce baladin souille-t-il vos lettres ? Le malheureux a perdu ma patrie, je le haïrais davantage si je le méprisais moins. Je ne vois dans ses grands talents qu'un opprobre qui le déshonore par l'usage qu'il en fait. Ses talents ne lui servent, ainsi que ses richesses, qu'à nourrir la dépravation de son cœur.

« Ce fanfaron d'impiété, ce beau génie et cette âme basse, cet homme si grand par ses talents et si vil par leur usage, nous laissera de longs et cruels souvenirs de son séjour parmi nous. La ruine des mœurs, la perte de la liberté qui en est la suite inévitable seront chez nos neveux les monuments de sa gloire et de sa reconnaissance. S'il reste dans leur cœur quelque amour de la patrie, ils détesteront sa mémoire et il en sera plus maudit qu'admiré. »

Les catholiques n'ont-ils pas droit d'être sévères pour Voltaire lorsque Jean-Jacques le juge ainsi ?

« On sait, dit Louis Blanc, jusqu'où il fit descendre à l'égard des grands l'humilité de ses hommages et dans quelles puériles jouissances la faveur des cours retint son âme captive et combien il aimait à se parer du titre de gentilhomme de la Chambre. On sait qu'il fit de Louis XV un panégyrique où l'excès de la flatterie touchait au scandale..... qu'il se mit aux pieds des favorites..... Né d'ailleurs avec une nature souple, il se trouva égaré dès son entrée dans la vie active parmi les Vendôme, les Richelieu, les Conti, les La Fare, les Chaulieu ; et dans ce cercle où l'art du courtisan s'apprenait à l'école du bon goût, il perdit tout ce qui constitue les fiers caractères et les âmes viriles. »

Nous passons Marat qui l'appelle « un écrivain scandaleux et un flagorneur » ; nous passons Thiriot, Diderot et nombre d'autres aussi peu suspects pour arriver tout de suite à Victor Hugo dont le lecteur supportera mieux un long extrait, à cause de la beauté des pensées et de l'harmonie des vers.

Plein de ces chants honteux, dégoût de la mémoire,
Un vieux livre est là-haut sur une vieille armoire,
Par quelque vil passant dans cette ombre oublié,
Roman du dernier siècle, œuvre d'ignominie.
Voltaire alors régnait, ce *singe du génie*,
Chez l'homme, en mission, par le diable envoyé.
Epoque qui gardas de vin, de sang, rougie
Même en agonisant, l'allure de l'orgie,
O dix-huitième siècle impie et châtié,
Société sans Dieu qui par Dieu fut frappée,
Qui brisant sous la hache et le sceptre et l'épée,
Jeune, offensas l'amour, et vieille, la pitié.
Table d'un long festin que l'échafaud termine,
Monde aveugle pour Christ, que Satan illumine,
Honte à tes écrivains devant les nations !
L'ombre de tes forfaits est dans leur renommée.
Comme d'une chaudière il sort une fumée,
Leur sombre gloire sort des révolutions.
Frêle barque assoupie à quelques pas d'un gouffre,
Prends garde, enfant, cœur tendre où rien encor ne souffre.
O pauvre fille d'Eve ! ô pauvre jeune esprit !
Voltaire le serpent, le doute, l'ironie,
Voltaire est dans un coin de ta chambre bénie.
Avec son œil de flamme il t'espionne et rit.

Oh ! tremble, ce sophiste a sondé bien des fanges,
Oh ! tremble, ce faux sage a perdu bien des anges.
Ce démon, noir milan, fond sur les cœurs pieux
Et les brise, et souvent sous ses griffes cruelles
Plume à plume, j'ai vu tomber ces blanches ailes
Qui font qu'une âme vole et s'enfuit vers les cieux.

Quiconque connaît Victor Hugo n'aura pas de peine à le deviner, cette pièce n'est pas de ses premiers temps classiques et chrétiens; elle n'est pas contemporaine de *Moïse sur le Nil* et de la *Prière pour tous*. Elle n'en a que plus d'autorité contre Voltaire. Victor Hugo, peut-être déjà veuf de ces croyances bénies qui avaient tant réjoui sa jeunesse et si bien inspiré sa muse, n'en est que plus indigné contre le malheureux qui se fit un jeu de les arracher de tous les cœurs.

La biographie de Voltaire, même la plus abrégée, ne pourrait manquer d'être encore fort longue, à cause du grand âge où il est parvenu, des innombrables ouvrages qu'il a publiés, et surtout de la part qu'il a eue dans tous les événements littéraires de son temps et de l'influence directe et sensible qu'il a exercée sur tous les autres. C'est l'homme du siècle et c'est le siècle de l'homme. Cette étonnante personnalité domina tout pendant soixante ans, comme avait fait celle de Louis XIV, et même plus sensiblement, car le grand roi ne fit que présider aux travaux du génie, tandis que Voltaire les dirigea personnellement, en fut le type, le modèle et l'inspirateur. Aussi peut-on dire plus justement le *siècle de Voltaire* qu'on n'avait dit le siècle de Louis le Grand, le siècle d'Auguste, le siècle des Médicis. Impossible donc de faire ici l'esquisse même la plus rapide de cette étonnante vie. A peine pourrions-nous en rappeler les principaux faits, les œuvres les plus connues, en réservant un peu plus de détails cependant pour le moment de sa fin.

François-Marie Arouet, qui eut la faiblesse de se faire appeler M. de Voltaire, et osa même quelquefois signer : le comte de Tournay, naquit en 1694, à Paris, et fut mis fort jeune au collège des Jésuites, où il révéla d'abord les plus merveilleuses dispositions et fit d'étonnants progrès dans toutes les branches de l'enseignement. Parmi ses maîtres, il charma les uns, effraya les autres, mais il n'en est pas un qui n'ait pressenti ses talents et sa destinée. Son parrain, l'abbé de Chateauneuf, était un ecclésiastique sans vertus, qui le présenta lui-même à Ninon de Lenclos, avec laquelle il était lié. Entre cet abbé licencieux et cette femme, un excellent naturel eût été bientôt corrompu. Voltaire, né plein d'orgueil et avec un penchant presque invincible à la dérision, y trouva des encouragements au mal qui déterminèrent la direction de son esprit et de sa vie. Il se lia, d'ailleurs avec la plus haute société qui était alors épicurienne et frondeuse, et se crut obligé d'en célébrer tous les vices pour en acquérir la faveur. Il fut le charme et le génie de ces sociétés de grands seigneurs débauchés; quelquefois aussi on lui fit sentir que, s'il était l'amusement des grands seigneurs, il ne devait pas s'en croire l'égal, comme le jour où le duc de Rohan le fit bâtonner par ses laquais pour une réplique un peu hardie qu'il s'était permise.

Accusé d'être l'auteur d'une satire contre Louis XIV, il fut mis à la Bastille par ordre du régent. C'est là qu'il conçut l'idée et traça les grandes lignes de son poème de la *Henriade*, c'est là aussi qu'il acheva son *Œdipe* qui fut bientôt joué à Paris et commença à le rendre célèbre. Un mauvais quatrain contre le duc de Bourbon, lui valut une seconde captivité à la Bastille, suivie d'un ordre de quitter la France. Il se rendit en Angleterre, où il fit un assez long séjour. Les grandes institutions politiques de ce pays lui firent peu d'impression, mais l'incrédulité systématique de Wollaston, de Tendal, de Collins, de Bolingbroke le toucha profondément. Il leur emprunta cette érudition fausse et spécieuse qui, aujourd'hui encore, fait de ses œuvres des autorités pour les gens vulgaires. Sa haine contre le christianisme devint plus énergique en même temps qu'elle prit un peu de cette gravité qui ressemble à la bonne foi et dont il fut souvent lui-même la première dupe.

Voltaire composa, en Angleterre, sa tragédie de *Brutus* et de la *Mort de César*. Il avait déjà publié son *Essai sur les guerres civiles*, l'*Histoire de Charles XII* et le *Temple du goût*. A son retour en France, il donna *Zaïre*, qui ne lui avait coûté que dix-huit jours, *Eriphile*, puis *Adélaïde Duguesclin*. Il publia bientôt après ses *Lettres sur les Anglais*, que le Parlement condamna au feu, et qui valurent à l'auteur un ordre de s'éloigner de Paris. Mais il ne tarda pas à y revenir et fit jouer son *Mahomet*, tragédie en quelque sens dogmatique, où Voltaire, en paraissant n'attaquer que le fanatisme musulman, débite à son aise toutes ses maximes sur l'égalité des religions et l'indifférence où l'on doit se tenir envers elles. Crébillon, qui était alors censeur du théâtre, avait d'abord refusé l'autorisation de jouer cette pièce; mais l'exemple du pape, qui en accepta la dédicace, obligea de lever cet interdit, à la grande joie des philosophes ennemis de la religion.

Dans ce même temps, Voltaire avait commencé d'être en relation avec Frédéric II, roi de Prusse, dont il devint bientôt l'intime ami, et avec lequel il se brouilla plus tard d'une manière très éclatante.

Ce prince qui visait à tous les genres de gloire voulut se faire une cour de beaux esprits et Voltaire fut un des premiers qu'il tâcha d'attirer à lui ; mais le philosophe préférait de beaucoup Versailles à Postdam. Il s'efforça d'obtenir la faveur de toutes les favorites et crut un moment pouvoir compter sur celle de Mme de Pompadour, à laquelle il avait prodigué les plus grandes flatteries. Il se trompait, celle-ci n'eut pour lui qu'une amitié extrêmement passagère, et, lorsque cette fantaisie eut fait son temps, elle affecta de le laisser voir à tous au point de témoigner au vieux Crébillon une préférence signalée. C'est alors que Voltaire désespérant de réussir à la cour se détermina tout à coup à se rendre auprès du souverain étranger qui l'appelait depuis longtemps. Frédéric le combla d'honneurs et lui donna une pension de vingt mille francs, sans lui faire payer ces grâces d'aucun travail si ce n'est de revoir et de corriger ses lettres françaises. Au reste, avant de quitter la France et dans le temps que Mme de Pompadour lui témoignait quelque bonté, Voltaire avait été nommé gentilhomme de la Chambre, historiographe du roi et membre de l'Académie française. Il avait aussi gagné beaucoup d'argent, tant de la vente de ses livres, la plupart fort recherchés du public, que de diverses entreprises commerciales auxquelles il ne dédaigna pas de prendre part et qui lui rapportèrent de grands profits. Son séjour à Berlin dura jusqu'en 1753, époque où Frédéric ne le voulut plus à sa cour. Ce prince, après l'avoir congédié, le fit même arrêter à Francfort, où la gendarmerie le fouilla et lui reprit un manuscrit précieux qu'il emportait, dit-il, par mégarde.

De Francfort, Voltaire se rendit en Alsace où il attendit le résultat des démarches de sa nièce, Mme Denis, pour déterminer la cour de Versailles à le rappeler ; mais ces démarches ayant abouti à un insuccès, il fit différents séjours sur notre frontière de l'Est et finit par s'établir à Ferney dans une grande propriété qu'il acheta et où il vécut le reste de ses jours moins les derniers mois passés à Paris. Sa fortune alors était superbe ; il se donna un train de maison en rapport avec elle, et mena la vie d'un très grand seigneur. Il correspondait avec tous les beaux esprits de l'Europe, envoyait des articles pour la grande *Encyclopédie* et composait toujours de nouvelles pièces pour le théâtre qui entretenaient sa renommée. Il recevait aussi la visite de tous les hommes considérables de son temps dont plusieurs faisaient de longs séjours auprès de lui et lui composaient comme une cour. Il s'intéressait à toutes les grandes affaires ; on le vit prêter le secours de son talent et de son influence à plusieurs infortunes illustres, principalement à des innocents condamnés par les tribunaux, mais presque toujours l'esprit de parti et la haine de la religion parurent inspirer son zèle et sa bienfaisance. C'est aussi à Ferney qu'il apprit les attaques nombreuses, critiques et réfutations dont ses ouvrages étaient l'objet principalement de la part des théologiens catholiques. L'abbé Guénée surtout dans ses *Lettres de quelques Juifs* lui donna de sensibles déplaisirs en retournant contre lui et avec le plus grand bonheur ces armes de l'esprit et du ridicule dont il semblait seul avoir le droit de se servir. « Il est malin comme un singe, disait le philosophe, il mord jusqu'au sang tout en ayant l'air de baiser la main. » L'abbé Bergier, l'abbé Duclos, et nombre d'autres apologistes vengèrent la religion de ses attaques et firent voir la fausseté de ses arguments et les défauts de sa prétendue science, mais, il faut le dire, l'attention publique n'était guère de leur côté, et ces victoires remportées par la raison et la vérité n'humiliaient le dieu du jour qu'à ses propres yeux, et dans le monde des âmes fidèles, ou au moins loyales et sérieuses, c'est-à-dire devant de très petites minorités.

En 1778, Voltaire résolut de revenir à Paris ; ennuyée du séjour de Ferney toujours un peu solitaire à son gré, sa nièce, Mme Denis contribua beaucoup à lui faire prendre cette résolution. Il était temps, si le grand philosophe voulait encore revoir le mouvement de la capitale, car il entrait dans sa quatre-vingt-quatrième année, mais quelle imprudence à cet âge d'entreprendre un voyage lointain et d'affronter la représentation incessante et les ovations qui l'attendaient ! Rien ne l'arrêta. Il arriva sans beaucoup de bruit à Paris. Mais à peine le fait de sa présence y fut-il connu qu'il devint l'objet des manifestations les plus éclatantes. Ce fut pendant plusieurs jours un triomphe continuel. Tout ce que Paris renfermait de personnages considérables courut lui rendre ses hommages. L'Académie elle-même lui fit une réception vraiment royale, et, quant à la foule du peuple, elle fut telle sous ses fenêtres que la circulation en fut plusieurs fois empêchée. Mais ce fut au théâtre où il voulut assister à la représentation de son *Irène* que l'enthousiasme fut porté à son comble. L'auteur fut ramené à sa demeure par un peuple entier aux cris mille fois répétés de : Vive Voltaire, vive la *Henriade*, vive *Mahomet* ! Arrivé à l'hôtel du grand homme, on osa même crier : Vive la *Pucelle* ! C'était dire à bas la France ! A bas la religion ! A bas la morale publique ! Voltaire le sentait bien et cela ne troublait ni sa vanité ni sa joie. « Vous voulez donc, dit-il, m'étouffer sous des roses ! » C'est alors aussi qu'il dit à ses plus intimes : L'entrée de Jésus dans Jérusalem fut moins triomphante ! C'était le comble de l'orgueil ; ce fut aussi le commencement de la fin.

Tant de fatigues causèrent au philosophe un crachement de sang dont il fut d'abord très effrayé ; il crut sa fin prochaine et demanda tout de suite un prêtre, ce fut l'abbé Gauthier qui se rendit auprès de lui et reçut sa confession ; Voltaire lui remit une profession de foi parfaitement catholique, où en terminant, *il demandait très humblement pardon à Dieu et aux hommes du scandale* qu'il avait donné au monde par ses *ouvrages*. Enfin, pour que le fait de ses rétractations ne pût être mis en doute il écrivit lui-même au curé de sa paroisse une lettre pleine de religion et d'humilité pour l'assurer de ses sentiments. Les philosophes étaient atterrés tandis que les catholiques rendaient grâce à Dieu. Par malheur, Voltaire éprouva quelque soulagement, et parut même guéri de ses maux pendant plusieurs jours. Alors, oubliant bien vite les résolutions qu'il venait de prendre, il se remit aux mains de ses anciens disciples qui le firent reparaître en public où de nouveaux triomphes lui rendirent tout son orgueil et l'entraînèrent à recommencer ses discours impies. Bientôt il redevint malade, et l'opium qu'il prit à trop forte dose le fit tomber dans un assoupissement qui ne lui laissait que de courts intervalles. L'abbé Gauthier revint le voir avec le curé de Saint-Sulpice. Il semblait dormir. Pressé par le pasteur de reconnaître Jésus Christ pour Dieu, il se tourna de l'autre côté en disant selon les uns : « Pour l'amour de Dieu ne me parlez pas de cet homme-là. » Selon les autres : « Je vous en prie, laissez-moi mourir en paix. » Les prêtres se retirèrent selon son désir et il mourut mais point en paix. Alors en effet commença une affreuse scène que les amis du mourant espéraient tenir secrète, mais dont l'histoire a transpiré malgré eux sinon dans tous ses détails, du moins dans ses plus grands traits. Sortant de son assoupissement léthargique, le sectaire entra dans une véritable fureur, appelant tour à tour et maudissant Dieu, dont il implorait et repoussait le pardon. On le vit écumant de colère se mordre et se frapper lui-même, pousser des cris inarticulés qui ressemblaient à des hurlements, s'emparer malgré ses gardes malades des objets les plus dégoûtants et les plus infects et les porter à sa bouche dans un transport de désespoir et d'horreur qui ne peut être exprimé.

Il rendit enfin le dernier soupir le 30 mai. L'archevêque aussitôt fit défense d'enterrer le cadavre en terre sainte, et la secte cabala inutilement pendant quelques jours pour obtenir contre le prélat des ordres du gouvernement. Louis XVI était trop sincèrement religieux pour se prêter à ses desseins. Enfin, dit l'abbé de Feller dans un journal contemporain, il fallut songer à se défaire de l'idole qu'on avait négligé d'embaumer et qui était devenue un objet d'infection et d'horreur. Le cadavre fut enlevé furtivement de Paris. On fit semblant d'aller à Ferney, mais ce n'était pas l'intention des conducteurs qui, arrivés à Scellières, en Champagne (abbaye des Berjardins dont M. Miguot, neveu de Voltaire, était abbé commanditaire), publièrent que M. de Voltaire était mort en chemin d'une manière très chrétienne. L'évêque de Troyes informé de cette manœuvre envoya sans délai défense de faire l'enterrement, mais ce fut trop tard, le prieur avait fini la cérémonie ; on convint que l'exhumation n'aurait pas lieu, mais l'évêque jeta un interdit perpétuel sur la chapelle où était le corps et le prieur soupçonné de condescendance par son général fut déposé. Les philosophes avaient essayé de cacher d'abord, de nier ensuite les horreurs de cette agonie, mais le secret transpirait de toute part et bientôt tout le monde fut instruit du fait. « Je voudrais, dit le docteur Tronchin, témoin de cette scène hideuse, que tous ceux qui ont été séduits par les ouvrages de M. de Voltaire eussent été comme moi spectateurs de sa mort ; il n'est pas possible de tenir contre de telles horreurs. »

Les œuvres de Voltaire qui ont le plus résisté à l'injure des temps sont ses tragédies, et il est vrai qu'elles ont un mérite supérieur à ses autres poésies. Écrites avec une extrême rapidité comme tous les ouvrages de ce génie occupé à tant d'affaires et tourmenté par tant de passions, elles sont moins finies comme composition, moins parfaites pour le soin, le goût, l'harmonie que celles de Racine, le sentiment aussi en est moins vrai, moins profond, et par conséquent moins touchant, mais l'action est généralement bien conçue, animée, rapide, pleine de vivacité et d'intérêt. Les personnages ont un caractère original et soutenu ; enfin le style malgré de petites imperfections, conséquences inévitables d'un travail précipité, est cependant plein de charme par l'extrême propriété des expressions qui rendent toujours très bien la pensée, par la variété naturelle et gracieuse des tons et des tours, toujours en rapport avec les personnages de la scène. En somme, bien après Racine que personne sans doute n'approchera jamais, après Corneille qui fit des chefs-d'œuvre plutôt que des modèles, et que ses plus grands admirateurs n'ont pas essayé d'imiter, c'est Voltaire. Une intrigue de cour essaya de lui faire préférer Crébillon, mais ce fut en vain ; Ducis, Chénier, Guiraud, lui sont aussi de l'aveu de tous absolument inférieurs, et quant à Casimir Delavigne, le dernier venu de nos classiques, il en est trop différent sous tous les rapports pour pouvoir lui être comparé.

Il y a une grande différence de mérite entre la *Vie de Charles XII* et celle de *Pierre le Grand*. La première écrite par Voltaire dans la plénitude de ses forces et de son talent, est d'un style rapide et fort, avec une couleur, un intérêt, un mouvement qui la feraient lire tout d'un trait. Elle est d'ailleurs écrite avec indépendance, ou du moins, si l'historien est influencé, ce n'est que par ses opinions et sa préférence. *Pierre le Grand* au contraire fut demandé à Voltaire par deux impératrices de Russie, dont il s'était fait le courtisan et qui le comblaient de faveur. On y sent aussi la complaisance, la partialité volontaire en plusieurs lieux, et, en d'autres, cette hésitation dans le jugement, cette incertitude dans l'expression qui trahissent une âme enchaînée. Voltaire n'ose pas flétrir le crime du tzar qui donna la mort à son père, parce qu'une de ses protectrices est universellement accusée d'avoir fait mourir son époux. Le style d'ailleurs, affaibli déjà dans un vieillard, se ressent aussi de cette dépendance. Il ne faut pas écrire l'histoire si l'on ne peut pas ou ne veut pas dire toute la vérité. Les moindres craintes paralysent entièrement l'essor du génie. Il est esclave celui qui n'est libre qu'à demi, et l'esclave ne peut être ni juge, ni témoin.

C'est surtout dans l'épopée qu'il fallait un génie plein de foi. Quel enthousiasme peut ressentir celui qui ne croit à rien ! Des rapprochements saisissants, des tours ingénieux, des mots bien choisis, des vers pleins de douceur et d'harmonie remplaceront-ils ce feu des sentiments et des convictions ? La *Henriade* aussi n'est pas devenue un poème national, et même dans les classes les plus lettrées et parmi les plus chauds partisans du poète, elle n'a que peu de lecteurs. C'est un ouvrage d'esprit, ce sont des beautés de salon. La nature y manque aussi bien que la foi. « Il n'y a pas seulement, disait l'abbé Delille, d'herbe pour nourrir les chevaux, ni d'eau pour les désaltérer. » C'est un ouvrage admirablement écrit, ce n'est pas un poème national, ni même un poème dans le sens ordinaire du mot, c'est-à-dire une œuvre où l'harmonie des muses est mise au service de l'amour et de la foi. Quant à la *Pucelle*, malgré la beauté des vers, et l'éclat ravissant de plusieurs passages, c'est un livre infâme et surtout une très mauvaise action.

Les comédies de Voltaire sont d'un caractère qui n'est qu'à lui, une espèce de milieu entre la comédie où l'on corrige les vices en égayant le public à leur sujet, et la tragédie où les malheurs des grands du monde servent d'école aux spectateurs attristés. Ces comédies ne font ni rire ni pleurer ; elles attendriraient cependant plutôt, un peu comme les contes moraux, et les romans sans catastrophes ; ce sont des drames non sanglants où le spectateur s'intéresse sans s'amuser et sans frémir, qui le distraient ou même le captivent mais ne l'impressionnent pas. Ce genre n'a pas fait école. Voltaire, auteur comique, eut peu de succès, il a eu encore moins d'imitateurs. Sans la passion politique dont on sent le feu dans *Nanine* et dans plusieurs autres de ses pièces, elles seraient mortes en naissant.

La poésie légère est le triomphe de notre grand philosophe. Là il n'a pas de rivaux parce que là il ne faut guère que de l'esprit. Les défauts même de son caractère et de son cœur, la malice, l'ironie, l'absence de sentiment et de foi devenaient quelquefois des qualités pour ce genre de composition. Un peu de libertinage dans les pensées et dans les mots, loin de nuire à son succès le servait au contraire admirablement, vu surtout le temps où il écrivait, époque de doute ou de corruption. On ne voulait que rire et l'on riait de tout. Un tour ingénieux, une rare finesse d'observation, la connaissance parfaite et pratique de la langue des salons et de toutes les chroniques plus ou moins scandaleuses du moment, lui donnait pour ces œuvres fugitives et frivoles une incomparable supériorité. Il excellait à ces sous-entendus délicats, à ces suspensions d'idées que termine un mot imprévu et toujours parfait, à ces compliments perfides, voiles convenus et transparents d'une sanglante épigramme. C'est par centaines et sur tous les tons qu'il a composé de ces petits ouvrages destinés à des sociétés intimes mais inévitablement répandus partout, feuilles légères, emportées au loin sur les ailes de sa renommée. La France et quelquefois l'Europe entière se les arrachaient. Elles maintenaient la royauté de leur auteur en excitant toujours les applaudissements de son public. Il en faisait encore peu de jours avant sa fin. Ses adversaires les redoutaient et ses amis eux-mêmes ne laissaient pas que de les craindre, car il en faisait sur tout et sur tous, et personne au monde ne lui tenait assez à cœur pour n'être pas sacrifié, si l'occasion s'en présentait, à ce besoin d'applaudissement qui fut le faible de son caractère et le plus grand mobile de toute sa vie.

DUCIS

Né en 1733, académicien en 1778, mort en 1816.

En 1794, la Convention voulut s'attacher Ducis. C'est un caprice assez étonnant de la part d'un gouvernement qui fit mourir Chénier sur l'échafaud, mais c'est le propre de la tyrannie d'avoir quelquefois des fantaisies bienveillantes. Les tigres eux-mêmes ne sont-ils pas quelquefois rassasiés de sang ? Paré, ministre de l'intérieur, écrivit donc au poète pour lui offrir la place de conservateur de la Bibliothèque nationale avec de gros appointements. Il en reçut la lettre suivante :

« Citoyen ministre,

» S'il m'est donné d'être un peu utile à mon pays, ce ne peut être qu'en mettant en action quelques-unes de ces grandes vérités morales qui peuvent rendre les hommes meilleurs, vérités que la réflexion saisit bien dans un livre, mais que le théâtre rend vivantes. Pardonnez-moi donc, citoyen ministre, de refuser une place qui m'ôterait le seul moyen que Dieu m'ait donné pour servir mes semblables. »

Tout l'homme est là, et avec l'homme le citoyen, le poète, l'auteur dramatique, Ducis enfin tout entier. L'homme honnête et plein de conscience refuse une place lucrative par l'espoir de faire plus de bien en écrivant. Le courageux et intègre citoyen parle de Dieu au ministre de Robespierre, et lui déclare son unique ambition qui est de rendre les hommes meilleurs. Le poète ne veut chanter que la vérité et la vertu. On ne peut rien imaginer de plus vrai, de plus grand, de plus glorieux. Au reste, Ducis ne crut point avoir parlé comme un héros ou comme un génie. C'était le ton ordinaire de son langage et de sa pensée. Il était sublime sans le savoir, et par le seul effet de son humble et douce piété. « C'est elle, dit M. Leroy, son biographe, qui, dans nos troubles civils, lui fit tout hasarder pour préserver la tombe d'un ami et pour sauver ensuite un malheureux prêtre ; c'est pour elle qu'au péril de sa vie, au milieu de ces temps de terreur, il allait tous les mois, comme il le disait lui-même, nourrir sa faiblesse du pain des forts. » Voilà Ducis avec l'explication tout entière de son caractère et de son génie. La sensibilité et la probité qui en sont les traits essentiels trouvent ici leur principe. C'est avec son cœur qu'il chanta. Il chanta parce qu'il aimait et il aima parce qu'il était honnête et bon. L'amour filial, qui fut la meilleure inspiration de ses œuvres, fut aussi le plus doux bonheur de sa vie ; ses lettres à sa mère sont ravissantes. On y voit tout ce qu'une mère chrétienne peut faire pour former le cœur et même le caractère et le génie de ses enfants.

Ce poète, ainsi inspiré par sa foi, estimait comme un néant les grandeurs et les richesses. « Je tâche, disait-il, de m'élever si haut par le mépris de tout ce qui n'est pas Dieu que toutes les grandeurs de la terre ne soient plus pour moi qu'un point tout à l'heure imperceptible. » La gloire elle-même le touchait peu. « Pauvres hommes avec leur gloire ! » écrivait-il en parlant de Talma. Et encore : « Qu'on joue ou qu'on ne joue pas mon *Hamlet*, que m'importe ! » Il ne voulait, disait-il, vivre que pour Dieu. — C'est, on le voit, faire du génie une fonction, ériger l'inspiration poétique en ministère public. Mais nous le verrons encore mieux en faisant la notice de cet écrivain.

Jean-François Ducis naquit à Versailles en 1733. Son père, originaire de Savoie, tenait un magasin de faïence et de verrerie qu'il céda ensuite à un autre de ses fils. Sa mère, à laquelle il a dédié plusieurs ouvrages en lui adressant des épîtres très admirées et très touchantes, était une femme fort pieuse, mais sans aucune instruction. Elle disait en faisant un jeu de mot où l'orthographe n'entrait pour rien : « Du quel de mes fils me parlez-vous ? J'en ai un qui fait les verres (vers), l'autre les vend. » Quoique François Ducis montrât fort jeune un goût naturel pour la poésie, rien encore ne faisait présager ses grands talents. Irrésolu dans le choix d'un état, et se refusant à prendre celui de son père, il se décida, à l'âge de vingt-trois ans, pour un emploi de secrétaire auprès du maréchal de Belle-Isle qui, devenu ministre de la guerre, lui accorda peu de temps après une pension de deux mille livres. Ce bienfait inespéré décida de son avenir; ayant désormais de quoi vivre, Ducis ne contraignit plus ses goûts; la littérature devint son unique occupation. Il étudia surtout le Dante et Shakespeare, sa muse se nourrit de leurs sublimes fureurs, et, s'attachant plus particulièrement au dernier, il forma le projet de naturaliser sur la scène française ses plus belles tragédies. C'était une entreprise hardie, car il fallut pour en venir à bout, non seulement réduire aux proportions et soumettre aux lois établies par notre système dramatique les ouvrages gigantesques d'un incomparable modèle, mais encore saisir tous les traits sublimes, les dégager de leur alliage grossier et enfin les rendre en français avec cette force, cette chaleur, cette vérité d'expression qui égale presque les mérites du talent imitateur à ceux du génie original. C'est à quoi Ducis eut la hardiesse de s'essayer; deux générations de spectateurs et de lecteurs ont proclamé par leurs applaudissements à quel point extraordinaire il y a réussi.

Passons, si l'on veut, sous silence la première pièce de Ducis, *Amélise;* lui-même il ne l'a pas jugée digne de figurer dans la collection de ses œuvres. *Hamlet,* représenté pour la première fois en 1769, lui valut d'abord la première place après Voltaire parmi les tragiques de son siècle. Il fut plus applaudi que Mérope et que Zaïre, peut-être parce que c'était une muse étrangère, et, par conséquent, nouvelle, qui faisait apparition parmi nous, ensuite parce que le mérite de l'imitateur français était relevé par le génie créateur de Shakespeare. Les vers même, quoique inférieurs sans doute pour l'ensemble des qualités, brillaient cependant par une plus grande vérité dans le sentiment. La scène de l'urne fut regardée comme une des plus admirables qu'on eût encore représentées; la terreur et le pathétique ne sauraient être portés plus haut. Jamais depuis Corneille, dit Mme Woillez (1), le dialogue n'eut plus de force et de véhémence.

Dans *Roméo et Juliette*, qu'il fit jouer en 1775, Ducis mêla les couleurs du Dante à celles de Shakespeare. Ces deux poètes méritaient d'être rapprochés, l'un et l'autre ils avaient brillé à des époques où la civilisation de leur pays était encore incomplète, où leur langue et leur littérature nationales sortaient à peine des lisières ; quelque chose aussi de plus original et de plus abrupt ornait leur génie et animait leurs œuvres. Ducis avait pour ainsi dire vécu avec eux dans un commerce assidu ; c'était comme une fontaine de Jouvence où la muse française s'était plongée, et si elle n'en sortait pas complètement rajeunie, beaucoup de ses traits cependant y avaient puisé une nouveauté, une fraîcheur qui la faisaient trouver charmante. *Œdipe chez Admete*, qui parut en 1778, ne pouvait pas avoir ce genre d'éclat, puisqu'elle était tirée, comme presque toutes celles du grand siècle, de la scène grecque et des souvenirs mythologiques. Elle fut néanmoins très admirée. Ecoutons La Harpe, qui n'est pas suspect de flatterie envers ses contemporains : « Le pathétique sombre et profond du rôle d'*Œ*dipe, la sensibilité douce et attendrissante de sa fille Antigone, des vers sublimes, d'une simplicité touchante et énergique, des situations dignes de nos grands maîtres, voilà, dit-il, ce qui doit racheter quelques défauts. Il y a peu d'exemples de ce degré de chaleur et d'énergie. »

Une des préoccupations de Ducis en donnant au public cette pièce où l'éloge d'un roi honnête et pieux semblait une constante allusion à celui dont le règne venait de commencer en France était de ne pas paraître flatter ce pieux et excellent prince. « C'est, disait-il, par une bonne fortune de mon sujet et sans aucune volonté de ma part que ces applications sont venues sous ma plume. » Hélas! les malheurs prochains de Louis XVI y étaient dépeints encore plus que ses vertus. Les spectateurs qui applaudissaient à ces rapports auraient pleuré s'il les avaient tous connus. Il y a beaucoup de vers qu'on croirait inspirés par le testament du roi martyr.

(1) Auteur d'une notice placée par M. Didot à la tête des œuvres de Ducis.

.....Mort cruelle et jalouse
Qui m'ôtes mes enfants, mes sujets, mon épouse,
Et quelle épouse ô ciel !...
As-tu dans son erreur entretenu la Reine ?
Avec des soins prudents lui cache-t-on toujours
Que l'oracle fatal a condamné mes jours ?...
Hélas ! je laisse un fils qui doit régner un jour ;
Formez-le pour son peuple et non pas pour sa cour...
Qu'il apprenne de vous (hélas ! vous le savez),
Que les rois au malheur sont souvent réservés !...
Antigone, tu sais si mon cœur te regrette !...

C'est après avoir donné son *Œdipe* au théâtre que Ducis fut reçu à l'Académie. On sait qu'il occupait le fauteuil laissé vacant par Voltaire. « Il y a, dit-il dans son discours de réception, des hommes auxquels on succède, mais qu'on ne remplace pas. » Cette modestie apaisa les partisans de Dorat qui avaient brigué le même siège, et, paraît-il, Dorat lui-même. Tout ce discours fut écouté avec un vif intérêt, tant à cause de l'orateur dont les pièces avaient vivement charmé le public qu'à cause du héros, qui, quoique mort, était encore le dieu du jour. A travers de longs et justes éloges, Ducis osa hasarder quelques mots qui pouvaient paraître des critiques ou du moins des réserves. Il parla de « cet amour dévorant de la gloire, de cette soif de célébrité toujours satisfaite et jamais diminuée qui, promenant des regards inquiets sur toute l'Europe, le portait sans cesse à se mesurer avec tous les grands hommes, lui faisait chercher ses rivaux chez toutes les nations. » Mais il faut l'avouer, l'honneur de cette journée pour la sincérité et pour le courage fut à l'abbé de Radonvilliers dont la notice est au XIVe fauteuil et qui, dans un style plein de modération et de mesure, osa blâmer ou plutôt flétrir l'audace irréligieuse et la licence du grand écrivain.

Vers le même temps Ducis vit tomber sur lui la faveur du frère du roi, qui plus tard devint roi lui-même sous le nom de Louis XVIII. Ce prince judicieux et ami des beaux esprits le nomma son secrétaire et l'emmena avec lui à la cour de son beau-père Victor-Amédée, roi de Sardaigne, qui lui fit le meilleur accueil, mais ces prospérités de Ducis furent altérées par deux peines extrêmement sensibles :

la mort de sa première femme, petite-nièce du célèbre Bourdaloue, et celle de l'académicien Thomas avec lequel il était lié de la plus tendre amitié, et qui professait les mêmes sentiments pour la religion et pour la vertu.

Ni ses prospérités ni ses malheurs ne ralentissaient la fécondité de Ducis. Revenant tout à coup à son grand dessein de donner à la scène française les beaux drames de Shakespeare, il prépara et publia bientôt ses *Infortunes du roi Léar*, magnifique imitation d'un chef-d'œuvre qu'il semblait impossible de transporter de son pays natal dans le nôtre, et que Ducis cependant a rendu français. La scène de la forêt où le vieux roi chassé par ses enfants et rendu presque fou par tant d'infortune erre au milieu de la nuit et d'une effroyable tempête est d'un effet prodigieux. Notre scène n'était pas habituée à ces situations. Un camp, un palais, les temples eux-mêmes étaient les seuls lieux où s'accomplissait l'action dramatique et que ses décors devaient imiter. Cette forêt obscure, éclairée seulement par le tonnerre, ces foudres, ces antres, ces rochers, toute cette nature enfin réelle et horrible faisaient frissonner nos Parisiens émerveillés. C'était le romantisme dans la mise en scène, présage d'une révolution complète et prochaine, où le style et le langage lui-même seraient changés comme tout le reste.

Le rôle immense de Léar qui avait fait la fortune de Brizard effrayait Talma lui-même, il l'étudiait depuis longtemps et allait enfin le jouer trente ans après la naissance de la pièce quand la mort le surprit presque dans le même temps que Ducis lui-même. Tous les détails de ce rôle ne sont pas, sans doute, aussi soutenus, mais il ne manque jamais de grandeur et l'on y trouve des passages que Corneille lui-même aurait eu tort de désavouer. Il faut imaginer ce vieux roi découronné par l'ingratitude de ses enfants, errant dans le désert à la recherche de son unique ami, et la tempête qui redouble, et la foudre et la grêle, et les tourbillons en fureur; il faut entendre Léar s'écrier dans ce moment suprême :

> Redoublez vos efforts, cieux; tonnerre, tempête,
> Versez tous vos torrents, tous vos feux sur ma tête,
> Je n'en murmure pas, je la livre à vos coups.

> Léar n'a point le droit de se plaindre de vous.
> Exercez donc sur moi toute votre furie,
> Frappez ce corps mourant, cette tête flétrie,
> Ce front mal défendu par quelques cheveux blancs,
> Qu'au gré de leurs combats se disputent les vents...

et quand il retrouve son Helmonde la seule de ses filles qui ne fût pas ingrate et que les deux autres, par leurs calomnies, lui avaient fait maudire et chasser ; quand, au sortir de son délire, il la voit à ses genoux qui le couvre de ses caresses et de ses pleurs, avec quel accent de remords et de douleur mêlé de la plus douce joie il s'écrie en la tenant pressée dans ses bras :

> Larmes de mon enfant, coulez sur ma blessure,
> Dans ce cœur paternel consolez la nature,
> Coulez avec lenteur sur ces replis sanglants
> Que la dent des ingrats déchira si longtemps.
> Oui, je sens que tes pleurs en baignant mon visage
> M'ont rendu la raison, m'en font chérir l'usage.
> Oh ! reste sur mon sein. Vingt siècles de tourment
> Seraient tous effacés par un si doux moment.

Macbeth, que Thomas appelait l'histoire du remords, *Othello* où M. de Vigny crut plus tard et trop facilement peut-être avoir vaincu notre poète, *Jean-sans-Terre* où ses admirateurs avouent qu'il fut inférieur à lui-même, se succédèrent sur la scène après *Lear*, et la Révolution arriva. Quoique très attaché aux Bourbons et en particulier à *Monsieur* frère du roi, Ducis fut d'abord assez favorable aux idées de réforme et de liberté qui soulevaient partout les populations, mais les crimes qui suivirent de près ces premiers transports le convertirent pour toujours. Il vécut cependant en France sans être inquiété. Nous avons vu même qu'il avait des admirateurs et des amis jusque dans le gouvernement de la Convention. Bonaparte qui vint ensuite désira beaucoup se l'attacher.

« Après la première expédition d'Egypte, dit Mme Voilez, Ducis eut de fréquentes relations avec Bonaparte, et lui dut sous le Consulat la reprise de *Macbeth* au Théâtre-Français. Invité à cette occasion à la Malmaison, l'auteur s'y rendit avec son ami Legouvé qui avait aussi reçu une invitation pour ce jour-là. Il paraît que, à cette époque, on n'observait point encore à la Malmaison une étiquette bien rigoureuse, car Ducis s'y présenta dans l'accoutrement que depuis longtemps il avait adopté : l'habit gris, les bas de laine, le chapeau rond et la canne à la main.

« Pendant le dîner, il ne passa rien de remarquable sinon quelques observations et souvent très judicieuses de la part du premier consul sur le caractère de *Macbeth* considéré comme ressort principal de cette tragédie ; mais dans la soirée la conversation fut amenée par Bonaparte sur les affaires publiques. Il parla de ses projets en homme habitué à vaincre tous les obstacles. « Je rétablirai l'ordre partout, dit-il, je veux placer la France dans un tel état qu'elle puisse dicter des lois à l'Europe. Je ferai toutes les guerres nécessaires dans l'unique but de la paix. Je vous donnerai des institutions fortes ; je les mettrai en harmonie avec vos besoins et vos habitudes. Je protégerai la religion ; je veux que ses ministres soient à l'abri du besoin...

— Et après cela, général ? interrompit doucement Ducis.

— Après cela, reprit le premier consul un peu étonné, après cela, papa Ducis (c'est ainsi qu'il avait coutume de l'appeler), si vous êtes content de moi... eh ! bien, vous me nommerez juge de paix dans quelque canton.

Peu de temps après Ducis reçoit une nouvelle invitation à laquelle il se rend. Il y a cette fois dans l'accueil que lui fait le premier consul quelque chose de plus caressant. Pendant le dîner, il est l'objet des distinctions les plus flatteuses, et Bonaparte lui propose ensuite une promenade dans le parc, où s'établit entr'eux le dialogue suivant.

— Comment êtes-vous arrivé ici, papa Ducis ?

— Mais, citoyen général, dans une bonne voiture de place qui m'attend à votre porte et qui doit me ramener ce soir à la mienne.

— Quoi ! en fiacre ?... A votre âge ! cela ne convient pas ; je ne veux plus de cela.

— Citoyen général, je n'ai jamais eu d'autre voiture quand le trajet m'a paru trop long pour mes jambes.

— Non, vous dis-je, cela ne se peut plus, il faut qu'un homme de votre âge, de votre talent, ait une bonne voiture à lui, bien douce, bien suspendue... Laissez-moi faire, je veux arranger cela.

— Citoyen général, reprend Ducis en apercevant au même moment une bande de canards sauvages qui traversait un nuage au-dessus de leur tête, vous êtes chasseur ?

— Mais... oui... répond Bonaparte qui ne devine pas trop où le vieillard veut en venir.

— Vous voyez cet essaim d'oiseaux qui fend la nue ?

— Quel rapport ?

— Eh ! bien, il n'y en a pas un qui ne sente de loin l'odeur de la poudre et ne flaire le fusil d'un chasseur.

— Que voulez-vous dire ?

— Que je suis un de ces oiseaux, citoyen général, je me suis fait canard sauvage.

Bonaparte eût dû le comprendre, ce n'était point pour chanter le despotisme militaire que le vieux serviteur des princes s'était un moment laissé entraîner par les mots de République et de Liberté; il ne se tint pas cependant pour battu après cette boutade, et quand il institua son Sénat conservateur, il marqua Ducis pour un de ses sièges si enviés, mais ce fut en vain. Le poète sentait « l'odeur de la poudre, » il refusa obstinément cette dignité. Talma chargé de l'adoucir n'en revenait pas. « Il perd la tête », dit-il au premier consul, en revenant de cette négociation. C'était singulier, en effet, de voir un homme qui refusait ce que tous les autres désiraient tant. « J'aime mieux porter des haillons que des chaînes, disait-il. » Vint l'institution de la Légion d'honneur, cette fois Bonaparte crut le tenir. Comment en effet ne pas accepter ce qui ne donnait que l'honneur ? Ducis cependant ne le voulut pas davantage. « Vous le savez, dit-il à Talma, j'ai refusé pis. » Impossible d'être plus original et plus piquant. Alors Bonaparte lâcha prise. Alors aussi Ducis fit le plus joli de tous ses mots: « Enfin ! je suis parvenu à n'être rien. » Il quitta Paris pour Versailles où il s'établit dans une profonde solitude. Il y contracta même un second mariage qui fut le charme de ses derniers jours. *Abufar* qu'il composa dans sa Thébaïde, comme il appelait son nouveau séjour, éprouva des accueils assez divers. Quant à *Phedar et Wladimir,* sans le moindre égard pour l'âge et les services du vieux poète, le parterre les siffla de toutes ses forces.

Le retour des Bourbons combla de joie notre aimable poète. Quoique octogénaire, il voulut être présenté à Louis XVIII son ancien protecteur. C'était du reste un très beau vieillard, grand, droit et fort, sans aucune infirmité et plein d'esprit comme autrefois. Louis XVIII le reconnut d'abord et montrant d'un geste gracieux la duchesse d'Angoulême présente à la réception, il récita :

> Oui, tu seras un jour chez la race nouvelle
> De l'amour filial le plus parfait modèle,
> Tant qu'il existera des pères malheureux,
> Ton nom consolateur sera sacré pour eux.

Le poète pleurait de joie en baisant la main du monarque.

Deux mois avant de mourir, le 12 janvier 1816, Ducis reparaissait dans le cabinet du Roi. Louis XVIII semblait oppressé par des pensées pénibles. Il parlait des peines des rois souvent ignorées de tous et louait les douceurs d'une vie toute consacrée au soin des muses et de l'amitié. Et se rappelant tout à coup les paroles du père d'Hamlet quand il apparaît en songe à son fils, il dit :

> Que du ciel sur les rois les arrêts sont terribles !
> Ah ! s'il me permettait cet horrible entretien,
> La pâleur de mon front passerait sur le tien.
> Nos mains se sécheraient en touchant la couronne
> Si nous savions, mon fils, à quel titre il la donne...

C'était trop gracieux, il faut l'avouer, pour que le vieux poète n'en fût pas charmé : « Racine et Boileau, disait-il avec bonheur, récitaient leurs vers à Louis XIV. Quant à moi, c'est Louis XVIII qui me récite les miens. » On lui a reproché cette faiblesse indigne, disait-on de ses habitudes incorruptibles, mais qui ne l'aurait eue à sa place? C'est par amour de la liberté et au souvenir de ses anciens protecteurs qu'il avait refusé les faveurs de Bonaparte, mais ce n'était point par haine de l'autorité. La Restauration comblait ses vœux, car elle rendait à la France ces princes qu'il avait pleurés et ces libertés politiques, idole de toute sa vie. Ducis accepta même la croix de la Légion d'honneur à la couronne de lys et à l'effigie d'Henri IV, mais il la porta bien peu de jours. Pris d'un mal de gorge au sortir de la messe où il allait assidument, il mourut après deux jours seulement de maladie et dans les sentiments de la plus tendre piété le 30 mars 1816. Il était veuf depuis deux ans de sa seconde femme. « Je ne vis plus, disait-il, depuis ce malheur, j'assiste à la vie. » Sa mort fut un deuil public, son caractère avait attaché les cœurs autant que son talent et ses ouvrages, tout le monde l'aimait et il n'avait pas un ennemi.

Outre ses tragédies, Ducis a composé un grand nombre de poésies diverses qui forment avec elles un fort beau volume ; de ses œuvres, plusieurs sont extrêmement remarquables non seulement par l'élégance et l'harmonie de la versification, mais encore par la vérité et quelquefois la profondeur du sentiment. Ce n'est pas encore la rêverie de Lamartine où le soin des vers et le travail de l'esprit ne paraissent plus du tout, écho fidèle et sensible de l'âme qui se recueille et s'écoute sans prendre même le travail de penser et de réfléchir. On y sent encore comme dans Millevoye, Gilbert, Malfilâtre, une petite application à faire la cadence, à trouver dans la douleur même et dans l'amour un tour ingénieux, un mot charmant et inespéré, mais qu'on est loin déjà de cette poésie simplement spirituelle et badine dont le xviii° siècle, et souvent même le xvii° faisaient tant de cas ! C'est le cœur qui domine, c'est la nature qu'on sent ; il y a des recueillements réels, des attendrissements profonds et doux. La mythologie n'y paraît presque plus avec ses allusions recherchées et ambitieuses, on n'y court plus après l'antithèse, on n'y cherche plus ces sens cachés et souvent libertins dont Voltaire avait tant le goût. Encore un pas, et la poésie absolument naturelle et pieuse de l'âge suivant était complètement inaugurée. *Algard et Anissa, le Ruisseau, le Petit bois, le Petit parterre, les Trois saules, du sage, de l'amant, du malheureux*, sont des poésies délicieuses. Quant au *Saule d'Othello*, on l'a vu dans la notice de M. de Vigny, il attendrit toute une génération, et je me rappelle encore avec quel enthousiasme il était récité par les vieillards que mon enfance a connus. Il a fallu pour faire oublier ces beautés littéraires toutes les richesses de l'école romantique, si touchante, si ravissante à ses débuts, toute une phalange de jeunes poètes qui parlaient une langue nouvelle et apportaient à la muse française des impressions, des amours, des douleurs, que personne encore n'avait chantés. Mais cette harmonie ne s'est pas longtemps fait entendre, elle a moins duré même que Victor Hugo, le poète qui en fut le plus rempli. C'est un rêve dans notre histoire littéraire, une phase éphémère, dont rien dans les œuvres de ce jour ne rappelle le génie. Nous pouvons donc entre ces trésors de différents âges, mais tous dissipés bien vite et perdus, garder une place à ces poètes des derniers jours du dernier siècle, un moment oubliés et méconnus. En les relisant on comprendra mieux la transition entre la poésie spirituelle du xviiie siècle et l'école des romantiques, et l'on trouvera d'ailleurs le plaisir de la nouveauté dans ces œuvres presque contemporaines et déjà généralement ignorées.

Nous avons encore de Ducis des épîtres en vers et beaucoup de lettres.

Les épîtres sont toutes d'un style facile, et qui même respire parfois une négligence agréable et sympathique. On dirait que l'auteur les a écrites en s'amusant comme des lettres de causerie. Celle à *l'Amitié* inspirée par la mort de son ami Thomas est élevée et touchante. Celle qu'il a faite *contre le célibat* est plus amusante qu'originale ou philosophique, mais elle dit en bons vers ce que tout le monde a toujours dit. On vante encore les épîtres *A ma mère, à ma femme, à ma sœur*, pleines de sensibilité et de grâce. Celle qu'il adressa à M. Campenon lui valut une fort aimable réponse intitulée *Au Saule de Ducis* et qu'on trouve dans les œuvres de notre poète. Les *lettres* de Ducis en prose n'ont été publiées qu'assez longtemps après sa mort en 1823. C'est à M. Campenon que le public en est redevable. Le cœur de Ducis s'y montre encore plus à découvert que dans ses autres ouvrages, et il y paraît encore mieux dans toute sa sensibilité et sa bonté.

DE SÈZE

Né en 1750, académicien en 1816, mort en 1828.

On pourrait borner l'histoire de M. de Sèze à un seul jour, à un seul fait : le 26 décembre 1792 et la défense du roi Louis XVI. Ce n'est pas qu'il n'ait fait d'autres actions mémorables et qu'il ne fût juste et facile de parler longtemps sur ses talents, sur ses travaux; mais toute sa vie et tous ses mérites se rapportent à ce grand événement. Ce qui l'a précédé le préparait en faisant à l'avocat la renommée nécessaire pour que le choix de l'auguste accusé l'appelât à cet honneur, toute la suite en a été la récompense. Tout l'homme, tout le citoyen, tout l'orateur sont dans cette illustre défense. Talent, courage, principes, tout est là. Mériter une telle cause, la plaider à la satisfaction universelle, échapper comme par miracle aux dangers qu'elle avait fait affronter, pour jouir pendant trente-cinq ans de la reconnaissance des rois et de l'admiration de tous les partis, c'est une gloire incomparable et un bonheur sans pareil. C'est le sort, c'est le bonheur de M. de Sèze; que le roi martyr daignât consigner sa reconnaissance dans son impérissable testament, c'était le comble, et ce comble est arrivé. Rien, on peut le dire, n'a manqué aux félicités de M. de Sèze, rare exemple d'un mérite universellement reconnu et d'une vertu dignement récompensée.

Un soir du mois de décembre 1792, M. et Mme de Sèze, après avoir soigneusement fermé leur maison, commençaient à s'endormir quand tout à coup ils entendent frapper à leur porte. L'effroi les saisit l'un et l'autre, car la Terreur commençait et les honnêtes gens ne se croyaient jamais en sûreté. M. de Sèze s'habille en toute hâte et court à la porte. Mme de Sèze à demi vêtue le suit, mais sans se montrer. Il ouvre. C'était des envoyés de Louis XVI qui venaient, de la part du roi, le prier d'être son défenseur. C'était la gloire et la fortune qui venaient frapper à la porte du jeune avocat, mais qui pouvait d'abord les reconnaître? on eût dit plutôt la mort cherchant une proie. Les deux messagers ne dissimulèrent aucun des dangers de cette défense. La *Commune* avait proféré d'affreuses menaces contre quiconque oserait se charger de cette défense. Sa femme, ses enfants eux-mêmes étaient voués à la colère, à la vengeance des Jacobins. — Je le sais, répondit modestement M. de Sèze, et c'est pour cela que j'accepte. Mme de Sèze se montre à ce mot et, tombant dans les bras de son mari, elle s'écrie : « Oh! mon ami, c'est pour cela que je vous aime! » Dès le lendemain M. de Sèze fut introduit au Temple pour se concerter avec le roi sur sa défense.

Mais il faut rappeler succinctement les premiers traits de sa vie.

Raymond de Sèze naquit à Bordeaux en 1750, dans une famille d'avocats et de magistrats et lui-même entra de bonne heure dans le barreau où sa connaissance profonde du droit et son remarquable talent pour la parole lui firent bien vite une grande réputation. Cette réputation devint de la célébrité quand il eut gagné le procès de la marquise d'Anglure qui réclamait la légitimité de sa naissance contestée par des collatéraux et à laquelle un ministre et beaucoup de grandes familles s'intéressaient vivement. On le pressa d'aller s'établir à Paris où l'appelait l'amitié de Target, de Gerbier, d'Elie de Beaumont et de plusieurs autres jurisconsultes éminents. Il résista d'abord, mais de nouvelles instances le décidèrent à quitter son cher Bordelais. Il était jeune et les idées philosophiques alors si répandues l'avaient assez vivement touché. Il alla visiter Voltaire avant de s'établir à Paris et en reçut de précieux encouragements. Il plaida d'abord pour les filles d'Helvétius. Target qui avait accepté cette cause la lui confia en se retirant du barreau. Il fut aussi l'avocat de *Monsieur*, frère de Louis XVI, contre les héritiers La Bretignère. Ce fut le dernier procès jugé par les parlements, un décret de l'assemblée nationale les supprima tous le lendemain. Enfin, vers la fin de 1789, il défendit et fit acquitter le baron de Bezenval accusé de haute trahison. Ces succès devaient déterminer la confiance de Louis XVI, mais M. de Sèze dut surtout l'honneur d'être chargé de cette grande cause à l'amitié du vieux Malesherbes, premier défenseur du roi.

Avant que le procès de Louis XVI fût résolu, et dès qu'on put seulement le pressentir, beaucoup de jurisconsultes éminents sollicitèrent l'honneur de plaider la défense de l'illustre accusé. Il faut nommer le vieux magistrat Malesherbes, Lally Tollendal, déjà célèbre par ses mémoires pour la réhabilitation de son père, Sourdat, Huet, Guillaume, anciens membres du parlement, Cazalès qui avait été un des plus brillants orateurs de la l'assemblée constituante, et l'ancien ministre Necker. Le roi donna la préférence à Malesherbes dont toute la France révérait alors les vertus et il lui adjoignit seulement Target qui n'avait pas sollicité cet honneur et le déclina quand il y fut appelé. Tronchet, célèbre avocat de Paris, y fut appelé à sa place, mais il était déjà vieux comme Malesherbes, et comme lui il sentit le besoin d'adjoindre à ce petit conseil de défense un jeune et brillant orateur. Malesherbes alors proposa M. de Sèze qui fut accepté et aussitôt les conférences commencèrent dans la tour du Temple pour la recherche des principes et des moyens sur lesquels cette défense devait s'établir.

En voyant le roi, M. de Sèze qui le connaissait auparavant assez peu, s'y attacha davantage. Il admira cette dignité modeste et douce, cette droiture incomparable, cette religion si pure et si vraie, et, par-dessus tout, cette bonté, cette douceur qui donnaient à l'auguste captif le vrai caractère d'une victime et d'un saint. Il se dévoua avec ardeur à l'espérance de le sauver. Les moments étaient précieux, car la Convention ne laissa qu'une dizaine de jours à Louis XVI pour préparer sa défense, mais le jeune avocat travailla jour et nuit et, dès le 24 novembre, il apporta son discours au Temple où le roi et ses conseils en écoutèrent la lecture. « Forcé, dit-il lui-même dans une note, d'écrire une défense aussi importante en quatre nuits, pendant que j'employais mes jours avec mes collègues à examiner les nombreuses pièces dont on nous avait donné communication, je n'ai pas besoin d'avertir qu'elle se ressent de l'extrême précipitation avec laquelle j'ai été obligé de la rédiger, mais j'ai dû remplir un devoir sacré et j'ai consulté mon zèle seulement et non mes forces. »

Cette imperfection de son travail causée par l'insuffisance du temps était un crève-cœur pour M. de Sèze qui craignait que le succès n'en dépendît. Il osa le déclarer, ou pour mieux dire le reprocher à la Convention elle-même au commencement de son plaidoyer. « Je ne dois pas vous le dissimuler, citoyens, et c'est pour moi une profonde douleur, que le temps nous a manqué à tous, mais surtout à moi pour la combinaison de cette défense... La nécessité des communications avec l'accusé m'a ravi encore une grande partie des instants destinés à la rédaction, et dans une cause qui, pour son importance, son éclat, son retentissement dans les siècles, si je puis m'exprimer ainsi, aurait mérité plusieurs mois de méditations et d'efforts, je n'ai pas eu seulement huit jours... »

Il faut se rappeler ces déclarations, confirmées d'ailleurs par toute l'histoire pour comprendre, en lisant la défense de Louis XVI, quel travail elle a dû coûter. Jamais en huit jours un pareil ouvrage ne fut produit, et jamais aussi huit jours ne furent si admirablement employés. Les grandes catastrophes, on l'a dit souvent, font sortir d'eux-mêmes les hommes courageux et leur donnent une activité, une puissance que personne n'aurait supposée. Le besoin de sommeil fut surmonté, et c'est à peine si M. de Sèze s'accorda le temps de manger, mais il fallait être prêt dans huit jours et, dans huit jours, en effet, M. de Sèze était là, debout derrière son auguste client et prêt à plaider.

Le caractère essentiel de ce discours, c'est la simplicité. Tout le monde s'attendait à des débuts solennels, à une éloquence sublime comme le sujet, tout le monde y fut trompé. M. de Sèze le prit sur un ton plein sans doute de convenance et de dignité, mais exempt de tout apparat. C'est le ton et le genre d'une conférence, d'un cours public, un entretien grave et sérieux, mais un véritable entretien. Les grands mouvements oratoires en sont entièrement bannis, soit que le caractère oratoire de M. de Sèze s'y prêtât peu, soit plutôt et surtout qu'il ait voulu se conformer exactement au désir bien connu de l'accusé, qui ne voulait parler qu'à la conscience et à la raison de ses juges. La phrase même tant de fois citée : « Je cherche parmi vous des juges et je n'y trouve que des accusateurs, » n'a pas dans le passage d'où elle est tirée l'aspect imposant qu'on a coutume de lui prêter. Ce n'est pas un cri du cœur, un mouvement solennel et inspiré. M. de Sèze ne tonne pas, ne s'efforce pas d'être pathétique, il discute paisiblement sur le point de droit et fait voir que toutes les formes juridiques font ici défaut.

« Où sont, dit-il, toutes ces précautions religieuses que la loi a prises pour que le citoyen, même coupable, ne fût jamais frappé que par elle ? Citoyens, je vous parle ici avec la franchise d'un homme libre : je cherche parmi vous des juges et je n'y vois que des accusateurs ! Vous voulez prononcer sur le sort de Louis, et c'est vous-mêmes qui l'accusez ! Vous voulez prononcer sur le sort de Louis et vous avez déjà émis votre vœu ! Vous voulez prononcer sur le sort de Louis et vos opinions parcourent l'Europe ! Louis sera donc le seul Français pour lequel il n'existera aucune loi ni aucune forme. Il n'aura ni les droits de citoyen, ni les prérogatives de roi ! Il ne jouira ni de son ancienne condition, ni de la nouvelle. Quelle étrange et inconcevable destinée ! »

L'effet est immense sans doute, mais c'est la seule force des raisons qui le produit.

Le plan est des plus simples et des plus beaux : il se compose de deux grandes parties, la première, que l'orateur appelle proprement défense, a pour objet d'établir l'innocence en quelque sorte *légale* du roi. Il est inviolable parce qu'il est irresponsable. Il ne peut être fautif au sens de la loi. Il ne peut donc pas être jugé sans attentat, et voulût-on le juger, tout manquerait pour le pouvoir faire : le tribunal, la peine, la loi, le délit. Avant l'acceptation de la nouvelle constitution, quelle loi limitait sa toute-puissance ou en prévoyait l'abus ? D'ailleurs, le jour de l'acceptation de cette constitution, tout ce qui était antérieur fut aboli. Ce fut l'amnistie réciproque et plénière entre le peuple et le roi. Depuis ce jour, l'inviolabilité du monarque, déjà essentielle à l'antique loi politique du pays, est formellement définie dans la constitution nouvelle. Le roi ne peut rien faire sans le contre-seing du ministre qui, seul, répond des actes du gouvernement. Depuis qu'il n'est plus roi, il est captif. Quel crime a-t-il pu commettre en sa prison ? Ces idées étaient sans doute connues de tous, les journaux royalistes les professaient tous les jours, les salons en étaient pleins, mais la manière dont elles sont présentées dans ce discours est admirable. On éprouve à chaque instant la satisfaction de l'évidence, on s'écrie dix fois dans une page : parfait, parfait. La clarté, l'ordre, la force logique sont portées à l'extrémité, il n'y a rien à souhaiter de plus, mais, chose admirable, on ne pourrait non plus rien supprimer. La mesure est au même degré que la force, et la sobriété ne le cède pas à l'abondance et à la vigueur. L'orateur n'imite pas ces avocats fastidieux qui répètent leurs moyens pour les inculquer. Il les dit avec force et simplicité, puis il s'arrête et laisse à l'auditeur un rapide instant pour les recueillir. Sa phrase est nette et bien coupée, ces alinéas toujours courts et concluants, point de périodes prétentieuses, point d'enflure ou de redondance : le vrai, le juste, l'irréfutable et puis plus rien.

La seconde partie est la justification de la conduite du roi, de ces actes dont il n'a pas à répondre et qui ne peuvent être jugés par un tribunal. M. Desèze l'aurait omise si la seule logique guidait tous les juges, et surtout si par delà ses juges, Louis n'avait pas dû voir la nation à laquelle on a inspiré tant d'injustes préventions contre lui. Mais comptable envers son peuple dont l'amour était sa plus douce joie de ses sentiments et de ses actes, il saisit avec bonheur cette occasion unique et solennelle de se justifier après tant de mensonges et de calomnies. Le détail de ces justifications a peu d'intérêt aujourd'hui, mais on sent très bien qu'il était nécessaire alors. Louis n'est plus accusé depuis longtemps, c'est un prince irréprochable, c'est un martyr de l'amour de son peuple ; sa belle figure encadrée dans un nimbe glorieux rayonne au-dessus de tous ceux devant qui sa défense fut prononcée, mais alors l'opinion n'était pas faite comme aujourd'hui, alors aussi il fallait essayer de sauver sa tête devant des juges prévenus et passionnés, mais qui, en foulant aux pieds la justice, affectaient un certain respect de ses principes et de ses formes. Il fallait prouver non seulement que l'accusé n'avait fait que le bien, mais aussi qu'il n'avait violé aucune loi. M. de Sèze le fit de la manière la plus invincible.

Il avait préparé une péroraison très émouvante. Louis XVI voulut absolument qu'il la supprimât. Celle que l'orateur lui substitua est connue de tout le monde, c'est un appel à l'histoire. Après avoir rappelé à grands traits les principaux bienfaits dont le peuple était redevable à son roi : « Et c'est au nom de ce même peuple, ajouta-

t-il, qu'on demande aujourd'hui...... Citoyens, je n'achève pas.....
je m'arrête devant l'histoire, songez qu'elle jugera votre jugement
et que le sien sera celui des siècles. » C'est la seule phrase un peu
solennelle de tout ce discours, mais pour être solennelle, elle n'en
est pas moins froide, sèche et même en un sens trop peu saisissante.
Qu'est l'histoire en effet pour des criminels tout-puissants? Néron,
Domitien, Gesler, Henri VIII n'en avaient guère souci. La conscience, il est vrai, ne les touchait pas davantage. Cependant tous
les conventionnels n'étaient pas également résolus. Un dernier
et suprême appel à la justice, à la vérité, à l'honneur pouvait en
ébranler trois ou quatre de plus et c'était assez. Louis XVI et ses
défenseurs ne crurent pas devoir l'essayer, mais alors autant
valait-il se borner absolument au simple exposé des moyens. Le fils
de l'homme s'en va comme il est écrit de lui.

M. de Lally-Tollendal, en attendant que son offre de défendre le
roi fût acceptée, s'était mis à préparer son travail, il l'acheva avant
la fin du procès, et l'envoya imprimé aux membres de la Convention dont un grand nombre ne le lurent probablement pas. On a dit
que si M. Lally eût été admis à le prononcer, Louis XVI n'aurait
pas péri. Cela est possible et nous inclinerions à le croire en le
lisant ; non que le discours de M. de Sèze ne fût très beau, non que
la plupart des conventionnels n'eût son parti pris, mais parce que
le déplacement de quelques voix suffisait à sauver le roi, et parce
que l'incontestable supériorité de ce discours était bien capable de
l'occasionner. M. de Lally écrivait en Angleterre avec une pleine
liberté d'esprit dans le silence et la sécurité ; il écrivait à son gré
sans subir aucune pression, sans devoir d'obéissance à personne.
Peut-être aussi avait-il plus d'éloquence et de passion, il est certain
que son discours est plus hardi, plus saisissant, plus émouvant ;
M. de Lally n'est pas meilleur avocat, on ne pouvait pas l'être, mais
il est plus grand orateur. Peut-être eût-il fait rougir ou trembler
quelques-uns des incertains qui complétèrent la criminelle majorité. Le choix de Louis XVI était fixé quand il eut connaissance des
offres de M. de Lally. Il n'a probablement jamais connu son beau
plaidoyer. Ses jours étaient comptés, ses moments étaient pris;
il ne lui en restait pas pour la lecture même des écrits les plus

touchants. Il est probable d'ailleurs que le discours de M. de Lally ne fut pas mis sous ses yeux. Enfin ce malheureux roi ne doutait guère de son sort. En même temps qu'il préparait sa défense, il se préparait lui-même à mourir.

M. de Sèze ne fut arrêté que longtemps après la mort du roi et sa captivité ne fut pas longue, le 9 Thermidor le rendit à la liberté. Il resta en France, mais sans vouloir accepter aucune fonction du Directoire ni de Bonaparte. Le retour des princes légitimes combla ses vœux et ouvrit pour lui la carrière des honneurs. Il fut d'abord nommé premier président de la Cour de cassation, puis pair de France, et enfin membre de l'Académie française. Le roi Louis XVIII lui donna aussi le titre de comte et le fit chevalier de tous ses ordres. Ces faveurs accumulées sur la tête du défenseur du roi Louis XVI ne parurent pas excéder son mérite et n'excitèrent pas l'envie. M. de Sèze jouit de sa gloire au milieu de l'estime et de l'admiration universelle jusqu'à sa mort qui arriva le 2 mai 1828. M. de Quélen, archevêque de Paris, l'avait visité plusieurs fois dans sa maladie et lui avait lui-même administré les sacrements.

M. de Sèze était d'un caractère doux, d'un esprit agréable et même enjoué. Marmontel qui le recevait souvent à sa villa de Grignon écrivait: « de Sèze vient donner à nos entretiens encore plus d'essor et de charmes... Une gaieté naïve, piquante, ingénieuse, une éloquence naturelle qui, dans la conversation même la plus familière, coule de source avec abondance, une justesse, une prestesse de pensées qui à tout moment semble inspirée, et, mieux que tout cela un cœur ouvert, plein de droiture, de sensibilité, de bonté, de candeur, tel est l'ami que l'abbé Maury me faisait désirer depuis longtemps et que me procura le voisinage de nos campagnes. »

Dans le *Chant du Sacre* de Victor Hugo l'archevêque de Reims faisant la revue des douze pairs demande au roi quel est:

> Ce sage revêtu de la toge à longs plis
> Où l'on voit enlacés des cyprès et des lys
> Et qui tient dans ses mains ton glaive et ta balance?
> — Arrête, ce nom seul fait incliner la France.
> C'est Desèze! c'est lui dont l'éloquente voix

S'éleva pour sauver le pur sang de ses rois,
Quand au fer des bourreaux impatients du crime,
Disputant sans espoir la royale victime,
Il fallait un martyr pour défendre un Bourbon,
Lui seul de ce grand meurtre a lavé son beau nom.
Louis à l'avenir a légué sa mémoire,
Et ces deux noms unis sont scellés dans l'histoire.

Un jour M. de Sèze haranguait Louis XVIII au nom de la Cour de cassation. La majesté du vieux roi l'ayant un peu saisi sa voix parut s'affaiblir. « Vous tremblez, monsieur de Sèze, lui dit le roi ; vous ne tremblez pas devant la Convention. » Quoique un peu imité le trait était plein de justesse et M. de Sèze ne pouvait s'entendre dire rien de plus flatteur.

M. DE BARANTE

Né en 1782, académicien en 1828, mort en 1867.

Prosper-Brugère baron de Barante, qui succéda à M. Desèze, est un de nos plus aimables et plus sincères historiens. Ses débuts dans les études attestaient cependant des goûts différents et semblaient présager une autre carrière que celle des lettres. M. de Barante, en effet, n'aimait que les sciences et ne rêvait que d'être admis à l'Ecole polytechnique. Il eut la joie d'y entrer, et, après y avoir passé trois ans, fut nommé surnuméraire au ministère de l'intérieur. C'était en 1802 ; M. de Barante, qui était né à Riom en 1782, commençait sa vingt et unième année. Il fut ensuite auditeur au Conseil d'Etat, sous-préfet de Bressuire, et successivement préfet à Bourbon-Vendée et à Nantes. Mais l'administration était loin d'absorber tout le temps du jeune préfet ; après avoir publié quelques notices assez remarquées dans les journaux de la capitale, il donna tout à coup son *Tableau de la littérature pendant le XVIIIe siècle*. Dès lors sa réputation fut faite, il prenait un rang parmi nos premiers littérateurs. « L'auteur de ce *Tableau*, écrivit Mme de Staël, est peut-être le premier qui ait pris la couleur d'un nouveau siècle. » « Il tendait, dit M. de Sainte-Beuve, à substituer aux jugements passionnés et contradictoires une critique relative, proportionnée, explicative, historique enfin, mais qui n'était pas dénuée de principes : loin de là, une sorte d'austérité y mesurait à chaque instant l'indulgence. » C'était enfin, d'après un historien de l'Académie, « un livre irréprochable et parfait ».

Cependant la critique littéraire ou même philosophique n'était pas encore la vraie voie de notre académicien. Il faisait sans doute très bien en ce genre ; il pouvait et devait bientôt faire encore mieux dans un autre, c'était celui de l'histoire. De 1814 à 1827, M. de Barante publia l'*Histoire des ducs de Bourgogne*. Cet ouvrage, le plus considérable et le plus beau qu'il ait fait, éleva encore de beaucoup la réputation qu'il s'était acquise par son *Tableau de la littérature* et par des traductions de Shakespeare qu'il avait ensuite publiées et qu'on avait trouvées excellentes. C'est cette *Histoire des ducs de Bourgogne* qui le mit à sa vraie hauteur. La seule épigraphe placée par lui au commencement en fait comprendre le système et le dessein. C'est un mot emprunté à Quintilien : *Scribitur ad narrandum et non ad probandum* : Nous écrivons des récits et non des thèses. C'était une réaction contre le genre presque universellement adopté alors des historiens philosophiques où l'auteur mêle à son récit de fréquentes réflexions sur la raison et la portée des événements.

On peut reprocher, il est vrai, à ce système l'absence de critique et de raisonnement..... « mais il faut du moins convenir, dit M. de Césena, qu'il est le plus pittoresque et le plus attrayant. Il fait de nos annales un roman d'autant plus plein d'intérêt qu'il est vrai. C'est encore celui qui prête le mieux à chaque siècle ses mœurs et son esprit, à chaque contrée ses couleurs locales, à chaque homme sa physionomie et son individualité. Ce sont là, en effet, toutes les qualités que l'on trouve dans l'*Histoire des ducs de Bourgogne*, et on les y trouve au degré le plus éminent. Après tout d'ailleurs, si l'on perd quelquefois à ce système des considérations philosophiques très élevées, peut-être ne faut-il pas trop les regretter : elles ne servent souvent qu'à jeter dans le récit l'uniformité, la froideur, la sécheresse d'une thèse. L'historien qui commente ramène tout à un point de vue unique qui lui montre quelquefois les événements sous un faux jour et il égare le lecteur à sa suite. Il arrive souvent que la manie de tout expliquer fait découvrir après coup des intentions et des plans qui n'ont jamais existé dans l'esprit de ceux auxquels on les prête, car le hasard des événements enfante quelquefois de plus merveilleux résultats que la sagesse des hommes. » Les événements d'ailleurs portent avec eux un enseignement très salutaire pourvu qu'ils soient rapportés tels qu'ils sont, et le ton d'un historien bien pensant qui qualifie d'un simple mot les hommes et leurs actions suffit à le faire ressortir. C'est ainsi qu'une apologue bien conçue contient en elle-même sa moralité. La sentence qu'on met à la suite peut aider l'enfance à s'en souvenir, mais elle ne la fait pas mieux sentir. A quoi sert enfin la profonde philosophie d'un livre qui n'est pas ouvert ou qui ne l'est que pour un petit nombre de savants? Tant de personnes lisent uniquement pour se distraire ! M. de Barante les enchante, on ouvre son livre et l'on ne peut plus le fermer, l'on s'amuse et l'on s'instruit à la fois en regardant ces tableaux ou plutôt ces événements qui semblent s'accomplir sous les yeux N'est-ce rien que de fournir ces utiles moyens de délassement, et d'instruire ainsi en n'imposant aucune fatigue ? L'aimable abbé Fleury le comprenait bien quand, pour ne pas interrompre ses attrayants récits de l'*Histoire ecclésiastique*, il composait des discours philosophiques entièrement séparés ; et combien de lecteurs même graves et savants suivaient les récits avec bonheur et n'ont jamais lu les discours !

Après avoir été sous-préfet et préfet pendant l'Empire, M. de Barante n'hésita pas à servir le gouvernement du roi, et d'autant moins que, pendant ses premières années, ce gouvernement semblait ne vouloir donner sa confiance qu'aux fonctionnaires impériaux. M. Decases était le favori tout-puissant de Louis XVIII et l'ennemi résolu des royalistes. M. de Barante, son ami et son protégé, n'eut qu'à mettre une fleur blanche à son chapeau, après quoi, sans rien changer à ses sentiments, il put jouir de toutes les faveurs de la royauté légitime. Louis XVIII le nomma conseiller d'Etat et secrétaire général du ministère de l'intérieur. Les départements du Puy-de-Dôme et de la Loire-Inférieure l'envoyèrent à la Chambre des députés où il siégea au centre droit, mais la loi de 1816 ayant élevé l'âge de l'éligibilité, il perdit ce mandat qui ne lui fut jamais rendu. Quoiqu'il eût paru sincèrement rallié aux Bourbons et même avec une certaine exaltation, dès que son parti ne fut plus au ministère, il entra dans l'opposition et y persévéra jusqu'à la chute de la royauté.

Après la révolution de 1830, M. de Barante soutint le gouvernement de Louis-Philippe et fut jusqu'en 1848 un des partisans les plus zélés de sa politique. Il remplit les fonctions d'ambassadeur à Turin et à Saint-Pétersbourg. A la Chambre des pairs, où il fut appelé peu après les trois journées, il vota sans cesse avec les conservateurs et défendit le ministère Guizot contre toutes les oppositions. Au commencement de 1848, il flétrit en sa qualité de rapporteur de l'adresse les agitations réformistes. C'était la théorie du juste milieu, l'école des Molé, des Guizot, des Salvandy. La révolution devait s'arrêter juste au renversement des Bourbons. La charte de 1830, le gouvernement de la bourgeoisie toute-puissante et satisfaite, le suffrage des électeurs à deux cents francs étaient les colonnes d'Hercule qu'elle ne devait jamais dépasser. On sait la suite : en quelques heures la quasi-légitimité fut emportée, et la France apprit par un exemple de plus que la révolution est un abîme sur la pente duquel il est impossible de s'arrêter.

Heureusement M. de Barante n'avait pas perdu sa bonne plume d'historien dans les antichambres du château, dans les salons des ministères et des ambassades. On ferait un long catalogue des ouvrages qu'il publia depuis 1848 jusqu'à sa mort arrivée en 1866. Les plus remarquables sont des *Mélanges historiques et littéraires* faisant suite au *Tableau* qui avait commencé sa réputation, l'*Histoire du Directoire* et surtout l'*Histoire de la Convention* où brillent, quoique dans un degré un peu inférieur, toutes les qualités si admirées dans l'*Histoire des ducs de Bourgogne*.

M. de Barante avait remplacé M. Desèze à l'Académie française. Quoiqu'il appartînt dès lors à l'opposition, son discours où il faisait l'éloge du défenseur de Louis XVI fut empreint des idées les plus modérées et respirait même un parfum prononcé de fidélité royaliste. Après lui avoir rappelé que plusieurs de ses ancêtres avaient rendu d'éminents services aux lettres françaises, M. Jouy, qui fut chargé de lui répondre au nom de l'Académie, lui dit avec grâce qu'en le recevant dans son sein cette illustre Compagnie n'avait fait que payer une vieille dette de famille.

LE P. GRATRY

Né en 1805, académicien en 1867, mort en 1872.

Le P. Gratry (Joseph-Alphonse) est né à Lille en 1805. Il étudia d'abord les mathématiques, et fut admis à l'Ecole polytechnique; mais bientôt une vocation très prononcée l'attira vers les saints autels. Il fut ordonné prêtre en 1840 et peu après, placé à la tête du collège Stanislas, puis appelé en qualité d'aumônier à l'Ecole normale supérieure. Alors, M. Vacherot ayant publié son troisième volume de l'*Histoire de l'école d'Alexandrie*, l'abbé Gratry, alarmé de ses tendances rationalistes, crut devoir l'attaquer dans une *lettre* publique qu'il lui adressa. M. Vacherot répondit. Il en résulta une brillante polémique où le prêtre fit admirer à tous les amateurs de philosophie une grande netteté dans les idées avec de l'élévation dans les vues et une force invincible de raisonnement. M. Vacherot dut quitter l'Ecole normale en 1851; M. Gratry ne tarda pas à en sortir lui-même pour se consacrer avec l'abbé Pététot à la reconstitution de la Congrégation de l'Oratoire. Plusieurs jeunes prêtres d'un grand mérite se joignirent à eux, entre autres MM. de Valroger, Lescœur, Perraud, devenu dans la suite évêque d'Autun, et plus tard l'abbé Méric.

Le P. Gratry illustra sa Congrégation naissante par plusieurs ouvrages philosophiques très justement appréciés. Sa *Connaissance de Dieu*, sa *Logique*, sa *Philosophie du Credo* sont les plus remarquables. On lut beaucoup aussi son *Jésus-Christ*, qui fut la plus goûtée entre les réfutations du livre de M. Renan, mais après celle de l'abbé Freppel. Malgré ses talents et ses services, M. Gratry ne put rester dans la Congrégation de l'Oratoire qu'il avait fondée. S'étant déclaré sans détour contre l'infaillibilité du pape, alors sur le point d'être définie, il encourut de la part de son supérieur un blâme public qu'il ne crut pas avoir mérité. On le reprit aussi de quelques idées qu'il avait émises au sujet de la ligue de la Paix dont le P. Hyacinthe s'était fait le propagateur. Alors il crut devoir se retirer de l'Oratoire, mais sa retraite et sa disgrâce furent relevées par les marques nombreuses d'estime dont il fut l'objet. M. Dupanloup le nomma vicaire général de son diocèse, le gouvernement lui donna la chaire de morale à la Sorbonne et l'Académie française l'admit dans son sein à la place de M. de Barante. Le P. Gratry jouissait en paix de ces honneurs et de ces emplois dont sa vaste science et surtout l'élévation de ses idées le rendaient si digne, quand la question de l'infaillibilité vint tout à coup agiter les esprits et semer de profondes divisions. Le P. Gratry la jugeait inopportune ; comme MM. Dupanloup, Maret et plusieurs autres il fit tout ce qu'il put pour éviter qu'elle fût soumise à la délibération du Concile. Il était d'ailleurs convaincu que le principe de l'autorité infaillible de l'Eglise réside dans le corps des évêques uni à son chef, qui est le souverain-pontife, et il défendit son opinion dans plusieurs publications très appréciées. Cependant quand le Concile du Vatican eut défini l'infaillibilité du pape, l'abbé Gratry, qui l'avait vivement combattue, s'y soumit aussitôt avec la plus entière simplicité, mais cet acte de foi catholique qui devait lui attirer le respect et l'estime de tous, fut au contraire pour lui le sujet de nouveaux désagréments. Quelques-uns de ses adversaires énivrés par leur victoire qui n'eut dû être que celle de la vérité et de la charité l'accablèrent de leurs dérisions, tandis que les incroyants après avoir sans doute espéré une révolte taxaient son obéissance de contradiction et de faiblesse. Ils ignoraient que si la conscience catholique s'honore en demeurant incorruptible et indépendante, aussi longtemps que l'Esprit de Dieu n'a pas prononcé par la bouche de son Eglise, elle s'honore bien davantage en se soumettant humblement dès que cet oracle infaillible a proclamé son jugement. — Le P. Gratry, las de ses luttes, accablé de fatigues et d'amertumes, ne tarda pas à voir sa santé dépérir rapidement. Il crut trouver sa guérison dans les montagnes de la Suisse; il n'y trouva que la mort le 7 février 1872. Sa douce et profonde piété, à laquelle les adversaires les plus acharnés ne pouvaient s'empêcher de rendre hommage, consola ses derniers jours. De nombreux amis le pleurèrent, et il se fit à la nouvelle de sa mort un grand concert de louanges et de regrets.

SAINT-RENÉ TAILLANDIER

Né en 1817, académicien en 1873, mort en 1879.

Le successeur du P. Gratry, connu sous le nom de Saint-René Taillandier, s'appelle en réalité René-Gaspard-Ernest Taillandier. Il est né à Paris en 1817. Son père était avoué et poète, deux genres de travaux qui vont rarement ensemble. René n'a été ni l'un ni l'autre, mais son goût pour l'étude de la littérature et de la philosophie lui valut, à peine au sortir des collèges, de brillants succès et détermina sa vocation. Après avoir pris ses grades en droit et en médecine, il fut envoyé tour à tour comme professeur de littérature aux facultés de Strasbourg et de Montpellier, puis appelé à la Sorbonne d'abord en qualité de suppléant de M. Saint-Marc Girardin, professeur de poésie, et enfin comme professeur titulaire d'éloquence. Au mois de janvier 1870 il devint secrétaire général au ministère de l'instruction publique, membre du conseil supérieur de l'enseignement spécial et conseiller d'Etat en service ordinaire. L'Académie française l'élut en remplacement du P. Gratry, le 16 janvier 1873.

A l'âge de vingt-deux ans, M. Saint-René Taillandier avait été faire un long voyage en Allemagne. Il avait surtout résidé à Heidelberg, dans le grand-duché de Bade. C'est là qu'il s'était initié à une profonde connaissance de la littérature allemande. Revenu en

MAXIME DU CAMP

France il ne tarda pas à la vulgariser par d'excellents articles de la *Revue des Deux-Mondes*. Le premier de tous il a prononcé en France le nom du poète national de la Hongrie, Alexandre Petæfi, traduit depuis par MM Chassin, Thales Bernard et Valmore. Sans lui Henri Heine, ce Victor Hugo de l'Allemagne qui ne prononça le nom de Dieu qu'au bord de sa tombe, serait ignoré parmi nous ; n'est-ce pas lui en effet qui a traduit en français la plus grande partie de ses œuvres ? Outre ses traductions M. Saint-René Taillandier a composé de nombreux ouvrages dont les plus remarqués sont le poème de *Béatrice*, les *Ecrivains sacrés au XIXe siècle*, l'*Histoire de la littérature religieuse*, *Dix ans de l'histoire d'Allemagne* et les *Romans de la vie littéraire*. Ces ouvrages sont en grande partie la reproduction de ses cours. La plupart, avant de paraître en volumes, avaient été déjà publiés par la *Revue des Deux-Mondes* dont M. Saint-René Taillandier fut un des rédacteurs les plus assidus.

Il est mort subitement à Paris le 22 janvier 1879. Quoiqu'il négligeât les pratiques de la religion, M. Saint-René Taillandier ne lui fut jamais hostile. Il en parle avec respect dans ses ouvrages ; et sa philosophie repose constamment sur les données essentielles de la foi.

DU CAMP

Né en 1822, académicien en 1880.

C'est à la représentation du *Chatterton* d'Alfred de Vigny que M. Maxime Du Camp comprit sa vocation pour les lettres. « C'en était fait, dit-il, la passion des lettres ne devait plus me quitter. Après tant d'années passées, après tous les incidents, toutes les tentations, je n'ai point varié à cet égard ; si j'avais à recommencer ma vie, je ne choisirais pas d'autre carrière, sachant qu'à défaut du bonheur qui n'est point de ce monde, on y trouve le repos et le calme fortifiant de la solitude. » M. Du Camp aurait tort de regretter le choix qu'il a fait de la profession d'homme de lettres, puisque ses talents, ses succès lui ont valu les biens précieux qu'il énumère; mais combien, avec le même mérite n'ont pas eu le même bonheur et n'ont trouvé, en suivant la même carrière, au lieu « du repos et du calme fortifiant » qu'un pénible travail sans récompense et sans honneur!

M. Du Camp est né à Paris en 1822. Son père, membre de l'Académie de médecine, mourut très jeune et le laissa tout petit enfant. Il fut élevé par sa grand'mère et par une vieille servante dont il a consacré le souvenir dans sa pièce de vers à *Aimée* :

> O ma vieille servante aux épaules penchées,
> Toi qui savais si bien, quand j'étais tout petit,
> Calmer en souriant mes douleurs épanchées,
> Toi qui vis partir ceux que la mort engloutit...

M. Du Camp fit, au sortir du collège, un voyage de dix-huit mois en Orient. A son retour, il s'occupa de photographie et de chimie. Ses expériences ne furent interrompues que par les événements de 1848. Blessé dans les rangs de la garde nationale, il reçut la croix d'honneur des mains du général Cavaignac. L'année suivante le ministre de l'instruction publique lui confia une mission spéciale qui lui permit d'explorer de nouveau et plus en détail l'Egypte, la Nubie, la Palestine et l'Asie-Mineure. Il rassembla dans ce second voyage une immense collection de clichés photographiques pris sur nature et prépara ainsi le premier ouvrage où la photographie soit venue en aide à la typographie.

M. Du Camp est un des fondateurs de la nouvelle *Revue de Paris* où il eut pour collègues MM. Laurent Pichat et L. Ulbach. Il écrivit aussi dans la *Revue des Deux-Mondes* et y commença une série d'études administratives réunies depuis sous le titre de *Paris, ses organes, ses fonctions, sa vie, dans la seconde moitié du XIXe siècle*. Cette nouvelle spécialité de notre voyageur artiste, le fit appeler plaisamment le préfet de la Seine *in partibus* et contribua, dit-on, à le faire nommer sénateur en 1870, mais la chute de l'Empire étant arrivée avant la publication du décret à l'*Officiel*, M. Du Camp fut sénateur comme il avait été préfet, c'est-à-dire *in partibus*. Heureusement il était avec plus de réalité écrivain et poète. Les *Souvenirs de l'année 1848*, l'*Attentat Fieschi*, les *Convulsions de Paris*, les *Mémoires d'un exilé*, les *Convictions*, les *Chants modernes* et vingt autres ouvrages en vers et en prose lui firent une grande renommée et lui ouvrirent, en 1880, les portes de l'Académie.

« En poésie, dit un critique, M. Maxime Du Camp se montra partisan de cette école qui, proclamant la fin de toutes les mythologies, déclare que la poésie doit désormais avoir pour objet de célébrer l'industrie, le triomphe de l'homme sur la matière. C'est là une idée purement hégélienne qui nous est venue d'Allemagne. Mais si la lutte de l'homme contre la nature a quelque chose de grand en soi, il est permis de demander toutefois comment la poésie pourrait se servir des termes techniques sans l'emploi desquels toute description des appareils est impossible. » Heureusement M. Du Camp n'a pas seulement chanté les merveilles de l'industrie. L'amour, la nature, la famille, et quelquefois même à son insu et furtivement la religion, passent dans ses vers et les rendent harmonieux et doux.

Dans sa préface des *Chants modernes*, M. Du Camp avait lancé les plus véhémentes invectives à la face de l'Académie. « Je crois même, entre nous, dit Victor Fournel, qu'il la traitait d'hôtel des Invalides et l'accusait formellement de la décadence des lettres. » Bien d'autres ont fait ainsi, ou à peu près, tant qu'ils n'ont pas espéré de devenir académiciens. Ces choses là, dit encore M. Fournel, ne sont pas neuves, et pourtant elles font toujours sourire. Mais, il faut le dire, on s'en repent aussi toujours quand arrive le jour de s'en repentir. Craignant que ses futurs collègues ne les eussent pas remarquées, ou qu'ils ne s'en souvinssent plus, M. Du Camp se crut obligé de les leur rappeler lui-même dans sa visite officielle de candidat, non sans en exprimer son regret, avec la bonhomie charmante qu'il sait mettre à tout ce qu'il dit et qu'on pourrait prendre pour de la naïveté si l'on regardait d'un peu loin. L'Académie est bonne personne, elle oublie volontiers ces petits désagréments. Bien plus, il ne lui déplaît pas d'amener les coupables à résipiscence. On dirait que le plaisir de voir l'enfant rebelle à ses pieds la dédommage de ses injures et qu'elle aime en couronnant ses conquêtes à tirer sa gloire et sa joie de la magnanimité de ses pardons.

XXXIVᴱ FAUTEUIL

PORCHÈRES LAUGIER

Académicien en 1634, mort en 1653.

Honorat Laugier, sieur de Porchères, naquit à Forcalquier. On a imprimé de lui diverses poésies dans les recueils, et *Cent lettres amoureuses*, sous le nom d'*Evandre*. D'après Pélisson, « il y a de lui plusieurs pièces non imprimées de vers et de prose, entr'autres un *Traité des devises* ». L'abbé d'Olivet ajoute : « Je n'ai pu trouver le moindre éclaircissement sur ce qui le regarde », après quoi il avertit que d'Arbaud de Porchères, son collègue à l'Académie, son compatriote, son contemporain, son homonyme, n'était cependant pas son parent, ce qu'il faut entendre probablement en ce sens que leur parenté était si lointaine qu'ils ne pouvaient plus la justifier. La *Muse historique* de Loret rapporte ainsi la mort de Laugier :

> L'illustre monsieur de Porchères
> Dont les muses furent si chères
> A tous les esprits bien tournés
> Qui pour les sciences sont nés,
> Quoiqu'il fût un homme aussi rare

Qu'était jadis monsieur Pindare,
La mort toutefois le férut
Le jour que Renaudot mourut.
Il vit sa dernière journée
Dans l'octante et douzième année.
C'était un génie excellent,
Et jadis son plus beau talent
Admiré des âmes choisies
Paraissait dans ses poésies,
Qui les sœurs des reines et rois
Ont charmé quantité de fois.
La cour leur servant de théâtre,
Dès le règne de Henri quatre (1).

CHAUMONT

Né vers 1620, académicien en 1654, mort en 1697.

Paul-Philippe de Chaumont était fils de Jean de Chaumont, bibliothécaire du roi ; par sa mère, il se rattachait aux Habert, que nous avons vus parmi les fondateurs de l'Académie. Il fut déterminé à entrer dans l'état ecclésiastique par ses études sur les grands prédicateurs et le goût qu'il avait lui-même pour la chaire. Le roi lui donna d'abord l'abbaye de Saint-Vincent-du-Bourg, au diocèse de Bordeaux ; plus tard, il succéda à son père dans la charge de gardien des livres de son cabinet, et fut, en outre, nommé lecteur de Sa Majesté. Enfin il obtint l'évêché de Dax, mais il s'en démit après dix ans, pour vaquer plus librement à l'étude et à la prédication. Il publia des *Réflexions sur le christianisme enseigné dans l'Eglise catholique*, et mourut en 1697, dans un âge fort avancé, que, cependant, les historiens ne précisent pas.

Voici ce qu'en dit Chapelain, dans sa *Liste* des membres de l'Académie : « Chaumont ne manque pas d'esprit et a assez le goût

(1) Voir à la fin du volume un supplément de notice sur d'Arbaud Porchères et Porchères Laugier. Ce *supplément* nous a été inspiré par les belles études sur ces deux académiciens publiées dans les *Congrès scientifiques de France*, par M. de Berluc-Perrussis, ancien président de l'académie d'Aix.

de la langue. On n'a pourtant rien vu de lui ni en prose ni en vers qui puisse lui faire honneur. S'il ne prêche pas bien, il prêche hardiment et facilement. Le désir de faire fortune l'a engagé à des bassesses au-dessous de sa naissance et de son rang, et a un certain air d'agir qui lui fait tort, mais c'est plus par manque de jugement que par malignité naturelle. » Il ne faut pas oublier, en lisant ces lignes, que Chapelain est très sévère pour ses collègues de l'Académie, et que son ouvrage sur eux semble tenir parfois du libelle et du pamphlet ; funeste tendance que l'auteur a cruellement expiée par les satires dont il a lui-même été l'objet. Il ne paraît pas si pressé de « faire sa fortune », ce prélat qui se démet de son siège quinze ans avant de mourir, pour vaquer librement à l'étude. « Le style de son ouvrage, dit l'abbé d'Olivet, ne répond pas moins à sa qualité d'académicien que le sujet à son caractère d'évêque. » Enfin Cousin, son successeur à l'Académie, parle de lui en ces termes : « Tout était recommandable, Messieurs, dans celui que vous regrettez : illustre naissance, heureux naturel, érudition, politesse... La nécessité de ses fonctions le priva pour quelque temps des avantages de votre société. Mais, une fois dégagé du poids de l'épiscopat, il s'y montra des plus assidus, cherchant avec vous la perfection du langage. »

COUSIN

Né en 1627, académicien en 1697, mort en 1707.

Destiné par ses parents à l'état ecclésiastique, Louis Cousin étudia d'abord toutes les sciences sacrées, et soutint sa *tentative*, comme on appelait alors la première thèse du baccalauréat en théologie ; mais les vues de sa famille ayant changé, il abandonna ce genre d'étude pour se consacrer à celle du droit, où il eut d'abord les plus beaux succès. La licence, le doctorat furent enlevés en courant. Il devint un avocat remarqué ; puis bientôt, changeant encore de direction, il fut nommé président de la cour des monnaies. Dans l'exercice de cette charge importante, il sut trouver des loisirs pour cultiver les belles-lettres et surtout l'histoire ecclésiastique, pour laquelle il avait pris un goût qui ne lui passa jamais.

Son premier ouvrage destiné au public fut une *Histoire de Constantinople*. Ce n'était guère qu'une traduction des *Histoires byzantines*, innombrables chroniques sur le Bas-Empire qu'il sut résumer d'une manière fort utile pour tous ceux qui aimeraient les antiquités de ces pays. Cousin donna ensuite une *Histoire ecclésiastique*, traduite de tous les anciens historiens et principalement d'Eusèbe de Césarée, de Socrate et de Sozomène. Il fallait sans doute, pour ces immenses compilations, plus de patience que de génie, mais nous ne devons pas oublier que, d'après Buffon, le génie c'est la patience, ou du moins qu'il y a de grandes œuvres qui ne sont possibles que par elle. Le P. Nicéron trouve les traductions de Cousin nettes, élégantes et fidèles. Notre académicien y joignait des préfaces fort estimées. On a de lui une *Histoire romaine*, une *Histoire d'Occident*, l'*Histoire des saints de la maison de Tonnerre et de Clermont* et plusieurs autres travaux dans le même genre.

Cousin fut chargé de la rédaction du *Journal des savants*, de 1687 à 1701. Il fut aussi nommé censeur royal, place difficile où il fit admirer son amour de la justice et son impartialité.

« Traducteur, journaliste et censeur, dit d'Alembert, Cousin semblait avoir borné son travail à s'exercer sur celui des autres. Néanmoins la fidélité de ses traductions et le mérite de son *Journal* le firent juger digne d'entrer à l'Académie. Il remplit parfaitement l'idée qu'on avait eue de lui par le savoir qu'il montra dans les assemblées et par un caractère de douceur, de politesse et de modestie qui le rendirent cher à tous ses confrères. » Non content d'avoir été utile aux lettres pendant sa vie, Cousin voulut encore l'être après sa mort. Il légua sa bibliothèque à l'abbaye de Saint-Victor, avec un fonds de vingt mille livres pour l'augmenter, et fonda six bourses à l'Université de Paris. Né à Paris en 1627, il mourut le 26 février 1707.

MIMEURE

Né en 1659, académicien en 1707, mort en 1719.

Après avoir été le compagnon d'étude du grand Dauphin, fils de Louis XIV, Louis Valon, marquis de Mimeure embrassa la profession des armes où il obtint les plus beaux succès, couronnés par le grade de lieutenant général. Les champs de bataille de Steinkerque, de Lens, de Fleurus furent les premiers théâtres de sa gloire. Il s'illustra plus tard à la Marsaille, à Ramilly, à Malplaquet, ainsi qu'à un grand nombre de sièges mémorables, entre lesquels ceux de Philipsbourg, de Mons et de Brissac. Il fut l'aide de camp du prince dont il avait été le compagnon d'étude, et il resta toujours son ami. Dès son enfance il avait eu pour la littérature un goût prononcé. Ce goût le suivit dans la carrière qu'il avait embrassée. Son mérite particulier était pour traduire les vers latins. Voltaire assure que son ode à Vénus, imitée d'Horace, n'est pas indigne de l'original. L'éloge est un peu forcé peut-être, mais il est certain que cette ode fit beaucoup de bruit, et ce fut elle qui ouvrit à son auteur les portes de l'Académie. Mimeure fit aussi des odes en latin. Ce genre était encore goûté de son temps et jusqu'à la cour, où bien des femmes même étaient assez instruites pour en juger. Soit modestie, dit M. Foisset dans une petite biographie de Mimeure, soit insouciance comme militaire et homme de cour, il fit composer son discours de réception par Lamothe ; et cependant plus tard il fut l'auteur de celui du cardinal Dubois qu'il était si difficile de faire parler d'une manière conforme en même temps à son caractère personnel et à son état. Le marquis de Mimeure mourut à Auxonne dont le roi l'avait nommé gouverneur. Cette mort arriva le 3 mai 1719 et dans la soixantième année de son âge, car il était né en 1659. Il y a de la facilité dans ses œuvres poétiques, on peut même en admirer l'élégance, mais le coloris y est faible et le mouvement n'y abonde pas. On attribue au même auteur une traduction en vers de l'*Art d'aimer* d'Ovide ; cette traduction fut un moment recherchée dans les salons, plus peut-être à cause du sujet dont le nom seul ne pouvait manquer d'exciter la curiosité à une époque aussi dissolue, que pour le mérite de l'ouvrage. Cette traduction d'ailleurs n'a pas été imprimée, le public par conséquent ne l'a pas connue.

GÉDOYN

Né en 1667, académicien en 1719, mort en 1744.

Au général de Mimeure, succéda un prêtre nommé Nicolas Gédoyn. Il était d'une famille noble qui s'éteignit en lui ; son tempérament était délicat et son enfance fut maladive à ce point qu'on le crut mort une fois et qu'on allait l'enterrer. Elevé par les Jésuites, il entra dans leur institut, mais il les quitta plus tard sans cesser cependant de les estimer et de les aimer. Le mauvais état de sa santé fut, dit-on, la cause de la séparation. En sortant de la Compagnie, l'abbé Gédoyn entra dans le monde le plus différent ; la fameuse Ninon de l'Enclos était sa parente, il fréquenta ses salons où se réunissaient une foule de beaux esprits. Gédoyn y trouva aussi des protecteurs qui lui firent obtenir un canonicat à la Sainte-Chapelle et plus tard de bonnes abbayes. Il profita de son aisance pour se donner à la culture des lettres. Comme son prédécesseur il admira surtout la muse antique ; ce fut une traduction de Quintilien qui le fit entrer à l'Académie, traduction ou plutôt imitation qui n'est ni sans inexactitude ni sans défaut, mais où l'on remarquait un style animé, de l'intérêt et de la couleur. On lui reproche beaucoup de laisser parfois descendre son style jusqu'à la familiarité en acceptant des locutions et des acceptions que le bon goût ne reconnaît pas, ce qui n'a pas empêché plusieurs dictionnaires de vanter à la suite les uns des autres sa pureté et son élégance. Il avait pour les anciens une véritable passion, au point, dit Voltaire, qu'il aurait voulu qu'on leur pardonnât leurs erreurs sur la religion en faveur des charmes de leur mythologie. Après sa traduction de Quintilien, Gédoyn donna celle de Pausanias qui suscita beaucoup de critiques. On l'accusa surtout d'avoir moins travaillé sur le texte grec que sur la version latine d'Amaseus, à laquelle même sa traduction française serait inférieure sous plus d'un rapport. Son grand amour des anciens joint au peu de cas qu'il faisait des auteurs chrétiens fait conclure à d'Alembert qu'il n'avait « ni les préjugés de sa robe ni ceux de l'érudition ». Mais cette conséquence est injuste ou trop forcée. Gédoyn ne parlait des anciens qu'au point de vue littéraire et pour la beauté de leur langage; sur quoi un excellent chrétien peut bien croire qu'on ne les a pas égalés ni même approchés surtout avant notre xviie siècle.

L'abbé Gédoyn mourut en 1744 au château de Pont-Pertuis, voisin de son abbaye de Beaugency. Il était né en 1667, et, par conséquent, âgé de soixante-dix-sept ans. Il était affable, obligeant, plein de candeur et se faisait beaucoup aimer, quoiqu'il eût un naturel impétueux. Quelques opuscules qu'il a publiés et qui ont été réunis après sa mort sous le nom d'*Œuvres diverses* font voir en lui un jugement parfois trompé par la vivacité des affections et des goûts, mais un esprit orné, une brillante imagination et par dessus tout, dit la *Biographie*, un homme de bien qui pense d'après lui-même et s'exprime avec franchise.

BERNIS

Né en 1715, académicien en 1744, mort en 1794.

Le nom de l'abbé de Bernis rappelle d'abord à l'esprit l'idée de l'abbé de cour, tel qu'on le dépeint dans les romans et les chroniques du xviiie siècle, élégant, frivole, dissolu peut-être, étranger du moins aux devoirs et aux vertus de l'état ecclésiastique. On a raison; il y avait, en effet, à Versailles et à Paris beaucoup d'abbés de ce genre, moins peut-être qu'on n'a dit, mais toujours beaucoup trop pour l'honneur du saint habit. Il est vrai aussi que l'abbé de

Bernis en est un exemple accompli, et, pour bien dire, un type, un modèle ; mais ce qu'on ne sait pas, ou du moins ne dit pas assez, c'est que l'abbé de Bernis ne fut pas toujours simplement un abbé de cour. Il y a deux temps très distincts dans cette vie ; cette figure a deux aspects, sinon absolument contraires, du moins très divers, très différents. L'abbé de cour n'était pas simplement ambitieux et frivole, il était aussi instruit, laborieux, capable ; et s'il est entré par ses succès de salon ou même de boudoir dans les grandes charges de l'Eglise et de l'Etat, il s'est trouvé ensuite à la hauteur des obligations qu'elles imposaient, il a fait voir une force et une grandeur de caractère que ses premiers dehors avaient pu couvrir aux yeux de la foule, mais qui expliquaient et même excusaient un peu son ambition.

François Joachim de Pierre de Bernis naquit à Saint-Marcel de l'Ardèche en 1715. Issu d'une grande famille du Languedoc, mais que les événements avaient appauvrie, il fut, comme cadet de sa maison, destiné à l'état ecclésiastique. Après avoir fait ses premières études au collège de Louis-le-Grand, il fut nommé fort jeune encore chanoine de Brioude, et bientôt après, grâce à des quartiers de noblesse parfaitement justifiés, chanoine, comte de Lyon. Mais il remplit pendant peu de temps les fonctions de cette charge, et se rendit à Paris dès l'an 1735. Une figure charmante, des manières pleines de grâces et de politesse, un caractère enjoué, un esprit d'une promptitude sans pareille joint au talent d'improviser à la minute des vers galants et bien tournés le firent d'abord rechercher par les plus brillantes sociétés. Cependant il resta plusieurs années sans rien obtenir. Le cardinal Fleury, qui n'aimait pas les abbés mondains, lui avait dit ouvertement : Vous n'aurez rien tant que j'y serai. — J'attendrai, avait répondu l'abbé en s'inclinant, mais l'attente dura fort longtemps et l'abbé de Bernis connut des embarras assez voisins de la misère. Un grand seigneur lui prêtait les housses de ses mules pour s'en faire des couvertures. Ceux qui l'avaient à dîner lui donnaient en sortant trois francs pour payer son fiacre, ce qui bien souvent ne l'empêchait pas d'aller à pied. On avait d'abord imaginé ce don comme une plaisanterie, dit un chroniqueur, mais il devint une habitude assez générale et une ressource pour notre abbé. Enfin Mme de Pompadour le remarqua, et, du coup, sa fortune fut assurée. Il eut d'abord un appartement aux Tuileries comme homme de lettres, puis une pension de quinze cents francs, puis tout à coup l'ambassade de Venise où il réussit au point que le plus savant et le plus austère des papes, Benoît XIV le chargea de ses affaires auprès de la République. Nouvelle occasion pour lui de montrer ses talents diplomatiques à la France et à l'Europe. Louis XV l'admit dans son conseil et bientôt le nomma ministre des affaires étrangères, en le chargeant de négocier l'alliance de la France avec l'Autriche. Bernis s'y prêta contre son sentiment personnel et y réussit à souhait, ce qui lui valut le chapeau de cardinal.

Il y avait loin de là aux trois francs du fiacre. Cependant la guerre de Sept ans qui fut la suite de notre alliance avec l'Autriche fut très malheureuse, et Bernis, qui ne s'y était prêté que malgré lui, perdit la faveur de Mme de Pompadour en se prononçant pour la paix et bientôt même celle du roi qui l'exila à Soissons où il resta pendant six ans. Alors il fut rappelé et nommé archevêque d'Albi.

On l'envoya ensuite au conclave de 1769 qui nomma Clément XIII, puis il resta à Rome en qualité d'ambassadeur et dut travailler contre son sentiment personnel à l'abolition de l'ordre des jésuites prononcée par le Pape en 1773. Il prit part aussi au conclave de 1775 et à la nomination de Pie VI. « Jamais, dit le ministre Rolland, la France ne fut mieux représentée à Rome que par le cardinal de Bernis. Grand par lui-même, il était en outre magnifique dans ses représentations. Tenant table ouverte, donnant à tout le monde, ne recevant de personne et toujours au-dessus de toute comparaison dans les fêtes, dans les cérémonies, dans les illuminations publiques. » Sa maison, il le disait lui-même, était comme une auberge de France dans un carrefour de l'Europe.

Enfin la Révolution arriva. Le cardinal de Bernis n'hésita pas sur la ligne qu'il devait suivre. Il reçut à l'ambassade les tantes de Louis XVI qui fuyaient devant l'orage, et suivit fidèlement les instructions du Saint-Siège sur la constitution civile du clergé. Après avoir joui de quatre cent mille livres de rente, il tomba tout à coup dans une pauvreté qui eût été bientôt de l'indigence si la Cour d'Espagne ne fût venue à son secours.

Le cardinal de Bernis avait été nommé membre de l'Académie dans les premiers temps de sa faveur et par le crédit de Mme de Pompadour. Ses titres à cette distinction étaient d'innombrables madrigaux, sonnets et quatrains aux dames de la Cour. L'esprit n'y manquait pas, mais il n'y avait guère autre chose. C'étaient des compliments mis en vers, des pointes rimées, des allusions impertinentes et parfois licencieuses, en un mot, tous les genres de poésies légères, si en vogue dans ce temps. « L'abbé de Bernis, qui avait fini par prendre au sérieux son caractère de prêtre, dit le colonel Staaf, n'aimait pas qu'on lui rappelât ses poésies et franchement il avait bien raison. Ces œuvres de sa jeunesse dont quelques-unes pourtant étaient innocentes et même d'une inspiration assez noble pour ne pas être désavouées, produisaient dans leur ensemble un contraste insoutenable avec les devoirs et la tenue d'un archevêque. » Ces *poésies* consistent en quelques *épîtres* moitié sérieuses, moitié badines, mêlées d'affectation, de négligence et de quelques jolis vers. Ses *Quatre heures du jour*, ses *Quatre saisons* sont remplies de réflexions communes, de descriptions banales et présentent plus d'abondance que de choix, plus de luxe que de richesse. Il prodigue trop les ornements et ne les varie pas assez; c'est pour cela que Voltaire le comparant à une grosse marchande de fleurs établie aux portes de l'Institut, l'appelait *Babet la bouquetière*. La *Religion vengée*, œuvre de ses derniers ans, est didactique, monotone, et présente l'aspect d'une thèse savante écrite en vers. Racine fils, qu'il se proposait pour modèle et dont il espérait peut-être égaler la réputation, lui est demeuré supérieur sous tous les rapports. Enfin sa *Correspondance avec Voltaire* fait honneur à son esprit, mais on est étonné, dit l'abbé de Feller, que l'auteur ait pu entretenir dans ses meilleurs jours une liaison épistolaire suivie avec un ennemi aussi déclaré de la religion. Le cardinal de Bernis mourut à Rome en 1794, également regretté des Français et des Italiens à cause de sa douceur, de son affabilité pour tous, et de la généreuse et gracieuse hospitalité qu'il ne cessa d'accorder dans son palais à tous ceux qui venaient à lui, et surtout à ses concitoyens exilés.

SICARD

Né en 1742, académicien en 1795, mort en 1822.

Au cardinal de Bernis, succéda l'abbé Sicard, instituteur des sourds-muets.

Ambroise-Lurron Sicard naquit à Fousseret, près Toulouse, en 1742. Il entra dans l'état ecclésiastique et en remplissait les fonctions quand M. de Cicé, archevêque de Bordeaux, qui le connaissait, l'attira près de lui et l'envoya étudier à Paris la méthode de l'abbé de l'Epée pour l'instruction des sourds-muets. Son dessein était de fonder à Bordeaux une école semblable à celle de Paris pour ces malheureux et de lui en confier la direction A son retour de Paris, l'abbé Sicard fut, en effet, nommé directeur de l'école de Bordeaux, et c'est dans cette place qu'il composa pour un jeune sourd-muet, nommé Massieu, dont il était le tuteur, un *Cours d'instruction* qui lui valut le titre de chanoine et de vicaire général de Bordeaux. L'abbé de l'Epée étant mort en 1790, Sicard fut nommé à sa place. Il obtint de l'Assemblée nationale que cette institution fût mise à la charge de l'Etat et montée sur de plus grandes proportions.

Bientôt la persécution religieuse commença. Sicard, qui n'avait rien négligé pour échapper à ses coups, ne voulut cependant pas prêter serment à la Constitution civile du clergé et ne put éviter les conséquences de son refus. Il fut arrêté et conduit à l'Abbaye, où il allait être massacré comme ses compagnons de captivité, le 2 septembre, quand un garde national nommé Monnot, qui le reconnut, lui sauva la vie en le couvrant de son corps et en rappelant son nom et ses services. Echappé à ce danger, l'abbé Sicard ne fut cependant pas d'abord rendu à la liberté. Il dut même implorer la pitié des maîtres du jour pour n'être pas compris dans de nouveaux massacres. Enfin, l'ordre de son élargissement arriva et il put rejoindre ses élèves qui l'attendaient avec anxiété et avaient écrit de belles lettres en sa faveur à la Convention. A la mort de Robespierre, Sicard se mit à écrire dans les *Annales religieuses* des articles qui lui valurent, après le 18 Fructidor, d'être condamné à la déportation ; mais il se cacha pendant deux ans, grâce à ses nombreux amis, échappa ainsi aux conséquences de son jugement et put enfin reprendre, au 18 Brumaire, la direction de ses chers élèves, dont l'éducation fut désormais son unique soin. Pie VII honora de sa visite l'établissement des sourds-muets lorsqu'il vint à Paris, en 1805, pour le sacre de Bonaparte ; l'empereur lui-même témoigna beaucoup d'intérêt à l'homme et à l'œuvre. L'archevêque de Paris nomma l'abbé Sicard chanoine de sa cathédrale. Enfin, tous les souverains alliés, en 1815, lui donnèrent des marques de bienveillance et d'affection. La croix d'honneur, que Napoléon ne lui avait pas donnée, il la reçut de Louis XVIII, dès les premiers jours de la Restauration. Enfin, ce prince le décora de l'ordre de Saint-Michel et l'inscrivit, en 1816, sur la liste des nouveaux académiciens. Au reste, la Convention l'avait nommé membre de son Institut en 1795, et Napoléon l'y avait laissé en 1803, quand il en recomposa les statuts et le personnel. L'abbé Sicard fut aussi nommé administrateur de l'hospice des Quinze-Vingts et de celui des Jeunes-Aveugles. Chargé de tous ces honneurs et de beaucoup d'autres, il jouissait de la plus belle vieillesse et rien ne faisait pressentir sa fin prochaine, lorsqu'il mourut presque subitement, en 1822, dans sa quatre-vingtième année.

L'abbé Sicard avait certainement un génie spécial et une vocation particulière pour l'éducation des sourds-muets ; si, comme son illustre prédécesseur, il n'a pas eu l'honneur d'inventer un nouveau système, il a du moins grandement perfectionné celui de l'abbé de l'Epée en le mettant en action, comme dit son successeur, M. Paulmier, par mille procédés ingénieux et savants qui le placent au rang des chefs-d'œuvre dont l'humanité s'honore. « M. l'abbé Sicard, ajoute-t-il, a fait plusieurs ouvrages qui sont les guides des instituteurs par toute l'Europe et dans le Nouveau-Monde. Les principaux sont, après son *Cours d'instruction*, son *Catéchisme à l'usage des sourds-muets*, son *Manuel de l'enfance* et ses *Eléments de grammaire générale appliqués à la langue française*. C'est ce dernier ouvrage qui fonda, en 1799, sa réputation d'homme de lettres et de grammairien. C'est à lui qu'il dut sa nomination à l'Institut, en 1803. »

L'abbé Sicard était d'un caractère sensible et doux ; on lui a même reproché en quelques occasions un peu de faiblesse. Mais il faut pour en bien juger, se rappeler les malheurs du temps et les dangers terribles qu'il a courus, bien propres à faire impression sur le caractère le mieux trempé. D'autres lui ont reproché une habitude de vanterie qui déparait un peu son abnégation et son dévouement. Ce sont, il faut l'avouer, des critiques bien minutieuses. Le biographe qui les rapporte trop complaisamment peut-être, ne peut s'empêcher de dire ensuite : « Mais au milieu des prodiges qu'il avait créés, tous ces défauts disparaissaient et ceux même qui en avaient paru le plus choqués finissaient par céder à l'entraînement d'une admiration que leur commandaient les merveilles dont ils avaient été les témoins. »

Avant de quitter l'abbé Sicard, écoutons-le nous parler un instant lui-même de l'éducation des sourds-muets.

« Comment fallait-il commencer l'éducation des sourds-muets? dit-il. Est-ce par des leçons de grammaire à l'exemple des enfants qui entendent et qui parlent? Non, sans doute. Les parlants savent déjà une langue quand on leur donne un maître. Ils connaissent le mot de la langue et la manière de l'employer. Il ne s'agit plus que du rôle de chaque mot et de la raison de leur emploi dans la phrase pour faire, quand il sera temps, les mêmes applications aux langues savantes et étrangères qui entreront dans le plan de leur cours d'instruction. Mais cette *langue maternelle* que l'instituteur n'a pas besoin d'enseigner, comment a-t-elle été apprise? A-t-il fallu à la mère qui est la première institutrice un dictionnaire, une grammaire? Mais la femme du peuple comme la dame de la cour, en parlant à son enfant en applique les noms aux objets, les adjectifs aux qualités, les prépositions aux rapports, les pronoms aux personnes, et, chaque mot s'associant aux idées dont il est le signe, ce sont ces diverses associations qui forment à la fois et la nomenclature et la syntaxe de cette langue sans qu'il soit besoin d'expliquer ces mots techniques qui ne peuvent être compris que par ceux qui savent la parler. Jamais un mot n'a été prononcé par la mère que l'idée ne l'ait rappelé, ne l'ait précédé dans l'esprit. Comme le crayon ne s'exerce jamais que d'après un original réel ou existant au moins dans l'imagination, ce n'est donc pas par des leçons grammaticales qu'a été apprise cette première langue qui servira un jour de point de comparaison à toutes les autres. Ce n'est donc plus par de pareilles leçons que pouvait être instruit un sourd-muet. Imiter la mère et tout ce qui entoure l'enfant, tel devrait être le premier soin de l'instituteur des sourds-muets... »

C'est l'abbé Sicard qui répondit au cardinal Maury, le 6 mai 1807, dans la solennité de sa réception à l'Académie. Ce discours plein de déférence et de modestie parut à plusieurs trop flatteur. On ne voulait pas donner à Maury le titre de *Monseigneur* dont il était très jaloux et très fier et qui paraissait contraire à l'égalité confraternelle. Il fallut que le moniteur fît entendre la volonté toute-puissante de Napoléon, mais l'abbé Sicard fit plus que de s'y soumettre. Il alla plus loin en parlant au nouvel élu de *Son Eminence*, et en ajoutant des éloges qui sans doute étaient sincères et qu'on peut même croire mérités mais que plusieurs trouvèrent exagérés. L'abbé Sicard semblait s'en douter quand il disait à la fin :

« Qu'on nous pardonne donc, Monseigneur, d'avoir un peu cédé à cet orgueil de corps, qui, regardant comme une propriété commune ce qui distingue chacun de ses membres, ne sait rien négliger au jour solennel de leur entrée dans la famille et surtout quand ce jour est l'époque d'un retour désiré. Dignités éminentes, talents, travaux, succès ; alors on rappelle tout parce qu'on s'honore de tout... On remarque jusqu'à ces reparties soudaines toujours si justes qu'elles sont devenues proverbes, jusqu'à ces mots heureux qui, plus efficacement que les raisonnements les plus concluants et les mouvements les plus pathétiques, calmèrent plus d'une fois le délire d'une populace effrénée qui, dans ces agitations tumultueuses, menaçait les jours de son véritable ami, de son plus zélé défenseur... Vous craignez, Monseigneur, que je n'achève le tableau. Mais je ne prolongerai pas plus longtemps votre inquiétude, c'est bien assez pour moi d'avoir fait éprouver un mouvement de crainte à celui qui ne la connut jamais. »

On ne peut rien dire de plus gracieux et de mieux trouvé que cette fin, mais n'était-il pas imprudent de vanter ainsi la modestie d'un prélat dont tout le monde accusait l'orgueil ! L'abbé Sicard qui était l'intime ami du cardinal ne le pensa pas, et sans doute il était mieux placé que nous pour en bien juger.

Admis dès la création de l'Institut au nombre de ses membres, il en fit encore partie en 1803, quand le premier consul lui donna une organisation nouvelle. Enfin, en 1816, lors du rétablissement de l'ancienne Académie, le nom de l'abbé Sicard fut maintenu par la volonté de Louis XVIII. Ainsi toujours appelé au début de ces institutions, il n'eut jamais à prononcer de discours de réception et personne n'eut à lui répondre. Son éloge n'y fut entendu qu'une fois et seulement après sa mort. C'est M. Frayssinous, évêque d'Hermopolis, qui fut chargé de le faire. Il fut simple, modeste et sincère comme le héros, mais il entra dans peu de détails. On peut même dire qu'il fit peu de frais. Frayssinous, on le sentait, n'était pas à l'aise en face de l'Académie comme dans sa chaire de Saint-Sulpice. L'homme d'Etat perçait aussi avec ses préoccupations et ses soins à travers l'homme de lettres et le membre de l'Académie.

FRAYSSINOUS

Né en 1765, académicien en 1822, mort en 1841.

Aucun homme d'Eglise depuis plusieurs siècles n'a été chargé de plus de titres, ni investi de plus de dignités, aucun n'a rempli plus de fonctions éminentes, dans l'Eglise et dans l'Etat ; aucun, par conséquent, ne fut officiellement plus considérable que M. Frayssinous. Bossuet qui fut tout ne fut ni pair de France, ni ministre ; Richelieu ne passa jamais pour un grand prédicateur, Mazarin n'était même pas prêtre, Fleury ne fit ni livres ni sermons, Lacordaire ne fut que dominicain. Frayssinous au contraire réunit en sa seule personne les dignités et les fonctions disséminées dans les autres, avec plusieurs même qu'aucun autre n'eut avant lui.

Il fut prêtre, docteur en théologie, évêque, chevalier de tous les ordres français et d'un grand nombres d'ordres étrangers, au point que les croix et les plaques n'eussent pu tenir toutes sur sa poitrine, membre de l'Académie, pair de France, aumônier et prédicateur du roi, grand maître de l'Université, ministre de l'instruction publique et des cultes et enfin précepteur de l'héritier du trône. Le titre seul de cardinal manque à cette longue énumération. L'historien du prélat assure qu'il lui fut offert et que son humilité le refusa. Lui-même il n'en revenait pas de cette prodigieuse accumulation de grandeurs. « On me croit propre à tout parce que j'ai fait des conférences, disait-il, j'ai cru un moment qu'on me confierait l'expédition d'Alger. »

Entre l'importance officielle et l'importance réelle, il y a souvent une bien grande distance, celle quelquefois qui sépare le génie de la fortune. Tant de dignités sur la même tête prouvent aussi la pauvreté des époques qui fait aux hommes une valeur qu'ils ne devraient point avoir ; elle prouve enfin l'embarras des pouvoirs attaqués et malheureux qui accablent de leur faveur les sujets dont ils sont sûrs pour exciter le zèle des autres. Qu'auraient ajouté à la grandeur de Bossuet toutes les dignités de l'Eglise et de l'Etat? Il n'eut guère de titres que ceux qui répondaient à ses emplois effectifs, c'est-à-dire à ses services. Quant aux décorations, on n'en parle point dans sa vie. Sa croix d'évêque lui suffisait. Il eut le bonheur de vivre sous un roi qui le comprenait et ne lui en donna jamais d'autres.

Il s'en faut bien que M. de Frayssinous eût la grandeur personnelle et l'importance effective que tant de titres supposeraient et qu'il ait tenu dans son siècle la grande place qu'il aurait fallu pour les bien porter. Au lieu de l'élever ces dignités entassées sur lui le diminueraient un peu au contraire par la comparaison qu'elles forcent à établir entre le personnage et l'homme, entre le rôle et le sujet. Les hommes de talent étaient rares à son époque dans toutes les carrières, hormis dans celle des armes, ils l'étaient encore plus dans l'Eglise après une révolution qui avait interrompu les classes de théologie et les ordinations pendant quinze ans. Les notabilités de l'ancien clergé, du clergé *poudré*, comme on disait, étaient des vieillards, objet du respect universel, mais évidemment sans lendemain, celles du nouveau clergé, encore ignorées, étudiaient dans les séminaires nouvellement rétablis ; C'est entre les unes et les autres que se plaçaient les contemporains de Frayssinous, les prêtres que la Révolution avait trouvés jeunes et encore sans position et qui commençaient leur carrière après quinze années de sacerdoce passées dans l'obscurité. C'est à eux que revinrent bientôt les ministères les plus importants, les places les plus élevées, mais ceux qui les méritaient n'étaient pas nombreux et le pouvoir les accablait d'autant plus de ses faveurs que la liberté de ses choix était plus restreinte. Au reste, si M. Frayssinous n'était pas un homme de génie, ni peut-être même un homme absolument supérieur, il n'en faudrait pas conclure qu'il fut sans mérite. C'est l'erreur d'une prévention malveillante pour l'Eglise, et la conséquence d'une réaction facile à comprendre contre cette masse de dignités, d'honneurs et d'emplois qui le surfaisaient un peu. Le meilleur moyen de donner une juste idée de sa valeur est de faire l'histoire abrégée de sa vie.; mais il faut le dire dès à présent, avant même de commencer cette curieuse biographie : les traits essentiels de cette physionomie sont l'honnêteté, c'est-à-dire la bonne foi qui dans un prêtre implique essentiellement la piété ; et pour l'esprit, l'ordre, la justesse et l'harmonie; M. Frayssinous est là tout entier. L'on pourrait souhaiter une portée plus haute et plus étendue, mais personne n'en eut une plus sûre ; un génie plus fécond, plus divers, plus original, mais il n'en est pas de plus judicieux et de plus exact, un langage plus neuf, plus coloré, plus entraînant, mais on n'en saurait entendre un plus correct, plus harmonieux et plus touchant. Celà parait surtout dans ses conférences qui sont l'œuvre principale de sa vie et dont il faudra parler un peu plus au long que de ses autres travaux.

Denis-Antoine Frayssinous naquit en 1765, à Currière, humble village de l'Aveyron sur la limite du Cantal, c'est-à-dire dans la partie la plus montagneuse et la plus boisée de la contrée. Sa famille était une des plus riches du pays. Elle appartenait à cette grande bourgeoisie terrienne, voisine de la noblesse par la beauté de ses relations et de ses mœurs, mais plus simple, plus sage et plus ordonnée. Les Bonald, les Boyer, les Affre, les Clausels, les Carrières et plusieurs autres célébrités ecclésiastiques ou savantes sont sortis du même pays et de familles à peu près semblables. Tous ces esprits dont plusieurs sont vraiment supérieurs ont le même caractère. Ils reflètent tous les paysages au sein desquels ils ont passé leur enfance ; une tranquillité profonde, une gravité, une austérité simple et solennelle, de faciles et religieux recueillements, plutôt sévères qu'harmonieux. Ce sont des penseurs et des savants, ce ne sont pas des poètes. C'est que le silence et la paix ne suffisent pas à l'inspiration. Il faut encore de grands spectacles, des aspects sublimes : la mer avec ses soleils couchant sur les flots, ses grèves battues par la vague expirante ou furieuse, les hautes montagnes avec leurs points de vue infinis, leurs abîmes, leurs cascades, leurs gaves, leurs précipices. Or, le Rouergue n'a rien de tout cela, ce sont des collines boisées, des vallées silencieuses, quelques plaines médiocres, quelques profondes et fraîches vallées, rien d'immense, de grandiose, de saisissant. L'Aveyron aussi n'a pas d'histoire, pas de grandes guerres, pas d'illustres généraux, rien de martial, de sublime, d'entraînant. Ses gloires sont des philosophes, des moralistes et surtout des théologiens, tout au plus quelques hommes d'Etat. Seul de tous les départements très religieux, l'Aveyron n'a jamais eu de passion pour nos anciens princes. Il leur était généralement sympathique et sans doute à cause de leur piété, mais il n'a jamais combattu pour eux, il ne les a même jamais chantés. L'Aveyronnais n'est pas un Vendéen, un Breton. Il n'a pas jamais arboré le drapeau blanc et crié vive le roi ! Il n'a poussé aucun cri de bataille. Tranquille dans sa foi religieuse, il a caché ses mystères divins et ses prêtres fidèles pendant l'orage ; puis après la tempête il a repris sa prière et son travail. Aucun enthousiasme n'a passé par là, aucune lyre n'a frémi dans ces pacifiques forêts. Point de troubadours, point de paladins et de chevaliers, point de hauts castels, de tournois, de croisés. Des laboureurs, des prêtres, des penseurs, des savants, voilà les types de ce peuple et l'image du pays qui le produit. Voilà aussi Frayssinous dans sa vie et dans son talent.

Un prêtre voisin de sa famille commença son instruction, le

collège de Rodez tenu, lui aussi, par des prêtres, l'acheva, puis le jeune Denys fut envoyé à Paris où son père voulait qu'il apprît le droit; mais sa vocation l'entraînait vers le sacerdoce, et, après ses cours d'humanités achevés de la manière la plus brillante, il entra au séminaire de Saint-Sulpice en 1785, reçut la prêtrise en 1789 et s'attacha à la Compagnie des prêtres sulpiciens qui avaient été ses maîtres. La Révolution approchait ; Paris était chaque jour témoin de graves désordres et paraissait à la veille d'en voir de plus terribles encore. L'abbé Frayssinous, en face de ces dangers du présent et de ces menaces de l'avenir, comprit que l'heure était venue de chercher une retraite. Il revint à la demeure paternelle, à sa tranquille paroisse de Currières où il put passer, non sans alertes et sans péril, mais sans accidents funestes, les plus mauvais jours.

Impossible de faire connaître l'abbé Frayssinous sans dire un mot de son intime ami M. l'abbé Boyer. Originaire du même pays, issu de la même famille, poussé par la même vocation, doué de dispositions sous plusieurs rapports semblables, Pierre Boyer avait peu quitté son cousin jusqu'au moment où l'approche de la Révolution les fit sortir de Paris et les rappela vers leurs montagnes. Ils étaient unis comme deux frères le sont rarement, et leurs deux âmes paraissaient n'en faire qu'une ; quant à leurs pensées, leurs travaux, leur bourse, à la lettre ils ne faisaient qu'un. Leurs caractères cependant présentaient des différences assez sensibles, ou même de véritables contrastes. Frayssinous, quoique simple, était plus formé, plus attentif aux habitudes, plus soigneux des devoirs de la société. Boyer était plus primitif, plus original, plus inculte, plus absolument naturel. Frayssinous avait un langage plus doux, plus sensible, plus élégant, celui de Boyer était plus énergique, plus abrupt, plus ardent. Aucun ménagement ne tempérait son discours, parce qu'aucune envie de plaire n'occupait son cœur. Il avait souci de la vérité et ne songeait à nulle autre chose. Sa pensée l'occupait si fort et lui suffisait si bien, qu'il oubliait les convenances les plus respectables et les attentions les plus nécessaires. Il oubliait et il perdait tout, ses lettres, son bréviaire, son mouchoir, les affaires pour lesquelles il s'était mis en chemin, les personnes qu'il allait voir et les choses qu'il devait dire. Ses distractions étaient sans pareilles, elles le rendaient parfois absolument ridicule, elles étaient la conséquence d'une application intérieure que presque rien n'interrompait et qui lui donna la puissance d'argumentation et de déduction qui fit plus tard le mérite réel, la vraie force de ses discours et de ses écrits.

Ils rentrèrent à Currières, nos deux docteurs sulpiciens et, sans avoir ni vouloir le titre officiel de vicaire, ils se mirent à en remplir les fonctions pour secourir le vieux curé qui avait peine à faire tout son travail. Or, comme ce bon curé s'était laissé aller jusqu'à prêter, de peur de perdre sa place, le serment schismatique à la Constitution du clergé, leur premier soin fut de le prêcher lui-même, de le convertir. Ils y réussirent après quelques jours, mais le pasteur, qui se rendit à leurs sollicitations et à leurs réprimandes, n'en garda pas moins une petite rancune contre eux, principalement contre l'abbé Frayssinous qui avait été le plus pressant. « Qui vous presse? lui disait un confrère voisin qui voulait le retenir à coucher. N'avez-vous pas deux vicaires? — Oh! oui, dit le vieux curé, et ils sont forts! deux nigauds qui, ensemble, ne sauraient pas faire un baptême. — Que dites-vous là? Ne sont-ils pas sulpiciens et licenciés en théologie? — Ecoutez, reprit le vieux prêtre en s'adoucissant, Boyer fera peut-être quelque chose, mais pour Frayssinous, je vous assure qu'il ne fera jamais rien. »

Comme les deux jeunes prêtres n'avaient pas charge d'âmes, on ne leur avait demandé aucun serment. Ils passèrent les trois terribles années au milieu de leur paisible province, sauf pourtant quelques émois causés par les distractions imprudentes de l'abbé Boyer. Ils étudiaient ensemble la philosophie chrétienne et la théologie. Frayssinous ajoutait à ces grands objets la littérature et les modèles d'éloquence. Ainsi Dieu les préparait à leur insu aux missions qu'il leur réservait. Après le Concordat, ils revinrent à Paris et se joignirent aux quelques membres qui survivaient de leur Compagnie. Le vénérable abbé Eymery les groupait autour de lui et les employait selon leurs talents dans les séminaires péniblement reconstitués. Boyer fut nommé maître de philosophie, Frayssinous fut chargé d'enseigner la théologie. Ils avaient pour élèves tous les premiers sujets du royaume, les gloires futures de la chaire, les prêtres destinés à l'épiscopat. M. Frayssinous n'avait pas de peine à les charmer par la douceur de son caractère, par la clarté et la solidité de ses leçons.

Mais là n'était point la vocation essentielle de l'éminent professeur.

L'église de Saint-Sulpice étant occupée par les schismatiques constitutionnels que le gouvernement ménageait encore, le curé catholique de cette immense paroisse établit son ministère dans l'ancienne chapelle des Carmes où tant de saints martyrs avaient répandu leur sang en 1792. Des catéchismes raisonnés furent commencés sous la direction des professeurs du séminaire. Les abbés Clausel, Frayssinous et Boyer les présidaient et souvent ils établissaient entre eux des colloques où l'un faisait les objections que l'autre avait à résoudre. L'abbé Boyer était bien des fois chargé de l'attaque et faisait, comme on dit, l'*avocat du diable*. Frayssinous, au contraire, donnait les réponses et s'appelait par conséquent l'*avocat du ciel*. La foule fut d'abord considérable, mais bientôt elle devint immense, les catéchismes étaient un événement qui mit tout le monde en émoi. Cette société fatiguée d'irréligion, de sarcasmes, de persiflages impies aspirait sensiblement à redevenir chrétienne. C'était l'heure où le *Génie du christianisme* faisait répandre tant de pleurs en célébrant ce vieux culte si longtemps méconnu et persécuté ; mais, quoique le sentiment eût la principale part dans cette grande réaction vers l'idée de Dieu, quoique le besoin d'attendrissement et de piété agitât toutes les âmes, la raison publique saturée de tant de sophismes réclamait aussi des instructions et des preuves. On pressentait la vérité de cette religion qui semblait descendre du ciel comme aux jours de son berceau, mais on désirait pouvoir établir ce sentiment sur des fondements solides et voir réduits au silence les orgueilleux philosophes qui s'étaient donnés si longtemps pour les maîtres de l'esprit humain.

C'était l'heure des conférences dogmatiques ; Frayssinous, qui l'avait compris, se trouva prêt à les donner. Bientôt en effet les avocats du diable s'ennuyèrent d'un combat où leur défaite était inévitable et prévue. Ils préférèrent donc laisser parler seul l'avocat de Dieu dont l'éloquence attirait la foule, et celui-ci, de son côté, sentait bien que, si le dialogue pouvait attirer les auditeurs légers et curieux, il était moins agréable aux esprits éclairés qu'une exposition suivie où le même orateur pouvait présenter les objections et les résoudrre. De là naquit le genre des conférences où tant d'orateurs devaient s'illustrer; de là, pour la chaire chrétienne une autre forme d'instruction presque inconnue jusqu'alors, et pour l'éloquence française, une nouvelle source de chefs-d'œuvre et de gloire.

Ce qui distingue avant tout la nouvelle prédication, c'est la différence ou plutôt la nouveauté des sujets, et cette différence elle-même tient à celle que l'orateur a supposée dans le caractère principal de son auditoire. Jusqu'alors en effet l'assistance avait été réputée chrétienne, en ce sens du moins qu'elle ne doutait pas des fondements de la religion. C'est l'Evangile à la main et par les circonstances qu'il rapporte de la mort de Jésus-Christ que le judicieux Bourdaloue démontrait ou plutôt faisait admirer la sagesse et la puissance de Dieu dans la passion et la mort du Fils de l'homme. Ce discours qui fut son chef-d'œuvre allait tout au plus jusqu'à supposer un auditeur peu convaincu de la divinité de l'auguste victime et scandalisé, ébranlé par ses abaissements et ses confusions, un auditeur pour qui Jésus-Christ serait un prophète, un envoyé du Seigneur, et non pas le Seigneur lui-même. Et alors, par l'accomplissement des prophéties anciennes sur la mort du Messie, par les grands effets de puissance souveraine qui y paraissent, il lui prouvait que Jésus est vraiment Dieu. Cette argumentation pouvait paraître un cercle vicieux, car elle prouvait la divinité de Jésus-Christ à ceux qui croyaient déjà à la vérité de son Evangile. En réalité le cercle vicieux n'existait point pour les auditeurs du grand siècle, car plusieurs pouvaient croire à la vérité des faits évangéliques, à la sainteté, à l'inspiration céleste de la Victime et n'être pas assez frappés de son caractère absolument divin. Mais combien les temps étaient changés en 1804 et les esprits avec eux! Beaucoup ne croyaient plus à rien, pas plus à la vérité des livres saints qu'à la divinité de la religion. Pour plusieurs ce divin Maître n'était ni un prophète, un messie quelconque, ni le Verbe incarné et le Fils de Dieu. A ceux-là donc on ne pouvait plus dire en leur montrant le livre sacré ce que dit à Augustin la voix céleste : Prenez et lisez. Il fallait tout leur démontrer de ce livre auguste, son authenticité, sa vérité, sa divinité. Alors, mais seulement alors, quand on aurait établi toutes les certitudes, tous les genres d'autorité de la page sainte, il serait temps de l'ouvrir pour développer et approfondir les enseignements qu'elle contient.

Telle fut l'hypothèse des conférences de Saint-Sulpice, tel en fut aussi le sujet et le plan ; or ainsi comprises, elles répondaient admirablement aux dispositions des foules qui remplissaient le vaisseau sacré, sincèrement affligées de ne plus croire mais positivement incroyantes. Aussi le succès fut-il prodigieux. C'étaient plus que des discours admirablement suivis, c'étaient des événements auxquels tout Paris prenait part, auxquels la France entière s'intéressait. La chapelle des Carmes ne pouvait pas contenir la foule. Bientôt l'église de Saint-Sulpice ayant été rendue au culte, la conférence y fut transportée. Mais avant peu la basilique elle-même fut aussi pleine que la chapelle l'avait été. Il fallait dès le matin arrêter sa place et sa chaise, en payant quelqu'un pour la garder ; il fallait souffrir que cette foule restât depuis le matin devant les autels à attendre l'heure du discours, prenant ses repas pour se soutenir et sans doute plus d'une fois entretenant des conversations tout humaines pour tromper la longueur des heures.

Mais ce qui augmentait encore la gloire des conférences, c'était la qualité de ses auditeurs, parmi lesquels se trouvaient avec l'élite de la jeunesse parisienne, les hommes les plus haut placés dans tous les genres. Magistrats, généraux, députés, pairs de France, académiciens, semblaient s'être donné rendez-vous au pied de cette chaire tout récemment inaugurée, et dans cette vaste église de Saint-Sulpice étonnée de ne pouvoir contenir ces foules brillantes. Fontanes, Ducis, Chateaubriand s'y rencontraient. Lamennais, Berryer encore inconnus, y coudoyaient Ravignan qui délibérait sur sa vocation et Lacordaire qui ne soupçonnait encore pas la sienne. On eût fait une galerie incomparable des hommes de talent qui se réunissaient pour entendre ces discours, et les plus ignorés quelquefois n'eussent pas été les moins éminents.

Cependant rien n'était nouveau dans ces conférences si fréquentées, ni les plans, ni les raisons, ni le style.

La France a vu depuis Frayssinous d'autres orateurs chrétiens démontrer la divinité de la religion par des preuves que la théologie scholastique n'avait pas données, par des faits historiques ou physiologiques puissamment observés et groupés, par des témoignages de ses adversaires, par son génie, ses travaux, ses victoires. Ces plans étaient neufs comme les idées et les raisons. Le style lui-même, la terminologie avait quelque chose d'original, d'imprévu, qui complétait l'étonnement et assurait l'attention. Lacordaire surtout a créé son genre d'éloquence sacrée; tout est neuf en lui, hormis la vérité sainte, objet de son éloquente démonstration.

Rien de pareil dans le conférencier de Saint-Sulpice. Une seule chose en lui est nouvelle et elle a suffi à faire la fortune de son cours; c'est l'idée de donner au public assemblé dans une église les preuves fondamentales de la religion. Quant à ces preuves elles-mêmes, on eût pu les trouver dans tous les manuels de théologie à l'usage des élèves du séminaire. C'était le *Traité de la religion* mis en discours. Guénée, Bergier, Tournely, Duclos surtout, avaient admirablement établi toutes ces thèses sur le Pentateuque, la création, le déluge, les miracles, les prophètes et sur la divinité de Jésus-Christ. Aussi, quand les auditeurs mondains allaient de surprise en surprise devant ces démonstrations si faciles et si concluantes, les ecclésiastiques instruits qui se trouvaient là ne pouvaient, eux, éprouver qu'un seul étonnement, c'était de voir mettre en conférences attrayantes ces thèses arides qu'ils avaient péniblement apprises par cœur. Là était le phénomène, le prodige. Mais, en vérité, il n'était que là. Tout le reste était dans le livre, tout, jusqu'à l'ordre des preuves, jusqu'aux objections qu'on y pouvait faire et aux réponses qu'il fallait donner. Le style même n'était pas nouveau, mais combien n'était-il pas admirable! C'était celui du grand siècle. C'était la langue de Fénelon, la plus facile, la plus noble, la plus harmonieuse que les hommes aient jamais parlée, une simplicité incomparable de mots et de tours, avec une pureté, une élégance, une flexibilité, une harmonie que personne n'a dépassée. Mais au-dessus de tous ces avantages, ce qui brillait dans la composition des conférences, c'était leur admirable clarté ; le mot, la phrase, le plan du discours, tout était à la portée des moins savants. Les thèses les plus difficiles, les plus compliquées, étaient réduites à des expositions que tout le monde pouvait saisir, et dont tout le monde était charmé. Les femmes devenaient théologiennes en les entendant ; la scholastique n'avait plus de secrets pour elles ; aussi faisaient-elles queue pour avoir des places ; on les voyait au premier rang entre les académiciens et les sénateurs. Ce fut une mode, un genre, un engouement, et au point que les critiques malveillantes de ce temps supposaient à ces assiduités si empressées toute sorte de motifs.

Tel fut Frayssinous, le fondateur de la conférence moderne. Mais il faut, pour le dépeindre entièrement, ajouter un mot de son physique. Sa taille était haute et bien prise, il portait admirablement une tête pleine d'intelligence et de dignité. Ses beaux yeux respiraient la pénétration et la finesse. Il y avait bien au fond de cette physionomie si ouverte et si éclairée quelque chose qui rappelait la montagne et les frontières du Cantal, des traits un peu forts, une bouche surtout un peu grande avec des lèvres saillantes, mais l'orateur avait des tons si doux, des formes si obligeantes et si modestes, un soin si attentif à toute son expression et sa tenue que cette impression de rudesse originelle s'effaçait presque entièrement. C'était le Rouergat le plus cultivé et le plus aimable de son temps. On l'eût peut-être même pris pour un Parisien, quand on ne faisait que le voir, mais la foule venait pour l'entendre, et, dès lors, l'illusion ne pouvait durer. L'accent trahissait le montagnard, c'était un cachet du pays, une impression du terroir à laquelle il n'était plus possible de se tromper. Est-il vrai que cette impression nuisait peu au charme de son éloquence ? Il est difficile aujourd'hui de s'en assurer. Beaucoup disaient même qu'on l'a prenait bien vite en habitude et qu'elle finissait par être agréable. Cela paraît malaisé à croire, car le timbre de la voix, la netteté, l'élégance et la distinction de l'accent contribuent toujours sensiblement au succès du discours.

Les conférences de Frayssinous, quoique totalement étrangères à la politique ou peut-être pour cela même, ne tardèrent pas à inquiéter lé gouvernement ombrageux de Napoléon. L'orateur n'avait rien dit à la louange du grand homme, et ce silence suffisait à le faire trouver suspect. Fontanes, qui était son ami, se chargea de l'avertir. Il fallait faire un éloge du maître ou renoncer au ministère de la parole. Le sacrifice de ce grain d'encens fut pénible à l'orateur chrétien. Mais il était inévitable, et Frayssinous prit donc son parti, après bien des hésitations et des conseils, de « remercier du haut de la chaire la Providence de Dieu d'avoir employé une main puissante à relever les autels ». Certes, c'était ne dire que la vérité; c'était d'ailleurs dire peu de chose, et s'en tirer à bien bon marché. L'orateur cependant eut la double chance de contenter le gouvernement qui pour ce simple mot le nomma inspecteur d'académie et de ne pas blesser les royalistes qui ne le lui reprochèrent jamais; mais les libéraux se montrèrent plus exigeants. Après la Restauration, ils affectèrent de rappeler ce fait en criant à la flatterie et de traiter le prédicateur de courtisan. L'interdiction définitive de ses conférences, arrivée en 1809, ne suffisait pas à calmer leurs hypocrites colères. Condamné au silence pour avoir déplu dans ces discours, le saint prêtre n'en restait pas moins pour eux un flatteur.

En 1814 Frayssinous remonta dans sa chaire et la trouva plus environnée que jamais. Ce retour, cette constance de la vogue après un silence de cinq années, est un phénomène extraordinaire et dont on trouverait bien peu d'exemples. Quelle épreuve et quel écueil qu'une si longue interruption ! tant d'événements se produisent en cinq années ! tant de réputations paraissent et disparaissent ! tant de changements surviennent dans les goûts et les idées du public ! La plupart des orateurs appréciés seraient hors de mode et ne trouveraient plus leur gloire s'ils reparaissaient après un aussi long silence. Il faut rester en présence du public et soutenir son admiration si l'on veut rester en possession de la gloire. Frayssinous n'avait rien perdu de la sienne. Il parla au contraire avec plus de charme que jamais, tous ses talents parurent augmentés, tant par le progrès que fait toujours un esprit supérieur en avançant vers la maturité de l'âge que par l'influence de la liberté rendue à la France et qui se faisait sentir dans les genres et dans les sujets même les plus étrangers à la politique. Le génie, pour prendre son essor, a besoin de ne sentir aucune entrave, et il ne dit rien comme il voudrait, quand il ne dit pas tout ce qu'il veut.

Frayssinous et ses conférences en sont la preuve, l'orateur put dire tout ce qu'il voulut sous l'égide d'un gouvernement ami et protecteur de la religion ; plus de police, plus d'espions pour surveiller et dénoncer le moindre mot, plus de tyran dont il fallût à tout prix faire l'éloge, toutes les barrières étaient tombées devant la parole sainte, elle planait puissante et libre au-dessus de tout et de tous. Mais, à la place de ces entraves imposées par un despotisme exécré, n'allait-elle pas trouver des liens dans sa gratitude elle-même et dans son amour envers les pouvoirs nouveaux ? Que de soins, que d'égards, allaient s'imposer à elle ! Quoique libre et sincère dans ses félicitations et ses éloges, n'allait-elle pas paraître charmée, gagnée et, par conséquent, un peu asservie ? Plus d'un apologiste regrettait sous les empereurs chrétiens cette fière indépendance des premiers défenseurs de la foi qui écrivaient et prêchaient sous la menace de la mort !

Voici comment Frayssinous inaugurait en 1814 sa nouvelle prédication :

« Enfin, messieurs, après plus de vingt années de divisions religieuses et politiques, de discordes intestines et de guerres étrangères, d'événements et de catastrophes qui ont renversé tant de trônes, bouleversé tant de nations, fait couler tant de sang et de larmes ; la France respire, l'Europe est en paix et le monde social repose de nouveau sur sa base éternelle : la religion et la morale... Voyez ces anciennes dynasties qui semblaient abattues pour toujours se relever sous nos yeux..... Le ciel nous l'a donc rendue, cette famille, objet de tant de regrets, de tant de vœux, si chère à tout ce qui porte un cœur français, rappelée par notre amour comme par la loi fondamentale du royaume... »

L'orateur continuait sur le même ton d'enthousiasme royaliste, et tout son discours s'en ressentait. Sans doute ces sentiments étaient vrais et la France d'alors y répondait avec ardeur, toutefois ils n'étaient point unanimes, et, en tout cas, la suite a prouvé qu'ils ne devaient point être éternels. Peut-être eût-il mieux valu en supprimer l'expression, peut-être les anciens discours de notre orateur, dans lesquels aucune impression d'actualité ne se mêlait aux instructions philosophiques et théologiques, avaient-ils par là même un caractère de généralité simple et austère plus digne de l'assistance chrétienne. Mais la restauration des Bourbons était saluée par tous les cœurs avec une inexprimable allégresse ; l'alliance intime du trône et de l'autel paraissait désormais indissoluble, et tous les discours religieux la célébraient. Fraysssinous même se livra moins que les autres à l'entraînement général ; il lui paya même comme tous un large tribut. C'était descendre peut-être et déchoir, cela parut alors au contraire s'élever ; et cela fit surtout grandir la situation de l'orateur. Nous savons tout ce qu'il devint. Si la monarchie légitime eût duré quelques années de plus, il n'eût pu refuser plus longtemps le cardinalat et sa fortune n'eût plus connu ni limites ni pareilles. Il ne lui eût manqué que la souveraineté politique et pontificale.

Fraysssinous ne fut pas ébloui par sa prodigieuse élévation ; devenu académicien, pair de France, aumônier du roi, évêque, ministre, il vécut toujours comme un simple prêtre dépassant par sa modestie et sa piété tous les autres ministres ecclésiastiques dont la France moderne a pu s'honorer. Il fallait remonter au célèbre abbé de Saint-Denis, Suger, pour avoir un autre exemple de tant de puissance unie à de si humbles vertus. Un fait éclatant qui prouve le peu d'estime de Fraysssinous pour les grandeurs, c'est que, au comble de sa puissance, il ne fit et ne demanda rien pour son inséparable ami l'abbé Boyer. Sans doute ce dernier ne voulut pas que le ministre s'occupât de lui ; on peut même supposer que des offres lui furent faites et qu'il les refusa absolument, mais si le prélat eût goûté, comme un autre homme, la puissance et les honneurs, il eût forcé son ami à les partager. Nos deux amis restèrent unis comme deux frères, ils se tutoyaient même, dit-on, dans le tête-à-tête, parlant avec délices du pays et dans la langue du pays, mais Boyer resta simple prêtre sans aucune dignité ni décoration ; ils riaient ensemble de ces vanités si chères à l'ambition humaine et ils estimaient le plus sage et le plus heureux celui qui avait su s'en affranchir.

Fraysssinous fit des sermons et des oraisons funèbres, on l'entendit dans des occasions que Bossuet aurait enviées, devant des cercueils et des auditoires qui semblaient exiger un génie comme le sien. La mémoire de Louis XVIII surtout, de ce roi de tant d'infortunes et de tant d'exils qui mourait enfin paisiblement sur son trône au milieu de l'admiration de l'univers, aurait demandé un panégyriste supérieur à tous. Si l'évêque d'Hermopolis ne fut entièrement pas à la hauteur du sujet, il égala du moins l'attente publique, par l'ampleur du style et la vérité du sentiment. Comme toujours, la pensée n'eut rien d'extraordinaire. Il dit ce qui était dans l'esprit de tous; mais les événements qu'il y avait à rappeler étaient si grands par eux-mêmes, si tragiques, si prodigieux; ils inspiraient à tous des idées si hautes et si graves que l'orateur n'eut qu'à les traduire dans un langage convenable pour être saisissant et solennel.

A la tribune, Frayssinous fut souvent obligé d'improviser, comme tous les ministres attaqués sur les actes de l'administration. C'était un danger, ce pouvait être un écueil pour notre conférencier habitué à réciter au milieu d'un profond silence des discours toujours soigneusement préparés. Il s'en tira cependant avec bonheur. On eût dit même qu'il avait pour l'improvisation une aptitude particulière, c'était l'ancien catéchiste de Saint-Sulpice qui reparaissait, répondant aux objections des libéraux, comme à celles des *avocats du diable*, avec une aisance, un à-propos, une facilité presque sans pareils. Il y avait dans l'évêque-ministre quelque chose de MM. Thiers et Dupanloup qu'on a tant admirés depuis. Mais une des qualités qui avait le mieux servi le conférencier devenait un grave défaut pour le ministre. Il parlait à la tribune de la Chambre avec la même candeur que dans la chaire de Saint-Sulpice, avouant toute vérité et quelquefois celles qu'il eût absolument fallu taire, se faisant à lui-même des objections auxquelles l'ennemi n'eût pas pensé, et lui fournissant des armes pour l'attaquer, enfin ne cachant rien de ses opinions et de ses idées. La gauche trépignait de joie en voyant ces ingénuités dont elle s'apprêtait à profiter, et le ministre prenant pour des applaudissements à sa loyauté ces joies causées à l'ennemi par ses imprudences, allait toujours et se compromettait de plus en plus.

En 1817, avant d'être encore évêque, mais à l'apogée déjà de sa gloire d'orateur, Frayssinous avait composé un petit livre intitulé : *les vrais Principes de l'Eglise gallicane*. La pensée de cet ouvrage n'était pas, comme son titre pourrait le faire penser, de défendre le gallicanisme contre les ultramontains ses adversaires naturels, mais, au contraire, de réduire à son minimum les divergences des deux écoles et de rapprocher le plus possible du Saint-Siège tous ses ennemis, en leur ôtant le prétexte toujours allégué et exploité des controverses élevées dans nos écoles sur les limites de son pouvoir. Gallican, Frayssinous l'était aussi peu que possible et surtout il redoutait les témérités de ceux qui l'étaient avec ardeur ; aussi son petit livre fut-il très bien accueilli par la grande majorité du clergé et des catholiques qui composait comme le parti du *centre* et voulait garder le titre et l'effigie de la tradition gallicane, tout en se montrant pour le Pape d'une soumission sans réserve ; mais les partis extrêmes ou plutôt bien tranchés et bien déclarés en firent peu de cas, comme d'une œuvre sans portée précise et d'une médiocre valeur. Il avait dit avec émotion : « Soyons gallicans, mais soyons catholiques. » A gauche, on répondit : « Vous êtes un jésuite ! » A droite, on s'écria, avec le vieil archevêque de Bordeaux, Dubois de Sanzay : « Soyons simplement catholiques, n'est-ce pas mieux ? » Frayssinous ajoutait, en terminant les *Vrais Principes :* « Soyons au moins modestes comme Bossuet, ce n'est pas trop exiger. » Que voulait-il dire ? Que Bossuet n'était pas trop modeste ? C'est une opinion que tout le monde ne partagerait pas, mais qui n'aurait rien à faire ici. Que nous avons plus de raison de l'être que ce grand homme ? Sans doute ; mais cette moralité, quel rapport a-t-elle avec la question ?

Ce petit livre, le seul que Frayssinous eût publié, fut son titre au choix de l'Académie, qui l'appela dans son sein en 1822. Les journaux de l'opposition jetèrent les hauts cris sur l'exiguïté de ce bagage littéraire, mais les conférences de Saint-Sulpice, réunies en trois volumes, et formant un cours complet d'apologétique chrétienne ont, par une vogue sans pareille, vengé notre prélat de ces injustes critiques et justifié le choix de l'Académie.

Passons le ministère de M. Frayssinous et sa grande maîtrise de l'Université. Non seulement l'espace nous manquerait pour tout dire, mais nous ne devons même pas tout effleurer. L'Université, ce grand rouage de la tyrannie pédagogique, avait déjà produit les fruits qu'on en pouvait attendre. Tout l'enseignement national s'était fait servile jusqu'à l'abjection devant l'Empereur, insoumis jusqu'à l'impiété devant Dieu ; puis, quand le pouvoir politique était devenu à la fois débonnaire et religieux, l'Université s'était montrée audacieuse envers l'un comme envers l'autre, irréligieuse et révolutionnaire. Le mot de la difficulté, le remède, la solution n'étaient pas difficiles à indiquer. La jeune école de Lacordaire et de Montalembert le proclama bientôt après devant la France entière : c'était la liberté d'enseignement. Tous les esprits éclairés le reconnurent bientôt et le déclarèrent à l'envi. Les journaux, les députés, les évêques, les brochures, tout le monde, on peut le dire, s'accorda bientôt, hormis l'Université et la royauté de Juillet, pour crier vive la liberté ! Mais, au milieu de la Restauration, personne n'en avait encore l'idée, et l'on eût paru révolutionnaire pour en avoir seulement proposé le nom. Liberté, concurrence auraient paru des paroles de la dernière imprudence, des utopies, des rêveries. Frayssinous n'en eut pas l'idée plus que les autres. Il voulut, comme tous les gens de bien, corriger ou plutôt convertir l'Université. Et, pour cela, deux moyens se présentaient à son esprit, moyens rationnels, et par conséquent efficaces et féconds : la réforme des programmes où la place et la part seraient faites plus grandes à la religion, et l'amélioration du personnel. Ces deux moyens étaient excellents, le second même aurait pu suffire à tout, mais comment l'employer dans une assez large proportion ? Les vides produits par les mises à la retraite étaient peu nombreux. Il eût fallu recourir aux destitutions en masse, car le corps presqu'entier était vicié. Or, ces grandes mesures ne sont pas à la portée des gouvernements affaiblis et des caractères timides. Quelques hommes religieux, quelques prêtres même furent placés à la tête des lycées ou dans les chaires des hautes classes. C'étaient de rares et impuissantes exceptions. Isolés, combattus, ou même quelquefois raillés, que pouvaient-ils contre le torrent ? Heureux quand ils n'étaient pas emportés eux-mêmes. Grâce à la faculté donnée par la loi de choisir librement les directeurs de leurs séminaires, sept ou huit évêques avaient confié les leurs aux jésuites. Ces petits séminaires devinrent les plus brillants établissements du monde : on y courait de toutes parts, les élèves s'y comptaient par milliers, au point que la révolution s'en alarma et força le monarque à exécuter les lois portées autrefois contre les jésuites, en interdisant l'enseignement à ces religieux. Frayssinous avait quitté le ministère depuis peu, quand cette proscription fut accomplie. Il la blâma sincèrement en elle-même, comme injuste et funeste, mais en plaignant et en respectant le roi, qui croyait pouvoir l'accorder à un insurmontable courant d'opinion.

Il reposait loin du monde, dans ses tranquilles montagnes, après la révolution de 1830, quand Charles X l'appela tout à coup à remplir, auprès de son petit-fils, les fonctions de précepteur. Le prélat avait soixante-sept ans : ce n'est pas l'âge des préceptorats, c'est encore moins celui des exils volontaires et des grands voyages. Frayssinous cependant n'hésita pas. Il avait renoncé à la pairie par fidélité aux Bourbons ; il renonça de même à son repos, à sa patrie et à ses chères montagnes, patrie plus intime et peut-être encore plus aimée que l'autre. Il partit pour Prague, où Henri et son vénérable aïeul l'attendaient. Il faut le dire, ces actes de dévouement ne furent pas accomplis sans quelques regrets exhalés dans le sein de l'amitié. Peut-être ces regrets si naturels à un vieillard, ami du repos, dont il commençait à peine à jouir, ne furent-ils pas sans influence sur sa manière d'apprécier ses importantes fonctions et son auguste élève. Toujours est-il qu'il n'éprouva pas l'enthousiasme que le prince inspirait à tous et qu'il ne crut guère aux présages qu'on en tirait pour ses destinées. Il écrivait, prêt à partir pour Prague, à M. l'abbé Trébuquet, son intime ami, en implorant son concours : « Venez avec moi ; quoiqu'il puisse arriver, ce sera toujours une âme à sauver. Priez et résignez-vous. » Et quelques jours plus tard : « Ne faisons plus de politique, c'est du temps perdu. » Après six mois de séjour à Prague il écrivait à M. de Clermont-Tonnerre : « Avec de l'esprit, un sens droit et une grande vivacité de conception, l'on pourrait rester toute la vie un homme fort médiocre si l'on n'a point le goût du travail, une application soutenue, de l'empire sur soi-même et l'habitude de se gêner pour les autres. Si la nature a fait beaucoup pour notre prince, il lui reste encore beaucoup à faire, s'il ne veut pas rendre inutiles les dons qu'il en a reçus. » Enfin, les lignes suivantes, adressées à M. Boyer, marquent encore moins d'enthousiasme : « J'aurais dû regarder comme un avertissement du ciel le sentiment profond que j'avais de mon inaptitude. Si j'avais connu ce que je vois, c'eût été une folie de ma part de m'y exposer, au lieu de rester dans nos montagnes et d'y terminer mes jours, sinon avec éclat, du moins honorablement. »

Toujours ses chères montagnes ; c'est à travers les profonds regrets de les avoir quittées que le précepteur *résigné* juge tout le monde et toute chose, mais cet ennui le pousse en vérité trop loin quand il lui fait écrire : « Ailleurs, j'aurais fini ma vie, sinon avec éclat, du moins honorablement. » L'éclat sans doute n'était pas à Prague, mais le vieux prélat pouvait-il encore y tenir ? Quant à *l'honneur*, nulle part il ne l'eût trouvé plus grand et plus pur.

Frayssinous reçut le dernier soupir de Charles X, ce monarque comme il l'appelait, « si vénérable et si chéri ». Bientôt il éprouva lui-même les graves atteintes de la maladie qui devait l'emporter ; il eut dès 1835 plusieurs attaques de paralysie qu'on appelait devant lui des crises de nerfs, et sur lesquelles il ne se fit pas d'illusion. Elles redoublèrent son ennui de l'enseignement et surtout de l'exil. Enfin en 1838, après avoir éprouvé de nouvelles attaques, il obtint de la famille royale la permission de rentrer en France. Les adieux furent sensibles et solennels. Le jeune prince aimait et vénérait son vieux maître, le duc et la duchesse d'Angoulême voyaient avec douleur s'éloigner un de leurs plus fidèles amis. Quant au prélat, rendu enfin à la liberté et à la France, il se prit à regretter amèrement cette noble et sainte famille, et surtout le jeune prince que la Providence lui avait confié. Ses lettres datées de Paris expriment une vivacité de sentiment qu'on ne trouvait guère dans celles de Pragues, tant il est rare qu'un peu de sentiment personnel ne se mêle pas aux dévouements les plus généreux. Cent jeunes prêtres se seraient fait un honneur et une joie d'accepter les fonctions de précepteur du prince exilé, et auraient trouvé dans la célébrité de leur sacrifice comme dans la reconnaissance de la première famille du monde, une précieuse récompense de leurs travaux et de leur exil. Parvenu à l'apogée de la gloire, notre saint et vieux prélat n'y vit jamais qu'un dévouement au-dessus de toute compensation.

Frayssinous ne jouit que peu de temps de la patrie recouvrée. Rentré en France au mois d'octobre 1838, il mourut à la fin de 1841. Ces trois années furent pour lui un triomphe continuel. Celles de l'exil avaient ajouté une auréole de plus à son front, l'auréole d'un grand sacrifice à la cause des rois qui gardaient encore tant d'amis. On savait d'ailleurs que son désintéressement avait égalé son courage et qu'il avait refusé toutes les marques de la munificence des princes. La fidélité monarchique courait au devant de lui, on lui demandait les moindres détails sur les princes et les princesses et avant tout sur l'enfant royal. Les plus beaux salons le réclamaient. Il était l'idole des familles aristocratiques, les larmes coulaient à ses nobles et touchants récits. Il put comprendre alors que rien n'était plus « honorable » et même plus glorieux que cette ligne de fidélité et de dévouement. Un jour, qu'il était à Notre-Dame au milieu des prêtres qui remplissaient le banc de l'œuvre, en face de la chaire occupée par Ravignan, l'orateur ayant tout à coup salué son vénérable prédécesseur dans l'œuvre des conférences, une profonde sensation se fit dans l'assistance, ce fut comme un tressaillement général, tous les yeux se précipitèrent vers le vieil évêque, et, sans que le silence du lieu saint fût troublé, il se fit comme un murmure d'admiration et de joie. Enfin les lettres du duc de Bordeaux, comme l'appelait toujours son vieux maître, partisan de la nullité des abdications de Saint-Cloud, et de la royauté de Louis XIX, lui portaient par tous les courriers les expressions d'une tendresse, d'une gratitude dignes à elles seules de payer le sacrifice de toute une vie. Noble nature de roi pour qui tous les devoirs étaient une inclination naturelle et un bonheur! Quand le vieil évêque eut rendu le dernier soupir dans ses montagnes tant aimées, Henri réclama l'honneur d'élever un monument à son vieux maître. Ce tombeau se voit toujours dans l'église de Saint-Geniez où l'évêque d'Hermopolis voulut prendre son dernier repos. Il atteste la reconnaissance de l'auguste élève, et, par conséquent, les vertus du maître ; il est le digne couronnement de cette vie d'évêque, une des plus pleines, des plus saintes et des plus heureuses de notre temps.

PASQUIER

Né en 1767, académicien en 1842, mort en 1863.

Si nous n'avions à voir dans M. Pasquier que l'homme de lettres, notre travail ne serait pas long, car cet illustre académicien n'a guère donné au public que la collection de ses *discours*, collection volumineuse il est vrai, mais qui peut être appréciée en peu de mots. Si ses amis, en effet, et les nombreux clients qu'il a toujours dus à ses éminentes situations les ont trouvés admirables, les critiques indépendants, ceux dont les jugements font autorité, n'ont jamais partagé cet enthousiasme de coterie ou de convention. M. le duc Pasquier avait un esprit très étendu, très présent, très prompt, avec une admirable possession de lui-même et un grand sentiment de sa supériorité aristocratique et de sa valeur personnelle. La fierté d'une ancienne race s'unissait en lui à ce ton d'autorité que donne presque toujours l'habitude des hautes fonctions judiciaires et administratives. C'était un grand seigneur de robe. A l'élégante facilité du gentilhomme il unissait l'aplomb du magistrat, la suffisance dédaigneuse des doctrinaires et même un peu de l'impertinence du parvenu. Ajoutons que les hommes de ce caractère, et dans ce temps-là les membres de cette coterie, se soutenaient et se faisaient valoir les uns les autres avec le soin le plus attentif, et nous comprendrons sans peine la réputation qu'on a faite aux œuvres oratoires de M. le duc Pasquier et l'espèce de vogue qu'elles ont obtenue. C'est une renommée factice dont il ne reste déjà que peu de chose et à laquelle peu d'hommes éminents ont donné la main. *Timon* lui-même, si prodigue d'éloges dans ses *Orateurs* pour tout ce qui n'est pas positivement royaliste, *Timon*, qui a donné vingt portraits en pied et une quarantaine en buste pris parmi les célébrités de la tribune, n'a pas même nommé cet orateur que les historiens de son parti affectaient de porter si haut. Il y a là plus qu'une omission volontaire et de parti pris, il y a probablement un oubli sincère, et cela dit tout.

Ce n'est pas néanmoins que le duc Pasquier n'eût aucune valeur oratoire. Il exposait habilement les questions d'affaires en les rattachant aux intérêts de son ministère et de son parti. Il répondait avec prestesse et facilité aux objections et montrait sur les sujets d'administration ou de finances un véritable mérite. Il imposait par la hardiesse de ses déclarations et la suffisance de ses jugements. Avec un système de réserves affectées et de réticences habiles, il arrivait à persuader à plusieurs qu'il en savait plus qu'il n'en pouvait dire, et qu'il avait encore raison quand il ne pouvait le démontrer. On lui supposait des vues plus hautes qu'il ne devait pas exposer, des confidences augustes, des révélations mystérieuses dont le secret ne pouvait être mis à jour. C'étaient des ressources très précieuses, ou même si l'on veut des moyens considérables pour se faire écouter dans une assemblée, ce n'était pas un vrai talent de lumière et d'entraînement. M. le duc Pasquier était un homme d'Etat, ce ne fut jamais un grand orateur. Né sans fortune, inscrit au barreau d'une petite ville de province, sa réputation n'eût pas franchi la limite de l'arrondissement, elle ne fût pas devenue une véritable célébrité, elle n'eût jamais été surtout de la renommée et de la gloire.

J'ai dit que M. Pasquier était un homme d'Etat. Cela est vrai sans doute en un sens, mais qui n'est ni le plus élevé ni même le plus réel, car un homme d'Etat doit être avant tout un homme de principes, en possession d'une croyance, d'une idée, d'un but patriotique ou humanitaire. Or, tel n'était pas M. Pasquier. La moindre étude sur sa vie le prouverait bien. On n'y voit ni un symbole qu'il professe, ni un sentiment, une foi, une opinion dont il se soit fait le défenseur ou le soldat. Ils se trompaient ceux qui l'appelaient un doctrinaire, car les doctrinaires avaient un système assez défini auquel ils étaient énergiquement fidèles. Ce n'est pas même un juste-milieu comme on l'entendait en 1830, partisan de la quasi-légitimité ou d'une forme de gouvernement intermédiaire entre la tradition nationale et la révolution, entre l'autorité et la liberté, car il a tour à tour soutenu le despotisme de César, la royauté de droit divin et le trône démocratique de Juillet. S'il eût vécu, certainement il n'aurait pas refusé son adhésion à la république intitulée conservatrice de M. Thiers et du général de Mac-Mahon. Tous les régimes, tous les pouvoirs pouvaient réclamer et espérer son concours, hormis ceux de terreur et d'anarchie auxquels il répugnait moins par ses principes que par ses habitudes, sa tenue et ses intérêts de grand seigneur.

Il y a des hommes, et notre siècle en a mis beaucoup en évidence, qui ne peuvent ni se figurer un gouvernement fonctionnant sans eux, ni s'imaginer eux-mêmes étrangers au gouvernement, ni enfin vivre et se supporter sans fonctions publiques. Les grandes places sont plus pour eux qu'une ambition ou même qu'un besoin, elles sont une vraie nécessité de tempérament. Cette importance de leur personnalité est à proprement parler leur unique conviction, le drapeau de leur vie et toute leur religion. Tout est sauvé s'ils sont les maîtres, tout est perdu si l'on fait sans eux. Tout gouvernement est bon s'ils sont ministres ou ambassadeurs, mauvais si l'on se passe de leurs services. Infidèles à tout le reste, ils sont invariablement fidèles à eux-mêmes et à eux seuls. Tel fut notre illustre académicien. On l'appelait l'*inévitable* M. Pasquier, et le mot était bien trouvé.

Etienne-Denis Pasquier naquit à Paris le 22 avril 1767 dans une famille illustrée déjà par de grands magistrats et des littérateurs distingués. Il fut, très jeune encore, investi d'une charge au Parlement, mais dont il ne jouit que peu de mois, parce que la Révolution ne tarda pas à renverser les parlements comme toutes nos institutions nationales. Bientôt même elle s'en prit aux personnes et M. Pasquier faillit être sa victime. Emprisonné à Saint-Lazare dès les premiers jours de la Terreur, il y fut heureusement oublié, et, grâce sans doute aux amis qu'il savait dès lors se faire dans tous les camps, jusqu'au 9 thermidor qui fut pour lui comme pour tant d'autres le jour de la délivrance. Dès que Bonaparte parut le maître de l'avenir, Pasquier se fit solliciteur pour obtenir une place et fut nommé auditeur au Conseil d'Etat. Cambacérès, Regnault de Saint-Jean-d'Angely et Maret avaient fortement appuyé sa demande.

Bientôt il devint maître des requêtes, puis procureur général du sceau des titres, baron de l'Empire et enfin préfet de police après Dubois, qui fut disgracié à la suite d'un incendie survenu dans une fête et qui parut imputable à son incurie. Surpris lui-même en 1812 par la conspiration Mallet qui faillit renverser le trône de Napoléon, il en fut quitte pour une bourrade de la part du maître et garda sa place jusqu'en 1814.

A l'aspect des grands événements de cette année mémorable, son parti ne fut pas un moment douteux, il abandonna immédiatement Napoléon, son ancienne idole, et se prononça pour les Bourbons. Jusque-là, c'était chose assez naturelle, car la France entière fit comme lui, jusqu'à Ney, jusqu'à Drouot, jusqu'à Carnot lui-même ; mais, non content de tourner le dos à Bonaparte, il fit insérer dans les *Débats* plusieurs lettres où il le maltraitait assez rudement. Il fut, en conséquence, maintenu au Conseil d'Etat et appelé à la direction des ponts et chaussées. Tout allait donc pour le mieux, et M. Pasquier, comme ses pareils, s'admirait dans les grandes places sous le gouvernement des rois, quant tout à coup le télégraphe annonce le débarquement de Bonaparte, la défection de l'armée, et la marche rapide des aigles vers la capitale. Rien ne peut donner l'idée du trouble jeté par ce coup dans tout le monde officiel. Les fidèles étaient émus, mais fixés, ils ne demandaient qu'à combattre ; quant aux habiles, comment exprimer leur embarras ? Ils cherchaient pleins d'anxiété le chemin de la fortune et se jetaient au gré de leurs pressentiments divers dans les sens les plus opposés. M. Pasquier choisit celui qui pouvait le moins l'exposer. Il n'alla ni à Gand ni à Paris, et plus d'un biographe assure qu'il fit tout ce qu'il put, par l'intermédiaire d'amis dévoués, pour rentrer en grâce auprès de Bonaparte. Quoi qu'il en soit de son désir ou de ses refus, car d'autres ont insinué que Bonaparte au contraire lui fit des avances, la fortune ne tarda pas à se prononcer de nouveau pour les Bourbons, et M. Pasquier ne fut pas moins prompt la seconde fois que la première, à courir au-devant d'elle. Dès le 15 juillet 1815, il était garde des sceaux. Elu député bientôt après, il fut nommé par le roi président de la Chambre introuvable et vota presque toujours avec cette majorité, dont les sentiments royalistes étaient si ardents. Remplacé comme ministre à la fin de 1815, il reprit son portefeuille en janvier 1817, et le garda jusqu'après la dissolution de la chambre royaliste dont il avait été président, sans toutefois vouloir faire partie du premier ministère Decazes; mais, le vent soufflant toujours dans les voiles de ces prétendus libéraux, M. Pasquier n'était pas homme à naviguer longtemps contre lui. Le 19 novembre 1819, il accepta le ministère des relations étrangères, et le garda aussi longtemps que Louis XVIII persista dans sa vieille prévention contre les royalistes ; on pensait bien que ce serait jusqu'à la fin du règne. M. Pasquier, à l'apogée de sa fortune et sûr désormais du lendemain, bravait toutes les oppositions et ne gardait plus envers elles ni mesure ni ménagement. « Oui, s'écriait-il à la Chambre, nous demandons l'arbitraire... Oui, nous demandons la censure... Et quel gouvernement pourrait subsister avec la liberté de la presse ? » Il flattait ainsi les autoritaires et croyait plaire à M. de Villèle dont l'étoile montait de plus en plus. Il y fut cruellement trompé, car à peine M. de Villèle fut-il maître de la position, qu'il répudia M. Pasquier et tous les anciens partisans de l'Empire pour appeler au pouvoir avec lui les royalistes fidèles et dévoués.

Le duc Pasquier n'en revenait pas de cette audace de faire un ministère sans lui. Tous les habiles partageaient son étonnement. Royer-Collard avait dit d'un ton sentencieux ou même prophétique : « Les royalistes au pouvoir !... Ils n'y resteront pas huit jours ! » Ils y restèrent huit ans, et, si Charles X eût mieux résisté à l'exigence de ses ennemis, ils y seraient restés bien davantage, et lui, peut-être n'aurait pas perdu son trône.

Enfin la Révolution de 1830 arriva. M. Pasquier la prévoyait depuis longtemps, comme bien d'autres, et s'y préparait. Louis-Philippe le nomma président de la Chambre des pairs. Il eut, en cette qualité, à diriger les débats des grands procès politiques qui se déroulèrent devant cette Chambre et fut généralement loué de la modération et de la dignité qu'il garda dans ce rôle difficile. Il fut même, on doit le dire, particulièrement bienveillant pour les ministres de Charles X. Dans les discussions politiques, il écoutait avec attention et se bornait à rappeler à la question les orateurs qui s'en écartaient. Quant à lui, jamais il ne prit la parole, estimant sa carrière oratoire finie depuis qu'il était président. Il n'en avait pas moins d'influence sur la marche des affaires par les conseils intimes que Louis-Philippe aimait à prendre de lui. Ni M. Guizot, ni M. Thiers ne trouvaient en M. Pasquier un chaud partisan de leur politique et de leurs prétentions rivales. C'était au fond une question de grandeur personnelle; il les estimait des parvenus, et se rapprochait davantage de M. Molé, descendant comme lui d'une grande famille judiciaire. En 1837, Louis-Philippe rétablit pour la conférer à M. Pasquier la dignité de chancelier de France. Il lui donna en 1844 le titre de duc, à la place de celui de baron qu'il tenáit de Bonaparte et qui lui-même avait été remplacé par celui de comte sous Louis XVIII à la chute du ministère Decazes.

La Révolution de 1848 mit fin sans retour à la carrière politique du duc Pasquier qui d'ailleurs était âgé de quatre-vingt-un ans. Il vécut cependant encore treize ans, s'intéressant toujours aux affaires du pays et conservant jusqu'au dernier jour la force et la vivacité de son esprit. Il était membre de l'Académie française depuis le 27 février 1842, en remplacement de M. Frayssinous, évêque d'Hermopolis. Ce fut M. Mignet qui présida la séance de sa réception et répondit à son discours. Ses titres consistaient en ses *discours* entre lesquels on remarquait surtout un bel éloge de Cuvier prononcé par lui à la Chambre des pairs. Il a laissé de volumineux *mémoires* sur les événements dont il a été témoin, mais ils n'ont pas été donnés au public, du moins dans leur ensemble; car M. de Girardin en a publié dans les *Débats* de nombreux extraits sous le titre de *Souvenirs*. Peu d'hommes ont été plus souvent que M. Pasquier en contradiction avec eux-mêmes, mais peu aussi, par la dignité du maintien et la modération du langage et du caractère, ont mieux su effacer ou du moins atténuer ces changements de ligne si communs dans la vie des hommes publics.

M. DUFAURE

Né en 1798, académicien en 1863, mort en 1881.

Royer-Collard disait en 1828 : « La France est centre gauche. » C'était aussi l'opinion de M. Dufaure, et quand, l'un et l'autre, ils parlaient ainsi, ils voulaient dire aussi, la vérité est centre gauche, la raison, la justice, sont centre gauche. Je ne dis pas qu'ils eussent tort. Mais la signification du mot centre gauche a bien varié depuis Royer-Collard jusqu'à M. Ribot et peu s'en faut que le centre gauche de 1828 ne fût une vraie droite, et presque une extrême droite, dans les assemblées politiques d'aujourd'hui.

Pour M. Dufaure le centre gauche c'était la défense de tous les principes sociaux, liberté, ordre public, religion, propriété, jointe à une indifférence sincère pour toutes les formes de gouvernement, mais avec une répugnance souveraine pour l'ancien régime et pour tout ce qui pourrait le ramener parmi nous. M. Dufaure voulait la pleine liberté pour l'Eglise, mais sans action ni influence dans l'Etat catholique. Pratiquant lui-même, il avait gardé à propos de la domination des prêtres, toutes les préventions, toutes les craintes des Dupin et des Montlosier. Une restauration des rois légitimes l'aurait désolé ; il aurait cru voir à leur approche la liberté se voiler la face, et, à leur suite, tous les abus de l'ancien temps revenir. Mais ce danger une fois conjuré M. Dufaure était le conservateur le plus résolu, voulant la vraie liberté pour tous, abhorrant et fustigeant de sa parole sanglante les jacobins de tous les rangs, les anarchistes de tous les tons. Telle était la politique de M. Dufaure, et, à son avis, le vrai programme du centre gauche. La peur des Bourbons et l'amour de la liberté en étaient les notes essentielles. Le duc Pasquier, son prédécesseur à l'Académie, M. d'Audiffret-Pasquier, M. Montalembert, et même le duc de Broglie différaient peu sensiblement d'opinion avec lui.

M. Dufaure n'a rien écrit. C'est donc l'homme politique et l'avocat que nous aurions seuls à considérer. Ni l'un ni l'autre ne sont de notre ressort. Rappelons seulement les grandes dates de cette vie que tant d'événements ont agitée ; après quoi, nous dirons un mot du talent oratoire de M. Dufaure.

M. Dufaure est né à Saujon dans la Charente-Inférieure, le 4 décembre 1798. Il fit son droit à Paris et s'inscrivit au barreau de Bordeaux dont il fut bientôt un des membres les plus remarqués.

En 1834, il fut élu député par l'arrondissement de Saintes qui lui renouvela ce mandat jusqu'en 1848. Conseiller d'État en 1836, il passa à l'opposition, en 1838, contre le ministère Molé qu'il contribua à renverser, puis il accepta le portefeuille des travaux publics dans celui du maréchal Soult, tomba avec ses collègues en 1840 devant le ministère Thiers et refusa d'entrer au conseil avec M. Guizot, auquel cependant il ne fit pas d'opposition.

En 1848 M. Dufaure n'eut pas de peine de se rallier franchement à la République. Envoyé par son département à l'Assemblée constituante, il se prononça même pour le bannissement des princes d'Orléans. Nommé ministre de l'intérieur par Cavaignac, replongé dans la vie privée par le coup d'État du 2 Décembre, rendu à la politique et nommé député par trois départements après les événements de 1870, choisi pour ministre de la justice par M. Thiers, M. Dufaure se montra toujours le même; c'est-à-dire opposé à toutes les tendances réactionnaires et à tous les mouvements anarchiques. Redevenu simple député après la chute de M. Thiers, il vota tantôt avec le centre gauche, tantôt avec le centre droit, accordant au premier l'abolition de la lettre d'obédience pour les religieuses, avec la suppression des curés non résidents, et au second le maintien du budget des cultes et le refus de l'amnistie. Le maréchal de Mac-Mahon l'ayant appelé au ministère après les élections qui ôtaient la majorité aux conservateurs, il déjoua les dernières tentatives de restauration monarchique. Il alla même jusqu'à combattre les efforts de M. Dupanloup contre le centenaire de Voltaire et la validation de M. de Fourtou. « Que représentez-vous alors, lui cria la droite ? — Le libéralisme français de tout ce siècle, répondit-il, s'accommodant à la Constitution républicaine votée par les représentants du pays. » Il en vint jusqu'à s'opposer à ce que l'évêque d'Orléans fût élevé au cardinalat après le beau succès de sa campagne contre Voltaire.

M. Grévy voulait appeler Dufaure dans son premier cabinet, celui-ci eut la sagesse de refuser. Ses quatre-vingt-un ans n'étaient-ils pas une excuse indiscutable ? Bien lui valut d'avoir pris cette résolution, car si peu qu'il fût resté dans ce huitième ministère, la mort l'y aurait surpris, et il n'aurait eu ni tranquillité ni loisir pour la recevoir. Cette mort arriva en 1881, elle fut chrétienne comme la vie de M. Dufaure et donna occasion à une grande explosion de la haute estime et du respect sincère et profond que tous les partis avaient pour lui.

M. Dufaure, en effet, était la franchise personnifiée, il mettait même quelquefois trop peu de ménagement dans l'expression de son blâme ou de son mépris. Personne moins que lui ne faisait de frais pour se rendre aimable. Bref, froid, sec dans ses relations privées, il ne connaissait ni ces compliments insignifiants que la coutume du monde impose dans certains cas et dont la vanité parfois se contente, ni ces excuses polies, ces regrets ou ces paroles d'espérance par lesquelles les hommes d'Etat modèrent l'amertume de leurs refus. C'était un ministre sans pareil pour la rondeur, la netteté, et souvent la brusquerie de tous ses discours. Sa figure était à l'avenant de son caractère ainsi que son geste et sa voix. On eût dit un vieux maître d'école courroucé qui donne le fouet à ses élèves ; ses collègues dans les chambres, ou même dans le cabinet, avaient l'air d'être ses disciples, il les gourmandait avec sécheresse et dureté.

Le principe de son talent résidait tout entier dans la justesse incomparable de son esprit, jointe à une connaissance sans pareille du droit, de la procédure et des affaires en général. Ses consultations étaient des décisions toujours ratifiées par les tribunaux et par les cours. Il faut le dire même, la connaissance parfaite qu'il avait du cœur de l'homme, de ses passions, de ses mobiles, jointe aux renseignements exacts qu'il avait toujours sur le personnel des tribunaux et des cours, lui faisait facilement pressentir l'issue des procès sur lesquels on le consultait. C'était une véritable prophétie que l'événement ne manquait presque jamais de justifier.

Les questions politiques n'étaient pas moins familières à M. Dufaure ; au reste il n'en abordait jamais aucune sans l'avoir longtemps et solidement étudiée. C'est de là aussi que venaient souvent son dédain pour les hommes et son impatience des discours. Lui qui ne parlait d'une question qu'après l'avoir étudiée sous toutes les faces, il ne pouvait supporter d'être interrompu par des gens qui n'en savaient pas le premier mot, ni d'écouter pendant une heure tant d'oiseux qui parlent de tout sans rien savoir. « Son arme, disait Timon déjà en 1836, son arme est l'argumentation et il excelle à la manier. Il maîtrise les questions de droit, il les prend par tous les bouts, il les divise, les sépare, les déplisse, en quelque sorte, et les nettoie à fond. » « Il semble, dit Vapereau, avoir fait servir les qualités et les défauts de son organe nasillard et vibrant à l'effet de son éloquence âpre, concentrée, d'une logique imperturbable, d'une magistrale brièveté. Au palais comme à la chambre, M. Dufaure jouit d'une grande autorité et occupe une des plus hautes places. »

Dans la vie privée, M. Dufaure se montrait toujours respectable et digne, simple dans ses mœurs, modeste dans sa tenue, fidèle à tous ses engagements et à toutes ses amitiés, charitable, obligeant, sincère, il enlevait l'estime de tous ceux qui avaient l'occasion de le voir de près. A peine aurait-on pu lui reprocher un peu de sévérité dans les formes et un penchant à la gronderie. J'ai ouï dire de sa religion des choses très touchantes. Il se soumettait comme la plus humble brebis du troupeau à tous les règlements de l'Eglise, et à ses pasteurs.

Si, prêt à mourir, M. Daufaure, comme tant d'autres personnages respectables de son parti, a pu voir où nous entraînent les opinions et les hommes de la Gauche, peut-être aura-t-il compris que le danger de notre époque n'est pas du côté de la réaction, et que c'est à Droite qu'il eût fallu se porter résolument pour éviter les abîmes où la France paraît courir.

CHERBULIEZ

M. VICTOR CHERBULIEZ

Né en 1828, académicien en 1881.

Le 15 décembre 1881, l'Académie française recevait M. Coppée au nombre de ses membres. L'assistance était nombreuse, et, comme toujours, supérieurement composée. Des savants, des poètes, des gentilshommes, quelques ecclésiastiques distingués, et surtout un grand nombre de femmes du premier monde, toutes vêtues comme des reines, et pour la plupart, jeunes et fraîches comme des fleurs, composaient cette ravissante galerie.

M. Coppée parla le premier. Il est grand, mince, élancé, ses yeux sont doux, son visage souriant, une longue et belle chevelure encadre ses traits délicats. Il parut timide au premier abord, mais sa voix s'affermit bientôt; elle prit de l'assurance, du timbre, des modulations. Un geste sobre et contenu, mais noble et juste, l'assortissait; on eût dit une simple et naturelle causerie, soutenue pourtant, élevée, sensible surtout et touchante, mais sans ombre de déclamation. M. Coppée fit l'éloge de son prédécesseur, et il osa, peut-être pour faire admirer sa belle manière de dire les vers, réciter cinq ou six strophes de ceux du défunt. Les strophes étaient bien choisies, elles furent exprimées avec un sentiment et des grâces qu'un homme étranger à la cour des muses n'aurait pu trouver. L'assistance était ravie; ce naturel, cette finesse, cette vivacité douce, cette harmonie simple et profonde l'avaient enlevée; quand l'orateur eut fini, elle l'applaudit autrement qu'avec les mains ; comme un orateur dont on est content, ou même charmé, les yeux, les sourires, les cœurs applaudissaient à l'envi. C'était un succès, une conquête, un engouement.

M. Cherbuliez se leva ensuite et répondit au nouvel élu. Sa taille est moins belle, sa voix grêle et faible a moins d'harmonie. Quoique belle, sa physionomie est moins agréable, le binocle dont il ne se sépare jamais diminue l'expression de ses regards. Faut-il le dire? enfin, il a quinze ans de plus que son nouveau collègue et la jeunesse a un charme dont les auditoires sont toujours sensiblement touchés. Il fut beaucoup moins applaudi. Peut-être les hardiesses un peu originales dont son discours était émaillé avaient-elles effarouché le public toujours un peu gourmé des séances académiques, mais pour les amateurs de bon style, ce discours est un chef-d'œuvre d'esprit, de grâce, d'amabilité. Les éloges y sont à la fois vifs et discrets, la bienveillance y étincelle, les pensées justes, sages, délicates s'y rencontrent à tout moment. A la séance, on pouvait préférer le discours du jeune poète ; à la lecture, même, quand on sort de la séance, il est bien difficile de faire un choix ; ces deux discours sont délicieux. Quant à nous, qui ne connaissons guère de M. Cherbuliez que ce qu'il a dit dans cette occasion, nous admirons les dons charmants dont il est pourvu, et nous nous sentons disposés d'avance à bien augurer de toutes ses œuvres.

Victor Cherbuliez est né en 1828. Son père était professeur d'hébreu à Genève ; lui-même, il était occupé dans cette ville à donner des leçons particulières lorsqu'il se fit tout à coup connaître par des œuvres très distinguées. Il fit paraître à peu d'intervalle plusieurs romans dont le genre se rapproche de celui de George Sand, mais avec moins de hardiesse dans les conceptions et de force dans les intrigues. Les idées sociales et morales y sont aussi plus ménagées. Les principaux ont été publiés dans la *Revue des Deux-Mondes*, ce sont : le *Comte Kostia*, le *Prince Vital*, le *Roman d'une honnête femme*, *Miss Rovel*, l'*Idée de Jean Téterot*. Rien de plus agréable à lire que ces charmantes nouvelles. Le *Roman d'une honnête femme* surtout est très recherché des amateurs de bons livres ; l'auteur y a résolu le problème si difficile d'exciter au plus haut point l'intérêt sans exposer l'innocence. C'est un des romans si rares qu'une mère peut laisser lire à sa fille.

M. Cherbuliez a fait aussi quelques ouvrages d'un genre plus sérieux : l'*Allemagne politique*, l'*Espagne politique*, les *Etudes de la littérature et de l'art*. Enfin il a voulu travailler aussi pour le théâtre, mais deux drames en cinq actes qu'il a tirés de ses romans ont été peu accueillis.

Voici en quels termes l'auteur de la *Vie de Jésus* apprécie le talent de M. Cherbuliez : « Toujours, lui dit-il au jour de sa réception, toujours une haute pensée vous guide. Loin de songer à une imitation servile de la réalité, vous cherchez les combinaisons capables de mettre en lumière ce que la situation de l'homme a de tragique et de contradictoire. » Toujours un peu embrouillé, on le voit, le célèbre écrivain orientaliste (1). Mais laissons-le citer un bon mot du directeur de la *Revue des Deux-Mondes*. « Vous m'avez raconté, dit-il à M. Cherbuliez, qu'un jour à Ronjoux, un des convives qui se disait très exercé dans le discernement des champignons ayant fait servir sa récolte au dîner, il y eut un moment d'hésitation. Vous fûtes le seul à entamer bravement le plat suspect. M. Buloz vous regardait : « Cherbuliez, vous dit-il, que faites-vous? Vous n'avez pas fini votre roman pour la *Revue des Deux-Mondes*? »

En fait d'anecdotes amusantes et de mots d'esprit, M. Renan est moins heureux que M. Cherbuliez dans sa réponse à M. Coppée.

(1) Voir l'article Renan, page 394, au XXXe fauteuil.

XXXVᵉ FAUTEUIL (DIT DE CUVIER)

HABERT DE MONTMOR

Né vers 1600, académicien en 1634, mort en 1679.

Cet académicien était cousin de deux autres. Philippe Habert et Germain Habert que nous avons vus l'un au quatrième, l'autre au cinquième fauteuil parmi les fondateurs de la Compagnie. Il était conseiller du roi en ses conseils et maître des requêtes. La date de sa naissance n'est pas connue. On sait seulement qu'il est né à Paris. C'est là aussi qu'il est mort en 1679, et, en supposant qu'il avait au moins trente ans à la fondation de la société, on est amené à penser qu'il est né dans les premières années du xviiᵉ siècle.

« Il a beaucoup d'esprit, dit Chapelain, et l'a plus témoigné dans plusieurs épigrammes latines qu'en autre chose. Son amour pour les lettres et pour les gens de lettres est très ardent et quelquefois libéral. A force de subtilité et d'affectation de méthode dans ses raisonnements, il tombe dans la langueur et dans l'embarras. On n'a rien imprimé de lui, quoiqu'on dise qu'il a force choses commencées en matière de philosophie. Il fait profession de cartésianisme et le bruit est qu'il n'a érigé une assemblée académique chez lui que pour établir cette nouveauté et pour détruire la doctrine d'Aristote, en quoi il a trouvé de grandes contradictions. »

« Cette assemblée, dit Fénelon, se tenait une fois la semaine, on y traitait surtout de physique et de sciences naturelles. Sorbière, dans sa *Vie de Gassendi*, vante beaucoup l'hospitalité du maître du logis et de sa famille. Huet, évêque d'Avranches, ajoute que Montmort était un homme très instruit et très studieux. Il donna au public une bonne édition du philosophe Gassendi, son hôte et son ami, qui mourut dans sa maison et auquel même il fit élever un tombeau. Cette édition, il la fit précéder d'une préface de sa composition que Pélisson trouve écrite sensément et de bon goût. Quant au poème *De rerum natura*, où, à l'envi de Lucrèce, il avait développé toute la physique, il n'est pas venu jusqu'à nous. »

LAVAU

Académicien en 1679, mort en 1694.

Louis-Irland de Lavau, trésorier de Saint-Hilaire de Poitiers, garde des livres du cabinet du roi, fut reçu à l'Académie le 4 mai 1679 et mourut le 1er février 1694. La date de sa naissance n'est pas rapportée par les historiens. Il était d'une noblesse des plus anciennes, et fils d'un contrôleur général de la maison de la reine Anne d'Autriche. Sa fortune, quoique modeste, lui permettait de choisir assez librement la carrière qu'il voudrait embrasser. Il entra dans celle de la diplomatie et fut attaché à l'ambassade envoyée par Louis XIV à l'élection de l'empereur Léopold Ier, qui fut couronné à Francfort en 1658. Il visita ensuite toute l'Allemagne ainsi que le nord de l'Europe pour étudier les mœurs et les intérêts des cours ; de là il passa en Italie, toujours désireux de connaître les affaires des différents Etats. A son retour en France et après avoir éprouvé, dit-on, des contrariétés et des mécomptes, il renonça au monde et se mit dans l'état ecclésiastique « non point par ambition, dit d'Olivet, mais par goût et pour jouir d'une vie paisible et réglée ».

Au nombre de ses amis était le frère de Mme de Montespan, Louis de Rochechouard, duc de Mortemart et de Vivonne, dont Colbert désirait obtenir la fille pour son propre fils. L'abbé de Lavau fut employé par le ministre à cette négociation intime et y réussit parfaitement. Pour lui marquer sa reconnaissance, Colbert lui offrit le choix de la grâce qu'il voudrait, et l'abbé de Lavau lui demanda justement de le faire entrer dans l'Académie, c'est-à-dire la chose au monde sur laquelle il avait le moins de pouvoir, et qui du reste était d'autant plus difficile que l'abbé de Lavau, quoique savant et ami des lettres, n'avait jamais rien écrit. Il fut élu cependant grâce au crédit de son protecteur et surtout aux aimables qualités de son caractère modeste et doux. « Il était, lui dit l'abbé Gallois qui le reçut, de la justice de cette Compagnie d'avoir égard à la charge que vous exercez dans ce palais où elle a l'honneur de s'assembler, et il était raisonnable que les Muses de l'Académie française ayant été reçues dans le Louvre, les Muses du Louvre fussent aussi reçues dans l'Académie française. » C'était beaucoup moins flatteur au fond que sincère.

C'est Lavau qui fit prendre par l'Académie cette résolution que le directeur et le chancelier feraient les frais des funérailles du confrère qui mourrait pendant la durée de leur charge. Or il arriva que le grand Corneille étant mort la nuit du 30 septembre au 1er octobre, l'abbé de Lavau et Racine se disputèrent l'honneur de lui rendre les devoirs funèbres. « J'étais encore directeur quand il est mort, disait l'abbé de Lavau. — Et moi, répondait Racine, j'ai été nommé avant que le service pût être fait. » On en appela à l'Académie qui décida en faveur de l'abbé de Lavau, ce qui fit dire à Benserade : « Si quelqu'un de nous avait pu prétendre d'enterrer M. Corneille, c'était vous, Monsieur Racine, et vous ne l'avez pas fait. »

L'abbé de Lavau a laissé quelques discours qui ont du mérite. Directeur de la Compagnie à diverses reprises, la harangue qu'il prononça en cette qualité sur la mort de la Dauphine fut très admirée ; on n'applaudit pas moins celle qu'il fit le jour de la réception de Fontenelle.

CAUMARTIN

Né en 1668, académicien en 1694, mort en 1733.

Fils d'un illustre garde des sceaux, et frère d'un poète dont Boileau et Voltaire ont fait l'éloge, mais qui ne fut jamais académicien, Paul Lefèvre de Caumartin eut l'honneur de l'être sans avoir fait de poésies ni aucun ouvrage qui pût motiver le choix de la Compagnie ; c'était un grand seigneur par la naissance qui devint successivement évêque de Vannes et de Blois, et donna dans ces deux diocèses l'exemple des plus religieuses vertus. Il était né à Châlons-sur-Marne le 16 décembre 1868. Son père était l'intime ami du cardinal de Retz, qui lui témoigna toujours à lui-même la plus grande bonté. Il voulut être son parrain, le fit élever dans son palais et obtint pour lui, quoiqu'il n'eût encore que sept ans, l'abbaye de Buzay qui lui donnait le droit de présider une commission dans les Etats de Bretagne. A l'âge de huit ans, les Etats étant assemblés, il y prononça plusieurs discours qu'on lui avait dictés sans doute, mais qu'il sut rendre d'une manière digne d'admiration par la grâce naturelle, l'air d'intelligence et de sentiment qui brillaient dans son débit, « de sorte, dit de Boze, que le petit président, car c'est ainsi qu'on le nommait, fut la merveille de l'assemblée, l'entretien de toute la province et une nouvelle à la Cour. » Au retour des Etats personne ne crut qu'il fût convenable de réduire à l'obscurité d'un collège un enfant si étonnant et déjà si célèbre. « On lui loua, dit M. Tastet, une maison où une table était entretenue pour les gens de lettres, que ses maîtres jugeaient à propos d'y appeler. » Il fit les plus étonnants progrès, dépassa ses précepteurs en les forçant à des études plus approfondies, et porta si haut sa réputation que l'Académie française crut devoir l'admettre au nombre de ses membres, quoiqu'il n'eût pas achevé sa vingt-septième année et ne fût l'auteur d'aucun ouvrage donné au public. Exemple bientôt suivi par l'Académie des inscriptions et belles-lettres ; et dans ces deux sociétés savantes, Caumartin se fit admirer par l'étendue presque universelle de ses connaissances et les belles qualités de son caractère et de son cœur.

Un tel prêtre semblait devoir arriver très jeune aux honneurs de l'épiscopat. Caumartin cependant à quarante-huit ans n'en était pas encore investi. L'on a pu en voir la raison dans la notice de Clermont-Tonnerre au XXXIII° fauteuil. Il le faut cependant répéter ici, en reproduisant le détail donné dans la *Biographie universelle*. « Le discours adressé par lui à l'évêque de Noyon (Clermont-Tonnerre), connu presque uniquement par la haute idée qu'il avait de sa naissance et de son mérite, fut pris par le public et par l'Académie elle-même pour une ironie soutenue où il se moquait finement du récipiendaire en paraissant l'accabler de louanges. Témoin de l'effet qu'avait produit son discours l'abbé de Caumartin prit le parti de ne pas le donner à l'impression, et, en effet, il n'a vu le jour que longtemps après la mort des personnes intéressées. Quoi qu'il en soit, l'académicien qui, dans cette réponse, avait parlé de l'accueil fait par Louis XIV à l'orgueilleux évêque de Noyon n'obtint pas d'évêché du vivant de ce monarque offensé, dit-on. » C'est le régent qui nomma l'abbé de Caumartin à l'évêché de Vannes en 1717. Plus tard il fut transféré à celui de Blois où il mourut en 1733, au milieu de la vénération universelle. Boze prononça son éloge devant l'Académie des inscriptions et belles-lettres. Montcrif, son successeur à l'Académie française, fit aussi son panégyrique et reçut à cette occasion de grands applaudissements.

MONTCRIF

Né en 1687, académicien en 1733, mort en 1770.

François-Augustin Paradis de Montcrif est si peu célèbre qu'on ne trouve sa notice dans aucun de nos grands dictionnaires biographiques. L'*Histoire de l'Académie* de d'Alembert paraît être le seul ouvrage de ce genre et de ce temps qui se soit occupé de lui, mais en retour il le fait avec de fort beaux éloges et des détails historiques pleins d'intérêt qui font regretter que cette aimable vie soit si peu connue.

C'est à Paris que Montcrif est né en 1687, d'une famille noble, mais peu fortunée. Il ne pouvait dès lors devoir qu'à son seul talent et à son travail la place qu'il espérait tenir dans le monde, et l'on put croire un moment qu'elle serait fort petite, car il ne s'appliquait à aucune étude sérieuse et n'obtenait de succès que dans les arts d'agrément qui, d'ordinaire, ne mènent à rien. C'était un danseur et un musicien, un amateur de petits vers, un professeur distingué d'escrime. Comme il joignait à ces talents une conversation charmante, un esprit vif et enjoué et une excellente tenue, il se fit d'abord beaucoup d'amis, dont plusieurs étaient puissants et devinrent ses protecteurs. Il jouait la comédie dans les châteaux et fut bientôt invité par les princes eux-mêmes aux divertissements desquels il ajoutait beaucoup de vie et d'entrain. Le comte de Toulouse ayant fait son éloge à la reine Marie Leckzinska, cette princesse voulut le voir et l'attacha à sa cour en qualité de lecteur.

Montcrif profita de ces succès pour s'appliquer enfin à des travaux un peu moins frivoles. Il fit d'abord une comédie, l'*Oracle de Delphes,* qui fut applaudie, et un opéra, *Zelindor,* qui fit merveille et même, on peut le dire, fureur ; mais son *Rajeunissement inutile* quoique bien écrit fut moins heureux, et ses *Essais sur l'art de plaire* qui parurent inutiles, comme si la nature seule devait apprendre ce qu'il avait voulu enseigner, ne furent pas mieux accueillis. Une *Histoire des chats,* un roman des *Ames rivales* n'eurent aussi que des succès assez contestés. Mais sa réputation n'en faisait pas moins du chemin, et quand, pour plaire à la reine, il imprima ses *Cantiques spirituels,* l'Académie française crut devoir lui ouvrir ses rangs; des articles assez étudiés le firent admettre vers le même temps à celles de Berlin et de Nancy. Enfin son *Choix de chansons* fut très goûté dans le petits salons de la ville et de la cour.

D'Alembert a dit de lui :

« Si les talents aimables de M. de Montcrif le rendaient cher à ceux qui mettent tant de prix aux agréments, ses qualités personnelles doivent le rendre respectable à ceux qui mettent du prix aux vertus. »

Le comte d'Argenson, un de ses protecteurs les plus zélés, étant tombé dans la disgrâce; il obtint d'aller passer tous les ans plusieurs mois dans le lieu de son exil, pour le réjouir. Sa bourse était sans cesse ouverte aux indigents, assurés d'ailleurs d'un secret qu'ils n'avaient pas besoin de demander..... Il semblait avoir pris pour maxime ce proverbe musulman : « Fais du bien et jette-le dans la mer, si les poissons l'engloutissent Dieu s'en souviendra. »

ROQUELAURE

Né en 1721, académicien en 1770, mort en 1818.

Ce nom rappelle d'abord l'aimable et joyeux favori d'Henri IV, ainsi que son fils et son petit-fils, tous les trois célèbres par leur bravoure et l'originalité de leurs propos. Notre académicien n'appartient pas à cette famille. La sienne, quoique beaucoup moins illustre, était cependant une des plus distinguées de Rouergue ; il augmenta encore son illustration par les dignités dont il fut honoré et par la renommée de son esprit.

Jean Armand de Roquelaure naquit à Roquelaure, du diocèse de Rodez, en 1721. Il fut destiné de bonne heure à l'état ecclésiastique et reçu docteur en théologie. Nommé à l'âge de trente-trois ans évêque de Senlis, il devint premier aumônier du roi en 1767 et commandeur de l'ordre du Saint-Esprit. C'était à la Restauration le seul prélat français qui eût été reçu en ce grade avec les cérémonies anciennes, et comme il mourut en 1818, il n'en restait plus aucun, quand, à l'occasion de son sacre, Charles X fit une nouvelle promotion et une réception solennelle. L'Académie française lui ouvrit ses rangs en 1770, quoiqu'il n'eût publié aucun ouvrage, mais sans doute à cause de son esprit qui le faisait rechercher de tout le monde. *L'Ami de la religion* avait assuré dans un article nécrologique, qu'il avait refusé le serment, mais son principal rédacteur, M. Picot, dut rétracter cette assertion dans une notice publiée un peu plus tard. Le siège de Senlis ayant été supprimé, et M. de Roquelaure n'étant pas député à l'Assemblée nationale, aucun serment ne lui fut demandé.

Ce prélat fut du petit nombre de ceux qui ne quittèrent pas la France pendant la persécution ; mais comme M. d'Albaret, évêque de Sarlat et plusieurs autres il eut à s'en repentir, car il fut arrêté en 1793, par ordre du terrible Jean le Bon, et, seul de sa chambrée composée de dix-sept prisonniers, il ne périt pas sur l'échafaud. Il n'en avait sans doute que pour peu de jours quand Robespierre et sa faction furent renversés. Alors il sortit de prison et se retira à Crespy, petite ville de son diocèse où il passa les années assez paisibles de 1796 et de 1798. Il put même faire un voyage à Senlis où il officia publiquement. Mais la journée de Fructidor l'obligeant à se cacher de nouveau, il vécut à Crespy avec quelques membres de sa famille dans une profonde solitude jusqu'à l'établissement du Consulat. Sa persistance à ne pas se joindre aux émigrés lui valut la bienveillance de Bonaparte qui le nomma archevêque de Malines. Peut-être aussi le premier consul eut-il égard en le choisissant à son grand âge qui le rendait peu propre à une résistance énergique. Bonaparte en effet, dans la composition du nouvel épiscopat français, prit le moins qu'il put des anciens évêques, et choisit ceux qu'il prit parmi les plus vieux, au point de nommer à Paris M. de Belloy, un archevêque de quatre-vingt-treize ans.

Quoi qu'il en soit, Roquelaure gouverna son diocèse avec un zèle et une intelligence dignes d'un jeune évêque. De grandes discussions s'étant élevées dans son clergé au sujet du serment de haine à la royauté que quelques prêtres avaient cru pouvoir prêter en 1793 pour sauver leur vie et qu'un bien plus grand nombre avait refusé, il parvint à rétablir la concorde en obligeant les premiers à une rétractation publique et en défendant aux seconds d'infliger à leurs confrères la note d'hérétique ou de schismatique pour un acte blâmable sans doute, mais qui ne les mettait pas hors de l'Église. M. de Roquelaure jouissait du fruit de ses efforts conciliants, lorsque en ouvrant le *Moniteur*, il y vit deux nouvelles qui l'intéressaient sensiblement et dont il fut très étonné. La première était qu'il avait donné sa démission d'évêque de Malines, la seconde, qu'il était nommé chanoine de Saint-Denis. Il eût fallu crier au mensonge, refuser Saint-Denis et déclarer qu'on voulait rester à Malines malgré l'Empereur; mais Roquelaure avait quatre-vingt-huit ans, et Bonaparte qui voulait donner son siège à l'abbé de Prad avait bien prévu que cette lutte n'aurait pas lieu. M. de Roquelaure se retira à Paris et vécut encore dix ans sans rien perdre, dit-on, de son esprit; mais déjà presque entièrement privé de la vue et de l'ouïe. Il assistait fidèlement aux séances de l'Académie où on le voyait penché sur l'avant de son fauteuil, la tête tendue, la main derrière l'oreille en guise de pavillon, s'efforcer de prendre part aux travaux de ses collègues, dont il avait su d'ailleurs se faire aimer, à cause de ses douces vertus et de son admirable politesse.

« Plein de souvenirs, dit M. Daru, en recevant son successeur à l'Académie, il inspirait autant d'intérêt que de respect lorsqu'il nous entretenait de tous les grands hommes avec lesquels il avait vécu. A l'exemple de tous les vieillards pour qui les impressions récentes sont fugitives, il aimait à se reporter à quelque distance du temps présent et parlait de ces illustres morts comme s'il les eût quittés de la veille, comme s'il eût été encore dans leur intimité. Il nous en entretenait, non pour contenir l'amour-propre de ceux qui l'écoutaient, mais pour exprimer le charme qu'il avait toujours trouvé dans les relations littéraires; et nous n'avons pu voir sans quelque vanité que, forcé par son âge de renoncer aux soins de l'épiscopat, devenu insensible aux honneurs, son zèle pour l'Académie avait survécu à tous les autres intérêts. »

CUVIER

Né en 1769, académicien en 1818, mort en 1832.

Georges-Léopold-Chrétien-Frédéric Cuvier, le plus célèbre naturaliste de notre époque naquit le 23 août 1769 à Montbéliard, alors capitale d'une petite principauté de l'Empire germanique. Son père, ancien officier dans un des régiments suisses mis au service de la France, n'avait pour toute ressource qu'une modique pension, fort insuffisante pour l'entretien de sa nombreuse famille. Heureusement, Frédéric Cuvier trouva dans sa mère un très aimable et très habile précepteur qui lui expliquait les leçons de ses maîtres, l'occupait à dessiner, et, en lisant avec lui les livres de science et de littérature, les lui faisait trouver amusants et développait sans efforts ses goûts pour l'étude et ses admirables dispositions. A quatorze ans il avait fini ses classes et il s'apprêtait à suivre les cours de théologie protestante de l'Université de Tubingue pour embrasser l'état ecclésiastique, quand le recteur qu'il avait blessé par quelque parole de moquerie lui en interdit l'entrée. Dans le même temps le duc de Wurtemberg, souverain de Montbéliard, ayant entendu parler de cet intéressant jeune homme, de sa faute, et de sa disgrâce, le prit sous sa protection, et le fit recevoir comme élève à l'Académie de Stutgard où il étudia surtout le droit administratif, la botanique et les autres sciences naturelles. Avec ces connaissances il n'eût pas tardé à obtenir une place avantageuse dans l'administration, mais, la pauvreté de ses parents ne lui permettant pas de l'atteindre, il dut accepter un simple emploi de précepteur qui lui fut offert en Normandie. Il se rendit donc à Caen en 1788, à peine âgé de dix-huit ans, et commença au château de Riquainville l'éducation des enfants du comte d'Héricy qui dura jusqu'en 1795. Ainsi passèrent pour lui ces terribles années de la Révolution et de la Terreur. Quand la France était en proie à des convulsions sans exemple, tranquille et solitaire avec la famille de ses élèves il continuait les études sur la nature qui devaient porter si loin sa gloire.

Un prêtre retiré à Fécamp y cachait son caractère ecclésiastique en exerçant à l'hôpital militaire la profession de médecin, c'est à lui que Cuvier dut sa première fonction publique, car ce prêtre connaissant son mérite le fit charger d'ouvrir un cours public de botanique pour les étudiants de la ville ; de là Cuvier fut nommé professeur d'anatomie comparée au Muséum de Paris. Bientôt ses leçons furent admirées de tout le monde savant, et, quand l'Institut fut créé par la Convention prête à expirer, ce jeune professeur en fut nommé membre ; dès lors sa réputation s'étendit de plus en plus. Des rapports qu'il publia sur un grand nombre de questions scientifiques obtinrent l'assentiment général. Il imprima aussi ses leçons d'anatomie où la science la plus profonde et des découvertes précieuses étaient exposées dans un style plein d'élégance et de clarté. En 1801, il obtint une chaire au Collège de France et un poste d'inspecteur général de l'instruction publique. En attendant il publiait presque chaque année de nouveaux ouvrages toujours accueillis avec une grande faveur. En 1813, pendant qu'il était à Rome en cours d'inspection, Fontanes le fit nommer maître des requêtes au Conseil d'Etat où il fit admirer ses connaissances administratives comme on avait admiré partout ailleurs la profondeur de ses études scientifiques.

Loin de vouloir ôter à Cuvier cette grande position, Louis XVIII, juste appréciateur de tous les genres de mérite, nomma Cuvier conseiller d'Etat, et bientôt après directeur du Comité de l'intérieur. Il lui conféra plus tard des lettres de noblesse avec le titre de baron. C'est sous la Restauration que Cuvier publia son *Histoire des Poissons*, et son bel ouvrage en cinq volumes in-8° sur tout le règne des cétacés. En 1830, il fut élevé par Louis-Philippe à la dignité de pair de France, et la haute direction qu'il avait donnée au Comité de l'intérieur faisait songer à lui attribuer la présidence générale du Conseil d'Etat, quand la mort vint le frapper après cinq jours de maladie, le 13 mai 1832, dans la soixante-troisième année de son âge, alors que ses facultés étaient encore dans toute leur force et qu'il travaillait avec trop d'ardeur peut-être à une nouvelle édition de ses leçons sur l'*Anatomie comparée*.

Il n'est pas possible d'analyser ici les œuvres de Cuvier; elles ont été si nombreuses que leur simple énumération occuperait plus d'espace que nous n'en pouvons consacrer à cette notice dans un ouvrage, consacré surtout à l'histoire littéraire des membres de l'Académie. Encore moins faut-il mettre ici un exposé, même succinct, des doctrines de ce grand naturaliste. Ce qui nous intéresse surtout, c'est sa méthode et son style et c'est justement les deux points par où il a le plus excellé. Avant lui les classifications admises reposaient sur des caractères inexactement saisis, ou trop facilement acceptés. Aussi en résultait-il des rapprochements peu rationnels, de la confusion, de l'incertitude dans la composition des espèces et des genres. Avec un véritable et puissant génie, Cuvier retoucha tout ce travail, autorisé cependant par les plus beaux ouvrages et par des habitudes assez généralement consacrées pour ressembler à des traditions, et s'imposer comme des lois. Il étudia les sujets à fond, ceux surtout que leur extrême petitesse rendaient plus rebelles à la dissection anatomique, et saisissant des rapports réels et constants, il forma des groupes auxquels personne ne put contester le mérite de la rationalité et de la logique; la mémoire ainsi appuyée par l'observation eut désormais beaucoup moins à travailler. On retint des idées, des faits, de vraies lois par où la science devint à la fois moins difficile et moins aride.

Le style de Cuvier contribua autant pour le moins que sa méthode à faire sa célébrité. Clair et doux, élégant et simple, harmonieux même jusque dans les détails les plus compliqués, il rendit abordables aux gens du monde qui ne font pas profession d'être des savants, des études généralement considérées comme l'apanage exclusif des hommes absolument spéciaux. Il mit la science, non pas sans doute à la portée de tous, ce qui serait visiblement impossible, mais à la portée de bien des esprits qui n'auraient jamais pu s'élever jusqu'à elle. On peut lire un de ses ouvrages, même sans connaître à fond les éléments du sujet qu'il traite, car il les rappelle sans diffusion, sans longueur, et comme sous forme de causerie. Il enseigne en peu de mots ce qu'un autre supposerait qu'on sait à l'avance, et fait ainsi connaître chaque branche de la science, d'une manière sans doute incomplète, mais intéressante et gracieuse à ceux qui ne possèdent que très incomplètement les autres. Plusieurs de ces leçons ont eu une vogue que les ouvrages de ce genre n'obtiennent ordinairement pas, et que leurs auteurs n'oseraient pas seulement ambitionner. C'est la gloire et le bonheur des Buffon, des Arago, des Lacépède, des Laplace, et de tous les autres savants de premier ordre qui tous étaient des littérateurs distingués. Ces esprits sont trop éminents pour ne pas sentir la valeur des formes et le mérite de l'harmonie. Leur style se ressent de la clarté de leurs conceptions, et c'est lui qui, en rendant leurs œuvres vraiment populaires, leur a valu l'immortalité.

Flourens a publié une bonne *Histoire de la vie et des idées de Cuvier*. Charles Nodier fit son éloge devant l'Académie française. En voici quelques passages que le lecteur sera certainement heureux de trouver ici et qui donnent une idée parfaite de son genre et de son talent :

« Juge de la parole qui est aussi une des belles créations de Dieu, l'Académie honora en Cuvier la faculté d'exprimer avec une élégante correction, et souvent avec une éloquente énergie, les idées et les détails qui semblent le moins se prêter aux combinaisons du style et aux ornements du langage. Elle avait admiré en lui avec l'Europe entière l'homme de savoir et de génie qui donnait un autre univers à la pensée. Elle s'associa l'écrivain qui assouplissait notre langue à ces notions nouvelles, sans l'appauvrir d'un faux luxe comme l'aurait fait la médiocrité si la médiocrité découvrait quelque chose. Cette double illustration du savant et de l'écrivain n'a jamais été fort commune dans nos fastes littéraires. C'est que le privilège de rendre sensibles à toutes les intelligences les conceptions d'une intelligence élevée, comme Cuvier l'a fait dans ses ouvrages techniques, c'est que la propriété de raconter des faits vulgaires avec un charme entraînant et d'exposer des théories sévères et profondes avec une lumineuse simplicité comme Cuvier l'a fait dans ses excellents éloges académiques, c'est que l'alliance du talent qui embrasse une méthode avec puissance et du talent qui la développe avec les grâces vigoureuses d'un beau style, ne se trouve que chez les esprits d'élite qui comprennent leur pensée dans tous ses éléments, qui la possèdent dans toute son étendue, qui la suivent dans toutes ses applications et qui l'épanchent comme ils l'ont reçue avec ordre et avec clarté. Bien concevoir et bien juger, dit le plus sage des poètes anciens, c'est l'art même de bien écrire. Descartes, Leibnitz, Malebranche, Buffon, Laplace, Cuvier sont les modèles du langage, comme les maîtres de la science. »

Enfin Mme d'Altenheim rappelle en ces termes l'hommage rendu par Cuvier à la vérité scientifique de la Bible :

« C'est lui qui, assistant par l'intuition de son génie aux grands spectacles de la nature antédiluvienne, décrit un monde tout entier, enseveli sous le nôtre avec ses habitants. Il l'exploite comme une mine féconde, y ramasse d'une main les débris informes d'animaux disparus, et, de l'autre, les reconstruit dans leurs proportions gigantesques, sonde les profondeurs du monde pour en supputer l'âge et donne à la véracité des récits bibliques le plus magnifique témoignage en disant : « De toutes les cosmogonies celle de Moïse est la seule qui soit conforme à la nature. » Il y a loin de ces idées aux systèmes absurdes enfantés par la fausse science des Dupuis, des Volney et d'autres trop nombreux. Dans l'histoire naturelle, Cuvier effectua, en ce qui concerne la zoologie, une véritable révolution en substituant aux anciennes divisions arbitraires du règne animal une méthode de classification logique appuyée sur l'observation exacte et la comparaison rigoureuse des faits. Aussi tous les gouvernements qui se succédèrent en France, se plurent-ils à récompenser par toute sorte de titres et de distinctions l'homme qui avait honoré son pays par des travaux si profonds et des découvertes si magnifiques..... A ces hommes on doit assigner un rang à part, comme dans l'ordonnance générale des sphères à ces corps lumineux qui président aux évolutions du système planétaire et brillent d'un tout autre éclat que les constellations secondaires dont est parsemé le firmament. »

Cuvier était membre de toutes nos académies et de presque toutes celles de l'Europe. Il était secrétaire perpétuel de l'Académie française.

DUPIN AINÉ

Né en 1783, académicien en 1832, mort en 1865.

M. Dupin est un des types les plus achevés de l'inconstance politique, d'une versatilité que vous appelleriez effrontée, impudente et d'autant plus qu'elle se donne pour un principe et veut s'ériger en vertu. « J'ai toujours appartenu à la France et jamais aux partis, disait-il à la fin de sa vie, quand Napoléon III lui rendit son siège de procureur général à la Cour de cassation. » Les partis, c'étaient pour lui les gouvernements qui l'avaient élevé aux premières dignités, comblé d'honneur et de richesses, couvert de décorations, et qu'il abandonnait, sans hésiter, dès que la fortune se tournait contre eux. « J'ai toujours appartenu à la France, » c'est facile à dire, mais n'apparteniez-vous pas un peu à ces princes auxquels vous jurâtes tant de fois un dévouement immortel et qui vous comblaient de tant de biens? Mais qu'importent aux ambitieux la foi jurée et la gratitude? Ils courent après la fortune et ne servent en réalité qu'eux-mêmes.

Jamais ambition ne fut plus heureuse que celle de M. Dupin. Il devint procureur général à la Cour de cassation, président de la Chambre des députés, grand-croix de la Légion d'honneur, académicien et baron. Que pouvait-il désirer de plus? N'étant ni ecclésiastique ni militaire, comment espérer la crosse d'évêque ou le bâton de maréchal? Il gagna aussi beaucoup d'argent, « cumulant, comme dit Timon, tout ce qu'on peut cumuler d'or et de billets de banque ». La gloire même ne lui manqua pas, car son talent était des plus remarquables, et il obtint souvent les plus beaux succès. Cette estime du talent, il est vrai, n'est pas complète quand celle du caractère ne la suit pas; mais qu'y faire? On ne peut pas à la fois cumuler les gros traitements et passer pour un stoïque. Cette dernière gloire, Dupin aîné l'eut moins que personne. Sa versatilité connue de tout le monde lui attirait une sorte de mépris;

qu'augmentaient encore l'extrême grossièreté de sa tenue, la rudesse de son éducation et de ses manières. Il semblait que ce paysan du Danube, ce rustre, aux gros souliers, au sans-façon tout plébéien eût dû se contenter de la célébrité et de l'opulence ; on ne comprenait pas qu'il lui fallût encore des rubans, des plaques, et la faveur des princes et des princesses de toutes les dynasties. Aussi les brocards pleuvaient-ils sur lui quand on le voyait, lui ancien chef de l'opposition républicaine, sortir de la cour de Louis-Philippe et de celle de Napoléon Ier, où il avait rivalisé d'empressements et de révérences avec les pages des princesses et les jeunes auditeurs du Conseil d'État.

Les relations amicales que Dupin entretint toujours avec Berryer présentaient le contraste des deux caractères les plus opposés. Ils étaient à peu près du même âge, ils avaient été condisciples à la Faculté, émules, rivaux, et pourtant toujours amis. Bientôt cependant ils avaient cessé de marcher ensemble. Berryer s'était consacré à la défense de tous les principes sociaux : la liberté, la religion, la famille furent toujours ses clientes. La France était son idole, il la personnifiait dans le roi légitime et traditionnel comme dans son symbole le plus glorieux et le plus auguste. Il aimait l'autorité pour la liberté, et combattait également les abus, les excès de l'une et de l'autre, sans jamais rien attendre pour lui des gouvernements. Dupin, au contraire, qui s'était voué à l'opposition révolutionnaire sous les rois légitimes, afin d'arriver au pouvoir en les renversant, se moquait, une fois parvenu, de la liberté, de la démocratie, de l'égalité, vaines paroles dont il s'était fait des échelons, masque trompeur qu'il rejetait sans honte quand sa fortune était faite, comme font les acteurs après que la pièce est jouée. Chose étonnante ! Ces deux hommes ne différaient pas moins pour le ton et les manières que pour les opinions et le caractère. L'ambitieux, le courtisan, était aussi rustique et aussi rude que l'indépendant était affable et gracieux. Vous eussiez pris pour un farouche républicain le flatteur de tous les pouvoirs et pour un complaisant favori celui qui ne servait que la liberté.

Qui n'a vu Berryer et Dupin se promener ensemble dans les Pas-Perdus du Palais entre deux audiences de la cour ? Le premier avec sa robe noire de simple avocat, le second avec la simarre rouge, l'hermine et les galons d'or. Ils venaient de se contredire, de se combattre; mais oublieux des coups qu'ils s'étaient portés, ils se délassaient en causant comme des camarades des principes du droit que la cause avait fait évoquer et quelquefois aussi des nouvelles et des affaires du jour. Le public et surtout les stagiaires se rangeaient pour les voir et souvent pour les entendre, car ils parlaient si librement et si fort qu'on ne pouvait être accusé d'indiscrétion en les écoutant. La voix de Berryer était large et grave, un peu trop basse dans les derniers temps, mais toujours douce et veloutée; celle de Dupin, plus haute et plus sèche avec cet accent de sel gaulois, d'ironie joyeuse et un peu bruyante dont il ne se départit jamais. Ils riaient, ils se délassaient sous les regards du public sans en prendre le moindre souci, puis la clochette sonnait et ils se tendaient la main pour reprendre chacun sa place, l'un sur l'estrade présidentielle parmi les hauts dignitaires de la cour, l'autre au banc de la défense comme un simple avocat; tous les deux jouissaient d'un grand prestige, mais combien le respect était différent! Combien la véritable estime était inégale entre ces deux illustrations du Palais!

Jean-Jacques Dupin, dit Dupin aîné, célèbre jurisconsulte et magistrat, sénateur, ancien président de la Chambre des députés et de l'Assemblée législative, et membre de l'Académie française, naquit à Varzy (Nièvre), le 1er février 1783; il fut élevé, ainsi que ses deux frères, le baron Charles Dupin, et l'avocat Philippe Dupin, par les soins d'une mère dévouée et d'un père qui avait fait partie en 1791 de l'Assemblée législative. Il fit son droit à Paris et fut reçu docteur en 1802, tout en travaillant à la procédure dans une étude d'avoué. Ayant échoué dans le concours pour une chaire de droit, il se tourna vers le barreau, où il se fit d'abord une grande réputation; plus tard, en 1811, après avoir vainement demandé une place d'avocat général à la Cour de cassation, il fut adjoint à la commission chargée de la classification des lois françaises. En 1815, l'arrondissement de Chinon l'ayant nommé député, il s'engagea dans le parti qu'on appelait alors libéral et qui n'était qu'une opposition systématique au gouvernement des Bourbons, mais il échoua aux élections suivantes, et, dès 1816, nous le retrouvons au barreau où il se fit une très grande réputation. Chargé d'abord avec Berryer de la défense du maréchal Ney, il déclina la compétence du conseil de guerre qui devait être si favorable à l'accusé et entraîna son illustre collègue dans le système de réticences et de subtilités qui amoindrit tant un client évidemment coupable et inévitablement perdu. Il défendit ensuite les complices de l'évasion de Lavalette, puis les généraux Alix, Savary, Gilly, le duc de Vicence et plusieurs autres accusés dont le gouvernement luimême désirait l'acquittement. Plus tard, il fit acquitter aussi le *Constitutionnel* et les *Débats* et se couvrit surtout de gloire en défendant avec une ravissante habileté les chansons de Béranger. En vain, le gouvernement voulut le gagner à sa cause, il dédaignait toutes ses faveurs, mais, en même temps, il cultivait le PalaisRoyal. Il recevait du duc d'Orléans plus qu'il ne refusait du Roi. Il fut nommé député en 1827, fit une vive opposition au ministère Polignac, et contribua beaucoup à faire voter l'adresse des 221. Forcé d'avouer que les ministres ne présentaient que d'excellents projets de loi, il s'écria : « *Timeo Danaos!* Oui, ajouta-t-il, quoi que vous fassiez, vous serez toujours pour moi *Danaos* ! » C'était avouer son parti pris et pour bien dire sa mauvaise foi et son injustice ; ainsi Mirabeau, après la séance du 24 juin, où le Roi offrait à la nation toutes les réformes désirées, s'écriait : « Les présents du despotisme sont toujours dangereux. » Mais Mirabeau reconnut son tort et voulut le réparer, tandis que M. Dupin persévéra toujours dans le sien.

La Révolution de 1830 combla les vœux de M. Dupin et le fit passer tout à coup de l'opposition qu'il avait toujours excitée, à la défense du pouvoir et à l'esprit de conservation. La royauté de saint Louis était la seule qu'il ne pût souffrir quelque libérale qu'elle fût, sans doute à cause de ses préférences supposées pour l'aristocratie des races ; il soutint avec ferveur toutes les autres, si despotiques qu'elles pussent être, à cause de l'influence souveraine qu'elles laissaient à la bourgeoisie. M. Dupin toutefois ne se mêla pas aux combattants des trois journées. En vain quelques amis s'efforcèrent-ils de faire croire qu'on l'avait vu sur les boulevards, cette légende ne fut acceptée par personne parce qu'elle était aussi fausse qu'invraisemblable. La *Némésis* donna le signal de s'en moquer en lançant au nouveau Démosthènes ces vers devenus bientôt populaires :

> Ce sauveur de la Grèce intrépide en discours
> Chaussa des brodequins pour fuir dans les trois jours.

Mais s'il avait fui la bataille il fut au contraire très assidu à la cour du nouveau roi, qui plein de confiance en son talent lui confia d'abord les missions les plus difficiles et bientôt après les plus hauts emplois. Peu de députés contribuèrent plus efficacement à l'institution du nouveau régime ; il en fut en quelque sorte le parrain, car c'est lui, comme rapporteur de la commission chargée de rédiger la nouvelle charte, qui fit donner au duc d'Orléans le nom de *Louis-Philippe Ier* et le titre de *roi des Français* au lieu du nom et du titre de *Philippe VII, roi de France*, que d'autres voulaient lui faire prendre. « Nous l'appelons au trône, dit-il, non *parce* qu'il est Bourbon, mais *quoique* Bourbon. » Mot prétentieux qui ne valait pas le bruit qu'il fit, car si le duc d'Orléans eût été simplement un avocat ou un colonel, personne, et pas même M. Dupin, n'eût songé à le faire roi. Son rapport sur la proposition Bérard fut rédigé en deux heures et il suffit aux députés d'une ou deux séances pour « bâcler », ce fut le mot à la mode, la nouvelle charte et la nouvelle royauté. Peu après, en 1832, il devint président de la Chambre, refusa d'être garde des sceaux en 1839 avec le ministère Molé, et, en 1840, avec celui de M. Thiers ; mais il avait accepté dès le lendemain de la Révolution de juillet la place de procureur général près la cour de cassation et il la garda jusqu'après le coup d'Etat de 1851. Il l'aurait probablement gardée toujours sans la confiscation des biens de la famille d'Orléans qui révolta vivement ses sentiments et lui fit une indispensable convenance de donner sa démission.

Il ne la donna pas pour longtemps. L'Empire s'affermissant toujours, du moins en apparence, M. Dupin n'était pas homme à lui tenir beaucoup rigueur. Dès 1857, on le vit remonter sur son siège dont, cette fois, il ne descendit qu'en mourant. Il avait été député et procureur sous la République. Il fut procureur et sénateur sous l'Empire. Il ne lui manqua que d'être président du Sénat comme il l'avait été de la Chambre des députés et de présider l'Assemblée législative comme il avait présidé la Chambre des députés. Quant à la Légion, Napoléon ne put augmenter le grade qu'y tenait M. Dupin, car Louis-Philippe lui avait donné le grand cordon depuis 1837.

Ainsi comblé de biens et d'honneur par les princes d'Orléans et par l'empereur Napoléon, M. Dupin mourut à Paris le 10 novembre 1865, à l'âge de quatre-vingt-un ans.

Il nous reste un mot à dire de ses opinions et de ses ouvrages.

Pour les opinions politiques on peut le dire M. Dupin n'en avait aucune, et ce n'est pas en ceci qu'il devait être blâmé, car malgré les rapports sensibles qui existent entre les principes du droit et ceux du gouvernement des nations, rien n'empêche de concevoir un jurisconsulte éminent qui n'a donné sa préférence à aucun système politique, mais cette indifférence pour être avouable a besoin d'être sincère, et elle engendre tout naturellement l'abstention, une espèce de neutralité entre les divers partis qui tour à tour arrivent au pouvoir. Telle n'a pas été l'attitude de M. Dupin, il s'est constamment prononcé, et avec une grande énergie ; il s'est fait homme politique, homme d'Etat, actif, pressant, et même parfois fougueux, et c'est dans cette action toujours très accusée qu'il a mis une versatilité et même une contradiction qu'il est impossible de ne pas blâmer. Aux Bourbons, dont le pouvoir était si libéral et si doux, selon la parole de M. Guizot, il a demandé la liberté, faisant chœur avec leurs ennemis les plus perfides et criant comme eux à la tyrannie. Sous Louis-Philippe au contraire il tonnait contre ceux qui demandaient la liberté et soutenait des lois de force et de répression ; enfin il a subi et flatté le despotisme de l'Empire avec ses commissions mixtes et ses suppressions de journaux. C'est là ce que la conscience publique ne peut souffrir. C'est à ces brusques revirements qu'il faut attribuer l'impopularité dont M. Dupin fut souvent l'objet et l'espèce de mépris qui s'attachait à son nom et à sa fortune. On n'a voulu voir en lui qu'un ambitieux qui, jugeant de tout d'après son seul intérêt, blâmait dans un gouvernement ce qu'il admirait dans un autre, afin de renverser le premier pour s'élever avec le second, et, même après la chute de celui qu'il eût préféré, recherchait encore les faveurs d'un troisième absolument opposé aux idées de toute sa vie.

L'attitude de M. Dupin envers les princes n'est pas moins étonnante que ses opinions sur les principes. En accablant les ministres de Charles X, il affectait une grande affection pour ce prince : « Nous le vénérons, s'écriait-il à la tribune, nous le chérissons, nous l'adorons. » On sait comme il l'adorait deux ans plus tard. Ses sentiments pour Louis-Philippe et sa famille étaient-ils plus sincères On peut en douter, car ils n'ont pas été fort solides. Après avoir été le conseiller intime de ces princes, leur homme d'affaires dans toutes les occasions importantes, il devint le courtisan de Napoléon III au point de s'abstenir sur la question du bannissement de la famille d'Orléans, et d'accepter toutes les faveurs de l'Empire qui la dépouillait de ses biens. Si Timon qui flétrissait sous Louis-Philippe les palinodies de l'ancien libéral avait pris la plume vingt ans plus tard, que n'eût-il pas dit en voyant l'ancien ami de Louis-Philippe dans l'intimité de Napoléon ?

En religion, M. Dupin s'est montré plus inexplicable encore ; non pas, il est vrai, par des contradictions successives, mais par l'opposition des opinions qu'il soutenait dans le même temps. A savoir : la foi romaine, et un symbole gallican répudié par le pape, les évêques et tous les chrétiens pieux de son temps. C'était, il faut l'avouer, une tradition de l'ancienne magistrature parlementaire ; mais, outre qu'il l'exagérait démesurément et au point de faire de l'Eglise de France une Eglise indépendante et séparée, les temps étaient bien changés, et M. Dupin n'aurait eu qu'à ouvrir les yeux pour reconnaître l'inconvénient de ces maximes nationales toujours funestes à l'esprit d'unité catholique, mais bien plus encore dans le temps présent. Il était sincèrement chrétien, fidèle aux pratiques les plus essentielles de la religion ; plusieurs de ses ouvrages tels que son *Procès du Christ*, sa *Question du duel*, ses *Discours de rentrée*, portaient une vive empreinte de sa foi, et, d'autre part, il ne cessait de guerroyer contre plusieurs des institutions essentielles de l'Eglise et contre les prérogatives du Saint-Siège, comme il parut dans ses *Libertés de l'Eglise gallicane* et surtout dans son fameux *Manuel du droit ecclésiastique français* que tout l'épiscopat se vit obligé de condamner à la suite du cardinal de Bonald, archevêque de Lyon, et qu'il n'a jamais complètement rétracté.

Au reste le gallicanisme de M. Dupin ne consistait pas, comme celui des prélats français et de la Sorbonne, à faire à l'épiscopat une part plus grande que ne l'entendent les théologiens romains dans l'enseignement et le gouvernement de l'Eglise, mais à soumettre le plus possible l'Eglise à l'Etat et surtout aux cours de justice. C'était le gallicanisme parlementaire des anciens magistrats jansénistes, absolument distinct du gallicanisme théologique de Bossuet qui n'ôtait rien à la puissance ecclésiastique, au profit du pouvoir civil, mais qui, au lieu de faire résider cette souveraineté spirituelle dans le pape seul, la supposait établie par Jésus-Christ dans le corps des évêques uni à son chef. Cela explique l'unanimité de la réprobation encourue par le *Manuel* qui ne trouva pas un seul défenseur dans la presse catholique ou dans le clergé. On crut y voir l'œuvre d'un sectaire, ennemi mortel de la religion. C'était certainement exagéré. M. Dupin aimait au contraire et même pratiquait sa religion; mais les préjugés de l'ancienne magistrature lui tenaient si fort à cœur qu'il les défendait avec un entêtement sénile peu digne de la force et de la hauteur de son esprit. Louis Veuillot sur *le Droit du Seigneur*, Montalembert sur l'*Indépendance de l'Eglise* lui donnèrent des leçons qu'il dut regretter de s'être attirées.

Les ouvrages de M. Dupin sont innombrables. Très peu d'hommes de ce siècle en ont publié davantage. Encore en est-il resté beaucoup dans ses cartons qui, peut-être, ne verront jamais le jour. Ses seuls *Mémoires* forment vingt volumes in-folio dans le manuscrit. L'abondance néanmoins n'a pas nui trop sensiblement chez M. Dupin à l'érudition et même à l'intérêt avec lequel ces ouvrages sont recherchés, mais elle a beaucoup nui à leur ordonnance générale, à ces dispositions, harmonieuses parce qu'elles sont préparées de loin, qui les rendent plus faciles à saisir et à retenir. Elle est cause aussi sans doute de la partialité volontaire ou passionnée qu'on y voit. Plus de lenteur, plus de méditation, plus de retouches auraient fait sentir à l'auteur lui-même ces regrettables défauts et l'auraient porté à les corriger. Il écrivait dans la passion et à fond de train

CUVILLIER-FLEURY

des pages à peine relues où ses préjugés, ses préventions, s'étalaient sans modération et sans retenue.

Son discours à l'Académie dans la cérémonie de sa réception fut très goûté. Traitant de l'improvisation oratoire, dont il établissait les avantages et les dangers, aussi bien que les moyens et les règles, il avait l'air lui-même d'improviser, tant il y avait d'aisance, de naturel, d'abandon même dans cette admirable composition. Peut-être insista-t-il trop peu sur l'éloge de Cuvier, son prédécesseur.

CUVILLIER-FLEURY

Né en 1802, académicien en 1866, mort en 1887.

Si M. Cuvillier-Fleury n'avait pas voulu être député, nous n'aurions à examiner en lui que le littérateur, mais puisqu'il est aussi un homme politique, force nous est bien d'en dire un mot, et d'autant que le lecteur y verra dans quel esprit ses ouvrages d'histoire ont été conçus. Mais ce mot quoique bien court fera connaître presque toute la biographie de cet académicien. Il fut tout jeune encore secrétaire intime de l'ancien roi de Hollande, Louis Bonaparte, dont il partagea l'exil à Rome et à Florence. A vingt-cinq ans, il était précepteur du duc d'Aumale, à trente-cinq il écrivait dans les *Débats*, à quarante-cinq le ministère Guizot soutenait sans pouvoir la faire triompher sa candidature à Guéret. En 1872, âgé de soixante-dix ans, M. Cuvillier-Fleury écrivait contre les tentatives de restauration monarchique au point de se brouiller avec les princes d'Orléans, et enfin, l'année d'après, il complimentait son ancien élève au nom de ses collègues qui venaient de lui donner un fauteuil à l'Académie. — Tout l'homme politique est dans ces faits; on peut y trouver aussi tout l'homme de lettres.

M. Cuvillier-Fleury est né en 1802. C'est en 1865 qu'il fut élu à l'Académie. Cette élection fut loin d'obtenir l'approbation universelle. Beaucoup prétendirent que l'esprit de coterie y avait eu plus de part que le mérite du nouvel élu. Ancien précepteur du duc d'Aumale et toujours intimement lié avec la famille d'Orléans, M. Cuvillier-Fleury s'était fait naturellement des relations considérables dans le monde littéraire, et, en particulier, dans le petit monde de l'Académie qui commençait déjà, quand il fut élu, à réagir contre le régime impérial. On pensa que ses relations l'avaient servi plus que ses ouvrages. « Si M. Cuvillier-Fleury ne possède pas, dit M. Dayrolles dans ses *Portraits*, les qualités de premier ordre qui constituent les écrivains d'élite, en revanche dame Nature l'a gratifié d'une certaine amabilité de caractère, d'une bonhomie souriante et parfois malicieuse qui le destinait à devenir tôt ou tard académicien. Il sera, avec quelques autres esprits de même nature, un des collaborateurs assidus du fameux dictionnaire. Il travaillera au lieu et place de ces membres illustres que leurs occupations nombreuses et leurs doctes ouvrages privent de ce soin. »

Tout cela, n'en déplaise à M. Dayrolles, est plus malicieux que réel, et l'esprit de parti, s'il a contribué à l'élection de M. Cuvillier-Fleury, entre bien aussi pour quelque chose dans les critiques dont il a été l'objet. En réalité ses portraits sont souvent très ressemblants et presque toujours très spirituellement exprimés ; ses récits sont pleins de charmes ; quiconque a commencé la lecture d'un de ses livres d'histoire s'est senti porté à le terminer. Sans doute, comme historien, M. Cuvillier-Fleury a son système et son drapeau. C'est l'homme du juste milieu, le vieux libéral de 1830, il le laissait voir et c'est certainement une imperfection, mais quel historien est exempt de quelque faiblesse ? Bien peu, en retour, ont le charme spirituel, l'intérêt rapide et pressant que M. Cuvillier-Fleury a répandu dans toutes ses œuvres.

M. Cuvillier-Fleury est mort depuis que nous avons tracé le petit portrait qu'on vient de lire. Comme il arrive presque toujours, sa mort a donné occasion aux feuilles publiques de s'occuper beaucoup de lui. Il est devenu, comme on dit, dans la presse périodique, *un sujet*, c'est-à-dire une bonne fortune pour les chroniqueurs souvent aux abois. On a plus parlé de lui pendant huit jours qu'on n'avait fait dans toute sa vie. Les anecdotes surtout ont abondé sous la plume des journalistes. Le public les aime toujours. Et que dire d'un homme qui n'a pas d'histoire, sinon des anecdotes? On en inventerait au besoin.

« Sa vie toute de labeur, dit le *Gaulois*, eut l'unité appréciée par les sages. Il épousa une femme belle et accomplie que tous trouvèrent charmante, et à laquelle pas un n'osa le dire. Très simple d'allures, très modeste dans ses goûts, son installation à Passy avait réalisé un de ses rêves; à coup sûr elle semblerait étroite aux enrichis de nos jours. Mais pour l'homme de travail qu'elle abritait, elle était plus que suffisante. » Les savants et les princes la fréquentaient avec bonheur, aucune existence ne fut plus remplie. Frappé d'abord d'une demi-cécité, et plus tard d'une cécité complète, il continuait néanmoins ses études, grâce à sa femme et à ses filles qui lui servaient de lectrices et de secrétaires, grâce surtout au talent qu'il avait de savoir dicter. On l'a remarqué, ce talent, dont tant d'excellents esprits sont dépourvus, est souvent l'apanage des aveugles. Il est aussi leur consolation. Homère, Milton, Delille lui ont dû leur gloire, et le monde ravi de leurs chants a béni la Providence d'avoir fait cette part aux déshérités de la vue.

On voulait qu'il écrivît ses mémoires; les relations intimes qu'il avait eues tour à tour avec la famille des Napoléons et avec celle des d'Orléans, ainsi qu'avec tous les personnages de leur gouvernement et de leur Cour, faisaient supposer que ces mémoires eussent été pleins d'intérêt. Il ne put jamais se décider à les écrire. « On me croirait partial, disait-il, si je racontais le bien que je sais de mes princes... et quant aux souvenirs qui retraceraient les petits côtés des hommes et seraient désavantageux à nombre de gens que j'ai connus, à quoi bon les exposer? »

M. Cuvillier-Fleury n'a jamais rien dit, ni rien écrit de plus beau que ce petit mot : « A quoi bon! » mais il n'a pas toujours gardé l'entière impartialité que ce mot suppose; ses jugements littéraires, quoique généralement bienveillants et judicieux, n'étaient pas toujours exempts de sévérité et d'acrimonie. M. Nisard, qui répondit à son discours de réception, le lui dit très finement : « Juger demande du temps; un journal n'en donne guère. Il faut donc juger vite; et comment juger vite et juger bien? Comment se garder de l'esprit de parti? Je n'ai pas peur des grosses injustices ; un honnête homme n'a ni peine ni mérite à s'en défendre ; mais j'ai peur des petites, de celles qui se dérobent à l'homme qui les commet. On croit n'avoir que le goût sévère, on a le jugement prévenu. En prenant la plume, on s'était fait un point d'honneur de se défier de soi et de faire bonne mesure à l'œuvre d'un contradicteur politique. On écrit et voilà qu'à l'insu du critique la plume glisse sur les qualités et appuie sur les défauts. »

On ne peut être à la fois plus sincère et plus gracieux.

Ce fut M. Cuvillier-Fleury qui, en 1872, prononça l'éloge de M. Duvergier de Hauranne ; or, il montra bien en cette occasion que son impartialité et son indulgence n'étaient pas à toute épreuve. Jamais, en effet, depuis la réponse de M. Molé à M. A. de Vigny (1), l'Académie n'avait entendu des critiques si peu ménagées. M. Duvergier paraissait visiblement embarrassé des regards du public attachés sur lui et des murmures qui soulignaient les coups de poignard de son nouveau collègue.

Comme tous ceux qui sont sévères pour les autres, M. Cuvillier-Fleury avait bonne opinion de lui-même. Cela parut un peu trop peut-être dans son discours de réception :

« Il me serait trop facile, dit-il, au moment où vous daignez me recevoir dans votre illustre compagnie de m'abandonner aux sentiments qui conviennent au plus nouveau de ses membres. J'aime mieux vous dire à quel point votre choix m'a rendu fier ; ceux que vous appelez à vous se trouvent tout à coup élevés si haut qu'ils sont tentés d'associer un instant à la certitude de votre bienveillance la pensée de votre justice. »

On allait trouver que c'était trop « fier ; » le public si délicat de ces grands jours commençait même à laisser échapper d'imperceptibles murmures quand l'éloge de M. Dupin qui suivit et qui fut très beau dissipa ce petit nuage. M. Cuvillier lisait avec beaucoup de grâce et de vérité ; sa voix était sonore, son geste facile, harmonieux et distingué. On l'admira, on l'applaudit. Cependant il eut un moment de crainte bien vive ; le général Changarnier assistait à la séance, et se trouvait juste en face de l'orateur ; tout à coup on le vit

(1) Au XXXII° fauteuil.

fermer les yeux et laisser tomber sa tête sur l'épaule de son voisin le général Bertin de Vaux.

« Je me crus perdu, dit M. Cuvillier lui-même; un si illustre auditeur attirait les regards de tous. Était-ce l'ennui qui l'avait gagné? Son mal serait-il contagieux?... J'avais lu mon discours jusqu'alors peut-être sans art ni talent. Mon débit toutefois — on me l'a dit plus tard — n'avait manqué ni de convenance, ni d'un certain effet. Mais ce général endormi! Et sur l'épaule d'un compagnon d'armes!... Cela dura le temps de m'apercevoir que ce sommeil avait fait illusion au public; c'était une défaillance bel et bien causée par la chaleur, et telle qu'il fallut emporter hors de la salle mon vaillant et malencontreux auditeur. »

M. Cuvillier-Fleury était resté l'intime ami de son ancien élève M. le duc d'Aumale et de tous les princes de cette famille. La Révolution de 1848 l'atterra. Habitué à ne pas porter ses regards plus haut et plus loin que les murs du château, il ignorait les mouvements profonds de l'opinion publique, qui, depuis longues années, faisaient pressentir cet événement. Le coup d'Etat de 1851 l'embarrassa davantage puisqu'il ramenait au pouvoir ces princes de la famille Bonaparte qu'il avait aimés les premiers. Dès lors, sans renoncer absolument à la discussion politique, il s'appliqua beaucoup plus aux études littéraires, les seules d'ailleurs dont le public sous l'Empire fût très occupé. C'est alors qu'il fit ses *Voyages et Voyageurs* (1854); ses *Etudes historiques et littéraires* (1854, 1855, 1859); ses *Historiens, poètes et romanciers* (1863), enfin ses *Etudes et Portraits* (1868).

Puis l'Empire tomba à son tour, et M. Cuvillier put laisser voir plus à son aise son culte un peu dissimulé pendant quelques années pour les princes d'Orléans. On dirait pourtant qu'il en vint à l'abjurer tout à fait sous la République, car il combattit de tout son pouvoir les tentatives de fusion et de restauration en 1872, et il se montra vivement hostile un peu plus tard au gouvernement du 16 Mai si favorable aux orléanistes. C'est alors qu'il écrivit ses *Posthumes et Revenants*. Mais on prit peu garde à ces variations d'un octogénaire. N'était-il pas lui-même un *revenant* et comme un fantôme sur la scène d'un monde littéraire si nouveau pour lui?

Les princes ne lui firent pas de reproches, et le monde remarqua très peu ces dernières évolutions.

En retour, l'assiduité de M. Cuvillier aux séances de l'Académie qui dura jusqu'à ses derniers jours était justement admirée. Déjà devenu complètement aveugle, il se faisait encore transporter avec une régularité scrupuleuse au palais Mazarin, et tous les membres de la savante compagnie pourraient dire qu'il n'a jamais cessé de prendre part, avec une ardeur dont les plus jeunes même étaient étonnés, à ses travaux habituels.

M. Cuvillier était grand, sec, maigre ; il avait l'air toujours occupé, toujours affairé ; sa tête était fièrement montée sur une haute cravate ; son regard était vif et parfois dur, sa bouche un peu amère avec un sourire hautain presque dédaigneux, à la façon des d'Haussonville, des d'Audiffret, des Saint-Aulaire. « Il avait, dit le *Figaro*, un visage bizarre, contracté, sillonné, heurté, et, dans ces derniers temps, singulièrement ridé, mais plein d'intelligence, de vivacité, d'expression, de résolution. » Son caractère cependant était doux, affable, obligeant. Il avait beaucoup d'amis auxquels d'ailleurs il se montra toujours dévoué et fidèle. Aussi lui ont-ils fait, par leur concours et par leur douleur, des funérailles qui ressemblaient à un triomphe. M. Renan prononça sur sa tombe un discours qui fit sensation. Il y eut des passages d'un véritable attendrissement. « Au-dessus de tout, dit-il, ces écrivains (des *Débats*) voyaient la France, ils croyaient en elle ; ils l'adoraient. Pauvre France, il est impossible qu'elle périsse. Elle a été trop aimée ! » Par malheur, à ces accents d'un patriotisme généreux, se mêlaient un éloge des princes d'Orléans et de leurs amis qui dépassait toute mesure. « Les générations d'autrefois avaient été étouffées avant de naître, séchées en leur fleur. Seule, la génération contemporaine de M. Cuvillier, celle qui avait vu la vie brillante et forte qui remplit l'intervalle de 1830 à 1848, pouvait s'écrier : J'ai vécu ! » Ces naïvetés prétentieuses sont dans le goût de M. Renan. Elles auraient fait sourire, et distrait un moment des tristes pensées, sans la solennité de l'heure et du lieu.

XXXVIᴱ FAUTEUIL (DIT DE LA MONNOYE)

LA CHAMBRE

Né en 1594, académicien en 1635, mort en 1669.

Lorsque Colbert demanda à Chapelain une liste des gens de lettres les plus distingués pour leur accorder des gratifications et des récompenses, Chapelain y mit La Chambre avec la note suivante :

« C'est un excellent philosophe et dont les écrits sont purs dans le langage, justes dans le dessein, soutenus dans les ornements et subtils dans les raisonnements. Son application est dans les matières physiques et morales en tant que celles-ci regardent la nature. Je ne le tiens pas pour fort dans les politiques et je doute qu'il fût propre à écrire l'histoire, quoiqu'il soit fort judicieux. »

Quant à Pélisson, qui paraît l'estimer beaucoup, il se borne cependant, après avoir donné la liste de ses ouvrages, à citer un article écrit sur lui par son propre fils et tiré à peu près mot à mot du Dictionnaire de Moréri. Citons-le nous-même.

« Il avait naturellement beaucoup d'élégance. Il était savant en toute sorte de littérature et ces qualités étaient soutenues par un grand fond d'honneur et de probité. Il était pour tous les hommes de lettres un ami qui ne leur manquait jamais au besoin. La réputation que son esprit lui avait acquise le fit connaître au chancelier Séguier, et ce magistrat voulut avoir La Chambre auprès de lui, non seulement comme un excellent médecin, mais encore comme un homme consommé dans la philosophie et les belles-lettres. Le cardinal de Richelieu en porta le même jugement et en fit une singulière estime..... Louis XIV l'honora, lui aussi, d'une affection particulière et lui en donna de bonnes preuves. »

Marin-Cureau de La Chambre, conseiller du roi en ses conseils et son médecin ordinaire, était né à Mons vers 1595. Il écrivit plusieurs ouvrages de médecine et un plus grand nombre encore sur la philosophie, parmi lesquels il faut mentionner des pensées sur *les Causes de la lumière, Du débordement du Nil* et *De l'amour d'inclination*, un *Traité de la connaissance des animaux* et un autre sur la *Beauté humaine*. Ces ouvrages étaient pleins d'observations intéressantes et d'utiles indications, mais on y sent l'esprit de système et l'influence d'une idée préconçue qui est qu'on doit connaître tous les hommes à leur physionomie. La Chambre était parvenu, dit-on, à le persuader à Louis XIV qui prenait souvent conseil de son médecin avant de faire ses choix, et le bon M. Tastet va jusqu'à remarquer qu'ils furent beaucoup moins heureux après la mort de celui qui les inspirait. Quoi qu'il en soit de toutes ces suppositions assez peu soutenues par le caractère du grand roi, si habile lui-même à connaître et à utiliser les hommes, La Chambre mourut à Paris en 1669. Son fils avait promis de recueillir tous ses ouvrages en deux volumes in-folio. Il devait y faire entrer plusieurs traités non imprimés de son vivant, entre autres la traduction entière de la *Physique* d'Aristote, mais cette promesse n'a jamais été tenue.

RÉGNIER DESMARAIS

Né en 1632, académicien en 1670, mort en 1713.

Régnier Desmarets dit au commencement de ses Mémoires :
« Des seigneuries appartenant à mon père, il ne m'en est resté

que le surnom de *Desmarets* que, sans y prendre garde, j'ai toujours écrit Desmarais, autrement que mon père, ayant aussi, sans savoir pourquoi, retranché le *de* du nom de Régnier au lieu que, depuis ce temps-là, beaucoup de gens ont ajouté un *de* à leur nom. »

On le voit, la manie de vouloir passer pour noble n'est pas nouvelle ; mais elle n'a jamais été aussi répandue, il faut le dire, que de nos jours où tout le monde exalte la démocratie, déclame contre les privilèges et s'intitule républicain. On l'a même remarqué, ces prétendus républicains, ces fougueux égalitaires sont les premiers à s'anoblir et à se titrer.

Régnier naquit en Poitou dans l'année 1632. Il fit ses études classiques au séminaire de Nanterre, sous la direction des Augustins, et passa deux ans au collège de Montaigne pour y étudier la philosophie ; après quoi, il fut attaché comme secrétaire à plusieurs grands seigneurs qui l'emmenèrent en Italie et en Espagne, et lui donnèrent ainsi l'occasion d'apprendre les langues de ces deux pays. Ce fut à ce point pour la langue italienne qu'ayant envoyé de France à un Romain de ses amis une petite *Canzone* et celui-ci s'étant imaginé de faire croire qu'elle était de Pétrarque et qu'on venait de la retrouver, il y réussit parfaitement et que la vérité ayant ensuite été déclarée, les membres de l'Académie romaine voulurent s'adjoindre le Français qui parlait assez bien leur langue pour leur avoir fait cette illusion.

Régnier prit les ordres pour pouvoir accepter l'abbaye de Grammont que Louis XIV lui donna en 1668. Deux ans plus tard, l'Académie lui ouvrit ses rangs, quoiqu'il n'eût encore donné aucun ouvrage en français, mais la connaissance qu'il avait des langues savantes devait le rendre très utile à la composition du dictionnaire dont cette compagnie s'occupait alors avec beaucoup d'activité. Bientôt même elle lui donna le titre de son secrétaire perpétuel, laissé vacant par la mort de Mezeray. Il en jouissait à peine depuis quelques jours quand s'éleva le fameux procès de Furetière, expulsé de l'Académie pour avoir dérobé les cahiers du dictionnaire qu'elle préparait (1). Desmarets dut, en conséquence, rédiger tous les mémoires relatifs à cette affaire. Ses travaux étaient judicieux et mo-

(1) XXXIe fauteuil.

dérés, dit d'Alembert, ceux de Furetière étaient violents et satiriques, aussi eurent-ils beaucoup de lecteurs. »

Régnier eut bientôt à soutenir des querelles plus personnelles. Chargé seul par l'Académie de composer une grammaire où fussent exposés les principes dont le dictionnaire devait faire l'application, il fit d'abord paraître la première partie qui traite de l'emploi et de l'orthographe des mots. Mais le P. Buffier, auteur lui-même d'une grammaire fort estimée, lui fit une guerre très vive, à laquelle Régnier répondit par des écrits plus violents que solides, et dans lesquels, dit M. Weiss, il avait le tort de prétendre avoir toujours raison. Cette polémique le dégoûta de s'occuper davantage de la grammaire. Il revint à la poésie qu'il n'avait pas cessé de cultiver quoique avec des succès assez médiocres, surtout dans les sujets sérieux. Il fut plus heureux dans plusieurs traductions qu'il entreprit et principalement dans celle de la *Perfection chrétienne* de Rodriguez qui jouit d'une vogue assez durable. Celle du *Traité de la divination* de Cicéron fut moins estimée. Il donna aussi la traduction des *Odes* d'Anacréon et d'une partie de l'*Iliade*. Ces œuvres sont d'un style harmonieux et doux, mais elles manquent un peu d'énergie et de concision. Régnier écrivit aussi l'*Histoire des démélés de la Cour de France avec celle de Rome* qui peut-être lui aurait valu l'honneur de l'épiscopat, si les traductions d'Anacréon et du *Pastor fido* de Guarini n'avaient paru à Louis XIV des œuvres peu dignes d'un prince de l'Eglise. Régnier préparait tout un poème à la louange de ce grand roi, quand il fut surpris par la mort, le 6 septembre 1713, à l'âge de quatre-vingt-un ans.

« Si l'abbé Régnier, dit d'Alembert, était opiniâtre dans la dispute, s'il offensait l'amour-propre des autres par une raideur inflexible dans ses opinions, il se la faisait pardonner en la portant dans toutes les qualités qu'il avait d'ailleurs et surtout dans un sentiment où l'opiniâtreté est presque toujours une vertu. Il était ferme et inébranlable dans l'amitié. Il est vrai qu'il n'accordait la sienne qu'à ceux qu'il en jugeait dignes, mais plus il était difficile de faire naître ce sentiment dans son cœur, plus il était rare de le perdre quand on l'avait obtenu. »

LA MONNOYE

Né en 1641, académicien en 1713, mort en 1728.

Né à Dijon en 1641, Bernard de La Monnoye, après avoir fait de brillantes études sous la direction des jésuites, fut destiné par son père à l'étude du droit et à la profession d'avocat. Il plaida en effet devant le Parlement, mais fort rarement, car le goût des belles-lettres lui faisait prendre en horreur les choses de sa profession et bientôt il l'abandonna pour toujours. Cinq fois de suite, il remporta le prix offert aux poètes par l'Académie française ; ses amis alors le pressèrent de s'établir à Paris, au milieu des gens de lettres et dans le voisinage de l'Académie qui sans doute ne tarderait à l'appeler dans ses rangs. Ce fut en vain. La Monnoye chérissait le calme de sa province et les douceurs de sa demeure où il vivait avec une famille charmante ; rien ne put l'en faire sortir. C'est de là qu'il envoya au public ses premières œuvres : une traduction en vers français de la glose de sainte Thérèse, dont Mlle de Lavallière, devenue carmélite, refusa par humilité la dédicace, et des cantiques en patois bourguignon que toute la cour trouva charmants et qui se répandirent bientôt dans la France entière. Ce ne fut qu'en 1707 qu'il vint enfin à Paris et en 1713 qu'il consentit à se mettre sur les rangs pour être élu à l'Académie. Il le fut aussitôt et à l'unanimité, à la place de Régnier Desmarais.

On a imprimé sans fondement que La Monnoye fut dispensé des visites imposées par l'usage aux candidats. Mais son élection offrit une particularité plus intéressante. Trois cardinaux membres de l'Académie l'y portaient avec transport, mais, comme dans les assemblées le directeur, le chancelier et le secrétaire avaient seuls des fauteuils, l'étiquette, faisant à Leurs Eminences une loi de ne point se confondre avec la foule sur des sièges inférieurs, les empêchait d'assister aux séances et de donner leur voix à leur protégé. « Le Roi, dit d'Alembert, pour satisfaire à la fois à leur délicatesse d'amis et à leur délicatesse de cardinaux, et pour conserver en même temps l'égalité académique dont ce monarque éclairé sentait tous les avantages, fit envoyer à l'assemblée quarante fauteuils pour les quarante académiciens, et ce sont ces mêmes fauteuils que nous occupons encore aujourd'hui. »

Les cantiques patois que La Monnoye intitulait *Noëls* lui avaient attiré, à travers beaucoup d'éloges, de terribles désagréments. Les critiques avaient trouvé ces *Noëls* plus joyeux que pieux. Plusieurs même y découvraient des tons de badinage et de moquerie assez déplacés. Peu s'en était fallu que la Sorbonne ne les censurât, et La Monnoye le craignit longtemps. Un livre qu'il publia sur Ménage et ses œuvres lui valut de nouvelles tracasseries. Il avait glissé dans les notes des révélations indiscrètes sur plusieurs personnages contemporains, des réflexions, des confidences qui furent vivement blâmées par les intéressés et par leurs amis. Son ouvrage fut déféré à des censeurs qui l'obligèrent à le corriger ; mais, grâce à la protection du cardinal de Rohan, ce jugement lui fit peu de mal. On lui donna du temps pour préparer ses retouches, et, en attendant, l'ouvrage faisait son chemin, si bien que l'édition fut épuisée avant que les cartons fussent finis.

La Monnoye avait un esprit joyeux et frivole ; il aimait beaucoup la plaisanterie, et, comme à tous ceux qui s'y livrent habituellement, il lui en échappait souvent de grivoises qui faisaient blâmer ses ouvrages par les dévots ou même par les gens sérieux. Ses mœurs étaient cependant très honnêtes, et l'on se tromperait, au dire des chroniqueurs contemporains, si l'on en jugeait par tant de bonnes histoires dont ses livres fourmillent et par l'anagramme de son nom dont il s'était fait une devise : *Io amo le Donne*. Heureux dans son intérieur, jamais il ne passa pour infidèle ou dissipé. Au reste, ses études si variées, si savantes montrent bien qu'il ne perdait pas son temps en frivolités et en vanités. Il savait à fond les langues classiques. Ayant négligé le grec dans sa jeunesse, il s'y mit à quarante ans, raconte l'abbé d'Olivet, et il y devint si habile qu'il eut l'honneur de faire en cette langue l'épitaphe du fameux Huet, réputé le plus fort helléniste de l'époque. La Monnoye avait un véritable talent pour faire les vers latins, mais il sentait fort bien l'inutilité de ce mérite, et combien le règne des muses latines était passé. « Vous avez bien fait, écrivait-il à Santeul, de les mettre au service de l'Eglise ; vous vous êtes emparé pour elle, en composant des hymnes, du seul coin qui leur restât. »

Les dernières années de La Monnoye furent tourmentées par deux grands malheurs : il perdit d'abord sa femme qu'il avait toujours chérie, et bientôt après sa fortune tout entière, convertie en rentes sur l'Etat et que la banqueroute de Law réduisit à rien. Il lui fallut vendre jusqu'à sa bibliothèque et ses médailles, dont cependant l'acheteur lui laissa la jouissance pour la fin de sa vie. De généreux amis lui vinrent en aide, au premier rang desquels figure le duc de Villeroy qui lui fit une pension de six cents livres ; ses éditeurs lui en payèrent une autre de la même somme pour quelques ouvrages, inédits jusqu'alors, qu'il consentit à leur donner. Ainsi à l'abri de la misère, quoique dans une position très différente de celle qu'il avait eue toute la vie, il arriva, sans trop souffrir, au terme de sa longue carrière, qui fut de quatre-vingt-sept ans, et finit le 15 octobre 1728.

PONCET DE LA RIVIÈRE

Né en 1672, académicien en 1728, mort en 1730.

Il est peu croyable à quel point cet homme, aujourd'hui si oublié, fut célèbre de son temps. Après avoir prêché dans les Cévennes les calvinistes mutinés et en avoir converti un grand nombre, Michel Poncet de La Rivière qui était né en 1672 fut nommé vicaire général et bientôt après successeur de son oncle l'évêque d'Angers. Il prêcha l'oraison funèbre du Dauphin en 1711, et, quatre ans plus tard, le Carême devant le roi et la cour. C'est le dernier prédicateur que Louis XIV entendit, et il eut tant de succès qu'on le chargea de prêcher l'année suivante le discours d'ouverture à l'assemblée générale du clergé de France, et un peu plus tard, en 1722, le sermon du sacre de Louis XV. Douze ans après, il fit l'oraison funèbre du duc d'Orléans, le même qu'il avait complimenté à la tête du clergé sur son accession à la régence du royaume, après la mort de Louis le Grand. Impossible, on le voit, à un orateur chrétien de recevoir de plus hautes marques d'estime. Un dernier trait cependant fait peut-être encore mieux voir de quelle vogue ce prédicateur jouissait. Les journalistes de Trévoux insérèrent à plusieurs reprises dans leur recueil, en les attribuant à Massillon, des discours de Poncet de La Rivière qui fut obligé de les revendiquer et de faire ses preuves d'auteur !

Quoiqu'il eût toujours aimé les lettres et les gens de lettres, notre prélat n'osait pas briguer les suffrages des académiciens, tant par modestie, dit d'Alembert, que par amour de la résidence épiscopale, assez peu conciliable, pensait-il, avec les devoirs des membres de cette illustre société. « L'Académie jugea, dit d'Alembert, qu'une timidité si louable et des principes si honnêtes étaient une raison de plus de l'adopter ; elle l'appela donc dans son sein et se félicitait à peine de l'avoir acquis lorsqu'il lui fut enlevé par une mort prématurée, laissant à ses diocésains le souvenir de ses vertus, à l'Eglise la mémoire de son zèle, à la littérature celle de ses talents et à l'Académie le regret de n'en avoir pas plus longtemps profité. » Sa réception avait eu lieu le 10 janvier 1729, dix-huit mois seulement avant sa mort qui arriva le 2 août 1730.

HARDION

Né en 1686, académicien en 1730, mort en 1766.

Comme un très grand nombre d'académiciens, Hardion, le successeur de Poncet-Larivière, avait peu de fortune. Il naquit à Tours en 1686, où ses succès au collège le firent remarquer de Turgot, intendant de sa province, qui lui procura une place de précepteur à Paris. Un de ses élèves, M. de Morville obtint plus tard pour lui un emploi meilleur dans les bureaux de la marine. Hardion s'acquittait avec zèle de toutes les fonctions qu'on lui confiait, mais il savait garder pour l'étude une grande partie de son temps et faisait des progrès rapides dans la connaissance des langues anciennes et dans l'histoire de la littérature. La douceur de son caractère et l'honnêteté de sa vie lui valurent des amitiés sincères même à la cour. Il fut enfin chargé de donner des leçons aux filles de Louis XV, ce qui lui assurait pour l'avenir une position, et lui fit entreprendre différents ouvrages pédagogiques destinés à ses augustes élèves. Le plus remarquable fut son *Histoire universelle sacrée et profane*, dont Mme Adélaïde, l'aînée des princesses avait elle-même témoigné le désir et indiqué le plan, mais qui n'était pas entièrement achevé à la mort de son auteur. Le savant Linguet fit les deux derniers volumes, à savoir le dix-neuvième et le vingtième. Cette histoire a été traduite en plusieurs langues. « C'est, dit le biographe, le fruit d'une longue étude, mûrie par la réflexion et éclairée par un long usage. Le style en est clair et facile, et la lecture en peut être très utile surtout à la jeunesse studieuse. »

Hardion se délassait de ses travaux par la culture des fleurs. « Dès que les approches du printemps offraient quelques jours sereins, il allait dans son jardin considérer les premiers efforts de la nature. Il en rapportait toujours quelques belles quenouilles de jacinthes qu'il présentait à *Mesdames*, trois ou quatre odes d'Anacréon traduites en français et un gros rhume. » Quoique sa santé fût fort délicate, il vécut jusqu'à l'âge de quatre-vingts ans, qu'il aurait même, dit-on, dépassé sans la vive douleur qu'il ressentit à la mort du grand Dauphin. Il était de l'Académie des belles-lettres depuis 1720 et de l'Académie française depuis 1730. Il mourut en 1766.

THOMAS

Né en 1732, académicien en 1766, mort en 1785.

La vie d'Antoine-Léonard Thomas, successeur d'Hardion à l'Académie, ne présente pas à l'histoire d'événements extraordinaires. Il est né à Clermont-Ferrand, en 1732, dans une famille qui le destinait à la magistrature. Par obéissance pour sa mère, il étudia le droit et travailla chez un procureur, mais, son goût pour les lettres l'emportant, il quitta bientôt l'emploi qu'on lui avait procuré pour occuper une humble chaire de cinquième dans l'Université de Paris. Bientôt il composa des poésies fugitives et une petite comédie intitulée le Plaisir qui fut représentée et assez goûtée. Mais ce n'était là que les tâtonnements d'un esprit qui cherche sa voie. Le vrai début de Thomas fut une réfutation du poème de Voltaire sur la *Religion naturelle*. Ces réflexions philosophiques et littéraires, dirigées contre le génie le plus puissant de l'époque, rappelaient la lutte de David contre le géant. La cour du grand homme n'en revenait pas d'une telle audace ; quant à lui-même, il affecta de n'y rien répondre. La petite pierre cependant était dure et bien lancée. « Il règne dans cette étude, dit Saint-Surin, une discussion décente, approfondie et méthodique qui suppose dans un jeune homme de vingt-quatre ans une lecture immense. » Par malheur, on y trouve aussi les défauts qui devaient déparer tous les ouvrages du même auteur : de l'exagération dans les pensées et les effets, de l'enflure dans le style et dans le ton, une impression de déclamation et d'emphase. Thomas publia bientôt après un *Mémoire sur les causes des tremblements de terre* où le sentiment religieux se manifestait fortement et un poème épique en quatre chants dont le titre était *Jumonville*, et le sujet le meurtre d'un jeune officier de ce nom, assassiné en Amérique par les Anglais. Ces divers ouvrages furent accueillis comme les essais d'un jeune homme destiné à de grands succès.

Cependant aucun des ouvrages de Thomas n'avait obtenu une vogue bien prononcée, quand, tout à coup, une décision prise par l'Académie française ouvrit devant lui le champ où il devait se signaler entre tous. Désirant donner plus d'intérêt à ses concours, elle proposa pour sujets du prix d'éloquence, les éloges des plus grands hommes de la nation. On a reproché à ce genre de discours d'être équivoque en ce qu'il tient à la fois du ton de l'histoire et de celui de l'oraison funèbre, sans avoir ni les développements instructifs de la première avec son impartialité, ni le pathétique de la seconde inspiré par la présence d'un cercueil ou les appareils de la mort. Nous n'avons point à examiner la justice de ce reproche.

Sans être dans le genre de l'oraison funèbre ou dans celui de l'histoire, l'éloge académique peut être cependant intéressant et utile en constituant, si l'on veut, un troisième genre, assez différent des autres. Il a sur l'histoire l'avantage d'exciter mieux l'amour de la vertu en inspirant l'admiration ; et sur l'oraison funèbre celui de choisir ses héros que ni le rang ni la fortune ne lui peuvent imposer.

Quoi qu'il en soit, ce genre fut proprement celui de Thomas, et il y obtint de très grands succès. Le premier sujet qu'il traita fut celui du maréchal de Saxe dans un discours proposé en 1759. La France le pleurait encore ; elle n'avait point oublié à quels périls il l'avait arrachée dans les plaines de Fontenoy, et, quoiqu'il fût mort depuis huit ans, sa perte lui paraissait toujours récente. Thomas s'empara de ce sujet et le travailla avec ardeur. Son discours en séance solennelle inspira de véritables transports. Il y paraît cependant beaucoup d'art et d'apparat, bien des détails minutieux, un enthousiasme souvent forcé ; mais les auditeurs encore émus au souvenir d'un deuil récent n'aperçurent pas autant que nous ces imperfections, et, malgré quelques critiques méritées, le sentiment général fut très favorable à l'auteur et au discours. L'éloge de d'Aguesseau suivit de près. Il prêtait autant à l'admiration mais beaucoup moins à l'enthousiasme et à l'éloquence. Thomas le comprit et prit, en l'écrivant, un style plus positif qui fut aussi moins applaudi et moins critiqué. *Duguay-Trouin* passa ensuite sous son pinceau. Perfectionné par l'expérience et la critique, Thomas se montrait de plus en plus sobre et judicieux ; puis ce fut le tour de *Sully*. « A mon avis, dit Grimm, ce discours mérite lui seul plus de couronnes que les trois autres. » Il avait du moins pour ce critique et pour le public d'alors le mérite de parler contre les dissipations des princes et des courtisans, et l'on doit tenir compte de cette donnée en rappelant la faveur toute exceptionnelle dont il fut l'objet. L'éloge de Descartes présentait sur l'histoire de la philosophie et l'autorité de la raison des passages de premier ordre. Mais il entrait à propos des progrès que son héros avait fait faire aux sciences dans des explications techniques qui refroidissent le lecteur. Thomas eut le prix cependant, et l'Académie l'ayant fait partager à Gaillard, un de ses concurrents, le public protesta par de violents murmures contre cette injuste assimilation et Gaillard lui-même eut la sagesse d'en refuser le bienfait. L'*Eloge du Dauphin* faillit faire encourir à son auteur les disgrâces de la cour, pour quelques allusions qu'on crut y voir contre les désordres de Louis XV. Triste effet des vices du prince qui rendent suspect tout éloge de la vertu ! Cette mauvaise humeur n'eut pas de durée cependant, car c'est peu après la publication de l'*Eloge du Dauphin Louis*, que Thomas fut admis à l'Académie française à la place d'Hardion. Il prononça son discours de réception le 22 janvier 1767. On remarqua la promesse qu'il fit en le terminant de ne jamais rien écrire dont il ne pût s'honorer auprès de ses compatriotes et de ses confrères, promesse un peu fastueuse mais qui fut fidèlement tenue.

Il y avait trois ans que Thomas gardait le silence quand il lut à l'Académie son éloge de Marc Aurèle, en 1770, et le jour de saint Louis. Ce discours était son meilleur ouvrage, ce jour fut le plus beau de ses jours, celui où les applaudissements qu'on lui donnait furent plus enthousiastes et plus universels que jamais. Considérant l'éloge de Marc Aurèle comme le chef-d'œuvre de Thomas, nous nous y arrêterons un peu plus qu'aux autres pour en bien saisir les défauts et les mérites, en résumant fidèlement les impressions des critiques célèbres qui en ont parlé.

Avouons-le d'abord, cet éloge si exceptionnellement vanté ne diffère des autres du même auteur par rien d'essentiel ; ce n'est ni un changement de genre, ni, dans le même genre, un de ces progrès surprenants qui font qu'un auteur ne paraît plus le même et qu'on a peine à le reconnaître. Non, Thomas ne s'est pas élevé à ce point au-dessus de lui-même ; non, ce n'est ni une transformation, ni une métamorphose, c'est un simple perfectionnement dans le même genre et le même ton, comme il en arrive presque toujours aux bons esprits qui mûrissent par le travail et en profitant de la critique. Il faut l'avouer même, le héros de ce discours prêtait moins que les autres à la sensibilité, étant étranger à la nation, à la religion et aux mœurs du public, mais cet inconvénient même devenait un titre de gloire s'il était habilement surmonté. Trouver le même intérêt dans un sujet qui, de sa nature, y prête moins, n'est-ce pas constater un plus grand talent?

Après ces observations, il faut reconnaître avec tous les bons juges que, dans cette pièce, Thomas s'est montré plus simple, plus naturel et plus clair que dans toutes les autres. Le bonheur de la forme, la sublimité de la morale, l'élégance harmonieuse du style, tout semble faire de ce discours une composition antique. C'est le philosophe Apollonius, le maître et l'ami de Marc Aurèle, qui, placé près du cercueil du plus sage des empereurs, retrace ses pensées, ses actions, ses bienfaits devant un peuple désolé dont il invoque le témoignage et qui répond par des sanglots à ses interpellations. Le fils de Marc Aurèle, Commode, son redoutable successeur, est présent à la cérémonie et il donne aux éloges de la douceur de son père des signes d'impatience dont la foule est effrayée et qui glacent d'épouvante l'orateur lui-même. Le cardinal Maury, si sévère pour Thomas, ne peut s'empêcher d'admirer cette mise en scène, et il est certain qu'elle fait, même à la simple lecture, une très vive impression. La douleur d'Apollonius est profonde, quoique noble et calme; le philosophe s'exprime avec plus d'austérité que d'abandon, mais les vérités mâles qu'il proclame excitèrent dans l'auditoire académique de Thomas les plus vifs applaudissements. Ce fut au point que le gouvernement crut voir dans cet éloge des allusions aux ministres. La publication en fut interdite jusqu'après la mort de Louis XV. Il en fut de même pour le discours que l'auteur prononça, comme directeur de l'Académie, à la réception du cardinal de Brienne, qui ne put être donné à la presse que longtemps plus tard. Les ministres sentaient leur insuffisance et leurs fautes, ils en devenaient impatients et ombrageux.

Thomas a composé plusieurs autres ouvrages, mais qui lui ont fait moins d'honneur : un *Essai sur le caractère, les mœurs et l'esprit des femmes* qui mérite à peine une mention et où l'on remarque plusieurs pensées plus prétentieuses que sensées, un *Essai sur les devoirs de la société* qui fit très peu de sensation, quelques *Odes* couronnées par l'Académie et dédaignées par le public, enfin un petit opéra du nom d'*Amphion* dont le sujet est trop philosophique, et le style dépourvu des grâces légères qui conviennent au genre, et du charme attribué au héros par la tradition mythologique.

Thomas mourut à Lyon en 1785. L'archevêque de cette ville, M. de Montazet, le prépara sans peine à recevoir tous les sacrements, car il aimait la religion et n'avait jamais entièrement abandonné ses pratiques. Ducis, son fidèle ami, l'assista pendant sa maladie et reçut son dernier soupir. Sa mort fut un deuil pour le public qui aimait son genre et croyait à ses talents. De nombreux amis la pleurèrent. Ces regrets sont le juste éloge, et, en ce monde, la plus douce récompense d'un écrivain de mérite et surtout d'un homme de bien.

GUIBERT

Né en 1743, académicien en 1786, mort en 1790.

Hippolyte Guibert, fils d'un lieutenant général, suivit, à peine âgé de douze ans, son père qui servait en Allemagne dans la guerre de Sept ans ; il y fit six campagnes, eut deux chevaux tués sous lui dans la même bataille et fit dès lors les observations qui devaient inspirer son *Traité sur la tactique* composé longtemps plus tard. Mais, la paix l'ayant ramené dans sa famille, il prit goût aux études littéraires, vit les premiers écrivains de son temps et résolut de se couvrir des lauriers d'Apollon aussi bien que de ceux de Bellone et d'arriver, comme il disait lui-même, à la gloire par tous les chemins. Il revint cependant au champ d'honneur et gagna en Corse la croix de saint Louis, mais ce fut la fin de ses exploits. Après cela il resta sous le drapeau et même s'éleva jusqu'au grade de général sans avoir eu l'occasion de combattre. En 1772, il publia son traité de la *Tactique militaire* où d'utiles observations se mêlaient à des utopies et plus tard sa tragédie du *Connétable de Bourbon*, que ses amis exaltèrent mais dont le public fit peu de cas. Les *Gracques* et *Anne de Boleyn* n'eurent pas un meilleur sort, non plus que son *Eloge de Mlle de Lespinasse* et du *Roi de Prusse*. Il écrivit aussi la relation de ses voyages en France et en Suisse. Tous ces ouvrages sont pleins de réflexions justes, de détails curieux, de descriptions bien faites et de morceaux très soignés, mais ils pèchent Par le style toujours un peu emphatique, et par la manie de ces déclamations philosophiques si à la mode dans ce temps et presque toujours paradoxales ou vides de sens.

La Révolution de 1789 semblait ouvrir un nouveau champ à l'ambition de Guibert. Il voulut être nommé député aux Etats généraux et ne put y réussir. Le chagrin que lui causa ce mécompte entraîna sa mort qui arriva le 6 mai 1790 et n'impressionna pas beaucoup le public, tout occupé alors de la marche des événements.

Guibert était né à Montauban en 1743. Mme de Staël, son intime amie, a publié sa notice qui est un panégyrique exalté, ou plutôt une espèce d'apologie destinée à dissiper les préventions accumulées sur sa mémoire. « Il n'avait pas, dit-elle, cette finesse d'observation ou de plaisanterie qui tient au calme de l'esprit et pour laquelle il faut attendre plutôt que devancer ses idées ; mais il avait des pensées nouvelles sur chaque objet, un intérêt habituel pour tous. Dans le monde, ou seul avec vous, dans quelque disposition d'âme que vous fussiez, le mouvement de son esprit ne s'arrêtait point ; il le communiquait infailliblement et si l'on ne revenait pas en le citant comme le plus aimable, on parlait toujours de la soirée qu'on avait passée avec lui comme de la plus agréable de toutes.»

Mme de Staël n'est-elle pas ici un peu trop subtile ? N'est-il pas le plus aimable en conversation, celui qui nous fait passer la soirée la plus agréable de toutes ? Mais ces effets prétentieux étaient dans le style du temps. L'auteur de *Corinne* n'y put pas entièrement échapper.

Guibert était né en 1743, il mourut en 1790, et n'eut pas d'abord de successeur parce que l'Académie elle-même fut dissoute et abolie peu après sa mort.

CAMBACÉRÈS

Né en 1757, académicien en 1795, mort en 1824.

Jean-Jacques-Régis de Cambacérès est le type accompli de l'homme d'Etat qui n'a d'autre drapeau que la fortune, d'autre règle de conduite que le soin de sa propre élévation. Il est aussi le plus honnête des ambitieux, en ce sens qu'il préféra toujours le bien quand il n'était pas inconciliable avec ses intérêts personnels, et ne fit jamais le mal qu'à regret et le moins qu'il put. Enfin il fut un des plus heureux, car aucun sujet ne réunit dans ce siècle plus de dignités, de titres pompeux, de pouvoirs et de fortune que lui. Au reste il ne fut jamais inférieur, du moins par la capacité, à sa grandeur officielle et à son pouvoir. C'est donc un des hommes les plus considérables de son époque et dont la notice mériterait plus d'étude et plus de soin. Mais l'histoire de l'Académie n'est pas pour traiter des événements étrangers aux lettres, et, comme la vie de Cambacérès ne les intéresse que faiblement, elle n'aura ici que peu d'étendue. C'est un portrait que nous devons faire plutôt qu'un récit ; on n'y verra de l'histoire de Cambacérès que la part qu'il prit à deux ou trois événements essentiels plus propres à révéler son caractère.

Cambacérès naquit à Montpellier en 1757, dans une famille d'ancienne noblesse qui avait fourni des magistrats éminents et des prêtres distingués entre lesquels un prédicateur célèbre. Il fut d'abord avocat au Parlement, puis président d'un tribunal et enfin en 1792 membre de la Convention. En cette dernière qualité, il fut mis à l'épreuve la plus difficile pour son caractère d'homme de bien et d'ambitieux, étant forcé de donner un vote dans le procès de l'infortuné Louis XVI. Il faut le citer, ce vote, malgré la longueur du discours dans lequel il fut formulé, car tout l'homme est là. « Citoyens, dit Cambacérès, si Louis eût été conduit devant le tribunal que je présidais, j'aurais ouvert le Code pénal et je l'aurais condamné aux peines portées par la loi contre les conspirateurs. Mais ici j'ai d'autres devoirs à remplir. L'intérêt de la France, l'intérêt des nations ont déterminé la Convention à ne pas renvoyer Louis aux juges ordinaires et à ne point assujettir son procès aux formes prescrites... On a reconnu qu'il ne fallait pas s'attacher servilement à l'application de la loi, mais chercher la mesure qui paraissait la plus utile au peuple. La mort de Louis ne nous présenterait aucun de ces avantages. La prolongation de son existence peut au contraire nous servir. Il y aurait imprudence à se dessaisir d'un otage qui doit contenir les ennemis intérieurs et extérieurs. D'après ces considérations j'estime que la Convention nationale doit décréter que Louis a encouru les peines établies contre les conspirateurs par le Code pénal, mais qu'elle doit suspendre l'exécution du décret jusqu'après la cessation des hostilités, époque à laquelle il sera définitivement prononcé par la Convention ou par le Corps législatif sur le sort de Louis, qui demeurera jusqu'alors en état de détention. Et néanmoins, en cas d'invasion du territoire français par les ennemis de la République, le décret sera mis à exécution. »

L'intention du juge est évidente ; il voudrait sauver le Roi. Même après la condamnation à mort, il s'inspirait du même sentiment d'humanité en demandant pour le Roi la liberté de voir sa famille et de conférer avec un prêtre ; mais comme des murmures commençaient à éclater, il se hâta d'ajouter : « Sans toutefois que l'exécution puisse être retardée au-delà de vingt-quatre heures. » Et comme on l'avait chargé, peut-être pour punir sa modération, de l'enlèvement des restes du monarque, il parut à la tribune et y rendit compte de sa mission avec un calme et une impassibilité qui avaient quelque chose d'effrayant, et dont plusieurs des régicides eux-mêmes furent péniblement impressionnés. Cambacérès fut récompensé de cette violence faite à ses sentiments par le titre de président de la Convention, qui lui fut donné quelques mois après.

Franchissons d'un seul trait onze ans de sang et de honte, pendant lesquels Cambacérès, tour à tour membre du Conseil des Cinq-Cents et ministre de la justice, a louvoyé entre les partis en donnant toujours son vote au plus fort. Nous voici en 1804. Il est second consul et admis aux conseils les plus intimes du nouveau César. Cette fois, c'est le sang du dernier Condé qu'on veut répandre. Il est certain que Cambacérès fit ce qu'il put pour l'infortuné prince. On lui prête même un discours très énergique, et dont Bonaparte aurait été un moment fort indigné. Mais, quand le crime fut accompli, il n'en resta pas moins le serviteur et l'ami du grand criminel. Alors l'Empire fut rétabli, et Cambacérès, qui perdait son titre de second consul, fut nommé prince et altesse sérénissime, duc de Parme, archichancelier de l'Empire, sénateur, grand-aigle de la Légion d'honneur, grand-commandeur et grand-croix de beaucoup d'ordres étrangers. Alors aussi il fit partie du nouvel Institut, d'abord dans la classe des sciences, et bientôt dans celle des lettres qui représentait l'Académie.

« Il logeait, dit Durozoir, sur la place du Carrousel à l'ancien hôtel d'Elbeuf qu'il occupa jusqu'en 1814. C'est là qu'il donnait ses dîners somptueux ; il fut l'Apicius de l'époque, et la chère exquise qu'on faisait chez lui prouve que, sous la République, l'art culinaire avait fait des progrès bien plus réels que la liberté. Cambacérès représentait assez bien ; quoiqu'il ne fût pas beau, sa figure et sa démarche ne manquaient pas d'une sorte de dignité. Malgré le luxe de ses soupers, il passait pour être parcimonieux ; du reste il était probe, pur de tout agiotage, et ne connaissant pour s'enrichir d'autre voie que l'économe et habile administration de ses immenses traitements. Dès son consulat, il avait pris l'habitude de ses fameuses promenades au Palais-Royal où il se donnait en spectacle, avec deux ou trois acolytes, tous en grand habit français comme lui avec l'épée au côté, les cheveux en bourse et le chapeau sous le bras, sans parler des croix et des cordons qui chamarraient son altesse. Le samedi était le grand jour de ses soirées, cinquante convives s'asseyaient à sa table. La salle à manger était vaste et brillante, le dîner somptueux, la livrée splendide. En attendant, la foule des visiteurs emplissait trois superbes salons en enfilade, et quand, après le repas, l'on ouvrait les battants, les huissiers de porte en porte annonçaient *Monseigneur*. A ce nom, chacun se levait ; les femmes pour reprendre leur fauteuil sur l'invitation du prince, les hommes pour ne plus se rasseoir, à moins qu'ils ne comptassent parmi les premiers personnages de l'Empire. Une haie se formait des deux côtés, *Monseigneur* cheminait au milieu jusqu'au dernier salon, gratifiant l'un d'un regard, l'autre d'un sourire, celui-ci d'un geste, celui-là d'une parole. Dès que huit heures et demie arrivaient, un valet de chambre entrant dans le salon disait à haute voix : La voiture de Monseigneur. Aussitôt le prince faisait à son cercle une gracieuse révérence et passait dans sa chambre en même temps que chacun quittait le palais.

Ces soirées toujours fort nombreuses réunissaient les notabilités de la France et de l'Europe ; les plus hauts fonctionnaires de l'Etat y venaient assidûment. On savait combien Napoléon montrait de considération au prince archichancelier ; aussi tous les courtisans, les plus humbles comme les plus huppés, se conduisaient en conséquence. Cambacérès régnait ainsi à Paris par sa représentation continuelle ; ses soirées avaient lieu en toute saison, car il n'allait presque jamais à la campagne. Napoléon se reposait sur lui en toute confiance pour la marche ordinaire du gouvernement. La première personne que l'Empereur faisait appeler au retour de ses campagnes, c'était toujours l'archichancelier. C'était lui qui présidait le conseil d'Etat pendant les absences du maître, et même quoiqu'il fût à Paris, quand on n'y devait traiter que des questions secondaires. Il faisait aussi partie du conseil privé où son influence s'exerça toujours dans le sens de la modération et de la justice.

Au reste, on ne peut le méconnaître, si les conseils de Cambacérès eussent été suivis, Napoléon aurait évité toutes les fautes qui ont été cause de sa ruine : l'arrestation de Moreau, la guerre d'Espagne, la spoliation et la captivité du pape, le divorce. Malheureusement quand la résolution du maître était prise, non seulement le prince ne maintenait pas ses protestations, mais même il concourait en silence à l'exécution des desseins qu'il avait le plus blâmés, et cette contradiction lui coûtait d'autant moins qu'il n'avait jamais combattu au nom de la conscience et de la justice, mais toujours au nom de l'habileté politique et du résultat. Il ne disait jamais : C'est mal ; il disait : Cela tournera mal. Aussi en prêtant la main à l'exécution, se donnait-il non comme le complice d'une infamie, mais seulement comme l'agent obligé d'une maladresse.

Quand arrivèrent les événements de 1814, Cambacérès servit l'Empereur jusqu'à ce que le Sénat eut prononcé sa déchéance, mais, dès le lendemain du décret, il envoya sa soumission et son adhésion. Pouvait-on attendre une autre conduite de celui qui avait toujours adhéré à tout? Il eût voulu être ministre ; n'ayant pu l'obtenir, il refusa toutes les autres places qu'on lui offrit, et vécut à Paris dans une retraite tranquille et respectée. Malheureusement le 20 Mars vint le ramener sur la scène. Cambacérès adhéra au nouvel Empire comme il avait adhéré à tous les gouvernements bons et mauvais. Il reprit ses titres et ses fonctions, il accepta même de

Bonaparte ce ministère de la justice que Louis XVIII n'avait pas voulu ou n'avait pas osé lui offrir, mais ce fut fort à regret, car il avait le pressentiment que c'en était fini du règne de Napoléon. Les Bourbons revinrent en effet et Fouché qu'on leur imposa pendant quelques semaines pour ministre, joua ce mauvais tour à son ancien collègue Cambacérès, de le faire figurer sur la liste des conventionnels bannis du territoire, lui, si déshonoré par son vote régicide, il est vrai, mais qui avait été interprété par la Convention elle-même comme opposé à la peine de mort. Cambacérès fut donc exilé avec les régicides qui s'étaient de nouveau prononcés contre les Bourbons. Il se retira en Belgique et s'y conduisit avec beaucoup de circonspection, évitant tout rapport avec les révolutionnaires bannis comme lui. Aussi cet exil dura-t-il peu. Dès le commencement de 1816, amnistié par Louis XVIII, Cambacérès revint en France et recommença ses soirées, où l'amitié seule suffisait encore à faire venir bien des convives. Cambacérès se montrait d'ailleurs entièrement favorable au gouvernement du Roi, et bravait, pour s'en exprimer hautement, l'indignation et les moqueries des incorrigibles. Au fond cette opinion paraît avoir été vraiment la sienne, celle que l'ambition n'inspirait pas, celle qu'avaient produite en lui les traditions de sa famille, jointes à ses goûts essentiellement aristocratiques.

Quant à la religion, Cambacérès ne cessa jamais de l'aimer, et aussitôt que la grande persécution fut passée, il en pratiqua tous les devoirs. C'est elle qui le retint sur la pente du jacobinisme où son ambition l'avait jeté ; c'est à elle qu'il dut dans son exil l'esprit de résignation, qui lui fit supprimer de justes murmures et lui valut son retour en France. C'est elle enfin qui fit le charme des dernières années de sa vie. Retiré des luttes passionnées du monde dans une gracieuse et opulente solitude, peu soucieux désormais du pouvoir qu'il avait perdu, sans haine contre les Bourbons qu'il aurait toujours suivis et servis s'il avait connu l'avenir, sans mépris pour les hommes parce qu'il avait lui-même éprouvé la puissance des événements et les entraînements de l'ambition, il ne vivait depuis sa rapatriation que par les inspirations de la charité et de la piété. Sa mort fut presque subite, il eut néanmoins le temps de confesser une fois de plus sa foi chrétienne et de recevoir les sacrements. Ses richesses étaient immenses, il en donna la plus grande part à ses neveux, mais son testament renfermait aussi un grand nombre de legs charitables et pieux.

Cambacérès avait commencé des Mémoires, dont les manuscrits auraient, dit-on, rempli six volumes. Il faut regretter que sa famille n'ait pas jugé à propos de les donner au public, car ils doivent renfermer beaucoup de détails intimes sur les relations de l'auteur avec les différents partis politiques, principalement sur l'intérieur de la famille et de la cour impériales, qu'on ne trouverait point ailleurs. On n'a de cet homme d'Etat que des travaux sur le Code civil, à la rédaction duquel il avait travaillé sous la Convention, quand déjà elle préparait la mise en ordre de nos anciennes lois, des opinions sur *l'application du jury aux matières civiles* et sur les *droits des enfants naturels* dans l'héritage de leurs parents. Enfin, on lui attribua un grand ouvrage qui parut, sans nom d'auteur, en 1798, et qui traitait des constitutions républicaines.

Cambacérès avait une grande connaissance du droit français, principalement en matière criminelle et en matière administrative. C'est un des gardes des sceaux les plus instruits dont la France moderne puisse s'honorer. Non seulement il avait la science des grands magistrats, mais il en avait surtout la principale vertu, qui est l'amour de la justice. Malheureusement la force du caractère ne secondait pas assez le vif sentiment qu'il avait du devoir et de la vertu. Sa manière d'écrire était correcte et n'excluait pas une certaine élégance, mais il exagérait la solennité et tombait jusque dans l'emphase. Au reste, il était plus fort par la parole que dans ses écrits. Il improvisait sans peine l'expression de sa pensée, même dans les occasions les plus imposantes ; souvent il en relevait le charme par des expressions et des images nettes et vives qui formaient comme des sentences et faisaient leur chemin dans le monde officiel, aussi bien qu'un mot de Mme de Staël ou de Chateaubriand circulait dans les salons les plus distingués. Sa manière de recevoir avait quelque chose de vraiment royal ; on en plaisantait après ses disgrâces, mais elle avait fait sensation dans les beaux jours de l'Empire. Des princes de maison régnante, comme le duc de Mecklembourg, frère de la reine de Prusse, venaient faire leur cour au duc de Parme, comme on disait alors, au prince-archichancelier, et plusieurs qui s'y empressaient à leur suite, l'ont depuis trop facilement oublié.

Cambacérès ne fit pas partie de l'Académie française réorganisée en 1816 par Louis XVIII. Mais son titre de duc lui fut rendu avec ses décorations. Il mourut en fidèle chrétien, le 8 mars 1824.

M. DE BONALD

Né en 1754, académicien en 1816, mort en 1841.

M. de Marcellus composa pour M. de Bonald l'épitaphe qu'on va lire :

> Hic jacet in christo, in christo vixitque Bonaldus
> Pro quo pugnavit, nunc videt ipse Deum ;
> Grecia mireturque suum, jactetque Platonem,
> Hic par ingenio, sed pietate prior.

C'était sans doute pousser un peu loin l'enthousiasme de l'amitié ; mais on voit dans ces vers à quel point les contemporains estimaient ce philosophe, et il est vrai que notre siècle n'en pourrait citer de plus éminents. Au reste, Lamartine, qu'on ne prendra point pour un ultra, lui disait dans une de ses plus belles odes, tout entière consacrée à le glorifier :

> Ainsi, quand parmi les tempêtes
> Au sommet brûlant du Sina
> Jadis le plus grand des prophètes
> Gravait les tables de Juda...
> Ainsi, des sophistes célèbres
> Dissipant les fausses clartés,
> Tu tires du sein des ténèbres
> D'éblouissantes vérités.
> Ce voile qui des lois premières
> Couvrait les augustes mystères,
> Se déchire et tombe à ta voix
> Et tu suis ta route assurée

> Jusqu'à cette source sacrée
> Où le monde a puisé ses lois.
> Mais quoi ! tandis que le génie
> Te ravit si loin de nos yeux,
> Les lâches clameurs de l'envie
> Te suivent jusque dans les cieux.
> Crois-moi, dédaigne d'en descendre,
> Ne t'abaisse pas pour entendre
> Ces bourdonnements détracteurs ;
> Poursuis ta sublime carrière,
> Poursuis, le mépris du vulgaire
> Est l'apanage des grands cœurs.

Lamennais a dit : « C'est le plus grand philosophe que le monde ait eu depuis Malebranche. »

M. Briffaut, qui fit à l'Académie l'éloge de M. de Bonald déjà dignement loué par son successeur, M. Ancelot, osa le comparer à Descartes, à Leibnitz, à Pascal, à Bossuet, et il s'écria en terminant un discours couvert d'applaudissements : « Honneur au pays qui vit naître un tel génie ! »

Les générations qui ont suivi celle dont M. de Bonald était le contemporain ont moins lu ses œuvres et témoigné moins d'admiration pour son génie, mais combien aussi elles étaient en général au-dessous des hautes régions intellectuelles dans lesquelles il avait vécu. Il faut à de tels hommes un siècle fort et studieux pour les entendre ; Bonald eût dû vivre au temps des Leibnitz, des Bacon, des Newton, des Malebranche, au milieu de cette génération qui faisait foule aux sermons de Bourdaloue, qui se passionnait pour les traités de Port-Royal, et dont les *Variations* de Bossuet et la *Perpétuité de la Foi* du grand Arnauld faisaient les délices. Il est venu dans un temps où la passion politique faisait descendre tous les esprits des hauteurs de la philosophie aux conflits des ambitions et des intérêts. La discussion tour à tour violente ou frivole avait remplacé les savantes polémiques. On n'étudiait plus les principes ; on ne s'occupait que d'opinions, et les opinions ne roulaient que sur des systèmes ou même n'étaient plus souvent encore que des préférences de personnes. M. de Bonald ne pouvait donc pas être entendu de son siècle. Il se forma cependant autour de lui un public d'élite qui l'admirait. L'écho des grandes choses qu'il annonçait arrivait même parfois à la foule, et lui faisait une imposante célébrité ; mais c'était un écho lointain et confus, qui ne le mettait guère en rapport réel avec les esprits et ne lui donnait qu'une faible influence sur les événements. On en parlait comme d'un génie trop élevé pour être pratique, on le nommait, on l'admirait à ces distances, comme on admire les génies des peuples lointains dont on ne connaît que le nom, comme les personnes entièrement étrangères à une science spéciale redisent la gloire de celui qui s'y est fait un rang supérieur. Encore s'il avait eu les vivacités de langage du comte de Maistre, si comme lui ou comme l'abbé de Lamennais il s'en fût pris aux personnes, aux écoles, en provoquant des contradictions intéressées et passionnées, M. de Bonald se fût assuré des auditoires attentifs et par conséquent une action directe sur l'esprit public; mais il n'en fut rien. Les principes purs étaient son domaine, il les contemplait en eux-mêmes, il les professait au-dessus ou en dehors de leurs conséquences sur les faits contemporains, ou si parfois il en signalait les applications nécessaires, c'était d'une manière si radicale, si absolue, si complètement opposée à tout ce qui se disait ou s'accomplissait dans le monde qu'ils ne paraissaient plus que de sublimes rêveries ou des théories impraticables. La douceur de son langage complétait ces effets de lointain. On ne se croyait pas atteint parce qu'on ne se sentait pas blessé. La discussion ne s'établissait pas et quand l'oracle avait parlé personne n'en tenait compte. Les admirateurs ne lui manquaient point, mais il n'avait ni contradicteurs ni disciples. Ceux qui lui font l'honneur de l'abolition du divorce oublient que la religion l'a toujours proscrit et que les rois très chrétiens ne pouvaient le laisser dans nos lois. C'était une cause jugée d'avance pour les catholiques, c'est-à-dire pour l'immense majorité des Français. On trouvait même que la Restauration tardait trop à mettre cette question en débat; l'esprit public la devançait, et si le nom du grand philosophe fut toujours cité par les défenseurs du mariage, les raisons philosophiques par lesquelles il le faisait dériver de l'essence même de Dieu ne furent que très peu connues, même dans le public qu'on appelait alors éclairé. Ce n'est pas le génie d'un homme, c'est la foi nationale et le bon sens qui résolurent la question.

Ce n'est pas cependant que ces travaux du génie si peu compris en de certains âges doivent être réputés perdus. Ce sont eux au contraire qui font l'éducation des peuples. Mais ils la font à l'aide du temps et à l'insu des multitudes conduites et gouvernées par eux sans même en avoir l'idée. Cette lumière tombe d'abord sur des hommes d'élite qui la reçoivent dans les régions supérieures de leur âme, et se recueillent pour en mieux jouir ; puis, en la recevant, ils la reflètent, et d'autres esprits dans leur voisinage en sont éclairés comme eux ; de proche en proche, la clarté se répand, le jour se fait. Chose étonnante, nous sommes moins loin des idées ou pour mieux dire des principes du vicomte de Bonald sur le pouvoir, la liberté, la religion que ne l'étaient ses contemporains. Sur la voie où marchent les esprits éclairés, il est probable que nos neveux s'en rapprocheront encore davantage. C'est un homme du xe siècle ! criait-on un jour à la Chambre, et il va se trouver que ce sera un homme du xxe. Il voyait de haut la marche logique des opinions et des faits, sans tenir compte des passions et des préjugés du jour. Il semblait reculer parce qu'il remontait. C'est l'apanage du génie, voyant de haut il voit de loin, il annonce l'avenir, ses prévisions qui paraissent des chimères sont de véritables prophéties, son apparente folie qui découvre la vérité dans la déduction légitime des principes éternels paraît folie quand elle est le comble de la sagesse, mais, dit Bossuet, quand les sages sont-ils écoutés et quel cas fait-on de leurs prophéties ?

Louis-Gabriel-Ambroise, vicomte de Bonald, naquit à Milhau en 1754 d'une des familles les plus respectées du Rouergue. Il entra d'abord dans les mousquetaires. C'est un fait digne d'attention que beaucoup des hommes illustres de ce temps commencèrent par porter les armes. Chateaubriand, Berryer, Lamartine, Salvandy, Xavier de Maistre, et nombre d'autres les ont portées. Noble préparation aux carrières littéraires que l'habitude de la discipline et le dévouement de la vie. Quand les mousquetaires furent supprimés, Bonald revit ses chères montagnes. Il était maire de sa ville natale au début de la Révolution, il devint peu après président de l'administration départementale; mais, à la vue des excès et des crimes de ce temps, il renonça à toute fonction publique. Un peu plus tard, il courut à l'armée des princes dans laquelle il fit la campagne de 1792. Cette armée ayant été licenciée, il se retira dans la petite ville de Heidelberg où il composa son premier ouvrage qui fut *la Théorie du pouvoir politique et religieux*. Tout son esprit se révélait dans ce précoce travail avec les idées mères, les principes essentiels, dont l'auteur ne se départit jamais.

Pour M. de Bonald le pouvoir est une émanation directe de Dieu. Celui-là seul a le droit de nous gouverner qui nous a créés. Les majorités peuvent être la force, Dieu seul peut donner l'autorité. C'était, on le voit, la contre-partie du *Contrat social* et de toutes les idées du xviiie siècle. Ce fier penseur professait ainsi dans la parfaite soumission à la puissance légitime, la plus entière indépendance. L'homme n'est rien pour lui, c'est Dieu seul qui mérite l'obéissance, et c'est à lui seul qu'on obéit dans la personne des souverains. Il y paraîtrait d'abord s'ils osaient commander quelque chose de contraire à la conscience, le plus soumis des hommes en deviendrait aussitôt le plus indomptable. « Il vaut mieux, dirait-il, obéir à Dieu qu'aux hommes. » Rien de moins propice à la tyrannie que cette soumission de la conscience à l'autorité divine. Rien non plus de moins favorable à la Révolution, car si l'on peut refuser quelquefois l'obéissance à une loi, on ne doit jamais renverser l'autorité établie de Dieu.

Au reste Bonald ne comprenait pas que le pouvoir ne fût point indépendant; dépendance et autorité lui paraissaient des termes absolument inconciliables. Aussi la monarchie était-elle pour lui non seulement un fait légitime, une tradition auguste, une institution mieux adaptée qu'aucune autre au besoin des peuples, c'était encore à ses yeux une nécessité, une loi, un rapport de la nature sociale à Dieu. Il la voulait chez tous les peuples, et, partout, il la voulait *absolue* comme le pouvoir divin dont elle est l'image. Mais qui sait si la division des pouvoirs nuit à l'unité et à l'indépendance de l'autorité? Qui sait si la souveraineté ne peut absolument reposer que dans un seul? L'indépendance du pouvoir se conçoit peut-être très bien avec des attributions définies. Le juge ne fait pas la loi, mais il est, comme juge, indépendant du législateur. Le monarque peut ne pas être législateur et néanmoins gouverner avec une entière et indépendante souveraineté. Mais ce partage de la puissance publique n'était guère dans les idées de notre philosophe. L'état politique de la France avant la Révolution, quand le pouvoir royal n'était tempéré que par la religion, les mœurs et les traditions nationales lui semblait la perfection du genre. C'est en elle qu'il « trouvait le ministère social » le plus sagement organisé, et surtout en rapport avec notre tempérament et nos mœurs.

Chargé de son manuscrit qu'il portait dans son havre-sac, M. de Bonald se rendit à pied avec ses deux enfants en bas âge de Heidelberg aux environs du lac de Constance, puis il se décida à rentrer en France où il se tint caché pendant deux ans à Paris jusqu'au moment où Bonaparte eut abrogé toutes les lois de la Convention contre les émigrés. Il revint alors en Rouergue avec sa famille et habita le petit castel du *Monna*, seul débris de son ancienne fortune que la Révolution eût épargné. Bonaparte voulut l'attacher à sa fortune, mais toutes ses offres furent rejetées, M. de Bonald préféra vivre ignoré dans ses montagnes d'où cependant il envoyait au *Mercure de France* et au *Journal des Débats*, rédigés par ses amis MM. de Chateaubriand, de Fontanes, La Harpe, Lacretelle et Devalot, des articles toujours remarquables et appréciés. En vain le roi de Hollande, Louis Bonaparte, le plus honnête homme d'entre les princes de cette famille, le conjura-t-il d'accepter la fonction de précepteur de son fils. Bonald préférait à tout ses chères montagnes, et protestait toujours d'y vouloir mourir. Il céda pourtant en 1810 aux sollicitations de l'Empereur et devint membre du conseil de l'Université, puis la Restauration arriva et une nouvelle vie commença pour lui.

Député à la Chambre introuvable de 1815, M. de Bonald vota toujours avec la droite. Le ministère Decazes ne put empêcher sa réélection après le coup d'Etat du 5 septembre. Il représenta son département jusqu'en 1823. Alors il fut appelé à la pairie. La *Biographie pittoresque* en fit le portrait suivant dont le lecteur saura bien rabattre ce qu'il faut, en se souvenant de l'hostilité complète du biographe, mais qui donne cependant une idée assez exacte de son attitude (1) :

« Qui a lu la *Législation primitive* et qui voit M. de Bonald pour la première fois doit se douter qu'il en est l'auteur. On ne peut guère avoir une pareille figure à moins d'écrire comme écrit M. de Bonald, de parler comme il parle, d'agir comme il fait et de rêver comme il pense.

» Cette face allongée, ce dos voûté, ces yeux qui semblent toujours attachés au même objet, ce visage à la fois immobile et soucieux annoncent tout de suite un homme préoccupé d'une idée fixe qui absorbe toutes ses autres idées et toutes les facultés de son cerveau. Un penseur qui poursuit la vérité a ordinairement les joues creuses, le teint échauffé, les muscles mobiles, les yeux ardents ; ses organes extérieurs reproduisent les mouvements de sa pensée. Tel n'est pas M. de Bonald ; sa physionomie et toutes ses habitudes décèlent un esprit parvenu au but de ses méditations et au terme de ses fatigues.

» Sa place ordinaire est sur les bancs supérieurs, derrière M. de Villèle. Là, il semble ne prendre aucune part à ce qui se fait, il ne donne aucun signe d'approbation ou d'improbation. Il ne murmure pas, il ne rit pas, il ne dit ni *Très bien!* ni *Appuyé!* ni *Aux voix!* ni même : *Je demande la parole*. On la demande pour lui quand il veut parler. Le président, averti par un voisin officieux, dit : « M. de Bonald demande-t-il la parole ? » L'honorable membre répond à cette question en soulevant la tête qu'il laisse retomber comme la statue du Festin de Pierre. Alors il descend lentement les marches de l'amphithéâtre, chemine vers la tribune, et, d'une voix faible, lit un discours dans lequel la question qui se traite est toujours envisagée sous le point de vue de la famille... Son débit n'a pas le moindre accent. Il ne fait pas le plus petit geste ni le plus léger mouvement de physionomie ; il faut y regarder de bien près pour voir qu'il remue la mâchoire et que des paroles sortent de sa bouche. On l'écoute en silence jusqu'à ce qu'il prononce le mot

(1) L'Empereur avait même eut l'idée de lui confier l'éducation de son fils qu'il appelait *le roi de Rome*. M. de Bonald lui fit répondre : « Je lui apprendrais à régner partout excepté à Rome ».

inévitable de *famille* ; alors on rit ; il attend qu'on ait cessé de rire, puis il reprend sa lecture. Pour lui, c'est toujours sans rire qu'il dit les plus plaisantes choses ; et c'est le plus tristement du monde qu'il a dit : « Un soldat victorieux mettra son épée à la place de la sonnette du président et sur la porte de cette chambre écrira : chambre à louer. »

Le *Biographe pittoresque* vivait-il encore au 2 décembre 1852, quand la Chambre fut dissoute, la tribune abattue et les députés conduits à Mazas ? Il a pu se rappeler alors la prophétie qui lui avait paru si plaisante.

A la Chambre des députés, M. de Bonald eut l'honneur de déposer dès le mois de décembre 1815 la proposition de supplier le roi de faire présenter un projet de loi pour l'abolition du divorce. Sa proposition fut adoptée, et, l'année suivante, quand le gouvernement présenta son projet, M. de Bonald fut nommé rapporteur et prononça de beaux discours pour la défense du projet de loi : « Le but du mariage, dit-il, n'est pas seulement d'avoir des enfants, mais aussi de les élever, but renversé par le divorce qui dissout la famille. » Au reste, si M. de Bonald éclaira les députés sur les raisons philosophiques de l'indissolubilité du mariage, il influa peu sur le résultat de la discussion. L'opinion publique était fixée, et c'est aux applaudissements universels que les Chambres, à une immense majorité, prononcèrent l'abolition du divorce.

M. de Bonald était pair de France quand le gouvernement proposa la loi sur le sacrilège. Il la soutint avec une grande énergie. Envisageant comme toujours les choses dans leur principe, ce n'est pas l'utilité de la loi qu'il considéra, mais son rapport avec la vérité chrétienne dont la société doit embrasser la défense. Au lieu de vouloir venger la foi nationale outragée dans ce qu'elle a de plus auguste et de plus cher, c'est l'insulte à la divinité elle-même qu'il entendit réprimer dans le sacrilège. Aucune peine dès lors ne lui parut trop sévère. « Si les bons, dit-il, doivent leur vie à la société comme service, les méchants la lui doivent comme exemple. » Et à propos de l'intention du coupable, dont la loi voulait qu'on s'assurât, il disait d'un accent aussi tranquille que si l'on eût discuté une simple question de budget : « En condamnant le coupable à mort, vous l'envoyez devant son juge naturel. » Ainsi cet homme de mœurs si douces et d'un caractère si bienveillant allait trop souvent à l'absolu dans la déduction de ses idées. La profanation des choses saintes n'est pas toujours pour l'ignorant fanatique qui la commet, ce qu'elle est pour le chrétien pieux qui s'en indigne. Le but de la loi doit donc être moins de la punir selon sa gravité intrinsèque, souvent ignorée du criminel, que de protéger la foi nationale en empêchant le retour de ces attentats.

On a beaucoup reproché à M. de Bonald d'avoir accepté la direction de la censure ; il eut même à soutenir dans cette occasion une polémique assez ardente avec M. de Chateaubriand, jusqu'alors son intime ami, qui fut toujours grand partisan de la liberté de la presse. M. de Bonald, au contraire, était conséquent avec ses principes en aidant le pouvoir légitime à empêcher l'action de l'esprit du mal. Ce que son illustre antagoniste alléguait sur le danger des représailles avec un gouvernement mauvais ne l'arrêtait point, car il ne faudrait reconnaître aucun droit, ni laisser aucune force à l'autorité légitime si l'on raisonnait ainsi. La vérité seule et la justice ont des droits, disait-il, et elles ne les ont pas moins parce que l'erreur peut les usurper. L'autorité traditionnelle et légitime, plutôt qu'aucune autre, voudra le bien, car il est sa raison d'être et son principe. Faut-il ôter la puissance au père, parce qu'un mauvais père pourra quelque jour en abuser ? Au reste, il ne croyait pas à l'efficacité de la censure pour sauver le trône attaqué par tant d'ennemis, mais quand le Roi la demandait comme une arme de salut, il ne voulait pas la lui refuser et il pensait qu'un homme d'honneur pouvait l'aider à s'en servir contre les ennemis de l'ordre public.

La Révolution de 1830, quoiqu'il l'eût prévue, fut pour lui un sujet de désolation. Elle marqua aussi la fin de sa carrière publique. Fidèle à ses affections, il renonça sans regret à tous les honneurs et se retira pour le reste de sa vie à son château de Monna. Les œuvres de la charité et de la piété furent l'unique soin de ses derniers jours. De nombreux amis le visitaient. La considération, ou, pour mieux dire, la vénération universelle l'environnait. Il eut la consolation de voir son fils Maurice, évêque du Puy depuis 1823, nommé archevêque de Lyon en 1841, mais on a dit que la faveur de Louis-Philippe qui lui valut ses éminentes dignités devait étonner et contrister le vieux défenseur de l'autorité légitime. Quoi qu'il en soit, M. de Bonald mourut peu de mois après l'élévation de son fils au cardinalat. Cette mort arriva le 23 novembre 1841, quand il était dans sa quatre-vingt-septième année.

Les principaux ouvrages de M. de Bonald sont la *Législation primitive* à laquelle il avait travaillé pendant de longues années et qui ne parut qu'en 1821, son traité de l'*Origine du langage* où il démontra que Dieu lui-même a révélé à l'homme les mots primitifs qui expriment ses pensées, plusieurs ouvrages contre le divorce, enfin ses articles de polémique et ses discours aux deux Chambres. Tous ces ouvrages sont inspirés par cette pensée que l'autorité vient de Dieu et que l'ordre politique n'est institué que pour seconder la religion et tendre comme elle à rapprocher les hommes de lui.

On nous pardonnera de citer à la fin de cette étude la belle lettre par laquelle le roi Louis offrit à M. de Bonald la place de précepteur de son fils. Ce document historique est précieux ; il fait bien connaître le philosophe et le roi.

Après avoir exposé les raisons qui l'obligent d'ôter aux institutrices la direction du jeune prince, et qui l'empêchent de s'en occuper lui-même il ajoute :

« Après avoir cherché partout, j'ai réfléchi, monsieur, que, sans vous connaître autrement, vous étiez un des hommes que j'estime le plus ; il m'a paru que vos principes étaient conformes à mes sentiments. Vous me pardonnerez donc, monsieur, si, ayant à choisir quelqu'un à qui je désire confier plus que ma vie, je m'adresse à vous; c'est le cas de bien choisir. Si donc, monsieur, le bonheur dont vous jouissez sans doute dans une modeste retraite, ne vous a point rendu insensible au bien que vous pouvez faire, je ne dis pas à moi, à un individu, mais à toute une nation plus estimable encore que malheureuse et c'est beaucoup dire, acceptez d'être le gouverneur de mon fils; vous le confier, c'est vous marquer le plus vif désir de gagner votre amitié et vous montrer tout le cas que je fais d'un homme de bien et éclairé, tel que je vous crois. Je vous prie, monsieur, de faire un petit voyage dans ce pays. Vous devez aisément vous imaginer avec quel plaisir je vous recevrai, et si je ne puis pas réussir à vous faire accepter l'offre que je vous fais, j'aurai au moins le plaisir de faire votre connaissance et de vous exprimer ma satisfaction de trouver en vous, l'homme de bien et l'homme éclairé dont je désire l'amitié.

» Si l'on vous parle de ce pays et de moi, nos malheurs nous donneront sans doute des torts que nous sommes loin de mériter. On vous dira peut-être que je n'aime que la Hollande, que je ne suis plus Français. Remettez votre jugement sur tout cela jusqu'au moment où je pourrai me défendre. Vous verrez alors, monsieur, qu'attaché par devoir et par inclination à un pays dans lequel je suis venu malgré moi, j'ai tout bravé pour y remplir des devoirs plus difficiles qu'il n'est possible de se l'imaginer, tout, jusqu'à passer pour avoir renié mon pays et pour n'être plus Français, tandis que mon cœur depuis longtemps ne palpite qu'à ce nom. Et cependant j'en reste éloigné, je défends de son incorporation, c'est-à-dire de sa ruine totale, un pays dont le climat me détruit chaque jour visiblement; j'y supporte toutes les difficultés, tous les événements, tous les malheurs, sans me lasser. Si je n'y étais pas obligé par le plus impérieux des devoirs, resterais-je dans cette situation? J'y suis obligé, mais j'avoue que mon plus grand malheur vient de ce renom d'être anti-Français qu'il me faut endurer.

» Adieu, monsieur, recevez cette communication confidentielle avec assurance et veuillez me répondre franchement. Ne craignez point de me causer du chagrin si vous ne croyez pas pouvoir accepter; j'y suis accoutumé; la seule chose à laquelle je ne m'accoutumerais jamais, c'est de ne point mériter le suffrage des personnes telles que vous.

» Amsterdam, le 1er juin 1810. » Louis. »

C'est M. Briffaut qui répondit au discours du successeur à l'Académie de notre immortel philosophe. Il faut nous priver de rien extraire du discours du nouvel élu (1); mais les derniers passages

(1) M. l'abbé Foulquier, supérieur du séminaire de Rodez et plus tard évêque de Mende, prononça l'éloge de M. de Bonald, à la distribution des prix de son établissement. La foule était grande et très choisie ; plusieurs prélats s'y trouvaient. Le discours fut extrêmement admiré.

de la réponse de M. Briffaut ont un intérêt particulier à cause de l'aspect nouveau sous lequel ils nous montrent M. de Bonald ; on nous fera pardonner de les rapporter ici :

« Que si nous nous séparons de l'homme public pour vivre familièrement avec l'homme privé, sous quel aimable et gracieux aspect il vient se présenter à nous ! Quelle simplicité dans ses manières ! Quel charme dans son langage ! Jamais on ne vit tant d'esprit en communauté avec tant de raison ; jamais l'accent de la bonté ne tempéra mieux ce qu'il y a toujours d'austère dans la parole du génie. Loin d'apporter par sa présence la gêne et la réserve, il montrait d'abord un laisser-aller si séduisant, que les cœurs s'épanouissaient, que la conversation roulait plus rapide, et qu'il n'était pas un interlocuteur dont il ne fît en quelques minutes, je ne dirai pas seulement un admirateur, mais, ce qu'il y a de plus difficile et de plus doux, un ami, tant il savait encourager la timidité, gagner la conscience, intéresser le sentiment ; toujours prêt à traiter tous les sujets ; toujours habile à saisir tous les tons ; tantôt s'élevant en homme d'État aux plus hautes considérations qu'il sillonnait de mille traits de lumière, tantôt se jouant comme un enfant dans le terre à terre des discussions frivoles où il portait sa facilité entraînante et sa piquante finesse d'aperçus. »

ANCELOT

Né en 1794, académicien en 1841, mort en 1854.

Un jour de sa vie Ancelot a pu penser qu'il était destiné à la gloire. Né au Hâvre en 1794, employé malgré lui dans les bureaux de la marine, et poète malgré ses parents et ses fonctions, après avoir composé un ou deux vaudevilles peu applaudis, il donna tout à coup au théâtre sa belle tragédie de *Louis IX* qui obtint un incomparable succès. Trente représentations successives ne pouvaient rassasier l'admiration du public qui applaudissait toujours.

C'était en 1819. Le sentiment royaliste était très vivant dans beaucoup de cœurs. La pièce arrivait donc à son heure, ce qui est toujours une très grande chance de succès. Celui qu'elle obtint fut si grand que le roi lui-même, et un roi très littérateur, ne dédaigna pas de féliciter le poëte, et lui accorda la croix d'honneur. C'était un début comme on n'en voit guère et qui devait d'autant plus paraître un présage que le succès était vraiment mérité. Ce coup d'essai valait un coup de maître. La pièce fortement conçue présentait, outre le mérite d'une action admirablement conduite et de caractères pleins de vérité et de vie, des situations émouvantes, des attentes, des péripéties et un dénouement saisissants ; enfin pour mettre le comble à l'enthousiasme du public, les vers étaient faciles, harmonieux, et, sans respirer l'apprêt, d'un style toujours pur et d'une irréprochable correction. La vigueur pouvait manquer à quelques passages, l'originalité à quelques dialogues, mais l'ensemble de cette diction était si noble et si attachant que tous les spectateurs en sentaient le charme et s'en déclaraient hautement. Il est donc bien vrai que le poëte de vingt-six ans qui recueillait tant d'applaudissements pouvait espérer d'arriver jusqu'à la gloire. Combien l'ont cru avec moins de raison que lui ! mais combien aussi ont été trompés ! La gloire est comme une femme

> Qui souvent varie,
> Bien fol qui s'y fie.

Il eût fallu, pour la saisir après cette flatteuse avance, douter de soi-même, travailler beaucoup ses nouvelles œuvres et, par conséquent, en donner fort peu au public. M. Ancelot fit tout le contraire. Il éperonna son Pégase et le fit courir à fond de train : *Le Marie du Palais*, *Fiesque*, *Marie de Brabant*, *Maria Padilla*, *Pharamond* se succédèrent sur la scène avec une incroyable rapidité et avec des succès assez inégaux, quoique toujours inférieurs à celui de *Louis IX*. D'ailleurs Casimir Delavigne avait paru qui marchait comme Ancelot dans les voies classiques, mais avec un plus grand talent, et un peu plus de concessions à l'esprit nouveau. Enfin l'école romantique arrivait à l'apogée de son mérite et de sa vogue. Les tragédies de Victor Hugo surtout obtenaient des succès toujours plus brillants

LEGOUVÉ

et que la muse d'Ancelot ne pouvait atteindre. Celui-ci le comprit sans doute et abandonnant tout à coup la tragédie, il se tourna vers la comédie et le vaudeville qui du reste avaient eu ses premiers goûts. Mais sa fécondité, loin d'en être ralentie, parut encore augmentée. C'était une avalanche, ce fut un déluge. Plus de trente pièces parurent en l'espace de deux ou trois ans. On eût dit que l'auteur les découvrait toutes faites. Il va sans dire que ce n'étaient pas toujours des chefs-d'œuvre. Mais il y avait de la verve, du mouvement, de l'esprit, et le public des petits théâtres qui ne se pique pas de rigorisme sur la perfection de l'art, les aimait et les demandait toujours. « Qui de nous, dit le bon M. Tastet, n'est pas allé les applaudir vingt fois ? »

M. Ancelot est en outre l'auteur d'un poème intitulé *Marie de Brabant* et d'un roman qui s'appelle *l'Homme du monde*. Il a fait aussi plusieurs nouvelles entre lesquelles il faut signaler un *Jour de coquetterie* : « Excellentes productions, dit Mme d'Altenheim, et qui n'ont d'autre tort aujourd'hui que d'être d'hier ! »

M. Ancelot est mort en 1854. Ses dernières années furent aussi stériles que les premières avaient été fécondes. Il n'a presque rien composé depuis 1830, peut-être à cause du mauvais état de sa santé, mais plus probablement parce que les préférences du public se prononçaient de plus en plus pour l'école romantique. Au reste Mme Ancelot son épouse se mit au travail alors qu'il se vouait au repos, et, comme lui, composa quelques romans et un très grand nombre de vaudevilles. Ce fut d'abord, dit-elle, pour lui trouver des idées et des plans, puis elle prit goût à des succès auxquels elle avait contribué et elle composa toute seule. Quoique plus âgée que son mari elle lui a survécu de beaucoup d'années.

LEGOUVÉ

Né en 1807, académicien en 1855.

Ernest Legouvé, fils de l'auteur du *Mérite des femmes*, remplaça M. Ancelot à l'Académie française. Il était né à Paris en 1807 ;

pressé de marcher sur la trace de son père, il publia, fort jeune, plusieurs petits poèmes, dont l'un sur la *Découverte de l'imprimerie* obtint le prix académique en 1827, et des romans qu'on trouva gracieux. Toujours à l'imitation de son père, il écrivit plusieurs ouvrages en faveur des femmes. Ce furent d'abord une série de conférences données au Collège de France, puis insérées dans l'*Encyclopédie nouvelle*, et enfin publiées en un volume in-douze, sous le titre : *des Femmes* (en 1848), et complétées par un nouvel ouvrage intitulé : *la Femme en France au XIXe siècle*, qui parut en 1864.

Non content d'avoir défendu les femmes devant les savants, Legouvé résolut d'intéresser tout le public à leur cause par des ouvrages qui fussent à sa portée. Dans *Edith de Falsen* (1840), il montra toute la pitié et même toute l'estime qu'elles méritent jusque dans leurs fautes. *Béatrix, ou la Madone de l'art*, qui fut d'abord un roman et plus tard un drame, fit admirer la femme courageuse qui brise son cœur pour rester fidèle à son devoir. Enfin, *Miss Suzanne* est la glorification des humbles fonctions de la femme dans son intérieur, d'où découlent la prospérité des familles, le sort et le mérite des enfants.

Outre des ouvrages destinés à faire mieux apprécier les femmes, Legouvé a composé sa tragédie de *Médée*, en faveur de l'affranchissement de l'Italie, et un grand nombre de drames en prose et de vaudevilles qui n'avaient d'autre objet que d'instruire et d'amuser le public. Ces pièces étaient toutes accueillies avec bienveillance et plusieurs fois redemandées. Mais *Médée* a eu des succès plus brillants encore : traduite en italien par M. Montanelli, elle a été jouée en 1856 au Théâtre-Italien et ensuite dans toutes les capitales de l'Europe. Mme Rachel, qui d'abord avait accepté le premier rôle, ne voulut plus le jouer ; ce fut Mme Ristori qui s'en chargea et y cueillit les plus beaux lauriers ; mais cette espèce de compétition augmenta encore la renommée et la popularité de la pièce.

M. Legouvé a lu à la séance publique annuelle de l'Institut, en 1864, plusieurs scènes d'un drame inédit, ayant pour titre *les Deux Reines*, et pour sujet la répudiation d'Ingeburge, épouse de Philippe-Auguste, remplacée par Agnès de Méranie. Ces scènes furent reproduites par les journaux, mais les circonstances politiques ne permirent pas à l'auteur d'obtenir la permission de représenter la pièce.

M. Legouvé vit encore. Il est officier de la Légion d'honneur.

C'est M. Legouvé qui a fait ce bel éloge du travail :

« Dieu nous a imposé de bien rudes épreuves sur cette terre, mais il a créé le travail : tout est compensé. Les larmes les plus amères tarissent, grâce à lui. Consolateur sérieux, il promet toujours moins qu'il ne donne ; plaisir sans pareil, il est encore le sel des autres plaisirs. Tout vous abandonne, la gaîté, l'esprit, l'amour ; lui, il est toujours là et les profondes jouissances qu'il vous procure ont toute la vivacité des enivrements de la passion avec tout le calme des plaisirs de la conscience. »

XXXVIIe FAUTEUIL (DIT DE BOILEAU)

SÉGUIER

Né en 1588, académicien en 1634, mort en 1672.

Pierre Séguier qui fut à l'origine un des membres les plus illustres de l'Académie et son second protecteur, est communément appelé Pierre III, parce qu'il est le troisième de son illustre famille qui ait porté ce prénom. Il naquit à Paris le 28 mai 1588. Son père Jean, son oncle Pierre II, son grand-père Pierre Ier étaient des magistrats éminents. Au reste, dès le commencement du xive siècle, ses ancêtres occupaient au Parlement de Toulouse les places les plus élevées. C'est vers le milieu du xve que sa famille est entrée dans celui de Paris, où ses membres ont toujours brillé au premier rang. On ne trouverait peut-être pas dans une autre famille de robe, tant d'illustrations par le talent et par les vertus, une aussi longue suite de magistrats éminents, d'hommes d'église et d'hommes de lettres, jusqu'à ce premier président Séguier nommé pair de France, jusqu'au baron Armand Séguier, auteur de savants *Mémoires sur les appareils à vapeur*, et de plusieurs autres ouvrages techniques, officier de la Légion d'honneur et membre de l'Académie des sciences.

Pierre Séguier devint magistrat comme tous les siens ; conseiller au parlement de Paris, maître des requêtes, président à mortier, garde des sceaux, tels sont les titres qu'il porta avant d'arriver à celui de chancelier de France, qui était la plus haute dignité où pussent arriver les gens de loi. Il relevait encore l'éclat de son rang par l'étendue de ses connaissances, et surtout par la fermeté et la beauté de son caractère. Il fut le modèle et le type de ces anciens magistrats chrétiens qui voyaient dans leur fonction un vrai sacerdoce, et qui puisaient au pied des autels leurs inspirations et leurs lumières. Ainsi étaient les L'Hopital, les Hénault, les Lamoignon, les d'Aguesseau, les Ségur, communiant avant l'audience, et fixant l'image du crucifix au moment de rendre les arrêts. Certes ces magistrats n'étaient pas exempts de l'imperfection humaine, on leur a justement reproché l'esprit de corps qui les rendit parfois jaloux de l'influence du clergé, et les fit aspirer à la puissance politique. On a tonné contre leurs tendances gallicanes, jansénistes, quesnellistes, et ce n'était probablement pas sans quelque sujet. L'esprit de corps est dans tous les corps, et l'exagération, l'excès, se trouve dans tout ce qui est humain, mais la plainte à son tour n'a-t-elle pas été excessive ! Ils étaient, ces magistrats un peu trop attachés aux traditions de leur ordre, pleins de conscience et de religion. Ceux qui les remplacent aujourd'hui en font mieux sentir la valeur et regretter la perte.

A la charge suprême de garde des sceaux Pierre Séguier joignait encore les titres de duc de Villemor et de pair de France. C'est le cardinal Richelieu, juste appréciateur de tous les genres de mérites, qui l'avait élevé à ces dignités. On a dit qu'il avait espéré en faire un instrument de ses volontés. C'est supposer à la fois dans ce grand ministre la connaissance et l'ignorance des hommes. Des sujets comme Séguier ne font pas ces illusions et ce n'est pas à de tels génies qu'on peut les faire. Il est bien plus juste de penser que ce fut précisément le noble caractère du magistrat qui détermina la faveur du grand ministre. Louis XIV avait en lui la même confiance. « J'ai toujours reconnu en M. Séguier, disait-il, un homme intègre, un cœur dégagé de tout intérêt. »

C'est le chancelier Séguier qui inspira au ministre de Louis XIII l'idée de transformer la réunion littéraire des premiers académiciens en une institution nationale. Il offrit même son hôtel pour les réunions, et, pendant trente ans, elles n'eurent pas d'autre local. Nommé protecteur de l'Académie il en fit respecter les droits et observer le règlement. On lui doit surtout cet esprit d'égalité qui s'est toujours maintenu, malgré tant de diversité dans les conditions de ses membres. Jamais il ne souffrit qu'on lui donnât pendant les séances le titre de *Monseigneur*, et quand son petit-fils, le duc de Coislin se mit sur les rangs pour être admis dans la compagnie, il s'opposa absolument à ce qu'on l'élût par acclamation, afin de mieux assurer l'entière liberté des suffrages. Nous avons vu dans le discours préliminaire que plusieurs personnages très élevés assistèrent aux séances de l'Académie dans son hôtel. Il faisait alors les honneurs avec une distinction voisine de la majesté. La reine de Suède, Christine, en emporta un souvenir plein d'admiration. Avant de quitter la couronne elle envoya son portrait à l'Académie, et voici la réponse qu'elle fit aux remercîments de la compagnie :

« Messieurs, comme j'ai su que vous désiriez mon portrait, j'ai commandé qu'on vous le donnât, et ce présent est doublement reconnu, et par la manière dont vous l'avez reçu, et par les éloquentes paroles que vous avez employées à m'en rendre grâces. J'ai toujours eu pour vous une estime particulière, parce que j'en ai toujours eu pour la vertu, et je ne doute pas que vous ne m'aimiez dans la solitude, comme vous m'avez aimée sur le trône. Les belles-lettres que je prétends y cultiver en repos et avec le loisir que je me réserve, m'obligent même de croire que vous m'y ferez quelque part de vos ouvrages, puisqu'ils sont dignes de la réputation où vous êtes et presque tous écrits dans votre langue qui sera la principale de mon désert. Je ne manquerai pas de vous témoigner ma reconnaissance. »

On a vu au commencement de cet ouvrage les regrets qu'inspira la mort du chancelier à l'Académie comme à toute la France. Ils furent si grands qu'aucun sujet de quelque rang qu'il fût ne parut mériter l'honneur de succéder à Séguier dans la charge de protecteur de cet illustre corps. Louis XIV lui-même voulut la prendre et tous ses successeurs l'ont imité : « Les rois, dit le comte Portalis dans son éloge de Séguier, bien convaincus que la protection du génie est le plus bel apanage de l'autorité suprême, ne laissèrent plus à leurs ministres un titre qu'ils revendiquèrent bientôt pour eux-mêmes et qui devint un des plus beaux ornements de la couronne. » Le chancelier du reste était aussi modeste que puissant et habile. « Je regarde, disait-il, l'excès des louanges qu'on m'adresse comme un préjugé de l'injustice des demandes qu'on va me faire. Je ne suis ni aussi grand qu'un dieu pour mériter les parfums les plus exquis ni aussi insensible qu'une idole pour soutenir la vapeur empoisonnée des fausses louanges. » Son amour des lettres ne se bornait pas à la protection de ceux qui les cultivaient, il s'y appliquait lui-même dans tout le temps que lui laissaient les occupations de sa charge. Sa bibliothèque était digne d'un monarque par le nombre et le choix des ouvrages qu'elle contenait. Il en faisait ses délices, et prenait au commerce habituel des plus beaux génies ce goût sûr et savant, qui lui faisait si bien juger des ouvrages d'esprit. Il aimait aussi les arts et ornait de leurs chefs-d'œuvre les galeries de son hôtel. Le Brun lui dut l'avantage d'aller se former dans Rome par l'étude des grands modèles ; le peintre signala sa reconnaissance en dédiant à cet éminent protecteur ses meilleurs travaux. Isaac Habert, évêque de Vabres, a fait en beaux vers latins la description des richesses artistiques dont l'hôtel Séguier était si abondamment pourvu.

Le chancelier mourut le 28 janvier 1672 à l'âge de quatre-vingt-quatre ans, et dans les sentiments d'une admirable piété. Il laissa un manuscrit qui, demeura enfoui pendant très longtemps dans les cartons de la Bibliothèque royale, mais que la Société de l'Histoire de France a publié en 1844. Il se nomme le *Diaire* ou *Journal du chancelier Séguier en Normandie* et renferme sa vie détaillée pendant les années 1639 et 1640 qu'il passa dans cette province.

BASIN DE BESONS

Né en 1611, académicien en 1643, mort en 1684.

Claude Basin de Besons fut reçu à l'Académie en 1643 à la place du chancelier Séguier qui ne voulut plus en être membre lorsqu'il en devint le protecteur. Après avoir été avocat au Grand-Conseil dès l'an 1639, il fut pendant vingt ans intendant du Languedoc d'où il revint à Paris en 1673 et y remplit jusqu'à la mort les fonctions de conseiller d'Etat ordinaire. Boileau qui lui succéda le vanta dans son discours de réception comme un homme considérable et par ses grands emplois et par sa profonde capacité dans les affaires. « Il tenait, ajoute-t-il, une grande place dans le Conseil et fut en nombre d'occasions honoré de la plus étroite confiance de son prince, comme un magistrat non moins sage qu'éclairé, vigilant et laborieux. » L'abbé de La Chambre le loue beaucoup et lui fait honneur d'une intime amitié avec Conrard. « On n'a jamais rien vu de lui par écrit, dit Chapelain, mais on l'a entendu comme avocat général parler élégamment et fortement au Grand-Conseil, dans toutes les rencontres où il a eu à le faire. Tallemant, qui ne l'aimait guère, dit avec quelque malignité que sa famille n'était pas illustre et qu'il avait eu pour grand-père un simple médecin de Troyes qui prit le nom de Bezons en épousant une dame qui lui apporta la terre de ce nom. Mais si ses aïeux n'étaient pas considérables, il n'a que plus de mérite d'avoir élevé à ce point sa famille que de ses trois fils l'un fut conseiller d'Etat, l'autre archevêque de Rouen, et le dernier maréchal de France. Le même critique prétend qu'il faisait faire par Patru ses meilleurs discours et, rappelant qu'il fut reçu à l'Académie en même temps que Salomon dont il fait d'ailleurs peu de cas, il dit qu'on pourrait les accoupler, et ajoute en se moquant : *Arcades ambo*.

Bezons mourut en 1684 à l'âge de soixante-sept ans. On a de lui la traduction d'un traité de paix conclu entre l'Empire et la Saxe, et deux discours prononcés aux états de Carcassonne.

BOILEAU

Né en 1636, académicien en 1684, mort en 1711.

Tous les hommes supérieurs ont une mission particulière en ce monde, et leur génie, leurs œuvres répondent à un besoin actuel de la société qui les produit. On le remarque dans l'histoire des grands philosophes, des grands capitaines, des grands rois. Pourquoi y prend-on moins garde dans celle des grands hommes de lettres et surtout des poètes? Comme les oiseaux du bocage, ils ne semblent mis au monde que pour nous charmer. La variété de leur genre et de leur talent ne paraît, comme les diverses modulations des hôtes du bois, qu'un moyen providentiel de compléter nos jouissances en faisant de leur ensemble un concert de brillante mélodie. Ainsi Boileau, fustigeant les mauvais poètes, nous paraît surtout amusant, on sourit à ses épigrammes si malicieuses comme on s'attendrit aux chœurs d'*Athalie,* comme on est transporté à la lecture de *Phèdre* et de *Cinna.* Mais combien peu de lecteurs s'élèvent jusqu'à savoir ou à penser que le travail de Boileau fut nécessaire à la formation de la poésie française absolument égarée à ce moment par le mauvais goût ; combien peu observent qu'il arriva juste à son heure, et que sans lui le genre faux qui régnait alors, allait prendre racine parmi nous et empêcher ou du moins retarder l'essor de cette grande poésie du xvii° siècle qui devait sous peu porter notre gloire littéraire à son plus haut point. Boileau sans doute n'a pas fait Racine et Corneille, il n'est pas l'inspirateur de leur génie; mais il a fait le goût de leur siècle et, par là, il leur a valu le succès et la gloire. Rien de si facile à égarer que le jugement du public sur les œuvres d'art. A quoi tient-il que Pradon ne fût préféré à Racine, que Racine, découragé par cette injustice, renonçât à faire des vers, que notre langue poétique, privée de ses chefs-d'œuvre, ne prît pas son essor et n'acquît jamais sa maturité et sa perfection? En grande partie à Boileau qui se mit en travers des jugements contemporains entraînés par la vogue et par l'habitude, les arrêta, les obligea à se recueillir, à mieux voir, à mieux sentir, et enfin à renverser leurs ridicules idoles pour n'aimer désormais, n'admirer, n'applaudir que la seule beauté du vrai.

Il semblerait bien qu'après Malherbe et Corneille le public français ne pût plus se tromper sur les vraies beautés de la poésie. « Il n'en fut rien cependant, dit M. Merlet dans son beau travail sur nos classiques, car c'est précisément de 1630 à 1660 que l'absence de règle et de goût se fait plus vivement sentir. Dociles aux influences de la mode qu'aucun génie supérieur n'avait encore dominée, les esprits flottaient à l'aventure dans une anarchie qui ressemblait au pêle-mêle politique de la Fronde. Autant la prose était déjà sûre d'elle-même, autant la langue du vers était encore indécise et peu formée. Les beautés du *Cid* n'avaient point fait prendre en dégoût les platitudes de Scudéry. On mettait le P. Lemoine au même rang que Virgile. Il y avait donc lutte dans le goût public qui admirait en même temps les vrais chefs-d'œuvre et les rapsodies, subjugué tour à tour par la mode et le sentiment. La subtilité précieuse, l'afféterie, l'abus des métaphores, le clinquant des mots à effet, des pensées prétentieuses et des tours forcés, avaient pour eux la force de chose jugée, et le titre de la possession. Même après avoir admiré Malherbe on revenait à subir leur loi. »

Ne croyons donc pas que Boileau allait s'attaquer à des morts, car ces oubliés d'aujourd'hui tenaient alors le haut du pavé, grâce aux grands seigneurs dont ils étaient les clients ou aux coteries qui les prônaient comme des patrons. S'en prendre à Chapelain, par exemple, n'était-ce pas s'exposer aux vengeances de ses Mécènes, du duc de Longueville qui doubla sa pension pour le consoler d'une épigramme, ou du duc de Montausier qui voulut bâtonner la Ménardière et jeter Linière à la Seine pour leur apprendre à respecter son favori. Comblés de pensions et de gratifications, ces dieux du jour étaient aussi en possession des titres les plus propres à intimider la satire. Plusieurs occupaient dans le clergé des positions considérables comme Godeau, évêque de Vence qui se vantait d'improviser trois cents vers à volonté, l'abbé de Boisrobert, secrétaire de Richelieu, et Chapelain lui-même. Presque tous étaient membres de l'Académie, comme Gomberville qui jurait de ne plus employer le mot *car*, et Gombauld qui voulait que ses collègues s'engageassent comme lui à n'employer que des mots approuvés à la pluralité des voix par la savante assemblée. Quoique assez peu indulgents les uns pour les autres, ils se donnaient tous la main pour accabler quiconque voulait professer un autre goût que le leur. Le quartier général de leurs cabales était, entre autres, le salon de Mlle de Scudéry où, se réunissant tous les samedis autour de l'auteur de la *Pucelle*, ils se concertaient pour affermir leur crédit et ruiner celui de leurs adversaires. Qui pourrait nier la puissance de ce grand rimeur quand on voit Colbert lui-même le charger de distribuer à son choix les pensions et les gratifications du roi, et quand six éditions de la *Pucelle* s'épuisaient en une année sans rassasier la curiosité enthousiaste du public ? Les meilleurs esprits ou croyaient à son talent ou du moins rendaient hommage à sa puissance. Louis XIV et Montausier voulaient lui confier l'éducation du grand Dauphin dont Bossuet enfin ne fut chargé qu'après son refus, et Racine lui-même disait à l'Académie : « Je rapporterai le jugement de M. Chapelain comme le texte de l'Evangile sans y rien changer. »

La coterie avait donc tout pour elle seule ; sans partage, elle régnait sur le monde littéraire, et, ce qui mieux que tout caractérise l'état des esprits, elle avait même la bonne foi, c'est-à-dire le sentiment de la bonne cause ; se faisant illusion, avant de la faire à personne, elle ne voyait que dans ses œuvres le talent, le bon goût et la vérité, et ces défauts même qui nous les rendent insupportables étaient précisément ce qui les leur faisaient trouver délicieuses. Le mal était donc arrivé à ce point où il n'y a plus de remèdes à essayer, de guérison à attendre. L'heure des corrections, des améliorations, des réformes était passée. Il ne fallait pas ménager cette vieille société littéraire pleine d'erreur et de suffisances, il fallait la détruire, la renverser de fond en comble. Il fallait lui faire mépriser, rejeter, ce qu'elle avait adoré, ce qu'elle adorait toujours, et lui faire admirer désormais sans partage la simplicité, la vérité, la nature dont elle n'avait même pas l'idée. C'était une véritable, une immense révolution à opérer. Or, cette révolution, quelle puissance pouvait la faire ? Une seule, la plus petite en apparence, la plus forte en réalité, et à laquelle rien ne résiste, excepté la vérité, à savoir le ridicule. Si quelqu'un parvenait à dire avec assez d'esprit pour mettre les rieurs de son côté, à faire voir, à rendre sensible tout ce qu'il y avait de faux, de niais dans le ton, le goût, le genre d'esprit des œuvres du jour, c'était fait, c'était fini ; les héros allaient choir de leurs colonnes, les dieux allaient tomber de leurs autels. Mais que de vérité, de finesse, de justesse, de verve, ne fallait-il pas dans le téméraire réformateur pour qu'il ne fût pas brisé, broyé par tant de fausses gloires humiliées, et tant de puissances abattues ! Il fallait notre Boileau. Mais laissons-le dire à M. Nisard, qui le sait si bien. « La matière d'un grand siècle littéraire existait en France avant Boileau, de même qu'avant Louis XIV, dans la France victorieuse de l'Espagne et de la féodalité, il y avait la matière d'une grande nation. Comme il fallait un Louis XIV pour organiser cette nation et lui apprendre ce dont elle était capable, il lui fallait aussi un Boileau pour diriger toutes les facultés, discipliner toutes les forces, et faire voir à la France une image éclatante de son génie dans les lettres. »

Voilà l'œuvre de Boileau, voilà sa mission.

Vengeur et conservateur du goût, il parle sur ses contemporains comme la postérité elle-même, ou, pour mieux dire, ses jugements sont si justes, si vrais, si bien rendus, que les condamnés en sont morts et que la postérité n'a plus eu même à en parler, car elle ne les connait même plus, si ce n'est en lisant ce qu'il en a dit. Mais en mesurant l'homme à la grandeur de ce ministère et au succès qu'il a obtenu, ne voit-on pas tout de suite son incomparable supériorité ?

Il lui fallut deux qualités essentielles, et il les lui fallut jusqu'au plus éminent degré : la sûreté du goût, et la fermeté du caractère. S'il se trompait dans ses jugements il allait perdre l'autorité souveraine dont il ne pouvait se passer, et s'il faiblissait sur son siège de juge devant ses justiciables les plus puissants, s'il avait peur de leur nombre, de leurs cabales, de leurs protecteurs, du public qui les adorait, c'en était fait de son œuvre et de sa mission. L'audace n'était qu'une impuissante témérité, l'entreprise devenait une équipée. Mais rien ne manquait à Boileau de ce que demandait sa mission. Son goût était si sûr qu'à peine pourrait-on relever deux ou trois méprises dans les innombrables jugements qu'il a portés : quelques mots trop bienveillants pour Voiture, dont les lettres pourtant n'étaient pas sans grâce; un peu trop de sévérité pour Quinault, dont les faiblesses ne sont, il faut l'avouer, que trop réelles, et à qui d'ailleurs il devint plus favorable quand parurent ses meilleurs opéras ; enfin son silence sur La Fontaine, dont les contes immoraux l'avaient révolté : voici tous les reproches qu'on a pu lui faire, et certes, ils ne pouvaient lui ôter le prestige obtenu par tant de critiques si exactes et si judicieuses. Quant à l'impartialité de son caractère, jamais elle ne fut trouvée en défaut. Lui-même il osait s'en vanter et sans crainte d'être démenti. « Savez-vous, demande-t-il, pourquoi mes vers sont partout si bien reçus ?... »

> Mais c'est qu'en eux le vrai, du mensonge vainqueur
> Partout se montre aux yeux, et va saisir le cœur;
> Que le bien et le mal y sont prisés au juste,
> Que jamais un faquin n'y tient un rang auguste,
> Et que mon cœur toujours conduisant mon esprit
> Ne dit rien au lecteur qu'à soi-même il n'ait dit.

Cette droiture, il la poussait parfois jusqu'à une inutile rudesse. Le roi lui demandant un jour quels auteurs français à son jugement avaient le mieux réussi dans la comédie : « Je n'en connais qu'un, répondit le satirique, c'est Molière, les autres n'ont fait que des farces, comme ces vilaines pièces de Scarron. » Or, tout le monde sait que la veuve de l'auteur « de ces vilaines pièces » était l'épouse du roi. Une autre fois ce fut plus fort encore, car Mme de Maintenon était présente. Après avoir beaucoup parlé contre la poésie burlesque : « Heureusement, ajouta-t-il, ce mauvais goût est passé ; l'on ne lit plus Scarron même en province. » Les plus beaux génies ne sont pas exempts de distractions. Boileau se rappelait-il dans le moment que Mme de Maintenon avait été l'épouse du poète qu'il bafouait ? Ce serait plus en ce cas que de la franchise. Au reste l'intérêt ne le faisait point agir. En recevant les dons du souverain il n'aliéna jamais son indépendance. Louis XIV, faisant un jour chercher le grand Arnauld, accusé de jansénisme, pour l'envoyer à la Bastille, il osa lui dire : « Le roi, j'espère, sera trop heureux pour le trouver. » Aussi put-il écrire :

> Travaillez pour la gloire et qu'un sordide gain
> Ne soit jamais l'objet d'un illustre écrivain.

A ces qualités essentielles Boileau en joignait une autre qui ne l'est pas moins et sans laquelle il n'eût pu mettre le public de son côté, c'était de faire admirablement les vers. La poésie satirique est vraiment son domaine ; personne n'y réussit jamais comme lui. Quelle nouveauté, quelle originalité dans ce style vif, net et tout personnel ! Comme il sait donner à chaque idée son relief et sa lumière ! Quelle plénitude d'expression ! Que de justesse dans sa verve ! Que de sincérité dans ses éclats ! Quel charme jeté sur les détails les plus arides ! Il a fallu toutes ces admirables propriétés de style pour que des œuvres destinées ce semble aux seuls savants aient fait les délices de la jeunesse des écoles et souvent même des esprits les moins cultivés. Enfin comment ne pas admirer que ce charme dure encore, quand les hommes et les livres n'existent plus, et que rien par conséquent ne peut soutenir notre intérêt si ce n'est la beauté même de l'œuvre ?

Le défaut ordinaire des critiques est de manquer de bienveillance. Les procureurs, comme on l'a dit, s'habituent à poursuivre les délits et voient des criminels partout. Comment le satirique ne deviendrait-il pas un peu rigoureux, même pour les bons auteurs ! Boileau cependant fit plus que d'échapper à cet écueil, il aimait sincèrement les poètes de mérite, il les aidait généreusement dans l'occasion, et les applaudissait avec bonheur. Je n'en veux pour preuve que sa belle épître à Louis Racine. Quelle chaleur dans les éloges ! quel entraînement !

> Que tu sais bien, Racine, à l'aide d'un acteur,
> Emouvoir, étonner, ravir un spectateur.
> Jamais Iphigénie, en Aulide immolée,
> N'a coûté tant de pleurs, à la Grèce assemblée,
> Que, dans l'heureux spectacle à nos yeux étalé,
> En a fait sous son nom verser la Champmêlé.

Puis après l'avoir encouragé à mépriser de sottes et jalouses critiques :

> Que peut contre tes vers une ignorance vaine ?
> Le Parnasse français ennobli par ta veine
> Contre tous ces complots saura te maintenir,
> Et soulever pour toi l'équitable avenir.
> Et qui, voyant un jour la douleur vertueuse
> De Phèdre malgré soi perfide, incestueuse,
> D'un si noble travail justement étonné,
> Ne bénira d'abord le siècle fortuné
> Qui rendu plus fameux par tes illustres veilles
> Vit naître sous ta main ces pompeuses merveilles.

Et que n'eût-il pas dit à la vue d'*Esther* et d'*Athalie* ! Au reste Racine connaissait le cœur de son ami. Il lui légua ses enfants à diriger, à protéger. « Je regarde comme un bonheur pour moi de mourir avant vous, lui dit-il en rendant le dernier soupir. »

Nicolas Boileau-Despréaux naquit à Paris le 1er novembre 1636. Son père, greffier de la grande Chambre, l'obligea d'étudier le droit et de se faire recevoir avocat, mais les inclinations du poète lui faisaient trouver cette profession très peu agréable. Il ne révélait cependant pas encore ses étonnantes dispositions et rien ne faisait déjà pressentir ses talents et ses succès. Il était silencieux et taciturne, on ne le voyait pas s'intéresser aux amusements. « Pour celui-ci, disait son père, il ne dira jamais de mal de personne. » Un beau-frère, greffier du Parlement, chez lequel on l'avait placé pour le former au style du Palais, lui dictait un jour avec emphase un arrêt qu'il venait de rédiger. Quel ne fut pas son étonnement quand s'approchant de lui pour voir sa copie, il le trouva profondément endormi. Il le renvoya à son père comme un jeune homme sans moyens.

Boileau s'appliqua davantage à la théologie qu'on lui fit étudier ensuite, mais il ne voulut point prendre les ordres sacrés. L'héritage paternel lui étant échu, il résolut alors de ne prendre aucun état et de suivre uniquement son penchant pour la poésie. Il avait alors vingt-trois ans. Ses premiers travaux furent des satires, elles parurent toutes avant 1670. Il supportait depuis longtemps avec peine les mauvais rimeurs. Dès qu'il tint une plume c'est contre eux qu'il écrivit. Plusieurs de ses satires, il est vrai, traitent de sujets étrangers à la littérature comme celle du *Mauvais dîner*, et celles qu'il écrit contre la fausse noblesse et contre les femmes, mais en les lisant avec attention on sent, à travers l'objet direct de la pièce, percer la pensée habituelle de l'auteur contre les Chapelain, les Cotin, les Quinault et les autres mauvais écrivains. La neuvième est, au goût de tous, la plus incisive et la plus belle. Sous forme de blâmer lui-même son esprit satirique, il se justifie bientôt en accablant les malheureux rimeurs de ses traits les plus acérés. Chaque vers fait une victime, le coup qui l'atteint, la renverse et l'accable sous le poids d'un ridicule dont elle ne doit plus se relever. C'est un entrain, une verve, une originalité piquante et charmante. Impossible quand on a commencé cette lecture de ne pas la poursuivre jusqu'au bout et dans une admiration joyeuse qui ne s'arrête pas un instant.

Après ses satires Boileau fit paraître ses épîtres. Son talent de versifier a encore grandi, toutefois l'intérêt est déjà moins vif, parce que l'attrait si piquant de la moquerie n'est plus là. Boileau, maître désormais du champ de bataille et sûr de sa puissance et de sa victoire, donne trêve et relâche à ses adversaires terrassés ; lui-même il le dit en propres termes :

> Aujourd'hui, vieux lion, je suis doux et traitable...
> Je ne sens plus l'aigreur de ma bile première
> Et laisse aux froids rimeurs une libre carrière.

Qu'on ne s'y fie pas trop cependant, car il fait tout à coup sur l'ennemi des retours offensifs. C'est le naturel qui, quoique chassé, revient au galop, et, malheur au pauvre écrivain qui se rencontre sur sa route !

> Et qu'importe à nos vers que Perrin les admire,
> Que l'auteur du *Jonas* s'empresse pour les lire ;
> Qu'ils charment de Senlis le poète idiot,
> Ou le sec traducteur du français d'Amyot !... etc., etc.

L'Art poétique parut dans le même temps et grandit encore la réputation du poète qui après avoir fait taire les mauvais auteurs, donne avec une autorité désormais reconnue par tous les règles de la bonne poésie. Enfin les quatre premiers chants du *Lutrin* qui furent publiés à la même époque égayèrent toute la France et montrèrent Boileau sous un aspect nouveau, inattendu et non moins brillant. C'est l'apogée de sa gloire ; il est avec Racine historiographe du roi. La cour et la ville l'admirent à l'envi, ses adversaires n'essaient plus ni de l'attaquer ni de se défendre, et l'Académie française où ils étaient en si grand nombre n'ose plus refuser au désir du Roi, bien que très discrètement exprimé, et au vœu public de l'appeler dans son sein.

A partir de ce moment, son génie paraît moins sémillant et moins vif. L'ode à Namur, les satires sur l'amour divin et sur l'équivoque, quoique fort louées se ressentent un peu de la difficulté des sujets et de l'âge du poète. Les derniers chants du *Lutrin* amusent encore le public qui les attendait. Cependant, tout en rendant justice à l'habileté du poète, M. Nisard regrette qu'il y ait disproportion entre la richesse de son art et la pauvreté de sa matière, « qu'un esprit si viril s'épuise à peindre un lutrin, à allumer poétiquement une chandelle, à parodier les plaintes de Didon dans le discours d'une perruquière délaissée et les paroles d'or de Nestor dans la harangue de la Discorde aux amis du trésorier, à décrire un combat à coups d'in-folios arrachés à la boutique de Barbin. » Beaucoup d'autres au contraire et peut-être avec plus de raison voient le triomphe de l'art dans ces amusants contrastes, et trouvent un plaisir sans pareil à cette solennité du langage, à ces réminiscences homériques appliquées à de si petits sujets. N'est-ce pas la manière et le triomphe de La Fontaine dans plusieurs de ses plus jolies fables où l'on voit les dieux invoqués dans le style de l'épopée par des animaux en guerre ?

Les dernières années de Boileau furent recueillies dans les pratiques de la religion et les œuvres de la charité. Il n'écrivait presque plus. Le mauvais état de sa santé attristait son caractère et sa muse. Les nouveaux écrivains lui paraissaient des barbares au prix des Boyer, des Pradon et des Cotin qu'il avait tant fustigés. Le progrès du libertinage dans les lettres l'affligeait encore davantage et lui faisait très mal augurer de l'avenir. Il mourut en 1711, à l'âge de soixante-quinze ans, d'une hydropisie de poitrine dont il souffrait depuis longtemps. A un ami qui s'informait de son état peu de jours avant sa mort il répondit par ce vers de Malherbe :

Je suis vaincu du temps, je cède à ses outrages.

On l'enterra suivant son désir dans la Sainte-Chapelle, au-dessous du lutrin qu'il avait rendu si fameux. Il laissa aux pauvres tout ce qui lui restait de son bien. C'était assez peu de chose.

JEAN D'ESTRÉES

Né en 1666, académicien en 1711, mort en 1718.

Jean d'Estrées, archevêque nommé de Cambrai, est le troisième de son nom et de son sang qui ait été membre de l'Académie. Le lecteur peut se rappeler le cardinal d'Estrées et le duc d'Estrées, que nous avons trouvés au IXe fauteuil. Celui-ci est moins célèbre qu'eux de beaucoup. Il ne dut son élection qu'à son rang et à sa naissance, car il n'a publié aucun ouvrage. Mais qui aurait-on pu mettre à la place de Boileau qui ne lui fût très inférieur pour le génie et la renommée? L'Académie préféra lui donner un successeur qui ne pût souffrir aucune comparaison, puisqu'il était entièrement étranger à la profession d'homme de lettres. Au reste, l'abbé d'Estrées n'était pas sans mérite. Comme ambassadeur à Lisbonne et à Madrid, il avait rendu de tels services que Louis XIV le fit chevalier du Saint-Esprit, quoiqu'il ne fût que simple prêtre, ce qui était sans précédent. C'était aussi un très habile courtisan, moins par suite de son ambition ou de la bassesse de son caractère que par la grâce naturelle de son esprit qui lui faisait trouver dans l'occasion le mot le plus heureux et le plus joli. Il fut nommé archevêque de Cambrai à la mort de Fénelon, mais le mauvais état de sa santé joint à d'humbles craintes du fardeau de l'épiscopat le porta à différer la cérémonie de sa consécration. Il mourut avant qu'elle eût lieu en 1718, à l'âge de cinquante-deux ans. Il était né à Paris en 1666.

VOYER D'ARGENSON

Né en 1652, académicien en 1718, mort en 1721.

Marc-René Voyer d'Argenson naquit en 1652 à Venise, où son père était notre ambassadeur. La République, en signe d'estime pour le père, voulut être marraine du fils et lui donna pour patron saint Marc qui était le sien. Il devint lieutenant du bailli d'Angoulême, puis, avec la protection de Pontchartrain, contrôleur général des finances, et enfin maître des requêtes au Parlement. Quoique cette dernière position fût très belle, il l'occupa peu de temps. La faveur de Pontchartrain le fit nommer lieutenant général de police de Paris. C'était là que ses aptitudes devaient se manifester. Non seulement, en effet, il perfectionna la police de la capitale, mais tous les chroniqueurs de ce temps s'accordent à dire qu'il la créa, car elle n'existait guère avant lui que de nom, et il la porta en peu d'années à un point de perfection qu'elle n'a pas beaucoup dépassé depuis. Paris, avant lui, était en plusieurs de ses quartiers un cloaque infect et un repaire de voleurs, il était absolument imprudent, surtout dans la nuit, de parcourir certaines rues où le brigandage se pratiquait hardiment comme dans les bois. D'Argenson réforma rapidement cet état de choses. Clarté, sûreté, salubrité, telle était la devise de son administration ; tel fut aussi après peu de mois le résumé de la transformation qu'il accomplit dans la capitale.

« Ayant, dit Saint-Simon, une figure effrayante qui retraçait celle des trois juges des enfers, il s'égayait de tout avec supériorité d'esprit et avait mis un tel ordre dans cette multitude innombrable de Paris, qu'il n'y avait nul habitant dont, par jour, il ne sût la conduite et les habitudes avec un discernement exquis pour appesantir ou pour alléger sa main à chaque affaire qui se présentait, penchant toujours aux partis les plus doux avec l'art de faire trembler les plus innocents devant lui ; courageux, hardi, audacieux dans les émeutes. »

Le régent avait en lui la même confiance que Louis XIV. Il le nomma d'abord chancelier de l'Ordre, puis président du conseil des finances, et enfin garde des sceaux, place qui lui fut plus tard retirée et ensuite rendue, et retirée encore pour être rendue à d'Aguesseau, à qui on l'avait ôtée. D'Argenson emporta dans sa retraite le titre de ministre d'Etat et mourut en 1721, âgé de soixante-neuf ans et dans les sentiments de la plus haute piété. Le peuple de Paris lui attribuant bien à tort la faillite de la Banque nationale de Law insulta à ses funérailles. Ses deux frères qui suivaient le convoi furent obligés de se cacher, et jusqu'à la porte de l'église on entendait des cris menaçants.

D'Argenson était membre honoraire de l'Académie des sciences. Il entra en 1718 à l'Académie française, où plus tard Fontenelle a fait son éloge avec une grâce et une éloquence admirables. Dans le *Siècle de Louis XIV*, Voltaire, qui cependant avait éprouvé autrefois sa sévérité, lui consacra un fort beau chapitre intitulé *De la police* pendant le règne de ce monarque. Enfin Saint-Simon qui en a très bien parlé prétend avoir contribué à sa fortune, et se plaint de ne l'avoir pas trouvé reconnaissant, mais qui Saint-Simon a-t-il loué sans restriction et de qui ne se plaint-il pas?

LANGUET DE GERGY

Né en 1677, académicien en 1721, mort en 1753.

L'élection de Languet de Gergy, archevêque de Sens, à l'Académie fut extrêmement laborieuse; il fallut y revenir à plusieurs fois et l'on put croire un moment que la majorité nécessaire ne serait jamais obtenue. Ce n'est pas que ce prélat manquât de talents, mais il s'était montré très ardent contre les Jansénistes qui comptaient beaucoup des leurs dans la savante Compagnie; et c'est là ce qui faillit le faire définitivement repousser. Il était né à Dijon en 1677, et, sur le conseil de Bossuet qui le protégeait, s'était fait recevoir docteur en théologie à la maison de Navarre dont il devint plus tard supérieur. Louis XIV le nomma évêque de Soissons peu avant de mourir. Son zèle pour la bulle *Unigenitus* contribua, dit-on, à lui faire obtenir cette dignité, et ne se démentit jamais dans la suite de sa vie. Chaque année il écrivait des mandements pleins d'ardeur contre les Jansénistes, les Quesnellistes, les Appelants, les Convulsionnaires, les partisans du diacre Paris, enfin contre la secte si puissante alors et qui, sous des noms divers, s'obstinait à exagérer l'action de la grâce divine au détriment de la liberté humaine. Il embrassa non moins vivement la dévotion au Sacré-Cœur et composa la *Vie de la Bienheureuse Marguerite-Marie Alacoque*, sur quoi ses adversaires, qui ne cessaient d'insinuer que le savant Tournély tenait la plume pour lui, disaient malignement à la mort de ce docteur que : Tournély avait emporté l'esprit de l'évêque de Soissons et ne lui avait laissé que *la coque*.

Ces traits étaient fort injustes. « L'évêque de Soissons, dit un biographe contemporain, n'était ni un Fénelon, ni un Bossuet, on le sait très bien ; mais il savait écrire et même avec élégance. Ses ennemis devraient l'avouer, et ils l'avoueraient si le bandeau de l'esprit de parti ne cachait toute vérité. On convient qu'il a trop donné à son zèle ou à sa bile, dans ses ouvrages polémiques, qu'il n'a pas assez distingué le dogme de l'opinion, qu'il n'a pas toujours vu ni voulu voir peut-être le mérite de ses adversaires ; mais il n'est pas moins vrai que quelques morceaux de ses productions font honneur à son savoir et à son esprit. »

Ce prélat passa en 1731 à l'archevêché de Sens. Alors commencèrent ses longs démêlés avec deux de ses suffragants, M. de Caylus, évêque d'Auxerre, et M. Bossuet, évêque de Troyes, neveu de son immortel homonyme, très prononcés tous les deux contre la fameuse bulle. Languet suffisait à tout, et si ses innombrables ouvrages n'avaient pas toujours l'ordre, la mesure et le fini qu'on pourrait souhaiter, du moins ne manquèrent-ils jamais d'instruction et de piété. Au reste, les plus importants furent envoyés au Pape qui les approuva en adressant au prélat des brefs très flatteurs. Quelques-uns aussi parurent exagérés et ne furent pas l'objet des mêmes encouragements.

Nous ne donnerons ni l'analyse ni seulement la liste de ces ouvrages destinés par l'auteur aux théologiens de son temps: et qui n'intéresseraient plus personne, aujourd'hui que les questions du Jansénisme sont reléguées pour jamais dans les écoles de théologie où même on ne les traite plus qu'au point de vue historique. Quant à la *Vie de Marguerite-Marie*, objet de tant de dérisions quand elle fut publiée, les progrès de la dévotion du Sacré-Cœur, si recommandée par l'Eglise, font bien voir qu'elle ne méritait pas tant de mépris.

Languet de Gergy fut un prélat irréprochable dans ses mœurs, plein de zèle et de piété. L'Académie, qui hésitait pour l'admettre dans ses rangs, n'eut qu'à se louer de l'avoir reçu. Il se montra en effet bienveillant pour ses collègues, assidu aux séances et sérieusement appliqué aux objets de ses travaux. Il mourut à Sens le 11 mai 1753, laissant la réputation d'un homme de bien et d'un saint évêque.

BUFFON

Né en 1707, académicien en 1753, mort en 1788.

Georges-Louis Le Clerc, comte de Buffon, est originaire de la Bourgogne, comme saint Bernard, Bossuet et Lacordaire, Crébillon et Mme de Sévigné ; il naquit à Montbard, près Sémur, dans une famille de magistrats et d'un père conseiller au parlement de Dijon. Il signala très jeune une extraordinaire passion d'apprendre, avec un amour sans pareil de la renommée ; on put dire, un peu plus tard, de la gloire. Ces deux passions furent les mobiles de sa vie ; au fond, elles n'en faisaient peut-être qu'une, car il semblait surtout aimer la science comme un moyen d'acquérir la célébrité. Quoi qu'il en soit, il les acquit toutes les deux et dans un degré éminent et égal. Ses études furent très brillantes, mais ce n'est pas au collège que sa vocation se prononça. Un moment même les succès de salon et de sport parurent suffisants à sa vanité. Il eut des aventures et des duels ; ses beaux habits, ses équipages l'occupaient ; il faisait parler de lui pour de belles chasses et de grosses parties de jeu. Sur cette pente, il tenait à peu que ce jeune homme si supérieur par l'esprit et si ambitieux ne manquât son avenir. Une circonstance inattendue le sauva. Il se lia d'une forte amitié avec un jeune Anglais venu en France pour son instruction, et visita avec lui plusieurs capitales de l'Europe où il put admirer les savants et les musées. Son goût pour l'étude s'y enflamma et il revint en France bien résolu à lui consacrer sa vie.

Restait à savoir quelle branche de la science il allait choisir, car il les aimait déjà toutes et ne sentait encore de préférence pour aucune. Il traduisit la *Statique des végétaux*, de Halles, et le *Calcul infinitésimal*, de Newton. Bacon lui inspirait beaucoup de goût, et l'Académie des sciences l'admit dans son sein à la suite d'expériences sur la concentration de la lumière qui rappelaient les miroirs ardents d'Archimède. Dans cette indécision de ses goûts, la Providence vint encore à son aide par une circonstance inespérée. A son lit de mort, le savant Dufay, intendant du Jardin des Plantes, le demanda pour successeur à Louis XV. Etudier la nature devenait donc un devoir pour lui, et mieux que personne il en avait le moyen. Il résolut, non seulement de l'étudier, mais de la *décrire*, d'en raconter l'histoire et d'en expliquer les lois. Ce fut, dès lors, son idée fixe ; il ne cessa plus de la poursuivre avec une constance inébranlable.

A partir de ce moment, la vie de Buffon fut toute entière vouée à l'étude. Il en passait une petite partie à Paris, où l'appelaient indispensablement les devoirs de sa place, et d'ailleurs sans détriment pour ses études, puisqu'il habitait à côté du jardin du roi, au milieu des choses même qu'il étudiait. Tout le reste du temps il se tenait à son château de Montbard où on le représente enfermé matin et soir dans sa tour pour méditer et écrire. Ce pavillon de travail qu'on appela le berceau de l'*Histoire naturelle* et dont Jean-Jacques baisa le seuil à genoux, était à l'extrémité de ses jardins ; on y montait de terrasse en terrasse. C'est là que Buffon, éveillé dès cinq heures, se rendait tous les matins après s'être fait habiller et coiffer selon l'usage du temps. En été, il s'établissait dans une grande salle nue, voûtée comme une chapelle ; en hiver, il habitait un petit cabinet plus chaud dont l'unique ornement était un portrait de Newton. Il n'y avait, dit-on, devant lui ni livres entassés, ni tableaux, ni aucune autre espèce de documents ; sa vaste mémoire lui suffisait, dit un biographe, et les secours étrangers si nécessaires aux autres n'eussent été que des embarras pour lui. Il travaillait avec une opiniâtreté sans exemple, souvent jusqu'à quatorze et quinze heures sans désemparer. Sa robuste constitution ne connaissait pas de fatigues. Quand il a défini le génie « une certaine aptitude à la patience », il est difficile de ne pas penser qu'il songeait à lui-même, et donnait la ligne essentielle de son portrait. Rien ne le distrayait de son travail et de son but, pas même les critiques souvent passionnées dont ses œuvres étaient l'objet ; il dit dans une préface : « De certaines gens ne peuvent m'offenser. Laissons la calomnie retomber sur elle-même. Un homme qui écrit doit s'occuper uniquement de son objet, et nullement de soi. » C'est en 1749 que commença la publication de son *Histoire naturelle*. Les quinze premiers volumes parurent dans une période de dix-huit ans. Il en consacra trente autres, c'est-à-dire la fin de sa vie à composer les dix-neuf volumes qui la complétaient dans la première édition. Quant aux *Epoques de la nature*, que les uns appellent son chef-d'œuvre et que beaucoup d'autres ont vivement critiquées, elles parurent en 1778 et furent composées à travers le temps donné à la seconde partie de son *Histoire naturelle*. Il y expose sa théorie sur la formation de la terre.

Ces ouvrages valurent à Buffon un applaudissement sans exemple et qui, pendant un demi-siècle, ne lui fit jamais défaut, avec une considération et des marques d'estime et d'honneur que très peu d'écrivains ont obtenues de leur vivant. L'Académie française l'appela dans son sein sans attendre qu'il eût demandé cet honneur. Toutes les compagnies savantes briguèrent celui de le posséder. Parmi les souverains, c'était à qui lui enverrait les plus rares productions des deux hémisphères. Sa terre de Montbard fut érigée en comté. Enfin, l'on vit jusqu'à des corsaires lui restituer des échantillons à son adresse trouvés par eux sur des navires capturés. Un ministre lui fit élever une statue de marbre au bas de laquelle on avait gravé cette inscription : *Majestati naturæ par ingenium* (1).

Buffon avait certainement une grande idée de lui-même, et il ne négligeait aucune occasion, aucun moyen de la faire partager aux autres. De là à l'orgueil, il n'y a pas loin, et beaucoup de ses contemporains lui ont reproché d'en être rempli. Ce ne serait pas même, d'après plusieurs, ce vif sentiment de sa propre valeur que les hommes d'un si grand mérite ne peuvent guère s'empêcher d'avoir avec le désir d'une juste et légitime considération. Ils parlent de vanités puériles, de faste ridicule et affecté. Il se torturait, dit M. Boitard dans la *Grande Encyclopédie*, pour acquérir la noblesse du port, la dignité de la démarche et un air d'orgueilleuse supériorité qui selon lui devaient inspirer le respect, et qui au contraire ne lui attiraient que des quolibets. Voltaire, Condorcet et leurs amis se moquaient de lui ; d'Alembert ne l'appelait que *le grand phrasier, le roi des phrasiers*. On tournait en ridicule sa manie d'être toujours en grande tenue, avec ses insignes et son épée, on riait surtout de cette réponse devenue célèbre qu'il aurait faite à une dame qui le consultait sur une affaire : « Oh ! ceci est une autre paire de manches. » Après quoi il aurait été en effet, avant de traiter la question, mettre la dernière main à sa toilette.

Mais voici qui serait plus fâcheux encore. Le même biographe assure que le grand naturaliste si haut envers ses égaux et ses inférieurs n'avait pas assez soin de sa dignité dans ses relations avec les grands. « J'ai eu sous les yeux, dit-il, une lettre autographe de lui, adressée à un ministre pour demander la place du Jardin des Plantes. En lisant ce chef-d'œuvre d'humilité respectueuse, je restai saisi d'étonnement. Je ne croyais pas qu'il fût possible à un grand homme de se faire si petit et si humble......

Du reste Buffon portait à la cour un tel caractère d'humilité et

---

(1) Ce ministre, M. d'Angivilliers, avait d'abord fait graver au socle de la statue de Buffon cette inscription : *Naturam amplectitur omnem*, — il embrasse toute la nature, — mais un plaisant ayant écrit au-dessous : Qui trop embrasse mal étreint, le premier texte dut être changé pour éviter le ridicule auquel le nouveau, — Génie égal à la majesté de la nature, — n'exposait pas.

d'adulations que les courtisans les plus rampants en riaient.
Enfin, un signe plus sensible encore de vaine gloire, c'est la manière dont Buffon parlait des autres hommes de lettres. Il ne put souffrir la lecture de *Paul et Virginie* qu'il trouvait sans intérêt. Montesquieu a-t-il un style, disait-il? « Réaumur et Linné n'étaient pour lui que des savants de second ordre. Quant aux poètes, il en pensait assez peu de bien. » J'aime les vers, disait-il, mais quand ils sont beaux comme de la prose. » Peut-être voulait-il dire comme la sienne.

Dans son système sur la formation de la terre Buffon ne mérite qu'une confiance médiocre parce qu'il a donné trop d'importance à de simples hypothèses filles de son imagination et dont il a fait les bases de son système. « Cette comète, dit Cuvier, qui enlève des fragments du soleil, ces planètes incandescentes, vitrifiées, qui se refroidissent par degrés, les unes plutôt que les autres ; ces êtres organisés qui naissent successivement à leur surface, à mesure que leur température s'adoucit ne peuvent passer que pour des jeux d'esprit. » Buffon cependant n'en a pas moins le mérite d'avoir fait sentir généralement que l'état actuel du globe résulte d'une succession de changements dont il est possible de saisir les traces, et c'est lui qui a rendu tous les observateurs attentifs aux phénomènes d'où l'on peut remonter à ces changements. Dans sa *Minéralogie*, Buffon paraît être un peu au-dessous de son époque. Les travaux de Romé de l'Isle, de Bergmann, de Saussure ; les premiers essais d'Haüy avaient fait faire des progrès à cette science, et il négligea de les suivre. Il était d'ailleurs peu chimiste et plus enclin aux brillantes hypothèses qu'à l'étude minutieuse des faits. Mais dans son *Histoire de l'homme et de son développement physique et moral*, le grand écrivain s'élève aux plus hautes considérations psychologiques et morales. Malheureusement, pour mieux établir la supériorité essentielle de l'homme sur les animaux il en est venu, entraîné par la beauté du sujet, jusqu'à refuser à ces derniers non seulement de l'intelligence, mais même de l'instinct. Ces êtres que, dans son style enchanteur il a lui même parés des plus belles qualités morales, auxquels il a donné la magnanimité, la noblesse de sentiment, la mémoire du bienfait et la reconnaissance, la sensibilité, etc., etc., il en fait des automates ayant à peine la sensation de leur existence, obéissant à une cause aveugle, agissant par un pur mécanisme et sans le moindre discernement.

Mais en retour combien Buffon se montre supérieur quand, s'emparant des organes des animaux, il les étudie sous le rapport de leur forme, de leur développement et de leurs fonctions ! C'est surtout dans son *Histoire des quadrupèdes* qu'il s'est montré grand naturaliste et grand écrivain. Il connait leurs mœurs comme leurs formes et leurs différentes espèces, et il les décrit avec un délicieux intérêt. « Ce sont là, dit Cuvier, des traits de génie qui feront désormais la base de toute histoire naturelle philosophique. » Dans son *Histoire des oiseaux*, la plus complète et la meilleure que nous ayons, quoique imparfaite sous bien des rapports, Buffon qui s'était toujours moqué des méthodes, semble en comprendre l'utilité, il fait des groupements qui ne sont, dit-il, que pour reposer la mémoire, mais qu'il appelle *genres* et *espèces*; et si ces classifications ne sont pas toujours justifiées par les caractères naturels, elles prouvent cependant l'avantage des méthodes et la possibilité de les établir utilement.

La philosophie de Buffon est positivement spiritualiste. Il reconnaît, il démontre, par des observations d'une justesse saisissante, la supériorité de l'homme sur tous les animaux ; non pas une supériorité dans le même genre comme on en découvre entre les individus et les espèces, mais une supériorité essentielle qui exclut absolument toute comparaison. « L'homme est un être raisonnable, l'animal est un être sans raison, et, comme il n'y a point de milieu entre le positif et le négatif, comme il n'y a point d'être intermédiaire entre l'être raisonnable et l'être sans raison, il est évident que l'homme est d'une nature différente de celle de l'animal, qu'il ne lui ressemble que par l'extérieur et que, le juger par cette ressemblance matérielle, c'est se laisser tromper par l'apparence et fermer volontairement les yeux à la lumière qui doit nous les faire distinguer de la réalité. »

De la reconnaissance de l'âme humaine à celle de la divinité, il n'y a qu'un pas, et Buffon n'hésite pas à le franchir. « A mesure, dit Buffon, que j'ai pénétré davantage dans le sein de la nature j'ai plus profondément respecté son auteur. » C'est froid, mais c'est positif ; Buffon croyait à l'existence de Dieu, et c'est peut-être pour cela que Diderot, d'Alembert, Voltaire, l'aimaient si peu et le dénigraient si fort. Mais puisqu'il croyait à cet être tout-puissant, pourquoi Buffon l'a-t-il célébré si rarement et avec si peu d'enthousiasme, lui dont le style était si beau et les idées si nobles, lui dont harmonieuse prose était souvent une ravissante poésie ? M. Nisard se le demande avec douleur comme nous. « Oserais-je dire des dégoûts de Buffon pour certains objets de son étude que la cause principale est que Dieu y manque ? S'il avait cru avec la simplicité de cœur de Newton à un créateur, le ver de terre lui eût paru tout aussi étonnant que le lion... Son siècle plus fort que sa raison l'empêcha de voir distinctement la main qui a prodigué ces variétés de structure et a mis jusque dans des infusoires invisibles une parcelle de vie que les plus désarmés ne perdent pas sans la défendre. Cette faiblesse a coûté à Buffon le meilleur de son génie. » Dans ce chapitre si fameux où il met en scène le premier homme s'éveillant au milieu de la création toute nouvelle et racontant l'histoire de ses naïves impressions, après avoir pris possession de l'existence par la douceur des sensations délicieuses qui l'émerveillent, comment, le nouveau-né d'une providence si manifeste s'endort-il voluptueusement sans rendre aucune action de grâces au Père de toutes choses ? Dans ce tableau, dit le biographe, le penseur eût été vraiment un émule de Milton, s'il avait eu comme lui le sentiment religieux de l'adoration.

Mais ce qui dépasse dans Buffon le savant et le philosophe, ce qui les a fait connaître et popularisés tous les deux, c'est le style, c'est l'écrivain. Il l'avait dit lui-même : « Les ouvrages bien écrits sont les seuls qui passeront à la postérité. La quantité des connaissances, la singularité des faits, la nouveauté même des découvertes ne sont pas de sûrs garants de l'immortalité. Si les ouvrages qui les contiennent sont écrits sans goût, sans noblesse et sans génie, ils périront, parce que les connaissances, les faits et les découvertes s'enlèvent facilement, se transportent et gagnent même à être mis en œuvre par des mains plus habiles. » Bien pénétré de cette importance du style, Buffon y donna tous ses soins. « J'apprends à écrire tous les jours, disait-il », et il protestait n'avoir pas mis dans ses livres un seul mot dont il ne pût rendre compte. Il se vantait même d'avoir fait recopier onze fois tout le texte des *Epoques de la nature*, toujours criblé de ratures et de corrections. »

Cette persévérance à la culture de la forme fut amplement récompensée par l'état de perfection littéraire où les œuvres de Buffon ont été portées. Souple, vigoureuse et brillante, aussi propre à raconter qu'à raisonner, à décrire qu'à discuter, sa prose suffit à tous les emplois, triomphe dans plusieurs et n'est gênée dans aucun. Aussi savant que Fléchier dans l'arrangement des idées et des notes, mais moins compassé, aussi riche que Rousseau, mais plus exact, il est toujours maître de son art qui s'aperçoit sans attirer l'œil par de frivoles recherches ou des surprises trop concertées. Si sa phrase n'a pas de ces expressions imprévues qui nous donnent de subites secousses, son langage, précis, exact, énergique, égal, ferme de dessin et sobre de couleur se distingue par la logique savante des métaphores, le calme réfléchi d'un esprit mesuré jusque dans ses hardiesses et la discipline d'une raison qui s'impose avec autorité.

La clarté est la qualité principale de ce style inimitable. Buffon l'estimait par-dessus tout. Quand il se faisait lire tout haut ses manuscrits, au moindre arrêt de son secrétaire, à la plus légère hésitation, il marquait d'une croix le passage pour le revoir au plus tôt et lui donner plus d'aisance et de lucidité. Son discours était toujours ample et soutenu. On n'y trouvait ni ces étincelles d'esprit qui « ne nous éblouissent un instant que pour nous laisser retomber bientôt dans les ténèbres », ni ces idées « légères, déliées, sans consistance, comme la feuille d'un métal battu, qui ne prennent de l'éclat qu'en perdant toute solidité » ; mais des pensées simples, vraies, souvent ingénieuses, toujours justes et raisonnables, avec des expressions élevées, quoique précises, et non moins exactes que nobles. Peut-être va-t-il quelquefois jusqu'à la pompe lorsque le sujet peut s'y prêter, mais, quand ses adversaires ajoutaient « jusqu'à l'emphase, » ils calomniaient la beauté, la justesse, la convenance de ce grand style qui se déroule comme un fleuve coulant à pleins bords.

C'est ce style qui a fait la fortune de Buffon en rendant accessibles à tous des notions exactes, techniques et compliquées qui, avant lui, étaient le patrimoine exclusif des hommes spéciaux. Tout le monde a voulu lire des ouvrages dont le style était si vanté. Tout le monde les a lus et chacun en communiquant le plaisir qu'il a pris, a centuplé la renommée de l'ouvrage et de l'auteur. Il en est résulté une grande diffusion de la science, en France d'abord et même en Europe, et, par une conséquence moins aperçue au premier aspect, mais inévitable, de véritables progrès scientifiques, à cause du plus grand nombre d'esprits appliqués à cette étude, mise ainsi tout à coup à la mode dans les milieux mêmes où elle était le plus ignorée. Lui-même, dans un discours prononcé à l'Académie française le jour de sa réception, il a expliqué comme il les entendait les principes de l'art d'écrire. Tout le monde a lu ce discours, beaucoup l'ont appris par cœur ; on le sent, avec le programme de ses idées sur le style, Buffon a voulu montrer dans ce petit chef-d'œuvre de composition et d'éloquence le spécimen de ses travaux littéraires et un modèle de la perfection où doivent conduire les maximes qu'il a exposées.

Resterait à parler de la vie intime de notre grand écrivain. Nous ne le ferons ici qu'en courant. Ce ne fut que tard, à cinquante-trois ans, qu'il pensa à se choisir une compagne, et comme le bonheur le suivait partout, il en rencontra une douce, belle, honnête, issue d'une famille noble et honorée ; c'était Mlle de Saint-Bélin. Sans être d'une conduite irréprochable, il eut des égards pour elle, rendant justice à ses vertus et lui témoignant de la complaisance et de la bonté. Il était d'ailleurs plus craint qu'aimé et connaissait peu les épanchements de la famille et de l'amitié.

Buffon mourut le 16 avril 1788 à quatre-vingt-un ans, après avoir longtemps souffert les cruelles douleurs de la pierre. Sa mort fut parfaitement chrétienne. Voici ce qu'en disait le *Journal de Paris* : « Je ne parlerai plus que de l'un des plus constants attachements de notre illustre écrivain, celui qu'il avait voué au P. Ignace Bougault, capucin, qu'il était parvenu à faire nommer curé de Buffon(1). Cette liaison a duré plus de cinquante ans. Pendant le séjour

---

(1) Buffon était le nom de sa paroisse.

que M. de Buffon faisait à Montbart, le P. Ignace ne manquait jamais de venir deux fois par semaine dîner avec son ami, et celui-ci, quand il se portait bien, allait quelquefois à son tour dîner chez le P. Ignace. En un mot c'était le P. Ignace qui avait la confiance tout entière de M. de Buffon. Aussi lorsqu'il est accouru à Paris dans les derniers moments qui ont précédé la mort de ce grand homme, M. de Buffon, qui, depuis deux jours, ne parlait presque plus, a repris ses forces en voyant son ancien ami. Après s'être entretenu quelque temps avec lui il a commencé à lui faire d'une voix élevée et sans s'inquiéter des spectateurs la confession de toute sa vie; il a été aussi le premier à lui parler des devoirs de la religion qu'il a tous remplis en présence de plusieurs personnes. »

Le P. de Feller ajoute :

« Une fin si chrétienne affaiblira sans doute un peu l'enthousiasme que la secte philosophique a constamment montré pour la gloire de cet illustre écrivain; mais les gens de bien en honoreront davantage sa mémoire; car les causes qui déterminent aujourd'hui les éloges et l'admiration des trompettes de la célébrité ne sont pas celles qui sont les plus chères au cœur de l'homme vertueux. »

Ajoutons nous-même que cette intime amitié avec son curé n'est pas la seule du même genre que Buffon ait entretenue. Plusieurs ecclésiastiques recommandables vivaient avec lui dans des rapports assidus; citons en particulier cet abbé Bexon, grand chantre à la Sainte-Chapelle, qui travaillait presque tous les jours avec lui et sous le nom duquel il publia même quelques ouvrages au commencement de sa carrière littéraire. C'est lui qui revit l'*Histoire naturelle des Oiseaux*, et, sur le désir de Buffon, y mit la dernière main. Buffon l'aimait beaucoup et lui a écrit beaucoup de lettres qui ont été conservées dans quelques éditions de ses œuvres.

VICQ D'AZIR

Né en 1748, académicien en 1788, mort en 1794.

Le successeur de Buffon, Félix Vicq d'Azir, était un savant médecin, un très agréable orateur et un écrivain distingué. Né à Valogne en 1748, il vint à Paris à dix-sept ans, suivit les cours de médecine et avec un tel succès que, dès l'année 1772, il fut nommé vice-recteur de la Faculté. Il ouvrit alors un cours particulier de médecine qui fut extrêmement fréquenté ; puis la jalousie de ses confrères lui ayant fait interdire la vaste salle de la Faculté, où il réunissait ses élèves, Antoine Petit, professeur d'anatomie au Jardin des Plantes, le choisit alors pour son suppléant et voulait même lui donner la survivance de sa chaire; mais Buffon lui préféra le célèbre Portal, et Vicq d'Azir se vit réduit à ne donner de leçons que dans sa propre demeure, où la vogue s'obstina pourtant à le suivre. Il en était là, et, malgré ses talents et ses succès, n'avançait guère dans le chemin de la fortune, quand une circonstance imprévue vint tout à coup lui assurer un grand protecteur. La nièce de Daubenton, gendre de Buffon et célèbre naturaliste comme lui, s'étant évanouie dans la rue, devant la maison de notre jeune professeur, celui-ci s'empressa de la secourir, et cet accident fut l'origine d'une liaison qui se termina par le mariage. La fortune de Vicq d'Azir était faite, il se lia d'amitié avec le premier médecin du Roi, Lassonne, et de concert avec lui, fonda la Société de médecine destinée à travailler au perfectionnement de toutes les branches de l'art de guérir. Vicq d'Azir en fut nommé président et prononça en cette qualité un grand nombre d'éloges non moins appréciés pour leur bon goût et leur éloquence que ses conférences et ses rapports scientifiques l'avaient été par les hommes spéciaux. Peu d'hommes en effet ont su exprimer les choses techniques dans un style plus attrayant, moins encore peut-être ont su aussi bien que lui varier les tons de leur éloquence selon les sujets qu'ils devaient traiter. Mais, pour cela, il étudia, et quelquefois pendant longtemps, les œuvres de ses héros, et les principes des sciences et des arts, où ils avaient acquis leur gloire, et se rendit ainsi capable d'en parler, non seulement en homme de lettres, mais en connaisseur. Dans l'éloge du comte de Vergennes, il pénètre en homme d'État les mystères de la politique ; dans celui de Watelet, il expose, sous des aspects nouveaux et délicats, la métaphysique des beaux-arts, et dans celui de Martigny, il peint le second âge de l'industrie française et la mise en œuvre des pensées du grand Colbert. Dans son éloge de Franklin, il se surpasse lui-même par l'étendue et la variété des connaissances dont il fait preuve.

Tant de succès ravivèrent les jalousies dont Vic d'Azir avait déjà ressenti les coups au commencement de sa carrière. On s'en prit à l'homme et à l'œuvre. La faculté de médecine elle-même se montra inquiète de la vogue d'une société naissante qu'elle n'eût pas dû considérer comme une rivale. Les pamphlets, les chansons, les mots malicieux coururent Paris et la France ; mais Vic d'Azir et sa société soutenus par l'estime du public et par de puissants amis n'en furent pas ébranlés. Les cours de notre orateur faisaient foule ; bientôt il fut nommé membre de l'Académie française et appelé à la cour en qualité de médecin de la reine. Il ne devait pas jouir longtemps de ces honneurs ; l'Académie, la cour, la reine, n'avaient plus qu'un jour à vivre. Et, lui-même, il allait périr bientôt après.

L'éloge de Buffon, prononcé par son successeur à l'Académie le jour de sa réception solennelle, fut particulièrement admiré. Il était fort difficile de contenter en cette occasion l'attente publique tant par les talents de l'homme qu'il fallait louer, que par le souvenir nécessairement présent à tous les esprits de l'incomparable discours qu'il avait lui-même prononcé en pareille circonstance. Vic d'Azir n'en fut pas trop effrayé et il ne resta pas au-dessous de sa tâche. Sans doute son discours n'était pas plein, comme celui de Buffon sur le style, de ces pensées originales et profondes qui frappent d'abord tous les esprits et se répètent partout comme des proverbes, mais il en présentait un grand nombre de vraies, de sensées, de savantes sur le progrès de l'esprit scientifique et sur la part que Buffon y avait eue, et si le style n'avait pas l'ampleur un peu solennelle, et toujours parfaitement oratoire de celui du prédécesseur, il était peut-être plus coulant et plus gracieux. Dès le début les convenances étaient admirablement comprises.

« Malheureusement, disait le panégyriste, il en est de ceux qui succèdent aux grands hommes comme de ceux qui en descendent. On voudrait que, héritiers de leurs privilèges, ils le fussent aussi de leurs talents, et on les rend pour ainsi dire responsables de ces pertes que la nature est toujours si lente à réparer. Mais ces reproches qui échappent au sentiment aigri par la douleur, le silence qui règne dans l'empire des lettres lorsque la voix des hommes éloquents a cessé de s'y faire entendre, ce vide enfin qu'on ne saurait combler sont autant d'hommages offerts au génie. Ajoutons-y les nôtres et méritons par nos respects qu'on nous pardonne d'être assis à la place du philosophe qui fut une des lumières de son siècle et l'un des ornements de sa patrie. »

Outre les *Eloges* nous avons de Vicq d'Azir plusieurs *Mémoires* sur des expériences anatomiques et en particulier des *Observations* sur trois espèces de singes et sur divers points d'anatomie comparée. Il y veut prouver « que l'homme étant le seul être qui ait la faculté de joindre le pouce avec l'index, c'est à cet avantage, si petit en apparence, que l'on doit en grande partie les prodiges de tous les arts. »

Bien que lié avec les philosophes encyclopédistes, il devint suspect au parti révolutionnaire par ses relations avec la Cour et son admiration trop peu déguisée pour Marie-Antoinette ; l'on assure même que les craintes qu'il en conçut contribuèrent à la maladie qui l'emporta. Les horreurs dont il était chaque jour témoin le faisaient frémir. La mort de ses plus chers amis, Lavoisier, Bailly, Condorcet, acheva de l'accabler. On dit que Robespierre, peut-être pour le sauver, car il avait, lui aussi, ses jours de bonté, l'obligea d'assister à la fête de l'Etre suprême. Il y fut saisi d'une fièvre violente. Dans son délire il ne voyait que des victimes et des échafauds, ne parlait que du tribunal révolutionnaire et des amis qu'il avait perdus. Il succomba le 20 juin 1794 à la maladie de cœur dont il souffrait depuis longtemps. Sa mort fut peu remarquée au milieu des ruines qui chaque jour s'amoncelaient sur le sol français.

DOMERGUE

Né en 1745, académicien en 1795, mort en 1810.

François-Urbain Domergue naquit à Aubagne en 1745. Jeune encore il entra chez les Doctrinaires et professa dans plusieurs de leurs collèges. Bientôt il quitta les Doctrinaires et fonda à Lyon un journal de la langue française qui eut d'abord un grand nombre d'abonnés. Sa spécialité était la grammaire, et il se destinait à en résoudre les difficultés, mais la Révolution arriva et l'on peut comprendre que ce journal ne se soutint point. Le public avait bien autre chose à faire que d'étudier les finesses de la syntaxe. Après la tempête, Domergue revint à sa passion pour la grammaire, et, cette fois, ce fut une société qu'il établit pour étudier et résoudre toutes les difficultés de langage qui pourraient se présenter. On a publié en 1808 un volume in-octavo des décisions prises par ce petit conseil qui comptait plusieurs littérateurs de mérite parmi ses membres et dont Domergue fut toujours le chef. Plusieurs étaient intéressantes et toutes paraissaient judicieuses. Ce conseil grammatical donnait ses décisions à prix fixe ou « moyennant un abonnement de quinze francs par an. Petite indemnité nécessaire aux dépenses de l'établissement et utile aux amateurs eux-mêmes ».

Tout allait bien jusque là. Comme le journal avait eu des abonnés, le *Conseil* ne manquait pas de partisans et de consultants, et la renommée de Domergue fut à ce point de le faire nommer membre de l'Institut fondé en 1795 et renouvelé en 1803. Par malheur, non content de s'occuper de la grammaire où tout le monde connaissait son mérite, Domergue voulut faire des vers, et il en fit de si mauvais que tout le monde s'en moqua. La traduction de l'*Enéide* et le poème épique d'*Eléazar* en contiennent de si ridicules qu'on n'oserait les citer. Cela passe toutes les idées. Lebrun en fait justice dans un quatrain assez mauvais lui-même, et qui, cependant, courut les salons, ce qui prouve à quel point les poésies de Domergue étaient décriées :

> Ce pauvre Urbain que l'on taxe
> D'un pédantisme assommant,
> Joint l'esprit de la syntaxe
> Aux grâces du rudiment.

Ce fut l'épitaphe de Domergue ou du moins de sa renommée. Il mourut en 1810. M. de Saint-Ange, le traducteur d'Ovide, fut son successeur à l'Académie française, et M. Daru, comme président, fut chargé de le recevoir. C'est à eux deux qu'échut par conséquent le soin de louer Domergue. Ils le firent sobrement comme des gens d'esprit et bien avisés.

SAINT-ANGE

Né en 1747, académicien en 1810, mort en 1810.

Ange Fariau de Saint-Ange, né à Blois, en 1747, d'un magistrat de cette ville, commença ses études au collège des jésuites, les finit à Sainte-Barbe, après l'abolition de l'ordre, et s'exerça d'abord à traduire en vers français Ovide, pour lequel il avait une grande prédilection. On peut dire que sa vie entière est dans ce besoin irrésistible de reproduire en français les beautés brillantes et légères du chantre de l'Olympe et des Amours. De longs essais toujours infructueux et les railleries de ses condisciples n'avaient fait dans sa jeunesse qu'augmenter ce goût, et bientôt, à force de travail, Saint-Ange devint entièrement maître du mécanisme de son art. Traduire Ovide, le commenter, l'imiter, le défendre a été son unique affaire ; et même dans les *Mélanges poétiques*, où il mettait en vers ses propres pensées, il est facile de reconnaître l'empreinte du génie original qu'il avait adopté pour son modèle. Un modique patrimoine suffit à son existence pendant de bien longues années ; ce ne fut qu'après la Révolution qu'il dut quelque chose à la munificence du gouvernement. Fontanes le tira d'une médiocrité voisine de l'indigence, en le faisant nommer professeur dans l'Université reconstituée, où Delisle, Larcher et beaucoup d'autres savants avaient déjà des places marquées. Alors sa position devint presque belle. Une seule chose lui manquait, c'était un fauteuil à l'Institut. Il lui fut enfin accordé en 1810, à la mort de Dommergue ; mais sa santé épuisée ne lui laissait plus que très peu de jours à espérer.

« Messieurs, disait-il d'une voix presque mourante, dans son discours de réception, je fais violence en ce moment aux souffrances continuelles et intolérables qui m'avertissent que l'ombre de l'académicien que je remplace attend la mienne. » Ce triste pressentiment ne tarda pas à se vérifier. Trois mois après, ayant fait une chute en se rendant à l'Institut, le fil qui le retenait à la vie se rompit ; il mourut à Paris, le 8 décembre 1810. Il avait traduit Ovide tout entier. La traduction des *Amours* manque du charme particulier de fraîcheur et de mollesse nécessaire à un tel travail et si agréable dans l'original, mais la fermeté de la versification, la vérité du coloris, la fidélité de la traduction distinguent les *Métamorphoses* et placent cet ouvrage au premier rang de ceux du même genre et du même temps.

Dans les ouvrages qui sont de sa propre composition, Saint-Ange laisse trop voir son faible pour les idées révolutionnaires qu'il avait eu le tort d'adopter. Cela paraît surtout dans ses *Cloîtres abolis*, que lui-même il a dû plus tard regretter. S'assurer que nul n'est enseveli malgré lui dans les monastères peut être le soin et le bienfait d'un sage gouvernement, mais crier contre ces saintes retraites, c'est faire attentat à la plus précieuse des libertés qui est celle de disposer de soi comme on l'entend, pourvu qu'il n'y ait de préjudice pour personne. Prier, souffrir dans le secret pour ses frères, n'est-ce pas une profession plus noble que celle de tant d'autres qui passent leur vie dans la paresse et la volupté? Au reste, quoique les vers de Saint-Ange soient bien faits, ils ne sont, pas plus que tous ceux de l'époque, inspirés par un véritable sentiment. C'est la poésie des mots heureux, des réminiscences étudiées et spirituelles ; c'est la poésie officielle et mythologique, la seule, à très peu d'exceptions près, qu'on connût alors.

On assure que Saint-Auge était d'une remarquable laideur, ce qui pourtant ne s'accorde guère avec quelques vieux portraits qu'on a de lui, où les traits de son visage paraissent fins et délicats. Quoi qu'il en soit on lui fit l'épigramme suivante où le lecteur reconnaîtra du moins le goût du temps :

>Ovide a pu nous raconter
>Comment Vulcain donnait la chance
>A celles qu'il voulait charmer
>En prenant mainte forme étrange ;
>Mais aujourd'hui Jupin se venge
>En le faisant ressusciter
>Sous la figure de Saint-Ange.

PARCEVAL GRANDMAISON

Né en 1759, académicien en 1811, mort en 1835.

Encore un poète et de la même école, de cette école dite classique dont Delille et Ducis étaient les chefs, et chez qui le respect des règles ne suffisait pas toujours à dissimuler la faiblesse des inspirations. Celui-ci, qui naquit à Paris en 1759 dans une famille de financiers, se crut d'abord destiné à la peinture. Il prit les leçons de Suvée et donna d'assez bonnes toiles et qui pouvaient en faire espérer de meilleures. Cependant, jugeant bientôt lui-même que sa vraie vocation n'était pas là et se sentant un attrait beaucoup plus grand pour la poésie, il se mit à l'œuvre et traduisit en vers français l'épisode d'Armide dans la *Jérusalem délivrée*. A peine eut-il fini ce travail qu'il s'empressa de le montrer à Delille, son ancien ami, qui le trouva fort beau et lui donna de grands encouragements. « Il te manque, lui dit-il, ce qui peut s'acquérir, tu as ce qui ne s'acquiert pas. » Delille eût pu se rappeler que le même homme appliqué à plusieurs arts n'a jamais acquis une grande gloire. C'est assez d'avoir une muse pour marraine ; ce passage d'un genre à l'autre devait accuser une âme que la passion n'enlevait pas et qui n'aurait jamais de très grands succès. Mais cette époque n'était pas riche, il fallait admirer ce qu'on trouvait et

Delille lui-même le plus applaudi des poëtes de son temps ne pouvait pas trop exiger de ceux qui chantaient à sa suite.

Perceval voulut d'abord suivre le conseil de son ami et traduire en vers toute la *Jérusalem délivrée*, mais il sentit bientôt son impuissance devant un si grand travail, et il conçut l'idée d'un autre qui lui paraissait plus facile : c'était de prendre dans les épopées les plus célèbres les grands épisodes d'amour et d'en composer un ouvrage qu'il voulait intituler : les *Amours épiques*. Cette seule idée fait voir la faiblesse du génie qui l'a conçue, car elle n'a rien d'original, de créateur; la faculté même qu'elle accordait de prendre ses inspirations dans tous les auteurs excluait cette admiration instinctive, cette préférence passionnée qui souvent élève le traducteur presque à la hauteur de l'original. Ce n'est pas tout. Les épisodes d'amour disséminés dans un grand poëme, à travers des récits guerriers, des descriptions et des narrations de tout genre, constituent une variété fort attachante que relèvent souvent les contrastes les plus curieux : mais prendre partout où il y en a des récits d'amour pour en composer tout un grand poëme, n'est-ce pas exposer le lecteur à l'ennui si justement prédit par Boileau :

> Un jour l'ennui naquit de l'uniformité.

Tant de transports toujours semblables, tant de martyres non moins cruels que charmants, ces descriptions toujours pleines de langueur et de volupté ne pouvaient manquer, surtout dans la monotonie des alexandrins, de devenir fastidieux, et d'offrir même quelque danger pour la morale. Grandmaison fit son poëme cependant, et le publia en 1804, et il ne manqua pas, au début, de quelques lecteurs ; mais cette petite vogue se soutint peu, et il lui fallut pour la raviver s'atteler comme les autres versificateurs de son temps au char victorieux de Bonaparte, qui ne pouvant donner le génie, prodiguait du moins les distinctions et l'illustration à ses flatteurs. Il fit comme tant d'autres son *Dithyrambe à l'occasion du mariage de Napoléon* et sa *Naissance du roi de Rome*, deux pièces ensevelies sous un monceau d'autres pièces, et comme toutes les autres tombées d'abord dans le plus profond oubli. Napoléon fut satisfait cependant et Parceval entra en 1810 à l'Académie de France qui alors s'appelait encore la deuxième classe de l'Institut.

A l'Empire succéda la restauration des Bourbons. Parceval, qui d'abord après ses *Amours épiques* avait conçu l'idée d'un grand poème sur les arts, y renonça alors et résolut d'en composer un autre où le sentiment du jour trouvât plus d'écho, et il crut le trouver dans le règne de Philippe-Auguste. Toutes les couleurs de la religion, de la féodalité, de la chevalerie et de la poésie des trouvères se présentaient à ses pinceaux. Les amours de Thibaut pour Blanche, la mort du jeune Arthur de Bretagne, l'interdit lancé contre Philippe par la cour de Rome et les désordres d'Isabelle d'Angleterre offraient au poète des épisodes intéressants. Enfin la victoire de Bouvines, la plus importante de notre histoire, puisqu'elle nous a conservé le nom de Français, offrait à l'auteur de grands éléments d'épopées dont il tira quelque parti. Le plan de ce poème est large, la conduite habile, la versification généralement correcte et harmonieuse. Quelques récits, quelques épisodes sont même très attachants, tel que le duel entre Boulogne et Montmorency pour venger l'honneur d'Isembure. Toutefois les critiques ne manquèrent point, et nous n'oserions assurer qu'elles fussent toutes dénuées de fondement. Le sujet d'abord, quoique national et glorieux, « manquait, dit l'abbé de Feller, de cet intérêt présent et populaire indispensable au succès de l'épopée, qui se trouve à un haut degré dans la *Jérusalem* et les *Lusiades* ». Bien que la versification soit harmonieuse, elle manque peut-être de vigueur et d'éclat. Après avoir intéressé quelques moments, les récits fatiguent, les descriptions, quoique riches, sont monotones; enfin l'ouvrage a surtout le tort d'être une épopée, c'est-à-dire composé dans un genre qui ne supporte que des chefs-d'œuvre.

Philippe-Auguste fut très bien accueilli du public malgré ses imperfections. Interprète du sentiment général, le roi Charles X à qui il fut présenté témoigna à l'auteur l'estime qu'il faisait de son caractère et de son talent en lui envoyant une tabatière en or, où les armes du monarque étaient incrustées avec des diamants. Encouragé par ces succès, Parceval se remit à son *Poème des arts* pour combattre le romantisme qui menaçait, disait-il, de les détruire tous.

A l'exemple de son ami Ducis, il voulait aussi traduire en vers diverses pièces de Shakespeare, et en les donnant au public français, les disposer selon la règle des tragédies en y faisant une véritable transformation. Ces différents travaux, s'ils ont été achevés, n'ont du moins jamais paru. Les héritiers de Parceval comprenant sans doute la révolution qui s'accomplissait dans les lettres avaient jugé ces publications inutiles à leur intérêt, et à la gloire de leur auteur.

Parceval était d'un caractère très doux, d'un cœur honnête et bienveillant. Il avait gagné l'estime de tous les gens de lettres dont un grand nombre étaient ses intimes amis. Ses distractions étaient proverbiales, elles dépassaient même celles de M. Ampère. « Un jour, dit M. Michaud, il est invité chez un de ses confrères et il sort à l'heure dite. Passant devant la maison où il devait dîner, un hémistiche lui vient à la tête, il dépasse la porte, entre dans les Champs-Elysées, et, toujours rimant, il s'y promène jusqu'à neuf heures du soir... Enfin il rentre chez lui harassé, exténué, et il se met au lit. A peine couché, il éprouve des tiraillements d'estomac. Voilà, se dit-il, ma gastrite qui revient. Il sonne et demande du thé, mais plus il en boit, plus les tiraillements augmentent. « Vous avez donc bien dîné, lui dit sa gouvernante ? — Je ne sais pas... Mais où donc ai-je dîné ? — Chez M. Lacretelle où vous étiez invité. — Non, je n'ai pas dîné chez Lacretelle... Mais, je crois que je n'ai pas dîné ! » Il dîne à dix heures du soir et la gastrite disparaît. »

Il mourut à Paris en 1835.

M. DE SALVANDY

Né en 1795, académicien en 1835, mort en 1856.

Le successeur de Parceval Grandmaison est tout à la fois un homme de lettres et un homme d'Etat. La réunion de ces deux qualités, ou, pour mieux dire, de ces deux genres, était fort rare avant nos révolutions et complètement inouïe dans le grand siècle de Louis XIV. Elle est devenue très commune dans le nôtre. Presque tous les hommes d'Etat sont des littérateurs et presque tous nos littérateurs deviennent des hommes d'Etat. Il suffit de rappeler Chateaubriand, Lamartine, Victor Hugo, Thiers, Louis Blanc, Guizot, Villemain et Frayssinous lui-même qui disait en riant : « Parce que j'ai prêché des conférences on me croit propre à tout faire... J'avais peur, une fois, qu'on me confiât le commandement de l'expédition d'Alger. » Les choses en vont-elles mieux de cette manière ? La gloire de Bossuet aurait-elle gagné à ce que le grand évêque fût député aux Etats généraux ? Pascal serait-il plus illustre pour avoir été secrétaire d'ambassade ou auditeur au conseil d'Etat, et Racine pour avoir été attaché au cabinet d'un premier président ou d'un gouverneur ? Mais c'est l'usage de notre temps, et M. de Salvandy n'y a pas plus échappé que les autres. Nous aurons donc à le considérer sous le double aspect d'homme d'Etat et d'homme de lettres, mais nous n'hésitons pas à le dire, le second n'a guère servi au premier ; pour ne s'être occupé que d'objets philosophiques ou littéraires, M. de Salvandy n'aurait pas eu beaucoup moins de célébrité, et il aurait probablement rendu plus de services et mérité plus de gloire.

Le trait essentiel de la politique de M. de Salvandy, le principe de sa conduite, le mobile de ses actions et de sa vie n'est point facile à définir. On voit ce qu'il a aimé, mais il est malaisé de dire au juste ce qu'il a cru. L'ordre public, l'autorité légitime, la liberté, la religion, l'honneur français, voilà des choses qu'il a certainement aimées. Il a même vénéré et chéri l'auguste famille de nos rois en qui se résumaient pour lui comme pour tant d'autres âmes d'élite tous ces biens précieux. Jamais au temps même de ses luttes les plus vives contre les ministères il ne laissa échapper un mot irrévérencieux pour les princes ; jamais après leur ruine il ne s'écarta, même en célébrant le pouvoir nouveau, de ce qu'il devait au malheur et à la vertu. Mais ces affections honorables qui donnent le ton à toute sa vie en étaient-elles vraiment le mobile ? Etait-ce chez lui une question d'éducation, de tempérament, de caractère, ou bien y avait-il sous ces formes si convenables, à la racine de ces sentiments si élevés, une conviction profonde sur le droit, l'autorité, la liberté? Il est permis d'en douter en voyant les incertitudes, les variations de ses discours et de ses actes, tour à tour favorables ou contraires aux traditions nationales. Il est douteux même que ces sentiments si généreux fussent aussi désintéressés qu'ils le paraissent au premier abord, et que l'ambition personnelle ne fût pas, au fond, le vrai mobile de cette vie en apparence si chevaleresque et si dévouée? Il est remarquable du moins que, si M. de Salvandy n'a pas montré une grande constance dans sa politique de drapeau, il a toujours suivi le parti des plus heureux et des plus habiles; il était de cette bourgeoisie sans principe et sans tradition, mais intelligente et honorable, qui approchait de la noblesse par les sentiments et l'éducation et qui peut-être eût été complètement royaliste sans une secrète jalousie contre les privilèges de la naissance et une constante aspiration vers le premier rang. Il devinait le lendemain et s'y préparait toujours. Peut-être ce calcul lui échappait-il à lui-même et peut-être était-il un habile ambitieux sans le savoir, car rien n'est subtil comme cette recherche secrète de soi-même, rien n'est profond et invincible comme ces illusions de l'amour-propre et de l'intérêt; les plus fins y sont pris, les plus droits y sont trompés.

Dans ce parti de conservateurs qui se forma, en 1830, autour du trône de Juillet et qu'on appelait le *juste milieu* parce que, sans remonter aux principes, sans compter beaucoup sur l'idée religieuse, il prétendait combattre l'anarchie et arrêter la révolution, on put d'abord observer deux nuances fort distinctes et très différentes. Les uns moins religieux pour l'ordinaire et imbus d'un vrai fond de haine contre l'ancienne royauté, n'acceptaient celle du duc d'Orléans qu'avec regret, à cause de sa naissance princière; ils le prenaient, disaient-ils, *quoique Bourbon* et auraient fort préféré qu'il ne le fût pas. Les autres au contraire voyaient avec peine l'ordre légitime de la succession royale violemment troublé, mais estimant le mal sans remède ils acceptaient le duc d'Orléans surtout parce qu'il était le plus proche parent du roi Charles X, et son légitime héritier hormis l'auguste enfant que l'insurrection triomphante avait eu le tort d'exiler. Ils prenaient donc Philippe d'Orléans précisément *parce* qu'il était Bourbon et appelaient son gouvernement la *quasi-légitimité*. Ils auraient voulu d'ailleurs que toutes les traditions nationales fussent conservées ou plutôt reprises, et que l'antique royauté de saint Louis se recomposât avec le premier prince du sang. Mais les Bourbons d'Holy-Rood! Mais l'enfant en faveur de qui ils avaient abdiqué? Oh! l'on avait eu tort de les proscrire! répondaient-ils ; toutefois puisque le mal était fait, il fallait s'efforcer de les oublier, les considérer comme morts, comme impossibles ; il fallait oublier encore davantage les souvenirs *d'Égalité* et tant d'actions révolutionnaires de celui dont on voulait fleurdelyser l'usurpation. C'était une œuvre d'autant plus impossible que les satisfaits de l'autre école rappelaient et célébraient sur tous les tons, ce qu'on voulait tant faire oublier, exaltaient l'insurrection, maudissaient les anciens rois et demandaient chaque jour au nouveau des gages de sa foi révolutionnaire et de ses sentiments démocratiques. Ainsi, dès le début de son règne, Philippe se voyait poussé par les uns dans les voies révolutionnaires qui menaient directement à la négation de toute royauté au profit de l'anarchie républicaine, et par les autres vers l'esprit de conservation monarchique où il se heurtait forcément au principe traditionnel que son avènement avait violé. M. Dupin était à la tête des Philippistes démocratiques avec MM. Thiers, Mauguin, Laffitte, Cormenin, Odilon Barrot. Le duc de Broglie, Casimir Perrier, Guizot et surtout M. de Salvandy étaient les plus remarquables défenseurs de la quasi-légitimité.

Issu d'une famille aristocratique, élégant lui-même et assez prétentieux de sa personne, d'un style et d'un langage nobles jusqu'à la solennité, presque jusqu'à l'emphase, M. de Salvandy était fait plus que personne pour aimer la royauté légitime et ces princes si dignes, si religieux, si gracieux que la Restauration de 1814 avait rendus à la France. Les formes de la vieille royauté lui convenaient. Il aimait les habitudes du château, la tenue de cette Cour si affable, si spirituelle et si distinguée. Certes, il n'avait pas désiré la Révolution, en faisant opposition au gouvernement, il n'avait ni cru ni voulu ébranler la dynastie, et s'il avait cru cette catastrophe possible il aurait tout fait pour l'éviter. Les barricades étaient fort loin de son idéal politique. Lui, qui avait tant célébré, à propos des funérailles de Louis XVIII, les pompes de l'ancienne royauté, s'il eût prévu les avanies que celle de Juillet devait subir, il en eût été bien révolté. Ces députations en blouse, ces poignées de main de Louis-Philippe aux insurgés, ces compliments des princes à des émeutiers déguenillés ; certes, tout cela était aux antipodes de ses goûts. Mais qui voulait le prévoir en 1829 ? M. de Salvandy, comme beaucoup de grands seigneurs, avait la manie de la résistance et le goût de l'opposition. Sous tous les pouvoirs faibles, ces frondes, ces jacqueries aristocratiques ont été de mode. Soumis et domptés sous Bonaparte comme autrefois par Richelieu, bien des nobles faisaient vanterie de leur fierté vis-à-vis d'un gouvernement trop débonnaire. C'était aussi une preuve de capacité que de comprendre son temps, comme on disait, de transiger avec les idées nouvelles. Louis XVIII lui-même avait subi cette séduction, et il l'avait propagée à son tour avec l'autorité de son rang et de sa réputation d'homme d'esprit. Pour ces fortes têtes, l'alliance de la royauté légitime avec les principes, les idées, les mœurs révolutionnaires était un symbole sacré. La charte qui la consacrait était l'arche sainte, à laquelle personne ne devait toucher, le dernier mot de la raison et de la sagesse des siècles. Les anciennes lois, les institutions, les traditions du passé devaient être toutes rejetées comme des abus. Pour y tenir encore, si peu qu'il fût, pour en vouloir garder la moindre part, s'appelât-on de Maistre, Bonald, ou Villèle, on n'était qu'un petit esprit, un incapable, un arriéré. Là fut l'écueil de M. de Salvandy comme de tant d'autres. Avec Chateaubriand il contribua au renversement d'un roi qu'il aimait. Comme lui, il fut aussitôt effrayé de son ouvrage, et, comme lui encore, il ne dissimula pas ses regrets ; mais où commence la différence entre la conduite de ces deux génies d'ailleurs si inégaux, c'est que l'un mit sa grandeur à tout refuser du pouvoir nouveau en prédisant sa fin logique et prochaine, tandis que l'autre le crut solide parce qu'il l'appuyait, et en tira pour son ambition tout ce qu'il put, tout en servant de son mieux la liberté et la France.

Narcisse-Achille comte de Salvandy naquit à Condom, le 11 juin 1795. Sa famille, d'origine irlandaise, était parfaitement honorable mais peu fortunée. Il fit ses premières études au lycée Napoléon, où ses parents avaient obtenu pour lui une bourse de l'Etat. En 1813, il s'enrôla dans les gardes d'honneur, contre le vœu de sa famille, fit la campagne de Saxe et celle de France, et s'éleva en très peu de mois, par sa bravoure et son savoir, jusqu'au grade d'adjudant-major. Il fut blessé trois fois en combattant contre l'invasion et reçut la croix d'honneur à Fontainebleau, des mains de l'Empereur, prêt à abdiquer. Après le départ de Napoléon, il courut à Paris, se fit inscrire au cours de droit, mais bientôt il s'engagea comme volontaire dans la maison militaire de Louis XVIII qu'il suivit jusqu'à Gand en 1815. Pendant les Cent Jours et dans l'année qui suivit, il publia plusieurs brochures sur les événements, dont l'une en particulier, *la Coalition*, eut un grand retentissement et fut saisie par les alliés. Mais le roi Louis XVIII sut gré au jeune écrivain de sa hardiesse et aussitôt que les armées étrangères eurent quitté notre territoire : « Enfin, Monsieur, lui dit-il, je suis tout à fait maître chez moi, et je le prouve en vous appelant au Conseil d'Etat malgré vos vingt-deux ans. »

Cette faveur royale n'empêcha pas M. de Salvandy de se jeter bientôt dans l'opposition. Dès que Louis XVIII, instruit par l'assassinat du duc de Berry, commença à se tourner vers la droite, Salvandy qui avait épousé avec ardeur les idées de la gauche dynastique et des doctrinaires donna sa démission de toutes ses places et se mit à écrire dans les journaux du parti. La même année 1822, il publia *Don Alonzo, ou l'Espagne*, espèce de roman philosophique et politique, dont le but était de combattre l'idée d'une invasion de la France en Espagne, par un tableau très flatté des mœurs et des opinions de la Péninsule. Quoique cette œuvre fût d'une conception compliquée et d'une ordonnance difficile, quoique le style en fût monotone et souvent fastidieux, elle eut néanmoins beaucoup de succès, principalement aux premiers temps de son apparition. C'est le sort des œuvres de parti. Le public y voyant sa propre pensée les applaudit d'abord avec ardeur, mais bientôt cette pensée change et la pièce tombe dans l'oubli. Qui connaît maintenant *Don Alonzo*, dont quatre éditions furent écoulées en moins de deux ans? C'était cependant un livre écrit avec soin et qui contenait de fort beaux détails, des peintures chaudes et brillantes. Pour mieux saisir ces couleurs locales toujours si admirées dans les livres de ce genre, Salvandy avait lui-même passé tout un an, dans la Péninsule, à étudier les sites, les mœurs et les faits qu'il voulait dépeindre; mais l'esprit de parti qui l'inspirait le rendit injuste et imprévoyant. Il prédit à notre campagne d'Espagne des malheurs absolument démentis par l'événement, aussi le livre tomba-t-il bientôt et sans retour avec la passion qui l'animait.

L'année suivante, quand M. de Chateaubriand, renvoyé du ministère, engagea dans le *Journal des Débats* cette vive polémique qui aboutit à la chute du ministère Villèle et prépara celle du trône, Salvandy fut son auxiliaire le plus brillant et le plus assidu. Il fit de superbes articles sur toutes les questions du jour et dans le sens de l'opinion qui entraînait tout. Bientôt la censure étant établie sur les journaux, M. de Salvandy remplaça les articles quotidiens par une série de brochures extrêmement recherchées du public. Cette guerre dura quatre ans et se termina par le renversement du ministère. M. de Salvandy, dès lors, parut effrayé de sa victoire et fut heureux non seulement de déposer les armes à l'avènement du ministère Martignac, mais même de soutenir le gouvernement royal dont il entrevoyait les dangers. A la prière des ministres, il rentra au Conseil d'Etat et parut en qualité de commissaire du Roi à la Chambre des députés. Il écrivit même en faveur du gouvernement, quoique d'une manière déguisée, car son *Histoire de Jean Sobieski*, le plus fort et le plus soigné de ses ouvrages qui parut en 1829, n'est qu'une peinture vive et saisissante des abus de l'esprit d'opposition et des suites fâcheuses des révolutions démocratiques.

L'avènement du ministère Polignac le rejeta dans l'opposition aussi bien que tous ses amis. Chateaubriand donna le signal et l'ancienne phalange des royalistes, qu'on appelait alors *libéraux*, se recomposa et partit en guerre. Ils prétendaient sauver le trône en attaquant tous les actes du gouvernement. C'était une illusion sans exemple et sans remède, un inexprimable engouement. Chateaubriand avoue lui-même qu'il n'avait rien à reprocher aux nouveaux ministres, mais c'était une mode qu'il fallait suivre, un point d'honneur qu'on s'était fait et qui ne permettait plus de reculer. Salvandy marcha donc sous la bannière mais sans ardeur et en laissant voir ses regrets et ses craintes. Loin de partager l'enivrement de Chateaubriand, il dissimulait peu l'amertume de ses craintes et, ne pouvant pas combattre l'opinion publique, n'espérant pas surtout la guérir, il eût voulu du moins faire céder le Roi. C'est lui qui dit au duc d'Orléans pendant le fameux bal donné par ce prince au roi de Naples et à Charles X : « Monseigneur, c'est vraiment une fête napolitaine, car nous dansons sur un volcan. » Il hasarda même quelques conseils à Charles X en offrant des hommages attristés. La publication des ordonnances fut la réponse du monarque convaincu qu'il fallait vaincre ou périr.

Après la Révolution M. de Salvandy se tint d'abord à l'écart et dans la retraite. Il était atterré, anéanti, et, je ne crains pas de le dire, désespéré d'une catastrophe si soudaine, si terrible, si irréparable. Bien différent de son chef de file, Chateaubriand, dont la joie allait jusqu'à l'ivresse, qui ne voyait que sa victoire dans la ruine de la royauté, et, sans en excepter même les princes, accablait les vaincus de ses sarcasmes et de ses outrages, il exhalait, lui, sa douleur dans l'intimité, et ne cachait à personne ses sentiments sur l'inutilité et par conséquent le crime de cette révolution qu'il avait souvent prédite pour en menacer tous les partis, mais sans croire qu'elle fût possible et surtout qu'elle dût être si prochaine. C'est le plus beau moment de cette vie honorable, et il faut avouer que peu d'hommes de ce temps gardèrent une position plus digne, méritèrent et obtinrent une plus juste considération. Toujours modéré, toujours respectueux envers tous dans les derniers temps de la royauté, M. de Salvandy l'était devenu encore davantage aux approches du dénouement. Tandis que ses compagnons de guerre frappaient d'autant plus fort qu'ils sentaient le gouvernement plus affaibli, on l'avait vu, lui, au contraire ralentir et ménager ses coups pour l'éclairer au lieu de le perdre, pour le redresser au lieu de l'abattre, et, lorsque ce trône séculaire fut écrasé, loin d'insulter à sa chute, ou seulement d'outrager ceux qui l'avaient défendu, il exprimait hautement son respect et sa douleur.

Bientôt ces sentiments de M. de Salvandy furent déclarés au public. Dès l'année 1831, on vit paraître *Seize mois ou la Révolution et les Révolutionnaires*. C'est le meilleur ouvrage de M. de Salvandy, celui qui a fait sa grande réputation, sa grande position. Il s'y montre plus homme de lettres que dans ceux qu'il avait produits jusqu'alors, et surtout il s'y montre aussi vraiment homme d'Etat que puisse l'être celui qui n'a pas en politique de principes bien définis. Sans doute pour juger le passé et prédire l'avenir, il ne remonte pas aux causes essentielles. Les hommes de premier ordre s'y élèvent seuls dans ces catastrophes où tout paraît dépendre de circonstances prochaines et irrésistibles, et ces hommes parlent d'ailleurs de trop haut, pour que leurs oracles soient entendus au milieu de ces tumultes. M. de Salvandy n'est pas un homme d'Etat à la manière des Bonald, des de Maistre, des Bossuet ; pour lui, la politique n'est pas une philosophie, une science aux principes inflexibles, c'est un art où la sagesse ordinaire, la connaissance des hommes, des intérêts, des passions occupent le principal rôle, inspirent les prévisions et les décisions. Ainsi considéré ce nouvel ouvrage était un chef-d'œuvre de vérité, de prudence, de dignité. Par l'exposé d'une situation dont l'auteur appréciait très bien la difficulté, les vaincus étaient hautement vengés des reproches d'incapacité qu'on faisait tomber sur eux. L'on voyait les mobiles qu'ils avaient suivis et qui étaient tous nobles et loyaux ; les partis divers qu'ils auraient pu prendre, c'est-à-dire les expédients auxquels ils auraient pu recourir, car l'auteur ne s'élevait jamais, nous l'avons vu, jusqu'aux considérations et aux résolutions de principes. Mais ces expédients y étaient exposés avec leurs moyens divers et leurs chances par un esprit droit, généreux et impartial, et s'il blâmait les vaincus dans les résolutions auxquelles ils s'étaient arrêtés, du moins il dévoilait les raisons de ce qu'il appelait leur erreur et convenait que, dans la position où ils s'étaient trouvés, ces illusions ou méprises étaient difficiles à éviter. Le caractère de Charles X surtout y est admirablement compris ; aussi bien que sa valeur si généralement méconnue même bien souvent par des royalistes.

« Nous voulons le dire de ce prince auguste et malheureux dont nous avons assez souvent blessé le cœur sur le trône pour avoir le besoin et le droit d'envoyer une vérité consolante à son exil. Il avait trop de hauteur d'âme pour être le vassal de personne. La meilleure preuve de son indépendance c'est sa chute. Sa fierté ne mesurait que trop bien la hauteur de la couronne de France, il ne l'aurait pas humiliée devant l'étranger. Il l'a perdue pour ne pas l'incliner mêmes devant les Français. Il aima mieux être un roi exilé qu'un roi avili... La direction spéciale des relations avec les cours était dans ses mains. C'était une tradition d'ancien régime. On sait l'amour de Louis XV pour la diplomatie, Charles X y avait aussi un goût particulier. Ce prince possédait même une connaissance approfondie des rapports des Etats. Il aimait à revoir et à corriger lui-même toutes les notes et portait dans ce travail une haute intelligence des intérêts de son royaume. »

M. de Salvandy fit plus encore pour la mémoire de Charles X, car il le justifia sans le savoir et même malgré sa pensée du reproche de témérité que lui-même avait fait au coup d'Etat de 1830. « Il eût été nécessaire, dit-il, ce coup d'état s'il y avait eu contre le trône le complot organisé auquel cet infortuné prince croyait; mais le complot n'existait que dans l'imagination effrayée du roi et de son parti. La résolution de 1830 n'était donc pas nécessaire puisqu'elle fut prise uniquement pour le prévenir. » Voilà comment raisonnait M. de Salvandy. Les ordonnances eussent été légitimes par conséquent si un complot avait existé. Or, il a paru bientôt que ce complot existait réellement et qu'il était formidable par le nombre et la position des conjurés. Eux-mêmes ils s'en sont vantés par la bouche des Louis Blanc, des Schonen, de Laffitte et de M. Thiers. « Nous voulions acculer cette monarchie, a dit le dernier, et la tuer. » Mieux instruit par la suite des événements, M. de Salvandy a fini par le reconnaître lui-même en 1849 dans la nouvelle préface de son livre : « Deux fléaux rongeaient la société en 1830. Une haine fanatique contre la religion... Une inimitié ardente et acharnée contre toute la partie élevée de la société. » Charles X avait donc bien jugé du péril social, et les moyens qu'il prit pour le conjurer, tout faibles et illogiques qu'ils étaient, y auraient probablement suffi, sans l'oubli des précautions militaires que commandait une telle résolution.

Mais cette justice hautement rendue à la Restauration, à ses princes, à ses bienfaits, à ses finances, à sa politique intérieure, à sa dignité devant l'étranger n'est pas la partie la plus essentielle du beau livre de M. de Salvandy. Il a surtout le caractère d'une rétractation des idées qu'il avait soutenues dans sa longue opposition au gouvernement royal; nous-même nous ferions un livre et assez long si nous devions le faire entièrement ressortir. Qu'on relise ses beaux chapitres sur le parti victorieux, sur la tyrannie révolutionnaire, sur la pairie, sur le maréchal Ney et surtout les dernières pages du livre et l'on sentira à toutes les lignes ce caractère de rétractation et de conversion : « Les pouvoirs nouveaux, s'écrie-t-il, n'ont encore fait que des ruines... Le gouvernement de nos princes était un pouvoir aimé et respecté... L'on a profané les dieux de notre jeunesse. » C'est partout l'accent d'un véritable regret ou pour mieux dire du repentir le plus amer, c'est presque celui d'un inconsolable remords. Mais il faut lire quelques lignes de son chapitre sur la presse.

« Au spectacle de la presse pourquoi le dissimuler ? Nous éprouvons le sentiment du vétéran qui voit profaner ses armes. La presse n'est plus cette amie de la liberté qui suit pas à pas le pouvoir, combat ses dépositaires égarés avec ardeur, avec passion peut-être, mais n'a garde de contester au pouvoir lui-même ses attributs nécessaires et d'ébranler l'Etat sur ses fondements. C'est une Euménide, une Bacchante, une Némésis, elle-même l'a dit, qui agite la torche, la hache, le poignard, qui insulte et frappe, qui s'applique dans ses moments lucides à démolir pierre à pierre l'édifice social, qui s'attaque indistinctement à l'Etat ou à la famille, qui semble enfin tourmentée d'une sorte de fièvre dévorante et avoir besoin comme les anges de Milton de se venger des souffrances d'un orgueil malade par des destructions. Ailleurs, il s'est vu que l'injure, que la calomnie pénétrassent dans les champs clos de la polémique. Mais la société française a fait un pas de plus, elle possède des ateliers de calomnie. L'insulte a ses officines privilégiées. Nous avons des journaux, des écrivains qui vivent d'agressions à toutes les renommées, à tous les talents, à toutes les supériorités. C'est une artillerie uniquement dressée pour abattre et cribler tout ce qui s'élève, tout ce qui sert le pays et l'honore. Ceux qui disent que la société tombe, ceux-là n'ont-ils pas raison ? Une société au sein de laquelle un désordre si grand est possible et toléré. Cette société semble frappée de vertige. Puisse-t-elle n'être pas condamnée du ciel !... »

Certes, tout cela est très vrai et très beau, mais n'était-ce pas aussi vrai avant la Révolution ? et alors les ministres Villèle et Polignac avaient-ils si grand tort de s'inquiéter de la liberté de la presse ? et Charles X se trompait-il si fort, quand il essayait de la réprimer ?

Elu député dans le département de l'Eure en 1833, M. de Salvandy fit partie de la majorité conservatrice et tint avec honneur le portefeuille de l'instruction publique dans le cabinet du comte Molé. Sous les deux ministères suivants il resta en dehors des affaires, mais, quand M. Guizot fut mis à la tête du cabinet en 1841, il accepta de lui le poste d'ambassadeur à Madrid. Une question de simple étiquette l'empêcha de remettre ses lettres de créance au régent Espartero. Il revint en France et fut nommé ambassadeur à Turin en 1843. Au mois de janvier 1844, il refusa son vote au paragraphe de l'adresse qui flétrissait les députés légitimistes revenus de Londres où ils avaient salué la royauté d'Henri V. Après ce vote il comprit très bien qu'il ne pouvait plus longtemps représenter le gouvernement de Louis-Philippe devant une cour étrangère, il quitta donc Turin et rentra dans la vie privée, sauf le mandat de député qu'il ne crut pas devoir résigner.

Cependant ni Louis-Philippe, ni M. Guizot ne tinrent rigueur à M. de Salvandy ; appelé pour la seconde fois en 1845 au ministère de l'instruction publique, il conserva ce portefeuille jusqu'à la révolution de 1848. Alors il crut un moment devoir quitter la France, mais il y rentra bientôt quand il vit que ses jours n'y couraient aucun péril. Il ne fut point élu membre de la Constituante, et n'eut pas par conséquent de rôle officiel à remplir dans les événements d'alors ; cependant il était fort consulté par les personnages les plus importants, et son zèle pour les intérêts du pays ne lui permettait pas de rester inactif ou indifférent pendant qu'on agitait les plus graves questions relatives à son avenir. Il se rattacha à cette nuance du parti de l'ordre appelée la *fusion* que le coup d'Etat de 1851 réduisit bientôt à l'inaction. Il mourut le 15 décembre 1856. M. Olivier, évêque d'Evreux, l'assista à sa dernière heure qui fut pleine de résignation et de piété.

Tous les partis firent son éloge. M. de Salvandy était un des caractères les plus conciliants et les plus aimables, de son temps. Il avait un vif sentiment de tout ce qui est beau et il l'exprimait comme orateur et comme écrivain avec une véritable éloquence quoique souvent un peu emphatique. Les royalistes au milieu desquels la révolution de 1848 l'avait entièrement ramené lui ouvrirent leurs rangs avec honneur. A sa mort M. de Riancey, dans *l'Union*, se fit l'organe de leurs sentiments et de leurs regrets. Au reste le comte de Chambord lui-même avait répondu avec beaucoup d'empressement à ses ouvertures.

« Je veux vous dire moi-même, monsieur le comte, lui écrivait-il en 1851, tout le plaisir que j'ai eu à recevoir votre lettre. Apprendre par des hommes qui comme vous connaissent la France que mes paroles ont pu pénétrer dans les cœurs et dissiper de fâcheuses préventions, c'est assurément la meilleure nouvelle, la plus grande consolation qui puisse m'arriver dans l'exil. J'ai lu avec beaucoup d'intérêt tous les détails que vous me donnez; ils sont de bon augure, espérons que cette grande œuvre d'union et de conciliation que je hâte de tous mes vœux s'accomplira bientôt. Dieu veuille que ce soit assez à temps pour épargner à notre chère patrie tous les malheurs dont elle est menacée. Voilà le point essentiel dont il faut se préoccuper avant tout, aussi est-ce là l'objet de toutes mes craintes et de toutes mes sollicitudes. Que les hommes de cœur, que tous ceux qui aiment sincèrement leur pays unissent leurs efforts aux miens et la France sera sauvée. »

Louis-Philippe avait donné à M. de Salvandy le titre de comte et l'avait nommé grand-officier de la Légion d'honneur. Quant à l'Académie française, c'est le 21 avril 1826 qu'elle l'avait reçu dans son sein. La solennité avait été très belle. MM. Guizot, Royer-Collard et un grand nombre d'hommes politiques y assistaient. Le discours du nouvel académicien fut sur l'alliance de la politique et de la littérature ; il y parla comme toujours avec beaucoup d'égard pour les hommes d'opinions opposées aux siennes et dans un grand esprit de

AUGIER

conciliation. Ce discours parut un peu vague et fut moins applaudi que la réponse que lui fit M. Lebrun où les éloges étaient tempérés cependant par des remarques assez semblables à des critiques.

M. EMILE AUGIER

Né en 1820, académicien en 1857.

Notre article sur M. Emile Augier sera fort court, comme toutes les notices des auteurs encore vivants. Il ne manque pas d'ouvrages spéciaux sur les contemporains. Ceci est un livre d'histoire, où la critique n'est pas seulement une opinion personnelle, mais un jugement qui exprime et résume le sentiment général, sentiment presque toujours incertain sur les hommes et les livres tout à fait récents.

Emile Augier est né à Valence en 1820. Malgré sa famille qui le destinait au barreau, à peine sorti des études il fit des comédies. La première fut la *Ciguë* qui parut en 1844 et donna d'abord une idée assez exacte de ses principes en littérature et de ses talents. La pièce était bonne, et l'auteur, à tout compter, n'en a peut-être jamais fait de meilleure. Avec des détails fort légers, elle exprimait dans l'ensemble une idée morale ; mais dans la préface, M. Augier défendait vivement la mémoire de son aïeul Pigault-Lebrun, l'un de nos auteurs les plus irréligieux et les plus licencieux. Cette pièce fut très bien accueillie du public, ainsi qu'un *Homme de bien*, l'*Aventurière*, *Gabrielle*, le *Joueur de flûte*, et en général toutes celles du même auteur. Beaucoup de ces œuvres ont été faites en collaboration avec M. Sandeau et quelques-unes avec MM. Alfred de Musset et Edouard Foussier.

Quant à la forme littéraire M. Augier avait d'abord accepté celle de Ponsard qui était une sorte de milieu entre le dévergondage romantique, et la stricte observation des règles classiques. C'était l'*Ecole du bon sens*, dont Ponsard était le chef, mais où Augier et Sandeau tenaient après lui le premier rang. Bientôt cependant, entraîné sans doute par la faveur du public, Augier se rapprocha de Victor Hugo et de Dumas fils. Le choix des sujets dans le *Beau mariage*, les *Effrontés*, les *Lionnes pauvres* et *Maître Guérin* contribua peut-être à le pousser dans cette voie, l'amour de la vogue l'y retint. Le *Fils de Giboyer* fut le comble de cet écart. Sous prétexte de condamner les faux dévots et l'immixtion de la religion dans la politique, Augier y attaque, plus qu'il ne veut peut-être et ne croit, la vraie piété elle-même. On assure que M. Veuillot était particulièrement visé et livré au mépris moqueur du public dans la personne du *fils de Giboyer*. Quoi qu'il en soit de ce fait intentionnel qui paraît accepté de tous, Veuillot se crut attaqué et se donna la peine de répondre ; son *Fond de Giboyer* écrit dans ce dessein fit une grande sensation dans le public. Au reste l'œuvre d'Emile Augier fort applaudie sur plusieurs théâtres de la capitale, fut souvent bafouée sur d'autres et donna occasion à des tumultes dans lesquels la force publique dut intervenir.

Le style de M. Augier, dit Vapereau, plus brillant qu'égal, mêlait volontiers, dans les premiers temps surtout, la simplicité antique à l'éclat de l'école nouvelle et au chatoiement d'une prétentieuse phraséologie. Il y a dans ses différentes œuvres un esprit pétillant et raffiné, un peu de mauvais goût de temps en temps, du trait toujours, souvent de l'intérêt, et, de jour en jour, plus de vigueur. Outre ses comédies il a fait le drame de *Diane* qui réussit assez peu malgré les efforts de Mme Rachel, et un volume de *Poésies* diverses publié en 1856 où il paraît en général plus d'esprit que de véritable sentiment, mais dont nos lecteurs verront sans doute avec plaisir un morceau choisi entre tous.

A UNE BOURSE

De doigts mignons œuvre mignonne,
Petit filet de soie et d'or
Charmant toi-même et plus encor
Charmant par la main qui te donne,
Va, ne crains pas que je t'ordonne
D'enfermer un pauvre trésor.
D'argent, les rimeurs n'en ont guère,
Mais en eussent-ils par monceau

Il salirait ton frais réseau,
Ton destin sera moins vulgaire
Et tu seras le reliquaire
De mon cœur et de mon cerveau.
J'emplirai tes mailles de soie
De mes vers les plus parfumés,
De mes confidents bien-aimés
Que nous ne voulons pas qu'on voie;
Car, dans leurs plis sont notre joie
Et nos désespoirs enfermés.
Et, quand l'âge glaçant la source
De la joie et de la douleur,
Laissera languir sans chaleur
Mon âme à la fin de ma course,
Je t'ouvrirai petite bourse
Qui tiens l'épargne de mon cœur.

XXXVIIIe FAUTEUIL (DIT DE BOSSUET)

DANIEL HAY DU CHASTELET

Né en 1596, académicien en 1634, mort en 1671.

L'abbé d'Olivet étant le seul qui ait écrit seulement quelques lignes sur cet académicien, nous ne pouvons mieux faire que de les copier textuellement, car, pour vouloir le tourner d'une autre manière, on ne ferait que des changements de mots, où le lecteur ne gagnerait rien.

« Daniel Hay, abbé de Chambon, né en Bretagne. Il était frère de M. du Chastelet, le second des académiciens dont l'éloge ait été fait par M. Pélisson. Il naquit le 23 octobre 1596 à Laval, où leur père, Daniel Hay, était juge civil, criminel et de police. Il entra tout jeune encore dans l'état ecclésiastique et obtint, dès l'âge de vingt-cinq ans, le doyenné de l'église collégiale avec le prieuré de Notre-Dame de Vitré. Cette raison, jointe à son goût naturel pour la retraite, le retint presque toujours dans sa patrie. Il y mourut le 20 avril 1671. On m'a mandé de Laval qu'il était grand controversiste et grand mathématicien, qu'il avait même beaucoup écrit sur ces matières, mais que le marquis du Chastelet, qui est auteur d'une *Politique militaire* et d'un *Traité de l'éducation de M. le Dau-*

phin, ne connaissant rien aux manuscrits de son oncle et ne voulant pas qu'un autre les débrouillât, prit le parti de les jeter au feu. »

BOSSUET

Né en 1627, académicien en 1671, mort en 1704.

Le titre de *grand* est le plus beau que les hommes puissent donner à un homme; il indique le génie dans sa plénitude, c'est-à-dire une puissance qui s'élève jusqu'à la plus complète originalité, une fécondité absolue qui crée ce qu'elle produit, et, par rapport aux autres hommes, une supériorité qui ne supporte pas de comparaison, et n'admet pas de rapprochement. Un grand homme est plus qu'un homme de génie, car le génie, c'est-à-dire la puissance de création, peut ne s'appliquer qu'à un objet restreint, secondaire, et ne produire par conséquent que des effets, des résultats peu importants. Pour faire un grand homme il faut une puissance supérieure appliquée à des objets divers et considérables, ou du moins à un objet très important, s'il est unique; il faut en même temps des effets, une action, des résultats, qui subsistent dans l'histoire, qui influent sur la vie des peuples. Un grand homme s'élève au-dessus de tous les autres par l'ensemble de ses dimensions. Il ressort, il se détache de tout son siècle. Encore tous les siècles n'ont pas de pareils hommes, et ceux qui en ont en gardent à jamais l'empreinte parce qu'ils en ont ressenti l'influence souveraine, et, pour ainsi dire, subi la loi.

En nommant le siècle, on rappelle l'homme, leurs deux souvenirs sont inséparables, quelquefois même, et c'est surtout quand l'homme exerçait la puissance publique, le siècle reçoit son nom. On dit le siècle d'Auguste, le siècle de Périclès, le siècle de Léon X.

Au nom de Bossuet, il faut nous arrêter et nous recueillir, car c'est le nom d'un grand homme, et du premier, dans cet ouvrage, dont nous ayons eu à faire le portrait.

Quand Louis XIV demanda à Boileau quel homme, à son avis, faisait le plus d'honneur à son règne, Boileau répondit — tout le monde le sait et nous l'avons déjà rapporté nous-même : — « Sire, c'est Molière ! » Eh bien ! il faut le dire : Boileau se trompait, et tous ceux qui connaissent Bossuet l'ont dit avant nous : l'homme qui faisait le plus d'honneur à ce siècle, à ce règne incomparable, c'est Bossuet. Il faut même que la question ait été faite ou entendue dans un sens tout à fait restreint, il faut l'appliquer aux auteurs dramatiques, aux poètes, pour que la réponse du critique, ordinairement si judicieux, soit raisonnable. Et encore est-il bien sûr que Molière soit plus digne de gloire que Racine et Corneille ?

Le *Tartufe* et le *Misanthrope* sont-ils supérieurs à *Cinna*, à *Phèdre*, à *Athalie* ? Molière est un homme éminent, un écrivain très supérieur, mais on n'a jamais songé à l'appeler un grand homme dans le sens complet et populaire du mot. Bossuet, au contraire, est partout ainsi nommé. On dit le grand Bossuet, comme on dit le grand Constantin, ou Alexandre le Grand, et, chose digne de remarque, c'est le seul homme de lettres à qui ce mot, ce nom, ce titre unique et sans pareil soit constamment et incontestablement appliqué. Ni Tacite, ni Cicéron, ni Virgile, ni Démosthènes, ni même Homère ne l'ont porté ; on ne l'a donné n à Milton, ni à Racine, ni au Tasse. Les anciens avaient dit *le divin Platon*, ils appelaient Aristote *le maître* ; ils ne leur donnaient pas simplement le nom de *grand*. Les modernes ne disaient pas communément le grand Pascal, le grand Newton. Ce n'est guère qu'au nom de Bossuet que cette qualification est généralement accolée. Quelques Pères de l'Eglise l'ont porté, il est vrai. On a dit saint Grégoire le Grand, saint Basile le Grand ; mais le premier étant Pape, rentrait, en un sens, dans la catégorie des souverains dont le rang seul et le pouvoir frappent les peuples et les disposent à l'admiration. Que de rois ont été appelés *grands*, qui n'auraient jamais porté ce nom s'ils avaient été sujets ! Quant à saint Basile, le nom de Grand ne lui est guère donné que dans l'école ; encore beaucoup de théologiens estimeraient-ils au moins ses égaux, saint Augustin pour la doctrine et saint Chrysostome pour l'éloquence. On a dit, il est vrai, le grand saint Bernard; mais aussi quel ascendant le saint abbé n'exerça-t-il pas sur les hommes et les événements de son siècle, lui, le conseiller des papes, le conseiller des rois, le prédicateur de la croisade ; c'est à l'éloquence, sans doute, que cette influence était due, mais combien plus encore à la sainteté, à cette sainteté prodigieuse qui fait des miracles et transporterait des montagnes. Dans Bossuet, c'est bien aussi l'homme tout entier, le digne prêtre, le pieux Pontife, qu'on a ainsi qualifié, car rien ne manquait à sa dignité, à sa gloire. Mais ces qualités, ces vertus ne sont pas la vraie cause de son incomparable illustration, c'est le génie, c'est le mérite sans pareil de l'orateur et de l'écrivain, c'est surtout le nombre, la diversité, l'importance des genres dans lesquels il a excellé.

Le monde a vu des historiens et des philosophes, des moralistes et des orateurs, l'Eglise a eu des interprètes, des apologistes, des sermonnaires, des controversistes, et. dans chacune de ces branches, quelques hommes se sont élevés au-dessus de tous et ont conquis une grande gloire. Le théâtre, l'armée, la diplomatique, la pédagogie ont eu leurs célébrités, mais, pour l'ordinaire, ces hommes éminents ne sortaient guère du genre particulier où ils s'étaient illustrés, et si quelques-uns en sont sortis, leur renommée, en général, n'y a pas gagné. Richelieu ne passera jamais pour un grand poète, Turenne, Condé, Colbert ne sont pas des orateurs, Pascal n'a pas écrit d'histoire. Les genres même se subdivisent et forment pour les hommes éminents des spécialités plus définies dont ils ne s'écartent pas ordinairement sans péril pour leur renommée. Bourdaloue est moins beau dans les oraisons funèbres que pour les sermons, Racine et Corneille n'excellent point aux comédies, et n'ont pas fait d'opéras; Boileau, Molière, La Fontaine ne sont pas sortis du genre unique où ils ont obtenu tous leurs succès. Mais Bossuet, que de genres n'a-t-il pas embrassés et dans lequel ne s'est-il pas élevé au premier rang ? Quel philosophe dans le *Traité de la connaissance de Dieu et de soi-même !* Quel historien dans le *Discours sur l'histoire universelle!* Quel interprète des divines Ecritures ! Quel prédicateur! quel panégyriste, quel controversiste! Et dans tous ces genres, quelle hauteur de pensées! quelle sûreté d'observation! quelle science des idées, des hommes, des lois, des faits! Et surtout quelle ravissante éloquence! Si Bossuet n'eût travaillé qu'à une de ces parties, s'il n'eût fait, par exemple, que des oraisons funèbres ou que des ouvrages de polémique, chacun de ses travaux aurait suffi pour lui assurer l'immortalité. Mais que penser de celui qui put les embrasser tous et se montrer le premier dans tous?

On a cité Voltaire pour la variété des talents et des œuvres, et il est vrai que peu d'hommes ont été en ce sens plus étonnants. Voltaire est sans contredit un esprit prodigieux, mais ce n'est au fond qu'un homme d'esprit, plein de facultés et de ressources, se tirant de tout avec une superbe habileté, remplaçant tous les dons du cœur, toutes les conceptions, tous les sentiments, tous les transports par les prestiges de cet esprit sans égal. Voltaire est peut-être l'homme le plus spirituel qui fut jamais, le plus capable de suppléer, de pourvoir à tout, de tout remplacer, de tout imiter, de tout faire par l'effort de son esprit, si souple, si divers, si ingénieux. Mais quelle différence avec le génie de Bossuet! Dans Voltaire le travail, le soin et par conséquent l'effort, paraît partout. Il s'en tire, il suffit, il pourvoit, avec un art supérieur. S'il veut faire une tragédie, il fera une tragédie, il fera une histoire, s'il le veut. Il montrera du sentiment, il fera verser des pleurs. Mais on sent un esprit qui s'est imposé une tâche et qui la remplit. Il ferait un sermon sur les mystères aussi bien qu'une épigramme ou un vaudeville, il ferait tout ce qu'on voudrait, tout ce qu'il voudrait, et il le ferait toujours très bien, parce qu'il n'est rien dont un esprit aussi étendu ne pût venir à bout, mais toujours comme d'un ouvrage imposé, en échappant aux difficultés, en les déguisant, en les tournant, en les surmontant. Ainsi les poètes de la cour célèbrent tour à tour les événements les plus divers dans les styles les plus différents, font sur commande, au jour le jour, des drames, des dialogues, des opéras, des triolets où leur habileté se fait applaudir en dissimulant ce que l'enthousiasme a de factice et le sentiment d'emprunté.

Aussi Voltaire n'a-t-il eu aucun genre la première place. On l'admire dans tous mais à la condition de ne pas le comparer. Que seraient *Zaïre* et *Mérope* à côté d'*Andromaque* et de *Phèdre*! Quelle différence surtout pour la profondeur et la vérité du sentiment! L'*histoire de Pierre le Grand* et celle de *Charles XII*, valent-elles seulement les *Révolutions* de Vertot, et *Théodose* de Fléchier? L'épigramme seule a donné à Voltaire le premier rang. C'est là qu'il n'a pas de rivaux parce que là, l'esprit fait tout.

Mais si Voltaire avec son prodigieux esprit est un homme justement célèbre pour avoir composé dans tant de genres et s'être fait dans tous un rang considérable, quoique secondaire, que penser et que dire de Bossuet qui a travaillé à non moins de genres divers et n'a eu de rivaux dans aucun? Ah! c'est que chez lui rien n'est factice, rien n'est simulé, rien ne sent l'artifice, l'effort, l'illusion qu'un auteur se fait à lui-même et veut faire aux autres à force de peine et de soin. Tout est vrai, tout est naturel, tout est divin; conviction, sentiment, mouvement, passion, tout sort du cœur, tout va au cœur. L'orateur, l'auteur est dominé par l'inspiration. Il ne compose pas ses idées, il ne travaille pas ses impressions, elles lui arrivent à torrent, il les domine en même temps qu'elles l'entraînent, il les juge, il les ordonne en les subissant, il les met en rang de bataille, et, après avoir lui-même cédé à leur puissance, il s'en sert pour assujettir et soumettre ses lecteurs et ses auditeurs.

Ce n'est pas que Bossuet ne mette en ses compositions un ordre admirable et qui a dû l'obliger à beaucoup de soin. Quel ouvrage de valeur a pu s'en passer? Et Dieu lui-même n'a-t-il pas mis l'ordre et l'harmonie dans toutes ses œuvres? Mais, si le travail paraît dans l'arrangement des idées, on voit que Bossuet n'en a pas eu besoin pour les trouver, on sent qu'elles lui sont venues en foule, puissantes, pleines, lumineuses. Il n'a eu qu'à les aligner dans l'ordre où elles devaient faire le plus d'effet, que dis-je? cet ordre lui-même est souvent une inspiration dans cette nature si délicate et si harmonieuse. Chez lui on le voit, le travail n'est pas un effort, et n'a causé aucune fatigue; c'est le produit presque spontané d'une puissance créatrice dont les ouvrages sont aussitôt parfaits que conçus. Aussi les discours improvisés de Bossuet sont-ils des chefs-d'œuvre, et presque aussi beaux que ceux qu'il a plus soigneusement composés. L'abbé Maury les a révélés au monde qui les estimait, avant de les avoir lus, comme des ébauches de peu de valeur, et il lui a fait partager son admiration. Dans ces discours préparés à la hâte pour des auditoires familiers l'ordre manque quelquefois dans l'arrangement, et le fini dans les transitions. L'orateur court quelquefois ou plutôt vole avec la rapidité de l'aigle d'une idée à l'autre. Mais combien ces brusqueries de son essor, ces saillies, ces soubresauts sont admirables! Ce sont souvent des jets de lumière inattendus, des éclairs brillants dont tout le sujet est illuminé.

Les mathématiciens, les chimistes, les géologues, les astronomes et autres espèces de savants font presque toujours consister le génie, c'est-à-dire la puissance créatrice, dans les inventions et les découvertes. Une loi physique ou géologique, un corps simple, une planète, un procédé astronomique ou dynamique, un principe ou plutôt un système de philosophie, une machine même, un appareil, un remède nouveau, voilà les choses dont il faut doter la science pour faire preuve de génie et mériter le nom d'homme supérieur ou même de grand homme, selon l'importance de la création. Descartes, Pascal, Leibnitz, Newton, Le Verrier, à leur jugement seraient des hommes de génie, et mieux que Bossuet, par conséquent, mériteraient d'être appelés des grands hommes. « Qu'a créé Bossuet, disent-ils, qu'a-t-il seulement découvert qui puisse lui mériter un nom si beau? » Bossuet sans doute n'a rien découvert dans l'ordre des sciences exactes ou physiques. Mais n'y a-t-il pas aussi des créations de l'ordre intellectuel ou moral? Un sentiment dans le cœur de l'homme, un argument en faveur de la vérité, un rapport entre l'infini et nous, une raison d'embrasser la vertu, une harmonie de la religion qui la fait trouver nécessaire et la rend plus chère au cœur de l'homme, une relation jusqu'alors inaperçue entre le devoir et le bonheur, ne sont-ce pas là des découvertes, des inventions, des créations? Elles ne se constatent pas sans doute officiellement, elles n'obtiennent pas de brevet; mais sont-elles pour cela moins réelles, moins précieuses et moins glorieuses? Les pages de Bossuet en sont pleines. Tout est nouveau dans ces œuvres sublimes. La manière de comprendre les sujets et la manière de les traiter, les idées, les raisonnements, les principes, les plans, les formes; ce génie n'emprunte rien, ne copie rien. On peut le dire, il n'a ni modèles ni maîtres. Il fait seul tout ce qu'il fait, il s'est fait lui-même ; aussi étonne-t-il à chaque pas celui qui le suit, et cette surprise continuelle de l'auditeur est la marque et la preuve la plus certaine du génie.

Bossuet crée surtout son style, ou, pour parler plus exactement, sa langue ; car il a vraiment une langue à lui ; une langue qu'il s'est faite lui-même et que personne autre n'a parlée et ne parlera jamais. Ce n'est pas que les mots eux-mêmes soient des inventions de son génie. Il emploie au contraire les plus simples, les plus connus. Comme tous les auteurs de ce beau siècle, il est très éloigné de ce néologisme prétentieux qui compose avec les langues anciennes des mots savants que le peuple n'entend pas. Mais si les termes sont ordinaires, et même, en un sens, communs, c'est leur arrangement dans la phrase et surtout leur acception, qui sont d'une originalité et d'une richesse inexprimables. « Chez lui, dit un critique qui le connaît parfaitement et le fait très bien goûter (1), chez lui le sens des mots se rapproche toujours de leur racine ; il les réintègre dans la propriété de leur signification primitive, il en renouvelle la saveur. » Mais loin d'imposer en ceci un nouveau travail au lecteur ou à l'auditeur en l'obligeant à noter des acceptions nouvelles et savantes, il le repose au contraire et le satisfait en utilisant les primordiales que tout le monde connaît, qu'une mode vaine avait seule fait négliger, et auxquelles on revient toujours avec bonheur. Il dit en parlant de l'Angleterre et de ses erreurs : « Les terres trop remuées et devenues incapables de consistance se sont écroulées de toute part et n'ont laissé voir que d'effroyables précipices. » Ailleurs il dit que l'Eternel *remue* le ciel et la terre pour enfanter ses élus. Ailleurs encore racontant la mort de Madame : « Elle a aimé en mourant le Sauveur Jésus. Les *bras lui ont manqué* plutôt que l'ardeur d'embrasser la croix. J'ai vu sa main défaillante chercher encore *en tombant* de nouvelles forces pour appuyer sur ses lèvres ce bienheureux signe de notre salut. N'est-ce pas là mourir entre les bras et dans le baiser de Notre-Seigneur ? » — Quoi de plus simple ! mais quoi de plus original et de plus nouveau ! Et dans

---

(1) M. Merlet, *Rhétorique*, p. 360.

l'éloge de Louis XIV : « Tu céderas ou tu tomberas sous ce vainqueur, Alger, riche des *dépouilles* de la chrétienté. Tu disais en ton cœur *avare* : Je tiens la mer sous mes lois et les nations seront ma proie. La légèreté de tes vaisseaux te donnait de la confiance, mais tu te verras attaqué dans tes murailles comme un oiseau *ravissant* qu'on irait chercher parmi les rochers et dans le nid où il partage le butin à ses petits. » Voilà les créations de Bossuet, voilà son génie. Vaut-il autant que la découverte d'un métal ou l'invention d'un procédé dynamique ?

M. de Bonald, qui donne à Leibnitz la première place parmi les génies modernes et la seconde à Pascal, n'accorde à Bossuet que la troisième. C'est le *calcul intégral* qui le détermine avec les sections coniques. Mais pourquoi n'a-t-il pas mis encore avant le grand évêque Newton, Kœpler, et tant d'autres inventeurs célèbres, car Bossuet, à ce compte, n'a rien inventé ni rien créé. — Toutefois après l'avoir ainsi placé pour le génie au troisième rang, il reconnaît que pour l'éloquence, non seulement il faut l'estimer le premier, mais même qu'il est tellement au-dessus des autres qu'aucun ne lui peut être comparé. C'est le remettre à son vrai rang et lui rendre d'une main ce qu'on lui avait ôté de l'autre.

Combien de gens considèrent l'éloquence comme un don secondaire dans les hommes supérieurs, un brillant, une sorte de vernis, un charme attaché à leur parole qui la fait trouver plus agréable, mais qui n'ajoute que peu de chose à leur puissance, ni par conséquent à leur gloire. Les métaphysiciens surtout, les philosophes abstractionnistes sont assez portés à faire peu de cas de l'éloquence, d'abord parce qu'ils sont souvent dépourvus des facultés de cœur et de goût qui rendent sensible à son charme, ensuite parce que, habitués à se décider d'eux-mêmes et par la seule force des raisons, ils n'apprécient guère ce qui contribue à produire l'entraînement. M. de Bonald était plus qu'aucun autre dans ces conditions. Disciple et partisan de la simple et pure pensée, les dons qui la font sentir le touchaient peu ; il ne les cultivait guère en lui-même parce qu'il ne les enviait pas à ceux qui en étaient le mieux pourvus.

Au reste, avant de se prononcer sur la valeur de l'éloquence, il faudrait s'entendre pour la définir. Si elle n'était, en effet, que l'art d'arrondir les phrases, de faire des périodes harmonieuses, de choisir à propos les mots à effet, elle aurait encore son prix comme moyen de disposer l'auditeur à écouter. Que valent, en effet, les plus forts raisonnements, les pensées les plus judicieuses et les plus profondes, si personne ne veut ni les entendre ni les lire? Mais non, l'éloquence n'est pas cela, ou du moins elle n'est pas seulement cela. Il faut entendre par ce mot tout l'ensemble des dons et des moyens propres à insinuer la vérité. La grandeur du génie, qui prend toutes les questions par les côtés les plus élevés et les présente sous leurs aspects les plus généraux, la justesse, la sagesse dans le jugement qui devine les intérêts et les passions, et sait les faire contribuer au succès, le charme qui attache, la sensibilité qui attendrit, la finesse, la délicatesse qui persuade et qui insinue ; la vie, le mouvement, la passion, qui entraînent; la concision, la clarté, l'harmonie, voilà ce qui constitue l'éloquence. Encore faut-il ajouter de vastes connaissances, une logique sûre, la bonté du cœur et, dans l'orateur chrétien, la piété ; mais, si l'ensemble de ces dons constitue l'éloquence, comment méconnaître l'importance de cette muse et la haute supériorité de ceux qui l'ont à leur service? Ajoutée à la profondeur et à la sûreté du génie, elle met un homme au-dessus de tous les autres ; elle lui donne sur eux une puissance prodigieuse, elle en fait une espèce de divinité ; aussi dans tous les temps l'éloquence a-t-elle été estimée comme le plus beau de tous les dons, et ceux-là seulement l'ont dédaignée, qui se sentaient incapables de l'acquérir.

« Bossuet, dit l'abbé Maury, est le plus grand orateur qui fut jamais. »

Il fallait abriter sous une autorité incontestable un jugement aussi absolu. Eh bien ! c'est l'abbé Maury qui nous couvrira ; c'est-à-dire le critique le plus judicieux et le plus instruit, et qui a fait de Bossuet le travail de toute sa vie. Son admiration pour lui va jusqu'au transport, et cependant elle est toujours très bien raisonnée et appuyée sur les citations les plus concluantes, sur les observations et les comparaisons les plus décisives. Après avoir rappelé de magnifiques traits de cet orateur : « Voilà l'éloquence ! s'écrie-t-il, voilà Bossuet ! Lisez ces discours, et si vous n'êtes pas vivement frappé de la sublimité de ses pensées, de la véhémence de ses mouvements, gardez-vous de porter jamais aucun jugement sur les orateurs. La nature vous a refusé le sentiment de l'éloquence. »

Il dit encore :

« Que l'on se représente un de ces orateurs que Cicéron appelle véhéments et en quelque sorte tragiques ; qui, doués par la nature de la souveraineté de la parole et emportés par une éloquence toujours armée de traits brûlants comme la foudre, s'élèvent au-dessus des règles et des modèles, et portent l'art à toute la hauteur de leurs propres conceptions, un orateur qui, par ses élans, monte jusqu'aux cieux, d'où il descend avec ses vastes pensées encore agrandies par la religion pour s'asseoir sur les bords d'un tombeau et abattre l'orgueil des princes et des rois devant le Dieu qui, après les avoir distingués sur la terre durant le rapide instant de la vie, les rend tous à leur néant et les confond à jamais dans la poussière de notre commune origine ; un orateur qui a montré dans tous les genres qu'il invente ou qu'il féconde, le premier et le plus beau génie qui ait jamais illustré les lettres, et qu'on peut placer avec une juste confiance à la tête de tous les écrivains anciens et modernes qui ont fait le plus d'honneur à l'esprit humain, un orateur qui se crée une langue aussi neuve et aussi originale que ses idées, qui donne à ses expressions un tel caractère d'énergie qu'on croit l'entendre quand on le lit, et à son style une telle majesté d'élocution que l'idiome dont il se sert semble changer de caractère et se diviniser en quelque sorte sous sa plume ; un apôtre qui instruit l'univers en pleurant et en célébrant les plus illustres de ses contemporains qu'il rend eux-mêmes, du fond de leur cercueil, les premiers instituteurs et les plus imposants moralistes de tous les siècles, qui répand la consternation autour de lui en rendant pour ainsi dire présents les malheurs qu'il raconte, et qui, en déplorant la mort d'un seul homme, montre à découvert tout le néant de la nature humaine ; enfin un orateur dont les discours inspirés ou animés par la verve la plus ardente, la plus originale, la plus véhémente et la plus sublime, sont en ce genre des ouvrages absolument à part, des ouvrages, où, sans guide et sans modèles, il atteint la limite de la perfection, des ouvrages classiques consacrés en quelque sorte par le suffrage unanime du genre humain, et qu'il faut étudier sans cesse, comme dans les arts on va former son goût et mûrir son talent à Rome, en méditant les chefs-d'œuvre de Raphaël et de Michel-Ange. Voilà le Démosthènes français ! voilà Bossuet ! »

Cette période si longue n'aura pas fatigué sans doute notre lecteur, car elle exprime en chacune de ses parties quelqu'un des traits de l'éloquence de Bossuet, et elle est disposée de manière à laisser à l'attention des relâches naturelles qui la reposent et la soutiennent. On peut y voir à quel point Maury est pénétré de l'éloquence de Bossuet ; mais où trouver un juge plus éminent et plus compétent ? Admiré lui-même de toute l'Europe pendant ses grandes luttes à la Constituante, créateur en France de l'éloquence parlementaire où personne ne l'a dépassé, il a aussi mieux que personne le droit de décerner à Bossuet la première palme.

« C'est, dit-il encore, le premier des Pères de l'Eglise..... Aucun ne peut lui être comparé sous le rapport de l'éloquence..... Saint Jean Chrysostome et bien plus encore saint Augustin ont été certainement des hommes du plus grand talent, mais le mauvais goût du siècle où ils ont vécu suffirait pour les placer à une extrême distance de Bossuet, quand même ils auraient été, ce que je suis loin de croire, aussi bien partagés que lui dans la distribution des dons du génie. »

La Bruyère avait dit : « Parlons d'avance le langage de la postérité : c'est un Père de l'Eglise. » Et il avait osé le dire en pleine séance de l'Académie du vivant de Bossuet devant Bossuet lui-même.

Maury ajoute : « Ce sont les Pères de l'Eglise que La Bruyère flatte et non pas Bossuet... En mettant à part l'incomparable autorité que donne le titre authentique et sacré de Père de l'Eglise ; en ne considérant que sous des rapports purement littéraires l'érudition, la dialectique et l'éloquence des écrivains ecclésiastiques ; enfin en n'admettant dans l'échelle graduée de son admiration pour fixer les rangs parmi les hommes les plus célèbres aucune autre règle d'appréciation que la mesure de leurs talents individuels, il me semble, dis-je, qu'on pourrait, en jugeant ainsi Bossuet, l'appeler avec autant de confiance que de vérité *le premier des Pères de l'Eglise.* »

Il faut le dire : Bossuet résume tous les Pères. Arrivé après tous les autres, quel travail n'a-t-il pas fait et quel mérite n'a-t-il pas eu pour les posséder tous, comme il le fait ! C'est une connaissance intime et prochaine comme si tous ensemble ils n'eussent composé qu'un seul livre et qu'il eût pu le lire tous les jours, comme celle qu'un savant docteur pourrait avoir du saint Evangile. Il en est plein, il les cite à son gré sur toute chose et avec une précision qui ravit d'admiration et pénètre d'épouvante. Cela paraît en particulier dans le beau discours sur l'unité de l'Eglise prononcé en 1781 devant toute l'assemblée du clergé de France et qui n'est qu'un tissu de maximes empruntées à tous les Pères. « Vous entendez, dit-il, dans ces mots : saint Optat, saint Augustin, saint Cyprien, saint Irénée, saint Prosper, saint Avit, saint Théodoret, le concile de Chalcédoine et les autres, l'Afrique, les Gaules, la Grèce, l'Asie, l'Orient et l'Occident unis ensemble. » Et, au bas de la page, l'on peut voir cités par trentaine les chapitres et les paragraphes. On est saisi, l'on est effrayé de cette incomparable érudition. C'est la voix des siècles qui retentit dans les discours de ce grand homme, c'est la tradition universelle qui semble s'être incarnée en lui.

Autre trait de ressemblance. Bossuet, comme les plus grands d'entre les Pères, était prédestiné à combattre une hérésie en particulier, et, sous ce rapport encore, il serait le plus grand de tous, car il a combattu et vaincu l'hérésie des protestants qui renfermait et rappelait les erreurs de toutes les autres, et il l'a si bien combattue que, logiquement, elle est morte sous ses coups, en étant venue à ne plus savoir ce qu'elle croit et à mettre en question les points essentiels de la foi chrétienne, tels que le péché originel, la nécessité du baptême, et même la divinité de Jésus-Christ, par où il se voit qu'elle n'est plus même une religion, mais un simple parti d'indifférents ou d'irréligieux, comme Bossuet l'avait prédit.

Mais revenons à son éloquence.

« Qu'un homme de goût lise ses discours, dit La Harpe, il en sera *terrassé* d'admiration. Je ne saurais exprimer autrement la mienne pour Bossuet..... Suivez de l'œil l'aigle au plus haut des airs, traversant toute l'étendue de l'horizon. Il vole et ses ailes semblent immobiles. On croirait que les airs le portent. C'est l'emblème de l'orateur et du poëte dans le genre sublime, c'est celui de Bossuet. » « Cicéron, dit Lamartine, n'a pas plus de culture et d'abondance, Démosthènes n'a pas plus de violence et de persuasion. Chatam n'a pas plus de poésie oratoire, Mirabeau n'a pas plus de courant, Vergniaud n'a pas plus d'images. Tous ont moins d'élévation, d'étendue et de majesté dans la parole. »

Mais alors quel est cet homme qui réunit en lui seul les dons partagés aux autres génies, et qui se montra à la fois supérieur à tous, même dans le genre particulier où chacun serait le premier sans lui ? Toutes les formes de l'éloquence chrétienne, il les a prises en traitant tous les genres de sujets. Le sermon sur les mystères, les exhortations morales, les discours de controverse et d'apologie, les entretiens de dévotion, il a tout abordé, et il s'est montré le premier partout, tantôt par une large et splendide exposition, par la force de l'entraînement et la vigueur de la logique, tantôt une onction de piété que les plus grands saints ne dépassaient pas ; toujours par une vie, une action, une chaleur, un mouvement qui vous charme et qui vous ravit. Jamais rien de commun, d'ordinaire, ne se trouve dans ses discours. Les détails les plus petits, les passages même de transition portent, par quelque mot, quelque tour inespéré, l'empreinte de son incomparable génie.

Mais c'est l'oraison funèbre qui fournit à Bossuet l'occasion de son plus beau triomphe. C'est là qu'il déploie le plus à l'aise toutes les puissances de son génie. La mort est comme une muse pour lui. Il la connaît, il l'a fréquentée dans une méditation assidue ; il a découvert tous ses mystères et sondé tous ses abîmes. En face de la tombe il est plus qu'un orateur, on dirait un être surhumain, un prophète éclairé d'en haut. La mort des grands surtout, la seule qu'il ait eue à célébrer, ramène devant lui tout ce qui convient le mieux au tempérament de son âme sublime, tout ce qui peut lui servir à démontrer la vanité de la vie, à faire mépriser la folie du monde, à faire embrasser la vertu seul principe d'immortalité. Il est en quelque sorte le créateur de ce genre d'éloquence peu connu avant lui, et surtout mal compris et mal pratiqué. Les jeux d'esprit, l'affectation d'une érudition pédantesque ou d'une fausse sensibilité, les citations inutiles et prétentieuses des auteurs profanes remplissaient seuls ces discours si imposants de leur nature. Bossuet, du premier jour, jeta au rebut ces vieilles défroques et les remplaça, comme nous le verrons du reste pour tous les genres de prédications, par les seuls ornements de la raison, de la vérité et de la piété.

Rien ne fait mieux voir son prodigieux mérite et son influence que la lecture des panégyristes et des sermonnaires qui avant lui tenaient le sceptre du genre. Un panégyriste de Louis XIII s'écriait : « Quoi! Corps précieux, souffrir jusqu'à estre rongé tout vivant des vers qui anticipent la proie de la mort! Vers exécrables, que vous me faites horreur! Vers favorables, que vous insinuez d'amour dans mon cœur! Je vous déteste, petits criminels de lèse-majesté ; on ne peut sans impiété toucher à un de ses cheveux et vous succez la mouëlle de ses os. Je vous chéris, exécuteur de la douce rigueur d'une amoureuse providence. Cessez, cessez, las ! Il en est aux derniers abois. Achevez, achevez ! Ah ! la belle victime ! D'un roi, un ver qui crie au roi des rois : *Ego vermis et non homo.* »

Quels jeux d'esprit ! Quelle plate sentimentalité ! Quelles prétentieuses antithèses ! Jean Camus, évêque de Belley, le disciple de saint François de Sales, est plus étonnant encore dans l'oraison funèbre du maréchal de Rantzau. C'est vraiment le type du genre et du temps.

« Tant de vertus qui ont esclaté en lui ont esté comme cette myrrhe, cet aloës, ce benjoin, ce storax, cette canelle et cette ambre, dont le roi prophète parle, qui s'exhale des vestements des personnes vertueuses... Ce que fit matériellement la reine de Saba qui apporta tant de parfums en Jérusalem que les rues où elle passait en estaient toutes remplies se peut dire moralement de ce grand homme que nous louons : et, tandis que notre jeune Salomon a esté dans la couche de sa minorité, son nard a répandu tant d'odeur dans tous les emplois dont il a esté honoré, que, comme la panthère laisse au repaire où elle a trouvé une nuit de suavité l'odeur qui y dure tout le jour suivant, et, comme toutes les odeurs de l'Arabie se trouvent ramassées dans les cendres du lit, du nid ou du buscher du phénix, ainsi cet excellent personnage qui est venu fondre en nostre France et y laisser les os qu'il n'y avait pas pris, après avoir rempli les païs estrangers de l'odeur de son nom, nous a laissé par son exemple de quoi mourir en l'odeur de ses parfums par l'imitation de ses vertus héroïques. »

Voilà où en était l'éloquence de la chaire quand Bossuet a commencé ses prédications et sous quels ridicules oripeaux elle s'est présentée à lui. Or, trente ans plus tard il entonnait sa magnifique oraison funèbre de la reine d'Angleterre : « Celui qui règne dans les cieux. » Il faut comparer ces deux langues et ces deux langages pour voir ce qu'a fait le génie d'un homme, la mesure de cet homme, la dimension de ce génie est toute là, dans ces deux accents et dans ces deux dates. Cette muse en haillons est devenue une reine couronnée d'une incomparable majesté. Elle couronne à son tour l'homme incomparable qui l'a dépouillée de ses ridicules accoutrements pour la revêtir de la pourpre et la faire monter sur le trône.

Heureux de la gloire d'une première conception, la plupart des créateurs laissent à d'autres le mérite de perfectionner leur découverte, mais il n'en est point ainsi quand l'inventeur est vraiment un homme de génie, car il porte du premier jour le travail à une perfection que personne ne peut surmonter. Tel fut surtout le sort et la gloire de Bossuet. On l'a suivi sans le dépasser, on l'a imité sans l'atteindre ; il a posé par ses chefs-d'œuvre la dernière limite de l'art, elle n'a été ni franchie ni seulement approchée.

Ce n'est pas qu'on n'ait mis quelques noms en parallèle avec le sien. On a fait plus même quelquefois, on a voulu non seulement lui trouver des rivaux, mais même des vainqueurs. Rappelons ces comparaisons, ces parallèles. Il sera curieux de voir quels mobiles en avaient donné l'idée et comment la supériorité incomparable de Bossuet en est ressortie.

Le premier rival qu'on a voulu lui donner c'est Bourdaloue.

Le célèbre religieux a occupé pendant près de quarante ans la chaire de la cour, et les principales chaires de la capitale, et il est certain que le public ne se lassait jamais de l'entendre. Cette admiration était un véritable engouement. Tout Paris courait à son sermon. On faisait mieux encore que d'aller l'entendre, on se convertissait après l'avoir entendu. « Quelqu'un disant à Massillon qui lui succéda dans l'admiration des Parisiens qu'il avait encore plus de monde que lui, et que, pour l'entendre, on montait jusque sur les confessionnaux. « Soit, répondit Massillon, mais le P. Bourdaloue y faisait entrer. » Ce goût, cette admiration qui s'est soutenue pendant près d'un demi-siècle fait sans doute le plus grand honneur au sermonnaire, car les foules sont infidèles et capricieuses, et le même homme ne les captive pas longtemps sans un mérite supérieur, mais elle en fait encore plus à ces auditoires et à ce siècle. Rien en effet dans Bourdaloue ne sollicitait les suffrages d'une assistance ignorante ou légère comme elles le sont presque toutes. Le discours était long, deux ou trois fois plus que ce qu'on supporte de nos jours, il était toujours sérieux, habituellement austère, plein de textes tirés de l'Ecriture et des Pères ; jamais le sujet n'avait rien de profane, jamais seulement il ne portait sur des vérités philosophiques ou scientifiques comme on en a tant traité depuis. Le style en est sobre, aucun ornement mondain ne l'embellit : il n'y a pas trace de cette sentimentalité un peu rêveuse, de cette poésie vague et douce qui se mêle si souvent à nos dévotions. C'est une théologie forte et sûre, mais simple, commune, et mise à la portée des gens du monde pour les éclairer et les convertir. Le débit lui-même, cette fascination de la voix, du regard et du geste, qui relève ou du moins qui couvre tant de misères oratoires, faisait entièrement défaut. Craignant de perdre la mémoire dans ces discours de plus de deux heures, Bourdaloue, fermait habituellement les yeux, et tenait les mains appuyées à la chaire sans faire aucun geste. Sa voix était douce et nette, mais uniforme ; aucune passion ne l'animait si ce n'est un accent très marqué de conviction, de démonstration et de piété. Voilà le discours, voilà l'homme que l'élite de la société, les courtisans, les grands seigneurs, les dames de la cour ne se lassèrent jamais d'écouter et auquel le goût du public n'imposa jamais le moindre relâchement, la plus légère concession sur la rigidité de ses principes ou de ses formes. On pourrait dire : voilà ce qu'était ce siècle, ce monde, cette société ! en les comparant à notre époque on peut comprendre d'abord combien l'esprit public a dégénéré, combien nous sommes moins recueillis, moins sérieux, moins capables d'attention et d'instruction, car la société forme les prédicateurs plus que ceux-ci ne forment la société, et, en lisant les moralistes des divers âges, on peut toujours dire : « Tel homme, tel temps. »

Il est vrai que cet homme était sans pareil pour le genre de prédication auquel il s'était livré, et qui consistait à déterminer l'auditeur au bien par la seule force du raisonnement. Démontrer, convaincre, tel était son unique but ; l'entraînement qu'il paraissait ne pas poursuivre devait résulter et résultait en effet infailliblement de la seule force de la conviction. Vous dites à un homme aussi froidement que vous le voudrez, sans émotion, sans passion, sans cri, sans pleur : Vous devez faire ceci, et vous êtes perdu si vous ne le faites pas. Il se récrie : C'est dur, c'est cruel ; mais vous insistez en lui prouvant premièrement que c'est indispensable, qu'il le doit, secondement qu'il est perdu s'il tarde un instant à le faire. Si vos preuves sont irréfrayables, comment ne vous écouterait-il pas ? Tel est le genre de Bourdaloue, son moyen, son but et son succès, succès implacablement poursuivi, inévitablement obtenu. N'allez pas l'entendre si vous ne voulez pas l'écouter. Il faut fuir ou céder, mais comment fuir un orateur si logique, si instructif, si original, si substantiel ? C'était plaisir de suivre la déduction admirable de ses pensées. Toutes les objections imaginables étaient proposées et réfutées, les difficultés secrètes, les répugnances intimes dévoilées et pourchassées. Si vous commenciez à l'écouter, impossible de ne pas aller jusqu'au bout. Impossible à chaque paragraphe de ne pas se dire intérieurement c'est vrai, et quand il concluait de ne pas se sentir vaincu.

Voilà l'homme qu'on a voulu comparer à Bossuet, auquel même quelques-uns accordaient la préférence pour la prédication des mystères et des vérités morales. L'abbé de Clérambault répondant à l'abbé de Polignac qui venait occuper à l'Académie le fauteuil de Bossuet, lui dit : « Se donnant sans réserve à ses nouveaux devoirs et méditant déjà des victoires contre les ennemis de l'Eglise, il laissa obtenir à ses rivaux le premier rang, qu'il pouvait occuper dans l'éloquence sacrée, comme autrefois César avait fait si noblement parmi les orateurs profanes en préférant à cet honneur celui de subjuguer les ennemis de sa patrie. » C'était du moins reconnaître à Bossuet la supériorité du génie, et, dans son abandon de la chaire, les motifs les plus élevés. Mais Voltaire a été bien plus injuste quand il a supposé, dans le *Siècle de Louis XIV*, que Bossuet, « ne pouvant plus être le premier prédicateur de la nation, avait préféré être le premier dans la controverse que le second dans la chaire. » Il oubliait ce qu'il avait dit dans le *Temple du goût* que « Bossuet fut le seul homme éloquent parmi tant d'écrivains élégants ». Heureusement pour lui-même, il exprima encore la même pensée dans les dernières années de sa vie. « Je l'ai dit et je le répète, voit-on dans son *Dictionnaire philosophique*, l'évêque de Meaux fut le seul homme éloquent parmi tant d'écrivains élégants. »

La vérité est que Bossuet était depuis assez longtemps descendu des chaires quand Bourdaloue commençait à y briller. Bourdaloue, arrivé à Paris en 1669, inaugura ses prédications à la Cour par l'avent de 1670 ; or, Bossuet était déjà nommé évêque de Condom en 1669, et c'est en cette année 1669 que, prêt à partir pour son diocèse, il prêchait son dernier avent.

Sa gloire était à son comble. Louis XIV prenait sous le bras Turenne nouvellement converti, et allait entendre cet orateur qu'il eût plus tôt élevé à l'épiscopat s'il n'eût dû par là se priver et priver la Cour et la ville du bonheur de l'entendre.

Retenu à la Cour par les fonctions de précepteur auxquelles il fut appelé, Bossuet ne refusa pas de prêcher dans plusieurs occasions, alors précisément que Bourdaloue donnait ses belles stations, mais il ne le faisait que rarement pour ne pas y mettre un temps dû, tout entier, à ses grands devoirs. « Je romps, disait-il, en prêchant la vêture de Mme de La Vallière, un silence de tant d'années, je fais entendre une voix que les chaires ne connaissent plus. »

Voilà pour la rivalité et la jalousie.

Quant au mérite relatif de ces deux grands hommes, il est absolument différent et très inégal. Bourdaloue composait ses sermons avec le plus grand soin : « Félicitez-moi, écrivait-il à un de ses amis, j'espère cette année arriver à mon quatrième sermon. » C'étaient aussi d'admirables compositions où l'ordre, la méthode, la disposition étaient supérieurement observées. Bossuet au contraire improvisait les siens après avoir à la hâte jeté ses idées sur le papier. Quand, un demi-siècle après sa mort, on a voulu donner ces ébauches au public, il a fallu rapprocher des feuilles volantes, suppléer des membres de phrase qui manquaient, chercher la pensée de l'auteur sous d'inextricables ratures, garder des paragraphes qu'il avait rayés sans prendre le temps de les remplacer. Aussi faut-il avouer que les sermons de Bourdaloue sont beaucoup mieux composés, beaucoup plus finis, mais quelle infériorité comme conception et comme éloquence : ici, l'ordre et la méthode ; là, des éclairs et des tonnerres, une vie, un mouvement, une lumière incomparables. Au reste, dans deux ou trois discours que Bossuet avait écrits en entier et parfaitement achevés et surtout dans le discours sur l'unité de l'Eglise, il a fait voir que pour les qualités mêmes de Bourdaloue, pour l'art les achèvements et les effets, il était absolument au-dessus de tous. Quel sermon de Bourdaloue pourrait être comparé à ce chef-d'œuvre ! Certes, sa grande Passion est un chef-d'œuvre aussi : ces deux prédicateurs, ces deux génies sont tout entiers dans ces deux discours, mais celui de Bossuet est au-dessus de celui de Bourdaloue, comme la flamme, le mouvement, les transports de lumière et d'enthousiasme sont au-dessus des plans méthodiques et de toutes les règles communes sur la bonne disposition d'un discours.

Esprit Fléchier, évêque de Nismes, prononça des oraisons funèbres qui le firent comparer à Bossuet, au moins pour ce genre d'éloquence et il faut avouer qu'il y déploya des qualités oratoires bien propres à charmer les auditoires, dont la principale était une noblesse et une harmonie dans le style qui n'a pas été dépassée. Mais il y joignait une disposition des effets extrêmement habile, et une grande sensibilité, avec l'intelligence la plus parfaite des convenances de la parole sacrée et des sentiments de son public. Enfin pour mettre le comble à ce charme la Providence avait donné à Fléchier un extérieur digne et gracieux qui prévenait d'abord à son avantage, et surtout une voix très distincte et très pathétique, dont la lenteur même et la monotonie, un peu fatigante dans les discours ordinaires, le servait admirablement dans ces éloges funèbres naturellement graves et pompeux. Une dernière circonstance explique encore mieux ce parallèle tant de fois établi entre les deux plus grands panégyristes du siècle. A peu près contemporains par leur âge, ils l'étaient absolument par leurs travaux au point qu'ils se sont rencontrés deux fois à faire l'éloge des mêmes défunts qui furent le chancelier Le Tellier et la reine de France, Marie-Thérèse. Comment ne les aurait-on pas comparés ? Et quelque inégaux qu'ils fussent en réalité, comment l'un et l'autre n'auraient-ils pas fait des partisans et obtenu des préférences? Fléchier eut les siens de son vivant et qui même lui donnaient la première place, mais ils furent peu nombreux et quant à la postérité, elle n'hésita jamais. Les oraisons funèbres de Bossuet passeront toujours pour les plus beaux discours dont notre langue puisse s'honorer. A Fléchier la palme du beau langage, des effets habilement ménagés, des images, des figures, des mouvements combinés par un maître admirable et d'après toutes les règles de l'art. Certes, c'est de l'éloquence, de la belle et de la vraie; car le sentiment réel, l'effet touchant n'y fait pas défaut. Mais à Bossuet les éclats du génie, la puissance, la majesté d'une parole qui ne peut être comparée à rien. Fléchier vous charme et vous attendrit; Bossuet vous confond et vous terrasse. « A l'aigle de Meaux, dit M. de Sainte-Beuve, il faut l'immensité des cieux avec la hauteur des astres, et les abîmes au-dessous. » On peut aller entendre M. de Nismes pour se recueillir et s'édifier sous le charme de sa pieuse et harmonieuse éloquence. On tremble, on frémit, on est consterné en écoutant le grand Bossuet. « Quand on en sort écrit Mlle de Montpensier, après l'oraison funèbre de la reine, on est las ; chacun va chez soi, moi j'allai à Eu, fort fatiguée des cérémonies des morts; elles m'avaient donné des vapeurs. »

Louis XIV, un si bon juge du talent et un si grand admirateur de Fléchier, sentait bien que personne ne devait être comparé à Bossuet. Aussi est-ce à lui qu'il réserva les grands sujets des deux Henriette et du prince de Condé. La part qu'il avait prise à la conversion de Turenne ne permettait guère qu'il fût chargé de la célébrer ; et si Fléchier prononça aussi bien que lui l'oraison funèbre de la reine de France, ce fut quatre mois après la mort de cette princesse, dans un retour de deuil préparé au Val-de-Grâce où son cœur devait reposer, tandis que Bossuet avait donné la sienne à

Saint-Denys, dans la cérémonie des funérailles et trente jours seulement après la mort (1).

Un autre parallèle plus généralement établi c'est entre Bossuet et Fénelon. Malgré la diversité de leur genre et l'inégalité de leur génie, malgré la différence de leurs âges (Bossuet avait vingt-cinq ans de plus), ces deux hommes devaient naturellement être comparés parce que la même génération avait admiré leurs ouvrages et goûté les merveilles de leur éloquence. Les fonctions de précepteur remplies sous le même roi, dans la même cour, auprès de deux princes destinés à la couronne et dont l'un était le père de l'autre, rendaient cette comparaison encore plus inévitable ; enfin une circonstance devait la rendre irritante et, pour bien dire, passionnée, c'est la lutte théologique excitée entre eux à la fin du xviie siècle. Ces deux grands évêques s'y mesurèrent pendant près de deux ans et y déployèrent toute l'étendue de leur éloquence, toutes les ressources de leur érudition et de leur génie. La France de cette époque, si savante, si appliquée aux matières religieuses, celle que nous avons vue suivre avec tant d'assiduité le sévère Bourdaloue fut témoin de la lutte et en suivit les péripéties avec transport ; l'Europe elle-même assistait au spectacle et s'y intéressait vivement. Comment les deux athlètes n'auraient-ils pas paru deux rivaux, deux émules, et comment chacun n'aurait-il pas eu ses partisans, moins acquis à la supériorité du génie, ou à la vérité de la cause, qu'aux entraînements des affections et des passions ?

Au sortir du séminaire de Saint-Sulpice, Fénelon fut ordonné prêtre, et, après avoir exprimé et abandonné le désir de se consa-

---

(1) Du temps de Louis XIV, dit M. de Barante, dans l'*Encyclopédie*, on faisait encore des comparaisons de Bossuet à Fléchier ou à Mascaron, parce que si grand que paraisse un homme vivant, l'on n'ose guère le mettre au-dessus de tous ; aujourd'hui l'on peut plus franchement prononcer que, parmi les hommes éloquents, aucun ne l'a été à la manière de Bossuet. Jamais l'éloquence ne fut plus dégagée de tout artifice, de tout calcul. C'est une grande âme qui se montre à nu et qui entraîne avec elle. Les mots, l'art de les disposer, l'harmonie des sons, la noblesse ou la vulgarité des expressions, rien n'importe à Bossuet, sa pensée est si forte que tout lui est bon pour l'exprimer. Son discours se répand à la manière d'un torrent, et s'il trouve en chemin les fleurs de l'élocution, il les entraîne plutôt avec lui par sa propre impétuosité qu'il ne les cueille avec choix pour se parer d'un tel ornement.

crer aux missions étrangères, attaché à différentes œuvres dans la ville de Paris, d'où le bruit de son éloquence et de ses vertus arriva bientôt jusqu'à la cour et le fit nommer précepteur des deux fils du grand Dauphin. Consulté par Louis XIV, Bossuet, qui chérissait Fénelon, applaudit à son élévation et lui donna en toute occasion les plus grandes marques de son estime. Mme de Maintenon en faisait le plus grand cas ; toute la cour, tout ce que l'Eglise et l'Etat avaient de personnages remarquables fondaient sur lui de magnifiques espérances. Jamais une vie ne s'était ouverte sous de plus brillants auspices, jamais un avenir n'avait paru devoir être plus heureux et plus glorieux.

Cependant un petit point noir ne tarda pas à paraître à l'horizon.

Une femme aussi aimable que vertueuse, Mme Guyon, se croyait inspirée de Dieu pour prêcher une dévotion tout à fait nouvelle. Il fallait aimer Dieu sans aucun égard à sa propre félicité, renoncer même à son salut, consentir avec transport à sa perte éternelle si tel était son bon plaisir. Quant aux autres sentiments de la religion : l'espoir du ciel, la crainte de Dieu, le repentir de ses péchés, ils étaient bons sans doute, mais imparfaits et entachés d'un amour-propre fâcheux. On pouvait les tolérer dans ceux qui débutent, mais il fallait les leur laisser et s'attacher avec ardeur aux seuls sentiments du *pur amour*, car c'est le nom qu'on donnait à la nouvelle dévotion. Beaucoup de femmes à la cour se déclarèrent pour cette doctrine, et sa prophétesse, Mme Guyon, tenait des réunions où ses partisans se rendaient en foule. Elle leur communiquait les grâces divines qu'elle avait reçues pour eux. Il suffisait de se tenir auprès d'elle et en silence : c'était une émanation merveilleuse, son cœur était comme un réservoir, et si rempli quelquefois qu'il fallait la délacer pour faciliter les écoulements.

Prévenu bientôt de ces ridicules innovations, Bossuet n'en prit pas d'abord beaucoup d'alarme. Sans doute la doctrine de ces mystiques était dangereuse, mais que pourrait-elle tant que des femmes pieuses seraient seules à les professer, tant qu'aucun évêque, aucun prêtre ne prendraient parti pour elles ? C'était une coterie, ce ne pouvait être une secte. Mme Guyon d'ailleurs lui avait soumis ses ouvrages et s'était elle-même placée sous sa direction dans un couvent du diocèse de Meaux, promettant de rétracter tout ce qu'il condamnerait. Mais dès qu'il apprit que Fénelon s'était mis à la suite de cette visionnaire et surtout qu'il allait faire un livre pour la défendre, sa tranquillité d'esprit fit place aux plus vives inquiétudes. L'abbé de Fénelon, c'était un des prêtres les plus considérables du royaume, c'était pour Bossuet un intime ami, et par-dessus tout c'était le précepteur des enfants de France, et Louis XIV ne l'avait mis en cette place que sur le témoignage de Bossuet qui répondait de sa foi. Rien n'était donc plus essentiel que de l'empêcher de tomber dans les erreurs des nouveaux mystiques et de l'en retirer au plus tôt s'il s'y était déjà un peu engagé. A l'instigation de Bossuet une commission de prélats et de théologiens fut formée pour tracer les règles de la bonne spiritualité. Fénelon lui-même y fut appelé. On rédigea des articles qui furent signés par tous les membres de la commission et dont Bossuet dut donner l'explication et la justification dans ses *Etats d'oraison*. Fénelon avait souscrit d'abord aux articles, mais il refusa d'approuver l'ouvrage de Bossuet que toute l'Eglise de France reçut cependant avec un grand applaudissement. Il fit plus : il annonça un ouvrage qu'il allait donner lui-même sur ces matières et pour lequel il ne demandait point l'approbation des prélats. C'était déclarer la guerre à l'Eglise de France et à son plus illustre docteur. Bossuet avait gardé jusqu'alors envers Fénelon les plus doux ménagements, au point de le laisser nommer archevêque de Cambray et de demander lui-même à le sacrer; mais à cette nouvelle il sentit vivement son injure personnelle et encore plus le danger que l'orthodoxie catholique allait courir. Il n'éclata cependant pas encore : « Je l'attends, dit-il, et s'il biaise il me trouvera. » Mais Fénelon devenu archevêque n'écoutait plus rien.

L'ouvrage tant annoncé parut enfin : c'étaient ces *Maximes des saints* qui devaient causer tant de peine à leur auteur. Un cri unanime de réprobation les accueillit. Evidemment la piété y était mal comprise, mal enseignée. Evêques, docteurs, religieux, toute l'Eglise de France enfin éclata en plaintes et en murmures, tous les yeux se tournèrent vers Bossuet, comme vers l'arbitre et le vengeur de l'orthodoxie. Autant les *Etats d'oraison* étaient clairs, sûrs, pieux, autant les *Maximes* furent sèches, embrouillées, confuses. Embarrassé par son amitié pour Mme Guyon, dont l'erreur était manifeste, Fénelon n'avait pu trouver dans cette question la limpidité de son style, la simplicité et l'onction de sa piété. — Peu de jours suffirent à Bossuet pour démêler l'artifice ou l'illusion de ces étranges mysticistés. Mais avant de commencer la lutte il voulut laisser à Fénelon tout le temps de se rétracter et prendre lui-même celui d'amener les esprits à comprendre l'importance des erreurs qu'il allait combattre. Enfin l'assaut commença : « Il est impossible, dit M. de Beausset, si favorable cependant à Fénelon, de méconnaître dans tous les ouvrages de Bossuet sur cette affaire ce génie unique et inimitable qui trouvait toujours le moyen de répandre de la chaleur et de la vie sur les sujets qui paraissaient les plus étrangers aux grands mouvements de l'éloquence. » Quatre ouvrages parurent successivement sur ces matières où Bossuet, envisageant le sujet sous tous ses aspects, établissait de la manière la plus accablante la fausseté et le danger des doctrines de Fénelon.

Aux ouvrages de controverse dogmatique, le grand évêque ajouta bientôt une histoire détaillée de toute l'affaire. Cette *Relation du quiétisme* fut le plus grand événement de cette grande polémique. Toute la Cour voulut la lire, on se l'arrachait. Jamais roman n'obtint une telle vogue. Jamais non plus aucun livre ne fut composé d'une manière plus attrayante. C'était du sel et du feu. Le ridicule de ces dames du parti y était dépeint à ravir, et retombait en grosse part sur la tête de leur imprudent défenseur. Fénelon fut heureux à ce moment-là d'avoir été exilé dans son riche diocèse ; cette sévérité de Louis XIV lui fournit un abri précieux contre d'inexprimables confusions.

Cependant il ne resta pas inactif ; ses réponses, au contraire, succédaient rapidement aux attaques de Bossuet, et elles étaient toujours très belles. Tout ce que l'esprit le plus prompt, le plus délié, le plus fécond en ressources, tout ce que l'éloquence la plus persuasive et la plus touchante peuvent faire en faveur d'une mauvaise cause, Fénelon le fit pendant près de deux ans. Sans rien désavouer, il expliquait et adoucissait tout, et, il faut le reconnaître, ses explications étaient aussi habiles que le livre avait été imprudent.

On voyait, on sentait qu'il avait tort, et qu'il le sentait lui-même, quoiqu'il n'en voulût pas convenir ; mais on admirait les tours plausibles et toujours nouveaux qu'il savait donner aux questions, et même on se prenait à regretter qu'un homme de ce talent, de ce mérite, ne pût échapper à une humiliante condamnation. A bout de moyens, réduit aux abois sous la dialectique de Bossuet, qui le broyait comme un fléau, il en vint à de tristes insinuations. Bossuet aurait livré le secret des lettres closes, trahi celui de la confession. Son petit parti s'indignait, un moment le monde hésitait, mais la réponse de Bossuet arrivait et la confusion du mystique augmentait toujours.

En vain, Fénelon s'efforça-t-il de réduire son adversaire à la défensive en attaquant ses doctrines. La Cour romaine, si défavorable à l'inspirateur des quatre articles, si propice au prélat ultramontain, n'essaya même pas de juger les écrits de Bossuet, qui faisaient autorité dans le monde entier. Il fallut donc continuer à se défendre, à faire admirer des ressources d'esprit prodigieuses, mais impuissantes. « Il en a, dit Bossuet, jusqu'à faire peur ; mais c'est son mal de s'être chargé d'une cause où il en faut tant ! »

A la fin, ce n'était plus une discussion, car Bossuet parlait comme un juge et semblait dicter la sentence que Rome allait prononcer : « Je le dis avec douleur, Dieu le sait, vous avez voulu raffiner sur la piété. Vous n'avez trouvé digne de vous que Dieu beau en soi. La bonté par laquelle il descend à nous vous a paru un objet peu convenable aux parfaits. Sous le nom d'*amour pur* vous avez établi le désespoir comme le plus parfait des sacrifices. C'est du moins de cette erreur qu'on vous accuse. Quiconque le voudra soutenir ne se pourra soutenir lui-même. Il faut que lui-même il se choque en cent endroits ou pour se défendre, ou pour couvrir son faible, et vous venez nous dire : « Prouvez-moi que je suis un insensé », et quelquefois : « Prouvez-moi que je suis de mauvaise foi, sinon ma réputation me met à couvert. » Non, Monseigneur, la vérité ne le souffre pas ; vous serez dans votre cœur ce que vous voudrez ; nous ne pouvons vous juger que par vos paroles. » Et encore : « Nous exhortons M. de Cambray à occuper désormais sa plume à des sujets plus dignes de lui. Qu'il prévienne, il en est temps encore, le jugement de l'Eglise ; l'Eglise romaine aime à être prévenue de cette sorte, et, comme dans les sentences qu'elle prononce, elle veut toujours être précédée par la tradition, on peut, en un certain sens, l'écouter avant qu'elle parle. »

Elle parla enfin le 9 mars 1699 :

« Le courrier chargé de la bulle pour le roi arriva à Versailles le 22 mars avant midi. La nouvelle en vint le même jour à Paris, où était M. de Meaux. Mais le courrier que son neveu lui avait dépêché n'arriva que dans la nuit entre une et deux heures. M. de Meaux, avant de se coucher, sur les onze heures, avait défendu qu'on le réveillât dans le cas où le courrier arriverait. Cette espèce d'indifférence, dans un moment où il était assez naturel qu'il eût de l'empressement à connaître tous les détails et toutes les circonstances d'un jugement si vivement sollicité et si longtemps attendu, prouve sa confiance et sa tranquillité. On lui remit les lettres de son neveu à son réveil, à huit heures du matin. M. de Meaux les fit passer à l'archevêque de Paris, et resta enfermé chez lui, sans même se montrer au public. Il ne parut à Versailles que le 1er avril... Dès que le roi le vit il le fit entrer dans son cabinet... Au reste, plus il se dérobait cette gloire à lui-même, plus le public s'empressait de la lui donner. En vain, se renferma-t-il dans son intérieur, toute la terre vint le chercher dans sa retraite. Ce fut un concours chez lui de personnes de toute sorte de condition. Tous les évêques qui se trouvaient à Paris vinrent les premiers. Les lettres des absents et de toutes les personnes de considération du royaume vinrent pendant deux mois faire honneur à son triomphe. Les princes donnèrent les premiers cet exemple en personne et par écrit pour féliciter M. de Meaux sur le grand procès qu'il avait gagné à Rome, car c'est ainsi qu'on parlait partout de cette affaire dans les villes et dans les campagnes. » Il est vrai que la condamnation dépassait tout ce que Bossuet aurait pu espérer ou même désirer. Autant la Cour romaine s'était efforcée de n'en pas venir à ce jugement, autant, lorsqu'il fallut le rendre, y mit-elle de droiture et d'énergie. Le Bref relevait vingt-trois propositions fausses ou téméraires, et ajoutait que tout le livre dans son ensemble était condamnable et dangereux.

On sait la soumission de Fénelon ; c'est lui-même qui avait porté son affaire à Rome où il savait que Bossuet, comme défenseur des opinions gallicanes, avait beaucoup d'ennemis. Pouvait-il décliner le jugement qu'il avait lui-même invoqué ? Au reste l'autorité du Saint-Siège est souveraine, Fénelon n'eût pu la méconnaître qu'à la suite de Luther et des anciens hérétiques. Aucun évêque, aucun concile, n'aurait voulu juger après le pape ; Fénelon d'ailleurs le savait bien, tout l'épiscopat était opposé à sa doctrine. La résistance au pape c'était l'apostasie, la dégradation, le déshonneur, la fuite à l'étranger, chez les hérétiques. Un homme de son esprit et de sa piété n'en pouvait avoir seulement l'idée. Il se soumit et condamna lui-même son livre comme le Saint-Siège le condamnait. Non toutefois en abjurant la doctrine du pur amour, mais en prétendant qu'il l'avait mal expliquée. Les dévotes du parti versèrent des larmes, mais se soumirent en maugréant un peu contre le vaillant docteur qui avait terrassé l'erreur naissante. Ne pouvant nier ni le zèle et l'orthodoxie de Bossuet, ni son désintéressement et sa droiture que les habiletés du vaincu rendaient plus sensibles, on accusa du moins ses prétendus emportements, ses violences, ses duretés. Il se fit une légende d'un vainqueur altier, ambitieux, farouche, et d'un vaincu doux, humble, pieux, résigné. C'était, pour bien dire, la légende de la victime et du bourreau. Ces récriminations, personne ne l'ignore, sont la consolation des vaincus ; d'autres vaincus s'y joignirent, tous les ennemis de la religion que Bossuet avait accablés, tous les libertins, tous les hérétiques, tous les insoumis, tous les révolutionnaires de tous les temps devinrent les adversaires de Bossuet. La secte encyclopédique toute entière marchait à leur tête, et quand, un demi-siècle plus tard, l'école de M. de Lamennais et de M. de Maistre se fut mise dans le concert, la figure du grand évêque parut devoir s'installer ainsi faussée dans l'histoire et parvenir, grâce à elle, jusqu'à la dernière postérité. Mais l'heure de ces préventions injustes et de ces passions dura peu. Depuis longtemps Bossuet est remonté sur le piédestal où l'avait élevé l'admiration universelle, et cette fois on ne l'en fera plus descendre, la gloire la plus pure et la plus haute est pour toujours inséparable de son nom.

Bossuet était le plus simple et le plus affable des hommes, honnête, bienveillant et obligeant envers tous, d'une douceur parfaite, d'une modestie, d'une amabilité sans pareille, et surtout d'une droiture qui ne fut pas une fois mise en défaut. Cette âme fidèle et sincère était aussi pleine d'une douce gaîté. Il aimait les propos joyeux, et quoique sa conversation fût grave et savante, il riait de très bon cœur avec ses amis. Ces charmantes qualités se lisaient sur son visage et dans tout son extérieur. Il était d'une taille un peu au-dessus de la moyenne et très bien prise, d'un embonpoint médiocre, d'une tenue toujours digne, et qui même était majestueuse dans les grandes occasions, sans cesser jamais d'être naturelle. Son regard était très beau, mais encore plus vif qu'imposant. Son sourire exprimait une grande bonté ; tout l'ensemble de sa personne respirait la paix, la droiture, la loyauté jointe à la simplicité, à une ouverture de cœur qui mettait tout le monde à l'aise, et le faisait aimer de tous. Le *Journal de l'abbé Ledieu* son secrétaire particulier semblait devoir être un danger pour sa mémoire, car il n'y a pas de grands hommes pour leurs domestiques. Il a paru, ce journal, vers le milieu de notre siècle ; il relate jour par jour la vie du grand homme qui n'a rien perdu à ce coup d'œil offert à tous sur chaque détail de sa conduite quotidienne. A peine laisse-t-il voir un peu trop de faiblesse pour ses neveux que l'abbé Ledieu n'aimait pas. Combien peu de renommées résisteraient à une pareille publication !

M. Charpentier qui répondit au nom de l'Académie au discours de réception de Bossuet, à travers les plus grands éloges de ses incomparables talents lui disait : « Votre arrivée en ce lieu-ci, monsieur, apporte un grand ornement à la Compagnie, ces paroles obligeantes qu'elle a ouïes de votre bouche, cet agréable épanouissement de cœur et de visage que vous nous faites paraître marquent bien que vous avez regardé l'occasion présente comme la matière d'une joie nouvelle qui vous était offerte. » En prenant possession du fauteuil qu'il laissait vacant, l'abbé de Polignac répéta les mêmes éloges auxquels, en lui répondant, l'abbé de Clérambault ajouta encore des expressions plus fortes et plus sympathiques. Le P. de la Rue qui fut chargé par le Roi de prêcher l'oraison funèbre de Bossuet prit pour texte la parole du prophète : « Il était bon, droit et vrai dans tous les actes de son ministère. Esprit doux, dit-il, bienfaisant, plein d'affection pour le bien, plein d'humanité, plein de bonté. » « Lui, dit Saint-Simon, qui était doux et de bonne foi, il fut dupe de Mme Guyon, et des » tours » habiles de M. de Cambray. Il eût même changé quelque chose à son beau livre des *Etats d'oraison* si admiré du pape et des évêques pour pouvoir obtenir l'approbation de Fénelon qui la lui refusa, et publia ses *Maximes* sans lui demander la sienne. C'est Mme de La Maison-Fort, une intime amie de Fénelon qui l'écrivait à Fénelon lui-même, au sortir de l'entretien de Bossuet. « Ses mœurs, écrivait Fléchier qui avait travaillé avec lui à l'éducation du Dauphin, ses mœurs étaient aussi pures que sa doctrine, et je ne puis me souvenir de cet air de candeur et de vérité qui accompagnait ses actions et ses paroles et qui le rendait si honnête et si agréable que je ne regrette le temps que j'ai passé loin de lui. » Les protestants eux-mêmes rendaient hautement justice à sa bonté, à sa charité ; ceux que ses ouvrages avaient convertis lui écrivaient des extrémités du monde. « Si nos charges nous le permettaient, lui disaient des Ecossais, nous irions nu-pieds jusqu'à Meaux pour mériter quelques heures de conversation avec vous. » « Je vous dirai franchement, écrivait un ministre calviniste, que les manières honnêtes et chrétiennes par lesquelles M. de Meaux se distingua de ses confrères, ont beaucoup contribué à vaincre la répugnance que j'avais pour tout ce qui s'appelle dispute. Ce prélat n'emploie que les voies évangéliques pour nous persuader sa religion. Il prêche, il compose des livres, il fait des lettres toujours animées de l'esprit du christianisme, nous devons donc examiner ses ouvrages comme venant d'un cœur qui nous aime, et qui souhaite notre salut. » — Voilà le véritable Bossuet !

Son premier vœu, après la condamnation de Fénelon, fut pour la reprise de ses anciens rapports d'amitié avec lui. Il l'avait combattu fort à regret, et, dès que le combat fut fini il se hâta de lui tendre la main. Le duc de Beauvillier, l'abbé de Saint-André, vicaire général de Meaux, l'abbé Berrier, reçurent de sa part des commissions de politesse pour l'archevêque de Cambrai, et s'en acquittèrent mais sans succès. Non seulement Fénelon n'y répondit pas, mais, il porta au nonce de nouvelles plaintes contre Bossuet. « J'ai fait toutes les avances, disait l'évêque de Meaux, il ne tiendra pas à moi que nous soyons bons amis comme autrefois. »

Que répondre à M. de Maistre qui accuse Bossuet de servilité et l'appelle : « Un courtisan en camail ? » Quel acte répréhensible ce grand homme a-t-il donc fait pour plaire au roi ! Sa prédication n'a-t-elle pas été toujours conforme aux sévérités de l'Evangile ? A-t-on pu citer un mot de complaisance pour les fautes du monarque ? A-t-il caché une vérité ? A-t-il trahi un ami ? Le grand grief de M. de Maistre c'est l'attitude de Bossuet, ou plutôt son rôle dans l'affaire des libertés gallicanes ? Mais qui prouve que le grand évêque ne fut pas sincère ? Et s'il l'était comme tout le monde en est convaincu, où donc est le courtisan ? Au reste si Bossuet a souvent fait l'éloge de Louis XIV que tout le monde loüait autant ou plus que lui, c'est qu'il l'aimait. « Entre le monarque et lui, dit M. Merlet, semblait exister une sorte d'harmonie préétablie. Tous deux ne représentaient-ils pas la foi dans la tradition et l'autorité ? Tous deux n'avaient-ils point par excellence un bon sens auguste ? Jamais le souverain n'a douté de sa puissance, jamais l'évêque n'hésitera dans sa soumission. De là chez l'un, cette majesté qui tempère le despotisme, de là, chez l'autre cette dignité qui ennoblit l'obéissance. Aussi, dès qu'ils furent en présence, reconnurent-ils celui-ci le Roi selon son cœur, celui-là son orateur, son prélat de prédilection. » Mais si Bossuet révérait l'autorité royale, Louis XIV était soumis comme le dernier de ses sujets à celle de l'Eglise. Un jour que les courtisans murmuraient contre les hardiesses du prédicateur : « Il fait son devoir, messieurs, leur dit-il, faisons le nôtre. » Comment, dès lors, Bossuet et lui ne se seraient-ils pas entendus ? C'étaient deux puissances, deux royautés, deux majestés ; car l'évêque était pour le Roi la plus haute expression et la plus sûre de la doctrine apostolique, et il avait en outre la royauté du génie que Louis XIV avait reconnue du premier jour. « Il était accoutumé à lui ouvrir son cœur sur ses pensées les plus secrètes, dit Saint-Simon. M. de Meaux avait conservé les entrées et la confiance que lui donnaient son ancienne place de précepteur » et plus encore la haute estime du roi. « Dès qu'il le vit après l'arrivée du décret de Rome, il le fit entrer dans son cabinet particulier et concerta avec lui sur tout ce qu'il y avait pour l'exécution et l'acceptation du Bref du Pape. » (Manuscrits de l'abbé Ledieu.) Voilà comment s'estimaient ces deux grands hommes, ces deux génies, car le monarque avait le sien comme l'orateur. Quand M. de Maistre n'a vu là qu'un tyran et un esclave, et dans Bossuet qu'un *courtisan en camail*, lui si respectueux pour l'autorité, si partisan des traditions, il a fait voir seulement jusqu'à quel point l'esprit de parti rend injustes même les hommes les plus éclairés et les plus pieux.

Jacques-Benigne Bossuet naquit à Dijon le 27 septembre 1627, d'une famille considérée dans la robe. A six ans il suivit son père à Metz où il fut reçu conseiller au parlement. A quinze, il fut envoyé à Paris, pour terminer son instruction au collège de Navarre dont le grand maître Pierre Cornet reconnut son mérite et devint son protecteur. Il n'en avait que seize quand il soutint sa première thèse. Elle eut un tel succès que bientôt on parla à Paris du jeune bachelier comme d'un prodige, on voulut le voir à l'hôtel de Rambouillet, et là on l'invita à composer sur-le-champ un sermon. En peu d'instants le jeune élève fut prêt. Il parla, et ce fut dans toute l'assemblée un cri d'incomparable admiration. C'est alors que Voiture faisant allusion à l'heure avancée où l'on était dit le mot si connu : « Je n'avais jamais entendu prêcher ni si tôt ni si tard. » Il eut dû ajouter ni si bien, mais la prétentieuse antithèse lui suffisait. En 1648 Bossuet soutint sa seconde thèse devant le grand Condé auquel il l'avait dédiée d'avance. On raconte que le prince entra tout à coup dans l'assemblée pendant que Bossuet faisait le discours. Il était entouré de plusieurs officiers et couronné des lauriers tout frais encore de Norlingue et de Rocroy. L'orateur, sans s'interrompre, offrit au nom de la France le tribut d'admiration et de louanges qui était dû au jeune héros et sut lui dire aussi avec une autorité anticipée combien cette gloire était vaine et périssable. De ce jour, Condé devint son ami ; on le sait, ce fut pour jusqu'à la mort.

En 1652 Bossuet fut fait prêtre et reçu docteur, après avoir passé plusieurs jours sous la direction de saint Vincent de Paul, dont il obtint l'amitié et qui l'admit dans ses conférences de chaque semaine où tant de prêtres venaient se former auprès de lui. Peu après il quitta Paris malgré les offres brillantes qu'on lui faisait pour l'y retenir et alla se fixer à Metz où il avait été nommé chanoine.

En 1655, l'évêque de Metz pria Bossuet de composer une réfutation du catéchisme de Paul Ferry. Cette réfutation eut un grand succès, et la reine mère, voulant faire donner une mission aux protestants du pays, chargea Bossuet de la diriger, ce qui fut pour lui une cause de grande consolation et de précieux applaudissements. Il allait parfois à Paris pour les affaires du Chapitre ; on le priait de prêcher alors, et, chaque fois, sa réputation faisait de nouveaux progrès. Les deux reines suivaient les églises où l'on devait l'entendre et y attiraient une grande foule qui s'en revenait toujours charmée. Quelques heures suffisaient à cet étonnant prédicateur. Il méditait un texte, couchait quelques idées sur le papier, priait longtemps et montait en chaire où l'éloquence le suivait toujours. Dans les intervalles de ses stations, s'échappant à toutes les sollicitations, il revenait à Metz, c'est-à-dire à ses recueillements, à ses travaux.

C'est de 1660 à 1669 que la gloire de Bossuet fut portée à son apogée. Il écrivit l'*Exposition*, convertit Turenne et prêcha ses grandes stations. *L'Exposition de la doctrine catholique* est un ouvrage simple, court et très substantiel, où l'auteur, écartant toutes les opinions controversées, n'avait laissé que les points de foi avec leurs preuves essentielles. Ce livre eut un tel succès pour la conversion des protestants que les ministres ne virent d'autre moyen de l'arrêter que de le faire passer pour un excès de conciliation auquel, disaient-ils, le pape et les évêques ne donneraient pas leur adhésion. Bossuet alors fit imprimer une nouvelle édition qui parut avec les approbations les plus imposantes, parmi lesquelles on admirait surtout deux brefs du pape, pleins des éloges les plus expressifs.

En 1669, il fut nommé évêque de Condom. Dans la même année il prononça les oraisons funèbres des deux Henriette ; « deux assez belles têtes de mort », écrivait-il à l'abbé de Rancé en les lui envoyant dans son désert, deux chefs-d'œuvre au-dessus de tout éloge qui seront admirés autant que vivra la langue française. Dans la suite de sa vie, il en prononça quatre autres qui ne furent pas moins admirées. Chacun de ses discours a son genre d'éloquence toujours parfaitement adapté au caractère du héros, mais dans toutes on retrouve le même génie, qui fait tout monter à sa hauteur, et qui sait tirer des sujets les plus inégaux, les plus divers, de sublimes enseignements. Dans la reine d'Angleterre, Henriette de France, ce sont les voies divines sur le gouvernement des peuples. Henriette d'Angleterre, sa fille, fournit matière à faire voir le néant des grandeurs humaines et la vanité de la vie. L'éloge du chancelier Le Tellier, qui n'était que celui des vertus de l'homme et du magistrat, fut relevé par de magnifiques passages sur les troubles de la Fronde, la captivité des princes, les derniers moments du chrétien fidèle, la vanité ou l'hypocrisie de nos deuils. L'histoire d'une âme est le motif de l'oraison funèbre de la princesse palatine. Désordre, impiété, conversion, expiation, tels sont les actes de ce drame où l'art de parler au cœur est porté à sa dernière perfection. La reine Marie-Thérèse, qui n'eut jamais besoin de conversion, donne sujet de glorifier l'innocence et la piété. C'est une apothéose en forme de consolation. Tout le monde se rappelle l'éloge du grand Condé. Le talent, le génie de Bossuet y est imprimé tout entier, description de batailles, considérations sur la politique, images de la gloire militaire et du doux repos qui la suit, transfiguration de la vie de l'âme et enfin vanité de tout ce qui n'est pas absolument selon Dieu, tout, jusqu'aux accents d'une sublime amitié qui se console devant une tombe en élevant ses yeux au ciel.

Entre ces discours incomparables, Bossuet est devenu évêque de Condom, précepteur du Dauphin, puis évêque de Meaux. Il a composé pour son élève la *Politique sacrée*, le *Traité de la connaissance de Dieu et de soi-même*, et ce discours sur l'histoire universelle qui fit pousser aux contemporains le cri d'une admiration dont les générations suivantes ne sont pas encore revenues. Bossuet composa aussi un grand nombre d'ouvrages de polémique contre les protestants : ses *Avertissements*, sa *Conférence avec Claude*, sa *Communion sous les deux espèces*, ses lettres aux *Nouveaux catholiques*. Il prononça le sermon de vêture de Mme de La Vallière et le sublime discours sur *l'Unité de l'Eglise*. Il fut l'âme de l'assemblée du clergé de 1682 et rédigea les quatre fameux articles. Il fut reçu membre de l'Académie française et nommé grand maître de la maison de Navarre, aumônier de la duchesse de Bourgogne et membre du Conseil d'Etat.

Après l'oraison funèbre du grand Condé, Bossuet ne prêcha guère plus que pour le troupeau « qu'il devait nourrir de la parole de vie ». Cependant « sa voix ne tombait point, son ardeur ne s'éteignait pas ». Heureux d'instruire ses diocésains comme le moindre de tous les évêques, il allait dans toutes les paroisses, prêchant les laboureurs avec le même zèle qu'il avait mis à prêcher les rois ; il tenait des synodes, faisait des discours à ses prêtres, publiait des statuts diocésains et composait le beau catéchisme de Meaux dont Bonaparte fit, avec de très petits changements, celui de *l'Empire français*. Il donna encore à la piété des *Explications sur les psaumes*, et d'autres parties de l'Ecriture, les *Elévations sur les mystères* et les *Méditations sur l'Evangile* qui ne parurent qu'après sa mort ; à la science théologique il donna le *Traité du libre arbitre*, des *Réflexions sur la comédie*, une *Lettre sur l'adoration de la croix ;* à la controverse un livre contre le cardinal Sfondrate, la *Défense des variations* et plusieurs *Instructions sur les promesses de l'Eglise*.

L'affaire du quiétisme, dont on a vu le récit, occupa les deux dernières années du xvii° siècle et fut pour Bossuet le sujet d'un très grand nombre d'écrits où il déploya tous les genres d'instruction et d'éloquence. Cette lutte avec un évêque catholique autrefois son disciple et son ami, les ressources d'esprit de cet adversaire qui trouvait toujours des tours nouveaux pour pallier son erreur et faire illusion au public, cette injustice des partisans de Fénelon qui méconnaissaient à dessein les vrais mobiles de sa conduite et par-dessus tout l'énorme danger d'une doctrine si spécieuse et si habilement défendue, tout cela avait excité sa verve et donné à son style un feu qu'on chercherait en vain dans ses autres œuvres de polémique. Il ne veut pas seulement convertir le dissident comme dans ses lettres aux protestants, il veut aussi faire condamner son ouvrage, et, en attendant qu'il soit condamné, le combattre, le réfuter, lui faire perdre toute créance. N'en est-ce pas assez pour expliquer l'ardeur ou même, s'il faut l'avouer, la véhémence de ses écrits ?

Après sa victoire sur Fénelon, Bossuet, âgé de soixante-treize ans, ne déposa pas les armes que Dieu lui avait données pour la défense de la vérité. Richard Simon ayant publié son *Histoire critique de l'Ancien Testament*, Bossuet en vit d'abord le venin et en fit bientôt paraître la réfutation. Il écrivit ensuite contre Dupin et les superstitions chinoises dont on voulait faire un argument contre la révélation chrétienne. L'hérétique alors ne put retenir cette parole qui peint bien la terreur inspirée par Bossuet aux ennemis de la vérité catholique : « Laissons-le mourir. »

Il mourut en effet à Paris le 12 avril 1704 de la maladie de la pierre dont il avait ressenti un an auparavant les atteintes. Sa mort fut douce et pieuse comme sa vie. La lecture des livres saints fut toute sa consolation pendant ses cruelles souffrances. Quelqu'un lui ayant dit : « Vous vivrez pour jouir de votre gloire. — Oh ! répondit-il, ne me parlez pas de gloire, parlez-moi seulement de la miséricorde de Dieu. » Son corps fut transporté à Meaux et placé sous le maître-autel de la cathédrale où il est resté jusqu'en 1854. Alors des travaux entrepris dans cet édifice rendirent un déplacement nécessaire. Avant d'enlever cette dépouille vénérable on la découvrit un instant. Les ministres venus exprès de Paris, toutes les autorités du département et de la ville avec bon nombre de personnages éminents étaient présents. On retrouva le corps embaumé dans un remarquable état de conservation. Ce fut un moment plein de solennité et d'émotion, mais fort court. La dépouille sacrée fut recouverte et transportée dans une autre tombe où elle attend sa glorieuse résurrection.

On sait peu en général que Bossuet a composé plusieurs ouvrages en vers. Les premiers éditeurs semblaient s'être entendus pour en dérober la connaissance au public. C'est M. Migne qui, le premier, les a imprimés et ajoutés à la collection de ses œuvres. Les autres avaient craint sans doute qu'ils ne parussent indignes de leur illustre auteur. En les montrant seulement à quelques amis, Bossuet lui-même avait autorisé ses suppressions. Évidemment ces petits poèmes n'étaient pas destinés au public. Nous regretterions cependant qu'ils n'eussent pas enfin vu le jour, et nous applaudissons à l'idée des éditeurs qui nous les ont fait connaître.

Rien ne doit être caché ni perdu de ce qu'a écrit un si grand homme, car ses moindres œuvres contribuent à le montrer tel qu'il fut et portent le cachet de son incomparable génie.

Ces poésies de Bossuet sont la traduction de plusieurs psaumes, des odes sur l'amour de Dieu, et deux ou trois poèmes sur les ardeurs de la sainte charité. Les titres seuls en font assez connaître l'esprit, c'est le *Saint amour*, l'*Amour insatiable*, les *Trois amantes*, la *Parfaite amante*. On ne croirait pas avec quel feu ces petits poèmes sont écrits. Je ne crains pas de le dire, ils montrent Bossuet sous un jour tout à fait nouveau. Fénelon lui avait dit au cours de la discussion sur la poésie : « Vous connaissez peu les mystiques. » Bossuet n'aurait eu qu'à montrer ces travaux ignorés de tous pour réfuter cette imputation. Il se contenta de répondre : « Je les connais assez — les mystiques — pour vous convaincre de les avoir mal entendus. » Il ajouta : « J'ai fait mon trésor de la divine Ecriture. »

Le lecteur aimerait peut-être à trouver ici de longs passages de ces poésies. Il faut cependant le priver de ce plaisir. Exprimées dans la langue de la terre, ces ardeurs du saint amour ne seraient peut-être pas comprises de tous, et porteraient dans plus d'un cœur l'impression des sentiments et des passions de la vie humaine. L'Eglise l'a bien compris quand elle a soustrait aux regards de la jeunesse ces ineffables *Cantiques* de Salomon, où Bossuet a cherché l'inspiration de ses chants. Bornons-nous donc à citer quelques passages des psaumes, le sentiment y est beaucoup moins vif sans doute, le ton et le style y sont infiniment moins animés, moins puissants. Néanmoins le lecteur sera heureux de les voir comme un spécimen de ces œuvres poétiques qu'il ignorait. Peut-être y prendra-t-il le goût de les rechercher, de les étudier davantage.

Certes, ces poésies fugitives, délassement du pieux docteur, et destinées seulement à quelques amis, sont loin de la magnificence de ses grands discours. La langue de Bossuet, c'est la prose, et une prose qui n'est qu'à lui, qu'il affranchit souvent des usages et même des règles ; sa pensée si vaste et si élevée ne peut que souffrir dans les étreintes de la prosodie ; elle s'y heurte, s'y altère, s'y amoindrit. L'aigle est embarrassé dans ces liens, on le sent, mais puisqu'il a voulu s'y mettre lui-même, il est curieux encore de le suivre dans son vol ainsi entravé.

DOMINE, DOMINUS NOSTER

Toi qui seul en ta main tout l'empire du monde,
    Seigneur du peuple élu,
Que ton nom est fameux sur la terre et sur l'onde
Et que tout est soumis à ton sceptre absolu !

Ton immense grandeur, sur les cieux, exhaussée,
    A ses pieds les étend,
Tout tremble devant toi, la nature abaissée
Reconnaît la hauteur de ton trône éclatant.

Qu'est-ce que l'homme, ô Dieu, que ta bonté suprême
    Veuille s'en souvenir !
Qu'est-ce que l'homme ? Un souffle et la vanité même,
Et Dieu, de sa bonté, daigne le prévenir !

Placé par ta sagesse un peu plus bas que l'ange,
    Et par les mêmes lois
Si puissant que sous lui tout le reste se range
Du Grand roi sur la terre il exerce les droits.....

Tu mets tout à ses pieds, l'oiseau qui fend la nue,
    Tant de monstres divers
Qui suivent dans l'abîme une route inconnue,
Les habitants du ciel, de la terre et des mers.....

SUPER FLUMINA

    Sur les rives de Babylone,
    Une éternelle affliction
    Au doux souvenir de Sion,
    Où du Seigneur était le trône,
    Sous le joug d'un peuple odieux
En pleurs continuels faisait fondre nos yeux.

    Aux saules voisins suspendues,
    Sans se souvenir de nos chants,

Dans le silence au gré des vents
Allaient nos harpes détendues,
Et ceux qui nous tenaient captifs :
Quittez, nous disaient-ils, quittez ces tons plaintifs.

Dites plutôt quelque cantique
De ceux que Sion écoutait
Quand jusqu'au ciel elle portait
Sa mélodieuse musique.
Quoi ! Que dans ces barbares lieux
On entende jamais nos airs religieux !

Qu'on réjouisse la Chaldée
Des saints cantiques du Seigneur,
Et que l'on y chante à l'honneur
Du Dieu qu'adore la Judée !
Plutôt périssent à la fois
Avec nos chalumeaux nos languissantes voix !....

TIBI SILENTIUM LAUS

Dieu puissant, je me tais en ta sainte présence ;
Je n'ose respirer et mon âme en silence
Admire la grandeur de ton nom glorieux.
Que dirai-je, abîmé dans cette nuit profonde ?
Pendant qu'à l'infini ta clarté nous inonde,
Pouvons-nous seulement ouvrir nos tristes yeux ?

Si je veux commencer les divines louanges
Et que, déjà mêlé parmi les chœurs des anges,
Ma voix dans un cantique ose se déployer,
Quand pour te célébrer ma langue se dénoue
Je sens sortir un chant que mon cœur désavoue
Et ma tremblante voix ne fait que bégayer.

Changement merveilleux ! Accablé de ta gloire,
De tout louange humain, j'ai perdu la mémoire ;
Interdit, éperdu, je n'articule plus.
A, a, a, mon discours n'a ni force ni suite,
A des cris enfantins ma parole est réduite
Et pour tout entretien n'a que des cris confus.

Plus je pousse vers toi ma sublime pensée,
Plus de ta majesté je la sens surpassée,
Se confondre elle-même et tomber sans retour.
Je t'approche en tremblant, lumière inaccessible,
Sans atteindre jamais l'Être incompréhensible,
Et mon œil éperdu ne trouve point de jour.

Cessez ; qu'espérez-vous de vos incertitudes,
Vaines pensées, vains efforts, inutiles études ;
C'est assez qu'il ait dit : Je suis celui qui suis.
Il est tout, il n'est rien de tout ce que je pense,
Et, sans plus raisonner, en aimant je poursuis.....

LE CARDINAL DE POLIGNAC

Né en 1661, académicien en 1704, mort en 1741.

Melchior de Polignac qui succéda au grand Bossuet, fut un des hommes les plus aimables de cette cour de Versailles où tant d'autres alors brillaient par les mêmes avantages. Il était né au Puy en Velay, mais sa famille était originaire d'Auvergne. Il fit ses études à Paris et tout jeune encore fut amené à Rome par le cardinal de Bouillon pour assister au conclave dans lequel Alexandre VIII fut élu à la place d'Innocent XII. Sa taille était haute, sa figure belle et pleine de majesté ; dans toute sa personne, dans ses manières et son maintien brillait une distinction sans pareille. A distance il avait l'air un peu froid, un peu hautain même, mais, à peine avait-il pris la parole qu'il s'opérait dans toute sa personne une transformation complète. Ses yeux lançaient des feux vifs et doux qui charmaient les cœurs. Son accent, le ton de sa voix était plein de grâce et d'obligeance. On ne pouvait le voir sans l'aimer. Il se fit chérir du nouveau pape, et du Roi lui-même à qui il rendit compte des événements du conclave. C'était un attrait irrésistible. « Je ne sais comment vous faites, lui disait Alexandre VIII, vous paraissez toujours être de mon avis et c'est toujours moi qui finis par être du vôtre. » Louis XIV après l'avoir entretenu disait : « Je viens de voir un jeune homme qui m'a toujours contredit sans que j'aie pu me fâcher un seul instant. » Et Mme de Sévigné : « C'est un des hommes du monde dont l'esprit me paraît le plus agréable ; il sait tout, il parle de tout ; il a la douceur, la vivacité, la complaisance qu'on peut souhaiter dans le commerce du monde. »

Cette amabilité si achevée n'était pas seulement l'effet de l'esprit et de la figure. Melchior de Polignac avait en outre une très belle instruction et les meilleures qualités de cœur. Ses études avaient été très brillantes tant pour les humanités qu'à la Sorbonne où il avait pris tous ses grades. Il excellait surtout dans la connaissance des langues anciennes et principalement du latin. Peu de modernes ont écrit en cette dernière langue aussi bien que lui, et peut-être aucun depuis Érasme qui semblait avoir le vrai style du temps d'Auguste. Il fit plusieurs fois des pièces de vers qui semblaient être d'Ovide et des lettres que Pline lui-même n'aurait pas désavouées. C'était une vraie renaissance comme au siècle des Médicis, non une suite du bas-empire et du moyen âge, mais un retour à la plus belle latinité. Il n'héritait pas de saint Grégoire ou de saint Thomas, mais se rattachait directement à l'école des Virgile et des Cicéron. Il y avait là évidemment comme dans Érasme plus que de l'étude, plus qu'un talent d'imitation, il y avait une disposition tout à fait spéciale, résultant d'une harmonie naturelle entre cet idiome et cet esprit. C'était une langue maternelle, une langue vivante que l'abbé de Polignac parlait, comme jadis les Sadolet, les Bembo, les Médicis.

Il fut chargé toute sa vie de missions diplomatiques tantôt avec le titre d'ambassadeur, tantôt comme secrétaire d'ambassade, quelquefois sans aucun titre officiel. Presque toujours il s'en acquitta avec un rare bonheur. Ses brillants dehors, son esprit si vif, si orné, si délicat disposaient tout le monde à l'écouter favorablement. Mais les qualités réelles de son cœur, en lui assurant l'estime de ceux qui traitaient avec lui, contribuaient beaucoup à lui faire tout obtenir. Rome, Varsovie, Utrecht, et encore Rome une seconde et une troisième fois le virent représenter les intérêts de la

France, et admirèrent ses rares talents, sa magnificence et ses vertus. Louis XIV en retour de ses brillants services le fit nommer cardinal par l'entremise du roi Jacques II d'Angleterre et à qui le pape avait laissé, malgré son exil, le droit à une présentation. Il fut ensuite élu membre de l'Académie française à la place de Bossuet et fit à cette occasion un discours très applaudi. Ce fut une grande douleur pour lui que de voir la France abandonner à Utrecht la cause de son protecteur Jacques II, aussi préféra-t-il renoncer à son ambassade que de mettre son nom au bas du traité qui le détrônait.

Louis XIV étant mort, Polignac qui s'était assez déclaré pour le duc du Maine ne pouvait espérer la faveur du régent, mais sa disgrâce dura peu, après le conclave de 1724 où il s'était rendu comme cardinal, il resta à Rome en qualité d'ambassadeur auprès de Benoît XIII qu'il avait contribué à faire nommer et de son successeur Clément XII. Il ne revint en France qu'après 1728, fut nommé archevêque d'Auch, et commandeur des ordres du Roi. Le reste de sa vie fut tout entier consacré à sa nouvelle charge et à la culture des muses. Les arts, les sciences, les lettres l'intéressaient également. Il avait fait à Rome des dépenses princières pour se procurer des marbres, des tableaux, des manuscrits. A Auch il continua ses poétiques recherches et finit sa vie en 1741 au milieu des monuments des arts et de leurs amis qui furent toujours les siens.

Le plus beau titre de gloire de Polignac est son poème latin de *l'Anti-Lucrèce*, qui l'a placé au premier rang parmi les auteurs de moderne latinité. Voici à quelle occasion il le composa. A son retour de Pologne, vers 1698, il avait connu Bayle en Hollande et il avait eu avec lui divers entretiens sur des sujets de philosophie et de religion. Bayle, qui ne croyait à peu près à rien, ne lui en avait pas fait mystère de ses sentiments; c'était aux idées de *Lucrèce* qu'il en était et Polignac remarqua qu'il lui citait à tout moment son poème de *la Nature des choses*. C'est alors qu'il lui vint l'idée de le réfuter. Il commença par l'étudier longtemps, puis il prit la plume et composa ses premiers chants. Toute la suite de sa vie fut employée, du moins dans ses moments libres, à la composition de ce travail qu'il voulut faire en vers latins comme était l'ouvrage qu'il réfutait. Il ne put même pas l'achever. L'abbé Rothelin et le professeur Lebeau y mirent après sa mort la dernière main. *L'Anti-Lucrèce* parut en 1745. Les savants l'admirèrent ; elle valut à son auteur une strophe flatteuse de Voltaire dans son *Temple du goût :*

> Le cardinal oracle de la France....
> Réunissant Virgile avec Platon....
> Vengeur du Ciel et vainqueur de *Lucrèce*.

et contribua, encore manuscrite, mais déjà connue dans le monde savant, à le faire nommer membre de l'Académie. Voltaire cependant avoue qu'il y a des longueurs et des inutilités, parce que l'auteur s'attarde à réfuter des arguments absolument tombés dans le ridicule et qui ne frappent plus personne. Nous regrettons, nous, que le beau talent de Polignac ne se soit pas exercé à la poésie française. Combien peu de gens, en effet, peuvent lire un poème écrit en latin ? Nous sommes Français, après tout, et notre langue est assez belle pour exprimer dignement nos sentiments et nos idées. C'est servir la patrie, d'ailleurs, que de lui donner des chefs-d'œuvre écrits dans sa langue ; c'eût été pour le cardinal de Polignac servir aussi la religion, car un bon livre est une prédication. Mais que peut la prédication faite dans une langue qu'on n'entend point ?

VAUX DE GIRY

Né en 1702, académicien en 1742, mort en 1761.

« C'est, dit d'Alembert, un ancien usage et comme sacré pour l'Académie de recevoir parmi ses membres le précepteur et le sous-précepteur des enfants de France ; le mérite éminent des Bossuet et des Fénelon suffit pour justifier cet usage. Il est d'ailleurs naturel de penser que, pour instruire et former l'héritier de la couronne le monarque choisit ceux qui, par leur mérite, leurs connaissances et leurs lumières, se sont montrés les plus dignes, et l'Académie ne doit pas se piquer d'être plus difficile que son protecteur. »

L'abbé Odet-Joseph de Vaux de Giry dut à cet usage l'honneur d'être élu membre de l'Académie française à la place du cardinal de Polignac. Il était né à Bagnols vers 1702 et fut nommé sous-précepteur du grand dauphin, fils de Louis XV et père de nos derniers rois : Louis XVI, Louis XVIII et Charles X. Le premier précepteur était le célèbre Boyer, évêque de Mirepoix. Cette éducation allait toucher à sa fin quand l'Académie française ouvrit ses rangs à l'abbé de Giry, « dont la modestie, dit encore d'Alembert, avait cultivé dans le silence de grands talents » pour la littérature et principalement, au témoignage de son intime ami l'abbé Le Batteux, pour le grec et pour le latin.

L'abbé de Giry, qu'on appelait souvent l'abbé de Saint-Cyr, du nom d'un bénéfice dont la reconnaissance royale l'avait pourvu, demeura l'ami du dauphin quand il eut cessé d'être son maître. Il sut aussi se faire estimer de tous ses collègues de l'Académie et, en général, des hommes de lettres. Les gens d'église, ses confrères à un autre titre, honoraient beaucoup ses vertus et les pauvres célébraient sa charité. Il mourut à Paris en 1761.

LE BATTEUX

Né en 1713, académicien en 1761, mort en 1780.

Charles Le Batteux naquit en 1713, au diocèse de Reims et dans le petit bourg d'Allendhuy. Se voyant sans fortune, mais pourvu d'excellentes études, il se consacra très jeune à la profession de l'enseignement et occupa bientôt à Paris les chaires d'humanité et de rhétorique, puis celle de la philosophie grecque et latine au collège royal. Il y passa toute sa vie et s'y fit admirer et aimer de tous. Mais l'enseignement oral ne fut pas sa seule occupation ni la principale cause de sa renommée. En même temps qu'il instruisait ses élèves, il écrivait plusieurs ouvrages destinés à servir à l'éducation littéraire de la jeunesse studieuse. Les principaux sont : *le Cours de littérature* et *les Beaux-arts réduits à un même principe*. Ces deux ouvrages sont très propres à former le goût des jeunes étudiants ; le premier est plus étendu ; le second, quoique moins volumineux, est peut-être plus parfait. C'est d'ailleurs ce que l'auteur a composé de meilleur et de plus fini. Il donna plus tard *les Quatre poétiques* d'Aristote, d'Horace, de Vida et de Boileau, une *Histoire des causes premières* et *la Morale d'Epicure*. Dans ce dernier ouvrage il flétrit, en la montrant à nu par d'impitoyables citations, la corruption de la philosophie irréligieuse, et, quoiqu'il ne vise directement que celle de l'antiquité payenne, il atteint cependant les contemporains et même ceux qui devaient venir après lui. Enfin on a de lui plusieurs traductions appréciées pour leur exactitude et leur élégance, mais où la verve et l'entrain font un peu défaut. L'on cite en particulier celle d'Horace. « Tous ces ouvrages, dit l'abbé de Feller, respirent l'érudition, le bon goût et les bons principes. » Le Batteux joignait d'ailleux à des mœurs graves, mais sans rudesse, à un caractère ferme, à une conversation solide et instructive, l'expérience d'un professeur vieilli dans l'interprétation des auteurs grecs et latins. Il donnait quelquefois dans des idées singulières, comme lorsqu'il voulait que les inscriptions lapidaires fussent composées en langue vivante, sans songer que, indépendamment du génie de la langue latine qui la rend si propre par sa concision et son énergie à ce genre de travaux, son universalité et son immutabilité devraient la faire préférer à toute autre. Mais ces écarts étaient rares dans le jugement presque toujours éclairé et sain de notre éminent professeur. Il est mort à Paris fort estimé et fort regretté de tous les amis des bonnes études.

LE MIERRE

Né en 1723, académicien en 1781, mort en 1793.

Le Mierre est cet auteur dramatique qui dit en 1792 : « La tragédie court les rues ! » Mot saisissant de vérité qui fit plus fortune que les pièces de l'auteur, car si la tragédie courait les rues en 1792, il est certain que les tragédies de Le Mierre, à part une ou deux qui furent applaudies pendant quelques mois, n'ont obtenu que d'assez médiocres succès. Il s'était fait l'émule de Crébillon, qui lui est supérieur pour la vigueur des caractères et l'intérêt des situations. Chénier, qui fut exactement son contemporain, avait plus de hardiesse dans les plans et de couleur dans la poésie. Ducis, qui vint après lui, a montré plus de vérité dans les sentiments. Le Mierre n'avait guère pour lui qu'une versification assez élégante avec des mots à effet souvent heureux, et dont plusieurs sont restés en vogue comme des proverbes. Son style même, quoique agréable, est loin d'être toujours correct, l'exactitude dans les pensées et dans les tours y est souvent sacrifiée à la pompe ou à l'harmonie. Voltaire a dit de la *Veuve des Malabar* que l'auteur considérait comme son chef-d'œuvre et même plus simplement comme un chef-d'œuvre : « C'est écrit dans la langue du pays. » Voltaire était trop malicieux sans doute, mais il fut un peu vrai cette fois.

Antoine-Martin Le Mierre vint au monde à Paris, en 1723. Son père était un simple ouvrier qui s'imposa de grands sacrifices pour lui procurer une éducation complète. Le Mierre y répondit par de grands succès scolaires suivis de succès académiques encore plus flatteurs. Les pièces couronnées n'annonçaient pas un grand poète dans l'acception véritable de ce mot, mais l'auteur était fort instruit de tout ce qui intéresse la poésie, et il faisait très bien les vers. Bientôt il donna sa première tragédie, *Hypermnestre*, qui présentait quelques situations pathétiques et un assez grand nombre de vers bien frappés ; elle réussit. Le Mierre voulant faire concurrence à Crébillon dans le genre horrible, surchargea sa palette des plus sombres couleurs. Après *Hypermnestre*, où la mesure du terrible était déjà dépassée, il donna *Térée*, où il ne gardait aucune mesure. Une princesse à qui son séducteur avait fait arracher la langue semblait ne paraître sur la scène que pour laisser aux autres personnages tout le loisir de débiter leurs interminables tirades. « Cet ouvrage n'eut pas, dit un critique, le succès d'horreur que Le Mierre avait espéré. *Atrée et Thyeste* étaient encore présents à toutes les mémoires, et *Térée* fut généralement trouvé moins vraisemblable et moins touchant. »

Le Mierre ne se laissa pas déconcerter ; son rêve était de dépasser la gloire de Crébillon en traitant les mêmes sujets que lui ou des sujets semblables. Revenant donc à un genre plus raisonnable, il donna son *Idoménée*, qui est plus complet et mieux traité que celui de Crébillon, et un *Artaxercès* qui fut assez souvent redemandé par le public, tandis que le *Xercès* du vieux maître était tombé sans retour dès la première représentation. *Guillaume Tell* et la *Veuve des Malabar* ne furent pas d'abord bien accueillis ; mais à force de les retoucher, Le Mierre parvint à les faire un peu mieux supporter. La *Veuve des Malabar* était, pensait il, son chef-d'œuvre, et une pièce d'un grand mérite. Lorsque celles qu'il donna plus tard étaient peu applaudies, on l'entendait dire : « Pensent-ils qu'on leur donnera toujours des tragédies comme ma *Veuve !* »

Au début de la Révolution, en 1790, Le Mierre publia son *Barneveld*, qui peut lutter avantageusement avec le *Charles IX* de Chénier. On y remarquait surtout des traits assez vifs. Le fils de Barneveld engage son père à se réfugier dans le suicide contre une injuste condamnation.

> Libre au moins dans la mort ! — Mon fils qu'avez-vous dit ? —
> Caton se la donna. — Socrate l'attendit.

La Révolution fit perdre à Le Mierre une grande partie de ses ressources. Effrayé par les horreurs de tout genre qui se commettaient, tremblant pour lui-même et pour tous les siens, il quitta Paris avec sa famille et se réfugia à Saint-Germain-en-Laye, où il fut bientôt atteint de la maladie qui le conduisit au tombeau. Il mourut le 4 juillet 1793 dans une profonde atonie qui, depuis peu de jours, lui avait ôté la parole et le sentiment.

BIGOT DE PRÉAMENEU

Né en 1750, académicien en 1799, mort en 1825.

Bigot de Préameneu fut nommé membre de l'Institut en 1800, à la place de Baudin des Ardennes qui en faisait partie depuis 1795, époque de la fondation et qui venait de mourir. Ni l'un ni l'autre ne sont les successeurs de Lemierre puisqu'il y eut une véritable abolition de l'ancienne Académie, suivie de la création du nouvel Institut et de la recomposition complètement à nouveau de l'Académie en 1816. Néanmoins, le public vit une espèce de suite entre ces deux catégories d'immortels. Les membres de l'Institut furent considérés comme les successeurs des anciens académiciens, et l'on attribua à chacun d'eux le fauteuil d'un des premiers titulaires ; surtout quand ces titulaires étaient morts avant leur nomination. C'est ainsi que Préameneu est partout compté comme le successeur de Lemierre, mort deux ans avant la fondation de l'Institut. Baudin, au contraire, n'est pas nommé dans les histoires de l'Académie, sans doute parce qu'ayant été appelé à l'Institut en 1795, et étant mort en 1800, il n'a fait partie ni de l'ancienne ni de la nouvelle, mais seulement du corps savant qui existait entre les deux.

Félix-Julien-Jean Bigot de Préameneu, né à Redon en Bretagne en 1750, était avocat au Parlement lorsque la Révolution éclata. C'était un jurisconsulte éminent, un homme de bien, d'un esprit doux et d'un caractère modéré. Il embrassa les nouveaux principes avec une ardeur sincère, mais sans jamais approuver les désordres et les crimes auxquels ils servirent d'occasion. Nommé député à l'Assemblée législative, il y combattit toutes les motions propres à égarer l'opinion et à troubler la paix publique. Il soutint la sanction législative qu'on voulait enlever au roi, et fit voir que si les députés pouvaient s'appeler les représentants du pays, le roi l'était encore plus qu'eux. Les émigrés, les prêtres-fidèles, lui durent d'excellents discours prononcés en leur faveur ; véritables plaidoyers inspirés par l'humanité, et l'amour de la justice. Il présidait l'Assemblée le 19 avril 1792, quand le roi vint annoncer qu'il avait déclaré la guerre à l'Autriche ; sa réponse au monarque exprima tous les égards compatibles avec les conjonctures et les hommes. Mais quand la royauté fut abolie, Préameneu comprit que la retraite était désormais le seul parti conseillé par la prudence. Il se retira en effet loin de Paris et se cacha avec tant de bonheur qu'il ne fut point arrêté.

Enfin, le 18 Brumaire arriva, et fit rentrer Bigot de Préameneu dans la vie publique. Il fut d'abord commissaire du gouvernement près le tribunal de cassation, et bientôt après conseiller d'Etat. Il présida, en septembre 1802, la section de législation, et fit ensuite partie avec MM. Cambacérès, Portalis, Tronchet et Maleville, de la commission chargée de rédiger un projet de Code civil. Bonaparte, qui avait bientôt remarqué son mérite, lui donna le titre de comte et le nomma grand-officier de la Légion d'honneur. Enfin, la mort de Portalis, ayant laissé vacant, en 1808, le poste de ministre des cultes, Bigot de Préameneu y fut placé et le conserva jusqu'à la fin de l'Empire. Le temps était dur, l'Eglise et son chef souffraient d'incessantes persécutions. Captif à Fontainebleau, le Souverain Pontife refusait d'agréer les titulaires nommés pour les évêchés vacants et leur interdisait toute fonction épiscopale même comme vicaires délégués par les chapitres. Dans ces conjonctures terribles, Bigot de Préameneu ne fit rien pour rappeler à l'Empereur le respect dû à la puissance ecclésiastique, il l'aida même dans sa lutte injuste contre elle et fut un des rédacteurs du Concordat de 1813, que le Pape rétracta après l'avoir accepté ; mais il suivit son maître dans sa passion sans l'irriter. Ce fut un agent, un serviteur, trop docile sans doute, mais ce ne fut ni un inspirateur, ni même, à bien dire, un conseiller, car l'Empereur ne faisait, et ne faisait faire que ce qu'il voulait.

Bigot de Préameneu ne prit aucune part à la déchéance de l'Empereur, il protesta même contre les actes du Sénat, en suivant à Blois l'impératrice Marie-Louise, mais, lorsque tout fut terminé par l'abdication de Napoléon, il rentra dans la vie privée, d'où le retour de l'île d'Elbe vint le tirer à son grand regret. Il reprit pendant les Cent-Jours son ministère des cultes et revint à sa retraite après la seconde Restauration. Louis XVIII eut le bon esprit de ne pas attacher à son gouvernement légitime et paternel ce serviteur trop complaisant des volontés impériales; mais en même temps, pour montrer le cas qu'il faisait de son caractère et de son mérite, il le nomma membre de l'Académie française reconstituée par ses soins; marque de bienveillance d'autant plus sensible que M. de Préameneu y avait moins de droits, n'étant point homme de lettres, et n'ayant jamais écrit que des rapports au conseil d'État ou à l'Empereur. Il faut excepter cependant le discours qu'il fit à l'Académie pour la réception de Frayssinous, et dont on remarqua la convenance et la correction.

Bigot de Préameneu est mort en 1825. Il était entré à l'Institut en 1800 à la place de Baudin.

LE DUC DE MONTMORENCY

Né en 1766, académicien en 1825, mort en 1826.

Ceux qui avaient trouvé parfaitement naturel de voir à l'Académie les Lucien Bonaparte, les Cambacérès, les Neufchâteau, les Garat, jetèrent les hauts cris quand le duc de Montmorency y fut appelé en 1825. Ainsi fait toujours la passion, elle trouve juste pour ses amis ce qu'elle blâme absolument dans ses adversaires. Qu'a donc écrit ce grand seigneur, disaient de toute part les prétendus libéraux? Certes on eût pu leur demander ce qu'avait écrit Cambacérès, ce qu'avait écrit Neufchâteau? Mais, sans remonter plus haut, l'exemple du prédécesseur immédiat n'aurait-il pas dû fermer la bouche aux mécontents ? Est-on homme de lettres parce qu'on est homme de loi ou même ministre des cultes ?

Le duc Mathieu de Montmorency n'a pas fait de livre ou plutôt il n'en a pas publié, car il avait écrit une relation du Congrès de Vérone, qui, d'après quelques personnes qui l'avaient lue, était très belle et dont Charles X exigea le sacrifice dans un intérêt de conciliation. Mais, à défaut de livres le noble duc avait publié plusieurs articles dans le *Mémorial catholique* auxquels on ne reprochait guère que d'être écrits dans un style « jésuitique et ultramontain » comme les journaux parlaient alors. Ces articles ne sont pas le seul bagage littéraire que le duc ait apporté à la savante Compagnie en demandant ses suffrages. Comme député à l'Assemblée constituante et plus tard comme pair de France, il avait prononcé plusieurs discours très remarqués par leur correction, leur élégance et le ton de haute société dont ils étaient constamment empreints. Après cela, que ces titres eussent été insuffisants pour un autre, que les académiciens aient eu égard à la naissance, aux grandes fonctions, à la place de gouverneur de son petit-fils que le roi destinait au duc de Montmorency, il est facile de le croire et d'en convenir quand on a vu tant d'autres seigneurs de l'ancienne Cour et de la Révolution appelés au même honneur avec encore moins de droits. Aucun du moins n'eut plus de vertus, aucun n'aima davantage les lettres et les gens de lettres, aucun n'usa de sa fortune d'une manière plus généreuse et plus éclairée.

Le vicomte Mathieu de Montmorency, chef de son illustre famille, et, en cette qualité, premier baron chrétien comme ses aïeux s'intitulaient, naquit à Paris le 10 juillet 1766. Ayant suivi son père en Amérique où il commandait un régiment, il y fit ses premières armes et y prit le germe des opinions démocratiques et réformatrices qui l'inspirèrent pendant la première moitié de sa vie. Quand il revint en France la Révolution éclatait. Il fut d'abord très favorable à ses principes. Ayant été nommé député aux Etats généraux par la noblesse de son bailliage, il fut des premiers à se joindre au Tiers-Etat, et, dans la nuit du 4 Août, donna le signal de renoncer à tous les droits, exemptions, titres, prérogatives, privilèges dont son ordre et celui du clergé étaient investis. Son entraînement tenait de l'ivresse et fut partagé par tous ses collègues. La noblesse elle-même, les simples titres, les blasons, les armoiries, rien ne trouva grâce devant lui. Le vieux d'Esprémenil ayant voulu modérer un peu ces élans inconsidérés, Montmorency s'écria « que le délire et la folie pouvaient seuls lui servir d'excuse ». Au reste sa foi religieuse était elle-même fort ébranlée ; il assista à la translation au Panthéon des restes de Voltaire et demanda peu après les mêmes honneurs pour ceux de Jean-Jacques Rousseau.

Bientôt cependant il fallut fuir à l'étranger, et bientôt ensuite le duc apprit que son frère l'abbé de Laval venait de périr sur l'échafaud. Ce fut le coup de grâce pour ses sentiments révolutionnaires et le coup du ciel qui détermina sa conversion. Au reste tant d'autres crimes commis au même moment, tant de sang partout répandu devaient bien dissiper les illusions d'un Montmorency. Pour la religion surtout sa conversion fut entière et le porta jusqu'à la plus tendre et la plus ardente piété ; il ne vécut plus que pour Dieu et pour faire du bien à ses semblables. Il devint le père de tous les pauvres, le protecteur de toutes les institutions de charité. Ses immenses revenus passaient tout entiers dans les bonnes œuvres de tout genre. Mais dans cette transformation qui fit tout à coup un saint d'un homme du monde assez peu fixé dans ses principes, assez libre dans ses habitudes, le caractère de M. de Montmorency ne fut point changé. Il demeura doux, modéré, tolérant, conciliant, comme il avait toujours été. On admira toujours en lui cette grandeur naturelle, aussi imposante que simple et modeste, cette distinction incomparable qui fit plus tard de M. de Montmorency un des hommes d'Etat les plus aimables et les plus recherchés de l'Europe.

C'est pendant son rapide exil entre 1792 et 1795 que M. de Montmorency fit connaissance avec Mme de Staël dans son château de Copett en Suisse où il trouva d'abord un refuge, et qu'il se lia avec elle d'une amitié que la diversité des religions et l'opposition des sentiments politiques ne devaient jamais altérer. Ils sont bien vraiment libéraux et grands les esprits que de pareilles difficultés n'empêchent pas de s'unir et qui montent assez haut pour se donner la main par dessus de tels obstacles.

Mathieu de Montmorency revint en France après la journée

de Brumaire, et retrouva à Paris Mᵐᵉ de Staël, dont plus tard, en 1811, il voulut partager l'exil, puis il revint encore à Paris avant la Restauration et courut au devant des princes quand ils eurent passé la frontière : le frère du roi, *Monsieur*, depuis roi lui-même sous le nom de Charles X, l'accueillit avec beaucoup de faveur, et le nomma son aide de camp. Il fut attaché comme chevalier d'honneur au service de la duchesse d'Angoulême qu'il suivit en 1815 à Bordeaux, à Pauilhac où elle s'embarqua et jusqu'à Londres et à Gand. Nommé pair de France à la seconde Restauration, il prononça plusieurs discours, dans le sens des principes religieux et monarchiques. Il fut ministre des affaires étrangères en 1822, et se rendit lui-même en cette qualité au congrès de Vérone où il parla en faveur de l'intervention française en Espagne. Louis XVIII le fit duc pour le récompenser de ses travaux. Enfin Charles X qui l'aimait comme un intime ami le nomma gouverneur de son petit-fils le duc de Bordeaux. Mais il mourut avant d'entrer en fonctions. Cette mort fut subite. Le duc Mathieu de Montmorency en fut frappé le 24 mars 1826 dans l'église de Saint-Thomas d'Aquin, pendant qu'il y faisait ses prières, le vendredi-saint, juste à trois heures de l'après-midi et au pied de la représentation du saint tombeau. Toutes ces circonstances, jointes à la sainteté et à la charité si connues du bon duc Mathieu, firent sur le public une profonde impression. On y vit le couronnement d'une vie pleine de mérite, la preuve et le gage d'une glorieuse prédestination ; toutes les passions se turent, tous les partis s'accordèrent pour rendre hommage au chrétien sincère, au grand seigneur obligeant et doux, au ministre vraiment dévoué à la grandeur et à la prospérité nationales. La douleur du roi dont toute la cour fut témoin mit le comble à la grandeur de ce deuil. « Je ne sais, dit Charles X, qui en moi, de l'homme ou du souverain fait une plus grande perte et la ressent davantage. »

GUIRAUD

Né en 1788, académicien en 1826, mort en 1847.

Le successeur du duc de Montmorency fut un des poètes les plus aimables de cette époque de la Restauration qui en comptait de si bons et en si grand nombre.

Pierre-Alexandre Guiraud naquit à Limoux en 1788. Son père était un riche manufacturier qui lui laissa bientôt, avec une fort belle fortune, la charge de ses vastes établissements. Ces circonstances eussent pu détourner le jeune Guiraud de sa vocation littéraire, mais un goût déterminé l'y retint. Il se débarrassa comme il put de ses manufactures et se mit à faire des vers. Ses premières pièces furent couronnées par l'Académie des Jeux floraux de Toulouse, en 1819 ; l'année suivante, il présenta à l'Académie française une ode sur l'affranchissement de la Grèce. C'était le moment où ce sujet occupait tous les hommes d'État et faisait rêver tous les poètes ; l'ode de Guiraud était aussi le premier chant qu'on eût encore entendu à l'occasion de la guerre de l'indépendance. L'Académie française lui donna le prix et tout le public ratifia son jugement. Le talent de M. Guiraud avait encore quelque chose d'inculte, d'inachevé ; l'idée parfois était vague, plus souvent le vers était un peu dur ; mais il y avait déjà le sentiment, la verve, la vie, c'est-à-dire tout ce qui caractérise le talent et assure l'avenir. Que M. Guiraud s'exerçât à polir son style, à fortifier et à préciser ses conceptions, et la muse française allait compter une véritable gloire de plus.

Ce succès eût dû attacher Guiraud au genre qui le lui avait valu, à savoir à la poésie lyrique, ou mieux encore à la poésie libre, diverse, dans laquelle les premiers maîtres de ce siècle ont gagné leur meilleure gloire et où lui-même il devait avoir plus tard tant de bonheur. Il préféra le théâtre. Seul ou presque seul, Lamartine a su se défendre du charme de la poésie dramatique, la première peut-être, la plus puissante, la plus glorieuse, mais certainement aussi la plus difficile, la plus périlleuse de toutes, celle qui admet le moins de médiocrité, celle qui met le poète sous la domination, souvent capricieuse et ignorante, des habitués du théâtre, celle enfin qui expose aux plus sensibles revers. Il donna d'abord *Pélage*, que le Théâtre-Français avait accepté, mais qui fut interdit par les censeurs, sans qu'on ait jamais bien compris pourquoi, car l'auteur était royaliste et chrétien, et tout ce qu'il écrivait reflétait ses sentiments. Sans se laisser décourager par cette contrariété inexplicable, Guiraud présenta à l'*Odéon* sa tragédie des *Machabées* qui réussit parfaitement en province et à Paris. Les *Machabées*, dit M. Sainte-Beuve, renferment de très beaux vers, quelquefois même des vers sublimes ; le style en est doux et pur, et, quoiqu'on n'y remarque pas cette magnificence un peu pompeuse que semble vouloir toute action dramatique empruntée à nos livres saints, il y a néanmoins beaucoup d'intérêt, du naturel, de la vérité et la fraîcheur des poésies bibliques. Le *Songe de Mizaël* est délicieux ; comment ne pas admirer

> Ces chérubins fidèles
> Dont la robe flottante en ces longs plis d'azur
> Avait le doux éclat qui colore un ciel pur !

Depuis le songe d'Athalie tous les songes mis en vers sont une témérité. Celui-ci cependant est si modeste, si enfantin et si touchant qu'on lui pardonne volontiers. Le public fit mieux que de pardonner, il applaudit avec transport. Le *Comte Julien* et *Virginie* furent moins admirés. Ils avaient cependant un vrai mérite dans la pensée morale qui les avait inspirés aussi bien que pour ce qui touche à l'exécution. Hormis *Pharamond* composé pour le sacre de Charles X et qui valut à Guiraud la croix d'honneur, quoique ce fût un opéra peu remarquable comme presque toutes les œuvres de circonstance, Guiraud ne travailla plus pour le théâtre. Mais il ne resta pas pour cela inactif. *Isaure*, *Elle*, sont des poésies élégiaques où respire une émotion sincère, un doux et religieux attendrissement. L'élégie était le triomphe de Guiraud, son vrai genre, son vrai chemin, pour arriver à la renommée, il le comprit et n'en sortit plus, si ce n'est pour quelques écrits en prose dont nous dirons un mot à la fin. Dès 1823 il publia ses *Elégies savoyardes* dont la vente rapporta quatre mille francs aux petits ramoneurs de Paris qu'il avait chantés, et un peu plus tard des *Chants élégiaques* qui furent, eux aussi, accueillis avec beaucoup de faveur.

Les poésies d'Alexandre Guiraud sont pleines d'une mélancolie douce et pieuse qui les rend fort attachantes, mais on ne peut nier qu'il n'y règne un peu de monotonie. Les montagnes, les prairies, les frais vallons y reviennent à chaque strophe ainsi que la prière du foyer et l'espérance du ciel, tout cela avec un accent de sincérité pieuse et touchante qui plairait toujours, si une trop constante uniformité n'y versait, à la fin, un peu d'ennui. Il abuse surtout des savoyards qui ont fait sa fortune, mais auxquels il revient toujours comme Jouy abusait des ermites, comme Lamartine des crépuscules et des mourants. Il prit part à la lutte des classiques et des romantiques, et se rangea lui-même du côté de ces derniers, mais assez à tort, car s'il les imite dans ses tragédies en négligeant comme eux les anciennes règles de l'unité, il se rapproche beaucoup des classiques par le choix des expressions et la fidélité aux lois de l'ancienne prosodie. Faisant allusion à une poésie de Guiraud intitulée le *Chemin de croix*, un classique lança contre lui l'épigramme suivante qui fit son chemin quoiqu'elle fût plus malicieuse que criminelle :

> Guiraud prend tour à tour et la vielle et la lyre,
> Sanglote en ramoneur, pleure en archange au choix ;
> Mais si, d'un bout à l'autre, hélas ! on veut le lire,
> Il faudra parcourir le *chemin de la croix*.

Guiraud fit encore des *Chants hellènes* qui, peut-être, auraient eu un plus grand succès s'ils n'avaient eu le malheur de venir au monde en même temps que les *Messéniennes* de Casimir Delavigne. Après cela il n'écrivit plus en vers. C'est la pente de tous les poètes de se lasser en vieillissant, et quand leur renommée est faite, du travail de chercher les rimes. En écrivant des ouvrages en prose, Guiraud marchait sur la trace de ses plus illustres modèles. Racine, Boileau, Voltaire, Lamartine, Victor Hugo, après avoir conquis leur gloire en faisant des vers, déposèrent à la fin leur lyre et prirent la plume du prosateur. Ce sont des romans que Guiraud composa d'abord ; des romans philosophiques, c'est-à-dire un des genres d'ouvrages les plus difficiles à faire, les plus rarement applaudis, à cause de leur donnée essentielle qui est la propagation d'une idée dans une lecture de plaisir et de sentiment. *Césaire* parut trop pieux pour être si passionné, et trop passionné pour être si pieux. *Flavien* prétendait représenter le tableau des voluptés payennes mises en parallèle avec les austérités du christianisme naissant. C'était la donnée des *Martyrs* de Chateaubriand mais fort rétrécie, et avec le génie de moins. Enfin M. Guiraud ne put résister à la tentation qui l'obsédait depuis longtemps de faire un véritable traité de *Philosophie de l'histoire*.« Guiraud, dit M. Ampère en prenant possession de son fauteuil à l'Académie, y aborde intrépidement les questions les plus relevées, mais un concile serait plus compétent pour le juger qu'une académie. Cet ouvrage eut peu de lecteurs, il était sans doute au-dessous du sujet qu'il devait traiter et ne soutenait pas l'essor qu'il avait pris. Ainsi les hommes méconnaissent trop souvent leur vrai talent, leur vrai destin, le moyen que la Providence leur avait donné de faire du bien, et souvent d'arriver à une juste célébrité. La *Philosophie* de Guiraud a eu peu de lecteurs. Son *Petit Savoyard* au contraire a été connu de toute la France. Que de mères il a consolées ! Que d'âmes de petits enfants il a embeaumées et charmées ! Le mondain lui-même, le vicieux, le corrompu, s'est plus d'une fois attendri à cette lecture, en se rappelant les douceurs du foyer paternel, les prières, les plaisirs, les doux rêves de sa primitive innocence. C'est prêcher que de chanter ainsi la vertu et prêcher si bien que tout le monde veut entendre et que chacun peut profiter. En voulant prêcher en forme dans sa *Philosophie de l'histoire*, l'excellent Guiraud a d'abord chassé la foule charmante qui le suivait, les petits enfants et les jeunes mères auxquelles il faisait tant de plaisir et tant de bien. Quelques savants peut-être sont venus les remplacer autour de l'aimable conteur transformé en pédagogue. Ils sont peu restés à son école et n'ont tiré aucun fruit de ses leçons.

Guiraud mourut en 1847, il était jeune encore et pouvait donner au public plus d'un ouvrage. On assure qu'il en préparait plusieurs, c'étaient, dit-on, des œuvres sérieuses destinées à continuer et à compléter ses œuvres *philosophiques*. Aussi doit-on moins regretter la perte prématurée d'un écrivain, qui n'était plus dans le genre où il aurait dû rester toujours, mais tout le monde regretta l'homme de bien, le chrétien fidèle et pieux. Les pauvres regrettèrent un poète qui chantait pour eux et de nombreux amis, un homme charmant, sans prétention, sans orgueil, qui faisait, par sa modestie et son intelligence, autant que par la grâce et la finesse de ses entretiens, le bonheur de ceux qui le voyaient dans l'intimité.

AMPÈRE

Né en 1800, académicien en 1847, mort en 1864.

Dans sa traduction du *Frithiof*, poème scandinave, M. Ampère fait dire à un de ses héros :

> J'ai trop vécu par la pensée,
> J'ai trop peu vécu par le cœur,
> Je redescends des monts, car leur cime est glacée.
> Ah ! ce n'est point si haut qu'habite le bonheur.
> Pour les sommets sont les nuages ;
> Les nuages et l'aquilon ;
> Je laisse au plus hardi le séjour des orages ;
> Moi, timide et lassé, je m'abrite au vallon.

Les uns ont vu dans ces vers un portrait de M. Ampère lui-même ; d'autres ont été jusqu'à croire qu'il avait eu lui-même l'intention de s'y dépeindre, mais cela paraît peu vraisemblable, car si l'on pense que cet immortel s'est trop complu dans les régions scientifiques et qu'il eût mieux réussi dans les œuvres de sentiment, il est certain du moins qu'il n'a jamais paru regretter de s'être engagé dans ce chemin ni vouloir en prendre un autre. Bien plus, comme il arrive presque toujours, les premières œuvres de M. Ampère sont celles où la poésie domine le plus, et c'est plutôt sur la fin de sa vie que, dédaignant « les frais vallons » où il se ressentait du voisinage des Muses, il s'est plu davantage dans la science et les abstractions. « Fils d'un illustré savant, dit M. le colonel Staaf, élève de Ballanche et de Chateaubriand, il flotta toute la vie entre la science et la poésie sans se décider suffisamment pour l'une d'elles. » Il est vrai, M. Ampère n'a choisi ni la science ni la poésie pour s'y consacrer exclusivement ; mais cela était-il indispensable ? Il s'est formé un plan d'études et un genre qui consistent à rechercher ce qu'il y a de poétique dans les notions les plus positives, à chanter la science exacte, à revêtir de formes élégantes, à présenter avec couleur et animation, avec enthousiasme même selon les sujets, des réalités, grâce à lui, pleines de charme et d'intérêt. Bernardin de Saint-Pierre, Buffon, Cuvier, Laplace, Arago et presque tous les grands savants n'ont-ils pas fait comme lui ? Le monde leur doit le charme qu'il a trouvé à des études qui sans eux seraient rebutantes et, par conséquent, négligées. Qu'y a-t-il là d'insuffisant, comme dit M. Staaf, ou de fâcheux ? M. Ampère n'est pas un poète dans le sens le plus commun du mot ; il a fait peu d'ouvrages en vers, c'est un savant plein de cœur, d'imagination et de bon goût, un écrivain qui n'invente rien mais qui embellit des effets de la plus heureuse imagination tous les objets de ses études.

Né à Lyon en 1800 du célèbre André-Marie Ampère, un des mathématiciens les plus estimés de notre siècle, Jean-Jacques Ampère obtint au collège des succès qui firent sensation dans tout le monde savant. Tout jeune encore il était l'ami du philosophe Cousin en même temps qu'il composait des tragédies encouragées par Talma et applaudies par le public ; puis son goût prononcé pour les voyages et les observations sur place ne tardant pas à se déclarer, il abandonna bientôt le théâtre et commença par visiter l'Italie. Ensuite il voulut connaître aussi l'Allemagne où vivait le célèbre Goethe, et partit enfin pour tous les pays scandinaves, la Suède, la Norwège et le Danemark, apprenant à la hâte et comme par intuition la langue de tous les pays qu'il visitait et rapportant de ses voyages des notes manuscrites qu'il convertissait bientôt en des publications fort recherchées. C'est ainsi que nous avons eu *Littératures et voyages*, les *Esquisses du Nord* et plusieurs articles du *Globe* extrêmement appréciés. La Restauration, qu'il n'aimait point, avait offert M. Ampère une chaire de rhétorique à l'Athénée de Marseille ; le gouvernement de Juillet lui en donna une de littératures étrangères au Collège de France, avec la suppléance de MM. Fauriel et Villemain à la Faculté. Enfin il devint professeur titulaire au Collège de France en 1833. La foule savante se porta à ses leçons ; l'on y voyait Chateaubriand et plusieurs autres célébrités. Une partie de ces cours fut recueillie et donnée en *trois volumes* au public sous le titre d'*Histoire littéraire de la France jusqu'au XIIe siècle*.

Après avoir tracé l'histoire de l'esprit humain en France durant les siècles antérieurs à la formation de notre langue, M. Ampère a consacré un volume à examiner en détail comment cette langue s'est formée. Ce quatrième volume, d'un caractère essentiellement scientifique, contient, indépendamment des notions philologiques qui sont le fond du sujet, des vues particulières à l'auteur qui ont été généralement acceptées. « Stimulé, dit M. de Loménie, par l'exemple de deux maîtres célèbres, MM. Fauriel et Villemain, dont il semble avoir cherché à réunir les mérites différents, M. Ampère a su agrandir encore le point de vue sous lequel on a commencé en France, il y a une vingtaine d'années, à envisager l'histoire des littératures. Faisant marcher de front l'analyse critique des livres et l'analyse critique des faits, des arts, des mœurs, de la vie sociale et politique dont ces faits étaient l'expression, mélangeant avec un rare bonheur l'histoire proprement dite, la philologie, l'esthétique, la biographie, la philosophie ; fécondant l'étude de la littérature nationale par l'examen comparatif des littératures étrangères, évoquant en quelque sorte tous les siècles et tous les monuments pour y trouver, avec les diverses époques et les divers monuments littéraires de la France, des analogies ou des différences, M. Ampère est parvenu à donner à l'histoire de notre littérature les vastes proportions d'une belle histoire de l'esprit humain. A lui revient incontestablement l'honneur d'avoir retrouvé en quelque sorte la généalogie perdue des lettres françaises, d'avoir le premier cherché à tracer un tableau exact et complet de tout le mouvement qui, pendant douze siècles, a présidé et préparé la formation de notre langue ; d'avoir ensuite débrouillé dans son ensemble cette histoire littéraire du moyen âge si confuse et si peu connue, d'avoir enfin établi ce qu'il nomme si heureusement la filiation des âges littéraires de la France depuis ses origines les plus lointaines jusqu'à la fin du xvii° siècle. »

Dans l'intervalle de la publication de ces quatre volumes, M. Ampère, dont le goût pour les voyages scientifiques, loin de s'affaiblir, semblait croître avec son âge, alla visiter l'Orient, remonta le Nil jusqu'à la seconde cataracte et revint en France chargé d'un butin en notes écrites, en croquis et en souvenirs qui nous valut un charmant ouvrage publié d'abord dans la *Revue des Deux-Mondes* et plus tard mis en volume sous le titre de *Voyages et recherches en Egypte et en Nubie*, où l'on trouve, avec une très remarquable exactitude dans les descriptions et les récits, des passages pleins de sentiment et de poétique rêverie.

La Grèce, Rome et Dante, ainsi que l'*Histoire romaine à Rome*, sont les titres des derniers ouvrages de M. Ampère, et rappellent ses derniers voyages. Le dernier de tous est une application tout à fait ingénieuse de l'archéologie à l'histoire, à la littérature et à la politique.

Il avait publié peu auparavant une notice sur Ballanche et une autre sur Chateaubriand. Ces ouvrages, composés au moment où ces deux hommes célèbres venaient de mourir, furent accueillis avec un vif intérêt. Ils étaient pleins de sentiment et de douleur, et prouveraient, à eux seuls, que M. Ampère n'était pas moins bien doué pour le cœur que pour l'esprit. Ballanche et Chateaubriand avaient été ses intimes amis. Le premier l'avait introduit à l'Abbaye-au-Bois, chez Mme Récamier, où se réunissaient tant d'écrivains éminents ; en l'y rencontrant toujours avec plaisir, le second lui avait donné une preuve d'estime dont il n'était pas prodigue, et qui prouverait, à elle seule, son mérite et son talent.

M. Ampère est mort le 27 mars 1864. Il était depuis 1842 membre de l'Académie des inscriptions, où il avait remplacé M. de Gérando, et, depuis 1847, membre de l'Académie française à la place de M. Guiraud. Nommé chevalier de la Légion d'honneur peu après la Révolution de 1830, il avait été promu officier en 1846. La fin de son *Histoire romaine à Rome* n'a paru qu'après sa mort.

PRÉVOST-PARADOL

Né en 1829, académicien en 1865, mort en 1870.

M. Prévost-Paradol est né à Paris. Quand sa biographie ne le dirait pas, quiconque aurait lu son portrait de cette ville, dans l'*Essai de politique et de littérature*, n'en pourrait douter.

« Je l'aime passionnément, dit-il (Paris), non seulement pour tout ce qu'il contient, mais pour lui-même. J'aime ses rues, ses places, ses jardins, son fleuve, ses aspects variés de jour et de nuit, ses bruits et ses silences. Quiconque a un peu voyagé me peut comprendre si je dis que c'est une ville bien faite. Les villes ont leurs proportions comme les créatures humaines; elles peuvent être disgracieuses ou charmantes, et, comme les femmes, avoir une vilaine taille ou une ravissante tournure. Il y a des capitales qui ne sont que de gros villages; il y en a d'autres qui sont des labyrinthes ou d'immenses nécropoles, ou de vastes fabriques; mais aucune ne semble comme Paris avoir été créée et mise au monde pour être le vrai théâtre de la pensée et des passions. Tout grand qu'il est, il n'a rien d'accablant par son étendue. Il est harmonieux dans toutes ses parties, agréable à parcourir, aisé à connaître, commode sans uniformité, infiniment varié sans bizarrerie, riche en points de vue de toute sorte et propre à tous les états de l'âme, admirablement adapté enfin à la race ingénieuse, sensible et légère qui l'habite. On parle souvent de l'attachement du montagnard pour sa maison, du paysan pour sa chaumière; mais qu'est-ce que cela à côté de l'invincible amour qui attache à Paris les plus malheureux de ses enfants? J'entends par là ceux qui y sont nés ou qui sont venus l'habiter de bonne heure... »

Donc M. Prévost-Paradol est Parisien. Il naquit en 1829 d'un officier supérieur en retraite et d'une sociétaire de la Comédie-Française. Ses succès dans les études classiques furent sans pareils. Après avoir été couronné par l'Académie pour l'éloge de Bernardin de Saint-Pierre, il se fit recevoir docteur ès-lettres et entra dans l'enseignement supérieur, mais bientôt le *Journal des Débats* se l'attacha, et sa collaboration à cette feuille et au *Courrier du Dimanche* devint la principale occupation de toute sa vie. Comme presque tous ses confrères de la presse, il voulut un jour se faire nommer député, mais sa candidature, quoique activement soutenue par M. d'Haussonville et le parti parlementaire ayant échoué à Paris en 1863, il n'en posa jamais d'autre et se renferma dans le seul travail littéraire. Il fut élu à l'Académie avec deux voix de majorité sur M. Janin, son brillant collègue aux *Débats*. La réception solennelle eut lieu le 7 avril 1865.

Opposé à l'Empire par attachement pour le régime parlementaire, M. Prévost-Paradol lui faisait une guerre d'ironies mordantes plutôt que d'attaques violentes. Ses articles cependant blessaient au vif le pouvoir et attirèrent au *Courrier du Dimanche* les rigueurs de l'administration d'alors impatiente de toute critique. Sa brochure *les Anciens partis* publiée en 1860 lui valut même à lui personnellement mille francs d'amende et un mois de prison. Moins sévère envers lui et envers ses idées parlementaires le ministère Ollivier le nomma en 1870 ambassadeur à Washington, où il mourut quelques semaines après y être arrivé.

M. Paradol a publié, outre ses articles, un grand nombre d'ouvrages dont les plus remarquables sont la *Revue de l'histoire universelle, Du rôle de la famille dans l'éducation, Deux lettres sur la réforme du Code pénal, Essais de politique et de littérature, Etude sur les moralistes français*. Tous ces ouvrages sont pleins d'idées justes et modérées, de jugements impartiaux, de vues générales pleines de sagesse et d'élévation. Le style en est vif, animé, coloré. On le voit, M. Paradol s'était inspiré aux meilleures sources, et formé sur les grands modèles. Avant de le quitter, écoutons-le faire l'éloge des lettres :

« Salut, lettres chéries, douces et puissantes consolatrices ! Depuis que notre race a commencé à balbutier ce qu'elle sent et ce qu'elle pense, vous avez comblé le monde de vos bienfaits ; mais le plus grand de tous, c'est la paix, que vous pouvez répandre dans les âmes. Vous êtes comme ces sources limpides, cachées à deux pas du chemin, sous de frais ombrages. Celui qui vous ignore continue à marcher d'un pas rapide ou tombe épuisé sur la route ; celui qui vous connaît accourt à vous, rafraîchit son front et rajeunit en vous son cœur. Vous êtes éternellement belles, éternellement pures, clémentes à qui vous revient, fidèles à qui vous aime. Vous nous donnez le repos, et, si nous savons vous adorer avec une âme reconnaissante et un esprit intelligent, vous y ajouterez par surcroît un peu de gloire. Qu'il se lève d'entre les morts et qu'il vous accuse celui que vous avez trompé ! »

CAMILLE ROUSSET

Né en 1821, académicien en 1871.

L'histoire de M. Rousset a beaucoup de rapports avec celle de son prédécesseur Prévost-Paradol. Parisien comme lui, comme lui aussi, il a fait pressentir son mérite depuis ses premières études. Couvert de prix au collège Stanislas, où il arriva plusieurs années avant M. Paradol, il prit, lui aussi, tous les grades de la Faculté des lettres, remporta trois fois le grand prix d'éloquence Gobert de l'Académie française, fut nommé professeur dans plusieurs lycées et enfin historiographe et conservateur de la bibliothèque du ministère de la guerre. Il garda ce poste avec la pension de dix mille francs qui en était l'émolument jusqu'en 1876 que la Chambre des députés le supprima. Vivement irrité de cette résolution qui lui enlevait la meilleure de ses ressources, M. Rousset pour se venger posa sa candidature dans le sixième arrondissement de Paris, mais il ne fut pas plus heureux que son prédécesseur. M. le colonel Denfert qui accentuait plus fortement sa haine contre la religion lui fut préféré.

M. Rousset est académicien depuis 1871 et commandeur de la Légion d'honneur depuis 1877. Ses principaux ouvrages sont un *Précis d'histoire de la Révolution*, l'*Histoire de Louvois* (4 volumes in-octavo), la *Correspondance de Louis XV et du Maréchal de*

ROUSSET.

Noailles, la *Conquête d'Alger* et la *Guerre de Crimée, les Volontaires de* 1793, livre dans lequel l'auteur trace de main de maître des tableaux peu flattés de nos armées républicaines.

M. Camille Rousset est né en 1821. C'est un homme modeste, érudit, laborieux, un académicien de profession, auquel les célébrités de la Compagnie peuvent laisser en sûreté de conscience les travaux du dictionnaire qui naturellement les ennuient. Son style est correct et facile. Il connaît les détails intimes de l'histoire et il les dit bien, mais il a de l'uniformité dans la diction et manque parfois de mouvement.

XXXIX⁰ FAUTEUIL (DIT DE CONDORCET)

GIRY

Né en 1595, académicien en 1636, mort en 1665.

Louis Giry, avocat au Parlement, est né à Paris en 1595. Sa vie nous serait entièrement inconnue, car Pélisson en a dit fort peu de chose, s'il n'avait eu pour fils François Giry, provincial des Minimes, écrivain et prédicateur recherché, sur lequel un religieux de son ordre a écrit une notice où l'on trouve, à propos du fils, quelques détails sur le père. L'auteur de cette biographie fait le plus grand éloge de notre académicien, louant surtout sa probité, son savoir, sa piété, son désintéressement. Louis Giry était avocat au Parlement de Paris, mais il plaidait peu, sans doute à cause de la faiblesse de sa santé ou de sa voix. En retour ses consultations écrites étaient fort recherchées, ce qui prouve que son amour pour les lettres ne l'empêchait pas d'étudier le droit. Il avait une fort belle bibliothèque, et c'était là qu'il passait la meilleure partie de son temps.

Son épouse Anne Pijart était une femme pleine de vertu et de dévotion. Il en eut deux fils et une fille : un de ses fils nous est entièrement inconnu, l'autre est le P. Giry dont nous venons de parler.

Quant à sa fille, elle devint religieuse à l'abbaye royale des Dames de Saint-Dominique de Poissy. Tout pieux qu'il fût, François Giry voulut un moment contrarier la vocation de son fils, et, il obtint un arrêt du Parlement pour le faire sortir du noviciat des Minimes où il était entré, très jeune encore, et sans sa permission. Godeau qui était son ami s'efforça pour lui complaire de décider ce jeune homme à rester dans sa famille, mais, n'ayant pu y réussir, il conseilla lui-même au père la résignation à la volonté divine, et ce conseil fut suivi. Il fit sa profession en 1652, deux ans après la mort de sa sainte mère.

Presque tous les ouvrages de Giry sont des traductions. Les principaux sont la *Pierre de touche*, tournée de l'italien en français, l'*Apologétique* de Tertullien et son traité de la *Résurrection de la chair* où il a su, dit Vaugelas, transformer les rochers et les épines de l'auteur latin en jardins délicieux, les *Causes de la corruption de l'éloquence*, dialogue attribué à Tacite et précédé d'une belle préface de Godeau, l'apologie de Socrate et le *Criton* de Platon, l'*Histoire Sacrée* de Sulpice Sévère, qui suivant l'opinion de Godeau ne serait pas inférieure à l'original, des *Epîtres* choisies de saint Augustin avec sa *Cité de Dieu* et quelques discours de saint Ambroise. « Personne, dit Chapelain, n'écrit en français plus purement que lui et ne tourne mieux une période. Son style est net, mais sans nerf et sans vivacité, surtout dans le peu qu'on a vu de ses compositions propres. » « Votre style est fort et net tout ensemble, lui écrivait l'abbé Godeau, depuis évêque de Vence ; il n'y a rien d'affecté, les ornements y sont dans toute leur force et les figures y brillent de tous côtés. »

Louis Giry fut nommé avocat du roi aux chambres des amortissements et des francs-fiefs. Le cardinal de Mazarin avait beaucoup d'estime pour lui et le mit dans son conseil particulier. Sa mort arriva en 1665.

L'ABBÉ BOYER

Né en 1618, académicien en 1669, mort en 1698.

On le conçoit à première vue, un prêtre qui travaille toute sa vie pour le théâtre doit s'attendre à de grands mécomptes, mais il est difficile d'en éprouver de plus cruels que n'a fait l'abbé Boyer, auteur dramatique des plus féconds et constamment des plus malheureux. Mais aussi, dit le sévère abbé d'Olivet qui n'est que juste et sage en cette occasion, « puisqu'il avait du génie, de l'inclination au travail, de bonnes mœurs et qu'il portait l'habit ecclésiastique, n'aurait-il pas dû choisir dans les lettres une autre route que le théâtre ; plus convenable à ses talents, à son honneur et à sa fortune ? »

Il avait choisi la plus digne de son caractère, la prédication, mais il n'y réussit pas. Étant né à Alby en 1618, il vint à Paris de bonne heure, et c'est là, que, n'ayant pu faire apprécier ses sermons il résolut de ne plus faire que des tragédies. « Il en a fait pendant cinquante ans, dit l'abbé d'Olivet, sans que la médiocrité du succès l'ait rebuté. Il en fit une quinzaine avant d'être reçu de l'Académie et sept depuis sa réception. » Chose singulière ! la première et la dernière eurent de la vogue, tandis que toutes les autres furent très froidement accueillies, ou même sifflées. Elles sont dans tous les cas complètement oubliées, aussi n'en donnerons-nous pas ici la nomenclature qui ne serait pour le lecteur qu'un sujet d'ennui.

Ce n'est pas cependant que cet auteur n'eût aussi des partisans et des amis, sans lesquels certainement il n'aurait pu être reçu membre de l'Académie n'ayant d'ailleurs ni fortune ni protection. Chapelain l'admirait : « Boyer, dit-il, est un poète de théâtre qui ne cède qu'au grand Corneille en cette profession, sans que les défauts qu'on remarque dans le dessein de ses pièces rabattent de son prix, car, les autres n'étant pas plus réguliers que lui en cette partie, cela ne lui fait point de tort à leur égard. Il pense fortement dans le détail et s'exprime de même ; ses vers ne se sentent pas du vice de son pays. » Il était bien reçu à l'hôtel Rambouillet, et obtenait pour ses ouvrages des approbations flatteuses. Boursaut le loua dans sa *Satire des satires*. Faible dédommagement des critiques dont ses drames furent l'objet, des épigrammes auxquelles ils donnèrent occasion et surtout des rebuts persévérants du public !

A la tête des critiques il faut citer Racine et Boileau. Les avoir contre soi c'était certainement être perdu sans retour. Commençons par Racine :

> Ces jours passés, chez un vieil histrion
> Un chroniqueur émit la question
> Quand, dans Paris, commença la méthode
> De ces sifflets qui sont tant à la mode.
> Ce fut, dit l'un, aux pièces de Boyer.
> Gens pour Pradon voulurent parier.
> Non, dit l'acteur, je sais toute l'histoire
> Que, par degrés, je vais vous débrouiller.
> Boyer apprit au parterre à bâiller :
> Quant à Pradon, si j'ai bonne mémoire,
> Pommes sur lui volèrent largement ;
> Mais quand sifflets prirent commencement,
> C'est (j'y jouais, j'en suis témoin fidèle),
> C'est à l'*Aspar* du sieur de Fontenelle.

Racine sans doute a fait de meilleurs vers, mais, pour être assez mauvais ceux-ci n'en sont pas moins méchants. Le nom de leur auteur leur tenant lieu de mérite, ils furent bientôt dans toutes les bouches. Les suivants ne sont guère meilleurs et n'eurent pas moins de succès :

> A sa *Judith*, Boyer, par aventure
> Etait assis près d'un riche caissier :
> Bien aise était, car le bon financier
> S'attendrissait et pleurait sans mesure.
> Bon gré vous sais, lui dit le vieux rimeur,
> Le beau vous touche, et vous seriez d'humeur
> A vous saisir pour une baliverne.
> Lors, le richard en larmoyant lui dit :

> Je pleure, hélas ! sur ce pauvre Holopherne
> Si méchamment mis à mort par Judith.

Boileau vint à la rescousse :

> J'approuve que chez vous, messieurs, on examine
> Qui, du pompeux Corneille ou du tendre Racine
> Excita dans Paris plus d'applaudissements ;
> Mais je voudrais qu'on cherchât tout d'un temps,
>   La question n'est pas moins belle,
> Qui, du fade Boyer ou du sec La Chapelle
>   Excita plus de sifflements !

Bon nombre d'autres épigrammes vinrent à la suite. Boyer cependant ne se laissait pas déconcerter. Pour éprouver si la chute de ses ouvrages ne devait pas être attribuée à quelque injuste prévention contre lui, il résolut d'afficher une nouvelle pièce nommée *Agamemnon* sous le pseudonyme d'un certain Pader d'Assezan, jeune garçon à peine débarqué à Paris. Le stratagème réussit, la pièce fut redemandée une fois, mais bientôt l'auteur fut connu, et la pièce aussi sans doute mieux jugée. Alors les froideurs du public reparurent, sans toutefois que l'auteur en fût abattu. Il avait toujours des raisons pour expliquer ses échecs, ce qui fit dire au malicieux Furetière :

> Quand les pièces représentées
> De Boyer sont peu fréquentées,
> Chagrin qu'il est d'y voir peu d'assistants,
> Voici comme il tourne la chose :
> Vendredi la pluie en est cause
> Et dimanche c'est le beau temps.

L'abbé Boyer mourut le 22 juillet 1698.

L'ABBÉ GENEST

Né en 1639, académicien en 1698, mort en 1719.

Le président Bouhier étant fort intimement lié avec l'abbé

d'Olivet lui écrit, à la mort de l'abbé Genest, pour lui demander une petite notice sur cet académicien qu'il avait, à son gré, trop peu connu. L'abbé d'Olivet lui répondit par une lettre pleine de détails que le style de l'auteur rend intéressants, et dont nous allons mettre ici un résumé.

« Personne, Monsieur, n'était plus en état que moi de satisfaire pleinement votre curiosité sur ce qui regarde M. l'abbé Genest. Je l'ai fort connu, et pendant les trois ou quatre dernières années de sa vie, il ne s'est guère passé de mois que nous ne nous soyons vus à table. Voilà où ses amis le possédaient tout entier. Vous allez donc le voir tel qu'il s'est montré à moi : homme simple et vrai, sans éducation, sans fortune, sans étude, mais qui, par son bon sens, ses talents, sa bonne fortune, parvint à un rang distingué dans les lettres et dans le monde.

» Je sais de lui-même qu'il était né à Paris le 17 octobre 1639. A l'égard de sa famille, n'en parlons point..... Peu de temps après sa naissance, il perdit son père, et il avait déjà treize à quatorze ans que sa mère n'avait pas encore songé à lui rien apprendre. Heureusement, elle fut appelée auprès de la femme d'un commis de M. Colbert, et celle-ci, dans le cours de sa convalescence, lui ayant bien répété que pour faire fortune auprès du ministre, il ne fallait qu'avoir une belle main, le jeune homme fut envoyé chez le plus fameux maître à écrire où, durant trois ou quatre ans, il travailla sans relâche ; mais son projet de chercher place dans un bureau fut dérangé par l'espérance qu'on lui donna de gagner des millions en peu de temps. Un de ses camarades, héritier d'un petit fonds de boutique, se mit en tête d'aller le négocier aux Indes et s'obligea d'en partager le produit avec Genest, qui n'eut à mettre dans la société que sa belle humeur et la disposition qu'il avait pour bien tenir un registre. Jeunesse ne doute de rien ; ils vont à La Rochelle et s'embarquent. A peine furent-ils en haute mer, qu'un vaisseau anglais les attaqua, et les ayant débarrassés de leur pacotille, prit soin de les transporter à Londres où ils furent jetés sur le pavé sans argent et sans ressource.

» Vous voilà bien en peine, Monsieur, pour un aventurier. Il s'en tira par le moyen d'un seigneur anglais qui le prit pour précepteur de ses enfants, puis il vint en France, et fut attaché au service du duc de Nevers, grand ami des gens de lettres, qui remarqua et encouragea les talents de l'abbé Genest pour la poésie. Il le détermina même à concourir pour un prix académique ; M. de La Monnaie, votre intime ami, lui fut préféré, mais on admira son travail, et deux odes qu'il fit l'année d'après sur la conquête de la Hollande lui valurent les grâces du roi, la faveur du public et un prix décerné par l'Académie. Il était alors avec le duc de Nevers sur les bords du Rhin, combattant, le jour, à côté de son maître, et chantant, le soir, les exploits de nos armées.

» Un jour entr'autres, pendant qu'il buvait et folâtrait avec une troupe de jeunes officiers, le P. Perrier, confesseur du roi vint à passer devant leur tente, et lui ayant fait signe d'approcher : « Je voudrais bien, lui dit-il à l'oreille, vous voir plus de sagesse et un autre habit » ; paroles énergiques qui trouvèrent un auditeur docile, en sorte qu'il n'eut pas plus tôt regagné Paris qu'il accourcit sa perruque et troqua son épée contre un petit manteau noir. Pour peu que le P. Perrier eût vécu, ses bonnes intentions ne seraient pas demeurées sans effet. Il faisait cas des gens d'esprit, étant lui-même très savant ; mais une mort prématurée l'enleva de ce monde et trompa les espérances de l'abbé Genest, qui, ne pouvant plus, par respect pour sa soutanelle, donner des ordres dans l'écurie du duc de Nevers, prit le parti d'aller à Rome où ce seigneur avait de grands biens. Il y passa deux ou trois ans au bout desquels M. Pélisson, qui l'avait connu chez son maître, le rappela en France et le prit chez lui à Versailles, où il se trouvait en même temps à couvert des besoins et à portée des grâces. Mais ce qui me paraît plus heureux encore, il y eut toute facilité de se faufiler avec les hommes choisis qui furent successivement préposés à l'éducation de M. le Dauphin, de M. le duc du Maine et de M. le duc de Bourgogne, qui devinrent tous ses amis et conspirèrent pour le placer en qualité de précepteur auprès de Mlle de Blois, aujourd'hui duchesse d'Orléans. Bossuet lui-même se mit de la partie et non content d'avoir protégé l'abbé Genest, il l'instruisit dans la philosophie et la religion. Tous les mardis, notre abbé se trouvait au lever du prélat et jouissait de son entretien jusqu'à l'heure où M. le Dauphin entrait à l'étude. M. de Court et M. de Malézieu lui donnèrent aussi des leçons, l'un sur la poésie des anciens, l'autre sur le théâtre. *Zélonide, Pénélope* et *Joseph* qui furent jouées dans le temps avec un grand succès, avaient été inspirés à l'abbé Genest par M. de Malézieu ainsi que *Polymnestre* qui fut moins bien accueilli.

» Un homme de lettres ne trouve pas moins à profiter avec les femmes d'une grande condition lorsqu'elles ont une instruction proportionnée à leur rang, et, de ce côté-là, votre confrère fut aussi heureux qu'en hommes ; car Mme de Thianges, à qui le duc de Nevers son gendre le présenta, ne put lui refuser son amitié et bientôt le mit en relation avec ses deux sœurs, Mme de Montespan et l'abbesse de Fontevrault. Celle-ci joignait aux vertus de son état un rare génie et un savoir encore moins commun. Homère et Platon lui étaient aussi familiers qu'à vous. Elle goûta fort l'abbé Genest ; il alla passer plusieurs étés à Fontevrault et l'envie de lui plaire l'engagea, quoique âgé de quarante ans, à vouloir apprendre le latin, à quoi il réussit médiocrement. Il faut ajouter à ces dames, Mme la duchesse du Maine qui lui donna, quand l'éducation de Mme la duchesse d'Orléans fut terminée, un appartement à Sceaux. Il y faisait l'amusement de cette cour par son esprit et son amabilité. Tout le monde sait comme il avait le nez gros, comme les princes et les princesses en faisaient devant lui des caricatures et comme il le prenait toujours en riant. On riait beaucoup aussi du désordre habituel de sa toilette qui passait toutes les idées.

» On s'étonnera peut-être qu'ayant vécu tant d'années à la cour où il était si aimé l'abbé Genest ait eu si peu de part aux grâces, car il n'eut du feu roi qu'une abbaye qui rendait à peine cinq cents écus. Mais ne sait-on pas que la cour ne jette rien à la tête de ceux qui ne sont pas importuns ? Un revenu modique suffisait à ses besoins, et contentait ses désirs. Il aimait mieux plaire aux princes et jouir de leur faveur qu'épuiser et fatiguer leur munificence.

» Outre celles de ses poésies qui ont été imprimées, il en a laissé beaucoup, je crois, entre les mains de Mme la duchesse du Maine. Ce sont des odes à la louange de Louis XIV, ce sont des comédies héroïques qui ont été jouées à Sceaux, ce sont des récits pour de petits ballets qu'il faisait par l'ordre de Mme de Montespan et dont quelquefois Mme de Maintenon donnait le canevas. A l'égard de sa prose, je ne connais que son *Portrait de M. Court* et une *Dissertation sur la poésie pastorale* composée sur l'indication de l'Académie.

» Voilà, Monsieur, ce que ma mémoire peut se rappeler touchant M. l'abbé Genest. Je vous remercie de m'avoir mis sur ce sujet. Vous êtes cause que j'ai passé une journée qui me paraît une des plus belles de ma vie. Je viens de l'employer tout entière à m'entretenir d'un ami et avec un ami ; qu'y aurait-il de plus doux pour moi, si ce n'est de vous entendre ? »

L'ABBÉ DUBOS

Né en 1670, académicien en 1720, mort en 1742.

Encore un abbé qui n'avait d'ecclésiastique que le bénéfice et l'habit. Jean-Baptiste Dubos, né à Beauvais en 1670, fut reçu bachelier en Sorbonne en 1691, mais il abandonna bientôt après ses études théologiques pour entrer dans la diplomatie et fut employé par le marquis de Torcy, dernier ministre des affaires étrangères sous Louis XIV. Après avoir longtemps travaillé dans les bureaux, il fut chargé de plusieurs missions auprès des cours d'Italie, d'Allemagne et d'Angleterre qui, toutes, admirèrent ses capacités. Il eut part aux traités d'Utrecht et de Rastadt, et, pour récompense de ses habiles négociations, obtint plusieurs pensions et bénéfices, et enfin la riche abbaye de Notre-Dame-de-Ressons. Retiré de la carrière politique, il entra dans celle des lettres. Ses ouvrages lui ouvrirent en 1720 les portes de l'Académie française qui, en 1722, le nomma son secrétaire perpétuel à la place de M. Dacier. Il mourut à Paris le 23 mars 1742, âgé de soixante-douze ans, et à la suite d'une longue maladie qu'il supporta avec la résignation d'un vrai philosophe. Il répétait, prêt à mourir, le mot de l'ancien : *Lex est perire, non pœna*, La mort est une loi, mais non une peine. C'était contredire absolument le dogme chrétien qui fait de la mort le châtiment du péché. Il disait encore : « Trois choses doivent nous consoler de mourir, les amis que nous avons perdus, le peu de gens estimables que nous laissons après nous, et l'assurance de ne plus pouvoir faire de sottises. »

Ces sentences rapportées par divers biographes contemporains ne le sont pas par l'abbé d'Olivet, ce qui doit mettre un peu en défiance contre leur authenticité, car il n'omet guère de raconter ce qui se disait autour de lui. Bien plus, ce qu'il écrit à son ami, le président Bouffier, ferait supposer une mort assez différente : « Nous avons perdu l'abbé Dubos ; il mourut le jour du vendredi saint étant tombé six jours auparavant dans une espèce de frénésie qui n'a cessé que pour faire place à une paralysie totale dont, au bout de quinze heures, la mort s'est ensuivie. »

Le premier ouvrage de cet académicien fut l'*Histoire des quatre Gordiens prouvée et illustrée par des médailles*. Son but, en l'écrivant, était de faire voir qu'il y a eu quatre empereurs de cette famille et non pas seulement trois comme on croit communément. Il donna ensuite : *les Intérêts de l'Angleterre mal entendus dans la guerre présente (1703)*. Cet ouvrage fit dire à un plaisant qu'il eût fallu l'intituler simplement : *les Intérêts de l'Angleterre mal entendus par M. l'abbé Dubos*. L'*Histoire de la ligue de Cambray* fut plus appréciée. « Elle est profonde, politique et intéressante, dit Voltaire ; elle fait connaître les usages et les mœurs du temps et est un modèle du genre. » L'*Histoire critique de l'établissement de la monarchie française* était pour faire voir que les Francs ne sont pas venus dans la Gaule en conquérants, mais en amis et en alliés appelés par la nation pour les défendre contre les Romains, et les gouverner. Ce système, habilement exposé, fit d'abord quelques partisans, mais Montesquieu le réfuta victorieusement dans son dix-neuvième chapitre de l'*Esprit des lois*. « C'est un colosse qui a les pieds d'argile, dit-il, et c'est parce que les pieds sont d'argile que le colosse est immense. Si le système de M. l'abbé Dubos avait eu de bons fondements, il n'aurait pas été obligé de faire trois mortels volumes pour le prouver... l'histoire et nos lois lui auraient dit : Ne prenez pas tant de peine, nous rendrons témoignage de vous. » Revenant sur cette question depuis longtemps oubliée, M. Aug. Thierry, dans ses remarquables *Lettres sur l'histoire de France*, a démontré de nouveau la fausseté du système, mais par des arguments assez différents et non sans convaincre aussi plusieurs fois d'erreur l'auteur de l'*Esprit des lois*. Enfin l'abbé Dubos mit au jour ses *Réflexions sur la poésie et sur la peinture* publiées pour la première fois en 1719, mais qui furent souvent rééditées. Voltaire en a fait de grands éloges, et il le devait plus qu'un autre, car l'abbé Dubos y avait donné l'idée et même un peu le plan de la *Henriade* qui n'eût peut-être jamais existé sans lui. « Tous les artistes lisent avec fruit, dit-il, les *Réflexions* de M. l'abbé Dubos. C'est le livre le plus utile qu'on ait jamais écrit sur ces matières chez aucune des nations de l'Europe. Ce qui fait la bonté de cet ouvrage, c'est qu'il y a peu d'erreurs et beaucoup de réflexions vraies, nouvelles et profondes. Ce n'est pas un livre méthodique, mais l'auteur pense et fait penser. Il ne savait pourtant pas la musique, il n'avait jamais pu faire de vers et n'avait pas fait un tableau, mais il avait beaucoup vu, lu, entendu et réfléchi. »

DU RESNEL

Né en 1692, académicien en 1742, mort en 1761.

L'abbé Jean-François du Resnel du Bellay, né à Rouen en 1692, avait d'abord voulu se consacrer à la prédication. Dans ce dessein il était entré chez les Oratoriens et avait donné quelques sermons assez appréciés, quoique le débit fût, dit-on, trop monotone et trop froid ; mais sa santé ne lui permit pas de suivre cette carrière. Le duc d'Orléans, auquel il s'attacha au sortir de l'Oratoire, lui fit obtenir l'abbaye de Sept-Fontaines dont le revenu, joint à sa fortune personnelle, lui permit de se donner tout entier à la poésie pour laquelle il s'était toujours senti beaucoup de goût. Son premier ouvrage fut une traduction de la *Critique* de Pope. Celui-ci, qui vivait encore, témoigna de la contrariété de se voir traduit, mais tout le monde l'en blâma, car la traduction, loin de nuire à la beauté de son ouvrage, le faisait paraître encore meilleur. Du Resnel connaissait admirablement la langue anglaise ; aussi sentait-on en lisant sa version de Pope qu'elle lui avait coûté fort peu de travail. Il traduisit enfin en vers français les *Principes de la morale et du goût* du même auteur. Ces traductions étaient élégantes, mais peu exactes, Du Resnel s'y donnant la liberté de faire des additions et des changements, d'où il résultait que son ouvrage était plutôt une imitation qu'une traduction proprement dite. Au reste, le bruit courut que Voltaire l'avait aidé et ils ne s'en défendaient ni l'un ni l'autre. Les autres ouvrages de cet auteur sont des éloges prononcés à l'Académie des inscriptions et belles-lettres dont il faisait partie depuis 1733, et à l'Académie française qui l'admit en 1742. — Ses sermons n'ont pas été imprimés, non plus que plusieurs autres petits ouvrages ou pièces détachées qu'il avait lus à ses amis. Il mourut en 1761. Son affabilité et sa modestie le faisaient aimer ; sa mort fut surtout ressentie par les gens de lettres avec lesquels il avait eu des rapports et qui, tous, étaient ses amis.

SAURIN

Né en 1706, académicien en 1761, mort en 1781.

Il y a plusieurs hommes illustres du nom de Saurin, parmi lesquels deux ministres protestants, dont l'un est célèbre par son éloquence, et l'autre, théologien de mérite et membre de l'Académie des sciences, fut converti au catholicisme par Bossuet : c'est le père de l'académicien Bernard-Joseph Saurin dont nous avons à faire rapidement le portrait. Ce dernier naquit à Paris en 1706. Ayant été élevé au milieu des gens de lettres qui fréquentaient la maison de son père, il sentit de bonne heure s'éveiller en lui le goût des travaux d'esprit et l'ambition de la gloire, mais, comme sa fortune était médiocre, il voulut, pour s'assurer la liberté et l'indépendance, prendre ses grades à la Faculté de droit et se faire recevoir au barreau de Paris. Malheureusement dès le début de sa carrière littéraire il se lia d'amitié avec les encyclopédistes qui, alors, disposaient de tout et même accepta d'Helvétius une pension de huit mille écus ; c'était sacrifier cette indépendance dont il s'était d'abord montré si jaloux.

A trente-sept ans il débuta au théâtre par les *Trois Rivaux* qui n'eurent qu'un médiocre succès. Neuf ans plus tard (1752) il publia *Aménophis* qui n'en eut aucun. Heureusement *Spartacus* fut très applaudi. Il était temps, l'auteur approchait de la soixantaine et n'avait encore rien fait qui pût le rendre immortel. « *Spartacus*, dit M. Staaf, n'est pas un chef-d'œuvre, mais on y trouvait une énergie de caractère et de sentiment qui tranchait assez sur les fades déclamations dont le théâtre d'alors était encombré. Un pareil sujet offrait la matière d'une éloquente protestation contre l'esclavage et en général contre tous les genres d'oppression. Comme il fallait s'y attendre, le public vit des allusions et souligna plus d'un passage, mais Saurin n'avait pas eu besoin de les rechercher : le sujet les rendait inévitables. Le caractère du principal personnage est idéalisé mais non dénaturé ; aussi Voltaire, qui cependant n'aimait pas Saurin, reconnaît-il qu'il y a dans *Spartacus* « des traits comparables à ceux de la plus grande force de Corneille ». Le *Mariage par vengeance* fut moins heureux ainsi que *Blanche et Guiscard*, mais Saurin prit une revanche éclatante dans *Beverlei*. Jusqu'alors on n'avait montré le joueur au théâtre que sous son aspect comique. Saurin trouva que ce personnage, étudié sous une autre face, renfermait en lui tous les éléments d'un drame terrible. Il entreprit de faire la tragédie du *Joueur*, et il y réussit à la grande satisfaction du public. L'action de *Baverley* est forte et bien suivie, l'intérêt croît de scène en scène, et plusieurs dialogues sont dignes du grand Corneille. L'envie ne pouvant méconnaître le mérite de l'œuvre, se dédommagea en prétendant que Saurin avait pu en trouver l'idée dans un auteur anglais du nom de Lillo ; c'était avouer qu'elle n'avait rien à dire. Les vers sont très beaux, la singularité de n'être pas sur le rythme alexandrin leur donne dans beaucoup de passages un caractère particulier de rapidité. Ainsi quand Baverley, le joueur ruiné, reproche à Stukeli de ne pas l'avoir empêché d'aller jouer, celui-ci répond :

> J'excuse le malheur, votre injustice extrême
> Excite mon courroux bien moins que ma pitié.
>   Mais avez-vous donc oublié
> Que sûr, disiez-vous, de vous-même
> Près d'entrer chez Vilson (*où se tenait le jeu*) je vous ai supplié —
>   BEVERLEY.
> Tu brûlais de m'y voir, oui j'ai vu l'artifice,
>   Et qu'en montrant le précipice
> Tu savais m'inspirer la fureur d'y courir...

N'oublions pas de mentionner parmi les œuvres de Saurin qui se lisent encore une petite comédie en un acte et en prose, intitulée les *Mœurs du temps*, qui fut jouée en 1781 ; le *Mariage de Julie*, qui est le dernier ouvrage de Saurin, ne fut pas représenté ; on l'a mis cependant dans ses œuvres complètes, avec plusieurs poésies détachées qui n'avaient été connues, de son vivant, que par ses amis.

Saurin mourut en 1781. « Ses vertus, dit le duc de Nivernais, étaient sans faste, son commerce était sans épines. Une certaine pétulance dans la dispute donnait à sa société quelque chose de piquant sans y rien mêler de fâcheux ; c'était de la vivacité et non pas de l'orgueil. On dit que, dans la jeunesse de M. Saurin, cette effervescence allait presque jusqu'à une espèce d'emportement, mais la raison l'avait réduite à n'être que de la vivacité, et, sous cette forme plus douce, il l'a conservée jusqu'à son dernier jour. M. Saurin, jouissant toujours d'une belle mémoire, d'une imagination féconde, étudiait, composait avec succès à la fin de sa vie, comme on voit quelque chêne antique et courbé par les orages pousser des rejetons vigoureux et verdoyants. Son esprit et son caractère n'ont jamais rien perdu de leur énergie, et sachant allier à l'énergie la circonspection et la mesure, ce qui est si rare et si digne d'éloges, il n'a jamais rien outré, rien exagéré, même dans la culture de la sagesse et de la philosophie. »

On raconte qu'il redoutait beaucoup la mort. Les moindres indispositions lui faisaient peur. Il parvint cependant à l'âge de soixante-seize ans, qui est fort supérieur à celui où parviennent la plupart des hommes. Quoique sa femme fût beaucoup plus jeune que lui, elle lui témoigna toujours un grand dévouement et une vive tendresse. « Je ne suis heureux, disait-il, que depuis mon mariage. » C'est sans doute cet honnête et tranquille bonheur qui lui faisait tant craindre de quitter la vie.

CONDORCET

Né en 1743, académicien en 1782, mort en 1794.

Jean-Antoine-Nicolas de Caritat marquis de Condorcet vint au monde à Ribemont en Picardie, en 1743. Chose singulière! ce coryphée de l'athéisme était neveu d'un saint évêque et fils d'une mère si pieuse qu'elle le voua au blanc, à l'honneur de la Très Sainte Vierge, jusqu'à l'âge de sept ans. Son oncle, évêque de Lizieux, se chargea de le faire instruire ; il l'envoya au collège de Navarre, où il soutint, à peine âgé de seize ans, une thèse de mathématiques en résence de d'Alembert et de plusieurs autres savants qui le comblèrent d'éloges et l'engagèrent à persévérer dans ce genre d'études. A vingt-deux ans, il publiait son *Essai sur le calcul intégral*, et, en 1769, il était membre de l'Académie des sciences. Il fit paraître alors un grand nombre de mémoires sur des questions scientifiques où l'on admirait l'exactitude de son savoir, mais qui ne sortaient pas de la sphère purement théorique. Il fut présenté à Voltaire, dont il partageait tous les sentiments irréligieux et qui en fit d'abord son ami. Recommandé par ce patriarche de la philosophie antichrétienne, il se lia bientôt avec tous les hommes considérables du parti et les dépassa tous, non pas en violence contre la religion, mais par la fermeté et la résolution de son incrédulité. D'Alembert le dépeignit d'un seul mot, en disant : « C'est un volcan sous la neige. » D'autres de ses amis l'appelaient le *mouton enragé*.

Aspirant à la place de secrétaire de l'Académie des sciences, il voulut s'essayer au genre des éloges, et donna, en 1773, ceux de tous les académiciens morts avant 1699. On trouva que son style manquait souvent d'animation et qu'il était fort éloigné de valoir celui de Fontenelle que l'auteur s'était proposé d'imiter. Il fut cependant nommé secrétaire perpétuel comme il l'avait tant désiré, et, en cette qualité, composa beaucoup d'autres éloges assez appréciés ; mais le ministre Maurepas ayant désiré qu'il fît celui du duc de Lavrillère, il le refusa résolûment, disant qu'il ne pouvait louer le ministre qui avait expédié tant de lettres de cachet, ce qui l'empêcha d'entrer à l'Académie française jusqu'en 1782. Lorsque, enfin, il y fut admis, le sujet de son discours fut : *Les avantages que la société peut retirer de la réunion des sciences physiques aux sciences morales.* C'était préluder à la morale indépendante ou matérialiste si fort prêchée de nos jours.

Mais l'heure décisive pour le marquis de Condorcet fut celle de la Révolution dont tout le monde alors avait le pressentiment assuré. Il en embrassa ardemment les principes comme un grand nombre de gentilshommes, ses contemporains et ses amis, pas plus qu'eux, il n'en entrevit les excès, il ne prévit pas surtout qu'il en dût être la victime. Partisan et propagateur de toutes les idées qui couraient alors le monde, il commença par écrire contre l'esclavage et en vint bientôt à attaquer tout ce qui faisait alors le fondement de l'ordre public, laissant même entrevoir avant la Révolution ses opinions républicaines. Il ne fut cependant pas envoyé aux états généraux parce qu'il n'eut pas, étant de la noblesse, l'idée de s'offrir aux suffrages du tiers-état, mais, en 1791, la ville de Paris le nomma député à l'Assemblée législative dont il fut d'abord le secrétaire et plus tard le président. En cette dernière qualité, ce fut lui qui rédigea l'adresse aux Français et à l'Europe pour exposer les motifs de la suspension du roi. Le département de l'Aisne l'ayant envoyé à la Convention nationale, il y vota les projets de loi les plus subversifs et les plus injustes. Deux fois cependant il eut le courage de se séparer de la redoutable majorité qui gouvernait tout et c'en fut assez pour causer sa perte. Il refusa de voter la peine de mort contre les émigrés non militants, se contentant de la décerner contre ceux qui seraient pris les armes à la main, et sur la question de Louis XVI, après l'avoir reconnu coupable de tous les forfaits qu'on lui imputait, il demandait qu'on lui infligeât la peine la plus grave, hormis la mort. Ce jugement si injuste et si terrible est cependant le plus grand honneur de la vie de Condorcet. Il faisait ainsi ce que faisaient les meilleurs ou pour mieux dire les moins mauvais, et, au fond, la seule chose qu'on pût faire pour sauver la victime sans se dévouer soi-même inutilement à la mort. Ce vote cependant le fit exclure des Académies de Pétersbourg et de Berlin dont il était membre en même temps qu'il attirait sur lui comme sur les autres députés modérés ou girondins, toutes les colères des montagnards.

Il ne fut pas d'abord du nombre des députés proscrits, dit un biographe, mais s'étant expliqué sans ménagement sur la Constitution de 1793, il fut dénoncé le 8 juillet par Chabot, mandé à la barre et mis en accusation le 3 octobre comme complice de Brissot. Obligé de se cacher et bientôt mis hors la loi, il trouva pendant huit mois un asile chez une amie généreuse qui poussait l'attention jusqu'à lui adresser quelquefois des couplets pour l'égayer. « Je n'ai jamais fait de vers, lui dit-il un jour, mais vous m'en ferez faire », c'est en effet dans cette retraite que, sous le voile d'un Polonais exilé en Sibérie, il parle à sa femme (Sophie de Grouchy) de ses sentiments et de ses distractions. On y remarque ces vers :

> Ils m'ont dit : Choisis d'être oppresseur ou victime ;
> J'embrassai le malheur et leur laissai le crime.

« Un nouveau décret qui frappait de mort ceux qui donneraient asile aux personnes mises hors la loi, l'obligea de changer de retraite, ne voulant pas exposer davantage sa généreuse bienfaitrice qui s'efforça de le retenir en lui disant : « Si vous êtes hors la loi, » nous ne sommes pas hors l'humanité. » Il sortit de Paris vers le milieu de mars 1794, sans passeport, vêtu d'une simple veste et la tête couverte d'un bonnet. Son intention était de chercher pendant quelques jours un asile dans la maison de campagne d'un ancien ami ; ne l'ayant pas trouvé et craignant d'être reconnu, il fut forcé de se cacher pendant plusieurs nuits dans des carrières abandonnées. Pressé par la faim, il entra dans un cabaret de Clamart où il demanda une omelette de six œufs, se donnant pour un domestique dont le maître vient de mourir. Son air inquiet, sa longue barbe et son misérable équipage donnèrent à l'hôtesse des inquiétudes sur le paiement. Pour les dissiper il sortit son portefeuille dont l'élégance contrastait si fort, ainsi que la blancheur de ses mains, avec la pauvreté de sa mise, qu'un membre du comité révolutionnaire du lieu le fit arrêter et conduire au Bourg-la-Reine. Blessé au pied et exténué, il tombait en défaillance sur la route et l'on fut obligé de le conduire sur le cheval d'un vigneron. Arrivé au Bourg-la-Reine, on le jeta dans un cachot où il fut oublié pendant tout un jour ; le lendemain, quand on vint pour l'interroger, on le trouva mort. Il avait avalé pendant la nuit un poison violent qu'il portait enfermé dans une bague.

Telle fut la fin de Condorcet, l'un des partisans les plus exaltés de la Révolution et l'une de ses victimes les plus illustres. Ainsi, ou d'une manière non moins déplorable, ont péri presque tous ceux qui, après avoir embrassé les principes de la Révolution, ont voulu protester contre ses excès et ses crimes ; tous les Feuillants, tous les Girondins, tous les modérés. Il faut la suivre jusqu'au bout ou s'attendre à devenir sa victime, aussi bien que ceux qui l'ont toujours combattue. Condorcet, quand il mourut, n'avait pas encore cinquante et un ans. C'était l'âge où il pouvait rendre le plus de services. Son esprit était dans la plénitude de la force et de la fécondité. Il avait parcouru toute l'étendue du domaine de la science contemporaine et il en avait même sur plusieurs points reculé les bornes. Plus calme, plus maître de lui, plus modéré qu'à aucun autre moment de sa vie, il allait ajouter sans doute à ses œuvres déjà nombreuses des œuvres nouvelles, plus mûres et plus utiles encore, quand la Révolution le plaça dans l'alternative de se donner lui-même la mort ou d'aller la recevoir sur un échafaud. Un chrétien n'eût pas hésité à l'attendre ; le philosophe se précipita au-devant d'elle. Selon toute apparence, il ne la prévint que de quelques jours.

« La bonté, dit Grimm, brillait dans ses yeux, et il aurait eu plus de tort qu'un autre de n'être pas honnête homme, parce qu'il aurait trompé davantage par sa physionomie qui annonçait les qualités les plus paisibles et les plus douces. » Son caractère, quoique non exempt d'orgueil, dit M. Weiss, se montrait presque toujours paisible et obligeant; on le voyait même timide et embarrassé dans un cercle nombreux, mais, avec ses amis, il était d'une gaîté douce et spirituelle ne se prévalant jamais de la supériorité que lui donnait l'étendue de ses connaissances. Il avait beaucoup lu et sa mémoire était prodigieuse. C'est grâce à elle qu'il put composer son dernier ouvrage intitulé : *Esquisse des progrès de l'esprit humain.* Il le fit chez Mme Verney; son amie, pendant les mois qu'il s'y tint caché, sans avoir ni livres, ni notes, et cet ouvrage, un des plus beaux qu'il ait écrits, ne fait pas moins d'honneur à la courageuse sérénité de son âme qu'à la sûreté de ses souvenirs. S'il ne fut pas un géomètre du premier ordre, on en a peu vu qui aient annoncé plus tôt des talents aussi distingués. Il y a eu des philosophes qui ont mieux éclairé la métaphysique, l'économie politique, la législation ou la morale, mais peu ont discuté autant de questions importantes. Il travailla même beaucoup à l'histoire ; ses *Vies* de *Turgot* et de *Voltaire* furent estimées pour l'exactitude et pour le style. Sa philosophie, dont la base était le scepticisme, eut toujours pour but le perfectionnement indéfini de l'espèce humaine. A la fin de sa vie, cette passion du bonheur de l'humanité semblait occuper exclusivement son cœur, sans préjudice toutefois de ses affections de famille qui furent toujours très vives. Il ne songeait jamais à sa femme et à sa fille sans pleurer d'attendrissement. Il était à la fois ferme et indulgent, ferme sur ce qu'il croyait les principes, indulgent pour les personnes. Il a poursuivi sans relâche les parlements, le sacerdoce, la noblesse, la royauté, mais c'étaient les institutions qu'il haïssait et non les hommes. S'il a voté pour une peine grave dans le procès de Louis XVI, ce fut de sa part, comme chez tant d'autres, un moyen d'éviter la peine de mort, c'est-à-dire de sauver le roi en paraissant se déclarer contre lui, et l'histoire impartiale veut surtout qu'on n'oublie pas les efforts qu'il fit avant le procès pour faire prendre d'autres juges qui devaient être nommés par la nation exprès pour cette grande cause, et les tempéraments qu'il s'efforça d'apporter au décret régicide de la Convention en proposant l'appel au peuple et en votant pour le sursis. En somme, Condorcet n'est qu'un esprit égaré ; ce n'est point un méchant homme, et l'on trouverait dans le parti des révolutionnaires et dans la coterie des philosophes très peu de figures aussi sympathiques, très peu de caractères aussi honnêtes que le sien.

ROEDERER

Né en 1754, académicien en 1795, mort en 1835.

Soit qu'il changeât d'opinion et de conduite quand la fortune changeait de chemin, soit plutôt que les événements lui eussent servi de leçon et qu'il se fût converti à la vue des plus grands crimes de la Révolution, il est certain que Pierre-Louis Rœderer qu'on place généralement à la suite de Condorcet se présente au regard de l'histoire avec deux aspects fort différents ou même assez opposés. Au début de la Révolution, il s'y montre absolument favorable, jusqu'à se lier avec les Jacobins les plus acharnés, puis, à partir du 10 août 1792, on le voit embrasser d'abord les partis intermédiaires, les résolutions modérées, et peu à peu, en venir à une véritable réaction contre la tyrannie des Jacobins. Ces variations successives pouvaient n'être que l'expression du changement accompli dans ses idées, le résultat de l'expérience, mais elles servirent trop bien sa fortune pour ne pas paraître intéressées et ne pas laisser une ombre fâcheuse sur sa mémoire.

Pierre-Louis Rœderer, né à Metz le 15 février 1754, d'une famille de magistrats, suivit la même carrière que ses parents et devint conseiller au parlement de sa ville natale. Il ne fut député aux États Généraux, qu'à la fin d'octobre 1789, en remplacement d'un autre dont l'élection fut annulée ; il n'assista pas par conséquent aux premiers événements de la Révolution, mais on connaissait déjà ses principes avancés, et c'est à cause d'eux qu'il fut envoyé par le tiers-état de Metz. A l'assemblée il se montra surtout hostile à la religion. C'est lui qui, le 5 janvier 1790, demanda que les ecclésiastiques émigrés fussent privés de leurs bénéfices ; le 12 février, il vota l'abolition de tous les ordres religieux ; le 12 avril, il opina pour l'usurpation par l'Etat des biens de l'Eglise. Le 2 juin, il trouvait que c'était trop d'un évêché par département. Sa conduite envers la Cour fut moins rigoureuse, et c'est peut-être son respect pour la famille royale qui fut le principe du changement bientôt remarqué en lui et qui s'accentua de plus en plus.

Lors du retour de Varennes, ce fut lui qui fit donner au Roi une garde particulière. Au 10 août, ses dispositions pour les princes étaient encore plus sympathiques. Il donna en qualité de commissaire général l'ordre aux troupes qui défendaient le château de tirer sur les assaillants et ce ne fut qu'après s'être assuré de leurs dispositions hostiles qu'il crut devoir conseiller au Roi de se retirer au sein de l'assemblée, du moins est-ce ainsi qu'il a lui-même exposé sa conduite et l'événement. Il remonta donc dans l'appartement du Roi, et lui exposant la gravité des circonstances, il lui proposa cette retraite qui le livrait sans défense à ses ennemis, mais qui, dans le moment, semblait être le seul moyen de sauver sa vie. La reine lui dit : « Mais, monsieur, nous avons du monde. — Madame, lui répondit-il, comparez ces forces à celles qui cernent le château de tous côtés. » Alors Mme Elisabeth lui demanda s'il répondait de la vie du roi dans le trajet pour aller à l'assemblée. « Madame, j'en réponds sur ma tête, lui dit-il, avec un air absolument assuré. » Le roi était assis la tête baissée, les deux mains appuyées sur les genoux. Il paraissait absorbé. Sur la dernière réponse de Rœderer, il se leva en disant : « Allons ! » Ses meilleurs amis étaient dans une salle prochaine, il leur annonça cette résolution dont personne n'osa le dissuader. Rœderer suivit le monarque et risqua plusieurs fois sa vie pour écarter les furieux qui le menaçaient. Cette conduite ameuta contre lui tous les exaltés qui déjà le suspectaient. Quoique déclaré non coupable par l'assemblée il crut devoir se cacher jusqu'après la chute des Jacobins.

En 1795, il reprit la direction du *Journal de Paris* auquel il avait travaillé en 1792 et ce fut toujours pour défendre les idées de modération. Il parla surtout en faveur de la tolérance religieuse, demanda l'abrogation des lois contre les prêtres, et voulut comme Condorcet traiter avec plus de ménagement les émigrés qui n'avaient pas pris les armes. Au 13 vendémiaire, il dut se cacher de nouveau, mais pour peu de temps. Il reprit sa plume sous le Directoire, se montrant de plus en plus juste à mesure qu'il y avait moins de péril à l'être. Il demanda surtout hautement l'abolition de la fête du 21 janvier. « Tout le monde, disait-il, en a rougi ou frémi; cette fête a été désavouée par ceux mêmes qui la présidaient. » Enfin il seconda tant qu'il le put la Révolution du 18 brumaire qui mettait fin à l'anarchie, il s'appliqua surtout à empêcher qu'elle ne donnât lieu, comme toutes les autres, à des proscriptions. Bonaparte devina ses talents administratifs, et lui ôtant pour ainsi dire la plume des mains, il l'éleva aux plus hautes fonctions du gouvernement. Ce fut d'abord une place au conseil d'Etat où il se signala par plusieurs rapports très importants, puis la direction de l'instruction publique et des méthodes d'enseignement. Rœderer donnait tous ses soins à ces objets si nouveaux pour lui, quand tout à coup le *Moniteur* lui apprit sa nomination au Sénat. Cette faveur ressemblait un peu à une disgrâce, car les sénateurs n'avaient que peu de part au gouvernement et ne devaient pas exercer d'autres emplois; aussi Rœderer en était-il assez peu flatté : « Eh bien, lui dit Bonaparte, en le voyant venir à Saint-Cloud, nous vous avons placé parmi nos Pères conscrits. — C'est-à-dire, répondit Rœderer sur le même ton, que vous m'avez envoyé *ad patres*. » Mais bientôt la Constitution fut modifiée en ce sens que les sénateurs purent occuper les autres genres d'emplois et Rœderer fut de ceux à qui ce changement profita le plus. Le premier consul devint empereur, son frère Joseph obtint le royaume de Naples et choisit Rœderer pour son principal ministre. Il voulait même l'emmener en Espagne quand il y alla comme souverain, mais Rœderer préféra revenir à Paris où Napoléon le combla d'honneurs et de dignités et le nomma ministre du grand-duché de Berg avec la faculté de résider auprès de lui et le rang des ministres français, ce qui équivalait presque à une vice-royauté. Depuis déjà longtemps il l'avait fait comte, et grand-officier de la Légion d'honneur; depuis plus longtemps encore, car c'était depuis 1796, c'est-à-dire la fondation de l'Institut, Rœderer en avait été nommé membre.

Quand arrivèrent ses mauvais jours, Napoléon envoya Rœderer à Strasbourg en qualité de commissaire, pour prendre, en face de l'invasion prévue de la frontière, toutes les mesures qu'il jugerait convenables. C'est là que Rœderer apprit la prise de la capitale par les alliés et le rappel de Louis XVIII au trône. Il n'en fut ni surpris ni déconcerté. Par une proclamation datée du 13 avril, il invita les Lorrains à reconnaître franchement le gouvernement du roi, comme il le faisait lui-même ; il revint ensuite à Paris où il ne fut pas d'abord employé ; mais le gouvernement royal si heureux de s'attacher les hommes considérables du nouveau régime n'eût pas tardé à lui donner quelque fonction importante. Par malheur l'épreuve du 20 mars trompa sa prévoyance comme celle de tant d'autres, et le compromit sans retour. Il accepta la pairie que lui offrit l'empereur et fut chargé d'aller dans plusieurs départements combattre l'esprit royaliste. Après le désastre de Waterloo, il se prononçait encore dans le même sens : « Proclamons Napoléon II, s'écriait-il, ce talisman salutaire doublera les forces de l'armée..... A l'extérieur il nous rattache l'Autriche qui ne peut voir en nous des ennemis tant que nous adoptons pour souverain un jeune prince issu de son sang. » C'était protester contre la force des choses. Rœderer en fut puni de la manière la plus pénible pour lui qui aimait par-dessus tout les fonctions publiques et les honneurs officiels. Il dut rester perdu dans la vie privée pendant toute la durée du règne des Bourbons, et n'eut pas l'avantage, comme presque tous les hommes de l'Empire et même de la Révolution, hormis les régicides et les Jacobins, de voir se répandre sur son illustration le cachet particulier de noblesse que la faveur des princes légitimes y attachait. Louis-Philippe s'efforça de l'en dédommager en lui rendant cette pairie dont Bonaparte avait voulu l'investir mais qu'il n'avait gardée que quelques jours.

Au reste l'activité de Rœderer changea d'objet pendant sa disgrâce, mais elle ne se démentit pas. Quoique âgé de plus de soixante ans, il reprit la plume et composa ses ouvrages les plus suivis ; des mémoires ou traités sur plusieurs questions de philosophie, telles que *les Modes accidentels de nos perceptions*, et la *Propriété considérée dans ses rapports avec le droit politique*. Il fit encore un *Mémoire pour servir à l'histoire de Louis XII et de François I*er. Enfin sa gravité ne dédaigna pas de composer une comédie en prose intitulée le *Marguillier de Saint-Eustache*. Ce fut une petite pierre tirée à ce gouvernement débonnaire de la royauté qui le couvrait comme tous ses ennemis de sécurité et de paix, mais Rœderer qui avait accueilli sans peine la première Restauration se montrait implacable envers la seconde. Il avait trop offensé les princes pour pouvoir espérer leur confiance, et, comme il arrive trop souvent, il s'irritait de ses torts envers eux et ne pouvait leur pardonner ses propres fautes. Ce qui le distinguait comme écrivain, c'est la recherche. Il aimait les effets de mots habilement disposés, un choix délicat des expressions et des tours. Dans un ouvrage intitulé *Mémoire sur la société polie* qu'il publia peu de temps avant sa mort, il vengeait l'hôtel de Rambouillet et les grandes dames qui en faisaient l'ornement, des satires dont elles ont été l'objet et s'efforçait de faire voir que ces *femmes savantes* si moquées, ces *précieuses* trouvées ou rendues si *ridicules* avaient puissamment aidé à élever le ton et le génie de la conversation et à débarrasser la langue des derniers restes de grossièreté qui la ternissaient. Il avait raison, mais, au courant de cette idée juste et utile, il se laissa aller, comme il arrive à tant d'autres, jusqu'à l'exagération qui fausse tout. Son énergie qui vise à la concision tombe souvent dans l'obscurité, sa recherche est parfois de l'affectation ; en défendant les précieuses, il devient parfois lui-même subtil, prétentieux ou ampoulé. C'est ce qui inspira à Chénier ce vers si sévère et si connu :

Je lisais Rœderer et baillais en silence.

Le fond de ses écrits heureusement abonde en observations justes, en idées exactes et sages, qui font un peu passer sur le faux éclat de son style que Mallet du Pan osait appeler un *marivaudage politique*.

Son désintéressement était sincère. Le roi de Naples, Joseph Bonaparte, eût voulu lui laisser en le perdant une magnifique récompense de ses bons services, mais il ne put vaincre l'obstination de ses refus. « Le roi, lui répondit Rœderer, en me confiant ses finances m'avait fait l'honneur et la grâce de s'interdire toute libéralité à mon égard. Votre Majesté avait daigné reconnaître que le moindre accroissement de ma fortune énerverait mon administration, rendrait ma sévérité contre les abus ridicule et méprisable, ôterait tout crédit à mes opérations sur la dette publique, me rendrait suspect et odieux dans un ministère où la facilité de s'enrichir fait voir un étranger avec envie et autoriserait enfin le public à confondre un sénateur français, riche des bienfaits de l'Empereur, avec des courtisans affamés. Le roi en ne m'affligeant d'aucun don a aussi bien jugé mon caractère que ma position. » — Dans une dizaine de notices écrites sur Rœderer par des écrivains tous favorables à sa mémoire, je n'ai rien vu de plus fort et de plus beau que cette lettre. Quelque épitaphe qu'on ait gravée sur son tombeau, l'on n'a rien pu mettre, à mon avis, de plus propre à lui faire honneur. Louis XVIII ne le mit pas sur la liste des nouveaux académiciens en 1816, mais il faisait partie de la classe des sciences morales, et son siège dans cette assemblée ne lui fut jamais ôté. Il mourut en 1835 à l'âge de quatre-vingt-deux ans.

LE DUC DE LÉVIS

Né en 1764, académicien en 1816, mort en 1830.

Les aïeux du duc de Lévis faisaient descendre leur famille de la tribu de Lévi. Ils auraient plus sûrement pu encore la faire descendre de Noë, et par là rendre leur origine plus ancienne encore et plus vénérable. Ce qui est certain du moins c'est que le père de cet académicien était le maréchal de Lévis illustré par plusieurs glorieux faits d'armes, et plus tard par sa belle conduite au combat de Johanisberg. Quant à lui-même, il naquit à Paris en 1764 et fut envoyé en 1789 aux États généraux par le bailliage de Dijon. Il se rangea d'abord du côté de cette minorité de la noblesse à qui les principes révolutionnaires ne déplaisaient pas, mais il s'y rangea sans s'y engager, car tout en restant attaché aux opinions de la gauche sur un grand nombre de questions, il vota plus d'une fois cependant avec la droite, et se signala surtout en blâmant la disposition qui mettait en tête de la nouvelle Constitution française la fameuse déclaration des droits de l'homme, espèce de programme métaphysique dont il sentait fort bien l'erreur, et qu'il jugeait fort inutile en ce lieu et fort déplacé. Les premiers crimes de la Révolution le convertirent. Il vota bientôt avec la minorité religieuse et monarchique, et gagna la frontière d'abord après la journée du 10 Août, pour aller rejoindre l'armée des princes. Il fit ensuite partie de l'expédition de Quiberon et eut le bonheur presque unique de n'y être que blessé, après quoi, il vécut paisiblement à l'étranger jusqu'à la journée du 10 Brumaire. Alors il fut rayé de la liste des émigrés et s'empressa de rentrer en France où il se tint éloigné des sphères officielles et uniquement occupé de travaux littéraires.

La restauration du gouvernement royal combla les vœux du duc de Lévis et le rappela dans ces régions élevées du gouvernement, où tous les siens avaient vécu. Compris dans la première promotion de pairs, il vota constamment avec la Droite et prononça sur plusieurs questions des discours fort remarquables par la solidité des raisonnements et l'urbanité des formes. L'ordonnance du 21 mars 1816 le fit entrer dans la nouvelle Académie. Il dut cet honneur à un *Eloge funèbre de Louis XVI et de Marie-Antoinette* qu'il avait publié pendant son exil, et à des *Souvenirs et Portraits* imprimés peu avant la Restauration et fort estimés à cause des anecdotes intéressantes et instructives dont ils étaient pleins. L'auteur avait fréquenté dans sa jeunesse ce vieux duc de Richelieu qui, lui-même, avait vécu sous trois règnes et savait par cœur toutes les chroniques de la Cour. Plusieurs éditions de ce livre furent rapidement enlevées. M. de Lévis en avait composé un autre intitulé : *Voyages de Kang-Hi, ou Nouvelles lettres chinoises* qui ne fut ni moins beau ni moins heureux, et encore plusieurs autres moins étendus, mais toujours fort appréciés. On cite enfin les deux discours qu'il fit en qualité de président de l'Académie pour la réception de MM. Laya et Roger.

« Le caractère du premier offrait à l'orateur les plus heureux développements. Aussi son discours produisit-il une vive sensation. Plusieurs fois il fut interrompu par les applaudissements unanimes de l'assemblée. M. de Lally-Tollendal dit en sortant : « M. de Lévis a fait obtenir un beau triomphe à M. Laya. » Venait ensuite le tour de M. Roger. Le rôle du panégyriste devenait un peu plus difficile. M. Roger se présentait avec modestie, il n'avait à produire en sa faveur que sa comédie de l'*Avocat*, et, certes, cet avocat était bien faible pour plaider une pareille cause et justifier le triomphe de sa partie. Aussi l'honorable président eut-il peu de titres à débrouiller, peu de pages à parcourir, pour dérouler toute la vie académique du récipiendaire. Son éloquence dut se ressentir de la sécheresse du sujet. » Il s'en tira néanmoins avec bonne grâce, et sa réserve, aussi judicieuse que bienveillante, fut universellement trouvée de bon goût.

M. de Lévis mourut en février 1830 dans les sentiments d'une haute et douce piété. Aucun discours ne fut prononcé sur son cercueil parce que le corps fut inhumé dans la chapelle de Picpus, où il eût été contre l'usage d'en faire entendre. M. Etienne, qui devait parler au nom de l'Académie, ne voulut pas cependant que son discours fût perdu. Il le donna au public par la voie des journaux, qui tous s'empressèrent de le reproduire. En peu de mots l'orateur appréciait avec justesse « cet esprit si divers qui embrassait la science de l'économiste et du législateur, la délicatesse de l'homme de goût et la sagacité du peintre de mœurs. » Il louait surtout en lui l'homme de bien, l'excellent confrère, qui ne fut jamais qu'homme de lettres à l'Académie et fut toujours moraliste à la Cour. Il faut ajouter à l'honneur de M. de Lévis, qu'il fut le père de ce duc de Lévis, pair de France, démissionnaire en 1830, qui s'attacha avec un admirable dévouement à l'infortune des Bourbons de la branche aînée, suivit le comte de Chambord dans tous ses exils et eut le bonheur de mourir entre ses bras le 9 février 1863.

M. DE SÉGUR

Né en 1780, académicien en 1830, mort en 1873.

Quand M. de Ségur n'eût pas été un de nos meilleurs historiens, il eût encore mérité la renommée qui s'est attachée à son nom par ses talents militaires et sa bravoure. Mais dans ces temps de la République et de l'Empire où il a vécu, le mérite militaire était si commun et tant d'habiles généraux se signalaient par d'incroyables faits d'armes, que beaucoup sont demeurés peu célèbres, qui, à d'autres époques, se seraient fait un nom immortel. Philippe-Paul de Ségur eût probablement fait comme eux, si ses écrits ne l'eussent distingué entre tous.

Paul-Philippe, comte de Ségur, était fils d'un général célèbre et comptait dans ses aïeux ou proches parents, cinq maréchaux de camp, un lieutenant général et le maréchal de France qui s'illustra dans la guerre d'Allemagne et devint ministre de la guerre en 1780. Il était difficile de trouver en arrivant sous les drapeaux des souvenirs de famille aussi glorieux et plus difficile encore d'en mieux soutenir le poids. Paul-Philippe était né à Paris l'année même que son grand-père était nommé ministre (1780). Il entra au service en 1799 et fit les campagnes de Hohenlinden et des Grisons. Après la conclusion de la paix, à Lunéville, il fut chargé de plusieurs missions près des Cours de Danemark et d'Espagne, et, en 1804, de l'inspection de tous les ouvrages militaires et constructions maritimes des côtes de la Manche. Envoyé deux fois en parlementaire à Ulm au mois d'octobre 1805, ce fut lui qui décida le général Mack à capituler. L'année suivante, chargé de parcourir les Calabres pour reconnaître le pays et faire les études nécessaires en prévision d'une descente de nos armées en Sicile, il envoya des rapports que l'Empereur trouva parfaits et prit les plus heureuses dispositions. Il se distingua bientôt au siège de Gaëte et passa en 1807 de l'armée d'Italie à celle d'Allemagne où l'attendaient de nouveaux succès. Il était à Iéna et s'y couvrit de gloire; il chargea ensuite et traversa une arrière-garde de quatre mille hommes avec quatre-vingt-dix dragons, mais, ayant été blessé, il fut enfin fait prisonnier, conduit à Moscow et retenu jusqu'à la paix de Tilsitt.

Après sa délivrance, il reçut ordre de passer à l'armée d'Espagne et dut, avec quatre-vingts chevaux polonais, attaquer quatorze cents Espagnols retranchés dans le Sommo-Sierra où ils avaient quinze pièces de canon et se croyaient inexpugnables. Ils furent obligés de déloger, et, Ségur, criblé de blessures, fut nommé colonel, et chargé de présenter au Corps législatif les drapeaux qu'il avait enlevés à l'ennemi.

Promu au grade de général de brigade le 22 février 1812, il fit en cette qualité la campagne de Russie. En 1813, il organisa trois mille gardes d'honneur à Tours et fut chargé, après la perte de la bataille de Haguenau, de la défense du Rhin depuis Landau jusqu'à Strasbourg. Il se couvrit d'honneur dans la retraite qu'il opéra pendant cinq jours avec deux mille cavaliers, de la première de ces places à la seconde, devant un corps de vingt mille alliés Russes et Prussiens. Son corps ne se distingua pas moins aux combats de Montmirail, de Château-Thierry et de Meaux. A Reims avec cent gardes d'honneur et quelques hussards, il détruisit un corps de six cents cavaliers, enleva quatorze pièces de canon et s'empara du faubourg. Malgré deux blessures graves, il courut porter lui-même la nouvelle de ce succès à l'Empereur, qui n'apprit qu'il était blessé qu'en le voyant tomber sans connaissance.

Louis XVIII, jaloux de s'attacher un homme d'un tel mérite, lui donna la croix de Saint-Louis en le nommant chef d'état-major de la cavalerie de sa garde formée en partie des débris de celle de l'Empereur. Aussi Napoléon ne l'employa-t-il pas d'abord après son retour de l'île d'Elbe, mais pendant le siège de Paris, il fut chargé de défendre la rive gauche de la Seine. En 1818, le roi le mit au nombre des maréchaux de camp de l'état-major général de l'armée. Louis-Philippe fit plus encore. Il l'éleva, en pleine paix, au grade de lieutenant général, et à la dignité de Pair de France. Il était chevalier de la Légion d'honneur depuis la création de l'Ordre, officier depuis 1811, commandeur depuis 1814, et enfin grand-officier depuis 1819. Il fut nommé grand-croix en 1847. Après la révolution de 1848, il se retira dans la vie privée, et n'a recherché sous le second Empire aucune des faveurs auxquelles ses anciens services lui donnaient droit. Il est mort le 25 février 1875, âgé de quatre-vingt-quinze ans.

Quoique Philippe de Ségur ait commandé comme César dans les guerres dont il a raconté l'histoire, il n'a point écrit comme lui dans le temps même qu'il combattait, ni par conséquent tenu à la fois la plume et l'épée. Sans doute il a pu, sous la tente, prévoir et préparer déjà ses travaux, recueillir des récits et des témoignages. Mais c'était certainement dans ses prévisions, pour un avenir bien plus éloigné, car l'Empire avait encore en 1813 de grandes chances de durée, et s'il avait duré, un officier jeune encore ne pouvait de longtemps songer au repos. On le vit tomber tout à coup et rendre à la vie privée le plus grand nombre des gens de guerre. C'est alors que Philippe de Ségur prit la plume. Son principal ouvrage ne parut cependant qu'en 1824, c'est-à-dire dix ans après la chute de l'empereur Napoléon, ce qui porte à penser qu'il devait être peu avancé, si même il était commencé à la fin de l'empire. Ce premier ouvrage, de M. de Ségur, le plus considérable et le plus admiré qu'il a publié, fut l'*Histoire de Napoléon et de la grande armée pendant l'année 1812*. Cet ouvrage fit la plus grande sensation et il le méritait par la verve, le talent et la bonne foi avec lesquels il était écrit. « M. de Ségur raconte les grandes choses dont il a lui-même été le témoin et souvent l'acteur. Il dévoile en homme d'Etat les vues et les desseins de l'expédition ; il trace en tacticien le plan de la campagne ; il nous entraîne dans ces marches si fécondes en prodiges ou dans cette retraite marquée par tant d'exploits et d'horreurs. Ce qu'il a vu, il le peint ; il nous fait assister aux combats comme aux conseils, sous la tente de l'Empereur, au passage du Niémen, à l'incendie de Moscou, au retour sur la Bérésina. Il a des couleurs différentes pour des tableaux divers. Il fait passer dans l'âme du lecteur les impressions qu'il a senties. Les discours qu'il met dans la bouche de ses héros, les rumeurs qu'il a recueillies dans l'armée, à la manière de Thucydide et de Tite-Live, donnent à ses récits une physionomie particulière et un mouvement continuel. »

On reproche à M. de Ségur une pompe dans le style, parfois voisine de l'emphase ; mais il faut avouer que le sujet qu'il traite, les grands faits, les grands malheurs qu'il dépeint étaient bien de nature à élever un peu le ton du récit. Aussi Arnauld, qui le reçut à l'Académie, se fit-il applaudir en le louant de ce qu'on lui reprochait. « Toujours clair, lui dit-il, toujours pur, toujours élégant, tantôt concis sans sécheresse, tantôt abondant sans prolixité, s'animant avec l'action, se conformant à la nature de l'objet auquel il s'applique, votre style s'élève quelquefois à la hauteur épique. Je ne serai pas, Monsieur, du nombre des critiques qui vous le reprochèrent. Je ne pense pas que le narrateur doive se tenir en garde contre les impressions qu'il a pu recevoir du sujet qu'il traite, et que l'histoire veuille être écrite avec l'aridité d'une chronique, avec l'impassibilité d'un procès-verbal. L'historien doit être impartial sans doute, mais doit-il être indifférent ? Il ne lui convient pas d'altérer la vérité, mais lui est-il défendu d'y être sensible ? Non, Monsieur. D'ailleurs, est-ce l'altérer que de raconter les faits avec l'accent de l'émotion qu'ils inspirent, et que d'élever cet accent au ton le plus solennel, quand, en racontant des faits réels, on raconte les prodiges ?... Étaient-ils moins grands que ceux du Simoïs et du Xanthe, les héros de la Moskowa, de la Bérésina et du Borysthène ? et, quand on parle d'Achille et d'Hector, le ton naturel n'est-il pas celui d'Homère ? »

Un reproche plus sérieux et auquel l'auteur fut plus sensible, fut celui d'avoir exagéré l'abattement, la prostration physique et morale de l'empereur au milieu des revers de son armée. L'esprit d'opposition aux Bourbons avait certainement contribué à la vogue d'un livre qui exaltait la vieille garde et la grande armée ; mais le même esprit qui faisait de Napoléon une machine de guerre, affecta de s'indigner que l'historien lui prêtât une faiblesse. Pour beaucoup d'ailleurs cette admiration jalouse était sincère. Beaucoup avaient servi l'empereur avec amour et ne cessaient ni de le regretter ni de le plaindre. En montrant le grand homme déconcerté et comme anéanti par ses malheurs, M. de Ségur les blessait donc au plus vif. En vain avait-il donné des preuves et fourni des témoignages, l'allégation, pour être fondée, n'en était que plus pénible. Le prompt départ de Bonaparte, abandonnant son armée en proie à toutes les misères, et regagnant dans une riche berline son palais des Tuileries, sa tentative de suicide arrivée peu de mois après, prouvaient sans doute une singulière défaillance morale, mais ce sont là des vérités que l'esprit de parti ne veut pas supporter. Le général Gourgaud prit notre auteur à partie ; il y eut une polémique dans les journaux et une rencontre sur le terrain ; M. de Ségur fut blessé, mais la vérité ne le fut pas. Le livre accusateur resta et bientôt cette impartialité parut à tous ce qu'elle était en effet, un véritable et précieux mérite.

M. de Ségur a fait d'autres ouvrages, que la renommée du premier recommanda fortement à l'attention publique, mais qui sont moins parfaits que lui : l'*Histoire de Charles VIII, roi de France*, celle de la *Russie et de Pierre le Grand*, un *Éloge historique du maréchal Lobau*. Enfin il a donné plusieurs articles de stratégie et d'histoire au *Journal des Sciences militaires* et au *Dictionnaire de la Conversation*. Tous ces ouvrages ont paru avant 1840. Quoique l'auteur, à cette date, n'eût encore que soixante ans, et jouît toujours d'une belle santé, il cessa alors d'écrire pour le public, au grand regret de ses nombreux amis et des amis de la bonne littérature. Ses opinions étaient celles du centre gauche sous la Restauration, et du centre ministériel sous le gouvernement de Juillet. Charles X, qui le comprenait, n'avait rien ajouté aux faveurs dont son frère, Louis XVIII, l'avait comblé.

M. de Ségur se tint aussi pendant tout son règne dans un éloignement voisin de l'hostilité, et Louis-Philippe, en se hâtant de l'appeler à la pairie, fit encore mieux voir que les Bourbons n'avaient pas dû le compter parmi leurs amis. Le *Dictionnaire de la Conversation*, pour lequel il écrivait, et dont les opinions sont connues, en est une preuve de plus.

M. de Ségur est mort en 1873 âgé de quatre-vingt-treize ans. Il était de l'Académie depuis les premiers mois de 1830, peu avant la Révolution.

VIEIL-CASTEL

VIEL-CASTEL

Né en 1800, académicien, en 1873, mort en 1887.

« Voilà, disent les *Annales politiques et littéraires*, voilà encore un des académiciens issus de la *Revue des Deux-Mondes*. On peut dire que M. Buloz a été le père nourricier de la plupart de nos immortels, et, de concert avec le *Journal des Débats*, le grand pourvoyeur de l'Institut. M. de Viel-Castel, qui naquit avec le siècle (14 octobre 1800), inséra dans la *Revue* un grand nombre d'articles ; puis, indépendamment de cette collaboration peut être un peu trop fréquente au gré des abonnés, il publia en 1846 deux volumes in-8° intitulés : *Essai historique sur les deux Pitt*, et enfin, à partir de 1860, cette volumineuse *Histoire de la Restauration* dont le vingtième et dernier tome n'a paru qu'en 1880. Il est permis de trouver que, dans cet ouvrage, M. de Viel-Castel a quelque peu abusé de la patience de ses contemporains. Il ne nous fait grâce d'aucun détail si peu important qu'il soit. C'est ainsi qu'ayant à nous entretenir des débats parlementaires, M. de Viel-Castel ne croit pas devoir omettre le plus petit amendement sorti du plus mince cerveau du plus humble de nos représentants. Le pauvre lecteur se sent perdu, noyé, enfoui sous ce déluge de paperasses remuées et serrées avec une candeur sans égale par une main assez peu experte aux travaux littéraires de longue haleine. Mais le poids respectable de l'œuvre parut aux spirituels membres de notre Académie devoir mériter une récompense, et il fut convenu qu'un tel effort recevrait son prix. M. de Viel-Castel fut donc nommé membre de l'Académie française le 2 mai 1873 en remplacement du comte de Ségur. »

Nous avons rapporté tout du long ce jugement des *Annales* parce qu'il aidera le lecteur à se fixer sur la valeur littéraire de notre académicien. Mais il ne serait pas juste, je crois, d'y tout prendre au pied du mot. Quoique M. de Viel-Castel pense à peu près comme les *Annales* sur la plupart des questions, elles sont trop sévères pour lui à notre avis. Si son *Histoire de la Restauration* est parfois diffuse et prolixe, souvent aussi, il est juste de le reconnaître, elle est, dans les détails, d'un intérêt que les ouvrages plus succinct offrent rarements. M. de Viel-Castel excelle dans les anecdotes, et quand il écrivait son livre il était déjà parvenu à l'âge où l'on s'abandonne sans réserve au plaisir de les raconter.

Au reste, les *Histoires de la Restauration* ne manquent pas ; sans parler de celles de Lamartine où l'on convient que l'exactitude est peu assurée, de celles de MM. Vernier et Laurentie qui sont trop courtes, le lecteur effrayé par les vingt tomes de M. de Viel-Castel n'aurait qu'à se procurer celle de M. Duvergier de Hauranne, composée dans le même esprit que celle dont nous parlons, mais avec beaucoup moins de détail et moitié moins de longueur ; il pourrait aussi, s'il ne répugne pas aux ouvrages écrits dans l'esprit royaliste, lire celle de M. Lubis, la mieux écrite peut-être de toutes, ou celle de M. Nettement, si pleine de renseignements inédits, si curieuse par là même et si étincelante de modération et de bonne foi. On peut même s'étonner que ce ne soit pas M. Nettement, dont la plume s'est illustrée par tant d'ouvrages bons et utiles, que l'Académie ait appelé dans son sein de préférence à M. de Viel-Castel, dont la manière est certainement plus ordinaire et plus monotone. Mais le juste milieu depuis longtemps règne en maître à l'Académie et, à moins de s'appeler Berryer ou Chateaubriand, les royalistes ne doivent point espérer d'y avoir entrée.

M. de Viel-Castel est commandeur de la Légion d'honneur depuis 1849. Louis-Philippe l'avait nommé chevalier et officier. Élu académicien le 1ᵉʳ juin 1873 à la place du général de Ségur, il a été reçu le 27 novembre suivant. Depuis l'apparition du dernier volume de sa *Restauration*, accablé d'années, il n'a plus rien publié.

M. de Vieil Castel est mort le 5 octobre 1887 ; le 26 janvier suivant, l'académie Française a élu pour le remplacer M. l'amiral Jurien de la Gravière. Le même jour ont été élus M. Jules Claretie, successeur de M. Cuvillier-Fleury, et M. d'Haussonville successeur de Caro. Les académiciens présents étaient au nombre de 32. M. d'Haussonville a obtenu 23 voix, M. Claretie, 20, M. Jurien de la Gravière, seulement 17.

M. JURIEN DE LA GRAVIÈRE

Né en 1812, académicien en 1888.

M. l'amiral de La Gravière a écrit quelque part sous ce titre : *les Mauvais jours du marin*, le petit tableau suivant :

« Après trois années de campagne les moments difficiles soumettent à de rudes épreuves les plus heureux caractères. Ces physionomies sur lesquelles le regard s'arrête périodiquement à la même heure, ces voix dont le timbre ne varie jamais, ces saillies émoussées qui n'ont rien d'imprévu, harassent l'esprit et lui causent de secrètes nausées. Par désœuvrement on se recherche et l'on gémit après s'être rencontré. C'est une espèce de scorbut moral dont les organisations les plus riches sont les premières à souffrir ; mais, dès que les noires vapeurs du ciel se dissipent, dès qu'une brise favorable fait frémir les voiles, l'horizon de la mer et l'horizon de l'âme semblent à la fois s'embellir. On accourt l'un vers l'autre comme des oiseaux joyeux sortant de dessous la feuillée. On se sourit, on s'aime, et un rapprochement universel salue la première apparition de la terre. »

Tel est le successeur de M. de Viel-Castel, tel son style, tel son caractère.

L'écrivain s'est dépeint lui-même sans le vouloir et probablement sans même y songer. C'est un aimable et bon soldat ; c'est un écrivain instruit des sujets qu'il traite, plein de verve et d'intérêt. Mais les deux hommes ont naturellement déteint l'un sur l'autre. On sent le soldat dans l'homme de lettres et l'écrivain dans le soldat. Il y a dans la prose de l'amiral de ces mots vifs, de ces tours brusques et peu maniérés qui tiennent à l'homme de mer, et dans le soldat, dans le marin, des goûts, des aspirations, des ambitions de littérateur. Qui pensait que ce vieil amiral voulût être académicien ? Chargé de proposer un candidat, vous en auriez supposé mille autres avant celui-ci ; prié de le deviner, vous auriez donné votre langue au chien. C'est lui pourtant, c'est lui-même qui a voulu se mettre sur les rangs pour un fauteuil au milieu de nos immortels. Quand on est vice-amiral et grand-croix de la Légion d'honneur, quand on a été aide de camp d'un empereur, qu'on a commandé des escadres, quand, avec tous ces titres et toutes ces gloires, on a soixante-seize ans, ne devrait-on pas laisser la palme académique à quelque écrivain de mérite, dont elle serait l'unique gloire, peut-être l'unique fortune? M. de La Gravière ne l'a pas pensé. On l'a vu, ce bon vieillard, faire lui-même ses visites à tous les académiciens, et leur porter ses « œuvres complètes ». Il les a même faites deux fois, ces visites, au dire d'un journal assez médisant. M. Méchior de Vogüé et M. Rothan se présentaient pour le même siège, et le méritaient tous les deux; mais comment résister à tant de politesses, surtout venant d'un vieillard si estimé et couvert de tant de gloire?

L'Académie a bien hésité cependant; l'amiral n'a obtenu que dix-sept voix sur trente-deux; c'est la plus stricte majorité, mais c'est la majorité enfin, et le bon amiral est élu.

A cette nouvelle, inespérée peut-être, l'amiral n'a point dissimulé sa joie, pas plus après tout qu'il n'avait caché son désir. « J'ai cru, a-t-il dit, que, sur mes vieux jours, je devais cet acte de déférence et de respect à l'Académie française. » On ne pouvait mieux s'exprimer; l'Académie a peut-être agi à son tour par déférence et par respect, et elle a bien fait, sauf bien entendu les droits et mérites des concurrents qui, d'ailleurs, sont jeunes et n'ont été sans doute qu'ajournés. M. Jurien de La Gravière est un écrivain remarquable aussi bien qu'un marin illustre, et, s'il a conquis plus de gloire sous le pavillon, sa renommée dans les lettres n'en est pas moins considérable et méritée. Les vieux, d'ailleurs, n'ont pas le temps d'attendre, les ajourner c'est les refuser et les désespérer sans retour. Oui, l'Académie a bien fait.

Pierre-Edmond Jurien de la Gravière, ou simplement La Gravière comme écrit le *Dictionnaire des contemporains*, est né en 1812 d'un père qui fut vice-amiral comme lui et de plus pair de France sous Louis-Philippe. Il entra au service en 1828. Capitaine de corvette en 1841, il fit comme commandant de la *Bayonnaise* une campagne dans les mers de Chine et fut nommé en 1850 capitaine de vaisseau.

Pendant la guerre d'Orient il fut employé dans la mer Noire, puis promu contre-amiral en 1855 et vice-amiral en 1862. Un moment l'Empereur lui avait donné le commandement de l'expédition du Mexique, puis bientôt l'armée de terre fut soustraite à son autorité et soumise au général de Lorencez. On lui confia en même temps des missions diplomatiques dans lesquelles il montra de très belles aptitudes et une haute intelligence de nos intérêts ; par malheur ses conseils furent jugés trop pacifiques ; on blâma la convention de la Soledad qui fournissait à la France le moyen de se tirer honorablement d'un mauvais pas. L'amiral revint à Paris où il eut bientôt la douleur de voir combien ses conseils avaient été sages, et quels irréparables revers ils nous auraient évités. Pour mieux dissimuler cette disgrâce et pour montrer son estime envers l'amiral l'Empereur le nomma son aide de camp.

Collaborateur de la *Revue des Deux-Mondes*, M. de la Gravière a fourni à ce recueil un assez grand nombre d'articles relatifs à la marine, à son histoire, et aux voyages de l'auteur. Il a publié à part : *Souvenirs d'un amiral, Guerres maritimes sous la République et sous l'Empire, Voyages en Chine*. En 1865 il a écrit la *Marine d'autrefois* ; en 1872 la *Marine d'aujourd'hui* et plus tard encore son histoire de la *Bataille de Lépante*.

Les officiers de mer, les hommes spéciaux pour la stratégie, les voyageurs érudits, rendent presque tous justice aux connaissances professionnelles de l'amiral, à la justesse de ses observations, à l'utilité pratique du plus grand nombre de ses idées. Quant aux hommes de lettres, ils s'accordent à le reconnaître, sa diction est pleine de couleur et de mouvement ; il a de l'intérêt dans les récits, de la vérité dans les descriptions. On s'embarque volontiers avec lui ; le trajet est plein de charme en sa société. On sent qu'il est vrai en toute chose, sans exagération, sans vanterie, ce qui est rare dans les auteurs de voyages. Grâce à la clarté de son style il fait comprendre à tous, même les choses et les termes du métier que les gens du monde n'entendent guère le plus souvent dans les ouvrages de ce genre. Nous l'attendons à l'éloge de son prédécesseur. Beaucoup croient qu'il y trouvera un écueil, étant peu habitué à s'exprimer en public, à traiter la politique, l'histoire, et la critique littéraire. Nous parions, nous, qu'il s'en tirera en homme d'esprit ; c'est-à-dire qu'il saura choisir son sujet, son terrain, son champ de bataille, et que son discours étincelant d'idées originales, d'expressions curieuses, de traits piquants et nouveaux, sera vivement applaudi de tous. A bientôt !

XLᵉ FAUTEUIL (DIT DE TRACY)

GRANIER

Académicien en 1635.

On ne sait de Granier que ce qu'en a dit Pélisson.

« C'était, dit-il, un ecclésiastique natif, comme on me l'a dit, du pays de Bresse, homme de bonne mine, de bon esprit, d'agréable conversation, qui avait même du savoir et des belles-lettres. Pour s'établir à Paris, il s'associa avec un libraire nommé Chapelain, et, depuis, avec un autre nommé Bouillerot, et, comme il avait été curieux de bons manuscrits, il en mit au jour quelques-uns qui étaient encore fort rares. Nous lui devons les *Mémoires* de la reine Marguerite et ceux de M. de Villeroy, les lettres du cardinal d'Ossat et celles de M. de Foix. Il faisait imprimer et relier ces livres avec le plus de soin qu'il était possible, en faisait beaucoup de présents, était fort propre dans sa maison, fort civil et fort officieux envers les hommes d'esprit et les gens de lettres, qui, pour cette raison, se trouvaient volontiers chez lui, où il se faisait une espèce d'Académie. Toutes ces choses le mirent en réputation et le firent connaître premièrement à M. le Chancelier, qui lui donna une pension, puis au cardinal, qui trouva bon que M. de Boisrobert le proposât pour l'Académie.

» On le reçut le 26 février 1635, et il fut élu par billets, qui furent tous en sa faveur, excepté trois. L'événement a montré que les trois qui voulaient l'exclure n'avaient point tort, car je trouve dans les registres que le 14 du mois de mai de l'année suivante, sur la proposition qui en fut faite par le directeur de la part du cardinal, il fut déposé d'une commune voix et sans espérance d'être restitué. »

On lit dans des factums que Furetière, exclu lui aussi de l'Académie, publia pour sa justification :

« Quoique messieurs les Académiciens prétendent que, dans l'histoire de l'Académie, il soit fait mention qu'un nommé Grenier (sic) en a été exclu, on sait que ce fut par un ordre particulier de M. le cardinal de Richelieu qu'il en fut chassé pour un cas fort sale, parce qu'il avait abusé du dépôt d'une somme considérable que lui avaient confiée des religieuses. Aussi ne trouve-t-on point dans les registres et mémoires de l'Académie qu'elle ait fait aucune procédure ni rendu aucune sentence de déposition contre lui. »

Le 11 janvier 1727, l'abbé d'Olivet écrivait à son intime ami, le président Bouhier :

« Puisque nous parlons de l'Académie, souffrez que je vous prie de me déterrer en Bresse quelques nouvelles d'Auger Granier, cet académicien qui fut exclu autrefois pour un crime. Je voudrais savoir son vrai nom et des particularités sur sa vie si l'on en sait. M. de la Monnoye prétend savoir d'un homme du pays qu'il se nommait Auger Granier de Mauléon et qu'il était homme de condition. »

L'abbé d'Olivet ne reçut sans doute pas les renseignements qu'il désirait, puisque son histoire de l'Académie n'ajoute rien sur ce sujet à ce qu'en avait dit Pélisson.

PRIÉZAC

Né en 1590, académicien en 1639, mort en 1662.

Daniel de Priézac était né en 1590. Il étudia le droit à Bordeaux, dit son fils dans la préface des *Mélanges* de son père qu'il publia en 1658, un peu malgré celui-ci En 1615, il fut choisi pour enseigner la jurisprudence. Ses succès engagèrent le chancelier Séguier à l'attirer à Paris et à lui conférer la charge de conseiller d'Etat ordinaire. Il mourut en 1662. La *Gazette* lui consacra les vers suivants :

>Prieuzac, rare personnage,
>Comme il paraît en maint ouvrage,
>Des gens doctes autorisé
>Que ce charmant a composé,
>L'autre jour comme un trait de flamme
>Exhala vers Dieu sa belle âme...
>Monsieur le chancelier de France
>Lui portait grande bienveillance,
>Depuis longtemps dans son hôtel
>Hébergeant ce sage mortel,
>Et, pour sa vertu non pareille,
>Lui donnant le cœur et l'oreille.
>Il était métaphysicien,
>Il était académicien ;
>Académicien, c'est-à-dire
>De ceux qui savent écrire
>Et que dans la cour et Paris
>On appelle les beaux esprits.

Priézac a fait plusieurs ouvrages dont Pélisson a donné la liste et qui sont aujourd'hui totalement oubliés.

MICHEL LE CLERC

Né vers 1622, académicien en 1662, mort en 1691.

L'époque précise de sa naissance n'est pas connue. « A l'âge de vingt-trois ans, il vint d'Alby, sa patrie, dit l'abbé d'Olivet, pour faire jouer une tragédie de sa façon, la *Virginie romaine*. Quoiqu'elle fût peu régulière, cependant, grâce à la jeunesse de l'auteur, elle ne laissa pas d'être applaudie et de faire augurer que, s'il voulait continuer dans ce genre d'écrire, il mériterait une place honorable dans le second rang des poètes qui travaillaient en ce temps pour le théâtre. Je dis dans le second rang, car le premier était occupé par le seul Corneille qui ne voyait qu'à une prodigieuse distance ceux qui le suivaient alors de plus près.

» Trente ans s'écoulèrent depuis la représentation de *Virginie* jusqu'à celle d'*Iphigénie*, dernière tragédie de M. Le Clerc. Par malheur pour lui, l'*Iphigénie* de Racine fut jouée cinq ou six mois avant la sienne. Mais, malgré la supériorité de son rival, il fut encore assez heureux, disait-il lui même, pour trouver des partisans. Puisqu'il se rend ce témoignage dans la préface de son *Iphigénie*, on peut le croire, car il poussait la modestie jusqu'à l'humilité. La preuve de cette humilité, c'est que dans la même préface il avoue que Coras, misérable poète dont le nom n'est connu que par la satire, lui avait fourni environ une centaine de vers qui sont épars çà et là dans le corps de sa pièce. »

L'abbé d'Olivet a raison, ce fait prouve beaucoup d'humilité, mais peut-être prouve-t-il encore plus d'ingénuité, car il peut se faire que ce Coras jouit alors d'une certaine réputation et que Le Clerc en fût ébloui. Quoi qu'il en soit, en appelant Racine « son rival », et en reconnaissant que ce rival lui était supérieur, en avouant néanmoins que plusieurs, en les comparant l'un et l'autre, se mettaient de son parti, Le Clerc se fait plus de tort que toutes les satires n'auraient pu lui en faire. Evidemment c'est de la simplicité. Racine cependant ne dédaigna pas de lui lancer l'épigramme suivante au sujet de sa collaboration avec Coras :

> Entre Le Clerc et son ami Coras,
> Deux grands auteurs rimant de compagnie,
> N'a pas longtemps, s'ouvrirent grands débats
> Sur le propos de leur *Iphigénie*.
> Coras lui dit : La pièce est de mon cru.
> Le Clerc répond : Elle est mienne et non vôtre.

> Mais aussitôt que l'ouvrage eut paru,
> Plus n'ont voulu l'avoir fait l'un ni l'autre.

Pourquoi Racine n'a-t-il pas dédaigné de faire cette malice à un « rival » si inférieur et si malheureux ? Certes, sa gloire de poète n'y gagne rien, car l'épigramme n'a pas grand mérite et il semble que son caractère en paraisse moins sympathique et moins généreux. Chapelain jugeait Le Clerc moins sévèrement. « Il écrit raisonnablement en prose française et non sans esprit. En vers il est beaucoup au-dessus des médiocres, soit qu'il en fasse de son chef, soit qu'il traduise *la Jérusalem* du Tasse, dont il a déjà, dans quelques chants achevés, montré la force et la délicatesse de sa veine. Ses mœurs sont douces et il croirait un bon conseil. »

Le Clerc donna en effet une traduction de la *Jérusalem délivrée* du Tasse : « C'est, dit l'abbé d'Olivet, l'ouvrage où il a le plus travaillé et qui a le moins réussi. Il avait conçu le dessein de suivre le texte de si près que chaque vers français fût la traduction d'un vers italien, et il y fut assez fidèle, mais souvent aux dépens de la clarté et de l'harmonie. Cet ouvrage eut peu de succès. Boileau l'a mis dans son *Lutrin* au nombre de ceux que les chanoines de la Sainte-Chapelle trouvèrent oubliés chez un vieux libraire et se lancèrent à la tête, le jour qu'ils combattaient ceux-ci pour le chantre, ceux-là pour le trésorier de leur chapitre. »

> L'un prend le seul *Jonas* qu'on ait vu relié,
> L'autre un *Tasse* français en naissant oublié.

Le Clerc se consola de cet insuccès, en l'attribuant pour bonne part au Tasse lui-même, dont le genre, pensait-il, ne convenait pas à notre nation. « Il ne se reprochait pas, dit l'abbé d'Olivet, d'avoir mal traduit le Tasse, mais seulement de l'avoir traduit; et, comme la neuvième satire de M. Despréaux parut dans le même temps que cette traduction, il se figura qu'en censurant l'auteur elle avait plus contribué que toute autre chose à la chute du traducteur. Il est vrai que Boileau n'aimait pas le Tasse. Il s'indignait qu'on pût :

> A Malherbe, à Racan préférer Théophile,
> Et le clinquant du Tasse à tout l'or de Virgile.

et, chose étonnante, cette opinion, qui paraît si excessive, était en lui tellement arrêtée qu'il y persévéra jusqu'à la fin. L'abbé d'Olivet l'a entendu peu de jours avant sa mort s'en déclarer avec énergie. Le Tasse sans doute avait un génie sublime, mais il manquait souvent de bon sens et de bon goût, et son poème s'en ressentait par un grand nombre de graves défauts. Il est donc vrai que ce n'est pas au seul traducteur que le satirique en voulait. Il pouvait en être de même du public, et Le Clerc n'avait peut-être pas tout à fait tort en voulant faire partager au poète les critiques qui pleuvaient sur lui.

Cependant deux sièges étaient vacants à l'Académie : celui de Boisrobert et celui de Priézac ; Segrais eut le premier, et Le Clerc fut nommé pour le second. Tous deux prononcèrent le même jour leur discours de réception. Après la lecture du sien, Le Clerc lut aussi un sonnet à la louange de l'Académie. C'est en 1662 qu'eut lieu cette cérémonie. Le Clerc jouit donc pendant trente et un ans des honneurs académiques, car il ne mourut qu'en décembre 1691.

TOURREIL

Né en 1656, académicien en 1692, mort en 1715.

Jacques de Tourreil descendait par son père et par sa mère de beaucoup de magistrats éminents du parlement de Toulouse. C'était un esprit étendu et facile ; il obtenait dans sa jeunesse toutes les couronnes et se faisait remarquer entre tous ses condisciples par la hardiesse et la véhémence des petites compositions oratoires qu'il avait à faire, et de celles qu'il improvisait dans l'occasion pour se plaindre de quelqu'un ou pour réclamer quelque chose. Malheureusement ces avantages n'étaient pas soutenus par un jugement solide et un goût sûr. L'emphase et le bel esprit dont il faisait preuve à seize ans furent les défauts de toute sa vie. Il y faut ajouter l'inconstance, partage trop ordinaire de ceux que pousse un impatient désir de briller. Ne pouvant attendre la fortune qu'ils ambitionnent ils la cherchent dans tous les chemins, courant de l'un à l'autre et n'en suivant aucun jusqu'au bout. Né en 1656, Tourreil s'appliqua d'abord à l'étude des belles-lettres, voulant en faire l'occupation de toute sa vie, puis il voulut embrasser la profession des armes, et ce fut à grand'peine qu'on l'en détourna en lui représentant que plusieurs personnages illustres de l'ancienne Rome avaient débuté par le barreau. Il vint donc à Paris pour faire son droit, mais, en même temps qu'il suivait ses cours, il s'occupait de littérature et remportait des prix en traitant des sujets proposés par l'Académie française.

Bientôt, renonçant à composer sur son propre fond, il résolut de traduire les principaux discours de Démosthènes. C'était un soin presque inutile, car il avait déjà paru plusieurs traductions du grand orateur, et, en particulier, celle de Maucroix, qui était bonne pour le temps ; mais la manière dont Tourreil comprenait ce travail était, il faut le dire, une nouveauté ; car ses traductions étaient en réalité des paraphrases où le prince de l'éloquence aurait eu peine à se reconnaître, et où tout le monde trouva qu'il était plus énervé qu'embelli. « Le bourreau, s'écriait Racine, il fera tant qu'il donnera de l'esprit à Démosthènes ! » — « Ce n'est pas assez, disait un jour Boileau, qu'un traducteur ait de l'esprit, s'il n'a la sorte d'esprit de son original. Tenez, ajouta-t-il, en parlant de Tourreil qui venait de s'en aller, l'homme qui sort d'ici n'est pas un sot, à beaucoup près, et cependant quel monstre que son Démosthènes ! Je dis monstre à dessein, parce qu'en effet, c'est un monstre qu'un homme démesurément grand et bouffi. » Tourreil comprit lui-même les défauts de sa traduction, et, après quelques années, il la refit en ajoutant aux cinq harangues qu'il avait déjà traduites trois autres *philippiques* et ses *Discours sur la Chersonèse* et sur la *Lettre de Philippe*. Il s'écartait moins, cette fois, du sens de l'auteur, mais il avait trop peu d'énergie, et manquait surtout de cette vivacité dans les mouvements et dans les couleurs qui met Démosthènes au-dessus de tous ses rivaux. Aussi le succès de cette seconde édition ne fut-il guère plus grand que celui de la première ; aussi doit-on savoir gré à Tourreil du courage qu'il eut d'en entreprendre une troisième qui ne fut livrée au public qu'après sa mort et à laquelle il avait consacré les quinze dernières années de sa vie. C'est l'abbé Massieu, son exécuteur testamentaire, qui la fit imprimer par son ordre, et tout le monde reconnut qu'elle était meilleure que les deux autres, quoique encore assez imparfaite.

L'abbé Massieu donna aussi une édition complète des différentes œuvres de Tourreil. On y trouvait plusieurs discours prononcés à l'Académie et particulièrement le compliment que Tourreil avait adressé à Louis XIV en lui remettant, au nom de la savante Académie, le Dictionnaire qu'elle venait d'achever. Il excellait à ce genre d'éloquence, légère, fleurie et même un peu emphatique. Le même jour, il avait débité dans le château de Versailles une trentaine d'autres compliments tous différents les uns des autres, aux princes, aux princesses et aux premiers dignitaires de la cour. On les avait, paraît-il, trouvés admirables, mais il n'en garda point la copie, et Massieu ne put donner au public que celui qui avait été adressé au roi. Il fit imprimer une *préface* destinée à précéder le grand dictionnaire et des *Essais de jurisprudence* qui avaient déjà paru en 1694 et qui n'étaient autres que de petits traités ou mémoires sur différentes questions à l'ordre du jour, comme les suivantes : si la torture est une bonne voie pour découvrir les coupables ; si l'on a bien fait en abolissant la loi qui tenait les femmes en tutelle toute la vie ; si un homme qui ne volerait que pour donner commettrait réellement un vol ; si un juge peut ordonner une demi-peine pour le crime dont il n'a qu'une demi-preuve, etc., etc. Ces questions étaient généralement résolues par Tourreil dans le sens le plus équitable, mais il avait la prétention, en les traitant avec un style plaisant, de les mettre à la portée des gens du monde, et, par là, il ne se rendit que ridicule et fastidieux. Il appelle un *exploit* d'huissier un *compliment timbré*, le salaire est pour lui une *reconnaissance monnoyée* et ainsi du reste. L'insuccès, comme on pense bien, fut complet, tant pour l'édition posthume de Maucroix que pour son aînée.

Tourreil était de l'Académie française depuis 1692. Le chancelier de Pontchartrain, son premier protecteur, lui avait ouvert les voies à cet honneur. Il était aussi de l'Académie des inscriptions, et de

Bose le représente comme un des membres de cette compagnie qui ont le plus contribué à l'*Histoire du règne de Louis XIV* par les médailles. Pour l'en récompenser on augmenta la pension qu'il avait déjà. Tourreil remplissait les fonctions de directeur de l'Académie française en 1703, quand l'abbé de Chaulieu se présenta pour occuper la place laissée vacante par la mort de Charles Perrault. « Par où il avait déplu à Tourreil, c'est, dit l'abbé d'Olivet, ce que je ne sais point, mais le fait est que celui-ci voulant empêcher son élection, déclara, le propre jour du scrutin, que M. de Lamoignon se mettait sur les rangs », ce qui était absolument faux, car cet illustre magistrat ayant été nommé tout d'une voix, il refusa absolument, non par aucun dédain des belles-lettres ou de la savante société, mais pour ne pas se rendre complice d'une odieuse supercherie. D'un autre côté, Louis XIV ne voulant pas que le refus d'un si grand personnage pût faire aucun tort à l'Académie, ordonna au cardinal de Rohan de se mettre sur les rangs, ce qui fut cause que l'abbé de Chaulieu surnommé l'*Anacréon du Temple* ne fut jamais membre de l'Académie, car cette occasion une fois manquée, il n'en chercha pas de nouvelles.

Tourreil mourut en 1715, à peine âgé de cinquante-neuf ans. Il laissa la réputation d'un homme d'esprit, mais d'un jugement faible et d'un goût peu sûr. Quant à son caractère, il était rude et emporté, ce dont il songea d'autant moins à se corriger qu'il prenait ce défaut pour la véhémence oratoire, et pour un excès de franchise, deux choses qu'il estimait fort et dont il se piquait d'être très pourvu.

MALLET

Académicien en 1714, mort en 1736.

Jean Mallet Rolland est un des académiciens les moins célèbres. Il était, paraît-il, fils d'un menuisier, mais on ne dit ni le jour ni le lieu de sa naissance, ni comment d'un état si pauvre il devint homme de lettres et savant ; sa spécialité était la science des calculs appliquée aux questions financières. C'est par là qu'il fixa l'attention du contrôleur général qui le prit en amitié et le fit recevoir de l'Académie. Son seul titre à cet honneur était un prix de poésie qu'il avait remporté pour une *Ode à la reine Anne d'Angleterre* avec qui nous venions de faire la paix. Cette princesse, peu savante sur notre langue, témoigna une grande satisfaction de cette pièce de vers et envoya au poète une médaille d'or où son effigie était gravée. Ce présent sans doute eût été précieux à un grand seigneur, mais le fils du menuisier eût bien préféré une riche pension. Il l'obtint plus tard du gouvernement français, grâce à la protection de Desmarets, et pour un ouvrage sur *l'Histoire et l'origine des impôts* qui fut présenté à Louis XIV et que ce prince trouva excellent. Mallet mourut en 1736 laissant peu de fortune, quoiqu'il eût été toute sa vie dans les finances, mais avec la réputation d'un homme honnête, modeste et discret.

BOYER

Né en 1675, académicien en 1736, mort en 1755.

Jean-François Boyer, évêque de Mirepoix, naquit à Paris en 1675, d'une famille nombreuse, originaire d'Auvergne, et moins distinguée par sa fortune que par sa piété. Quatre de ses frères et autant de ses sœurs embrassèrent la vie religieuse. Lui-même entra, jeune encore, dans la congrégation des Théatins où il fut d'abord employé à l'instruction de la jeunesse et plus tard au ministère de la prédication dans lequel il acquit une assez belle renommée. C'était au commencement du xviiie siècle, et, il faut l'avouer, après la mort de nos plus grands orateurs chrétiens. Massillon, seul de cette sublime phalange, vivait encore, et il ne prêchait déjà plus quand Boyer fut appelé dans les grandes chaires de Versailles et de Paris. Il était sans doute fort inférieur à ses illustres devanciers, par le génie oratoire, mais il dépassait ses contemporains et surtout ses successeurs par l'accent apostolique et par la piété. Déjà le bel esprit envahissait les chaires, on commençait à y moins prêcher nos saints mystères, pour ne traiter que des questions de simple morale ; et encore le faisait-on avec tant d'indulgence, ou, pour mieux dire, de mollesse, que les prédicateurs paraissaient plus occupés du soin de leur gloire que de celui du salut de leurs auditeurs. Boyer du moins ne fut pas complice de cet affaiblissement du saint ministère. Homme de Dieu avant tout, il prêcha toujours selon le véritable esprit de l'Evangile, et c'est sans doute cette sainte austérité qui le fit tant apprécier.

Le cardinal de Fleury, alors ministre tout-puissant, sut apprécier le mérite de l'abbé Boyer et le nomma évêque de Mirepoix ; mais le nouvel évêque n'occupa que peu de temps ce siège. Bientôt, en effet, le Dauphin, fils de Louis XV, étant en âge d'être retiré de la direction des gouvernantes pour passer à celle des précepteurs, Boyer fut mis à la tête de tous ceux qui devaient travailler à son instruction. Ce choix excita de grands murmures, principalement chez les libertins et les jansénistes. Les premiers eussent préféré un prélat moins pieux et moins régulier. Le mécontentement des autres s'explique assez par les opinions religieuses de Boyer, entièrement opposées aux leurs. Les uns et les autres dissimulèrent la vraie cause de leur contrariété et se rejetèrent comme de concert sur la prétendue incapacité du précepteur. L'abbé Proyart, auteur de la vie du Dauphin, raconte que ce fut un véritable déchaînement. Les vertus de l'élève vengèrent le maître. La France entière, en pleurant sa mort, fit assez voir quel prince elle perdait et quel règne l'évêque de Mirepoix lui avait préparé. La tendre affection du Dauphin pour son précepteur en est un éloge encore plus glorieux. Ce prince si sage et si vertueux ne pouvait aimer à ce point qu'un maître digne de son emploi, et d'autre part il fallait un maître éminent pour former un élève si admirable et si parfait.

C'est en sa qualité de précepteur du dauphin que Boyer fut élu académicien. L'Académie des sciences et celle des inscriptions l'appelèrent aussi dans leur sein. Il n'avait rien écrit cependant, et ses sermons eux-mêmes, seules causes de sa renommée, ne furent jamais imprimés, en sorte, dit M. Tastet, qu'on n'aurait rien de lui sans les discours prononcés à l'Académie française, lorsqu'il y fut reçu et lorsque, en qualité de directeur, il y reçut à son tour le cardinal de Soubise.

Quoique peu partisan de cette austérité toute apostolique, d'Alembert est obligé de rendre hommage aux vertus de l'évêque de Mirepoix. C'était, il l'avoue, un saint évêque, un homme plein d'ailleurs de politesse et de modestie. Son désintéressement est au-dessus de tout éloge. Quoique chargé par la confiance du roi de la feuille des bénéfices, jamais il ne fit rien pour lui-même. A l'exemple de Bossuet, il se démit de son évêché en devenant précepteur du dauphin, et, pour le dédommager, le roi lui ayant donné l'abbaye de Saint-Mansuy, il refusa obstinément celle de Corbie que le même prince voulait l'obliger de recevoir. Malgré la médiocrité de sa fortune, il trouvait néanmoins de quoi faire de grandes aumônes. Sa mort, arrivée en 1755, fut pleurée de tous les gens de bien qui le connaissaient et de ses nombreux amis, parmi lesquels il avait l'incomparable honneur de compter l'épouse et les filles de Louis XV. Ces princesses délaissées formaient une petite cour où la vertu était d'autant plus appréciée que le vice était plus en honneur à l'autre. L'évêque de Mirepoix, premier aumônier de la reine, y était encore plus appelé par ses vertus que par ses fonctions.

BOISMONT

Né en 1715, académicien en 1755, mort en 1786.

Nicolas-Thyrel de Boismont, né à Rouen en 1715, embrassa dès ses premières années l'état ecclésiastique, et vécut assez longtemps dans sa ville natale des modestes revenus d'une prébende. C'était un abbé frivole et mondain comme on en voyait tant alors, s'occupant de poésie légère et vivant dans les salons, sans aucun souci du salut des âmes, et de sa propre sanctification. Cependant à ces indignes moyens de passer son temps, il joignit bientôt quelques prédications. La chaire était alors pour beaucoup de prêtres le chemin de la renommée et de la fortune, et plusieurs de ceux qui en faisaient leur carrière étaient loin de s'inspirer uniquement des idées de la foi et de la piété. Aussi bien, les discours qu'on y portait se ressentaient souvent de l'esprit du monde par le soin qu'on prenait de parler fort peu des mystères et de traiter avec une mollesse toute humaine les sujets relatifs aux obligations et aux vertus. Il s'agissait de charmer le monde beaucoup plus que de le convertir et de le sauver. Boismont fut d'abord admiré dans sa province. Il avait beaucoup d'esprit, de la pénétration et de la finesse dans les pensées, un langage fleuri sans affectation, un style doux, élégant et harmonieux. C'était plus qu'il n'en fallait alors, même sans une connaissance bien profonde de la religion, pour se faire une renommée. Le succès de notre abbé fut tel qu'on l'engagea à s'établir à Paris où il parla d'abord dans les petites églises et fut appelé bientôt après dans les grandes. Son extérieur était fort beau, il avait le geste agréable, la voix sonore, l'accent pur et harmonieux. Tout Paris s'occupa de lui pendant plusieurs années, et, s'il ne fit pas beaucoup de conversions, il obtint du moins beaucoup d'applaudissements. L'Académie française le désigna pour prêcher, devant elle, en 1750, le panégyrique de saint Louis. Il s'acquitta de cette mission avec beaucoup de bonheur, rajeunissant par des tours nouveaux et d'ingénieuses conceptions un sujet où il semblait impossible de rien dire qui ne l'eût été déjà bien des fois. En 1755, l'Académie française le reçut au nombre de ses membres ; souvent depuis elle lui fit prononcer les sermons qu'elle devait entendre et entr'autres les oraisons funèbres du Dauphin, de la reine Leczinska et du roi Louis XV lui-même. Chacun de ces sujets fut pour notre éloquent abbé l'occasion d'un nouveau triomphe, non qu'ils fussent traités d'une manière irréprochable, mais parce qu'ils étaient au goût du jour.

La vieillesse de l'abbé de Boismont fut marquée, dit La Harpe, par une singularité bien extraordinaire ; c'est dans un âge où l'on ne peut plus guère ni se corriger ni acquérir, c'est à soixante-dix ans, qu'il fit un ouvrage où il paraît tout différent de ce qu'il avait été. Il fut chargé de prononcer un sermon pour l'établissement d'un hôpital destiné aux prêtres en retraite et aux officiers invalides, et ce sermon est sans comparaison ce qu'il a laissé de plus beau. Là tous ses défauts ont presque entièrement disparu et sont remplacés par tous les mérites qui lui manquaient. Il y a de l'onction, de la vérité, du pathétique ; ses moyens sont bien conçus et supérieurement développés, ses vues sont justes et grandes, ses expressions sont heureuses. Il parle au cœur, à l'imagination, à la raison ; en un mot, il est orateur. Il s'agissait de solliciter l'humanité en faveur de la vieillesse indigente de ceux qui ont consacré leur vie et donné leur sang à l'État ; c'est la première partie de son discours. Il s'agissait d'assurer de même, dans un asile honorable, les secours nécessaires aux besoins et aux maladies de ceux qui ont vieilli au service des autels ; c'est la seconde partie. Toutes deux sont également remplies. La quête suivit le sermon, elle rapporta cent cinquante mille francs, ce qui est au moins autant que trois cent mille de nos jours, et prouve éloquemment, sinon le mérite essentiel du discours, du moins l'impression qu'il avait faite sur les auditeurs. Enfin Boismont fut nommé prédicateur ordinaire du Roi. Il était membre de l'Académie depuis 1755 et il avait signalé son installation par un discours sur *la nécessité d'orner les vérités évangéliques*. C'était à la fois donner son programme et faire sa propre apologie. Ce discours fut très applaudi par le grand nombre, mais beaucoup d'auditeurs et de lecteurs, on le pense bien, se déclarèrent contre lui. Sur la fin de sa vie, Boismont s'était intimement lié avec l'abbé Maury. Un jour que celui-ci lui demandait plusieurs détails sur sa jeunesse : « L'abbé, lui dit Boismont en souriant, n'est-ce pas ma mesure que vous prenez ? » Maury, en effet, aspirait à l'Académie, tout le monde le savait, et Boismont s'amusait à supposer qu'il prenait des notes, pour faire son éloge en prenant possession de sa place.

L'abbé de Boismont mourut en 1786. Le recueil de ses œuvres publiées après sa mort ne contient guère que ses éloges académiques, ses oraisons funèbres et quelques sermons. On lui attribua, ainsi qu'à l'abbé Maury, des *Lettres secrètes sur l'état de la religion* qui parurent vers 1781, mais rien ne prouve qu'ils en soient réellement les auteurs.

RULHIÈRE

Né en 1735, académicien en 1787, mort en 1790.

Charles-Carloman de Rulhière était né à Bondy près Paris en 1735. Son père et son grand-père étaient inspecteurs de la maréchaussée pour la province de l'Isle-de-France. Après avoir fait de brillantes études au collège de Louis-le-Grand il entra lui-même dans la gendarmerie de la garde et fit la campagne de Hanovre. En même temps il s'occupait beaucoup de littérature et composait des poésies recherchées dans la bonne société. La première qui fut imprimée était intitulée *Épître sur les disputes*. Voltaire à qui cette *épître* s'adressait la transcrivit tout du long dans ses *Questions sur l'Encyclopédie*, en la faisant précéder de ces deux lignes : « Lisez ces vers, voilà comme on en faisait dans le bon temps » ; et il écrivait à l'auteur en ces termes : « Je vous remercie du plus grand plaisir que j'aie eu depuis longtemps. J'aime les beaux vers à la folie. Ceux que vous avez eu la bonté de m'envoyer sont tels que ceux que l'on faisait il y a cent ans quand les Boileau, les Molière, les La Fontaine étaient de ce monde. J'ai osé dans ma dernière maladie écrire une lettre à Nicolas Despréaux ; vous avez bien mieux fait, Monsieur, vous écrivez comme lui. »

Ce premier succès attira sur Rulhière l'attention de la société d'élite qui se groupait autour du baron de Breteuil. Lorsque ce diplomate fut nommé ambassadeur près de la cour de Russie, il prit pour secrétaire le jeune écrivain dont le talent l'avait charmé. Admirablement placé à Saint-Pétersbourg pour suivre les événements qui s'accomplissaient dans les sphères politiques et dans l'intérieur du palais des tzars, il put prendre ses notes sur le drame terrible qui se termina par la mort de Pierre III et l'avènement de Catherine II. De retour en France, il le racontait dans les salons d'une manière saisissante. Bientôt ses amis le déterminèrent à donner au public ces récits qui les avaient tant charmés. Il en composa son *Histoire de la révolution de Russie en* 1762. Ce livre renfermait des révélations terribles sur la tzarine; ses agents diplomatiques en furent vivement émus, peut-être en eut-elle connaissance elle-même et en conçut-elle du chagrin ; toujours est-il que des offres furent faites à l'auteur pour obtenir de lui la suppression de l'ouvrage ; avec les offres, vinrent les essais d'intimidation, mais Rulhière ne voulut jamais donner son manuscrit ni promettre le silence qu'on désirait. Le petit-fils du roi, Louis comte de Provence qui, plus tard, fut Louis XVIII, l'avait pris pour secrétaire et l'encourageait à ne pas céder. Rulhière promit seulement que son livre ne paraîtrait pas avant la mort de l'impératrice.

Un voyage qu'il fit en Pologne lui donna l'idée d'écrire les derniers événements politiques de cette malheureuse nation. Il y consacra onze ans de sa vie de 1776 à 1787, interrogeant les témoins, fouillant les correspondances, rassemblant enfin toute espèce de matériaux, moins pressé d'arriver aux dernières pages que jaloux de n'en point laisser d'imparfaites. En même temps qu'il se livrait avec ardeur à ce travail, il entretenait des rapports suivis avec les hommes illustres de son temps, Richelieu, Breteuil, Montesquieu, Necker, Voltaire, tous enfin, sans distinction d'opinion, mais avec une préférence bien marquée pour les philosophes. Il vit surtout Jean-Jacques Rousseau dont il goûta les idées au point de le louer dans son discours de réception à l'Académie « d'avoir fait revivre les devoirs maternels et ramené le bonheur sur le premier âge », comme si le philosophe avait pu ajouter quelque chose sur ce point aux enseignements de la religion.

La Révolution le surprit au milieu de ces relations et de ces études, elle trompa, en les dépassant infiniment, ses aspirations et ses prévisions. Comme tous les philosophes de ce temps il avait rêvé des réformes partielles, ou tout au moins un progrès lent et paisible de l'état social. L'immense ébranlement dont il fut témoin l'anéantit. L'indignation, la pitié, la peur agitèrent à la fois son âme pendant cette année 1790 qui fut la dernière de sa vie. Il eût voulu pouvoir arrêter le torrent qui entraînait tout, et il se sentait intérieurement coupable avec tous les philosophes, ses amis ou ses maîtres, de l'avoir lui-même déchaîné. Retiré à son ermitage, délicieuse villa qu'il s'était bâtie près de Saint-Denis, il gémissait, il tremblait sur le présent et sur l'avenir de la France. On dit aussi qu'il prenait des notes et se disposait à composer l'histoire des grandes catastrophes chaque jour accomplies sous ses yeux ; la mort lui en ôta le moyen, il succomba après une maladie de quelques heures le 30 janvier 1790. Il était de l'Académie depuis 1787, chevalier de Saint-Louis depuis 1775, et, depuis 1768, pourvu d'une pension de six mille francs et chargé d'écrire pour l'instruction du Dauphin cette *Histoire de l'anarchie en Pologne* qui ne parut qu'en 1807.

Outre la satire des *Disputes* et les *Histoires* sur la Pologne et sur la Russie, Rulhière a écrit des *Anecdotes sur Richelieu*, une esquisse du *Comte de Vergennes*, des *Eclaircissements historiques* sur les causes de la révocation de l'édit de Nantes, ouvrage très instructif par les détails intimes et curieux dont il est plein, mais favorable aux protestants ; il écrivit enfin des brochures politiques publiées avant la Révolution. Ces ouvrages sont toujours intéressants, à cause des recherches profondes et minutieuses auxquelles Rulhière se livrait toujours pour connaître la vérité et qui lui permettaient d'écrire des choses jusqu'alors ignorées et pourtant fort bien établies. A cet avantage toujours précieux se joignait celui d'un très grand soin, d'une rare et consciencieuse application à dire les choses de la manière la plus agréable au lecteur. Rulhière travaillait la forme autant que le fond. Le choix des traits et des tours, l'élégance, l'harmonie, la clarté, enfin tout ce qui peut embellir une œuvre d'esprit, Rulhière s'efforçait de le faire passer dans son style ; aussi ses ouvrages étaient-ils fort recherchés des gens de goût et trouvent-ils encore des lecteurs. Sans doute on peut leur reprocher l'esprit de parti et des teintes bien accentuées parfois de partialité, comme dans ce qui regarde les protestants ; mais cette partialité est toujours modérée, et semble provenir d'une illusion plutôt que d'un parti pris. Elle paraît simple, naïve même et n'en est que plus persuasive et plus dangereuse. On a trop loué peut-être les fameux deux cents vers sur les *Disputes* ; l'autorité de Voltaire a fait passer cette pièce pour un chef-d'œuvre, mais il ne faut pas oublier que Voltaire était le chef d'une coterie qui disposait à son gré de la gloire aussi bien que de la fortune, et qui en était aussi avare pour les génies religieux que prodigue pour les philosophes. « Ces vers, disait-il, rappelaient le bon temps ; ils étaient dignes de Molière, de Despréaux et de La Fontaine. » Ils étaient bons en effet et justement appréciés ; toutefois l'opinion publique, ou plutôt la postérité que l'esprit de parti ne peut pas longtemps entraîner, a su faire la différence entre cette aimable fantaisie et les éternels modèles auxquels il plaisait à Voltaire de l'égaler.

CABANIS

Né en 1757, académicien en 1795, mort en 1808.

Celui qui voudrait composer une longue biographie de Cabanis n'aurait pas de peine à le faire, car ce philosophe a écrit lui-même sur l'histoire de sa vie une *Notice* publiée à la tête de ses œuvres, où il est entré dans les plus petits détails. Sans doute l'auteur est suspect en parlant ainsi de lui-même ; toutefois on peut reconnaître au ton général de ses récits, l'accent d'une grande sincérité, et même d'une assez grande impartialité. Il n'entre pas dans le plan de cet ouvrage d'en faire de longs extraits, nous nous bornerons à un très court résumé.

Le père de Cabanis était un agriculteur célèbre et en même temps, ce qui paraît aller mal ensemble, un avocat distingué ; il plaidait fort heureusement les grandes affaires de son bailliage tout en perfectionnant l'art de greffer les arbres fruitiers. Il habitait les environs de Brive où il était né ; son fils, Pierre-Jean-Georges, le célèbre philosophe, y naquit aussi, non pas cependant dans le même lieu, car le père était venu au monde à Issandon et le fils vit le jour à Cosnac. Deux prêtres du voisinage furent les premiers instituteurs du philosophe, on le mit ensuite au collège de Brive d'où la violence et l'opiniâtreté de son caractère le firent renvoyer. Alors son père le conduisit à Paris où il se vit obligé de l'abandonner après l'avoir recommandé à des amis. Là Cabanis suivit avec passion les cours publics et fit de grands progrès pour les lettres. A seize ans, il allait en qualité de secrétaire de l'évêque de Vilna à la diète de Pologne et assista au partage de ce malheureux pays, il fut témoin des moyens oppressifs par lesquels les chefs de cette nation infortunée furent conduits à consentir à son démembrement et en prit les premiers germes de la misanthropie mélancolique qui fut le caractère de toute sa vie.

Revenu à Paris il se décida à étudier la médecine. Le professeur Dubreuil auquel il était recommandé par les nombreux amis de son père, le prit en affection, et l'aida beaucoup dans ses travaux. Il fit dans le même temps la connaissance de la veuve d'Helvétius avec laquelle il lia une grande amitié, et c'est chez elle qu'il fréquenta tous les principaux philosophes encyclopédistes, d'Holbach, Condillac, Thomas, Diderot, d'Alembert, Franklin, et, plus tard, Condorcet, Laplace, Tracy, Volney, Garat. « Ces liaisons, dit Archambault, ne furent pas étrangères à la direction des travaux de Cabanis; ils reflètent l'idée qui avait présidé à l'inauguration de l'Encyclopédie », c'est-à-dire le matérialisme.

Cabanis fut aussi intimement lié avec Mirabeau, c'est lui qui le soigna dans sa dernière maladie. Le grand orateur, en proie à des douleurs atroces, demandait le poison, et l'on accusa Cabanis de le lui avoir servi pour abréger ses tortures, mais celui-ci s'en défendit vivement dans un *Journal de la maladie et de la mort* de son illustre ami. Il défendit même la mémoire du défunt de cette inculpation de lâcheté. Mais il faut bien l'avouer, ses principes en cette occasion semblent assez opposés à son discours, et l'on ne voit guère quel crime commet l'incrédule quand il abrège volontairement une vie qui n'est plus pour lui qu'une source d'atroces douleurs. On assure d'ailleurs que ce fut lui qui fournit à Condorcet le poison avec lequel il se tua dans sa prison.

Après avoir propagé de toutes ses forces les principes de la Révolution, Cabanis, comme tant d'autres, en répudia les folies et les crimes. Il vécut retiré à la campagne jusqu'en 1795 ; alors il fut nommé professeur d'hygiène à l'Ecole centrale qu'on venait de créer. L'année suivante, il entrait à l'Institut, section des sciences morales et politiques. En 1797, il fut nommé professeur à l'école de médecine, et, en 1798, représentant du peuple au conseil des Cinq-Cents. Au 18 Brumaire, ce fut lui qui proposa à l'Assemblée des Cinq-Cents de voter la déchéance du Directoire. Pour l'en récompenser, le premier consul nomma sénateur le député qui lui avait ainsi ouvert les voies au pouvoir; mais, quoique élevé à cette dignité et commandeur de la Légion d'honneur, Cabanis jouait à l'indépendance et se rangeait dans cette opposition d'idéologues que l'Empereur tournait en ridicule et dont il ne s'inquiéta jamais beaucoup, parce qu'il voyait l'ambition et la vanité de ses membres.

Cabanis a écrit beaucoup d'ouvrages sur l'histoire et la philosophie de la médecine, parmi lesquels il faut distinguer une *Dissertation sur le supplice de la guillotine*, dans laquelle il réfute l'opinion de plusieurs savants qui pensaient que la douleur se prolonge après la décapitation, un *Coup d'œil sur les révolutions et la réforme de la médecine*, où il expose avec un grand talent les doctrines qui ont influé sur les progrès de cette science, et son étude sur le *Degré de certitude de la médecine*, dont le but était de prouver qu'elle n'est pas aussi dénuée de règles sûres qu'on le croit. Mais le principal ouvrage de cet auteur est sans contredit son *Rapport du physique et du moral de l'homme*. Ce livre est basé sur une théorie purement matérialiste. L'auteur partant du principe sensualiste, tel qu'il est formulé par Condillac, aboutit à cette conclusion que les facultés morales naissent des facultés physiques, ou que les unes et les autres sont la même chose considérée sous un point de vue différent.

Entré dans cette voie, dit M. Archambault, Cabanis alla toujours en avant. Il démontra dans son *Histoire physiologique des sensations*, qu'il n'existe d'autres sensations que celles qui proviennent des sens externes, c'est-à-dire des impressions dues à l'action des organes, de la poitrine et du ventre. Il y rattacha particulièrement les sentiments et les instincts. L'étude physiologique de l'homme se trouva donc complétée au point de vue de l'école sensualiste. Jusqu'à Cabanis, elle n'avait abordé que les faits de la volonté et de l'entendement, et elle attribuait à tout acte de sentiment et d'instinct une espèce de raisonnement. Ce n'était pas le côté le moins faible du sensualisme ; Cabanis le comprit et alla chercher la cause des impulsions, des désirs, dans la profondeur des viscères, c'est-à-dire dans les organes de la vie de nutrition. C'est ainsi qu'il la plaça sous l'empire des influences physiques, sous celui des âges, des sexes, des tempéraments, des maladies du régime et des climats qui agissent si puissamment sur l'organisme en général. Ce fut la matière d'autant de mémoires séparés où l'auteur ne tint compte que de l'action du physique sur le moral, et oublia en quelque sorte celle du moral sur le physique. L'empire des idées, cette force insaisissable et si puissante, fut donc méconnu, et Cabanis, sans s'en apercevoir, anéantit lui-même le problème qu'il s'était proposé de résoudre, les *Rapports du physique et du moral*, puisqu'il considère les idées comme le produit de certaines opérations propres aux organes. En niant la dualité humaine, il nie le titre de son livre.

M. de Barante, dans son *Tableau de la littérature française*, insiste sur les rapports et les différences qu'il découvre entre les idées d'Helvétius et celles de Cabanis.

« Helvétius, conformément aux nouvelles idées, établit toute sa doctrine sur cette base que la sensibilité physique est la cause productrice de toutes nos pensées. De tous les écrivains qui ont embrassé cette opinion, nul ne l'a présentée d'une manière aussi grossière. Quand on veut faire dépendre l'homme de son organisation, quand on veut que juger soit sentir et que la pensée ne soit pas autre chose que le dernier degré de la sensation, au moins faut-il essayer de connaître et d'exposer la marche de cette sensation. M. Cabanis a refait toute cette portion du livre d'Helvétius ; il a approfondi ce que son prédécesseur avait à peine soupçonné. Il était trop savant pour voir dans les gros rouages de l'organisation physique les facultés morales qui distinguent l'homme ; il a poussé ses recherches plus avant et il a voulu reconnaître ces facultés dans les ressorts les plus fins, et, pour ainsi dire, les plus mystérieux de la nature physique. Son habileté n'a servi qu'à faire voir encore mieux combien l'essence de la nature morale est étrangère aux lois qui peuvent régir la matière. Quelque vif que fût son désir de rattacher le moral au physique, il n'a pu approcher du but où il tendait et il a eu assez peu de philosophie pour se montrer amoureux de cette opinion qu'il ne pouvait parvenir à démontrer. »

Cabanis mourut en 1808 à sa campagne d'Auteuil où il s'était retiré après une première attaque de paralysie, et en attendant la seconde qui l'enleva un an après. On prétend que, bien avant la fin de sa vie, encore plein de force et de santé, il s'était effrayé lui-même des conclusions auxquelles la logique l'avait amené, et que, abjurant même le principe, il affirma hautement l'existence d'une âme distincte du corps et celle d'un Dieu créateur et ordonnateur du monde. C'est ce qu'on peut conclure de *la Lettre à 'M. F.....* sur les causes premières, publiée en 1824, seize ans après la mort de Cabanis, par Bérard, et dans laquelle Cabanis, à moitié converti par ce M. F..... qui n'est autre que le savant professeur Fauriel, donne les marques d'une parfaite sincérité et d'une grande noblesse de caractère, passant ainsi, dit M. Staaf, du matérialisme ou de *l'animisme* de Stahl au spiritualisme qu'il avait jusqu'alors combattu dans tous ses écrits.

TRACY

Né en 1754, académicien en 1808, mort en 1836.

Entre Cabanis et M. Guizot se place M. de Tracy (Antoine-Louis-Claude, comte de), homme de lettres et philosophe de l'école de Condillac. Il naquit dans le Bourbonnais en 1754, suivit comme plusieurs des siens la carrière des armes et devint colonel d'infanterie. Envoyé aux Etats généraux par la noblesse de sa province, il prit place parmi les partisans de la Révolution. Les travaux de l'Assemblée étant terminés, il se retira à Auteuil dans une profonde solitude, où cependant les Jacobins surent le trouver pour le mettre en prison comme un véritable réactionnaire. Le 9 Thermidor fut l'occasion de sa délivrance. Pendant plusieurs années il ne s'occupa que de philosophie et de science. Il fut nommé membre de l'Institut à sa création, et plus tard, en 1799, il fit partie du Comité pour l'instruction publique, institué par ordre du premier Consul. En 1808 il succéda à son ami Cabanis à l'Académie française; enfin Napoléon, malgré son éloignement pour les *idéologues*, le nomma membre du Sénat, ce qui ne l'empêcha pas de voter la déchéance en 1814. Aussi Louis XVIII l'éleva-t-il à la pairie au moment même de la formation originelle de cette assemblée. Pendant les Cent jours M. de Tracy ne fut ni employé ni inquiété. La seconde Restauration lui rendit son siège à la Chambre haute, où il vota presque toujours avec la majorité. Il mourut en 1836.

Les principaux ouvrages de M. de Tracy sont un grand traité de l'*Idéologie*, un *Essai sur le génie et les œuvres de Montesquieu*, la *Grammaire* et la *Logique*, et enfin plusieurs mémoires présentés à l'Académie des sciences sur les questions alors discutées.

M. de Tracy appartient à l'école de Condillac dont il a perfectionné la doctrine en faisant voir avec netteté comment nous nous assurons de l'existence des corps étrangers à notre individu. Il se rapproche beaucoup de Cabanis sous le rapport physiologique, et de Volney sous celui de la morale. C'est dire assez que la religion n'entre pour rien dans son système de philosophie. Outre les théologiens qui ont attaqué en lui la psychologie et la morale indépendantes de toute révélation, M. Damiron, dans son *Essai de la philosophie en France au XIXe siècle*, a réuni tous les arguments les plus décisifs contre le sensualisme dont M. de Tracy est un des chefs. « Il est, dit-il, analyste plus qu'observateur. Il est logicien et pas assez psychologue. Il en vient trop vite à l'analyse et ne prend point assez garde aux faits. » Du reste ses ouvrages se distinguent par l'élégance du style, la finesse des aperçus et une logique serrée; mais il y règne parfois trop de sécheresse, ce qui en rend la lecture peu attachante, surtout aux personnes peu habituées au langage rigoureusement analytique.

On raconte de M. de Tracy qu'étant atteint de la cataracte, et tombé dans la plus complète cécité, il se rendit un beau matin en fiacre chez le célèbre oculiste Wenzel, se fit opérer, mit un bandeau sur ses yeux, ses cristallins enlevés dans sa poche, et retourna aussi tranquillement chez lui que s'il venait d'une promenade ou d'une visite. Cette opération suivie d'aussi peu de ménagement ne lui avait pas entièrement rendu la vue, et tout le monde se souvient, dit M. Mignet, d'avoir rencontré un vieillard, vêtu de noir, constamment en bas de soie, le visage surmonté d'un vaste abat-jour, une longue canne à la main, marchant presque toujours seul avec plus de hardiesse et d'un pied plus ferme que ne devaient le permettre ses yeux presque éteints. C'était M. de Tracy. On raconte que, à l'âge de soixante-treize ans, il ne résista pas à la curiosité d'assister aux combats des trois journées de juillet 1830. Debout sur les barricades, il oubliait en observant les péripéties de la lutte tout le soin de son salut personnel.

GUIZOT

Né en 1787, académicien en 1836, mort en 1874.

C'est chapeau bas qu'il faut aborder cet étonnant personnage, non pas tant pour son mérite, bien qu'il soit réel et considérable, qu'à cause de la renommée que tous les partis se sont accordés à lui faire, et qui l'a élevé, pensons-nous, un peu au-dessus de sa véritable valeur. Toutes les voix de la renommée se sont réunies pour exalter son génie et célébrer sa gloire; ses adversaires eux-mêmes en parlaient avec une admiration plus sincère encore que fondée, et c'est grâce à ce concert universel que M. Guizot a paru plus grand qu'il n'était en réalité, plus grand peut-être, quoiqu'il fût plein d'amour-propre, qu'il ne se croyait au fond lui-même.

Ce n'est pas qu'on n'ait dit et imprimé sur le compte de M. Guizot beaucoup de choses propres à faire douter de son caractère et de son génie, mais on les publiait pendant qu'il était au sommet du pouvoir, et, par là même, elles inspiraient peu de confiance. C'étaient les cris d'une opposition indignée et vaincue dont tous les bons esprits sentaient le besoin de se défier. Au reste, ses adversaires eux-mêmes, au milieu de la lutte la plus passionnée, et jusque dans leur plus violente indignation gardaient envers lui des ménagements, plus favorables à sa gloire que les plus grands éloges de ses partisans. M. Guizot a fasciné tous les regards, il s'est imposé pendant soixante ans à l'admiration universelle, et c'est à peine depuis dix ou quinze ans, depuis la mort de presque tous ses contemporains, et la disparition de son école, de son parti, qu'on s'est mis à l'examiner en face et à le juger d'après ses œuvres, sans se laisser éblouir par l'auréole qui brillait autour de son front. Quelques-uns même, comme il arrive toujours, ont réagi avec excès contre une admiration exagérée ; on en est venu à nier son incontestable talent, la vraie grandeur de son caractère. « C'est un ballon plein de vent, disait M. de Mirecourt, il suffira d'un coup de canif pour le désenfler, pour l'aplatir. » Afin d'y mieux réussir on en a donné plus d'un, dont la renommée de M. Guizot s'est fort ressentie, mais qui n'ont pu faire passer pour un homme ordinaire cet homme que toute une génération a cru prodigieux. La vérité n'est pas plus dans ces dénigrements passionnés qu'elle n'était dans les admirations fanatiques des contemporains. Nous la chercherons dans cette notice et nous la trouverons, je l'espère, grâce à l'impartialité de notre effort. Pour le caractère de cet homme illustre les faits principaux de sa vie suffiront à nous le montrer sous son vrai jour. Le mérite de son esprit et de ses ouvrages ressortira de la destinée de ses doctrines. On connaît l'arbre à ses fruits.

Mais avant d'esquisser la biographie de M. Guizot, il convient d'indiquer les causes principales de la renommée qu'il a acquise, du prestige qu'il a exercé. Ces causes sont, après ses véritables capacités qu'il serait injuste de méconnaître, premièrement le genre de son talent, de son caractère et de sa tenue où tout était grave, solennel et par conséquent très propre à fasciner les yeux du vulgaire, et ensuite l'accord qu'il a constamment maintenu entre sa conduite politique et les intérêts de la grosse bourgeoisie qui était alors à l'apogée de son influence.

Rien ne fait plus facilement illusion que les dehors de la gravité, et rien aussi n'est plus facile à produire et à présenter. La foule qui ne sait pas juger la vérité du mérite est toujours très touchée des apparences. Qu'un homme d'un génie ordinaire ait une figure sérieuse et soucieuse, un regard profond et pensif, un maintien digne, même jusqu'à la roideur ; que sa parole affecte les tons d'un axiome et d'un oracle, que son geste soit tranchant et impérieux, qu'il paraisse toujours sûr de ce qu'il dit, même quand il parle à l'aventure, qu'il prédise l'avenir avec un air inspiré, qu'il méprise ses contradicteurs comme incapables, et même en général tous les hommes comme inférieurs, qu'il dédaigne de répondre à ce qui l'embarrasse, qu'il jette à la foule en forme de sentences des pensées obscures et prétentieuses où elle ne comprend rien : c'est assez, c'est fait ; s'il est seulement assez intelligent pour ne point paraître ridicule, je lui prédis qu'il passera pour un homme de génie. S'il joint à ces avantages de la fermeté dans le caractère et dans les résolutions, la patience d'attendre, l'art de ne céder jamais sur rien, de ne jamais se démentir, le mépris au moins apparent des biens et des plaisirs si avidement recherchés par tous, les dehors enfin ou, mieux encore, les réalités de la vertu, certainement il dominera sans peine sur les hommes presque tous agités, turbulents, inconsistants, sur la foule d'autant plus touchée de la dignité du maintien qu'elle voit, même au premier rang de la société et parmi ceux dont elle admire les talents, un plus grand nombre de caractères qui en sont totalement dépourvus.

Tel a été M. Guizot.

Son ambition, pour être calme et patiente n'était ni moins ardente ni moins extrême ; dès le premier jour de sa vie politique, il se sentit fait pour le pouvoir et il ne cessa pas d'y aspirer. Ce pouvoir, il le voulait souverain, absolu, incontesté. Il le voulait pour lui-même, comme un exercice légitime de sa capacité, de son génie, mais il le voulait aussi pour ses idées, car il avait des idées ; ce n'était pas un ambitieux vulgaire, avide seulement de commander ; ses idées qu'il appelait des doctrines et qui n'étaient que des systèmes, il voulait les imposer, les faire accepter, prévaloir, non pas même au moyen de la discussion, pour laquelle il avait peu de goût et par les prestiges de l'éloquence qu'il affectait de dédaigner, mais par une sorte d'autorité pédagogique qu'il tâchait de se donner, en les affirmant avec hauteur comme incontestables et supérieurs à la raison du grand nombre, au point qu'on ne pouvait les attaquer sans faire preuve de ne pouvoir les comprendre et se ranger ainsi soi-même dans les ignorants et les incapables. Telle était la tactique de M. Guizot. Réfléchie ou instinctive, elle produisait toujours son effet. Ceux qui ne comprenaient pas applaudissaient pour se donner l'air d'avoir compris, et ceux qui voyaient l'erreur essentielle du raisonnement se taisaient pour ne pas faire hausser les épaules aux gros bonnets du parti qui faisaient les entendus.

Au reste les doctrines de M. Guizot n'étaient pas moins propres que son caractère et le genre de son talent à favoriser le progrès de sa considération et de sa fortune.

Il y a dans la bourgeoisie révolutionnaire qui mène la France depuis 1789, deux nuances bien distinctes, deux fractions bien définies : celle qui est parvenue à la fortune qu'elle ambitionnait, aux situations, aux honneurs, à l'importance enfin, objet de ses plus vives convoitises, et celle que les révolutions ont seulement mises sur le chemin en lui donnant des droits, des moyens, des chances de parvenir. La première, on le conçoit, veut arrêter la Révolution juste au point où il a fallu qu'elle allât pour combler ses vœux ; elle est donc essentiellement conservatrice, elle devient même réactionnaire lorsque sa situation est menacée. Son rêve après s'être servie de la démocratie pour arriver au pouvoir est non seulement de l'arrêter et de la vaincre, mais de l'écraser, pour régner en paix sur ses ruines et à la place de l'ancienne aristocratie. La seconde, au contraire, veut poursuivre l'œuvre révolutionnaire, lui faire faire une étape de plus, juste celle qui doit la porter au pouvoir, sauf sans doute à se faire, elle aussi, conservatrice quand elle y sera parvenue. Elle s'agite, elle crie aux armes ! Elle trouble et tourmente le monde pour culbuter sa sœur aînée.

M. Guizot s'est fait l'homme de la première de ces fractions de la bourgeoisie, d'autres ont dit l'instrument, mais à tort, car de tels caractères ne servent d'instruments à personne, ou plutôt ils font tout servir à leurs fins. M. Guizot était le chef, le drapeau de ce parti, il en défendait les intérêts, mais, en réalité, au lieu que l'homme servît le parti, c'était le parti qui servait l'homme. M. Guizot portait le drapeau, mais il le portait, en étant porté lui-même sur les épaules de la bourgeoisie satisfaite. Avec elle il arrivait au pouvoir, mais il y arrivait pour lui, les autres n'y devaient être que ses agents ou pour bien dire ses serviteurs. Après avoir conquis le pouvoir avec eux, c'est par eux, comme par des instruments, qu'il voulait l'exercer et le maintenir.

Au sommet de cette bourgeoisie supérieure se trouvait une réunion d'hommes appelés les doctrinaires formant à la fois une école et une coterie : une coterie parce qu'ils avaient leurs prétentions personnelles qu'ils soutenaient en commun ; une école parce que c'étaient des orateurs et des philosophes, anciens professeurs pour la plupart, et, tandis que le reste du parti n'avait guère que des intérêts, des ambitions, les doctrinaires prétendaient avoir des principes, formulaient des dogmes, établissaient des systèmes ; dogmes, principes et systèmes dont le point essentiel n'était guère au fond que celui-ci : Etant les plus capables, c'est à nous seuls de gouverner. Mais enfin tout cela était mis en corps de science politique et se professait en leçons comme l'histoire et la poésie : la charte en était l'évangile, avec l'électorat à trois cents francs d'impôts, l'éligibilité à mille, et le vote annuel du budget, c'est-à-dire la royauté en tutelle, la petite fortune et le peuple en interdit, aussi bien que la naissance et le talent, le tout au profit de la grosse bourgeoisie. C'était la vie politique de l'Angleterre transportée en France, mais sans l'influence de la haute noblesse et du clergé, sans l'ascendant traditionnel d'une dynastie acceptée de tous. M. Royer-Collard en était là, ainsi que M. Guizot et toute l'école des doctrinaires. La sagesse des siècles ne devait pas aller plus loin.

Ce qui caractérisait cette coterie c'était une prodigieuse confiance de ses membres en eux-mêmes : M. de Cormenin la nomme le parti de l'orgueil. Ils étaient habiles, et ils croyaient l'être encore plus qu'ils ne l'étaient. Cet orgueil était devenu le ton, la tenue naturelle des doctrinaires. Ceux même, comme Royer-Collard et M. de Serre, qui, personnellement, n'auraient pas manqué de modestie, formés par le contact des autres, parlaient et agissaient comme eux ; ils débitaient des sentences, ils formulaient des aphorismes aussitôt répétés par tous comme des oracles. Quand les royalistes arrivèrent au pouvoir en 1821 : Ils n'y resteront pas huit jours ! dit M. Royer-Collard avec solennité. Ils y restèrent huit ans, mais n'importe, le mot était dit et il faisait son effet.

Ce qui les distinguait encore, c'était leur exclusivisme. Ils n'étaient qu'une vingtaine, et ils ne trouvaient de mérite que parmi eux seuls. Tout le parti tient sur un canapé, avait pu dire une femme d'esprit, et ils prétendaient gouverner le monde. Se louant, se soutenant les uns les autres, et ne louant jamais qu'eux seuls, ils étaient parvenus à persuader tout le monde et à se persuader eux-mêmes qu'ils étaient en tout les plus habiles, et qu'on ne pouvait rien faire sans eux.

Voilà le milieu où se trouva, où se plaça M. Guizot, voilà le cadre où il faut voir pour comprendre son mérite et son succès, cette austère et prétentieuse figure. Pieux quoique protestant ancien professeur dans les cours publics, fastueux dans sa simplicité affectée, impatient de tout ce qui pouvait s'élever au-dessus de lui mais ennemi de toute anarchie et partisan résolu de l'autorité, aussi plein de mépris pour l'humanité que d'estime pour lui-même, M. Guizot ne pouvait être admis au nombre des doctrinaires sans devenir aussitôt leur chef, et il ne pouvait être le chef de cette coterie célèbre sans attirer bientôt à lui le regard de la France entière.

Pierre-Guillaume Guizot est né à Nismes en 1787 d'une famille protestante qui avait trouvé moyen de rester en France, malgré la révocation de l'édit de Nantes; mais la Révolution, plus intolérante mille fois que la royauté absolue, fit mourir son père sur l'échafaud et força sa mère à s'exiler. C'est à Genève que le jeune Guizot passa les années de sa petite enfance et fit ses études, dans cette patrie du plus froid et du plus dur de tous les sectaires. « C'est là, dit Mirecourt, qu'il a pris ces manières gourmées, ce ton pédant, cette élocution roide et cassante, et cette dignité perpétuelle dans le mensonge politique et dans la déraison administrative qui ne l'ont jamais abandonné. » C'est là du moins, dirons-nous après le biographe un peu passionné, qu'il a pris cette irrémédiable aversion contre l'Eglise romaine, si tenace malgré des sentiments pieux qui semblaient devoir la vaincre, et cette prétention d'établir l'ordre public et l'autorité sans revenir à leurs véritables principes.

A dix-neuf ans, son éducation classique étant terminée, Guillaume Guizot revint à Paris où, pour pouvoir suivre les cours de droit, il fut obligé d'accepter les fonctions de précepteur dans une famille suisse, puis il fut admis chez Suard qui présidait alors à la direction du *Publiciste* et fit lui-même pour cette feuille des articles qui furent appréciés et le mirent au-dessus du besoin. Bientôt il obtint de M. de Fontanes une chaire d'histoire à la Faculté de Paris.

Ici se place l'histoire de son premier mariage, un des traits les plus touchants de sa vie.

Dans le salon de Suard, où se rencontraient plusieurs célébrités littéraires de l'époque, il vit plusieurs fois une femme dont l'esprit, la grâce et la distinction firent une profonde impression sur lui. C'était Mme veuve de Meulan, un écrivain de mérite et qui n'avait guère d'autre ressource pour vivre que les articles qu'elle publiait dans le *journal* de Suard. Or, il arriva qu'elle fit une maladie grave pendant laquelle sa bonne plume dut forcément se reposer. Inquiet de son absence, Guizot qui commençait à l'aimer en sut bientôt le motif et comprit d'abord que la misère allait être pour elle la conséquence de la maladie. Il lui écrivit alors la lettre suivante :

« Madame, un inconnu a appris votre maladie; il sait combien de chagrins de toute sorte, elle vous cause; il sait surtout le tort qu'elle vous fait relativement aux articles que vous ne pouvez plus donner au *Publiciste*. Cet inconnu a l'honneur de vous adresser ci-joint un article où il a essayé d'imiter votre style et votre manière, et qui, si vous le jugez convenable, pourrait être publié dans le journal au jour fixé pour vos envois. Vous recevrez ainsi, pendant tout le temps de votre maladie et à des époques régulières, un article tout fait destiné à remplacer celui que votre état de santé vous empêche d'écrire vous-même. Signé : Inconnu. »

Si ce fait est parfaitement exact, il prouve, à lui seul, que M. Guizot, au moins à cet âge, n'avait pas l'insensibilité hautaine et dure que ses adversaires lui ont supposée depuis.

L'article, dit Georges d'Heilly, était excellent et si parfaitement pastiché que les lecteurs du *Publiciste* s'y laissèrent prendre. Pendant la durée de sa maladie, Mme de Meulan reçut chaque fois un semblable article, et, grâce à cette collaboration anonyme, elle put se soigner et guérir. Quand cette douce et bienveillante supercherie fut plus tard découverte, Mme de Meulan consentit en 1812 à devenir Mme Guizot. Elle avait quatorze ans de plus que son mari, et elle était catholique. M. Guizot la perdit en 1827. À sa dernière heure, elle lui fit promettre d'épouser sa nièce Mlle Dillon, et, mourant en fidèle catholique, dit le même biographe, elle voulut être enterrée dans la religion protestante, avec l'espérance de retrouver un jour dans la vie éternelle celui qui lui survivait.

Le dernier trait de ce récit est raconté par les autres biographes d'une manière fort différente et bien plus probable, il faut l'avouer, car une catholique instruite et fervente n'eût pu espérer de gagner le ciel en mourant dans la religion protestante, ni seulement en donnant lieu de penser qu'elle mourait ainsi. On sent d'ailleurs, qu'étant assez maîtresse du cœur de son mari pour lui faire accepter une épouse de son choix, elle eût dû plutôt essayer de lui faire embrasser la religion catholique, hors laquelle elle ne pouvait espérer de salut pour lui. C'est lui, au contraire, disent les autres notices, qui lui fit abjurer la religion romaine à son lit de mort, et cette pression est d'autant moins excusable, qu'il a toujours professé, comme tous les protestants éclairés, qu'on se sauve aussi bien dans notre religion que dans la sienne.

Par sa femme, M. Guizot fut mis en relation avec l'abbé de Montesquiou, agent secret de Louis XVIII, et avec M. Royer-Collard son collègue, qui lui promirent l'un et l'autre d'utiliser ses talents, si jamais la cause du roi triomphait. C'est ainsi que, à la première restauration, M. Guizot se trouva secrétaire général du ministère de l'intérieur et sous-directeur de l'imprimerie. Sa conduite dans les Cent-Jours n'a jamais été bien éclaircie. Il est certain qu'il alla à Gand, offrir ses hommages au Roi. Ses amis ont dit plus tard qu'il avait fait ce voyage dans l'intention de conseiller au roi une politique constitutionnelle et libérale; mais quand on songe que M. Guizot avait à peine vingt-huit ans, on se prend à douter qu'il ait eu seulement la pensée d'aller présenter au vieux monarque qu'assistaient Talleyrand et Chateaubriand, ses observations ou ses remontrances. Il est probable que ce fut seulement des hommages qu'il alla offrir. Toujours est-il qu'il se rendit à Gand et s'y mit aux ordres de la cour ; mais où la discussion commence, c'est à savoir si M. Guizot alla tout de suite rejoindre le Roi ou si, d'abord, il souscrivit à l'acte additionnel et servit les ministres de Napoléon, qu'il n'aurait ensuite quittés que mécontent de n'en pas recevoir plus de grâces. Il est certain qu'un Guizot, employé au ministère pendant les Cent-Jours, fut destitué et les journaux du temps présentaient unanimement le fait comme arrivé à notre académicien. Longtemps plus tard on a soutenu que ce n'était pas lui mais son frère, et, quant à lui, qu'il n'avait jamais hésité à embrasser la cause du Roi. Mais ces affirmations ont rencontré beaucoup d'incrédules.

Rentré en France avec les Bourbons, M. Guizot fut choisi pour secrétaire général de la justice par le garde des sceaux Barbe-Marbois, et sortit du ministère avec lui en 1816, mais en restant conseiller d'Etat. Il écrivit alors son ouvrage du *Gouvernement représentatif* ; alors aussi fut fondée l'école doctrinaire dont il ne cessa pas de faire partie.

« J'étais embarrassé, dit Mirecourt, pour expliquer à mes lecteurs l'origine du mot de *doctrinaire*. Tous ceux que j'interrogeais à ce sujet se montraient aussi peu fixés que moi. En désespoir de cause, nous allâmes dans tous les couloirs de la Chambre, demandant à tous les échos : d'où vient le mot *doctrinaire* ?

» — Parbleu ! nous répondit un vieil huissier, c'est le sobriquet que je donnais autrefois à M. Royer-Collard, parce que dans ses discours il rabâchait sans cesse le mot doctrine : N'ajoutez pas foi à ces *doctrines !* Quelle déplorable *doctrine !* Ecoutez plutôt la vraie *doctrine.* Au point que je dis un jour tout haut à mes camarades : Quel fichu *doctrinaire !* Le mot fut entendu et répété. »

M. Guizot fut aussi l'homme de M. Decazes, dont il partagea la disgrâce en 1821. Alors il redevint professeur et écrivain. Sa chaire d'histoire attira plus que jamais la jeunesse studieuse, en même temps que M. Cousin et M. Villemain obtenaient des succès semblables dans leurs cours de philosophie et de belles-lettres. « Mais bientôt, dit M. le baron Henrion dans sa *Vie de M. Frayssinous*, ce prélat, alors grand-maître de l'Université, ne crut pas pouvoir laisser l'enseignement public de l'histoire à un protestant. Le cours fut suspendu en octobre 1822, et des raisons analogues firent fermer dans le même temps ceux de MM. Cousin et Villemain, qu'inspirait un esprit peu favorable à la royauté. Ils furent ouverts de nouveau sous le ministère Martignac et suivis avec plus d'ardeur que jamais. C'est le moment de la plus grande popularité de M. Guizot. L'arrondissement de Lizieux l'envoya à la Chambre des députés, où il combattit avec tous les doctrinaires le ministère Polignac et vota l'adresse des Deux cent vingt et un. »

Arrivé de Nîmes le 26 juillet 1830, M. Guizot rédigea la première protestation de la Chambre, où il était encore question de son « dévouement pour le roi et son auguste dynastie », mais l'événement ayant bientôt tourné contre les Bourbons, il se hâta de les abandonner et fut nommé ministre de l'intérieur sous le gouvernement provisoire. Il fut aussi membre des ministères Lafitte et Casimir Périer, et forma ensuite avec MM. Thiers et de Broglie ce cabinet du 11 octobre 1832 qui ne dura pas moins de quatre ans. Le ministère Molé, qui vint ensuite, tint à lui faire accepter un portefeuille qui fut successivement celui de l'instruction publique et celui des affaires étrangères. Mais bientôt un ministère nouveau s'était constitué sans lui sous la présidence du même M. Molé. M. Guizot s'unit pour l'abattre à tous les ennemis de la dynastie ; c'est alors que M. Royer-Collard, indigné de ces intrigues, rompit avec lui. Alors aussi le *Journal des Débats* osa écrire : « Vous aurez peut-être un jour notre appui, mais notre estime, jamais. » C'était M. Guizot qui parlait ainsi : on crut le faire taire en lui donnant l'ambassade de Londres, où sa religion et son caractère lui valurent de beaux succès personnels, mais où son habileté fut mise en défaut par les ministres anglais qui signèrent à son insu et au moment même où M. Guizot se croyait sûr de la confiance de l'Europe, ce traité du 14 Juillet si funeste à notre politique en Orient.

Pendant cette ambassade, M. Thiers était arrivé au pouvoir. C'était la bourgeoisie ambitieuse qui remplaçait la bourgeoisie satisfaite. Louis-Philippe s'effraya bientôt de ses tendances et chargea M. Guizot de composer un ministère. Entre ce roi d'origine princière qui s'était fait révolutionnaire uniquement pour régner et ce ministre partisan de l'autorité et adversaire déclaré de l'anarchie, il y avait de profondes affinités. Ce n'est pas que le ministre ne regrettât les anciens principes et les anciens princes, mais c'était fait ; la Révolution était accomplie, et sans jamais pardonner entièrement au Roi des barricades les origines de son pouvoir, il était d'accord avec lui pour arrêter, s'il était possible, le torrent de la révolution qui entraînait tout. La durée de ce cabinet fut le temps d'un accord complet entre le monarque et le premier ministre; leurs rapports avaient quelque chose d'intime et de fraternel. Ils eussent été même familiers, sans la morgue hautaine de M. Guizot, qui ne se déridait pas même en présence du souverain. Leurs vues étaient les mêmes, et leur concert les rendait maîtres de tout. Les autres ministres n'étaient guère que des commis aux ordres du premier ministre et du Roi.

Impossible de mettre ici même en abrégé l'histoire de ce ministère, le plus long de ce siècle avec celui de M. de Villèle, ce serait faire l'histoire du règne. Il n'en fut jamais de plus combattu, de plus humilié. Les légitimistes et les radicaux s'unirent souvent contre lui, ce qui excitait les vives indignations de M. Guizot, mais il oubliait que, lui-même, il avait donné autrefois l'exemple de voter avec des adversaires pour renverser le cabinet. Au reste, ces partis ne dissimulaient guère qu'en attaquant les ministres, c'était à la dynastie qu'ils en voulaient, les uns dans l'intérêt de la branche aînée, les autres par amour de la République. Ces luttes, par conséquent, n'avaient de déloyal que les enseignes et cette vaine formule du serment sur la valeur de laquelle personne au fond n'était trompé et le pèlerin de Gand moins que personne. Mais il y avait à la Chambre un homme qui, plus qu'aucun autre, battait en brèche le ministère Guizot et qui n'avait, lui, d'autre but, d'autre mobile de guerre que son ambition, un adversaire, par conséquent, moins estimable et moins honorable que tous les autres, puisqu'il attaquait le ministère en ébranlant le trône dans un intérêt tout personnel. Cet homme était M. Thiers. C'était lui qui divisait les orléanistes eux-mêmes et ralliait en un seul corps toutes les fractions de l'opposition. Uni à M. Odilon Barrot, son égal pour l'habileté peut-être, mais son inférieur et de beaucoup pour l'esprit de ruse et d'intrigue, il menait à l'assaut ces énormes minorités qui, chaque jour, pouvaient devenir la majorité et faire tomber le colosse.

N'oublions pas de mentionner l'élection de M. Guizot à l'Académie, elle eut lieu en 1836. Il fut ainsi mis à la place de M. de Tracy.

Cette élection se fit — ce qui n'était peut-être plus arrivé — à l'unanimité absolue. Le discours de M. Guizot fut un vaste et magnifique tableau de la philosophie du xviiie siècle. M. de Ségur qui, en qualité de directeur, fut chargé de lui répondre, le fit avec beaucoup d'éloquence et eut sa part d'applaudissements dans cette séance, une des plus brillantes de l'Académie française. M. Guizot était déjà membre de celle des sciences morales et politiques depuis 1832, et, depuis 1833, de celle des inscriptions et belles-lettres.

Le ministère Guizot tomba enfin, mais ce ne fut pas, comme l'espérait M. Thiers, devant une majorité parlementaire, ce fut devant l'émeute de la rue, dans les journées de Février. M. Thiers et M. Barrot, qui la préparaient depuis deux ans, ne purent, après avoir déchaîné le peuple, ni le diriger, ni le contenir. Ils furent justement punis par leur faute même. L'insurrection cria d'abord à bas les ministres; c'était justement ce que voulaient ses instigateurs. Nommés ministres à la place de M. Guizot, ils se croyaient enfin arrivés au terme de leur convoitise. Ils furent bientôt détrompés. La foule qui criait : A bas Guizot ! cria bientôt après : A bas Philippe ! puis : A bas la régence ! et enfin : A bas Thiers ! A bas Barrot ! Ce furent les chefs de l'extrême gauche qu'elle porta au pouvoir, les socialistes, les saint-simoniens : Albert, Marrast, Flocon, Ledru-Rollin.

Les fautes imputées à M. Guizot et qui, à la fin, le faisaient désavouer par tout ce qui ne vivait pas du budget étaient l'abaissement de la dignité nationale devant l'étranger, et un système universel de corruption. La France fut à ce point mise au pied de l'Angleterre que lord Palmerston osa se vanter en plein parlement de la faire passer quand il voudrait par le trou d'une aiguille. « Enrichissez-vous ! » disait M. Guizot dans un discours adressé à des électeurs, et lui-même, s'il faut en croire des rumeurs alors partout répandues, enrichissait tous ses partisans en payant leur conscience avec les deniers de l'Etat. Le caractère français descendit à un mercantilisme indigne de lui, l'argent parut l'unique dieu qui reçut les hommages du monde officiel, l'on vit enfin des scandales de vénalité et de concussion jusqu'alors sans exemple, mais trop souvent imités depuis.

M. Guizot gagna l'Angleterre, pendant que le gouvernement provisoire le mettait en accusation avec ses collègues, mais la cour royale ayant rendu une ordonnance de non-lieu, il revint en France, s'offrit comme candidat aux électeurs du Calvados, et, quoique refusé, s'occupa très activement de politique, travaillant surtout à la fusion entre les deux branches de la maison de Bourbon. Il publia aussi plusieurs brochures contre la République, et pour justifier sa conduite pendant qu'il était au ministère. Ce fut lui qui reçut, en qualité de président, le P. Lacordaire à l'Académie. Il vit dans cette situation d'un hérétique recevant un dominicain un hommage à l'esprit de tolérance qui caractérise les temps modernes.

« Que serait-il arrivé, Monsieur, dit-il au nouvel élu, si nous nous étions rencontrés vous et moi il y a six cents ans ? Je n'ai pas de goût à réveiller des souvenirs de discorde et de violence, mais je ne répondrais pas au sentiment du généreux public qui nous écoute.... si je n'étais pas comme lui ému et fier du beau contraste entre ce qui se passe aujourd'hui dans cette enceinte et ce qui se fût passé jadis en de semblables circonstances. Il y a six cents ans, monsieur, si mes pareils de ce temps vous avaient rencontré, ils vous auraient assailli avec colère comme un odieux persécuteur, et les vôtres, ardents à enflammer les vainqueurs contre les hérétiques, se seraient écriés : « Frappez, frappez toujours, Dieu saura bien reconnaître les siens. » Vous avez eu à cœur, Monsieur, et je n'ai garde de vous le contester, vous avez eu à cœur de laver de telles barbaries la mémoire de l'illustre fondateur de l'ordre auquel vous appartenez. Ce n'est pas à lui en effet, c'est à son siècle et à tous les partis pendant bien des siècles, qu'il faut les reprocher. Je n'ai pas coutume de parler de mon temps et à mes contemporains avec une admiration complaisante. Plus je désire ardemment leur bonheur et leur gloire, plus je me sens porté à leur signaler à eux-mêmes ce qui leur manque encore pour suffire à leurs grandes destinées. Mais je ne puis me refuser à la joie, et, le dirai-je? à l'orgueil du spectacle que l'Académie offre en ce moment à tous les yeux. Nous sommes ici, vous et moi, Monsieur, les preuves vivantes et les heureux témoins du sublime progrès qui s'est accompli parmi nous dans l'intelligence et le respect de la justice, de la conscience, du droit, des lois divines si longtemps méconnues, qui règlent les devoirs mutuels des hommes quand il s'agit de Dieu et de la foi en Dieu. Personne aujourd'hui ne frappe plus et n'est plus frappé au nom de Dieu. Personne ne prétend plus à usurper les droits et à devancer les arrêts du souverain juge. C'est maintenant l'Académie seule qui est appelée à reconnaître les siens. Elle sait les reconnaître dans quelque rang et sous quelque habit qu'elle les rencontre. Elle vous a reconnu, Monsieur, à des titres éclatants...»

Retiré en Normandie pendant les événements de 1870, M. Guizot écrivit à M. Gladstone pour le upplier d'intervenir en faveur de la France au moment où se iscutaient les conditions de la paix. Mais le cabinet anglais ne donna pas suite à cette idée, et l'opinion publique était trop occupée aux événements pour remarquer beaucoup le sentiment patriotique qui l'inspirait. Elle fut plus attentive quelque temps plus tard à un incident qui troubla les derniers jours de l'illustre vieillard. M. Ollivier, ayant lu à la commission nommée à cet effet son discours de réception, où il traitait l'adresse des Deux cent vingt et un de coup d'Etat parlementaire, et faisait l'éloge de Napoléon III, M. Guizot protesta en rappelant dans l'animation de la discussion l'expression de « cœur léger », tant reprochée à son collègue. Les journaux impérialistes crièrent à l'ingratitude en rappelant que l'Empereur avait jadis prêté ou même donné une somme de cinquante mille francs au fils du vieil académicien. M. Guizot assura qu'il avait toujours ignoré le fait; et aussitôt pour rendre la somme, il fit vendre un superbe tableau de Murillo. L'impératrice Eugénie refusa la somme, et M. Guizot était en instance devant les tribunaux pour forcer la liste civile à la recevoir quand la mort vint le frapper, au Val-Richer près Lisieux, le 12 octobre 1874. En adressant à ses enfants et petits-enfants ses adieux suprêmes, il leur dit : « Servez le pays. La tâche est rude parfois, mais servez-le bien. »

Plusieurs catholiques espéraient depuis longtemps que M. Guizot ne mourrait pas sans s'être converti à l'Eglise romaine. Ses paroles et même ses actes en quelques occasions expliquaient cette espérance. Dans sa réponse aux discours de réception du P. Lacordaire et du comte Montalembert, il s'était exprimé sur l'Eglise catholique avec une modération voisine de la sympathie. Il avait écrit en faveur du pouvoir temporel du pape et vivement déploré l'usurpation de ses Etats, enfin, dans un synode général tenu en 1872, il avait laissé voir très clairement son désir d'un retour en masse des protestants à l'unité catholique. Si fondé qu'il parût, cet espoir n'était qu'une illusion ; non seulement M. Guizot mourut calviniste, mais il voulut dans son testament donner les motifs de sa persistance, et l'on s'étonna avec raison du vague et de l'obscurité de ses prétentieuses explications.

L'Eglise catholique impose à tous ses enfants des pratiques douces à l'humilité chrétienne, mais qui pouvaient répugner au caractère de M. Guizot. Il eût suivi peut-être, ou même il eût été fier de ramener tout son parti à l'unité romaine, et qui sait s'il n'a pas répugné à la pensée de tomber seul aux pieds du ministre des pardons divins comme la dernière brebis du troupeau ?

Il nous reste à dire un mot du talent de M. Guizot comme écrivain et comme orateur.

Le plus remarquable de ses ouvrages, celui auquel il tenait le plus sans contredit, c'est son *Histoire de la civilisation*. Le titre seul en indique l'importance. Il s'agit d'un de ces grands desseins qui demanderaient toute la vie d'un homme, même très supérieur, et qui suffiraient à faire sa gloire. C'est comme l'*Esprit des lois* de Montesquieu, comme l'*Histoire du monde* de Riancey, comme le *Discours sur l'Histoire universelle* de Bossuet. Par malheur, cet ouvrage, quoique fort remarquable sous plusieurs rapports, ne répond pas dans l'ensemble à la grandeur de son titre et de son dessein. Il y a des vues élevées, des appréciations indépendantes et qui tiennent à l'esprit naturellement impartial et généreux de l'auteur ; mais il y en a aussi de petites, d'étroites, de passionnées même, malgré la modération de la forme, et où l'on peut reconnaître le disciple de Calvin, l'élève des prytanées genévois. Pour être impartial, il faudrait n'aimer que la vérité ou être indifférent à tout ; or M. Guizot n'est indifférent à rien ; c'est un chrétien convaincu et en même temps un sectaire incorrigible. Tout l'effort de son génie est allé jusqu'à ne pas haïr l'Eglise romaine, jusqu'à l'admirer même et parfois la défendre contre les mécréants et les impies. C'est immense pour un huguenot, et M. Guizot est presque le seul qui se soit élevé à cette hauteur ; mais, quand l'Eglise catholique et la réforme sont en présence, quand en glorifiant la première il montrerait la faiblesse et l'erreur de la seconde ; alors le huguenot reparaît, la partialité, la passion, se montrent à découvert ; une partialité mesurée, une passion contenue, modérée même, si des mots si disparates peuvent souffrir d'être rapprochés, mais une passion par là même plus obstinée et plus ambitieuse.

Il faut citer quelques passages.

Après avoir reproché à l'Eglise qu'elle tendait de plus en plus à faire prévaloir dans la société le principe théocratique, à s'emparer du pouvoir, à dominer exclusivement « et qu'elle soutenait le pouvoir absolu aux dépens de la liberté des peuples », il avoue un peu après « qu'on aurait tort de lui faire ces reproches, de la taxer d'usurpation ». Après avoir montré l'Eglise des premiers temps comme une « pure association de croyances et de sentiments, sans aucun système de doctrine arrêté, aucun ensemble de règles de discipline, aucun corps de magistrats », il est obligé de reconnaître un peu plus tard qu' « il n'y a pas de société qui subsiste une heure sans gouvernement », que « le gouvernement spirituel découle nécessairement de la nature de toute société religieuse », que « dès que la société religieuse paraît, elle enfante son gouvernement ».

De telles contradictions, dans un homme de ce mérite, sont la preuve de sa partialité. Il voit et ne veut pas voir. Il blâme et ne voudrait pas blâmer. C'est une injustice imposée par la prévention.

Combien cela paraît mieux encore quand M. Guizot se plaint que l'Eglise romaine ne respecte pas assez la liberté « parce qu'elle transmet les croyances de haut en bas ! » « Observation toute protestante, dit M. Nettement, et peu digne d'un esprit aussi élevé. »

L'enseignement catholique qui vient de Dieu pour aller à l'homme ne saurait monter ; il descend. Si l'Eglise proposait les croyances à la raison au lieu de les imposer à la foi, elle serait une école de philosophie, elle ne serait pas l'Eglise à qui le Christ a dit : « Allez, et enseignez toutes les nations. » M. Guizot voudrait que « les fidèles intervinssent dans la fixation des dogmes ». C'est reprocher à l'Eglise d'être l'Eglise, c'est vouloir que la religion catholique soit la religion protestante.

Sur le terrain de la politique, M. Guizot n'est pas non plus toujours heureux. Ce fervent chrétien qui s'obstine à rester huguenot est ici un défenseur de l'autorité qui soutient parfois des théories révolutionnaires. Toujours la même contradiction, et, par conséquent, la même faiblesse.

M. Guizot n'a ni camp ni drapeau. Toute sa philosophie politique accuse, comme ses études sur la religion, un esprit droit et supérieur, mais abaissé par le vice de sa naissance et de son éducation, qui l'a fait révolutionnaire et protestant. Protestant pieux, révolutionnaire aristocratique et autoritaire il est vrai, mais qu'importe? puisque le principe essentiel n'est pas différent.

M. Thiers avait dit : « Le roi règne et ne gouverne pas. » Ce qui signifie au fond : le roi n'est rien.

M. Guizot pour bien marquer la différence de son système le formulait dans cet axiome : « Le roi règne et il gouverne par des ministres responsables. » C'était parfaitement conforme à la tradition nationale si le roi pouvait choisir librement ses ministres, et, si ses ministres n'étaient responsables que devant les cours judiciaires et pour les crimes d'Etat. Mais, en votant l'adresse des Deux cent vingt et un qui réprouvait des ministres sur leur nom seul, et déclarait le refus du budget si les ministres n'étaient pas changés au gré de la Chambre, M. Guizot avait enlevé au prince aussi bien qu'à ses conseillers tous les moyens de gouvernement pour les transporter à la Chambre, seule désormais maîtresse de tout. Gouverne-t-il ce roi à qui l'on impose ses ministres ? ou plutôt sont-ce même les siens quand la Chambre les change à son gré ?

M. Guizot semblait avoir le pressentiment de ces difficultés, quand il voulait n'admettre que les sommités sociales en participation du gouvernement. Il voulait « la répartition des droits *selon les capacités*, la garantie des libertés partout, à tous les degrés de l'échelle sociale ; mais le pouvoir en haut, car les affaires de la société sont hautes et ne peuvent être bien conduites d'en bas. » Comment avec ces maximes, M. Guizot persistait-il à n'admettre comme électeurs que les censitaires à deux cents francs ? Comment refusa-t-il obstinément l'adjonction des capacités ? La seule capacité pour lui, c'était sans doute l'avantage d'être assez riche pour payer deux cents francs d'impôts.

Malgré ces incertitudes et ces variations, M. Guizot a été un des premiers écrivains de son temps et plusieurs de ses nombreux ouvrages seront encore lus longtemps après qu'il ne restera plus des luttes auxquelles il a pris part qu'un souvenir lointain et presque effacé. Le mal de M. Guizot c'est précisément d'avoir vécu au milieu de ces luttes et d'y avoir été mêlé. Il était fait pour enseigner la philosophie de l'histoire et de la politique à des disciples uniquement désireux de devenir sages et savants. S'il eût paru, s'il eût parlé, dans ces temps heureux où les écoles se passionnaient pour les opinions et les systèmes de pure philosophie, mieux qu'aucun de ceux qui ont été ses émules ou ses adversaires, il eût pu conduire les autres à la recherche de la vérité. Mais comment résister à ces courants politiques qui emportaient tout ? Orateur, savant, philosophe, soldat, poète, tout le monde s'occupait de politique, aspirait à devenir député, pair de France, ministre, et tout le monde y réussissait. M. Guizot y réussit plus que personne, puisqu'il gouverna la France pendant sept ans. Mais, en montant les degrés du pouvoir, il dut perdre une partie de ses avantages comme penseur, cette hauteur de vue, cette force, cette sérénité de jugement, cette bienveillance universelle, apanage d'une capacité supérieure, mais facilement perdu dans l'arène de la politique. M. Guizot avait reçu du ciel tous ces dons précieux. Son style, il est vrai, n'était pas exempt de roideur, ou même quelquefois d'emphase, mais ces défauts déplaisent moins en lui qu'en un autre, parce qu'ils sont en harmonie avec le fond de ses pensées et le ton de ses ouvrages. C'est un philosophe qui présente des idées générales sur l'histoire et la politique, c'est surtout un maître, un professeur, qui enseigne ses disciples. La hauteur quelquefois un peu confuse de son langage convient à ses aperçus si généraux, à ses considérations d'un ordre toujours élevé. Souvent même elle fait l'illusion d'une hauteur ou d'une profondeur qui n'est pas dans la pensée. Des choses communes exprimées avec cette solennité paraissent supérieures à ce qu'elles sont en effet et au lieu de nuire à l'écrivain le servent au contraire devant un grand nombre de lecteurs. Quant au ton un peu pédantesque de ses leçons ou même de ses autres ouvrages, il donne l'idée d'une grande conviction, d'une science magistrale, et contribue, lui aussi, à l'espèce de fascination que M. Guizot a si longtemps exercée. Tout cela sont des défauts sans doute, mais des défauts bien portés et qui ne nuisaient pas à l'auteur. M. Mirecourt qui va jusqu'à prétendre « qu'ils dégoûtaient de le lire », est obligé d'avouer ailleurs qu'ils n'empêchaient pas de l'applaudir. « Ses ouvrages historiques, qui sont encore, dit un observateur assez impartial (M. Vapereau), ses meilleurs titres littéraires ont été dans ses dernières années l'objet de vives critiques. » A part les reproches adressés à la forme qui a paru manquer de souplesse, de grâce et d'ampleur, on s'est plaint de trouver au fond de ses livres un excessif amour des généralités, la substitution aux faits de lois arbitraires, et, par un genre nouveau de fatalisme, le développement complaisant de rôles imposés d'avance aux races et aux nationalités.

Pour bien juger un orateur, il faut l'avoir entendu, Nous allons donc ici céder la plume à un des auditeurs les plus assidus de M. Guizot, et qui fut en même temps un critique des plus judicieux, c'est Timon, que nous avons plusieurs fois cité déjà, et qu'on lit toujours avec plaisir.

« M. Guizot est de petite et grêle stature, mais il a une figure expressive, l'œil beau, et singulièrement de feu dans le regard. Son geste et son aspect ont quelque chose de sévère et de pédantesque, comme ont tous les professeurs et principalement ceux de la secte doctrinaire, la secte de l'orgueil. Sa voix est pleine, sonore, affirmative; elle ne se prête pas aux flexibles émotions de l'âme, mais elle est rarement voilée et sourde.

» Comme tous les prédicants de l'école genevoise, de cette école sèche et rogue, il procède dogmatiquement. Il néglige les fleurs du langage, il manque de souplesse et de mouvement et sa diction est monotone quoique grave et mesurée. Sa passion se révèle dans l'éclat de ses yeux et passe rarement sur les traits de son pâle visage; mais elle s'absorbe vite et elle est plus concentrée qu'extérieure. Il emploie rarement de ces personnalités blessantes qui s'attaquent droit à un adversaire désigné par son nom ou par son siège, mais, tout en protestant de la parfaite innocence de ses intentions, il lance à l'opposition des sarcasmes collectifs qui laissent dans la plaie leur trait envenimé. »

Quittons un moment notre critique pour ajouter que M. Guizot a bien ses jours d'emportement, comme lorsqu'il tonnait le 11 août 1831 contre le parti républicain, « le *caput mortuum* de tout ce qui a vécu chez nous de 89 à 1830, la queue, la mauvaise queue de notre Révolution, l'animal immonde qui vient traîner sur les places publiques sa face dégoûtante et y exposer les ordures de son âme. » C'était bien un peu fort pour les héros des trois journées à qui le juste milieu devait tout, et un an juste après leur victoire. Mais, il faut le dire, cette sortie n'est qu'une exception. M. Guizot était habituellement plus maître de lui.

Revenons au *Livre des orateurs*.

« M. Guizot parle longuement, à la manière des professeurs; il argumente scholastiquement à la manière des théologiens. Il est monotone comme les premiers, raide comme les seconds. Il aime à se jouer dans les abstractions et il se sert volontiers des formules équivoques, les *classes moyennes*, la *quasi-légitimité*, le *pays légal*, et lorsqu'il a rencontré une de ces formules, il s'y attache, quitte le fait, perd de vue la terre et s'élève dans les généralités morales et politiques. Là, il paraît, disparaît, brille et s'éclipse au milieu des nuages. La foule hébétée des badauds parlementaires le suit, l'œil fixe, et l'admire d'autant plus qu'elle le comprend moins. C'est un pédagogue qui laisse toujours passer sous sa robe le petit bout de sa férule. C'est un calviniste dans son prêche, froid, sentencieux, morose, qui enseigne la crainte plutôt que l'amour de Dieu.

» Lorsque M. Guizot sort de ses théorises nébuleuses et qu'il entre dans le positif des affaires, il y apporte une lucidité d'idées et d'expressions qu'on n'a point assez louée. Il va droit au but, il ne dit que ce qu'il faut dire et il le dit bien. Commissaire du Roi, il a été le plus remarquable de tous les commissaires que nous ayons entendus depuis vingt ans. Ministre, il a défendu le budget avec plus de précision, de science et d'habileté qu'aucun autre ministre. Sa diction, sans être ni véhémente ni colorée, est pure et châtiée. Il est peut-être le seul improvisateur dont les discours, reproduits par la sténographie, soient supportables à la lecture. C'est qu'il est le plus grammairien et le plus lettré d'entre eux. »

« Son geste, dit un autre contemporain, était simple et noble. Sa parole ferme plutôt que colorée, et la roideur impérieuse de sa personne semblait émaner d'un sentiment d'infaillibilité. Dans les thèses diverses, il apportait une égale puissance d'affirmation. Mêmes qualités et mêmes défauts dans son style. Historien ou philosophe, il impose plus qu'il ne démontre les résultats de ses méditations ou de ses recherches. »

Avec M. de Cormenin et la généralité des écrivains de cette époque, nous avons admis sans réserve la haute moralité de M. Guizot, au point de vue des intérêts et sous tous les autres rapports. On assure qu'il est resté pauvre et que sa conduite privée était sans reproche. « Il est digne, dit Timon, par la dignité de ses sentiments et de sa vie, de l'estime des gens de bien. J'ai vu sa douleur paternelle et j'ai admiré la sérénité de son stoïcisme. Il y a une grande fermeté dans cette âme-là. » Eugène de Mirecourt, qui écrivait trente ans plus tard la notice de M. Guizot, a cependant exprimé des jugements assez différents et raconté des faits nombreux à l'appui de son opinion. Le désintéressement de M. Guizot serait plus apparent que réel, et, quant à la pureté de ses mœurs, elle ne serait qu'une triste hypocrisie, bien démasquée par ceux qui ont pu voir le héros de près, au point que le roi Louis-Philippe lui-même en éprouvait du dégoût. M. de Mirecourt est trompé sans doute par des Mémoires calomnieux, ou bien c'est la passion politique qui le rend injuste et partial.

Nous ne pouvons mieux terminer cette longue notice, qu'en rapportant plusieurs passages du testament de M. Guizot. Triste monument élevé à son dernier jour par une âme désireuse de la vérité, avide de foi, mais trop faible et trop haute en même temps pour l'acheter au prix d'une humble soumission à l'autorité qu'elle a méconnue.

« J'ai examiné, j'ai douté, j'ai cru à la force suffisante de l'esprit humain pour résoudre les problèmes que présentent à l'esprit humain l'univers et l'homme, et à la force suffisante de la volonté humaine pour régler la vie de l'homme selon sa loi et sa fin morale.....

» Après avoir longtemps vécu, agi et réfléchi, je suis demeuré et je demeure convaincu que ni l'univers ni l'homme ne suffisent à s'expliquer et à se régler naturellement et d'eux-mêmes par la seule vertu des lois permanentes qui y président et des volontés humaines qui s'y déploient. C'est ma foi profonde que Dieu qui a créé l'univers et l'homme les gouverne, les conserve, ou les modifie, soit par ces lois générales que nous appelons naturelles, soit par des actes spéciaux que nous appelons surnaturels, émanés, comme le sont aussi les lois générales, de sa parfaite et libre sagesse, et de sa puissance infinie, qu'il nous est donné de reconnaître dans leurs effets et interdit de connaître dans leur essence et leur dessein.....

» Je suis ainsi rentré dans mon berceau, toujours fermement attaché à la raison et à la liberté que j'ai reçues de Dieu, et qui sont mon honneur comme mon droit sur cette terre ; mais, revenu à me sentir enfant sous la main de Dieu, et sincèrement résigné à ma si grande part d'ignorance et de faiblesse.....

» Je crois en Dieu et je l'adore sans tenter de le comprendre. Je le vois présent et agissant, non seulement dans le régime permanent de l'univers et dans la vie intime des âmes, mais dans l'histoire des sociétés humaines, spécialement dans l'Ancien et le Nouveau Testament, monument de la révélation et par la médiation et le sacrifice de Notre-Seigneur Jésus-Christ pour le salut du genre humain.....

» Je m'incline devant les mystères de la Bible et de l'Evangile et je me tiens en dehors des discussions et des solutions par lesquelles les hommes ont tenté de les expliquer.

» *J'ai la confiance que Dieu me permet de me dire chrétien* et je suis convaincu que, dans la lumière où je ne tarderai pas à entrer, nous verrons en plein l'origine purement humaine et la vanité de la plupart de nos discussions d'ici-bas sur les choses divines. »

Quelle perplexité ! quelle misère ! Et pourquoi Dieu ne permettrait-il pas à M. Guizot, comme à tous ceux qui le sont en effet, de se dire chrétien ? On le sent, et l'illustre testateur le sent bien lui-même, c'est qu'il faudrait se soumettre humblement à l'Eglise de Jésus-Christ.

J.-B. DUMAS

Né en 1800, académicien en 1875, mort en 1884.

Depuis deux siècles, les secrétaires perpétuels de l'Académie des sciences deviennent membres de l'Académie française. Fontenelle, Grandjean, Fouchy, Condorcet, Delambre, Cuvier, Fourier, Elie de Beaumont, Flourens, Arago, l'avaient été avant M. Dumas, dont nous commençons la notice. Son successeur, M. Bertrand, l'est encore aujourd'hui. L'Académie traite ces représentants de la science comme elle traitait autrefois les précepteurs du Dauphin. Leur place est marquée dans ses rangs par privilège et pour ainsi dire de droit. Elle donne ainsi à sa sœur cadette une marque d'estime et d'honneur. Mais c'est une chose digne de remarque que cet honneur n'est jamais tombé sur des insuffisants ou des incapables. Les secrétaires de l'Académie des sciences, comme en général tous les savants de premier ordre, ont été des littérateurs distingués. Bacon disait : « Un peu de savoir éloigne de la religion, beaucoup de savoir y ramène. » On pourrait dire avec autant de raison : Un peu de science éloigne quelquefois de l'amour des lettres en renfermant l'esprit dans des formules sèches et précises, en l'appliquant à des lois abstraites et à des faits matériels en quelque sorte, et toujours positifs ; beaucoup de science, au contraire emplit l'âme d'harmonie en l'élevant à la raison suprême de tout, à la cause première, éternelle, sublime des lois et des faits. À ces hauteurs, les mathématiques confinent à la poésie, les sciences naturelles en sont pleines, elles rapprochent l'âme de Dieu.

Jean-Baptiste Dumas est un des savants à qui leur science a valu la plus grande place dans le monde. Il commença par être employé dans l'officine d'une pharmacie, et il devint député, sénateur, ministre, grand-croix de la Légion d'honneur. On ne pouvait ni aller plus loin, ni monter plus haut. Il était difficile aussi d'être parti d'une condition plus modeste. La vie et la gloire de M. Dumas sont un encouragement sans égal donné par la société, par la Providence au talent sans fortune et au travail. M. Dumas était né à Alais, en 1800. Il avait, à vingt ans, une pharmacie à Genève, mais déjà la renommée de son savoir était grande. « Les plus illustres de la ville, dit M. Bertrand, et les plus importants, venaient philosopher dans l'arrière-boutique du pharmacien, admirer le jeune maître et se complaire aux lueurs de sa gloire naissante. » Alexandre de Humboldt qui passait par là y vint, comme les autres, admirer comme eux le jeune savant, et il le décida sans peine à fermer « sa boutique », pour parler comme M. Bertrand, et à le suivre dans le monde des philosophes et des savants. Ainsi lancé, ainsi protégé, M Dumas devint bientôt tout ce qu'il pouvait être. Il montra tout ce qu'il était. Il fut nommé professeur à l'Ecole polytechnique.

« Comme professeur, dit Vapereau, notre savant s'est fait remarquer par une parole facile, par une élégance de style qui n'est pas toujours sans recherche et par une grande habileté à faire valoir chacune des expériences qui s'exécutent sous les yeux de son auditoire. Membre de l'Académie des sciences depuis 1832, il en fut élu secrétaire perpétuel en janvier 1868, en remplacement de M. Flourens. Il appartient également à l'Académie de médecine depuis 1843. En 1869, la société de chimie de Londres lui décerna la grande médaille de Faraday. Après une première candidature infructueuse à l'Académie française, il fut élu le 17 décembre 1875, pour succéder à M. Guizot et prit séance le 1er juin 1876.

En 1849, le département du Nord l'ayant envoyé à l'Assemblée législative, il s'attacha à la fortune de Louis-Napoléon qui le nomma en 1850 ministre de l'agriculture, puis sénateur et vice-président du Conseil supérieur de l'instruction publique, et successivement commandeur, grand-officier et grand-croix de la Légion d'honneur.

Auteur de nombreux mémoires insérés dans les recueils scientifiques, M. Dumas a publié, en outre, un grand *Traité de chimie appliquée aux arts*, des *Leçons sur la philosophie chimique* et un *Essai sur la statistique chimique des êtres organisés*.

BERTRAND

Né en 1822, académicien en 1884.

C'est la qualité de secrétaire perpétuel de l'Académie des sciences qui a fait recevoir M. Bertrand à l'Académie française, d'après un usage déjà deux fois séculaire et qui est rappelé plus en détail dans la notice de M. Dumas. Outre le secrétaire perpétuel, l'Académie reçoit encore pour l'ordinaire les deux ou trois membres les plus éminents de l'Académie des sciences, soit parce que, presque toujours, ces savants de premier ordre sont aussi des littérateurs distingués, soit pour honorer en eux le génie et l'illustration du savoir. M. Pasteur, chargé de répondre à M. Bertrand le jour de sa réception, lui disait : « Nous sommes ici vous et moi, Monsieur, par faveur de tradition au milieu de tous ceux qui y sont par droit de conquête. »

Le discours de M. Pasteur commençait ainsi :

« Monsieur, vous étiez célèbre à dix ans. On prédisait déjà que vous seriez reçu le premier à l'Ecole polytechnique et que vous feriez partie de l'Académie des sciences. Personne n'en doutait, pas même vous. Vous étiez vraiment un enfant prodige. Parfois vous vous amusiez à vous faufiler dans une classe de candidats aux grandes écoles, et, quand le professeur de mathématiques abordait un problème difficile que nul ne pouvait résoudre, un de vos voisins vous prenait triomphalement dans ses bras, vous faisait monter sur une chaise pour que vous pussiez atteindre le tableau,

BERTRAND

et aux applaudissements des élèves et du professeur vous donniez avec une assurance paisible la solution demandée.

» Mais, à l'inverse de ce qui attend d'ordinaire les petits prodiges, votre vie a réalisé les promesses de votre enfance. Vous étiez à vingt-cinq ans un de nos plus grands mathématiciens. En géométrie, vous avez constitué plusieurs théories nouvelles et les nombreuses propositions que renferment vos mémoires, méritent d'être placées à côté des plus belles d'Euler et de Monge. En mécanique analytique, vous prenez rang à côté des Hamilton et des Jacobi ; vous avez enfin une véritable gloire dans le monde des ingénieurs et des géomètres. »

M. François Bertrand est né à Paris le 11 mai 1822. Il fut admis à onze ans à l'Ecole polytechnique à titre d'essai, et y entra le premier à dix-sept ans. Attaché en 1842 au service des mines, il fut successivement professeur au lycée Saint-Louis, examinateur à l'Ecole polytechnique, maître de conférences à l'Ecole normale, professeur de mathématiques spéciales au lycée Napoléon. Ses travaux lui ont ouvert à trente-cinq ans les portes de l'Académie des sciences dont il a été élu secrétaire perpétuel en 1874. Il est officier de la Légion d'honneur depuis 1867.

M. Bertrand a écrit un grand nombre de mémoires et aussi d'ouvrages plus étendus sur des questions de mathématiques pures, de physique, de chimie, d'astronomie. Le lecteur nous pardonnera de n'en pas mettre ici le long catalogue. Ces ouvrages ne sont guère à la portée des gens du monde ; le style en est clair cependant et toujours exact, mais exclusivement spécial et technique. M. Bertrand n'est orateur que dans le sens de la science et de la clarté. Il dédaigne les ornements littéraires, les remarques curieuses, les expériences à effet qui font applaudir les auditeurs étrangers au cours. Au reste, il estime les gens du monde des profanes et ne travaille pas pour eux.

Dans son discours de réception, M. Bertrand a trop laissé voir peut-être cet amour exclusif des mathématiques. C'est l'Académie des sciences qu'il remercie la première parce qu'il lui doit son admission à l'Académie française. Dans ce sanctuaire de la poésie, devant un public où les savants sont toujours en très petite minorité, il n'a pu se dispenser de chercher quelques fleurs littéraires, quelques traits spirituels et piquants; il n'y a qu'imparfaitement réussi. Sa figure un peu sévère, ses traits forts et presque durs, sa voix grave, son geste embarrassé lui donnaient un air d'étranger, l'effort même qu'il faisait pour être gracieux le servait mal. Les savants cependant, et même tous les hommes sérieux ont écouté son discours avec un intérêt particulier et l'ont chaleureusement admiré, mais l'applaudissement du public et surtout des dames a été pour M. Pasteur dont les formes sont graves cependant, mais dont le style a plus d'harmonie et qui, par les applications de son savoir à la médecine et à tous les besoins de la vie, est devenu si sympathique à toutes les classes du public.

Est-il vrai, comme le dit un journal, qu'à vingt ans « M. Bertrand eût le nez cassé dans la catastrophe du chemin de fer de la rive gauche (1842), et que ce nez cassé qui ne s'est point remis tourna à l'instant même au roman parce que le jeune savant avait subi cette disgrâce en sauvant dans un wagon en feu une jeune fille qui est aujourd'hui Mme Bertrand? »

APPENDICE

M. JULES CLARETIE

Né en 1840, académicien en 1883.

M. Jules Claretie n'a pas de faible pour les bourgeois et la bourgeoisie. Si c'est un tort de sa part, il n'y a pas à le dire ici, mais c'est un fait et ce fait est une ligne essentielle dans le caractère du nouvel académicien.

Tout jeune encore, il écrivait son appréciation sur la comédie de Henri Monnier intitulée *Grandeur et décadence de Joseph Prudhomme*. Or, voici un passage de cette aimable critique, qui peut donner une idée assez juste du sentiment et de la manière de l'auteur :

« M. Prudhomme, dit-il, restera comme une création toute spéciale et réellement vivante et vraie. C'est la colossale caricature, la charge, pour ainsi dire épique, du bourgeois, non pas du bourgeois gentilhomme, mais du bourgeois fonctionnaire. Cet homme représente tout un régime, et, par un hasard singulier, il reparaît sur le théâtre à l'heure même où, en politique, il opère sa rentrée. M. Joseph Prudhomme est l'incarnation amusante et comique de toute une classe de gens, et aussi de tout un système politique. Ce n'est pas le bon bourgeois, naïf, facilement dupé, bonhomme et niais qui fait, comme M. Jourdain, de la prose sans le savoir. Il n'a rien du laisser-aller, de la sottise quasi-sympathique du bourgeois de Molière. Au contraire, il est pétri, bouffi de prétention. Il tranche, il pérore, il s'avance, le ventre en avant, et débite, *ore rotundo*, quelque banalité stupide qu'il croit plus profonde qu'une pensée de Montesquieu. Il connaît, dit-il, toute chose ; il traite les questions obscures avec l'intelligence de La Palisse. D'ailleurs méprisant volontiers le prochain et faisant peu de cas des hommes. Une seule admiration, les grades officiels. Une violente haine, la haine de ce qui tient une plume et de ceux qu'il appelle *écrivassiers*. »

Voilà M. Claretie. Tout son style est là, et le style c'est tout l'homme. On peut voir aussi dans ces quelques lignes ses opinions et son caractère. C'est plus qu'il n'en faut pour le connaître et le juger.

Il est né à Limoges en 1840. Déjà au collège, tourmenté par l'amour de la littérature il rédigeait à lui seul un journal manuscrit qui circulait dans les classes. A dix-huit ans il débuta par le *Rocher des Fiancés*, dans les *Cinq centimes illustrés*. Ce ne fut qu'un peu plus tard, en 1862, qu'il écrivit dans le *Diogène*. Plus tard encore, il devint un des collaborateurs de M. de Villemessant pour la rédaction de ses différents *Figaro*. Puis il publia chez M. Bachelin Deflorenne plusieurs biographies fort appréciées, parmi lesquelles on remarqua surtout celles d'Elisa Mercœur, de Georges Farcy, de La Morvonnais, de Dovalle.

Les ouvrages de M. Jules Claretie se succédèrent rapidement surtout dans les premiers temps de sa carrière littéraire ; peut-être même le grand nombre a-t-il nui, pour plusieurs, à la perfection du travail ; aucun cependant n'a manqué de vie, de mouvement, et par conséquent d'intérêt. Le public, qui traita toujours l'auteur en enfant gâté, les lisait tous et les applaudissait toujours. *Pierrille*, les *Victimes de Paris*, l'*Assassin*, les *Montagnards*, ont été, on peut dire, enlevés. La *Libre parole* qu'il donna ensuite est un ouvrage plus sérieux où les idées philosophiques de l'auteur se faisaient jour, à travers les éclats d'un style animé, et quelquefois un peu cru. C'est un recueil de conférences sur l'état de nos sociétés contemporaines et sur les améliorations que M. Jules Claretie voudrait y voir apporter. On y trouve plus d'une étrange révélation. Citons entre bien d'autres celle-ci : « Le garçon des morts, dans les amphithéâtres, est forcé pour vivre d'arracher les dents et de couper les cheveux des morts pour les vendre. »

Pendant les années 1867 et 1868 M. Claretie a écrit pour l'*Opinion nationale* des feuilletons dramatiques recueillis plus tard dans un volume intitulé la *Vie moderne au théâtre*. Le même volume contenait aussi deux remarquables études, l'une sur le *Fantasio* d'Alfred de Musset, l'autre sur les *Idées de Madame d'Aubray* d'Alexandre Dumas fils. Dans ses biographies sur des sujets moins célèbres, M. Claretie s'était montré surtout bienveillant ou même indulgent. On le sent, c'est un ami qui voulait pousser des amis. En appréciant les œuvres de MM. Dumas fils et de Musset, il paraît toujours généreux comme un bon confrère, mais son admiration est plus facile, et, sans cesser d'être judicieux, il s'y livre avec ardeur. La *Famille des gueux* qu'il a publiée ensuite et avec la collaboration de M. Petrucelli della Gatina est un drame en cinq actes qui fut d'abord très bien accueilli.

Les ouvrages plus récents de M. Claretie sont connus de tous les hommes du monde, amateurs de beaux drames et de bons romans ; ils sont aussi trop nombreux pour que nous devions les mentionner. Ses *Figures d'hier* ont fait sensation, et parmi ces figures celle de Jules Sandeau, « littérateur aimable et aimé, dit-il, qui apportait en toute chose une séduction particulière ». C'est là que notre académicien a dit : « Le théâtre, c'est la femme. Dramaturges, dites-moi les femmes que vous avez créées et je vous dirai qui vous êtes. »

Encore le 18 janvier de cette année, dix jours avant son élection à l'Académie, M. Claretie donnait aux journaux un très bel article sur les morts de la bataille de Buzenval, photographiés au Père-Lachaise et dont les paysans du pays célèbrent chaque année le trépas héroïque.

« Ils sont là, dit-il, côte à côte, bière contre bière, dans une promiscuité navrante qui ressemble à celle de la fosse commune ; nus, enveloppés dans leur linceul qu'un geste raide de ces morts écarte parfois, ils braquent devant eux ces yeux fixes des cadavres dont nulle main amie n'a baissé les paupières. Leurs blessures glorieuses font sur leurs corps de hideuses traces. On distingue des trous noirs sur ces torses, les crânes parfois sont brisés. La sciure de bois qu'on jette au fond de leur bière boit le sang de ces victimes, comme celle du panier boit le sang de l'assassin sur l'échafaud. Têtes expressives! têtes de bourgeois et de gens du peuple! les uns avec des favoris, les autres avec des barbes grises, d'autres le crâne chauve comme des fronts de penseurs. Il y en a de jeunes et de vieux ; presque des enfants, presque des vieillards. L'un d'eux, vingt-cinq ans, brun, beau, hardi, vaillant, a la tête appuyée dans sa bière sur son épée à poignée d'acier. La mort a contracté ces visages livides : l'un sourit, l'autre se crispe ; beaucoup ont comme le fier rayonnement du sacrifice. Ces spectres sont affreux et superbes. Ils accusent et rayonnent. Ils se dressent comme des vengeurs ; ils sont nobles comme des martyrs. D'ailleurs point de noms, des numéros. Qui sont-ils ? des inconnus. On les regarde, on les plaint, on les pleure et on passe. C'est du sang anonyme, disait Alfred de Vigny. Mais non, encore un coup, c'est du sang de Paris, le sang pur, versé par la ville pour la patrie, par la capitale pour la France, le sang qui fumera longtemps, qui fumera toujours jusqu'à l'heure où seront vengés ces héros sans nom et ces morts sans victoire. »

M. Jules Claretie, tout le monde le sait, est administrateur général de la Comédie-Française.

C'est le 26 janvier 1888 qu'il a été élu membre de l'Académie française en remplacement de M. Cuvillier-Fleury. MM. d'Haussonville et Jurien de la Gravière étaient élus le même jour, le premier pour le fauteuil de M. Caro, le second pour celui de M. de Viel-Castel.

M. Claretie a obtenu vingt voix sur trente dont deux se sont portées sur M. Mouton et huit sur M. Weiss.

Il était avec Madame Jules Claretie installé chez M. Camille Doucet quand M. Victorien Sardou est venu lui apporter la bonne nouvelle. Il a aussitôt couru chez sa vieille mère pour l'embrasser.

LE COMTE OTHENIN D'HAUSSONVILLE

Académicien en 1888.

Il faut bien l'avouer, l'élection de M. d'Haussonville à l'Académie a été pour le public une surprise ; non que l'élu n'ait sa part de mérite littéraire, il en a au contraire une fort belle, mais parce que sa notoriété, sa célébrité n'est pas supérieure à celle de bien d'autres sur qui le choix de nos immortels aurait pu tomber avec autant ou même avec encore plus de raison. Tant d'écrivains vraiment distingués ne sont pas de l'Académie, et même n'oseraient pas y aspirer ! Mais l'Académie qui n'est pas certes une assemblée politique, a cependant ses opinions et surtout ses affections politiques. Elle a toujours aimé l'opposition au gouvernement, une opposition mesurée, une opposition calme, et, par conséquent prudente, j'allais presque dire latente, mais aussi une opposition constante. C'est pour elle une affaire de tempérament ; depuis Chateaubriand et M. Lacretelle, jamais elle ne s'en est départie. L'esprit qui domine en elle est celui d'une haute modération. Tous les partis bien prononcés lui font peur. On dirait qu'elle aspire à se poser en modératrice. Elle est toujours avec les centres, centre gauche quand le gouvernement va à droite, centre droit quand il va à gauche, jamais aux extrémités, c'est-à-dire jamais aux principes. Ce sont les habiles qu'elle choisit, comme si l'habileté était nécessairement la sagesse.

M. d'Haussonville est plus qu'un orléaniste, c'est un ami particulier des princes de la maison d'Orléans. « Il tient de près, dit le *Gaulois*, à Monseigneur le comte de Paris. Il revenait d'un long voyage fait avec lui, et d'une visite à Madame la duchesse de Bragance. Comment douter, après cela, dit encore le *Gaulois*, que les illustres électeurs aient voulu rendre justice au caractère du candidat, autant qu'à ses vertus sociales et à son talent ? »

Nous n'en doutons pas, en effet, et le public n'en a pas douté.

Le parti des ducs, comme on l'appelait autrefois, ce parti toujours puissant et nombreux dans la savante assemblée, a voulu couronner un des siens, et en même temps se renforcer. M. Claretie est peut-être une concession à la République la plus modérée, M. l'amiral de la Gravière a des attaches avec les hommes de l'Empire qui le feraient au moins hésiter entre nos divers prétendants, mais M. d'Haussonville est l'homme sûr, l'homme unique sur lequel ce parti peut absolument compter. Voilà pourquoi il lui a tendu la main, et, des seconds rangs où il occupait une place distinguée, l'a fait monter jusqu'à ces fauteuils éminents destinés aux premiers littérateurs du pays. On peut s'étonner même qu'il n'ait pas été élu dès 1884 en remplacement de son père, tant ce parti des ducs avait d'influence, et tant la famille d'Haussonville a de liens avec lui. Le nouvel académicien est petit-fils par sa mère du duc Victor de Broglie et neveu du duc de Broglie, ministre du 16 Mai, académicien lui-même. Que de titres et que de chances !

Heureusement pour lui, M. Othenin d'Haussonville a aussi des chances et des titres qui lui sont tout personnels. Il a écrit de belles études sur *Sainte-Beuve*, *George Sand*, *Michelet*, et un peu plus tard un brillant tableau du salon de Mme Necker et le croquis d'un *Voyage aux États-Unis*. Ces notices n'ont pas été également admirées par tout le monde, mais les lecteurs du parti auxquels l'auteur les destinait en ont beaucoup fait l'éloge, et les critiques même dont elles ont été l'objet prouvent qu'elles n'étaient pas sans valeur. Comme son père, M. Othenin d'Haussonville a vu beaucoup de personnages considérables, il s'est trouvé mêlé, au moins en spectateur, à bien des événements de salon. Il décrit, il raconte, avec un accent de vérité qui verse beaucoup d'intérêt sur tous ses ouvrages, il a surtout l'usage et le ton du grand monde, précieux avantage pour un écrivain qui dédie ses livres aux salons. A cette aisance gracieuse il joint, comme tous ceux de son école, un peu de hauteur avec une légère teinte d'ironie à la fois bienveillante et dédaigneuse qui lui sied mieux qu'à d'autres et qu'on lui pardonne aussi assez volontiers.

A l'exemple de son père, M. le comte d'Haussonville (voir au XXXIe Fauteuil, 3e série) s'est occupé des classes souffrantes, il a écrit et travaillé pour elles. Son *Enfance à Paris*, sa *Misère à*

Paris, ses *Combats contre la misère* et *contre le vice* sont plus que des brochures intéressantes, ce sont de bonnes actions. Il est un des patrons de l'hospitalité à l'*Asile de nuit,* sage et sainte pensée qui fait honneur à ceux qui l'ont inspirée, et pour laquelle M. Othenin d'Haussonville a fait des sacrifices dignes d'éloges.

TABLE DES MATIÈRES

TRENTE ET UNIÈME FAUTEUIL (DIT DE D'OLIVET)

Pages

Boissat (Pierre). — *Furetière* (Antoine). — *La Chapelle* (Jean de). — *L'abbé d'Olivet* (Joseph-Toulhier). — *Condillac* (Etienne Bonnot de Mably de). — *Comte de Tressan* (Louis-Elisabeth de la Vergne). — *Bailly* (Jean-Sylvain). — *L'abbé Siéyès* (Emmanuel). — *Le duc de Richelieu* (Armand-Emmanuel Duplessis). — *Dacier* (Bon-Joseph). — *Tissot* (Pierre-François). — *Dupauloup* (Félix-Antoine-Philippe). — *Le duc d'Audiffret*. — *Pasquier* (Gaston). 1

TRENTE-DEUXIÈME FAUTEUIL (DIT DE VAUGELAS)

Vaugelas (Claude-Favre, baron de Péroge, sieur de). — *Scudéry* (Georges de). — *Dangeau* (Philippe de Tourcillon, marquis de). — *Le maréchal de Richelieu* (Louis-François-Armand Duplessis, duc de). — *Le duc d'Harcourt* (François-Henri, comte de Lislebonne). — *Bonaparte* (Lucien). — *Auger* (Louis-Simon). — *Etienne* (Charles-Guillaume). — *Alfred de Vigny*. — *Camille Doucet* 71

TRENTE-TROISIÈME FAUTEUIL (DIT DE VOLTAIRE)

Voiture. — *Mézeray*. — *Barbier d'Aucour*. — *Clermont-Tonnerre* (François de). — *Malézieu* (Nicolas de). — *Bouhier* (Jean). — *Voltaire* (François-Marie Arouet). — *Ducis* (Jean-François). — *Séze* (Raymond de). — *De Barante* (Posper-Bruyère, baron). — *Le P. Gratry* (Joseph-Alphonse). — *Saint-René Taillandier*. — *Du Camp* (Maxime) 127

TRENTE-QUATRIÈME FAUTEUIL

Porchière-Laugier (Honorat, sieur de). — *Chaumont* (Paul-Philippe de). — *Cousin* (Louis). — *Mimeure* (Louis Valon, marquis de). — *Gédoyn* (Nicolas). — *Bernis* (François Joachim de Pierre de). — *Sicard* (Ambroise-Lurron). — *Frayssinous* (Denis-Antoine). — *Pasquier* (Etienne-Denis). — *M. Dufaure*. — *M. Victor Cherbuliez* 201

TRENTE-CINQUIÈME FAUTEUIL (DIT DE CUVIER)

Habert de Montmor. — *Laveau* (Louis-Irland de). — *Caumartin* (Paul Lefèvre de.) — *Montcrif* (François-Augustin Paradis de). — *Roquelaure* (Jean-Armand de). — *Cuvier* (Georges-Léopold-Chrétien-Frédéric). *Dupin ainé* (Jean-Jacques). — *Cuvillier-Fleury*. 249

TRENTE-SIXIÈME FAUTEUIL (DIT DE LA MONNOYE)

La Chambre (Marin-Cureau de). — *Régnier Desmarais*. — *La Monnoye* (Bernard de). — *Poncet de la Rivière* (Michel). — *Hardion*. — *Thomas* (Antoine-Léonard). — *Guibert* (Hippolyte). — *Cambacérès* (Jean-Jacques-Régis de). — *M. de Bonald* (Louis-Gabriel-Ambroise, vicomte de). — *Ancelot*. — *Legouvé* (Ernest). 277

TRENTE-SEPTIÈME FAUTEUIL (DIT DE BOILEAU)

Séguier (Pierre). — *Basin de Besons* (Claude). — *Boileau* (Nicolas). — *Jean d'Estrées*. — *Voyer d'Argenson* (Marc-René). — *Languet de Gergy*. — *Buffon* (Georges-Louis Le Clerc, comte de). — *Vicq d'Azir* (Félix). — *Domergue* (François-Urbain). — *Saint-Ange* (Ange Fariau de). — *Parceval Grandmaison* — *M. de Salvandy* (Narcisse-Achille, comte de). — *M. Emile Augier* 315

TRENTE-HUITIÈME FAUTEUIL (DIT DE BOSSUET)

Daniel Hay du Chastelet. — *Bossuet* (Jacques-Benigne). — *Le cardinal de Polignac* (Melchior de). — *Vaux de Giry* (Odet-Joseph de). — *Le Batteux* (Charles). — *Le Mierre* (Antoine-Martin). — *Bigot de Préameneu* (Félix-Julien-Jean). — *Le duc de Montmorency* (Mathieu). — *Guiraud* (Pierre-Alexandre). — *Ampère* (Jean-Jacques). — *Prévost-Paradol*. — *Camille Rousset* 369

TRENTE NEUVIÈME FAUTEUIL (DIT DE CONDORCET)

Giry (Louis). — *L'abbé Boyer*. — *L'abbé Genest*. — *L'abbé Dubos* (Jean-Baptiste). — *Du Resnel* (Jean-François, abbé). — *Saurin* (Bernard-Joseph). — *Condorcet* (Jean-Antoine-Nicolas de Caritat, marquis de). — *Rœderer* (Pierre-Louis). — *Le duc de Levis*. — M. *de Ségur* (Paul-Philippe, comte de). — *Viel-Castel*. — M. *Jurien de la Gravière* (Pierre-Edmond) 435

QUARANTIÈME FAUTEUIL (DIT DE TRACY)

Granier (Auger). — *Priézac* (Daniel de). — *Michel Le Clerc*. — *Tourreil* (Jacques de). — *Mallet* (Jean). — *Boyer* (Jean-François). — *Boismont* (Nicolas-Thyrel de). — *Rulhière* (Charles-Carloman de). — *Cabanis* (Pierre-Jean-Georges). — *Tracy* (Antoine-Louis-Claude). — *Guizot* (Pierre-Guillaume). — *J.-B. Dumas*. — *Bertrand* (François) 473

APPENDICE

Claretie (Jules.) — *Le comte Othenin d'Haussonville* 523

TABLE ALPHABÉTIQUE

	Pages
Ampère (Jean-Jacques)	426
Ancelot	309
Auger (Louis-Simon)	94
Augier (Emile)	365
Bailly (Jean-Sylvain)	25
Barbier d'Aucour	136
Basin de Besons (Claude)	319
Bernis (François-Joachim de Pierre de)	207
Bertrand (François)	520
Bigot de Préameneu (Félix-Julien-Jean)	416
Boileau (Nicolas)	320
Boismont (Nicolas-Thyrel de)	484
Boissat (Pierre)	1
Bonaparte (Lucien)	90
Bossuet (Jacques-Bénigne)	370
Bouhier (Jean)	143
Boyer (l'abbé)	437
Boyer (Jean-François)	482
Buffon (Georges-Louis-Leclerc, comte de)	333
Cabanis (Pierre-Jean-Georges)	490
Cambacérès (Jean-Jacques-Régis de)	291
Caumartin (Paul-Lefèvre de)	252
Chaumont (Paul-Philippe de)	202
Cherbuliez (Victor)	245
Claretie (Jules)	523
Clermont-Tonnerre (François de)	139
Condillac (Etienne-Bonnot de Mably de)	17
Condorcet (Jean-Antoine-Nicolas de Caritat, marquis de)	449
Cousin (Louis)	203
Cuvier (Georges-Léopold-Chrétien-Frédéric)	258
Cuvillier-Fleury	271
Dacier (Bon-Joseph)	40
Dangeau (Philippe de Courcillon, marquis de)	77

Daniel Hay du Chastelet	369
D'Audiffret-Pasquier (Gaston, duc)	67
De Barante (Prosper-Brugère, baron)	190
De Bonald (Louis-Gabriel-Ambroise, vicomte)	298
De Sèze (Raymond)	182
D'Estrées (Jean)	329
D'Harcourt (François-Henri, duc)	88
D'Haussonville (le comte Othenin)	527
De Salvandy (Narcisse-Achille, comte)	352
De Ségur (Paul-Philippe, comte)	462
Domergue (François-Urbain)	346
Doucet (Camille)	124
Dubos (Jean-Baptiste, abbé)	443
Ducamp (Maxime)	197
Dufaure	241
Dumas (J.-B.)	518
Dupin aîné (Jean-Jacques)	263
Ducis (Jean-François)	170
Dupanloup (Félix-Antoine-Philippe)	49
Duresnel (Jean-François, abbé)	445
Etienne (Charles-Guillaume)	97
Frayssinous (Denis-Antoine)	215
Furetière (Antoine)	6
Gédoyn (Nicolas)	206
Genest (l'abbé)	439
Giry (Louis)	435
Granier (Auger)	473
Guibert (Hippolyte)	290
Guiraud (Pierre-Alexandre)	422
Guizot (Pierre-Guillaume)	496
Habert de Montmor	249
Hardion	284
Jurien de La Gravière (Pierre-Edmond)	469
Lachambre (Martin-Cureau de)	277
Lachapelle (Jean de)	10
La Monnoye (Bernard de)	281
Languet de Gergy	331
Lavau (Louis-Irland de)	250
Le Batteux (Charles)	442
Legouvé (Ernest)	311
Le Mierre (Antoine-Martin)	414
Le P. Gratry (Joseph-Alphonse)	194
Lévis (duc de)	459
Malézieu (Nicolas de)	141
Mallet (Jean)	481
Mézeray	131
Michel Le Clerc	475

TABLE ALPHABÉTIQUE

Mimeure (Louis-Vallon, marquis de). 205
Moncrif (François-Augustin-Paradis de) 253
Montmorency (Mathieu, duc de). 418
Olivet (Joseph-Toulhier, abbé) 12
Parceval Grandmaison 349
Pasquier (Etienne-Denis). 235
Polignac (Melchior, cardinal de) 408
Poncet de La Rivière (Michel) 283
Porchères-Laugier (sieur de) 204
Prévost-Paradol. 430
Priézac (Daniel de). 475
Régnier-Desmarais 278
Richelieu (Armand-Emmanuel-Duplessis, duc de) 37
Richelieu (Louis-François-Armand-Duplessis, maréchal de) . . 82
Rœderer (Pierre-Louis). 454
Roquelaure (Jean-Armand de). 255
Rousset (Camille). 432
Rulhière (Charles-Carloman de) 487
Saint-Ange (Ange-Fariau de). 347
Saint-René Taillandier 196
Saurin (Bernard-Joseph). 446
Scudery (Georges de). 74
Séguier (Pierre) 315
Sicard (Ambroise-Lurron) 211
Siéyès (Emmanuel, abbé). 31
Thomas (Antoine-Léonard) 285
Tissot (Pierre-François) 43
Tourreil (Jacques de) 478
Tracy (Antoine-Louis-Claude) 494
Tressan (Louis-Elisabeth de la Vergne, comte de) 20
Vaugelas (Claude-Favre, baron de Péroge, sieur de) 71
Vaux de Giry (Odet-Joseph de). 411
Vicq d'Azir (Félix). 343
Viel-Castel (de) 467
Vigny (Alfred de) 104
Voiture 127
Voltaire (François-Marie-Arouet). 144
Voyer d'Argenson (Marc-René). 330

Bar-le-Duc. — Imprimerie Comte-Jacquet.

Contraste insuffisant
NF Z 43-120-14

Texte détérioré — reliure défectueuse

NF Z 43-120-11

www.ingramcontent.com/pod-product-compliance
Lightning Source LLC
Chambersburg PA
CBHW060753230426
43667CB00010B/1557